美国百所大学都在上的商学课

5th Edition

第五版

[美]迈克尔·R. 所罗门
（MICHAEL R. SOLOMON）

[美]玛丽·安妮·波齐
（MARY ANNE POATSY）

[美]肯德尔·马丁
（KENDALL MARTIN）

—— 著

邱墨楠——译

BETTER BUSINESS

中信出版集团 | 北京

图书在版编目（CIP）数据

美国百所大学都在上的商学课：第五版 /（美）迈克尔·R. 所罗门，（美）玛丽·安妮·波齐，（美）肯德尔·马丁著；邱墨楠译 . -- 北京：中信出版社，2024.11
书名原文：Better Business（5th Edition）
ISBN 978-7-5217-6659-2

Ⅰ.①美… Ⅱ.①迈… ②玛… ③肯… ④邱… Ⅲ.①贸易经济 Ⅳ.①F7

中国国家版本馆 CIP 数据核字（2024）第 109794 号

美国百所大学都在上的商学课（第五版）

著者：　　　［美］迈克尔·R. 所罗门　［美］玛丽·安妮·波齐　［美］肯德尔·马丁
译者：　　　邱墨楠
出版发行：　中信出版集团股份有限公司
　　　　　　（北京市朝阳区东三环北路 27 号嘉铭中心　邮编　100020）
承印者：　　北京通州皇家印刷厂

开本：787mm×1092mm　1/16　　印张：49　　　字数：790 千字
版次：2024 年 11 月第 1 版　　　印次：2024 年 11 月第 1 次印刷
京权图字：01-2024-0686　　　　书号：ISBN 978-7-5217-6659-2
　　　　　　　　　　　　　　　定价：158.00 元

版权所有·侵权必究
如有印刷、装订问题，本公司负责调换。
服务热线：400-600-8099
投稿邮箱：author@citicpub.com

献给罗丝。

——迈克尔·R. 所罗门

献给我的丈夫特德，是他在我写作本书的过程中无私地承担了超过他应尽部分的职责；我也要将本书献给我的孩子，劳拉、卡罗琳和特迪，他们的爱和鼓励一直激励着我。

——玛丽·安妮·波齐

献给出现在我生命历程中的所有老师和专家。

——肯德尔·马丁

- **商业媒体资源分享**——由精选商业视频组成，它们是学习成果以及可自定义和自动评分的作业的附加材料。"商业媒体资源分享"有助于学生理解为什么学习这些重要概念以及如何在自己的职业生涯中应用它们。指导老师也可以安排学生观看优秀的优兔网视频或原创视频，同时利用"商业媒体资源分享"的强大工具库来最大限度地提高学生的责任心和交互式学习的质量，以及为上传了演示文稿、媒体资源或商业计划的学生和团队提供符合实际情况的反馈意见。

- **学习游戏**——由mLevel（微型学习交付平台）支持的"学习游戏"提供了一系列可以促进学习的有趣的交互式游戏，将学习方式提高到了一个新的水平。"学习游戏"可以让学生掌握基本的商业概念，其强大的分析功能可以让老师实时跟踪学生在课程、活动、话题以及学习方面的表现及参与情况。"学习游戏"已经在行业领先的世界500强企业中得到了应用，现在学生也可以在自己的电脑或移动设备上用该游戏来学习和玩耍了。

- **基于问题的作业**——鼓励学生提问，进行批判性思考，解决问题，以及在团队中与他人沟通。"基于问题的作业"可以让学生承担起学习的责任，帮助他们实践领导力，提高他们运用所学知识的能力。积极参与学习过程的学生能够更好地将概念与实际应用联系起来。

- **分歧与决策过程模拟**——将学生放在管理者的位置上，让他们根据实际的商业挑战做出一系列决策。模拟情形会根据他们的决策发生改变和产生分歧，从而呈现不同的场景路线。在每次模拟的最后，学生会得到一个评分，以及有关他们的选择及其后果的详细报告。

- **视频练习**——探索与学生在课上所学理论有关的多种商业话题。相关测验可以评估学生对视频所涉及的概念的理解程度。

- **增强版电子课本**——可以让学生在课余时间参与学习，同时帮助他们更好地理解课上所学的概念性内容。电子课本整合了视频等资源，并提供了可访问的自我评估内容。提供"增强版电子课本"的"我的实验室"（MyLab）为学生提供了全面的数字化学习体验，而且是一站式的。

● **动态学习模块**——通过实时评估学生的活动及表现来帮助他们有效自学。它的实现方式是这样的：学生要按照一种独特的形式来回答一系列问题，这种形式要求他们明确自己对答案的自信程度。这样的问题会一直持续下去，直到学生可以自信且正确地回答所有问题。完成之后，"动态学习模块"会利用课本内容对概念进行解读。这些是课前的分级作业，可以通过智能手机、平板设备和电脑进行访问。

● **写作空间**——写得好的学生，在课堂上的表现也会更好。为了帮助老师培养和评估学生掌握概念和进行批判性思考的能力，"写作空间"提供了这样一个地方，老师可以在此快速且轻松地创建和跟踪写作作业，给作业打分，提供资源，以及与学生交换有意义的个性化反馈意见。有了自动评分、辅助评分以及自助创建作业等功能，老师就可以决定自己在学生作业评分上的参与程度了。自动评分功能可以让老师给人数很多的班级布置写作作业，却不必自己手动打分。由于集成"查重"功能，"写作空间"还可以检查学生的作业是否存在不当引用或剽窃现象。

● **学习催化剂**——一个交互式的学生响应工具，它利用学生的智能手机、平板设备或笔记本电脑来促使学生完成更复杂的任务和思考。现在，它与电子课本一同出现在"我的实验室"里，老师可以在此创建课堂讨论，提供课程指导，以及通过实时分析来促进学生点对点学习。

● **报告面板**——利用全新的"报告面板"，老师可以轻松地浏览、分析和报告学习成果，同时获取所需要的信息，让学生始终能够跟上课堂进度。老师可以在"我的实验室成绩单"板块和智能手机上获得它的完整版本。"报告面板"以一种可访问的可视化方式呈现了学生在课堂以及项目上的表现水平。

● **学习管理系统整合**——现在，老师可以从黑板学习平台、明亮空间学习平台、帆布平台或莫德平台进入"我的商学实验室"了。老师可以查看作业、花名册和相关资源，也可以向学习管理系统同步成绩。对学生来说，单次登录就可以查看所有个性化学习资源，从而让学习变得更高效。

Always Learning

目录

第一部分 了解商业环境

Contents

第三章　企业道德

第六章 企业的组织形式

第五部分 金融原理

第十五章 企业财会知识

第十六章 证券市场的投资机遇

为了向学生和指导老师提供强大的学习和教学工具，让他们理解不断变化的商业环境与机遇，我们在本书第五版的创作中投入了大量心力。第五版的具体改进如下：

- 调整了章节结构，在每一章和每一节的开头，以及每一章的内容回顾中都强调了学习目标。

- 自本书第一版问世以来，社交媒体在各个商业领域的快速普及成为商业环境最重要的变革之一。第五版继续在超过85%的章节里对社交媒体进行了重点讨论。此外，科技章节也有重要的更新。

- 所有章节末尾的材料都经过了审核。为了展示商业环境中的最新事件和趋势，我们对这些材料进行了多达25%的修订。第五版为指导老师提供了适用于话题讨论、问题评估以及小组活动等广泛选择，内容涵盖最新最热的商业话题，比如重大经济变革、科技变革以及日益加剧的全球化现象等。

- 更新了所有时效性内容。对先前版本涉及的、目前仍在发展的故事和案例进行了更新，并将其放在最新的背景之下。用全新的案例替代了旧有材料，继续给阅读本书的学生带来一种紧跟时代的感觉，以此来引起他们的共鸣。

- 有关本书先前版本的反馈显示，每章的特色清单不仅引起了学生的兴趣，也促使他们更深入地阅读正文。在第五版中，我们更新了这些清单，增添了反映当前市场趋势的新清单，着重选择了能够吸引学生的主题。

- 在第五版中，我们还提供了全新或经过修订的专题内容，涉及大众汽车尾气排放作假事件、价格最高的伯克希尔－哈撒韦股票、麦道夫庞氏骗局、克里格豆荚咖啡的市场垄断、巴塔哥尼亚公司的企业责任行为、增强现实、社交媒体的惨痛教训、多芬"真美"广告，以及广告和儿童肥胖等话题。

当开始创作本书时，我们心中有几个目标以及一个指导思想。我们想要与学生进行对话，而不是仅仅写一本我们希望他们可以学习的教材。我们想要改变原本认为学生不会做好准备来上课的预期。为什么他们不能带着了解商业的渴望，做好充分准备来上课呢？为什么我们不可以在教授商业知识的同时给课堂带来一点儿乐趣呢？我们认为我们能够做到。

为此，我们不辞辛劳，选择各种主题资源来帮助你——学习本书的学生。为了刺激你去了解答案和更多知识，我们在测验部分甚至在整本书中采用了"提问—回答"的形式。我们更注重细节，因为这正是本书最能对你发挥作用的地方。

每章的"成功案例"和"失败案例"展示了与本章内容有关的商业风险带来的积极和消极结果。这些专题以及每章的清单能够促进课堂上的讨论。

本书的五个迷你章节为你提供了有关重点商业话题的更多信息，包括商业法、商业计划书、商务沟通、求职以及个人理财。

《美国百所大学都在上的商学课（第五版）》用更好的方式为你提供了实用的企业经营知识。它用启发式的手段来呈现教学内容，鼓励你做好准备去上课，这样你就可以在课堂上进行更好的交流，并且真正投入课堂学习。

步骤1：一切取决于你

你听过这样的话，不是吗？你买过教科书，读了其中一些内容，但你还是没能取得你想要的成绩。因此，成功的关键并不在于买书或读书。相反，你的成功取决于以下三个技能：

- 发现；
- 理解；
- 应用你在本书中发现的信息和它的全部资源。

接下来的几个步骤将帮助你学好本书，如果你将这些步骤应用于课堂之外，那么你也可能会取得商业和个人生活方面的成功。

步骤2：带着目的去上课

你觉得这些课程怎么样？在授课和课堂讨论过程中，你能听懂老师和同学在说什么吗？你是主动参与小组讨论，还是只是默默观察其他小组成员的表现？你的态度以及你利用课堂时间的计划可以改变你的整个体验。试试以下几个小窍门，尽可能确保自己的课堂体验丰富而充实。

翻阅教学大纲

如果你很难在课堂上发言，那么你可以试试这个策略。教学大纲是课程中最重要的文档，它好似你和教授之间一份具有约束力的合约。一旦拿到大纲，就请仔细阅读。接下来，请在下一堂课至少提出一个与之有关的问题。这可以向教授表明你在认真对待自己上课时的职责，也会让你养成在课堂上发言的习惯。

去上课

正如伍迪·艾伦（Woody Allen）所说："只要出席，你就成功了80%。"这是一个最基本的建议，但很多学生都没有意识到上课的重要性。就算不能提前到场，你也应该准时去上课。此外，你要专心听课，让老师注意到你。坐在前排，向老师提出有价值的问题，这样老师就会记住你的相貌和名字。让老师认识你与了解自己的老师同样重要（见步骤3）。

提问

如果在课堂上有疑问，请立即提问。不要觉得"问这个问题会显得我很蠢"，也不要以为"看了书我就能懂"，或者产生"等下再问其他人，或等明天的答疑时间再问老师"这种想法。立即提问会节省你的时间和精力，也可能会帮助到教室里的其他同学。如果你能在课堂上提问，那么你将学到更多。如果你确实需要在课后联系老师来弄明白一个问题，那么请在答疑时间前去，不要通过网络或电话来提问。记住，面对面的求教远胜于电子邮件或语音留言。现在，你是否乐意花点时间提前了解自己的老师（见步骤3）？毕竟，向自己已经了解的人求教会更轻松一些。

一分钟回顾

在每堂课结束之后，立即用一分钟时间写下课堂上所有你能回忆起的内容。你要通过标注重点的方式明确课堂要点。强迫自己做得又快又简略，这可以帮助你抓住要点，让你不会因为小细节而分心。

写下你最不明白的地方

课后，你还要用一点时间写下两句话，描述你在当天课堂上最不解的地方。请将它记录在笔记本的特定区域——在参加小组学习或找老师答疑时带上它不失为一个很好的主意。在你为下一次测验准备个性化学习指南时，它也能发挥很大的作用。

步骤3：与人沟通

商业与人有着十分密切的关联。现在，你在课堂上的"生意"已经取得了不错的成绩。和任何生意一样，这里也有很多能够为你提供帮助的人：指导老师、同学以及学校职员。四处找找这样的人，然后向他们寻求帮助。

了解你的老师：找老师答疑解惑

你的老师可能是校园里对你最有帮助的人。他们不仅能够指导你，还能在毕业时为你撰写求职推荐信或证明。但若你在课堂之外对他们没有任何了解，他们是不会为你这么做的。因此请做好安排，多去找他们答疑解惑——即便你已经什么都弄懂了。

创建或加入学习小组

尽早找到学习伙伴。在上课的前几天，请在每堂课上至少熟悉两位同学。观察课堂上的同学，判断哪些人知道自己在做什么，哪些人看上去很可靠，以及哪些人可以共事。找到这些人，问问他们是否愿意与你组建学习小组。你们不必常常见面——小组成员可以只在有需要的时候碰头。有一群联系密切的同学能够帮助你准备考试、明确或澄清课堂要点，或在你缺课时为你提供课堂笔记，不失为一件好事。（请记住：让小伙伴为你提供错过的信息比直接询问老师"我是否错过了什么重要内容"要好得多。）

利用身边的人

你是否认识已经上过这门课的学生？花点时间向他们咨询一些有用的问题：这门课的哪些部分会占用最多的时间？图书馆里有哪些工具帮他们解决了作业上的问题？

务必在课堂上找到年纪较大的同学。大学里有一大批在事业取得成功之后又重回校园深造的人。这些人拥有你可能缺少的宝贵东西：来自真实世界的实际经验。请这些人中的某个人喝杯咖啡，问问他或她是否有什么建议可以帮你学好这门课或找到好工作。

充分利用学校提供的所有资源

学校的教职工希望你能够成功——我们所有人都为学生的成就感到自豪！因此，请务必了解你所在学校的所有可用资源。问问你的指导老师，了解学校是否提供以下服务：

写作支持。不少学校都提供专门的咨询室来帮助学生改进写作。有些学校还设立了写作实验室，你可以在这里得到编辑和校对方面的协助。

支持性服务。寻找能够提供笔记技巧，帮助你应对考试压力的支持性服务，以及能够帮助你安排和管理自己时间的工作坊。如果你发现自己在某一方面有特定困难（例如你经常在考试时发挥失常），请了解学校是否提供学习障碍方面的免费筛查服务。你可能需要特殊的考试安排（例如额外的时间或字号更大的试卷），抑或你可能有资格得到课堂笔记员的帮助。其实，你才是自己最好的支持者。全面了解自己——认识自己的思维运作方式，创造可以让自己表现最佳的条件。

步骤4：实时探索商业世界

尽管本书试图将商业概念应用到当前环境中，但本书提供的例子却无法像商业媒体报道那样紧跟时事。目前，你可能还没有兴趣翻阅《华尔街日报》、《金融时报》、《商业周刊》或《经济学人》，因为你并没有这么做的必要。你可以试试以下方法。每天上网阅读《华尔街日报》的头条新闻，将文章的主题记录下来（例如：美国或世界其他地区的经济形势，一项影响商业的政府决策，一家大型公司的收购案，市场新趋势，股票市场，新科技，等等）。然后，为你理解这篇文章的难易程度打分，"1"代表十分简单，"10"代表非常困难。同样，你还可以为这篇文章的有趣程度打分，"1"代表非常有趣，"10"代表特别枯燥。记下这篇文章的相关问题，以及它与课堂知识的关联之处，或者在教学大纲或目录中找到与该问题相匹配的未来课堂的内容。在课程结束时，回顾你的记录。你应该能够发现有些文章变得更易理解甚至更有趣了。此外，你应该开展一项针对当前商业环境的非正式研究，其中包括最热门的商业趋势。例如，如果你发现很大一部分文章都与政府决策有关，那么你有理由假设：出于某种原因，政府正在商业和经济环境中扮演更积极的角色。但最重要的是，这种练习将证明商业远比你想象的有趣得多，只要你能真正了解它。这种练习还能帮助你养成定期阅读商业报刊的宝贵习惯，会对你的生活和事业有很好的助益。

步骤5：体验商业经营

商业与人有关。如果你想取得商业上的成功，请走出家门，找到附近小店（餐馆、打印店、洗车行等）的店主。你是这些店的常客，因为你认可它们的产品和服务价值。你有没有在这一行工作的热情并不重要，你只要了解那些你所认为的成功小企业的基础就可以。问问店主或经理，看他（或她）是否愿意接受你的采访。询问他如何利用自己的时间，什么对他的事业成功最为重要，以及他面临的最棘手的问题是什么。也许你可以每周自愿为他做几个小时的零工，这样你便可以亲眼观察他如何管理自己的企业，同时继续向他发问。一开始你可能要做一些无意义的琐事，但当真正的机会到来时，你会感激之前打下的基础。到了那一天，你就可以通过观察成功的商人如何经营自己的企业来学习。

步骤6：了解你的学习风格

确定自己是哪种类型的学习者，有助于你运用最合适的资源来创建成功的学习计划。了解自己的学习风格，可以帮助你选择和运用最适合你的学习策略。表1可以帮助你弄清自己是否可以通过观察（视觉）、聆听（听觉）或触碰和操作（触觉和动觉）来实现最好的学习效果。阅读表1最左边一栏的文字，然后在右边三栏中选择最符合你对每种情况的响应方式的描述，并打上确认标记。统计每一栏确认标记的数目，将总数填写在表格底部。你的答案可能会分布在所有三栏之中，但其中某一栏的确认标记可能是最多的，这代表的就是你的主要学习风格。如果其余某栏的数据十分接近你的主要学习风格，那么这可被视为你的次要学习风格。

表1　你的学习风格是什么？

当你进行以下行为时	视觉	听觉	触觉和动觉
拼写单词	☐ 想要看这个词	☐ 可以读出这个单词，或采用其他收听方式	☐ 把这个词写下来，看看它是否正确
听	☐ 当要听很长一段时间时，很容易分心	☐ 可以快速且轻松地掌握信息	☐ 发现自己会在聆听过程中涂鸦
说	☐ 最喜欢说的词语是"看"、"设想"和"想象"	☐ 使用"听"、"音调"、"想"等词语	打手势，做出有表现力的动作。使用"感觉""触摸""持有"等词语
专注	☐ 因为不整洁或有动静而分心	☐ 因为声音或噪声而分心	☐ 因为身边的活动而分心
与某人再次见面	☐ 忘记了此人的名字，但记得其容貌或两人的见面地点	☐ 忘记了此人的容貌，但记得其姓名或曾经交谈的内容	☐ 记得最清楚的是你们一起做过的事情
因为上课或工作而联系某人	☐ 更愿意进行直接、面对面的私下会面	☐ 更喜欢用电话交谈	☐ 更喜欢在走路或参与一项活动时与人进行交谈
阅读	☐ 喜欢描述性的场景，或停下来想象其中的动作	☐ 喜欢对话和交谈，或者会想象人物在说话	☐ 喜欢动作片，或者不太热衷于阅读
在上学或工作时从事新的事情	☐ 喜欢观看演示、图表、PPT或海报	☐ 喜欢口头指导，或与其他人讨论这件事	☐ 立即动手尝试
把一些东西组合起来	☐ 查看说明和图纸	☐ 喜欢口头指导，或与其他人讨论这件事	☐ 无视说明，边做边解决问题
需要电脑应用方面的帮助	☐ 寻找图片或图表	☐ 打电话给帮助中心，问邻居，或对着电脑怒吼	☐ 不断尝试，或在另一台电脑上尝试
总计			

资料来源：Based on Colin Rose's Accelerated Learning（1987）。

在明确了你的主要或次要学习风格之后，你就可以对你从老师那里获得的教材、系统以及资源进行最优组合，从而帮助你取得更好的成绩。此外，如果你能找到学好本门课程的方法，那么你便可以运用同样的学习策略学好其他课程。

请注意，你的老师同样拥有自己最习惯且独特的学习和教学风格。观察你老师的工作方式，这是帮助你学好这门课的一条绝佳线索。例如，他在讲课时是否从来不用画图来辅助？抑或他是否会用视觉材料来展示重点？弄清你老师的学习和教学风格，并基于此预测他在课堂和作业上想要哪种类型的互动。

步骤7a：阅读本书

当下你可以对自己做的最佳投资是什么？如果有什么东西可以让你在本门课程中取得A的成绩，同时能够帮你成功读完大学，这是值得花钱的，对吗？而这正是本书，外加你的时间。事实上，为了学好这门课程，你需要的只有本书及其提供的资源，再加上你在时间和精力上的一点投入。学好这门课程是你在后续商学课程中取得优异成绩的一个良好开端。这会让你在毕业后找到一份好工作，随之而来的是大量金钱、名誉和机遇！（当然，也许你得到的并不是后面这三样，但你可以往这方面想象。）

步骤7b：使用学习系统，而不只是本书

当你花钱买下这本书时，你很有可能以为自己只得到了一本书，对吗？但实际上你买到的是一个"系统"。

表2向你展示了购买本书可以获得的所有资源。回顾你的学习风格，想一想如何利用这些资源来帮助你进行学习和研究。

表2　资源指南

资源	位置	何时使用
模拟环境（让你在多种常见的商业环境下尝试相关技能的交互功能）	mybizlab.com	为准备考试而强化概念
PPT演示	mybizlab.com	开始学习新章节 为测验做准备
章节末尾的练习题	mybizlab.com 每章末尾	学习过程 为准备考试而强化概念

步骤8：做好笔记

即便你是一个很强的听觉型学习者，你也可以从记笔记中获益。优质的笔记是你复习备考、准备论文的关键工具。学习不同的记笔记方式，并且充分利用它们。其中某个方式一定会比其他方式更适合你的学习风格。你可以试验一下，看看哪种方式最能满足你的需求。当下流行的记笔记方式包括列提纲、画思维导图，以及使用康奈尔笔记系统。

列提纲

你可能已经在使用提纲系统了。它的关键在于记录，在重点内容下面，你还可以记录相关的支持性及补充要点。在依据书本内容做笔记或进行PPT演示时，提纲是一个很好的系统，因为它已经为你把材料整理好了。然而，这个系统可能在记录讲座和课堂讨论要点方面没那么有效，因为提纲的层级结构不够灵活，很难插入与后续讨论和前述内容相关的要点。

画思维导图

思维导图是对课堂或书本内容的图形化展示。它是一个灵活的系统，很多视觉型学习者认为思维导图十分有益，因为它用图表形式将课堂内容串联了起来。图1就是这样一个例子。

思维导图可以记录与提纲相似的重点和支持性要点，但它没有固定的层级，结构更加灵活。你可以在图形中央的圆圈或方框里记录中心主题，然后在由中心圆圈或方框发散出的小圈或小框内记录支持性要点或子主题。如果稍后需要添加其他子主题，那么你可以画一条新的分支。如果需要记录与主题无关的要点，那么你可以将它记录在一个与主要概念区域内的任何内容都无关联的圆圈之中。

接下来，你可以在检查时加上颜色，将那些不在一个分支但属于同一个主题的想法或概念关联起来（例如老师指出的考试要点、来自PPT演示的主题，或者那些应该进一步研究的内容）。在复习备考或准备论文的时候，你可以借助这些方框和色彩将若干堂课上的要点关联起来。你可以考虑创建一个渐进式的思维导图（独立于单堂课的思维导图），以此反映特定主题和课程的整体关系。网络上有许多包括软件和模板在内的免费资源，你可以借此开始使用思维导图。可以免费在线使用的MindMup就是这样一个产品。就算你只有一张纸和一支笔，你也可以绘制有用的思维导图。

图1 本书导言部分的思维导图示例

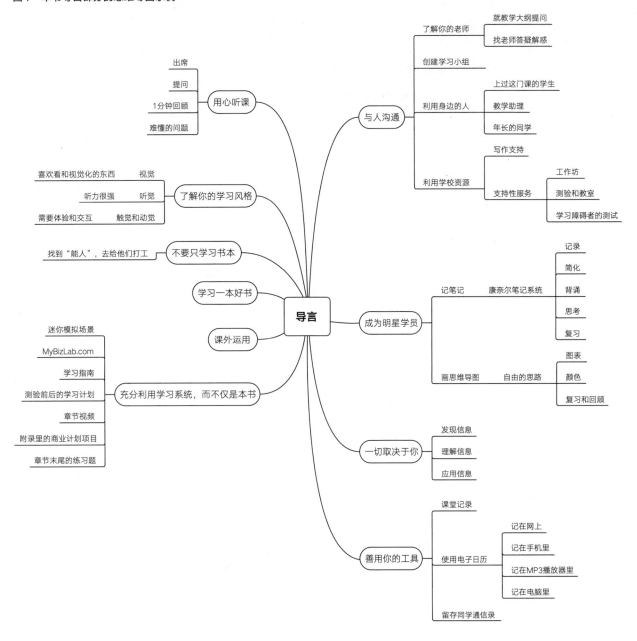

图1 本书导言部分的思维导图示例

使用康奈尔笔记系统

康奈尔笔记系统是一个简单而强大的系统，如果应用得当，它能够帮助你记录，同时扩大笔记的用途。在使用康奈尔笔记系统时，你不必将笔记重写一遍或重新录入。相反，你可以用特定的版式来定义你的笔记。根据图2设置你的8.5英寸×11英寸①笔记本页面：在距离页面左侧2.5英寸处画一条竖线；接着在距离页面底部1英寸处画一条横线，用

_____

① 1英寸≈2.54厘米。

于记录要点。你还可以使用预先加载了康奈尔笔记模板的微软One Note数字笔记应用程序。

图2　One Note的康奈尔笔记模板

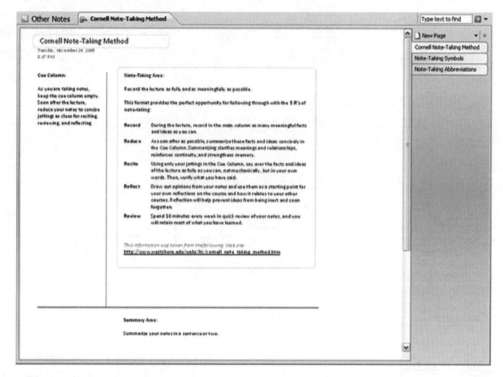

首先，在页面的主体部分记录课堂上的主要内容，你可以使用提纲或思维导图，只要是最适合你的就可以。其次，课后立即在左侧最窄的一栏写下可以定义课堂重点的概念或关键词。最后，在页面底部区域用自己的话总结关键要点。这可以迫使你以一种新的方法来处理信息。

复习

使用上述任意一种方式都能帮助你在复习笔记时说出其中的关键要点。尽管听上去很傻，但大声背诵的确是一种有效的学习方式，对听觉型学习者来说尤其如此。因为聆听自己的想法有助于提高你的思维能力，用自己的语言陈述想法和事实可以给你带去挑战，让你思考这些信息的意义。

为在线学习者提供的更多小窍门

你正在在线学习这门课程吗？这里有一些学好本课程的窍门：

1.在课程开始前购买教材和其他课程资料。如果在网上购买，请预留运送时间。

2.检查你的设备需求。确保你的电脑、软件、网络在课程开始前都已准备得当，能够满足上课要求。设备出问题并不是落下在线课程作业的好借口。准备好可以使用的备用电脑，以备不时之需。

3.设置固定的学习时间。由于没有具体的课堂教学时间，人们很容易忘记上课。时间总是过得很快，在你意识到这一点前，其他事情已经捷足先登，而你只能通过不断赶进度来达到课程要求。设置固定的学习时间——与你的日程相协调的时间安排，在这段时间里你可以进入在线课堂，或者完成任何必要的作业。

4.积极询问作业上的问题。如果你对某项作业有疑问，请记住，有时候你无法立即得到答案，你应该在课堂之外花费更多时间。

5.参与讨论，提出问题。你的在线指导老师会为你提供提问机会和与其他同学交流的方式。积极参与会让你更好地领会学习内容，同时能让你对自己的同学有更多的了解。

6.交换联系信息。即使你很难与在线课堂的同学见面或互动，你也可以试着得到一两个人的联系信息，这样你便可以与他们共享信息和问题。

7.务必让你的老师知道你是谁。在第一周结束前后花一些时间通过电子邮件或课堂聊天室向老师介绍你自己。和传统面授课堂相比，让在线课堂的老师了解你更为困难。

8.了解如何使用你的班级网页和课程管理软件。特别要了解如何获得和提交作业，如何查询成绩，以及如何与指导老师及同学沟通。

9.做到有条理，不要拖延。特别是在自学的情况下，请确保自己知道什么时候要交重要的作业，什么时候要考试。在得到教学大纲后，请立即将所有作业的截止日期标注在你的日历上。

10.你必须习惯以书面形式来表达你的想法。你需要用专业的方式将课程内容和你的未来职业联系起来。

步骤9：运用工具——智能手机、平板设备或笔记本电脑

毫无疑问，你至少会带着一部手机去上课，甚至会带上平板设备或笔记本电脑。这里有一些如何借助这些工具取得优异成绩的建议。

使用日历

组织能力是成功所需的关键技能。请在你的手机日历里输入作业截止日期。你可以使用微软Outlook或谷歌日历等组织工具来跟踪重要日期，也可以在笔记本电脑上使用它们。

记录班级通信录

在手机或笔记本电脑的通信录里至少记录三位同学以及你的教授的联系信息，并确保得到完整的信息——住宅电话、手机号码、即时通信软件账号以及电子邮件地址等。你可以考虑通过斯拉克等工具创建在线小组，让班级成员相互协助。这样，在真正有需要的时候，你只要动一动手指就可以得到这些信息，而不一定要带记事本。这种习惯将在你今后走入真实社会时给你带来各种各样的机会。成功人士称之为人际关系网。

录制课堂音频或视频

智能手机和平板设备具有课堂录音和录像功能。笔记类应用可以让你边记笔记边录音，你只要点击一下笔记，就可以将其链接到录音的相应位置。

很多老师现在开始为自己的课程录制音频或视频，并且将其作为补充资料提供给学生。如果你的老师没有这么做，请征求录制他的音频或视频的许可，告诉他你很乐意让他使用这些文件，也愿意将文件分享给其他同学……

步骤10：在课堂之外应用这些原则

所有这些课堂小窍门都可以应用于你的职业生涯。例如，步骤7建议你寻找、理解并应用本书学习系统中的信息来满足教授的要求。在工作中，你需要了解你的老板或客户想要什么，并找到满足这些需求的最佳方式。同样，步骤6鼓励你了解自己的最佳学习方式。重新查看表1，其中许多行为同样适用于商业环境。了解你的学习风格，将有助于你在事业和学业上都取得成功。

　　　　　　　　　　　　　　　　　　　　　　　　美国百所大学都在上的商学课（第五版）

由于商业和人有着密切关联，因此请想一想你应该如何将步骤3的策略应用于自己的工作。如果可以的话，请了解你的老板或主管。他们也可以成为你的导师，在你的晋升过程中发挥关键推荐作用。老板并没有安排专门的答疑时间，但你可以定期去办公室问候他，或者每个月邀请他共进午餐或喝咖啡。了解与你共事的人，列出联系人列表。你永远不会知道，当你不在办公室时你可能要与办公室里的哪些人联系，反之亦然。因此，请记录同事的电子邮件地址、住宅电话或手机号码，甚至他们的即时通信地址。同样，对于"我还遗漏了什么"或"你可以帮我一下吗"这样的问题，问同事要比直接冲到老板面前（或对着空气）问同样的问题好得多。此外，不要忽略你所在办公室之外的其他人。试着认识清洁工、电梯服务生，以及你所在大楼的保安，他们可以在必要时给你提供帮助。如果你记得他们的相貌和名字，他们就会更乐意帮助你。

想要获得成功，你还要遵循步骤2，带着目的去工作！不要害怕提问，好问题能够表明你在考虑工作上的事情，并且试图了解一些事情。如果有些事情你既不明白也弄不懂，请问清楚。

你是否认为离开课堂之后就再也不用记笔记了？请再想想。你在工作日要参加许多会议，甚至是电话会议。利用你在大学学到的技能和步骤8来完善你的笔记记录方式，这样当你开始工作时，你就能完全弄懂这项技能了。虽然你可能会侥幸遇到老师没注意到你缺课的情况，但这种运气很可能不会随着你进入工作场所。我们建议你使用步骤9所说的在课堂上应用手机、平板设备、笔记本电脑以及MP3播放器的方式，这些工具同样可以用于工作。此外，你必须确保人们知道并允许你进行录音和录像。良好的会议记录和讨论记录对你和你的同事都有帮助。由于很多人都畏惧科技，因此将自己塑造成一个适应技术和创新的人同样是一件好事。

不要停止学习！在步骤7中，我们已经鼓励你好好学习本书了。当你找到一个自己感兴趣且想要追求的职业，请找一些书来了解有关这一职业的建议和见解。学无止境——学习是一项终身活动，所以请接纳这种活动吧。根据步骤4的建议，你应该已经养成阅读实时新闻的爱好。了解周围世界发生的事情随时都能对你产生助益。

最后根据步骤5，我们鼓励你去访谈企业的管理者或所有者，甚至为他们志愿服务一段时间。参与企业经营，并从头开始学起，这么做能够让你更好地理解你所参与的任何业务。毕竟，就像我们在步骤1中说的那样：一切取决于你！

我们希望你已经认识到这些步骤能够帮你学好这门课程，我们也希望你能将它们应用于学业和职业生涯。不论你的追求是什么，我们都祝你好运！

了解商业环境

Looking at the
Business Environment

第一章 企业基础知识

本章目标

1-1 企业概览

定义什么是企业，列出生产要素。

美国的商业景观广阔而多样。本·西尔贝曼（Ben Silberman）推出了成功的网站品趣志。与此同时，一户姓张的人家开办了一家小型中餐馆。这些看似毫无关联的企业有什么共同之处呢？

1-2 共同的商业挑战和机会

阐释竞争、社会环境、全球化以及科技变革如何给企业经营者带来机遇和挑战。

勒罗伊·华盛顿（Leroy Washington）是佛罗里达州一家地方熟食店的店主。当三明治连锁店赛百味开到街对面时，为了应对新的竞争，勒罗伊不得不想出创造性的办法。在大型连锁店就在近旁的情况下，他是如何维持小熟食店的生意的呢？

1-3 企业类型

阐述四种企业类型。

瓦瓦便利的连锁店均开设在美国中大西洋地区。尽管这个连锁品牌的店铺超过了500家，但人们依然认为它是一个小型地区性企业。为了扩张业务，成为全国性的连锁店，瓦瓦便利应该怎么做呢？

1-4 从个人生活角度看企业经营

阐释如何将人的生存技能应用于企业环境。

你是否像做生意一样经营自己的生活？管理一家企业需要用到许多和日常生活所用相同的财务和个人技能。了解自己在生活中应用商业概念和手段的方式，可以帮助你理解它们在企业中是被如何应用的。

1-1   企业概览

定义什么是企业，列出生产要素。

■   本·西尔贝曼小时候住在艾奥瓦州的得梅因，那时他的爱好是收集虫子。现在，二十来岁的西尔贝曼大学毕业，开始工作，他目睹了社交网络的腾飞。他认为，人们应该有更好的方式来与自己的朋友交流兴趣爱好。在向女朋友抱怨了太多次想要辞职自己开公司后，他真的这么做了。他找来两位朋友，埃文·夏普（Evan Sharp）和保罗·夏拉（Paul Sciarra），开始开发能够帮助人们找到新爱好的网络应用。他们给它起名为品趣志。

与此同时，在宾夕法尼亚州的一个小镇上，30年前从中国香港移民到美国的张家人实现了开中餐馆的夙愿。尽管开办新餐馆很有挑战性，但张家人却赢得了待客如家的美誉，同时建立了忠实的客户群。为了取得成功，这两类企业经营者都必须了解哪些事情呢？

拥有数百万用户、价值数十亿美元的软件公司和小镇上的家庭餐馆有哪些共同之处？这些组织是美国丰富多样的企业的缩影。本章，你将学到对于经营一家成功企业而言至关重要的基本概念。

企业的定义

什么才是企业？ 品趣志和张氏中餐馆都是**企业（business）**——向顾客提供产品以获取利润的实体。当一家公司的**收入**（revenue，赚到的钱）大于**支出**（expenses，花出去的钱）时，它便获得了**利润（profit）**。如果支出超过了收入，那么该公司便出现了亏损。

企业提供哪些种类的产品？ 产品可以是一种商品，也可以是一种服务。**商品（goods）** 是企业销售的实物产品。阿贝兹的烤牛肉三明治、百思买的42英寸电视、地方汽车经销商出售的本田飞度汽车都可被视为商品，因为它们都是有形的物品。

传送带、水泵及出售给其他企业的零件同样是商品，尽管它们并不是被直接卖给消费者的。

来源：Sergii Koval/123rf。

服务（service）是可以购买或销售的无形产品。服务包括理发、医疗保健、汽车保险以及演出剧目等。和霍利斯特休闲服饰店货架上的马球衫不同，服务无法通过物理方式买卖。

一些公司提供既是商品又是服务的产品。餐饮连锁品牌星期五美式餐厅就是这样一个例子。当在星期五美式餐厅点了一份西朗牛排时，你实际上是在为这份商品（火烤西朗牛排）以及菜品的准备、烹饪和上菜等服务付费。

随着时间的推移，国家会在其经济体系是由商品主导还是由服务主导方面发生改变。过去，美国是一个农业国家，但其后来转变成以商品生产为中心的强大制造基地。现在，这种趋势日渐式微，服务产业成为主导。其他国家走的则是不同的路线，例如，在中国商品制造现已成为主导。

企业怎样使用它们的利润？ 在多数情况下，利润是企业发展的推动力。伴随着利润的增加，企业可以奖励自己的员工，提升自己的生产效率，或者在新的领域拓展自己的业务。

企业经营者并非唯一从企业产生的利润中获益的人。通过为消费者提供其需要的和想要的商品及服务，一个成功的企业可以让社会受益。企业还为社会成员提供了就业机会。成功的企业提供了人们想要的商品和服务，带来了就业机会，推动了经济的输入和输出。它们为社会创造了更高的生活标准，为人类的优质生活做出了贡献。

什么是非营利组织？ 为组织的所有者追求利润并不是非营利组织的经营目标。相反，非营利组织通过社会、教育或政治手段来为它的群体提供服务。大学、医院、环保团体以及慈善机构等组织就是这类非营利组织的代表，它们产生的任何利润都被用来拓展它们所提供的服务，从而促进组织的事业发展。

生产要素

企业用什么来创造它们所销售的产品？ 为了全面了解一个企业的运作，你必须考虑它的**生产要素**（factors of production），或者它用来生产商品或服务的资源。长久以来，企业强调的都是传统的生产要素：劳动力、自然资源、资本、企业家、知识产权和科技。

劳动力。毫无疑问，企业需要人力来生产商品和提供服务。**劳动力**（labor）是一种人力资源，是人们能够为企业生产所贡献的任何体力或智力劳动（创意和知识）。

自然资源。**自然资源**（natural resource）是由自然界提供的，可以用于生产商品和提供服务的原材料。用于农业生产的土地，为造房子提供木材的树木，以及煤炭、石油和天然气等能源都是自然资源。

资本。资本有两类：实际资本和金融资本。**实际资本**（real capital）指的是用于生产商品和提供服务的实体设施，比如办公楼和厂房等。**金融资本**（financial capital）指的是用于促进企业发展的资金。金融资本可以通过商业贷款、投资人以及其他形式的融资获得，抑或通过动用个人积蓄获得。

企业家。**企业家**（entrepreneur）是能够预测创建、组织和经营一个企业的风险，同时管理企业所有资源的人。和劳动力一样，企业家是一种人力资源。但他们与劳动力不同的地方在于，不仅有承担风险的意愿，而且能够有效管理企业。如果能够成功做到这一点，企业家就会从企业获得利润回报。

知识产权。**知识产权**（intellectual property）是一种为私人或机构单独所有的无形资产，是人类智慧和创造力的产物。制药公司的药品专利、歌曲版权以及可口可乐等产品的商标就是这样的例子。如果你拥有一项药品专利，那么这意味着其他公司在专利有效期间无法和你的产品竞争。

科技。在21世纪的经济世界，还有一项生产要素正变得越来越重要，那就是科技。**科技**（technology）指的是计算机、智能手机、软件以及数字广播等商品和服务，它们让企业的效率和生产力变得更高。成功的企业能够紧跟科技进步，利用新的知识、信息和战略。而不成功的企业屡屡失败，原因则在于它们没能跟上最新科技的步伐。

在本书接下来的章节中，你将学到更多有关劳动力（第九章）、资本（第十五章）、企业家（第五章）以及科技和知识要素（第十章）的内容。

■ 那么我们该如何比较品趣志和张氏中餐馆这两个截然不同的企业呢？品趣志为它的用户提供的是一种即时与他人交流自己的兴趣、爱好以及项目的网络应用。而张氏中餐馆则向顾客提供以餐点为形式的商品，同时提供食物制作和派送服务。尽管业务模式和产品完全不一样，但这两个企业仍是相似的，因为它们都是由一心想赚钱的具有创造力的企业家开办的。品趣志现在价值数十亿美元。而张氏中餐馆的利润则少得多，尽管它的所有者生活富足，但是他们并不敢想象十位数的利润。虽然这两个企业在很多方面都大相径庭，但张家人和品趣志的创始人都懂得什么是企业，同时明白生产要素是如何影响他们成功经营企业的梦想的。

【清单】 LIST
必须了解的商界名人

1. 萨提亚·纳德拉（Satya Nadella），微软首席执行官
2. 特拉维斯·卡兰尼克（Travis Kalanick），优步联合创始人兼前首席执行官
3. 马云，阿里巴巴联合创始人兼前首席执行官
4. 埃隆·马斯克（Elon Musk），特斯拉首席执行官
5. 沃伦·巴菲特（Warren Buffett），伯克希尔−哈撒韦首席执行官
6. 理查德·布兰森（Richard Branson），维珍集团创始人
7. 杰夫·贝佐斯（Jeff Bezos），亚马逊前首席执行官
8. 拉里·佩奇（Larry Page），字母表（谷歌母公司）前首席执行官
9. 董明伦（Doug McMillion），沃尔玛首席执行官
10. 穆泰康（Muhtar Kent），可口可乐前首席执行官

1-2　共同的商业挑战和机会

阐释竞争、社会环境、全球化以及科技变革如何给企业经营者带来机遇和挑战。

■　去年，勒罗伊·华盛顿继承了家族的熟食店。这家熟食店拥有忠诚的客户和固定的午餐客群。随后一家全新的赛百味开到了这家熟食店正对面的一栋大楼里。由于赛百味是一家全国性的特许经营连锁店，广告铺天盖地，因此这家新店的知名度很高。它的店面也很大，不仅有更多的工作人员和烤炉，还有更加丰富的菜单选择。

勒罗伊发现，人们会为了更快的服务和更多种类的三明治转而惠顾赛百味，他的午餐客群缩小了。为了和赛百味更好地竞争，勒罗伊不得不发挥创意。因此，他不仅提供传统的熟食，还在菜单上增加了古巴三明治以及一种包括低价晚餐菜品的"早客特惠餐"。勒罗伊希望这种改变能够吸引大批古巴移民和当地的年长市民。企业经营者如何才能将竞争、科技挑战以及社会环境变化转化为新的机遇？

来源：redav/Fotolia。

勒罗伊这样的企业经营者如何才能应对他们所面对的竞争以及其他商业挑战呢？ 就像勒罗伊发现的那样，直面这些挑战有时能为企业带来新发展机遇。在下文，我们将讨论竞争、社会环境、全球化以及科技变革如何给勒罗伊等人带来商业上的挑战和机遇。

竞争

竞争给企业带来了怎样的影响？ 美国的市场经济体系强调个体经济自由，以及对政府干预的限制。在这类市场经济体系下，竞争是最基本的推动力。当两个或两个以上企业为了吸引客户和获得优势而相互较劲时，**竞争（competition）** 便产生了。美国的私营企业制度建立在竞争能让消费者获益的事实基础上，因为这样能够激励企业生产种类更多、质量更佳、价格更低的商品和服务。

美国百所大学都在上的商学课（第五版）

纳特其果汁：汤姆和汤姆的合作

汤姆·弗斯特（Tom First）和汤姆·斯科特（Tom Scott）是大学时的好朋友，他们都不想在传统公司里发展。从布朗大学毕业后，两人搬到了马萨诸塞州的纳特其岛，他们在纳特其港的一艘红船上开办了一家名叫Allserve的水上便利店。这家便利店向周边船只提供送货服务，从报纸到换洗衣物，几乎无所不包。

尽管Allserve取得了一定的成功，但汤姆和汤姆很快又想到了另一个点子。他们决定出售他们自制的天然混合果汁，纳特其果汁品牌应运而生。这种果汁很快在整个纳特其岛流行起来。为了扩大产品覆盖面，Allserve买下了一个分销公司，现在许多全国性连锁店都在销售这款产品。两位企业家随后又在纳特其岛开办了一家果汁伙计果汁吧（Juice Guys Juice Bar），稳住了他们在当地的根基。[1]他们的合作向我们展示了两个有热情和动力的人是如何成功开创事业的。从在纳特其港充当水上送货小工开始，汤姆和汤姆取得了很大的进展，现在他们经营着一家全国知名的公司。

当下的市场竞争。一个充满竞争的环境是自由市场经济得以繁荣发展的关键。竞争迫使公司改善产品、降低价格，大力推广自己的品牌，同时注重客户的满意度。由于不得不争取数量有限的消费者，因此效率较低的公司以及不受欢迎的产品通常会被市场淘汰出局。要想在激烈的市场竞争中获胜，今天的公司必须提高客户满意度，了解社交网站的力量，同时给予员工更多权利。

更高的客户满意度。为了理解成功的企业如何提供比竞争对手更好或更便宜的产品，我们可以参考家庭影视设备市场：几年前，随着越来越多的制造商和零售商进军高清电视市场，高清电视的价格一度急速下滑。而这创造了一个由渴望蓝光播放器的人群构成的市场，因为他们能够在新电视上观看高清内容了。结果，曾经由高端零售商和制造商垄断的蓝光播放器的销量急剧上升，因为这种播放器成了家庭娱乐系统的主要设备。同时，蓝光播放器的价格下降，消费者可以在多个零售商那里找到价格适中的播放器，例如亚马逊网站、开市客超市和百思买。这些公司有能力对商品进行快速且大批量的周转，这可以让它们压低支付给生产商的价格以及销售给客户的价格。

接下来，随着市场的继续发展，流媒体成为康卡斯特、威瑞森电信以及通过网飞视频服务和谷歌娱乐播送内容的公司的选择。光碟销量直线下降，销量同样下跌的还有光碟播放器。亚马逊和互路等公司也开始提供流媒体视频服务，而电视机制造商则开始将适用于网飞、亚马逊和互路的流媒体播放器整合进自己的电视机。竞争正是这一切的发端。

社交网站。品趣志、脸书和推特等网站都是社交网站。**社交网站（social networking sites）**可以让人们轻松地在网上相互联系，从而达到建立和维系社会关系的目的。用户总数超过20亿的脸书和推特正是这种社交网站的代表。

社交媒体和商业竞争有什么关联？和以往任何时候相比，如今更多顾客通过各种各样的媒介——电子邮件、短信、博客以及社交网站来相互联系。因此，公司也越来越多地使用社交网站与客户进行沟通。通过这些网站，它们可以推广自己的产品，提供优惠，以及与对它们公司感兴趣的人建立联系。

个人可以使用社交网站来快速传播有关优质（或劣质）服务或商品的评价。如果有客户不满意，那么这个消息会以光速传播开来。正如本书所认为的那样，满意的客户基础是企业的强大营销工具。

其他一些社交网站则专门针对商务需求。以领英为例，它拥有超过8亿用户。领英用户利用自己与旧识、前任雇主以及同事的关系来交换简历，建立人际网络。公司则用该网站寻找职位候选人，让他们对自己的公司产生兴趣。

员工赋权。在竞争激烈的环境中，公司必须赋予员工自由处理客户需求的权利。这意味着雇主需要寻找那些具有人际交往、沟通以及决策等能力的员工。为了保持自己的竞争优势，今天的公司必须更积极地响应客户需求。因此，越来越多的公司都赋予了员工更大的决策权，而不是从管理层开始层层下达决策。同时，这么做提升了员工满意度，给员工带来了更多职业发展机会。

社会环境

社会环境如何影响企业？社会环境（social environment）是一个由不同人口统计因素构成的相互关联的系统，这些因素包括种族、民族、性别、年龄、收入分布、性取向以及其他人口特征。社会运动、经济运动和政治运动及其趋势不断改变着美国和其他国家的社会环境。移民的涌入可以改变人口种族结构，经济衰退能够改变

苹果公司：抢占微软份额？

为了在个人电脑市场占据主导地位，苹果和微软展开了持久而激烈的竞争。最初，两家公司的竞争焦点是图形用户界面（graphical user interface，GUI），即运行个人电脑主程序的用户界面。1983年，苹果发布了包括文件夹和长文件名在内的第一款图形用户界面。1988年，当微软发布Windows 2.0系统时，苹果将微软告上了法庭，声称Windows系统界面的"外观和感觉"都剽窃了苹果系统的界面。这场官司一直持续到1992年，以苹果败诉告终。

在20世纪90年代早期，微软在竞争中取得了领先地位。在大多数个人电脑中预装Windows操作系统成了行业标准，也是当时电脑市场的主流做法。1997年，苹果宣称与微软正式结盟，这场历经十年的竞争终于结束。微软和苹果达成了一项五年协议：微软将继续为苹果开发Office办公软件，而苹果则同意将微软的IE（Internet Explorer，网络探路者）浏览器整合进自己的操作系统。[2]

可见，竞争能创造新的合作关系——有时这种关系比较奇特。今天，微软正积极拉拢苹果，努力向苹果用户推广和销售它的产品。如果你有苹果手机，你就可以用该公司的数字个人助理Siri进行网页搜索，Siri会使用微软的必应（Bing）而非谷歌来进行搜索。这对苹果有什么好处？这是因为谷歌已经凭借安卓手机平台成为苹果在移动手机市场的主要竞争对手。这些相互竞争的高科技公司之间的竞争要素推动着它们，让它们不断创新，生产出无可匹敌的高质量产品。

人口收入分布。这些变化影响了我们居住的地点、购买的物品以及我们的消费方式。为了更好地服务自己的员工、客户以及社区，企业必须在决策时考虑社会环境的变化和变革。让我们一同探讨与社会环境有关的三个具体问题，它们反映了当今企业面临的潜在挑战和机遇。

人口老龄化。美国的老年人不仅活得更久、更健康，受到过更好的教育，比较富有，而且生活水平比上一代高。出生于1946—1964年的婴儿潮一代是美国老年人口的主体。7 800万婴儿潮一代不仅是美国人口数量最大的群体之一，而且是最富有的。2016年，年龄在52岁至70岁之间的婴儿潮一代的年消费能力超过了2万亿美元。这使得婴儿潮一代成为企业有利可图的大目标。例如，化妆品公司卡尼尔渴望通过其名为"超级紧致"（Ultra Lift）的抗衰美容系列产品从老年人身上获利，该系列产品针对的正是婴儿潮一代的女性。卡尼尔发布该系列产品是为了使其产品与人口结

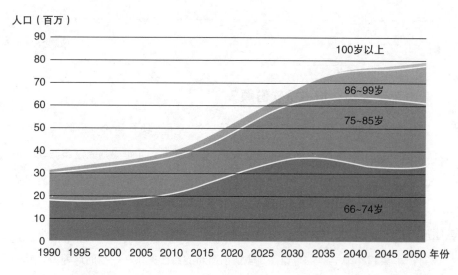

人口（百万）

图1-1 1990—2050年65岁以上的美国人口

来源：J. Meyer, *Centenarians: 2010 Census Special Report C2010SR-03*, U.S. Department of Commerce, U.S. Census Bureau, retrieved from https://www.census.gov/prod/cen2010/reports/c2010sr-03.pdf。

构变化保持一致。

尽管老年人口意味着大量商机，但他们同样为美国经济带来了挑战。许多分析师都发出警告，即随着婴儿潮一代步入退休年龄，美国将面临艰难的抉择。潜在的问题包括：政府不得不提高税收来支持社会保险和医疗等福利项目，如果不减少这些项目的福利，政府则会面对更高的联邦预算赤字。

为什么这对企业很重要呢？如图1-1所示，2050年，65岁以上的美国人口将达8 000万。今天，近40%的老年公民的个人收入来自社会保障金。这些趋势综合在一起，意味着工作人数将会下降，而社会服务需求将会增加。长寿是这种人口结构转变的另一个方面：最近一次人口普查发现，美国百岁老人（年龄达到100岁或超过100岁）的总数超过53 000名。[3]预计这一数字将在2040年达到58万，而这一群体所需的医疗保健项目和服务必须准备到位。

正如我们指出的那样，随着这些挑战的到来，满足老年人口的需求将为企业，尤其是退休中心、医疗保健和制药公司以及旅游公司，带来发展的机会。老年人口越多，这类商品和服务的市场就越大。

劳动力多元性的提升。 企业没有所谓适用于所有人的办法来管理员工和吸引顾客，因为每个人都不一样。由于美国变得越来越多元化，因此，对企业来说，提升劳动力的多元性是十分重要的。不这么做的企业会面临危机，错失与新兴的、更多元的客户群的联系。美国人口普查局的最新数据显示，美国少数族裔人口比例为35%，即每三个美国居民中就有一个人属于少数族裔。在一些公司，绝大多数劳动力都是少数族裔人口。以四季连锁酒店为例，该公司12 400名员工中有64%来自少数族裔。[4]

然而，在当今的商业环境下，公司对多元性的提升和管理不仅仅在于雇用不同种族的员工。公司必须同时提出多元化计划，概括它们在管理、留存和增加多元化劳动力方面的目标。多元化计划可以包括无歧视政策、少数族裔网络或多元化教育等内容。为了提升自身的多元性，公司必须将多元化视为一项重要的商业目标。

尽管吸纳少数族裔人口并提升他们在公司里的地位是建立多元化员工队伍的重要步骤，但这只是整个过程很小的一部分。今天，少数群体这一概念的使用范围不再局限于不同种族的人群。少数群体也可以代表性别、文化、宗教、性取向或残障等方面的少数人群。公司必须将这些少数群体纳入它们的多元化计划，确保所有来自少数群体的员工都能得到管理者和同事的公平对待。

环保运动。公众对全球变暖和气候变化日益增长的关注促使企业开始参与**绿色经济（green economy）**——这是一种在商业决策中考虑生态因素的经济。由于客户十分关心环境，因此为了保持自己的竞争力，那些在产品生产过程中排放更多二氧化碳同时消耗大量石油燃料的企业必须根据人们对环境的关注而做出相应调整。

以汽车制造业为例，使用电能和汽油的混合动力汽车不仅成了热门产品，而且对实现国家目标至关重要。美国最新的燃料经济性标准[5]要求汽车燃效在2025年前接近每加仑55英里[①]。几乎所有大型汽车制造商，包括丰田、本田和宝马，现在都提供混合动力汽车产品。此外，还有一些品牌采用了其他类型的能源，例如特斯拉S系和日产聆风的电动汽车。聆风的单次充电续航里程最高为126英里，而且没有尾气。

对环境问题的关注同时打开了对未来日益重要的全新市场。客户对更多绿色产品的需求为企业家带来了新机遇。这类"绿领"工作能够大范围重振美国业已衰退的制造业。风力涡轮机的制造、太阳能板的安装以及能够实现微气候（个人居住环境周围的小气候）节能的景观设计将成为21世纪不可或缺的业务。

日产聆风电动汽车是汽车制造业响应社会环境变化的例子之一。

来源：Portland Press Herald/Getty Images。

社会环境与你。作为潜在的职员，上述任何社会问题都可能会影响到你最终工作的公司。由于越来越多的就业人员退休得比以前更晚，因此某些职位竞争和职业晋升竞争可能比过去更加激烈。同时，为了满足美国人口日益发展的需求，企业文化也在不断改变。这意味着那些能够适应多元环境的员工将得到更多机会。此外，那些以满足绿色经济不断发展的需求为目标的工作同样会为求职者带来新的机遇。对于那些

---

① 美制1加仑≈3.785 412升（只用于液体）。1英里=1.609 344千米。

有远见、渴望成功又愿意冒险的人来说，创业的可能性永远存在。

全球化

全球化如何影响企业？你应该对耐克、麦当劳以及可口可乐等跨国企业非常熟悉。**跨国企业**（multinational enterprises），即在多个国家经营的公司，走在了全球化运动的前列。**全球化**（globalization）是一项让世界经济联系得更紧密，变得更加相互依赖的运动。这意味着在科技、商品与服务、劳动力以及资本的来回流动下，世界各地的经济体更容易实现跨越边界的融合。例如，全球最大的快递运输公司联邦快递在超过220个国家和地区都拥有自己的业务。[6]

从中国经济的转型到美国大型制造工厂的倒闭，全球化对商业世界的影响千差万别。互联网和现代科技进步使得世界各地任何规模的公司都有可能参与全球竞争。较低的关税和其他贸易管制让美国企业选择向其他国家进出口商品或在海外开展业务。为了降低生产成本，越来越多的美国企业不再在国内建厂生产，而是将生产设施转移到海外，或至少将部分零部件外包给世界各地的外国公司来生产。这就是所谓的**离岸外包**（offshoring）。中国和印度等国家低廉的劳动力成本让它们成为跨国企业以低价寻求技术服务和产品制造的理想地点。

尽管全球化的概念对很多国家都非常重要，但它在不少国家依然是一个具有高度争议性的话题。全球化给美国经济带来了利益和风险。例如，降低生产成本可以减少消费者为购买产品而付出的代价。然而，人们仍然担心美国的工人会因海外的工人而失业。全球化也给美国企业带来了其他风险，包括：

全球外包市场一直在不断变化。美国手袋制造商蔻驰曾经在中国进行外包生产，但现在该公司将外包工厂搬到了印度和越南等工资更低的国家。
来源：Mandarina/Fotolia。

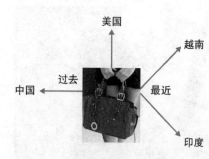

- 美元价值波动。
- 安全和专利保护问题。
- 海外不稳定的政治环境。

由于这些因素，全球化在过去数十年里引起了政客、商界人士以及普通大众的激烈争论。我们将在第四章深入讨论有关全球化的争议。

撇开利益和风险不谈，有一点是肯定的：全球化将持续下去。为了在国际市场中保持竞争力，公司必须努力提升商品和服务质量，制定和实施长远的创新战略。企业日益全球化的特质提升了对人才的需求，这些人必须能与国际商业伙伴进行沟通，具备先进的科技才能，表现出卓越的沟通技巧和创造性的问题解决能力，同时具备领导技能。

科技变革

为什么科技变革给当今企业带来了挑战？ 在过去20年间，信息技术取得了革命性的进步。在今天的商业世界里，公司必须紧跟科技的步伐才能保持竞争力。无论从事什么业务，公司都可以运用技术来保持自身的灵活性、组织性，以及与客户或员工的良好关系。毫无疑问，跟上科技的步伐既昂贵又费时。快速的科技创新节奏意味着电脑通常三年过时，五年就该淘汰了。[7] 加之应用软件、培训和系统架构方面的费用，无怪乎信息技术通常是很多公司最大的一笔支出。[8] 但是信息技术支出并非唯一的挑战。机器人以同样的方式彻底革新了汽车行业，而计算机和通信技术的进步正在彻底改变许多公司的运营基础和重心。

科技给企业带来了哪些好处？ 在得到有效应用和实施的前提下，科技能够帮助企业简化业务和削减成本。推特和脸书等科技产品可以改善企业与客户之间的沟通。现在，公司可以在音乐雷达等音乐识别软件里嵌入专门的广告，或者在客户靠近商店时使用位置感知软件将广告发送给客户的移动设备甚至车载媒体中心。

公司同样可以使用全新的科技系统来提高自己的生产效率。为员工提供需要的东西，让他们更高效地完成自己的工作，是提高生产效率最简单的方式。如果员工能在更短的时间里完成更多的工作，生产效率就会提高。员工更高产，他们的价值就更高。这样一来，整个公司都变得更有价值。但是科技带来的好处并不局限于为员工提供帮助，它们同样能够简化企业的内部运营，让整个企业变得更高效、更高产。

科技使得人们在任何地方工作成为可能，这是好事吗？
来源：fStop Images GmbH/ Shutterstock。

30年前，企业往往位于市中心，所有的员工都在同一栋大楼里办公。现在，这种情况已不那么常见。科技让**远程办公**（telecommute）、在家办公或者在办公室之外的其他地方办公成为可能。虚拟化的全球劳动力或进行国际远程办公的人员扩大了潜在员工的范围，这样无论这些人在哪里工作，企业

都能找到合适的员工。事实上，全球远程工作者的人数在2020年超过240万。[9]电话会议让企业管理者和其他企业代表不必为了开会而常常出差。它还让企业与企业无论相距多远都能轻易沟通。这些科技上的进步为企业节省了原本的必要开支。由于出差变少，因此花在交通、酒店住宿以及餐饮上的费用也变得更少。随着越来越多的员工选择远程办公，很多企业可以在更小的办公场所运营，这样成本更低，管理也更容易。出差和其他服务的减少对环境也产生了影响，让企业降低了能源和资源消耗。

互联网在科技发展中扮演了什么角色？ 如果说信息技术是改变企业功能的工具，互联网就是改变企业业务范围的工具。尽管信息技术自身也给商业世界带来了极大的影响，但让其变得真正具有革命性的却是互联网。1995年，互联网的发展开始加速。许多人对这项新科技很感兴趣，但一开始他们并没有对那些只在互联网上经营的公司抱有很高的期望。然而，当易贝和亚马逊同时在1995年推出后，情况发生了变化。这些公司表明，这样的尝试不仅是可行的，而且可能有利可图。它们取得的巨大成功为公众对电子商务的广泛认可铺平了道路。如图1-2所示，人们现在在网上购买各种产品。我们将在第十章更详细地讨论在线业务和科技。

电子商务。**电子商务（e-commerce）** 由三种业务模式组成：B2C（企业对消费者），B2B（企业对企业），以及C2C（消费者对消费者）。B2C可能是你最熟悉的模式，例如从亚马逊网站买书，从苹果公司的数字平台iTunes购买乐曲或电影等。B2C模式发生在企业和消费者之间。B2B模式则涉及企业之间的商品和服务销售，例如一个公司向另一个公司销售个性化或专有软件。尽管这两种模式在很多方面都十分相似，但它们之间的差异也很明显。B2B模式通常涉及的是面向少数客户的大宗交易以及定制化的产品和定价，来自双方的大量管理者均能确保交易对企业有利。和给手机下载新铃声或在亚马逊买东西等典型的B2C交易相比，这个过程显然更为复杂。C2C交易在由消费者驱动的在线商店成为可能，例如易集，在这里个人可以直接将自己的手工艺品销售给顾客。

随着时间的推移，电子商务在整体经济中的位置变得愈加重要。自2000年以来，电子商务一直在高速发展，许多企业要么适应了这一发展，要么被远

图1-2 人们在网上购买什么？

来源：StudioSmile/Shutterstock。

远抛在了后面。例如宝洁公司前首席执行官鲍勃·麦克唐纳（Bob MacDonald）就曾宣布，计划将产品在亚马逊网站和公司自有网络平台的销售额从每年5亿美元提升至40亿美元。[10]宝洁甚至允许亚马逊的员工进驻自己的仓库，以便他们能更快地完成帮宝适和其他宝洁产品的订单。随着移动设备的发展，电子商务不断增长的趋势尚无停止的迹象。由于电子商务可以让消费者更轻松地找到看似不起眼但价格最有竞争力的商品，因此它将继续推动经济发展。

值得注意的是，互联网的商业化至今才发展了不到30年。互联网作为销售媒介，尚未充分发挥它的潜力。随着互联网规模和影响力的持续增长，其对经济的重要性以及对企业的必要性也将与日俱增。这种增长还将影响与互联网相关的风险和问题。

网络安全。互联网提供的广泛的信息获取渠道对企业产生了多方面的影响。社保账号、信用卡账号、地址和密码等个人信息都可以在网上获取。即便经过加密，这些敏感信息在黑客面前也不堪一击。不幸的是，网络数据泄露已经十分常见。塔吉特、索尼以及多家大学都曾遭到黑客攻击，泄露了它们客户的信用卡信息或隐私。图1-3展示了最臭名昭著的企业黑客攻击案例。**身份盗用**（identity theft）的新形式也出现了，例如为了接受医疗服务而冒用他人身份。[11]我们十分有必要加强个人网络安全意识，使用更好的工具来确保企业的网络安全。

隐私。隐私是企业关注的另一个重要问题。电子邮件、内部文档以及谈话记录均含有不宜公开的内容。尽管如此，由于云存储变得十分便利，许多这样的档案都可以通过网络获取。广泛的获取渠道使得信息越来越难保密。云存储和云服务给企业带来诸多好处，然而隐私和安全问题也不容忽视。随着时间的推移，科技将不断给我们带来挑战。

图1-3　你的信用卡安全吗？

© 肯德尔·马丁

■　还记得本节开头勒罗伊·华盛顿的故事吗？当来自全国连锁店的竞争威胁到他的生意时，勒罗伊直面了挑战。为了充分利用这一地区的多元化特性，尤其是人口众多的古巴移民和老年群体，勒罗伊扩充了他的菜单。他的策略成功了。古巴三明治成了当地人的最爱。此外，熟食店每天下午

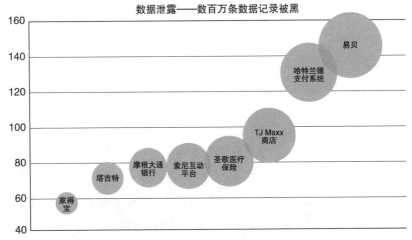

数据泄露——数百万条数据记录被黑

3点半至5点半挤满了人，因为此时店里供应"早客特惠餐"——一种包括三明治、汤和沙拉在内的价格合理的套餐。勒罗伊向我们证明，在商业世界里挑战和机遇比比皆是，又相互重合。

1-3　企业类型

阐述四种企业类型。

■　1964年，格雷厄姆·伍德（Grahame Wood）在宾夕法尼亚州的福尔松开办了一家便利店。店铺的经营重点是提供新鲜的乳制品，以及成为提供全套服务的熟食店。这标志着服务美国中大西洋地区的瓦瓦便利连锁店的开端。瓦瓦便利在六个州拥有645家店铺。[12]瓦瓦便利无疑是成功的，尽管如此，它依然是一家地区企业，并未进入全国乃至国际市场。瓦瓦便利这类地区企业面临着独特的挑战，这种挑战不会影响规模更大的企业，尤其是那些能够获得充足资金和保障的企业。瓦瓦便利持续在中大西洋地区扩张，也许某天它可能会跻身全国性企业的行列。地区企业和全国性企业，到底哪种最适合瓦瓦便利呢？

小企业和大公司的区别是什么？介于它们之间的那些企业又如何呢？小企业和大公司的目标与挑战各不相同。地方干洗店等小企业一般向少部分人提供有限的商品或服务。而强生这样的大型跨国企业则向全球范围内的客户提供广泛的商品或服务。地方和地区企业另有其需求和关注点。本节我们将了解不同类型的企业和它们的组成。

地方和地区企业

地方和地区企业的定义是什么？在你居住的城镇里转一转，你会看到各种各样的地方和地区企业。二手书店、面包房、修鞋铺、精品店、餐厅以及特色商店等通常都是地方企业。通常，每个类型的**地方企业**（local business）仅有一家，它的生意依赖于当地消费者。如果一家公司为周边有限的地区提供服务，那么它就是一家

　　　　　　　　　　　　　　　　　　　　　　　　美国百所大学都在上的商学课（第五版）

地方企业。例如，巴尔的摩的一家地方餐饮公司可能只有一间厨房，它为巴尔的摩及周边郊区的活动提供服务。地方企业通常只有少量员工，并且这些员工与地方企业所在的城镇有所关联。**地区企业（regional business）**的服务范围则更广，和地方企业一样，它们服务的并非全国或国际市场。瓦瓦便利就是地区企业的一个代表。

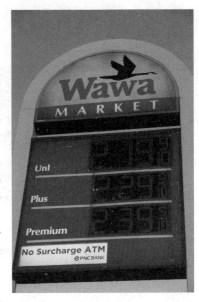

来源：Andre Jenny/Alamy
Stock Photo。

地方和地区企业面临的挑战是什么？ 资金管理是地方和地区企业面临的最普遍的挑战之一。糟糕的财务规划以及不利的经济条件可能会导致企业破产。当企业经营者无法筹集充足资金时，**资本不足（undercapitalization）** 的情况便会出现。当企业无法负担产品的生产或无法提供服务时，它便会倒闭。企业经营者必须预测业务经营的成本，同时预估企业产生的收益。为了避免负债，企业应有足够的预期收益来支付第一年的支出。如果一家地方餐饮公司的经营者预测了10万美元的支出，并且预计第一年能获得7.5万美元收入，那么这位经营者至少还要为公司筹集2.5万美元。即便资金充足，企业也有可能遇到经济状况不支持企业发展的情况。许多小企业在经济增长放缓时倒闭了，因为消费者不太可能花更多钱。

企业经营者必须考虑税费和保险费用，例如员工的医疗保险计划等。企业还要购买责任险，在财产被盗或受损以及员工受工伤的情况下保护公司的利益。如果一家地方珠宝店被人闯入，珠宝失窃，那么责任险可以赔偿破损的窗户和失窃的财产。如果这家珠宝店没有投保，而店主又承担不了损失，那么它可能会破产。

全国性企业

全国性企业的定义是什么？ 如果你从纽约开车去洛杉矶，你会在沿途看到许多西维斯药房。西维斯药房拥有几千家店铺，几乎遍布全美。[13] 所有西维斯药房看起来都一样，它们销售同样的商品，而且定价也差不多。对这样的公司，客户知道可以期望什么。**全国性企业（national business）**服务全国，但不服务国际市场。它们几乎为美国所有的居民提供商品或服务，不论他们住在美国什么地方。好事达汽车保险公司是另一家全国性企业，它在全美50个州设有办公地点，为全国提供服务。全国性企业成为美国商业的标准象征。

全国性企业面临的特有挑战是什么？ 与地方和地区企业一样，全国性企业同样担心

西维斯药房这样的企业是全国性企业，因为它在全国都设有店铺，并且不服务国际市场。来源：Kristoffer Tripplaar/ Alamy Stock Photo。

它们的预算和财务管理问题。但它们还要关注地方和地区企业没有的其他问题。由于各州法律不尽相同，全国性企业必须了解它们的经营场所所在州的法律。例如，每个州都有自己的税法。在大多数州，零售企业只有申请销售税许可证，才能向它们的客户收取销售税。每个州都征收企业所得税，但税率因州而异。而新泽西和罗得岛等州则要求企业为员工支付暂时失能保险。[14]这些法律很难统一，因而会阻碍公司制定标准化的经营政策。

更长、更复杂的供应链是全国性企业面临的另一项挑战。**供应链（supply chain）**指的是产品、信息以及资金在供应者和消费者之间的流动（见图1-4）。在产品生产过程中，原材料从供应商流向制造商，制造商将其制成产品，并将产品流向批发商、零售商，最终流向消费者。如果产品被退回，那么它将从消费者那里回流至零售商，接着可能会进一步通过供应链返回。供应链信息流包括订单的状态和它们的交付情况。供应链财务流则包括制造成本、付款、信用条款和利润等内容。

让我们来看看有关供应链的一个例子。当你去塔吉特买一瓶汰渍洗衣液时，你以及塔吉特商场就成了供应链的一部分。塔吉特的汰渍洗衣液是由经销商提供的，而经销商的洗衣液来自其供应商——宝洁公司。而宝洁有自己的供应商，它们向宝洁提供制造洗衣液所需的化工及包装材料。

企业规模越大，它的供应链就越长，也越复杂。如果管理不当，长供应链可能会造成效率低下，因为产品和材料必须经过更多仓库存储和运输环节。产品可能会堵在长供应链之中，从而导致延迟发货和延迟付款。如果供应链上的各公司缺少沟通，就会导致混乱和延迟，尤其是在整个过程发生突变的时候。因此，一家全国性企业必须依靠供应链上所有成员的协作来保证业务的顺利运行。

图1-4 供应链

来源（从左至右）：Ragne Kabanova/Shutterstock; Uwe Bumann/Shutterstock; Nat Ulrich/Shutterstock; Supertrooper /Shutterstock; Tyler Olson/Fotolia。

| 供应商 | 制造商 | 批发商 | 零售商 | 消费者 |

美国百所大学都在上的商学课（第五版）

跨国（国际）企业

哪些因素可以让一家公司被纳入跨国（国际）企业的范畴？正如我们之前讨论的那样，跨国企业在多个国家制造和销售产品。它们是将商品和服务供应范围拓展至国际消费者的企业，或是只服务于一个国家，但其供货商或生产设施位于其他国家的企业。例如，现在你可以在100多个国家找到麦当劳餐厅，所有餐厅售卖的都是典型的美式食物。[15]然而，并非所有麦当劳餐厅都完全相同。为了适应所在国家的文化，它们都经过了调整。例如，如果你来到加拿大某地的麦当劳餐厅，那么你会在菜单上看到"麦氏龙虾"。而"麦氏炸土豆饼汉堡"则是一款在印度麦当劳餐厅出售的，由土豆、豌豆以及香料制成的素食三明治。由于印度信奉印度教的人口众多，因此这里的菜单上没有任何牛肉。[16]这就是跨国企业的特点。

跨国企业面临的特殊挑战是什么？跨国企业必须熟知和遵守其业务所在国家的法规。不同国家的商品进出口法规差别很大。如果一种产品被运到一个国家进行组装，又在另一个国家进行包装，最后在另外一个国家进行分销，那么事情会变得十分复杂。通常，一种产品的生产会涉及多个国家，在这种情况下，企业必须遵守所有国家的法规。如果存在严格的进口约束或高额征税，美国企业可能有必要与外国政府进行协商。跨国企业在国外做生意时必须遵守的其他法规包括安全法规以及质量管理、版权、专利方面的法律条文。

与企业经营有关的文化差异给跨国企业带来的影响和法律差异一样大。我们将在第四章讨论其中的一些问题，包括：

- 语言障碍给试图在外国立足的企业带来的挑战。
- 各国可能有不同的营业时间和工作日安排。例如，下午1点半至3点半是西班牙人的午餐时间。
- 与商务礼仪有关的价值观或习俗可能各不相同。例如，准时性在德国受到高度重视，而在意大利却没有那么重要。
- 违反当地禁忌是一个值得关注的问题。例如，许多亚洲国家对团队和谐相当重视。
- 跨国企业可能很难确定外国员工的薪资水准和国际市场的定价。

跨国企业还必须应对不同国家之间的重大经济差距，例如不同的经济发展水平、利率及通胀率，这些都使得跨国业务比纯粹的国内业务更为复杂。

■ 从地区企业到全国性企业甚至跨国企业的转变是令人兴奋的，但这同样会带来一系列新挑战。瓦瓦便利在新泽西州、马里兰州、宾夕法尼亚州、特拉华州、佛罗里达州及弗吉尼亚州六个州有自己的业务——它处理的是地区企业的问题。然而，瓦瓦便利也开始尝试向新的州扩张，例如纽约州和康涅狄格州，而这被证明是有挑战性的。脱离原有的地域基础后，瓦瓦便利在寻找合适的店址以及复制其成功的顾客服务和团队协作策略方面遇到了困难。[17]瓦瓦便利决定撤出这些市场，重新评估。最终瓦瓦便利在佛罗里达州的下一步行动取得了成功，在五年时间里，瓦瓦便利在佛罗里达州新增了100家门店。瓦瓦便利不再向着全国性企业快速扩张，相反，它仔细选择它的市场，找到了其他提高收益的途径，例如进军燃油零售，开设结合了传统瓦瓦便利店和加油站的店铺。地方企业、地区企业、全国性企业及跨国企业这四类企业，每种都有不同的要求。显然，企业必须谨慎处理从一种类型向下一种类型的转变。

1-4 从个人生活角度看企业经营

阐释如何将人的生存技能应用于企业环境。

■ 泰勒·埃文斯（Taylor Evans）是一个很有条理的人。他为自己在学业、财务和社交生活方面的高效和细致感到自豪。朋友们常拿他开玩笑，说他把自己的生活当作企业一样来经营。但泰勒并不生气：他为何不可以像做生意一样经营自己的生活呢？他的生活很复杂。他有收入，有支出，还有资产。他也参与商业活动。泰勒甚至喜欢紧跟最新技术潮流，以保证自己能以最高效的方式生活。他总是寻找最具成本效率的方式来经营自己的生活，将所有的利润（或付完账单后剩下的钱）留作未来消费之用。他的生活在很多方面看上去都像是一门生意。你是否也像经营一家运作良好的企业那样经营自己的生活呢？

来源：javiindy/Fotolia。

每个人对企业基础知识可能有不同程度的了解。有些人可能已经在兼职工作中亲眼见证了企业的运营。其他人的企业知识则局限于书本、电视或电影呈现的内容。不论之前有怎样的工作经验和企业知识，其实大家都拥有经营企业的经验，而这个企业正是你自己的生活。和小企业一样，你的生活需要细致的规划、精确的记录以及对变化的开放态度。为了帮助你理解本书中讨论的一些企业概念，让我们先来看看你是怎么运营自己的"企业"的。

企业经营中的生活技能

如何获得资金？ 不论你是否有工作，你都会从某处拿到钱。它可能来自工作、家庭成员、学生贷款，或者你自己的积蓄。你需要用这些资金来保障自己的生活所需。同样，所有企业都需要资金来运营。理想情况下，一个企业可以立即产生收入。然而，在获得收益之前，很多企业都是靠着银行贷款、投资人的投资或企业经营者自己的资产来运营的。

你的支出是什么？ 房租、服装费、食品费、学费——这些都是用现金、信用卡或贷款支付的费用。最终，你会希望产生足够的收益或收入来支付这些开销，并让自己有余钱可用。有些学生的生活和初创企业有些相似：在具备足够经验，可以产生利润之前，他们可能不得不用贷款来支付一些费用。

社会环境对你的生活产生了什么影响？ 社会环境可能会给你带来和企业类似的机遇与挑战。你是如何应对这些机遇与挑战的？你愿意向和你不一样的人学习吗？你能接受多元化吗？你与老人的关系如何？你对环保行动有什么看法？你在寻找对生态更友好的生活方式吗？处理好这些问题很重要，因为这样你就可以过上更和谐的生活，为适应当代的工作环境做好准备。

全球化对你的生活产生了什么影响？ 这个世界不仅对企业来说越来越小，对你而言，世界也在变小。你最爱的音乐组合可能是一个来自德国的乐队。你可能喜欢在网上和日本朋友讨论电影。就像企业现在有机会和世界各地的公司合作一样，你也有能力与任何一个大洲的人交朋友或建立联系。而你所购买的商品则是在其他国家设计和制造的。随着全球化进程的持续，你在职业生涯中前往国外工作的可能性会不断增加。

你如何跟上新科技的发展？ 不论你是否认为自己精通科技，你都有可能使用某些科技手段来经营自己的生活。也许你会用手机上的摄像头来支付账单，或是用谷歌钱包向朋友支付打赌输的钱。和企业一样，如果你无法跟上新科技的步伐，你可能会遇上麻烦。

大多数电子商务平台要求用信用卡完成交易，你如何保证自己的在线交易安全呢？
来源：LDProd/Shutterstock。

你使用了哪些电子商务平台？ 电子商务是流行的购物方式。你在网上都买了哪些东西？网上有许多可以让你自行设计产品的服装商店，比如"好兄弟球鞋定制"在线商店。也许你还在网上卖东西。你可以在易贝网发布二手衣物或其他不想要的东西，以此来赚点零钱，同时为衣橱腾出空间。

你如何保护自己的信息安全？ 企业在尽力保护个人信息的安全，客户也应当如此。为了确保自己的信息安全，你可以定期修改网络密码，保证无线连接的安全性，使用无纸化邮件，在脸书和其他社交网站移除电话号码或地址。保护个人信息安全将帮助你免遭身份盗用，抑或其他财务健康方面的危险打击。

你的财务目标是什么？ 企业目标一般指的是财务上的成功。你或许也有一些想要在生活中实现的财务目标。为了实现这些目标，你必须在花钱和省钱方面做出明智的决定。迷你章节第五章能够帮助你管理个人财务，做好未来的规划。

■ 泰勒的朋友说泰勒像做生意一样经营自己的生活，这可能是一种赞许！许多用于企业经营的概念和策略同样可以用来监督你的日常活动。当你在接下来的章节中学到新的经营概念时，你可能会发现，把它们应用于自己的生活会更容易理解。然而，并非所有商业世界中的事物都与你生活中的事物类似。商业世界有自己独特的问题和策略，它们可能并不适用于你的个人生活。你可以用企业的商品和服务的消费者身份，以及未来企业领导者的身份来认真思考这门课的内容。

本章小结

1-1　定义什么是企业，列出生产要素。

● 当收入大于支出时，企业就可以获得利润。

● 商品是企业供应的实物产品。服务是无形的产品，例如理发、医疗保健或汽车保险等。

● 企业是为客户提供商品或服务以获得利润的实体。非营利组织是不以利润为目标，力图通过社会、教育或政治手段为其群体提供服务的组织。

● 生产要素是用来创造商品和服务的资源。生产要素包括劳动力、自然资源、资本、知识产权、企业家及科技。

1-2　阐释竞争、社会环境、全球化以及科技变革如何给企业经营者带来机遇和挑战。

● 当两个或两个以上的企业为了吸引客户和获得优势而相互较劲时，竞争便产生了。竞争迫使公司改善产品，降低价格，大力推广自己的品牌，同时注重客户的满意度。

● 社会环境包含多种人口因素，例如种族、民族、性别、年龄、收入分布、性取向等特征。人口老龄化、多元性的提升及环保运动为企业经营者带来了机遇和挑战。

● 全球化指的是在科技、商品和服务、劳动力及资本的流动之下，世界各国的经济融合。尽管全球化带来了有利可图的机遇，比如市场的扩大和离岸外包，但这也给美国企业和工人带来了更激烈的竞争。

● 智能手机、电脑软件及互联网等科技产品和服务提

高了企业的效率和生产力，甚至让小企业也有机会面向海外市场进行销售。与此同时，对不少企业来说，紧跟科技发展的步伐是一件既昂贵又费时的事情。

1-3　阐述四种企业类型。

● 地方企业的生意依赖于当地消费者。

● 地区企业的服务范围比地方企业更广，但这类企业不为全国或国际市场服务。

● 全国性企业在全国有多个办公地点，但不服务国际市场。这类企业为全美的居民提供商品或服务，不论他们住在美国何处。

● 跨国企业又称跨国公司或集团、多国企业，或被称为国际企业，是在不止一个国家开展业务的企业。它们走在所谓全球化运动的先列。

1-4　阐释如何将人的生存技能应用于企业环境。

● 你自身也有收入、支出和利润。

● 你也受到了全球化和科技的影响。

● 你同样有安全保障方面的担忧。

重要概念

企业	身份盗用	实际资本	竞争
知识产权	地区企业	电子商务	劳动力
收入	企业家	地方企业	服务
支出	跨国企业	社会环境	生产要素
全国性企业	社交网站	金融资本	自然资源
供应链	全球化	非营利组织	科技
商品	离岸外包	远程办公	绿色经济
利润	资本不足		

自我测试

单选题（答案在本书末尾）

1-1　以下哪些是生产要素？

a. 劳动力，自然资源，资本，企业家，科技，以及知识产权

b. 劳动力，资本，企业家，动机，以及好创意

c. 自然资源，企业家，利润，以及创造力

d. 劳动力，利润，自然资源，科技，以及动机

1-2　商品是企业销售的产品，例如：

a. 理发

b. 传送带

c. 汽车保险

d. 医疗保健

1-3　以下哪个选项是当下的社会文化趋势？

a. 美国人口整体减少

b. 30~45岁的美国人口出现增长

c. 美国少数族裔人口减少

d. 年龄不小于65岁的美国人口出现增长

1-4　以下关于绿色经济的描述，哪些是对的？

a. 取决于手头的现金

b. 让企业在决策中考虑生态因素

c. 采用更多元的劳动力

d. 不会影响汽车产业

1-5　如果一家公司决定将商品和服务转移到海外公司生产，这被称作：

a. 多元化

b. 离岸外包

c. 远程办公

d. 形成合作关系

1-6 企业的四种类型是：

a. 国外企业，国内企业，大型企业，小型企业

b. 地方企业，地区企业，全国性企业，跨国企业

c. 私人企业，公共企业，政府企业，医疗企业

d. 员工所有的企业，政府所有的企业，外国所有的企业，银行所有的企业

1-7 B2B和B2C模式：

a. 现在因为电子商务的发展而变得十分普遍

b. 对企业很重要，但对消费者不重要

c. 是同一个模式的两种不同说法

d. 由独资企业主导

1-8 社会环境是由不同人口因素构成的一个相互关联的系统，这些因素包括：

a. 气候条件

b. 全球化和政治环境

c. 性别、年龄和收入

d. 税收政策和法规

1-9 以下哪项不是大多数全国性企业面临的挑战？

a. 资产不足

b. 复杂的供应链

c. 遵守各州不同的税率

d. 各州的法律差异

1-10 以下哪种行为表明你在像经营企业一样经营自己的生活？

a. 思考自己的花钱方式、社会环境及全球化对自己生活的影响

b. 为自己创造一个在线形象

c. 在脸书主页发布自己的照片

d. 以上都不是

判断题（答案在本书末尾）

1-11 利润是收入的另一种表达形式。

□对 □错

1-12 身份盗用主要是老年人会遇到的问题。

□对 □错

1-13 供应链是产品、信息及资金在供应商和消费者之间流动的过程。

□对 □错

1-14 因为安全和专利保护方面的问题，全球化给美国经济带来了风险。

□对 □错

1-15 非营利组织利用各种收入奖励其管理团队。

□对 □错

批判性思考题

★ 1-16 思考所有的生产要素：劳动力、自然资源、资本、企业家、科技和知识产权。上述所有这些资源都是你所在学校或公司的重要组成部分吗？你认为哪些因素对贵组织提供的商品或服务而言最为重要？

★ 1-17 对企业来说，环保行动变得越来越重要，例如减少碳足迹，为消费者提供环保选择等。你可以举出什么例子来说明企业的营销活动突出了它对环境的关注？企业采取环保行动的成本有多大？如果不采取环保

行动，企业又会面临怎样的后果？

★ **1-18** 很多企业现在既有实体商店，也有在线商店。选择一些特定的企业，研究它们为消费者配送产品的方案。在线商店在哪些方面与实体商店存在竞争？它们又是如何相互支持的？

小组活动

竞争优势

现在，你已经了解两个或多个企业为了吸引客户并获得优势会产生竞争。请将团队分为三个小组：公司A，公司B，以及消费者。

步骤

步骤1，公司A和公司B。 共同决定企业代表的业务类型，比如体育服饰公司、美容沙龙或宠物护理机构等，接着选择一种适用于该类业务的商品或服务。（两个小组必须选择同样的业务类型、商品或服务。）

步骤2，公司A和公司B。 决定如何向消费者展示产品。注意以下要点：
● 包装或展示；
● 定价或预算；
● 质量。
消费者。 列出你们在选择这类商品或服务时的重要考量因素。

步骤3，公司A和公司B。 向竞争对手和消费者进行简单的展示。
消费者。 向两家公司提供如何改进的深度反馈，记得参考你们最初的列表。

步骤4，公司A和公司B。 利用消费者反馈调整商品或服务以获得竞争优势。
消费者。 进行讨论，将这两家公司与现实生活中提供类似商品或服务的公司进行比较。你们会考虑购买这两家公司提供的商品或服务吗？为什么？

步骤5，公司A和公司B。 重新展示商品或服务。解释公司的商品或服务为何能在竞争中胜出。
消费者。 讨论两家公司的改变，思考它们如何满足了你们的需求。这两家公司是否在改进过程中有效地结合了你们的反馈？选出一个你们认为具有竞争优势的公司。
全班。 对真实公司在竞争中必须面对的要素进行开放讨论。刚才的挑战考虑了这些要素吗？

企业道德与企业社会责任

文化意识：不成文的法律

跨国企业面临着许多挑战。请完成以下练习，体验其中的一个挑战。

步骤

步骤1，全班分成六组，每组代表以下国家或地区：中国香港、法国、埃及、日本、墨西哥和美国。考察你所代表的国家或地区的文化习俗、风俗及价值观。如果课堂上有可用网络，那么你可以在课堂上完成它，也可以将它作为家庭作业。

步骤2，按以下方式配对小组：美国对日本，墨西哥对埃及，中国香港对法国。

步骤3，每个小组应设定一个业务场景，该场景可能会受到小组在研究中发现的文化差异的影响。编造特定的公司、人物、交互活动和解决方案。

步骤4，回答以下问题并在课堂上讨论：

● 你们在自己的业务场景中遇到了哪些挑战？你们是如何克服它们的？

● 为什么说跨国企业有必要研究它们打算进军的其他国家和地区？

在线练习

1-19　你对社会很了解吗？

假设你创办了一家新企业，你打算针对哪个群体进行营销？考虑以下人口因素：种族、民族、性别、年龄、收入、性取向。请访问 www.census.gov，找到你感兴趣的人口领域。你认为自己的企业可以在这个人口领域蓬勃发展吗？如果答案是否定的，那么哪些人口因素有助于你发展未来客户呢？

1-20　国际市场的语言问题

随着全球化进程的深入，全球市场的联系更加紧密，语言障碍也变得重要起来。在网络上查找自动翻译工具，考虑以下问题：如何将网页翻译插件放到你的网站上？如果你想阅读一家德国公司发布的网页文章该怎么办？你可以在网上向一家亚洲公司进行采购吗？有哪些资源可以实现电话同声传译？请调研"巴别鱼"及"语言连线"等个人口译服务网站。

1-21　移动商业科技

移动设备发展迅速，它们奠定了广告和市场营销的模式。请访问 www.exacttarget.com，选择"资源"，接着点击"下载"，找到最新的移动设备使用行为报告。

1-22 非营利生意也是生意

我们可以用哪些工具来评估非营利业务的成效？请访问"慈善导航"（CharityNavigator.org）网站。调研三家不同的非营利组织，比较它们的业绩，提出你关心的具体问题，或是给你留下深刻印象的事情。

1-23 公司对比

请考察本章提到的两家全国性企业——好事达和西维斯。它们的总部分别在哪个州？访问www.sba.gov，研究适用于这两个企业所在州的法律。两家企业要遵守的工伤补偿法和税法有哪些差异？根据这些州的法律，你认为哪个企业更难落地？

MyBizLab

在MyBizLab作业板块完成以下写作练习。

★ **1-24** 大多数企业经营者都认为跟上科技变革的步伐是一项具有挑战性的任务。假设你是一家新企业的经营者，你必须确定哪些科技最能满足你们的需求。你的企业能从哪一类科技中获益？请在决策时考虑生产要素、组织以及沟通等方面的问题。

★ **1-25** 你已经可以把自己想象成一个企业，因为你的生活尚有许多同样的问题需要处理。你如何管理自己的财务？你的收入来源是什么？你如何记录和预测自己的支出？社会变革会给你的决策、机遇及挑战带来怎样的影响？全球化在你当下的生活中又发挥了什么作用？

参考文献

1. Nantucket Allserve, Inc., "Nantucket Nectars from the Beginning," www.nantucketnectars.com/fullstoryphp? PHPSESSID=996c6c936ce6351082022525b73e9fce.

2. Danny Sullivan, "With iOS 9, Apple's Siri & Spotlight Search Get Smarter," September 16, 2015, http://searchengineland.com/ios-9-apple-siri-spotlight-search-230814.

3. J. Meyer, U.S. Department of Commerce, U.S. Census Bureau, *Centenarians: 2010 Census Special Report* (C2010SR-03), 2012, www.census.gov/prod/cen2010/reports/c2010sr-03.pdf.

4. Four Seasons Hotels, 2014, http://money.cnn.com/magazines/fortune/best-companies/2014/snapshots/91.html.

5. "Obama Administration Finalizes Historic 54.5 MPG Fuel Efficiency Standards," August 28, 2012, www.whitehouse.gov/the-press-office/2012/08/28/obama-administration-

美国百所大学都在上的商学课（第五版）

finalizes-historic-545-mpg-fuel-efficiency-standard.

6. FedEx, "About Us," http://about.fedex.designcdt.com/our_company/company_information.

7. "Client Question: How Long Is My Computer Technology Really Supposed to Last?," July 19, 2013, www.intechit.net/client-question-how-long-is-my-computer-technology-really-supposed-to-last.

8. R. van der Meulen, "Gartner Says Organizations Must Focus on Continuous IT Cost Optimization," August 20, 2013, www.gartner.com/newsroom/id/2576517.

9. J. Rizzo, "Navigant Research Predicts That by 2020 We Will See Twice as Many Global Utility Mobile Workers," January 6, 2014, www.mobilitytechzone.com/topics/4g-wirelessevolution/articles/2014/01/06/365518-navigant-research-predicts-that-2020-we-will-see.htm.

10. Jack Neff, "Beyond Online Ads: P&G Sets $4 Bil E-Commerce Goal," *Advertising Age* 80, no. 29: 3 – 25.

11. Laura Shin, Forbes.com, "*Why Medical Identity Theft Is Rising and How to Protect Yourself*," May 29, 2015, http://www.forbes.com/sites/laurashin/2015/05/29/why-medical-identity-theft-is-rising-and-how-to-protect-yourself/#7636f171e200.

12. Our Core Purpose, 2016, retrieved August 13, 2016, from https://www.wawa.com/about.aspx.

13. CVS Caremark, "History," http://info.cvscaremark.com/our-company/history.

14. Rhode Island Department of Labor and Training, "Temporary Disability Insurance," www.dlt.ri.gov/tdi.

15. McDonald's, "About Us," www.mcdonalds.ca/en/aboutus/faq.aspx.

16. Telegraph, "Fancy a 'Modern Chinese Burger'? Weird McDonald's food around the world," October 16, 2015, http://www.telegraph.co.uk/food-and-drink/news/weird-mcdonalds-food-around-the-world/mcrice-burger-phillipines.

17. Robert Wolcott, Kellogg School of Management, "Building a Business within Wawa," http://hbr.org/product/wawa-building-a-new-business-within-an-established/an/KEL240-PDF-ENG.

第二章　经济学与银行学

本章目标

2-1　经济学基础知识

定义什么是经济学，描述不同类型的经济制度。

为什么水比钻石便宜？这是一个供给与需求问题，也是房地产开发公司销售总监布赖恩·威尔莫耶（Bryan Weirmoyer）每天都会遇到的问题。企业如何才能利用基本的经济学概念为自己赢得优势呢？

2-2　价格的决定因素：供给与需求

解释供求法则，描述影响每项法则的不同因素。

对许多企业经营者来说，预测供求关系的变化就好似进行拔河游戏。某一商品或服务的供求水平始终在变动，每种供求水平又受到各种因素的影响。试想大学校园里一家卖咖啡的小店，理想情况下，店主想以大多数学生愿意支付的价格来卖咖啡，既不希望有人多买，也不希望有卖不掉的存货。影响这一决策的因素有哪些？

2-3　竞争程度的划分

阐释企业竞争的不同程度。

也许你玩过《大富翁》桌游。一旦你在游戏中拥有了相同颜色的所有地皮，你就可以垄断这类地皮并控制发生在这些地皮上的所有事件。然而这只是该款桌游的目标，在美国，企业不可以进行大规模垄断。何为垄断？为什么法律会反对它？它与寡头垄断、垄断竞争及完全竞争的区别是什么？

2-4　经济指标

阐释经济指标，尤其是GDP、价格指数、失业率和生产率，如何反映经济的健康状况。

格雷格·约翰逊（Greg Johnson）管理着一家大型汽车经销店的存货。在美国经济大衰退之前，订购存货轻而易举，因为新车的需求相对稳定。在经济大衰退期间，格雷格把握不准自己公司的发展方向。经济似乎在发展，但真的是这样吗？他可以通过哪些经济指标来帮助自己做出判断呢？

2-5　政府与经济

描述商业周期的四个阶段，解释政府如何利用财政政策和货币政策来控制商业周期的波动。

尼克·罗伯逊（Nick Robertson）和贾辛塔·罗伯逊（Jacinta Robertson）打算购买他们的第一套房子。他们在贷款前需要了解哪些信息？政府行为会对尼克和贾辛塔的做法产生影响吗？

2-1 经济学基础知识

定义什么是经济学，描述不同类型的经济制度。

■ 这是他本周第三次接到这样的电话了，布赖恩·威尔莫耶明白这不会是最后一次。布赖恩是俄勒冈州一家住宅和商业地产开发商的销售总监。几年前，他很享受接电话，因为这些电话最终会让他签下新的住宅建设合同。然而现在，电话不再频繁响起，就算有电话，也是打来取消布赖恩之前辛苦签下的合同的。为什么过去生意很好，现在生意却如此惨淡呢？

布赖恩的销售业绩下跌是供求关系这一经济学概念作用的结果。你是否曾感到好奇：为什么水这种对生命至关重要的基础商品的价格如此之低，而并非必需品的钻石却那么昂贵？这种矛盾的现象说明了一个基本的经济学概念——供求关系。供给和需求决定了商品的定价，以及它们的交换价值。商品和服务在人与人之间、企业之间，乃至国家之间的交换是经济学的根基。本章，我们将考察供求法则，讨论经济指标，了解政府行为如何影响经济。首先，我们来讨论一些基本的经济学概念。

经济学的定义

来源：Slavo Valigursky/ Shutterstock。

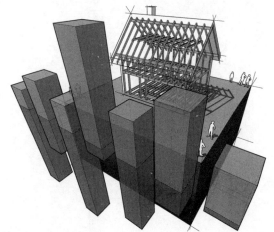

什么是经济学？ 经济学（economics）是一门研究个人和企业如何在资源有限的条件下做出决定，从而最大限度地满足自身需求以及欲望的学科。它涉及制造商品（比如书籍、比萨或电脑）或提供服务（比如理发、房屋粉刷或安装家庭娱乐设备）的企业，而这些商品和服务正是我们需要和想买的。

由于企业没有足够的工具、资金或产品来提供我们想要的所有书籍、比萨或理发服务，因此它们必须决定到底做什么和做多少。同样，由于资源有限，并非每个人都能得到自己想要的东西。因此，经济学家会考察资源在市场上的分配，以及资源分配的公平性和有效性。经济学有两种基本研究方式，分别是微观经济学和宏观经济学。

微观经济学。微观经济学（microeconomics）研究的是独立的企业、家庭及消费者如何在商品和服务交换中做出决策来配置他们的有限资源。当布赖恩·威尔莫耶试着判断价格调整会如何促进销售，或者分析当地市场的现有待售房屋数量时，他用到的正是微观经济学的供求法则。

宏观经济学。宏观经济学着眼于大局。**宏观经济学**（macroeconomics）研究的是整体经济行为。与经济有关的大事件，失业率、利率、通货膨胀率及物价水平的变化都是宏观经济学研究的一部分。例如，宏观经济学家会关注利率变化如何影响住房需求，或住房市场的变化如何影响整体经济。一个国家的政府和个人也会影响资源的分配方式及该国采用的经济制度类型。

经济制度

经济制度的类型有哪些？经济制度（economy）是一种试图平衡一个国家的可用资源（例如土地、资本及劳动力）与消费者需求的体系。经济制度由生产内容、生产方式及生产对象来定义。世界上的多种经济制度可分为以下三种基本类型：

- 计划（或控制）经济；
- 市场经济；
- 混合经济。

表2-1阐释了这些基本经济制度之间的差异。计划经济制度和市场经济制度在政府控制方面两极分化。每个国家的经济制度都包含计划经济制度和自由经济制度的一些要素。总之，各个经济制度之间及计划经济和市场经济之间的主要差异在于私人自治的程度。

表2-1　全球经济制度的类型

类型	生产内容	生产方式	生产对象
计划经济（控制型）	生产内容完全或部分由政府或其他中央集团决定	生产资源和手段完全或部分由政府或其他中央集团决定及控制	工资和物价完全或部分由政府或其他中央集团决定。资源和产品分配给共产小组
市场经济	生产内容由个人和企业根据消费者的需求决定	生产方式由个人和企业决定，强调的是效率和效益	购买决策最终取决于个人收入
混合经济	计划经济和市场经济的混合，个人和企业在政府一定程度的干预下决定生产内容	由个人、企业及政府来控制资源和决定生产方式	政府通过特定的社会项目来分配部分商品和服务。其他商品和服务的购买决策取决于个人收入

计划经济

在**计划经济**（planned economic）制度下，政府在决定商品和服务的生产与分配方面发挥着重要作用。

在这种制度下，政府拥有或控制大量基础企业和服务，并将来自它们的利润平均分配给人民。教育、医疗、退休和失业保障等一些社会服务是由政府提供的，公用事业（电话、电力、供水和污水处理）等其他基础配套企业都是由政府经营的。政府基于其提供的服务收取高额税费。例如，斯堪的纳维亚半岛上的挪威、瑞典、芬兰和丹麦与美国相比则更具备这种特征。这些北欧国家的税率是全球最高的，税收占国家经济总量的52% ～ 57%。与之形成鲜明对比的是，美国的税收收入不到其经济总量的20%。[1]

尽管斯堪的纳维亚半岛上的人上缴了更多税费，但他们可以从税收支持的社会项目中受益。例如，丹麦最好的大学都是免费的。高税率可能不怎么诱人，但最近的研究表明，斯堪的纳维亚半岛上的人是世界上满意度最高的人。[2]

尽管由政府控制和提供的社会服务可能会让资源平均分配给国家公民，但这些经济制度也有其缺点：它们会降低人们努力工作的积极性，否则人们不可能会不努力工作。如果你获得的商品和服务与那些不努力工作的邻居一样多，那么你为什么还要努力呢？如果加班工资的一半都必须以税收的形式交给政府，那么为何还要加班呢？因而我们很难找到纯粹的计划经济制度。正是出于这个原因，有些国家通过**私有化**（privatization）手段——国营生产和服务机构向私营的营利性企业转化——将其经济制度转变成了市场经济制度。

市场经济

在美国等实行**市场经济**（market economy）的国家中，个人能够做出自己的经济决策。例如，你所在的城市可能有很多比萨店，每家店都以不同的价格销售切片比萨。没有人限制比萨店的数量，也没有人控制它们的定价。同样，你可以自由购买你喜欢的任何比萨。买方和卖方的选择自由说明了市场经济的内涵。

市场经济制度允许人们有选择的自由，它鼓励私人获得必要的资源来生产和提供人们喜爱的商品和服务。市场经济已经成为影响西方经济体系的主要因素。在市场经济制度下，商品和服务的生产及定价是由**市场（market）**运作（买卖双方交换商品和服务的机制）来确定的。

混合经济

大多数经济制度都是**混合经济（mixed economy）**——一种融合了市场经济和计划经济的制度。我们可以将不同的经济制度放在一个连续模型中来考察和比较，如图2-1所示。

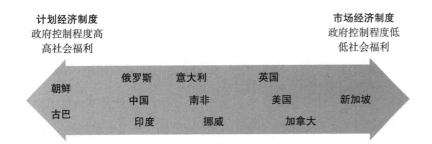

图2-1　经济制度的连续模型：政府管控的程度

© 玛丽·安妮·波齐

以大多数西方国家为例，它们采用的是混合经济制度，企业为私人所有，而国家则负责管理医疗等部分社会服务项目。和欧洲国家相比，美国更像一个市场经济国家，但随着2010年初《平价医疗法案》的通过，美国的经济制度也发生了变化。

企业与经济

为何企业管理者必须关心经济？ 企业管理者和经营者必须了解经济原理，因为企业的本质就是通过提供商品或服务来换取一些东西，通常是金钱。企业必须了解自己应该提供多少商品或服务，同时知道如何给这些商品或服务定价。此外，企业管理者必须留意政府决策（比如利率变动）的潜在影响，以及企业的集体决策（比如一般失业率标准）对企业和整个行业的影响。我们将在本章讨论经济对企业的影响。

■ 　随着新住宅需求的减少，布赖恩·威尔莫耶面临的一大难题在于是否还有想要盖房子的客户。他的判断会影响企业的其他方面，例如土地收购、采购和人员配置等。布赖恩仔细地考察了利率的变动，因为他知道即使是最细微的利率变动，也会或多或少影响购房者的贷款意愿，进而影响他的销售。

2-2 价格的决定因素：供给与需求

解释供求法则，描述影响每项法则的不同因素。

■ 埃迪·沃克（Eddi Walker）最终得到了在大学校园开办咖啡店的许可。他知道这里有需求，因为他发现其他大学校园里的咖啡店都在赚钱——这能有多难？他不确定一杯咖啡应该收多少钱，但他觉得需求很大，因此学生可能愿意以任何价格购买咖啡！埃迪的想法对吗？学生愿意以任何价格购买咖啡吗？供给、需求及价格之间的关系是什么？

在以物易物的时代，人们不通过金钱来交换商品或服务，物品的价格由交换者的需求及他们愿意交换的东西来决定。例如，你想喝牛奶，但又没有奶牛，不过你养鸡，因此你打算用鸡蛋换牛奶。接下来你要找的是愿意用牛奶换你的鸡蛋的人。交易结束时，每个人都很满意，因为你得到了牛奶，而其他人则得到了自己需要的鸡蛋。

然而，这种交易体系存在一些问题。以物易物可能是低效且反复无常的。如果有牛奶的人不需要鸡蛋，或者奶牛的主人认为他的牛奶值一只鸡，但鸡蛋的主人觉得这些牛奶只值一打鸡蛋，那该怎么办？为了解决以物易物的困难，货币（或金钱）的概念应运而生。**货币（currency）**是商品和服务转让中的交易单位，它提供了一致的标准。起初，标准货币的价值以某种基础商品为基准，例如黄金。现在，美元的价值基础并非黄金，而是它的感知价值。

来源：revelpix/Fotolia。

在使用货币的经济体系中，牛奶、鸡蛋、奶牛和鸡等物品会因自身的价值而得到一个价格。某个商品或某项服务的价值或最终价格是由供给和需求这两个基本概念决定的。

供给和需求实际上是一个复杂的过程，因为它涉及收入水平和喜好，以及市场竞争等诸多因素。然而，为了简化问题，经济学家暂时忽略了这些因素（他们称这种操作为"其他因素不变"），只研究最基本的因素。在只研究基本

美国百所大学都在上的商学课（第五版）

因素的情况下，我们发现某个商品或某项服务的**市场价格**（market price）是让每个想得到它的人都能买到的价格——这个价格既不会让人想买更多，也不会让产品有剩余。当该产品的需求和可用性保持平衡时，它的价格就处于均衡状态。**需求**（demand）指的是人们对某事物的需要，而**供给**（supply）指的是该事物的可用性。

货币作为一种让商品和服务交换变得更加一致和公平的工具应运而生。
来源：Brad Pict /Fotolia。

在现实世界中，最接近根据纯粹的供求关系来确定市场价格的例子是拍卖，例如易贝网上的拍卖交易。在拍卖过程中，竞价人对某个特定物品报出他们愿意支付的价格。价格随着需求不断上升：需求越大，竞价人愿意出的价格就越高。供给同样会影响价格：在相似或相同的东西拍卖时，物品的供应量增加，因而它们的整体价格就会降低。相反，在拍卖独一无二的物品时，价格只会上升，因为物品的需求量更多，而供应量相对更少。市场价格最终由中标价决定。

供给

什么是供给？ 供给指的是某种商品或服务在任何给定时间内可供购买的数量。供给取决于生产商品或提供服务所需的资源，比如土地、劳动力和资本（厂房和机器），以及类似产品的数量，这些产品可以轻易替代原有产品，同时争夺消费者的注意力。然而，如果忽略所有这些因素，或让它们保持不变，那么供给便会直接受到价格的影响。

供给源自生产者对更多利润的渴望。如果一个企业能通过其提供的商品或服务赚得更多，它愿意提供的产品就会更多。从经济学角度看，供应量随着价格的上涨而增长；同理，价格降低时产品供应量也会下降。这就是**供求法则**（law of supply）。

我们来看一个例子。埃迪在大学校园开了一家咖啡店。他想以每杯2美元的价格卖出比每杯0.5美元更多的咖啡。理由很明显：如果埃迪能以每杯2美元而非0.5美元的价格出售咖啡，那么他会有更大的动力来供应更多咖啡。在表2-2中，当售价为0.5美元时，埃迪只打算卖出10杯咖啡。然而，如果售价为1.25美元，埃迪则会供应70杯咖啡，因为他有更大的动力以更高的价格来提供更多咖啡。最终，当价格提升至2美元时，埃迪供应咖啡的意愿达到了最高点。在达到这个最高定价时，埃迪打算供应的咖啡数量为115杯。我们可以用经济学家所说的**供给曲线**（supply curve）来

表2-2 价格与供给的关系

价格（美元）	咖啡供给（杯）
0.5	10
0.75	30
1.00	50
1.25	70
1.50	85
1.75	100
2.00	115

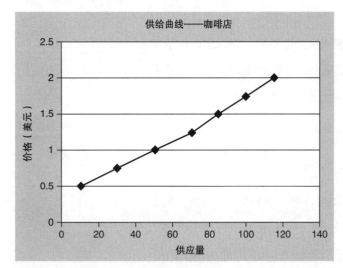

图2-2 供给曲线

供给曲线显示，供给意愿随着价格上升而增强。

© 玛丽·安妮·波齐

描绘供应量和价格之间的关系，如图2-2所示。你可以发现，埃迪供应或销售更多咖啡的意愿受到了价格的影响。他的要价越高，他想供应的量也越大。然而，你可以想象的是，咖啡的需求和价格之间存在另一种关系。

需求

什么是需求？ 需求指的是人们在任何特定时间里想要购买的商品或服务的数量。人们愿意购买他们所需的数量，但他们的资源（金钱）有限。因此，人们会以更低而非更高的价格购买更多东西。如表2-3所示，在我们讨论的咖啡店案例中，学生愿意以每杯2美元的价格购买的咖啡数量仅有12杯。而当咖啡价格下调至1.25美元时，需求量提升至55杯。最大的需求量出现在咖啡价格下降至0.5美元时，达到了120杯。换句话说，需求随着价格的下降而增加。同样，经济学家用**需求曲线**（demand curve）描绘

表2-3 价格与需求的关系

价格（美元）	咖啡需求（杯）
0.5	120
0.75	95
1.00	72
1.25	55
1.50	38
1.75	23
2.00	12

了需求和价格之间的关系，如图2-3所示。

价格的决定因素

价格由哪些因素决定？ 正如你在埃迪的咖啡店案例中看到的那样，制定市场价格时存在明显的冲突。埃迪想要以更高的价格出售咖啡，但这么做他无法吸引大量客户。而顾客则更愿意在价格下降时买咖啡。随着产品价格上升，它的供应量可能会增加。而随着产品价格下降，顾客的需求则可能会增加。既然这两个定价理念相互冲突，那么到底是什么决定了最终价格呢？在保持其他所有因素不变的情况下，价格设定在了让供求平衡的那个点上。

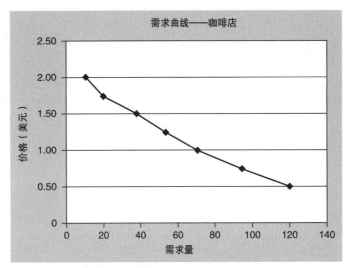

图2-3　需求曲线

需求曲线显示，需求随着价格下降而增加。

© 玛丽·安妮·波齐

供求关系是经济学的基本概念之一。以埃迪的咖啡店为例，在某一点上，供给和需求呈现出相互平衡的关系。尽管埃迪想以2美元一杯（甚至更高）的价格出售咖啡，但他发现很多学生并不愿以这个价格买咖啡。如果按2美元售卖，埃迪最终会剩下卖不掉的咖啡，造成**过剩**（surplus）。而在价格下调后，埃迪发现愿意买咖啡的学生更多了。然而，如果价格降得太多，例如降至0.5美元一杯，那么需求量会变得非常大，以至于埃迪会在还未满足所有学生需求之前卖光咖啡，造成**短缺**（shortage）。

理想情况下，埃迪会尽力确定一个自己愿意卖、学生愿意买（想要买）的价格，以这个价格售卖，没有人会多买，也不会造成过剩。过剩通常意味着供应商会通过降低价格来清理存货，而短缺则意味着供应商会借着更高的需求来抬高价格。在这两种情况下，价格会向**市场价格（均衡价格，equilibrium price）** 靠拢，如前文所述，这是一个让供求平衡的价格。图2-4描绘了市场价格在供求曲线中的位置。在这个例子中，供给和需求在60杯时达到平衡，这时的咖啡价格是1.15美元一杯。

这是完美情况下的产品定价方式。但我们生活的世界并不完美，其他因素会让我们在价格之外或多或少产生对一种产品的向往，从而影响需求。此外，还有一些因素会影响我们提供产品的意愿和能力，它们会对供给造成影响。接下来我们将考察这些因素。

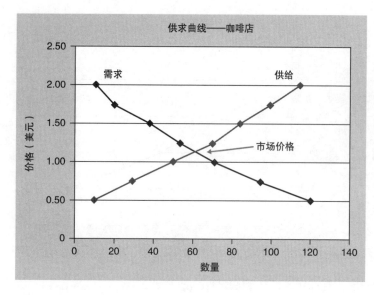

供求曲线——咖啡店

需求　　供给

市场价格

图 2-4　市场价格
市场价格是供需市场达到平衡时的价格。
© 玛丽·安妮·波齐

需求影响因素

影响需求的其他因素有哪些？ 在埃迪发现咖啡的"完美定价"后不久，他得到了学校书店打算供应咖啡的消息。此外，学校发出了提高学费的通知。这些事件会如何影响学生向埃迪购买咖啡的意愿？新的竞争对手和更高的学费会让埃迪的咖啡需求量下降吗？

在价格之外，还有不少因素会影响产品的需求。这些因素被称为**决定需求的因素**（**determinants of demand**），它们包括：

● 收入水平变化；

● 人口变化；

● 消费者的偏好；

● 互补商品；

● 替代商品。

任何一项决定需求的因素出现的积极变化都会让需求曲线右移，而它们的消极变化则会让需求曲线左移。表2-4总结了决定需求的主要因素，让我们来详细考察每个因素。

收入水平变化。 当收入水平提升时，人们有能力购买更多商品。相反，当收入水平下降时，大多数人会削减开支，购买更少的商品。因此，正如我们随后将在本章讨论的那样，当经济进入衰退期时，人们开始失业，对部分商品和服务的需求就会下

表 2-4　决定需求的主要因素

需求	示例
收入水平变化	失业或学费上涨会减少可支配收入和咖啡的购买量。升职可能会让房主购买面积更大或环境更好的房子
人口变化	社区里年轻专业人士的增多可能会增加此地对咖啡馆及独栋住宅的需求
消费者的偏好	和时尚有关的需求发生变化通常是广告的结果。有关咖啡因的负面影响的警告可能会让咖啡需求量下降
互补商品	如果人们需要新房子，那么他们同样需要家用电器及其他家居商品等互补商品。新房屋需求的减少会对这些互补产业产生负面影响。如果咖啡馆供应甜甜圈或其他食物，咖啡的需求量可能会提高
替代商品	替代商品指的是可以相互替代的商品。跑步机可以替代健身馆会员卡。你可以用谷歌浏览器替代微软IE浏览器或火狐浏览器。提供咖啡的书店会让埃迪咖啡店的需求曲线左移

降。经济的改善会让支出增加，因为更多的人有了工作，对某些商品和服务的需求也增加了。例如，收入水平的变化是影响房屋销售的因素之一。在收入增加的情况下，人们有能力购买自己的第一栋房子，如果已经有了房子，人们或许有能力改善住房条件，选择更大、更昂贵的住宅。相反，如果人们失业了，那么他们可能只能搬到更小的房子去住，或者卖掉他们更贵的房子。

人口变化。度假区的企业在旺季会遇到需求上涨的情况。人口的增加创造了更多公用事业需求（比如通信、电力、污水处理和供水服务等），以及更多公共服务和消费服务的需求（比如餐厅、银行、药店和食杂店等）。人口组成的变化，例如婴儿潮一代的老龄化，同样会影响某些商品和服务的需求。

消费者的偏好。人们对某种商品的需求会随着当时流行的趋势而改变。挠痒娃娃、微软家用游戏机以及苹果iPad都是初始需求很高的商品。随着这些商品需求的增加，需求曲线开始右移。当需求开始减少时，需求曲线会往左移。

互补商品。iPhone和其上的应用程序是相辅相成的，这种可以一起购买的商品被视为**互补商品（complementary goods）**。只要消费者还在购买和使用iPhone，应用程序的需求量就会很大。当安卓手机出现在市场上后，iPhone及苹果应用商店的应用程序的需求量下降，iPhone及其应用程序的需求曲线开始左移。当新的iPad问世时，从iTunes和苹果应用商店下载内容的需求又上升了，于是需求曲线开始向右移动。

图2-5 需求与竞争

竞争的加剧对咖啡需求产生了消极影响，需求曲线左移。

© 玛丽·安妮·波齐

替代商品。可以替代其他商品使用的商品，例如可口可乐和百事可乐、麦当劳的足尊牛肉堡和汉堡王的皇堡，它们都互为**替代商品（substitute goods）**。假设有人声称在吃麦当劳的足尊牛肉堡之后得了重病，那么麦当劳足尊牛肉堡的需求就会下降，需求曲线左移；相反，汉堡王的皇堡需求则会上升，需求曲线右移。

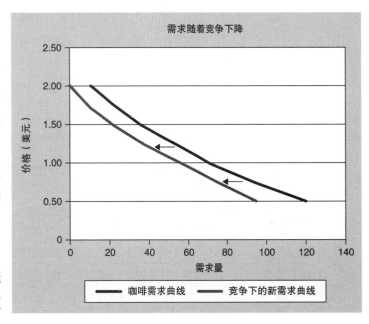

如图2-5所示，在我们的例子中，学费上涨可能意味着学生花在咖啡等东西上的钱更

少，因此埃迪可能会发现需求下降。此外，来自供应咖啡的书店的竞争可能也会让学生对埃迪咖啡店的需求下降。埃迪同样应该预料到需求会在夏季和假期校园里学生越来越少的情况下出现暂时性的下降。然而，如果埃迪开始提供互补商品，例如早饭和午餐，那么需求可能会上升。

供给影响因素

是什么改变了供给量？ 埃迪用一台二手工业型咖啡机做起了生意。它可以做出优质的咖啡，但埃迪现在认为他可能需要买一台做得更快的新咖啡机。此外，他还听说他所采用的咖啡豆的价格上涨了。他本可以改用一款质量较差的豆子，但他不愿降低自己的标准。这些新的成本将如何影响埃迪的生意和他供应咖啡的意愿和能力呢？有许多因素会影响供给，这些因素被称为**供给决定因素（determinants of supply）**，它们包括：

- 科技变革；
- 资源的价格变动；
- 价格预期；
- 供应商的数量；
- 替代商品的价格。

如果上述任何一项因素的改变有助于创造新的商品或服务，那么它就能影响供给，让供给曲线左移（对供给造成负面影响）或右移（对供给产生积极影响）。表2-5总结了决定供给的主要因素，以及它们可能会对企业带来怎样的影响，让我们来详细考察每个因素。

表2-5 决定供给的主要因素

决定供给的因素	举例
科技变革	技术的不断改进，例如更优质的咖啡机或更好的软件，会让产品价格降低，带来更高的生产效率，从而在增加供应量的同时降低价格
资源的价格变动	木材成本的降低可能会让新建住房数量增加；工会制定的工资水平提高可能会影响企业能够负担的工作人员数量，从而降低企业的产品生产能力
价格预期	预期利率下降可能预示着未来住房合同的增多
供应商的数量	住宅建筑商的增多会增加新住房的供应量，同时降低新住房的成本
替代商品的价格	某地区较为便宜的联排住宅的兴建可能会导致更贵的独栋住宅的建造数量下降

科技变革。技术的改进让供应商能以更低的成本更高效地提供商品和服务，因而让他们有能力供应得更多。例如，如果一家面包房购买了现代化的新烤炉，那么它就能在更少的时间内制作更多新鲜的甜点。同样，在其他行业中，销售人员可以使用智能手机上的软件即时查看存货，这样他们下单的效率比起处理纸质订单就要高得多。

资源的价格变动。用来生产商品或服务的资源的价格上涨和下跌将会影响生产成本。资源价格的上涨提高了生产成本，降低了利润，从而减弱了企业供应产品的动机。例如，最低工资标准的提高会使劳动力成本上升，进而影响小企业能够雇用的员工人数。员工人数不足会限制企业提供的产品数量，使得供给曲线左移。同样，汽油价格的下降会减少运输服务的成本，让供给曲线右移。

价格预期。某种产品的预期价格会影响生产者愿意提供的数量。例如，如果原油价格预计会上涨，那么埃克森美孚等公司将会加大生产量，以更高的价格供应更多石油。然而，如果有时预期价格会在未来出现巨大上涨，那么供应商可能会囤积产品，留待后续价格更高时再加大供应。同样，如果预期价格会在未来下跌，那么供应商可能会想尽办法在价格尚高时卖掉自己的产品。

而买方眼中的情况正相反。例如，如果埃迪预计在寒流对咖啡豆供应的不利影响下，咖啡的价格将会上涨，那么为了保证自己的咖啡不涨价，他可能会以较低的价格购入超过自己需求的咖啡豆，否则他必须考虑通过提价来弥补未来成本提高的损失。

供应商的数量。商品或服务的供应量会随着竞争对手的增多而增加。在利润高的行业里，供应商的数量通常会增加，这是有其道理的。试想星巴克在咖啡行业里都做了什么。尽管星巴克始终是咖啡零售市场的翘楚，但唐恩都乐甜甜圈店与麦当劳等不少企业也在为喝咖啡的人提供这样的饮品，从而增加了优质咖啡的供应。同样，在一个因为科技变革或其他因素而不再热门的行业里，产品的供应量会减少。例如，在数码相机开始流行的时候，胶片相机的供应量出现了急剧下跌。

替代商品的价格。具有可比性的替代商品的价格同样会影响产品的供应量。如果同类型的相似产品价格更低，那么价格更高的产品的供应量则会受到影响。例如，在互联网接入服务方面，作为数字用户线路（DSL）接入方式的替代品，电缆接入的价格更低，因而从数字用户线路接入改为电缆接入的消费者可能会影响电缆接入的供应量（上升）和数字用户线路接入的供应量（下降）。

■ 埃迪进行了一系列以不同的价格供应咖啡的试验。埃迪最终确定了一个价格，他认为以这个价格自己每天都能卖出大部分产品，而不会有太多剩余。他发现，每天的情况都不一样，有时咖啡能卖光，有时咖啡剩得很多，但整体而言他很满意自己设定的这个价格。然而，埃迪依然十分关注自己的定价，因为他知道任何变化都能影响咖啡需求，最终影响到自己生意的成败。

2-3　竞争程度的划分

阐释企业竞争的不同程度。

■ 1996年，微软开发了自己的IE浏览器，并试图向电脑生产商和互联网服务供应商施压，要求它们只使用IE浏览器。结果这一做法引起了美国司法部的调查，微软被认为试图建立市场垄断。1999年，美国一家地方法院裁定微软违反了《谢尔曼反托拉斯法》（Sherman Antitrust Act），并下令公司解散。2001年，一家上诉法院推翻了这一裁决，但坚持认为微软非法垄断了网络浏览器市场。到底什么才是垄断？为什么政府不允许大型垄断企业存在？

来源：FHstudio/Fotolia。

有的商品或服务没有替代品，而另一些商品则要与其他许多类似商品共享市场。 某一特定商品或服务的替代品数量决定了竞争程度。如图2-6所示，市场上存在从垄断到完全竞争的不同竞争程度。

请记住，这些竞争程度是连续变化曲线上的单点，但不是绝对的指标。例如，很多行业都处于垄断竞争和寡头垄断之间。

垄断

什么是垄断? 垄断 (monopoly) 出现在一种商品或服务的提供者控制了其所在的整个市场或近乎整个市场的情况下。如果一家公司是汽车轮胎的唯一供应商,整个汽车行业里没有其他轮胎制造商,那么该公司便可被视作一个垄断企业。垄断还可能出现在地方或地区市场。例如,如果埃迪的咖啡店是学生唯一能在学校里买到咖啡的地方,埃迪就垄断了校园里的咖啡销售市场。美国及其他国家很少允许大型垄断企业存在。

垄断
·一个公司独占整个行业,没有替代者。

双头垄断
·行业里只有两个供应商,或只有两个供应商拥有主导权。

寡头垄断
·只存在少量卖方,每个卖方都占有大量市场份额。

垄断竞争
·市场上有大量买方和卖方,产品几乎没有差异,但消费者之间存在明显差异。

完全竞争
·市场上几乎完全同质的产品拥有大量买方和卖方,没有市场门槛。

图 2-6　企业竞争程度
© 玛丽·安妮·波齐

为什么会有很多垄断企业? 如果没有竞争,占据垄断地位的公司就可以抬高价格,对消费者需求的反应可能会减弱。在提供同类商品或服务的企业通过合并控制市场的情况下,垄断会产生。美国联邦贸易委员会和司法部必须对大型竞争对手之间的兼并进行审查,判断合并后是否会形成垄断并阻碍竞争。例如,2011年,美国司法

【成功案例】

克里格公司的垄断

1998年,克里格绿山咖啡公司开始向客户销售其首款单杯咖啡机,开启了咖啡制作方式的革命。克里格咖啡机走进了美国数百万户家庭,几乎没有任何竞争对手。克里格申请了专利保护,垄断了单杯咖啡机市场。

除咖啡机之外,克里格还销售可以在咖啡机里使用的200多种不同口味的包装咖啡,又称"豆荚"。和单杯咖啡机一样,克里格数百万美元的咖啡豆荚生意同样没有遇到任何竞争。2012年,克里格的咖啡豆荚专利过期,通用咖啡豆荚品牌进入了市场。2013年,通用咖啡豆荚赢得了11%的市场份额。

为了保护公司的市场主导地位及大部分收入来源,克里格推出了新款咖啡机——克里格2.0。这款咖啡机只兼容克里格生产的咖啡豆荚,不兼容通用咖啡豆荚。克里格2.0引发了多个竞争对手的投诉和诉讼,这些竞争对手声称这款咖啡机有助于克里格保持其垄断地位。[3]

威瑞森、美国电话电报公司、斯普林特和T移动共同控制了美国大部分移动通信市场，形成了寡头垄断。

来源：Carr/MCT/Newscom。

部阻止了美国电话电报公司和德国电信子公司T移动拟议中的合并，理由是该交易反竞争。当全美航空公司与美国航空公司合并时，美国司法部要求这两家公司将它们在部分机场拥有的登机口卖给其他航空公司，以加强合并后航空业的竞争。[4]

在美国，自然垄断则是个例外。公用事业公司，例如向消费者销售天然气和水的公司，可能会得到垄断许可以保护自然资源。然而，政府控制了这些商品和服务的价格，防止公用事业公司对其产品收取过高的费用。

双头垄断和寡头垄断

当一个或两个其他公司进入垄断市场后会发生什么？ 为了回答这个问题，让我们再看一看前一节讨论的埃迪和他的咖啡店。起初，埃迪的咖啡店是校园里唯一售卖咖啡的地方，埃迪垄断了市场。但是在校园书店开始售卖咖啡后，学生有了两个买咖啡的选择——要么去书店，要么去埃迪的咖啡店。垄断变成了**双头垄断**（duopoly）。真正的双头垄断指的是仅有两个供应商存在的市场，而在现实中这一概念通常用来描述仅由两个公司主导的市场。软饮料市场的百事可乐公司和可口可乐公司，以及电脑处理器市场的英特尔和超微半导体公司都是双头垄断企业的例子。

然而，如果校园餐厅开始售卖咖啡，寡头垄断的情形则会出现。**寡头垄断**（oligopoly）是指市场上只有少数几个卖方，每个卖方都占有较大市场份额。例如，美国的移动通信市场由威瑞森、美国电话电报公司、斯普林特以及T移动这四家公司主导，形成了寡头垄断。通常，寡头垄断（及双头垄断）出现在必须投入高额资本才能进入的行业。

由于产品的差异很小，双头垄断或寡头垄断企业之间的竞争十分激烈。这些供应商的价格几乎没有差异，哪怕有，也微乎其微。如果一家公司降价，竞争对手通常会快速采取相应行动，因而双头垄断或寡头垄断企业之间的竞争更多是通过差异化产品（让一种产品从其他产品中脱颖而出）而不是在价格上较劲来实现的。

垄断竞争

在产品没有太大差异的情况下会发生什么？ 假设学生认为学校餐厅供应的咖啡比埃迪和书店供应的都要好，那么被认为是更优质产品的新选择带来了垄断竞争。**垄断**

竞争（monopolistic competition）发生在买方和卖方很多，而产品相似却不完全相同（不同店家售卖的咖啡）的情况下。通常，消费者对产品的感知存在差异，他们更喜欢一种产品而不喜欢另一种，因此这里的产品并不是完全的替代性产品。

垄断竞争随处可见。回想一下身边的传统购物市场或当地的购物中心，那里很可能会有一家比萨店、一家干洗店、一家美发和美甲沙龙，以及一家一美元商店。这些夫妻店是传统的垄断竞争企业，因为这类行业的买方和卖方都很多，产品类似但不完全相同。通常，这些产品的真正差异在于价格。

【商业杂谈】

天狼星XM广播是垄断企业吗？

1992年，在美国联邦通信委员会向美国移动电台和CD广播公司颁发了新创频率的使用许可后，卫星无线电服务给美国无线广播市场带来了冲击。美国移动电台在脱离XM卫星广播之后，于2001年9月正式启动了它的第一项广播服务。CD广播改名为天狼星卫星广播，并于9个月之后启动。从那时起，再也没有新的广播加入卫星广播市场。卫星广播可以向更广泛的地区播送更多种类的节目，没有或很少有广告。人们需要订阅才能收听卫星广播。

为了扩大自己的市场份额，XM卫星广播和天狼星卫星广播展开了激烈的竞争，由于积累了沉重的债务负担，两家公司都无利可图。很明显，为了生存，这两家公司必须合并。通过合并，两家公司可以将它们的独家服务整合起来。对于一个既想收听主持人霍华德·斯特恩（Howard Stern）的节目（由天狼星卫星广播提供），又想收听美国职业棒球大联盟（由XM卫星广播提供）每场比赛的听众来说，他现在不必在两个广播中做出选择，或者同时订阅两家公司的服务。

这种合并形成了垄断，2008年，美国司法部认定了这一垄断行为。为什么这一合并得到了准许？广播公司和消费者预测，卫星广播的价格将出现上涨，新的节目选择将会变少，而广播订购用户在合并后获得的服务也会变差。美国司法部反垄断部门却不这么认为。美国司法部声称，尽管合并后的公司会形成垄断，消费者依然有其他的音乐来源选择，例如可以在车中及家里收听的高清广播和MP3数字音乐播放器等。同时，美国联邦通信委员会反而担心，如果没有这一合并，这两家竞争对手会将彼此逼至破产，让卫星广播彻底在美国消失。

自合并以来，天狼星XM广播向听众收取的费用一直在上涨。虽然合并后的公司提供的服务质量有了一定改善，但它放弃了几个卫星电台，有批评说它的播放列表的内容变得更少，而且重复度很高。你对这个卫星广播公司有什么看法？美国司法部的决定正确吗？

完全竞争

在商品几乎完全一样的情况下会出现什么？完全竞争（perfect competition）发生在买方很多，销售几乎完全一样的商品的卖方也很多，且任何卖方都可以轻易进出市场的情况下。当达成这些条件时，没有一个供应商能影响价格。而现实中很少存在完全竞争的情况。不过，谷物、水果及蔬菜等农产品市场十分接近这种状态。这些产品大多看上去一样，市场上的卖方也很多，但没有一个卖方可以设定这些产品的价格。

竞争鼓励企业发挥创意，给客户更多选择。出于竞争的需要，如果被发现有非法垄断行为，美国的企业将面临严厉的处罚。美国政府试图通过密切监控垄断行为的方式，确保任何一个企业都无法对某种商品或服务的价格产生重要影响。

■ 微软依然是个人电脑软件市场的领导者，但它并没有在操作系统或网页浏览器［在Windows 10操作系统中前沿浏览器（Microsoft Edge）取代了IE浏览器］方面形成垄断。微软面对着来自苹果和谷歌的激烈竞争，这一局面是寡头垄断。

2-4　经济指标

阐释经济指标，尤其是GDP、价格指数、失业率和生产率，如何反映经济的健康状况。

来源：Happy Ales/Fotolia。

■ 格雷格·约翰逊需要决定为他的大型汽车经销店购入多少存货。美国经济衰退导致新车购买量减少，但提升了他所出售的二手车数量。他的服务生意也变好了，因为客户选择修车而不是买车。因此，格雷格当时认为他需要购买更多汽车零部件。

然而现在，格雷格发现新车需求开始上涨。他知道自己的人员配置和存货很可能会受到影响，但这种影响来得有多快？他是否要继续保持维修服务人员数量不变，同时雇用更多销售人员呢？他应该为即将到来的销售季采购多少新车呢？在不了解需求到底会增长多少的情况下，格雷格应如何确定存货数量，保留或雇用哪些员工呢？

经济环境对企业有重要作用。格雷格应该考察经济的哪些方面来帮助自己制定经营决策呢？他如何判断经济状况的好坏？

企业管理者需要留意经济活动的某些统计数据，也就是**经济指标**（economic indicators）。先行指标是用来预测经济在不久的将来会如何发展的统计数据。同步指标是反映当前经济状况的统计数据。滞后指标是只有在总体经济活动发生变化时才会改变的统计数据。以下是商业人士密切关注的几项经济指标：

- GDP。
- 消费者价格指数和生产者价格指数。
- 失业率。

GDP

我们如何定义一个经济体的健康程度？ GDP（gross domestic product，国内生产总值）是用来衡量一个国家经济健康水平的最广泛指标，它衡量的是一个国家的生产率，即一个国家一年生产的全部最终商品和服务的市场价值总和。需要注意的是，只有那些在该国实际生产的商品才可计入该国GDP。例如，位于东京的高科技企业东芝集团在田纳西州黎巴嫩市设有生产彩色电视机的工厂，而田纳西工厂生产的所有电视的价值都计入了美国GDP，而非日本GDP。

GDP作为经济指标的作用是什么？ GDP是世界各国使用最广泛的经济增长指标。作为一种同步指标，它的变化与经济走势是同步的。GDP提高表明更多商品和服务被生产出来，企业经营状况良好。GDP下降表明该国生产的商品及提供的服务都更少，企业发展得不太好。格雷格这样的企业经营者可以用GDP数据来预测销售，调整生产和存货投入。

2012年各国GDP

国家	GPD（十亿美元）
美国	16.245
中国	8.227
日本	5.960
德国	3.428
法国	2.613
英国	2.472
巴西	2.253
俄罗斯	2.015
意大利	2.015
印度	1.842

来源：Central Intelligence Agency, The World Factbook: Country Comparison: GDP（Purchasing Power Parity），https://www.cia.gov。

一个国家的GDP常常与其债务水平有关。债务与GDP比率较低，表明经济健康；债务与GDP比率较高，则表明国家的支出超过了其经济能力。计算债务与GDP比率的方法是用政府债务总额或国家债务总额除以该国GDP。如图2-7所示，数据显示，日本的债务与GDP比率接近200%，几乎是美国的2倍。[5]

图2-7 负债占GDP的比例

来源：The World Bank, retrieved from http://data.worldbank.org/indicator/NY.GDP.MKTP.CD?end=2014&locations=IT&start=2014&view=bar。

© 玛丽·安妮·波齐

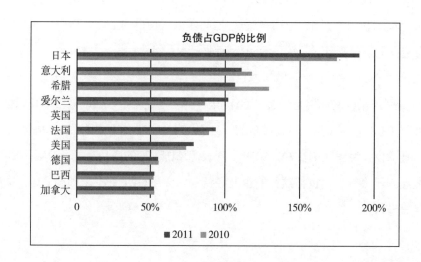

消费者价格指数和生产者价格指数

还有什么可以用来衡量一个经济体的健康状况？ 有两种价格指数可以作为经济指标使用：消费者价格指数和生产者价格指数。你可能不常听到这些指标，但你可能听说过通货膨胀和通货紧缩。上述任何一个指标的持续上涨都意味着通货膨胀。**通货膨胀（inflation）** 指的是一般价格水平随着时间的变化不断上涨。而通货膨胀率的下降就是**反通货膨胀（disinflation）**，一般价格水平随着时间的变化不断下降就是**通货紧缩（deflation）**。

如何衡量消费品价格的变化？ 消费者价格指数（consumer price index，CPI）是用来跟踪消费者在一段时间内所购买商品和服务的价格变化的基准。它是一个滞后指标，只有在经济发生变化后才会改变。消费者价格指数衡量价格变化的方式是：创建一个"市场篮子"，其中装有代表城市家庭平均购买模式的一套特定商品和服务。市场篮子的价值由这些商品和服务的价格总和决定，同时要与它的前期（通常是前一个月）价值做比较，这样我们就可以看到总体价格的变化了。

消费者价格指数包括了哪些商品和服务？ 美国劳工统计局负责评估包含商品和服务的市场篮子，确保它能反映消费者当下的购买习惯。当时的市场篮子是通过跟踪7 000个家庭在2011年至2012年间的消费习惯来确定的。[6]这些商品和服务有200类，它们被进一步分为八个大类（见图2-8）[7]：

- 服装。
- 教育和通信。
- 饮食。
- 住房。
- 医疗保健。
- 娱乐。
- 交通。
- 其他商品和服务（比如烟草及香烟类产品、理发等其他个人服务及殡葬服务等）。

消费者价格指数可以衡量所有产品的价格变动吗？ 消费者价格指数只能衡量消费品的价格变

图2-8 消费者价格指数的组成

来源：Relative Importance of Components in the Consumer Price Indexes: U.S. City Average, December 2015, retrieved from http://www.bls.gov/cpi/usri_2015.txt。

© 玛丽·安妮·波齐

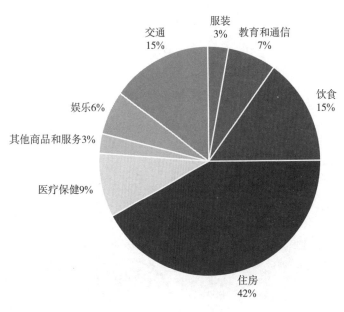

交通 15%
服装 3%
教育和通信 7%
饮食 15%
娱乐6%
其他商品和服务3%
医疗保健9%
住房 42%

动，它无法衡量用于生产这些产品的资源的价格变化。**生产者价格指数（producer price index, PPI）**是一个同步指标，它跟踪批发价格的平均变化（也就是卖方视角下的价格变化）。生产者价格指数跟踪卖方用来制造商品的产品价格，例如原材料、需要进一步加工的零件及卖给零售商的成品等。生产者价格指数不包括能源价格和服务价格。

为什么价格指数很重要？消费者价格指数和生产者价格指数是重要的经济指标，因为它们能衡量购买力，从而引发一些商业决策。在消费者价格指数反映的价格上涨期间，美元的购买力下降，这意味着一美元现在可以买到的东西比过去买到的少。因此，工资必须提高，这样才能满足员工更高的生活成本（参考本节的"商业杂谈"部分）。企业最终必须相应地提高自己的产品价格，才能补偿更高的劳动力成本。同样，如果用于生产最终销售给消费者的商品或服务的中间产品的价格上涨（由生产者价格指数衡量），那么企业可能必须以抬高价格的形式转嫁这些上涨的成本，从而再次削弱消费者的购买力。因此，企业领导者会分别考察消费者价格指数和生产者价格指数，以此判断消费品价格和批发价格的变化速率。

失业率

用来衡量经济的其他指标有哪些？失业率（unemployment rate）是一种滞后指标，它衡量的是年满16周岁且在过去4周内试图找工作但至今还未找到的人的总数。人们没工作的原因各不相同，所以衡量失业的标准也有好几种。

摩擦性失业（frictional unemployment）是由人们换工作或变更工作地点而导致的暂时失业现象。摩擦性失业之所以发生，是因为就业者和雇主需要花费一定时间才能找到合适的工作和员工。

失业率是企业和政府都密切关注的经济指标。
来源：Max Dallocco/Fotolia。

结构性失业（structural unemployment）是一种永久性失业，它发生在行业出现变动，从而导致工作彻底终止的情况下。很多钢铁工人和矿工在其所在行业出现衰退时失业了。同样，机器人取代了大量汽车工人，而电脑也取代了报纸排字工。在这些情况下被取代的工人有希望学习新的技术、接受再培训，从而保住自己的工作或找到新的工作。

周期性失业（cyclical unemployment）是在商业周期步入低迷期，企业不得不削减劳动力时出现的失业现象。一旦商品和服务的需求提升，企业又会开始招人。

季节性失业（seasonal unemployment）出现在员工因为淡季而被解雇的时候，例如在雪地和海滩相关行业工作的人及农业工人，假日购物季结束时也有人失业。

和其他经济复苏不同，自经济大衰退结束以来，美国的失业率一直保持在历史高位。人们至今未就造成高失业率的原因达成共识，争论主要集中在两个方面：一是这种失业是因为经济衰退直接导致需求下降而产生的（周期性失业）；二是商业和科技的变革让一些工作再没有回归的可能（结构性失业）。[8]

为什么失业率是重要的经济指标？ 企业及政府的政策制定者十分关注失业率。高失业率会导致政府在失业救济金和社会保险、救济金（现称为贫困家庭临时救助计划）及医保等社会福利项目上的开支增加。高失业率同时会导致心理和生理疾病发病率增加、犯罪率上升。对企业而言，先裁员，之后在经济复苏时雇用和培训新员工的代价也不菲。当经济衰退时，企业倾向于通过退休和自然减员来减少劳动力，而这么做需要计划。

讽刺的是，如果失业率降得太低，则意味着劳动力几乎配置齐备，政府的政策制定者就会担心经济过热：越来越多的就业者购买力提高，消费得更多，最终导致产品价格上涨，产生通货膨胀。让通货膨胀和失业率都保持在较低水平是政策制定者面临的一大挑战——这是一项艰巨的任务，因为这两者的变化是相反的。

【商业杂谈】　　　　　　　　　　　　　　　　　　　　　　　

你需要多少钱才能过活？

生活成本是维持特定生活标准所需的商品和服务的平均货币成本。它与消费者价格指数密切相关。实际上，为了跟上通货膨胀的速度，美国社会保障局会计算退休人员得到的社会保障金，自动调整生活成本额度。这种调整以消费者价格指数的年度上涨比例为依据。和你想的一样，每个州甚至每个城市的生活成本差异很大。纽约或旧金山的生活成本比堪萨斯的托皮卡或阿肯色的小岩城要高得多。你认为这些差异为什么会存在？又是哪些因素导致了这些差异呢？

企业生产率

如何衡量企业生产率？ 从最广义的角度看，**生产率**（productivity）衡量的是一个公司的人力和物力资源在一定时期内生产的商品和服务数量。它可以用实物或货币来衡量。例如，一家汽车装配厂用其在一定时间（以周、月或年为单位）里单位人工每小时内生产的汽车总数来衡量生产率。这个工厂还可以用一定时间里单位人工每小时内生产的汽车总价值来衡量生产率。你可能会想到，服务业的生产率计算或许略有不同，但它一般强调的也是每个员工在一定时间内产生的收益。

为什么衡量生产率对企业很重要？ 不论衡量方式如何，生产率都是衡量企业健康水平的指标。生产率的提高标志着员工在相同时间内生产了更多的商品或服务。因此，更高的生产率通常会带来更低的成本和价格。生产率的提高意味着企业可以用现有资源生产更多东西，从而获得更多收入和利润。企业可以通过提高工资、改善工作条件、降低价格、提升股东价值和增加税收等方式对生产率上升带来的经济效益进行再投资，从而提高GDP。总的来说，总体生产率是衡量经济健康水平的一个重要指标。

■ 这些指标如何帮助格雷格做出存货和用人决策呢？在确保存货能满足当前需求后，格雷格密切关注所有的经济指标，尤其是消费者价格指数和失业率，并借助它们来指导自己的未来采购决策。他知道，消费者价格指数的变动决定了当前价格的发展趋势。这种趋势能帮助他判断到底是现在囤积存货、雇用新员工更好，还是等一等再做更好。

失业率同样很重要。经济的持续改善会降低失业率，这向格雷格预示了他的新车存货可能会销得更快，因为有钱可用的就业人员更多了。尽管没有一个指标可以给格雷格提供确切的指导，但随着时间的推移，考察这些指标可以让格雷格对未来预期有所了解，这可以帮助他做出更好的商业决策。

2-5　政府与经济

描述商业周期的四个阶段，解释政府如何利用财政政策和货币政策来控制商业周期的波动。

■　为了购买他们的第一套住宅，尼克·罗伯逊和贾辛塔·罗伯逊已经存了好几年钱。在过去几年里，银行的住房贷款利率一直处于历史较低水平。然而最近，尼克和贾辛塔听到的都是有关股票市场快速变化的新闻，例如美国联邦储备系统主席有关利率变化的报告，以及关于政府可能会改变税收政策来调控经济的辩论。尼克和贾辛塔不确定这些情况会对他们申请贷款和买房的能力产生什么影响。现在是买房的最佳时机吗？

如果你或其他你认识的人曾打算买房，抑或如果你知道一家小企业需要一笔大额投资，那么你可能已经意识到经济状况会对这些决策带来重大影响。是什么让经济状况发生了改变？政府如何控制经济？在判断是否要进行大额投资时，你需要关注哪些方面的问题？

经济政策

为什么经济状况会发生改变？　1980年，美国的通货膨胀率达到了最高点——接近15%。[9]而在高通胀率时期的前八年和后六年（1972年和1986年），通胀率只徘徊在2%左右。[10]随着时间的推移，经济会自然而然地经历通胀率上升和下跌的周期。经济学家将这种上升和下跌的过程称为**商业周期**（business cycle）。

如图2-9所示，商业周期有四个阶段：

顶峰。经济扩张到最强劲的状态时，就会达到顶峰。

衰退。根据定义，**衰退**（recession）是指GDP连续两个或多个季度出现下滑的情况。在经济衰退时期，公司利润下降，失业率上升，股市出现大量抛售行为，导

来源：Andy Dean/Fotolia。

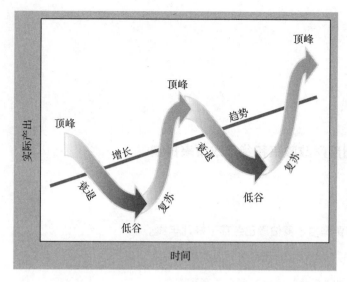

图2-9　商业周期

致股价下跌。在过去几十年里，美国经济经历了多次衰退。始于2007年底的衰退，于2009年秋天结束，这是自经济大萧条以来美国经济出现的最严重、持续时间最长的衰退。经济**萧条**（**depression**）是严重或长期的经济衰退。经济萧条通常与物价下跌（通货紧缩）密切相关。1929年经济大萧条发生后，为了避免再次出现这样的大萧条，政府采用了政策手段来控制经济。

低谷。低谷发生在经济衰退达到最低点，经济即将再次扩张的情况下。

扩张或复苏。在衰退或萧条之后，经济跌到了低谷，并且重新开始增长，因而进入了扩张或复苏阶段。最终，经济复苏又将到达顶峰，开始新的周期。

政府如何控制商业周期的波动？ 理想情况下，经济应该始终保持在接近顶峰的水平。但是如果仅凭其自身力量，在其与经济体系里的外部运动（例如战争或气候变化）相互作用的情况下，经济的衰退和复苏是不可避免的。为了消除商业周期的波动，立法者使用**财政政策**（**fiscal policy**）来确定适当的税率和政府支出水平。

财政政策

政府为什么要提高税率来影响经济？ 不断增长的税率威胁是尼克和贾辛塔的担忧之一。他们觉得自己已经付出了太多，现在需要尽可能多的薪水来支付他们预期的抵押贷款。然而，他们却得知提高税率是调节通货膨胀的必要措施。税收越高，消费者花的钱越少，这样企业发展的速度放缓，经济体系中的资金减少，最终经济发展的速度减慢。这反过来也减轻了通货膨胀的程度。

减税并不会带来和增税相反的效果。如果增税能让经济放缓，那么减税似乎有助于刺激经济。尽管这在一定程度上是正确的，但进入经济体系的资金数量取决于消费者用掉了多少砍掉的税收，又存下了多少。投入储蓄的资金无法立即刺激经济。为了更快地刺激经济，政府会采取其他财政政策，比如政府支出。

政府支出为何有助于刺激经济？ 政府会将资金用于广泛的项目，例如基础设施的改善，以及利于军事、教育和医疗的项目等。由于这些钱立即花出去了，并没有存下来，因此和减税相比，政府支出会让经济体系中的现金流增加得更快。通常，政府支出会创造更多工作机会，这同样有助于刺激经济。2009年出台的《美国复苏和再投资法案》是一项庞大的刺激计划，旨在促使衰退的经济重新启动。该法案包括用于改善基础设施、教育及医疗的政府支出。而在经济高速发展时期，政府可能会减少支出。然而，减少政府支出说起来容易做起来难。无论经济状况如何，政府永远都有无法砍掉的重大项目。而这也是选举期间常有争议的问题，这个问题似乎永远都没有正确答案。总而言之，财政政策不乏批评意见。一些经济学家认为政府支出在刺激经济方面的表现好坏参半，最近的刺激方案就是这样。另一些经济学家则认为如果刺激力度可以更大，那么政府支出的影响也会更大。这个问题尚处于争议之中。

货币政策

还有哪些办法可以控制经济？ 货币政策（monetary policy）是用来管理经济的第二种工具。货币政策并非由政府实施。相反，它是由**美国联邦储备系统**（Federal Reserve System，下文简称美联储）推行的。美联储是美国的中央银行系统。它是由国会创立的独立政府实体，包括12家地区联邦储备银行，以及一个设在华盛顿特区的理事会。

美联储银行负责开展美联储的大部分业务。美联储还包括一个**联邦公开市场委员会**（**Federal Open Market Committee**），其负责制定包括货币政策在内的各项美联储政策。通过货币政策，美联储影响了国家的货币供应，帮助塑造了国家经济发展的方向。

什么是货币供应？ 人们会很自然地认为，个人、企业及银行拥有的所有硬币和纸币构成了国家的货币供应。然而，这些只能代表国家货币的一部分。**货币供应量**（money supply）是一个经济体中可用货币的总和，它不仅包括货币（硬币和纸币），还包括个人储蓄和支票账户及大型机构存款账户里的资金。货币供应的特别之处在于，它是由不同"层面"的资金构成的（见图2-10）。

M1。 硬币和纸币（货币）、旅行支票及支票账户构成了狭义的货币供应。M1资产的

《多德－弗兰克法案》与消费者金融保护局

美国是缓慢地从经济大衰退中恢复过来的——经济大衰退是持续了整个20世纪30年代的美国经济大萧条发生以来最严重的经济衰退。造成经济大衰退的部分原因是大型金融机构用储户的钱进行高风险、高杠杆的"赌博"，却没有得到回报。许多规模庞大且稳定的公司最终破产，有的甚至因为收入缩减，无法偿还惊人的巨额债务而永远地倒闭了。雷曼兄弟投资银行以逾6 000亿美元的债务倒闭，制造了美国历史上规模最大的破产案。[11]通用汽车公司以超过1 700亿美元的债务制造了第四大破产案，[12]而克莱斯勒公司也紧随其后申请了规模稍小但依然十分庞大的破产。

经济衰退对个人造成了同样严重的打击。在经济衰退之前，消费者背负了大量个人债务，包括抵押贷款、汽车贷款、住宅权益贷款和信用卡债务等。随着工资增长的放缓和裁员人数的上升，个人的债务累积到了无法处理的程度。个人破产案急剧增加。[13]

2010年，为了防止再有类似雷曼兄弟投资银行的大型金融机构破产，同时保护消费者不被银行的野蛮借贷和抵押行为所利用，政府通过了《多德－弗兰克法案》。作为《多德－弗兰克法案》的一部分，美国成立了消费者金融保护局（CFPB）。该保护局旨在打击可能影响消费者的不公平欺诈行为和金融行为，包括与各类消费金融产品有关的交易，比如抵押贷款、私人学生贷款及其他消费金融产品和服务。消费者金融保护局同时要求金融机构以"平实的语言"向客户提供贷款项目的相关信息及它们的信用评分。

图2-10　M1和M2层面的货币供应措施

令人惊讶的是，货币并不是美国货币供应的最大组成部分，储蓄和其他存款才是货币供应的最大组成部分。

© 玛丽·安妮·波齐

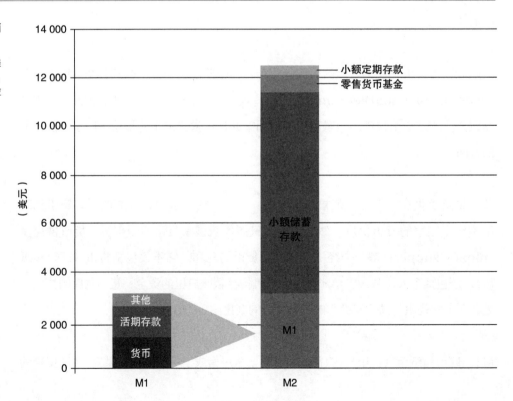

流动性最强，因为它们已经以现金形式存在，或最容易变现。

M2。货币供应的第二层面是可供银行借出的储蓄存款、货币市场账户，以及不足10万美元的存单（CDs）。这一层面的货币供应加上M1共同构成了M2。

M3。货币供应的第三层面是M3。M1、M2、流动性较弱的资金，例如大额存款（超过10万美元）、大型银行和企业持有的货币市场账户，以及欧洲美元（美国境外银行的美元存款）共同构成了M3。美联储理事会已经停止发布M3数据。

为什么货币供应很重要？货币对经济有直接影响：我们拥有的货币越多，我们可以用的钱就越多。作为消费者，我们可以花更多的钱，而企业则可以经营得更好。由于商业活动得到了刺激，资源、劳动力及资本的需求也因此增加。总而言之，经济得到了改善。然而，钱太多可能也不是一件好事。当货币供应持续扩大，最终没有足够的商品和服务来满足需求时，如前文所述，价格上涨，进而导致通货膨胀。（还记得需求曲线吗？这时候它发生了右移。）经济学家会密切关注消费者价格指数指标以监控通胀率，因为他们不希望通胀率变得太高。

当货币供应因为经济活动减少而变得有限时，相反的情况就会出现。支出减少导致经济开始放缓，这时要么出现反通货膨胀（通货膨胀程度降低），要么出现通货紧缩（价格下跌）。为了帮助管理经济，解除其通货膨胀或紧缩的极端状态，美联储使用三种工具来影响货币供应（见表2-6）：

● 准备金要求。

● 短期利率。

● 公开市场操作。

表2-6 美联储的货币政策

美联储的系统操作	增加货币供应以刺激经济，减缓潜在的通货紧缩或衰退	减少货币供应，给经济降温，缓和通胀问题
准备金要求	降低存款准备金率	提高存款准备金率
短期利率	降低贴现率	提高贴现率
公开市场操作	买入债券	卖出债券

来源：Based on Federal Reserve Bank of New York, "Historical Changes of the Target Federal Funds and Discount Rates 1971 – Present," www.ny.frb.org。
© 迈克尔·R. 所罗门

准备金要求

什么是准备金要求？ 准备金要求（reserve requirement）由美联储确定，是银行为了满足存款人的提款需求而必须留存的最低限度的资金。当你把钱存到银行时，银行不会把这笔钱放在保险库里，然后等着你来取。相反，银行会用存款向个人、小型企业、大公司以及其他银行放贷。银行通过这些贷款利息来赚钱。然而，银行必须在你需要钱的时候把钱还给你。如果银行没有足够的钱来满足客户当天的提款要求，那么客户可能会感到紧张，并且想把自己所有的钱都取出来。这就是银行挤兑现象。发生于1929年的银行挤兑事件引发了经济大萧条。当时，人们对银行无法支付存款感到十分紧张，开始大规模取款，最终许多银行都被迫关闭了。

银行不会将所有存款余额都借出去。美联储要求银行保留一定的准备金，其金额必须足以满足客户任何一天的提款要求。这些提款要求包括自动取款机上的取款、借记卡的使用、贷款申请及你所签下的支付支票等。美联储可以通过提高或降低准备金要求来放开或收紧货币供应。例如，如果美联储提高了准备金要求，银行就会留存更多的资金，而不是将它们借出。这种行为减缓了经济活动。然而，美联储很少将准备金要求当作货币政策工具，因为这种操作可能会给银行业带来极大破坏。

短期利率

什么是贴现率？ 美联储好似服务其他银行的银行。商业银行偶尔会意外动用那些本应让它们达到准备金要求的资金。在这些情况下，银行会向美联储申请短期贷款。出于这个原因，美联储有时会被称为"最后贷款人"。

当银行向美联储申请紧急贷款时，它们要按一定利率支付利息，这种利率被称为**贴现率**（discount rate）。美联储有权力通过提高或降低贴现率来控制货币供应。美联储通过降低贴现率来鼓励商业银行向自己贷款，让银行获得更多准备金。然后商业银行会将这些准备金贷款给企业，通过注入资金的方式刺激经济发展。然而，如果经济发展得过于强劲，美联储就可以提高贴现率，限制银行借出更多准备金。企业也会因为银行的利率变高而不愿贷款。

贴现率和联邦基金利率一样吗？ 联邦基金利率和贴现率不一样。我们经常会看到有关美联储打算调整联邦基金利率以稳定经济的新闻。**联邦基金利率**（federal funds rate）是银行向其他银行隔夜拆借资金时要支付的利率。如前文所述，美联储要求银行根据自己的存款和其他资产及负债来保留足够的准备金。在不得不以贴现率向美联储借钱之前，银行会通过相互借钱来避免准备金不足的情况出现。尽管新闻如此报道，但美联储并不直接控制联邦基金利率。相反，联邦基金利率是由美联储的公开市场操作和证券交易共同创造的一种均衡利率。

银行可供相互拆借的超额准备金来自美联储通过公开市场操作买卖的债券。如果银行手头有超额准备金，它就有充足的资金可以借给其他银行。如果超额准备金不足，那么银行之间的贷款会更加有限。为了提高联邦基金利率，美联储在公开市场出售债券。银行买入这些债券，从而减少了它们用于借贷的超额准备金。超额准备金的减少会让联邦基金利率提高。

反向情况亦是如此。为了降低联邦基金利率，美联储会在公开市场买入债券。向银行购买债券增加了银行的超额准备金，让它们有更多可用资金，这样便降低了联邦基金利率，有助于刺激经济。图2-11反映了联邦基金利率在过去几十年里的发展趋势，从中可以看到，联邦基金利率多年来一直处于0.25%的历史最低点。

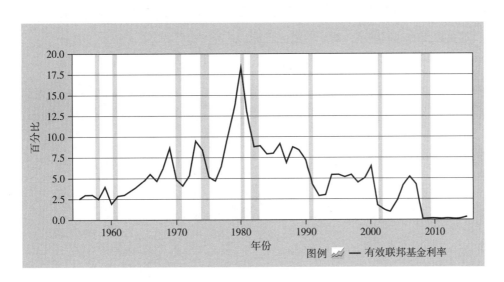

图2-11　1954—2016年有效联邦基金利率的发展趋势

来源："Historical Changes of the Target Federal Funds and Discount Rates 1971 – Present," Federal Reserve Bank of New York, http://www.ny.frb.org/. Retrieved from FRED, Federal Reserve Bank of St. Louis, https://fred.stlouisfed.org/series/FF, August 29, 2016。

公开市场操作

什么是公开市场操作？ 公开市场操作（open market operations）是美联储在其货币政策中采用的主要工具，即在公开市场买卖美国国债及联邦机构债券。美联储不与任何特定的证券交易商进行交易，相反，证券交易商要在公开市场为了和美联储交易而相互竞争。当美联储买进或卖出债券时，它增加或减少了银行系统中的资金，从而改变了银行系统的货币准备金水平。当美联储卖出债券时，银行的准备金因为购买债券而减少（也就是资金面"收紧"），利率随之上升。然而，当美联储买入债券时，它增加了银行系统的准备金（也就是资金面"宽松"），利率随之下降。较低的利率降低了人们储蓄的意愿，增加了人们在住房按揭等方面的贷款需求，有助于刺激经济。公开市场操作可能是美联储调整货币供应的最有力工具。

尼克和贾辛塔可以通过关注美联储的货币政策而做出是否买房的决策。如果美联储买入债券，那么住房抵押贷款的利率很有可能会下降。此外，尼克和贾辛塔也可以考察贴现率和联邦基金利率。有关贴现率降低的新闻可能是一个信号，预示着银行有足够的资金以更低的利率来放贷。尽管联邦基金利率对抵押贷款利率没有直接影响，但它确实带来了间接影响，因为利率会对经济增长和通胀做出反应。有关美联储努力调节联邦基金利率的新闻，会提醒尼克和贾辛塔在不久的将来利率是升还是降，这可以帮助他们确定买房子的最佳时机。

本章小结

2-1 定义什么是经济学，描述不同类型的经济体制。

● 经济学是一门研究个人和企业为了最大限度满足自身的需要和欲望，如何在资源有限的前提下做出决定，以及资源如何才能得到高效且公平的分配的学科。

● 经济制度的类型是多样的。

● 在计划经济制度下，政府对生产内容、商品和服务的生产资源及其分配拥有更多控制权。

● 在市场经济制度下，生产内容和商品及服务的分配方式由个人及私营企业来决定。

● 大多数西方国家现在采用的都是混合经济制度，是市场经济和计划经济的混合。

2-2 解释供求法则，描述影响每项法则的不同因素。

● 供给量是商品或服务的可用量。供给量随着产品价格的提高而增加。供给受以下五个因素影响：

——科技变革；

——资源的价格变动；

——价格预期；

——替代商品的价格；

——供应商的数量。

● 需求量指的是人们在任意时间想要购买的某种产品的数量。需求量随着产品价格的下降而增加。需求受以下五个因素影响：

——收入水平变化；

——消费者的偏好；

——人口变化；

——替代商品；

——互补商品。

2-3 阐释企业竞争的不同程度。

● 竞争有多种不同的程度，包括垄断、寡头垄断、双头垄断、垄断竞争和完全竞争。

● 垄断是指某种商品或服务只有一个卖方，供给量有限的情况。在有两个或多个卖方的双头垄断或寡头垄断的情况下，供给量可能会有所提升。而垄断竞争的特点是很多卖方以略有不同的价格销售差异很小的产品，从而增加了商品供给量和消费者的选择。同样，完全竞争中也有很多卖方，它们提高了商品或服务的供给量。在一个完全竞争的市场中，不同供应商销售的产品及其价格几乎是相同的，没有一个生产者能够影响产品的销售价格。

2-4 阐释经济指标，尤其是GDP、价格指数、失业率和生产率，如何反映经济的健康状况。

● GDP衡量的是一年时间内在一个国家境内生产的所有商品和服务的市场价值总和。GDP是衡量一个经济体的生产率和健康状况的重要经济指标。当一个国家的GDP上升时，这意味着该国的经济在向着积极的方向发展。

● 消费者价格指数和生产者价格指数是衡量通货膨胀或通货紧缩的指标。

- 消费者价格指数通过商品和服务的价格变化来跟踪价格随时间的变化，这些商品和服务代表了城市家庭的一般购买模式。

- 生产者价格指数跟踪的是卖方生产所使用的商品的价格平均变化水平，这些商品包括进一步加工所需的原材料和产品零件及卖给零售商的成品等。

- 失业率是用来考察经济表现的指标。如果失业率很高，就意味着经济体并没有充分利用所有的资源，经济可能正在下滑。失业率上升通常会导致政府在社会政策上的开支（比如社会救济金和失业补助金等）相应提高。

- 生产率提高意味着公司利用现有资源生产出了更多产品，从而获得了更多收入和利润。

2-5 描述商业周期的四个阶段，解释政府如何利用财政政策和货币政策来控制商业周期的波动。

- 商业周期的四个阶段是顶峰、衰退、低谷、扩张或复苏。

- 政府的财政政策确定了恰当的税率和政府支出。税收的提高会减少消费者的开支，有助于限制经济过快发展。税收的降低会刺激支出，有助于提振疲软的经济。

- 美国的货币政策是联邦储备系统通过利率调整、政府债券买卖或外汇市场交易等方式来控制通货膨胀的手段。

- 美国联邦储备系统负责制定美国的货币政策。为了防止美国经济出现严重的上下波动，美联储利用公开市场操作来控制货币供应，同时对银行准备金要求和贴现率进行调整。

重要概念

商业周期	联邦基金利率	垄断	联邦公开市场委员会
寡头垄断	联邦储备系统	公开市场操作	互补商品
财政政策	完全竞争	消费者价格指数	摩擦性失业
计划经济	货币	GDP	私有化
周期性失业	通货膨胀	生产者价格指数	通货紧缩
供求法则	生产率	需求	M1
衰退	需求曲线	M2	准备金要求
萧条	M3	季节性失业	决定需求的因素
宏观经济学	短缺	决定供给的因素	市场
贴现率	市场经济	结构性失业	反通货膨胀
市场价格	替代商品	双头垄断	微观经济学
供给	经济指标	混合经济	供给曲线

经济学 货币政策 过剩 经济制度
货币供应 失业率 均衡价格 垄断竞争

自我测试

单选题（答案在本书末尾）

2-1　以下哪项是微观经济学研究的内容？

a. 某个特定的公司如何最大化自己的产量和能力，以更好地在行业中竞争

b. 失业率的提高如何影响一个国家的GDP

c. 税率下调如何影响消费者的支出

d. 以上全部

2-2　你所在的小城有四家咖啡店，所有咖啡店都声称它们有"最新鲜的咖啡"，也都在宣传自己咖啡的独特优势和价格。这是哪种竞争？

a. 纯粹的垄断

b. 垄断竞争

c. 监管垄断

d. 寡头垄断

2-3　珍妮特经营着一家成功的有机温泉水疗机构，提供按摩、面部护理和有机身体护理等服务。去年夏天，城里面又开了一家有机水疗机构。珍妮特的供给曲线会向哪个方向移动？

a. 向右

b. 向左

c. 没有变化

d. 只有需求曲线会发生变化

2-4　以下哪项是决定需求的因素？

a. 科技变革

b. 收入水平的变化

c. 替代商品的价格

d. 价格预期

2-5　澳大利亚瑞瑟贝克泳装公司在佛罗里达州塔拉哈西附近开设了一家工厂，其生产的泳装的价值应算在哪个国家的GDP内？

a. 澳大利亚

b. 美国

c. 澳大利亚和美国

d. 不算在GDP内

2-6　以下哪个指标跟踪的是卖方用来生产产品的商品和资源的价格？

a. GDP

b. 消费者价格指数

c. 生产者价格指数

d. 国民生产总值

2-7　杰克逊·保尔森在塞巴哥湖的玛吉斯度假村担任滑水教练，他说自己在10月至次年4月会失业。杰克逊的经历属于哪一种失业类型？

a. 摩擦性失业

b. 季节性失业

c. 周期性失业

d. 结构性失业

2-8 以下哪项是政府用来刺激经济的货币政策？

a. 提高政府支出

b. 提高税收

c. 下调贴现率

d. 在公开市场销售政府债券

2-9 整体价格上涨时，经济会出现什么情况？

a. 通货膨胀

b. 通货紧缩

c. 扩张

d. 衰退

2-10 当GDP连续两个或更多季度出现下降时，经济处在商业周期的哪个阶段？

a. 顶峰

b. 衰退

c. 低谷

d. 扩张或复苏

判断题（答案在本书末尾）

2-11 微观经济学是研究整体经济表现的学科。

□对　□错

2-12 贴现率是银行在紧急情况下相互借款的利率。

□对　□错

2-13 瑞典是一个高税收和高福利的国家，是市场经济的典型代表。

□对　□错

2-14 为了庆祝夏季第一天的到来，一家冰激凌店将蛋筒的价格降到了10美分一个，两个小时内蛋筒就销售一空。这种情况造成了冰激凌蛋筒的短缺。

□对　□错

2-15 货币供应的M1层面包括货币、旅行支票及支票账户。

□对　□错

批判性思考题

2-16 为了控制商业周期的波动，政府通过财政政策和货币政策来影响经济。请比较美国的货币政策与财政政策。

★2-17 美国邮政和美国铁路公司是由联邦政府运营的大型机构。请讨论这些机构私有化的利弊。

★2-18 本书将GDP定义为衡量经济活动的指标。思考其他可以"帮助"提升GDP但总体来说对社会不好的事情，例如清理石油泄漏所需的经济活动，以及消费者为了购买更多商品而导致负债增加的情况。此外，还有一些其他情况由于限制了物品上的支出，可能会"挫伤"GDP，但却有益于社会的整体利益，例如重复使用塑料袋、安装太阳能热水器（限制了石油、天然气或电能的生产）等。那么GDP的定义是否需要修改？

小组活动

大型辩论

你的老师会将班级分为三个小组，每个小组都会被分配到下列辩论主题中的一个。在你所在的小组得到主题后，请将小组分为两个小队，根据该主题的不同立场做好准备。

辩论主题

2-19 2009年，为了扭转一场重大的金融危机，美国政府救助了几家大型银行及汽车和保险公司。政府的行动成功了吗？

2-20 20世纪30年代，为了保护经济大萧条后的工人，美国出台了最低工资法。是否应提高最低工资标准一直都是人们热烈讨论的话题。提高最低工资标准会对小型企业经营者产生怎样的影响？这么做会让工人受益吗？这最终会导致更高的失业率吗？

2-21 税收和减税政策是政治领导人激烈争论的话题。他们中的许多人声称减税可以释放资金，提高支出，因而有助于刺激经济。另一些人则认为过去的减税政策并没有给经济带来积极的影响，反而加重了政府预算的压力，削弱了政府在重要公共需求上的支出能力。减税真的有利于经济吗？

步骤

步骤1，将小组分成两个小队之后，辩论双方各自讨论辩论主题。

步骤2，小队成员应该单独准备他们对辩题的回应。

步骤3，召集小队成员，讨论每个成员的回应内容，形成一个回应列表。

步骤4，确定小队的主要辩手。

步骤5，每个小队有5分钟来陈述自己这方的观点。当每个小队都陈述完自己的论点后，每个小队可以用5分钟来准备反驳内容，接着用3分钟陈述反驳意见。

步骤6，其他小组重复同样的过程。

企业道德与企业社会责任

经济不平等

经济不平等指的是群体之间的资产和收入差异。长久以来，它一直都是人们热烈讨论的话题，它可以指个人、城市与乡村、国家及不同经济结构之间的不平等。

问题讨论

2-22 你如何定义经济平等？例如，实现经济平等是否只意味着保证每个人都得到同样的收入？如果给每个人都提供获得收入的平等机会，足够吗？

2-23 实现经济平等可行吗？经济平等是否会带来其他问题？

2-24 基尼系数是衡量国家收入平等水平的方式之

一。请研究基尼系数，了解哪个国家最平等、哪个国家的不平等程度更高。

2-25 衡量经济平等的其他方式有哪些？

在线练习

2-26　详细了解你所在地区的联邦储备银行。

距离你家或学校最近的联邦储备银行分支是哪一家？访问你所在地区的联邦储备银行网站，列出它们的最新政策。你可以从网站中获得什么样的信息？

2-27　美国电话电报公司与反垄断法

在优兔网上观看史蒂芬·科尔伯特（Stephen Colbert）的视频"美国电话电报公司的历史"，然后访问投资维基网站，在"查找：通信业"页面查阅有关美国电话电报公司在1984年被迫拆分后的更完整的结果图表。简单描述政府在1984年强迫美国电话电报公司拆分的理由，评价美国电话电报公司和小贝尔的后续公司行为。这些公司行为对通信业产生了怎样的影响？

2-28　进一步了解供求关系

在思木普网站找到《供求游戏》，玩上一两轮。利用你在本章学到的知识，谈谈你的体验。你是怎么做的？重要变量有哪些？这个游戏是如何说明供求关系的作用的？

2-29　职业体育和经济

职业体育是如何与经济相互作用的？在波士顿联邦储备银行网站玩一玩《花生与玉米花生焦糖》游戏（在"教育资源：游戏和在线学习"栏目下），在职业体育领域检验你的基本经济学原理知识。对你的体验写一个简短的总结。你在游戏中学到了什么？

2-30　货币政策：由你掌握

掌控一个国家的货币政策的感觉是怎样的？访问旧金山联邦储备银行网站，在"学生活动"栏目下找到《美联储主席》小游戏。在游戏中，你可以扮演虚拟中央银行的角色，在一个简单的虚拟经济环境中实施货币政策，这样你便可以对货币政策的方式和局限有所了解。对你的体验写一个简单的总结。你在游戏中学到了什么？

MyBizLab

在MyBizLab作业板块完成以下写作练习。

★ **2-31** 亚马逊的Kindle电子书阅读器和iPad对报纸和其他纸质媒介（比如教科书）的供求关系产生了怎样的影响？讨论科技对这些生产印刷出版物的产业的影响。

★ **2-32** 本书告诉我们，当一种服务或商品的供应商控制了所有或几乎所有市场时就会产生垄断。利用这一定义，思考美国国家橄榄球联盟、美国职业棒球大联盟，以及美国国家冰球联盟等职业体育团队到底是垄断机构，还是一个在同一个管理实体下运作的、由不同独立公司组成的团体？在回答时，你要考虑运动员的薪水、合同协议及门票销售等因素。如果这些职业体育团队拥有垄断地位，那么这意味着什么？

参考文献

1. Average tax rate is defined as total tax revenue divided by gross domestic product. See "Taxes and Other Revenues," in *CIA World Factbook, www.cia.gov*/library/publications/the-world-factbook/rankorder/2221rank.html (Country Comparisons: Taxes and Other Revenues n.d.), accessed April 6, 2016).

2. Ruut Veenhoven, "World Database of Happiness," http://worlddatabaseofhappiness.eur.nl (accessed April 6, 2016).

3. Vanessa Wong "With Keurig 2.0, Green Mountain Wants Its Monopoly Back," *Bloomberg Businessweek*, March 11, 2014, www.businessweek.com/articles/2014-03-11/green-mountain-releases-keurig-2-dot-0-to-help-restore-its-monopoly (accessed April 6, 2016).

4. U.S. Department of Justice, "Justice Department Requires US Airways and American Airlines to Divest Facilities at Seven Key Airports to Enhance System-Wide Competition and Settle Merger Challenge," November 12, 2013, http://www.justice.gov/opa/pr/2013/November/13-at-1202.html (accessed April 6, 2016).

5. The World Bank, Table: Central government debt, total (% of GDP), http://data.worldbank.org/indicator/GC.DOD.TOTL.GD.ZS/countries (accessed April 6, 2016).

6. Bureau of Labor Statistics, "Frequently Asked Questions, Question 6," www.bls.gov/cpi/cpifaq.htm#Question_6.

7. Bureau of Labor Statistics, "Table 1: Relative Importance of Components in the Consumer Price Indexes: U.S. City Average," December 2010, www.bls.gov/cpi/cpiri2010.pdf.

8. Allison Schrager, "The Great Debate," Reuters, August 28, 2013, http://blogs.reuters.com/great-debate/2013/08/28/five-years-after-recession-we-still-cant-agree-on-what-causes-joblessness.

9. "Historical Inflation," www.inflationdata.com/Inflation/Inflation_Rate/HistoricalInflation.aspx.

10. "The U.S. Inflation Rate—1948-2007," www.miseryindex.us/irbyyear.asp.

11. Sam Mamudi, "Lehman Folds with Record $613 Billion Debt—MarketWatch," *Wall Street Journal*, September 15, 2008, www.marketwatch.com/story/lehman-folds-with-record-613-billion-debt?siteid=rss.

12. "Humbled GM Files for Bankruptcy Protection Business Autos Msnbc.com," June 1, 2009, www.msnbc.msn.com/id/31030038/ns/business-autos/t/humbled-gm-files-bankruptcy-protection.

13. Teresa Sullivan, "Bankruptcy Statistics 1980-2010," www.bankruptcyaction.com/USbankstats.htm.

第三章　企业道德

本章目标

3-1　企业道德概述

阐释道德和道德行为体系，说明个人如何制定自己的道德准则。

在许多人眼里，道德和企业互不相关。你如何才能在保持自身正直的同时履行企业职责？检验你的个人道德准则是成功应对这一棘手问题的第一步。

3-2　个人道德与企业道德

阐释个人道德如何在工作中发挥作用，以及可以用哪些资源来评估一个公司的道德准则。

兰迪·马克斯（Randy Marks）有一套成功经营陶瓷生意的秘诀，但这却违背了他自己的信念。如果你的个人道德观与企业的成功产生了冲突，你会怎么办？

3-3　企业社会责任

分析企业政策和决策对其实现社会责任的影响，讨论企业在企业社会责任的需要和成功商业实践的需要之间保持平衡时可能遇到的挑战。

尽管企业的主要关注点似乎只是赚钱，但许多企业同样为社会、环境及世界经济发展做出了有意义的贡献。让星巴克成为有价值、有指导原则的公司，并让员工为其而感到自豪，是星巴克CEO霍华德·舒尔茨（Howard Schulz）的经营使命。如此高远的目标怎么能带来惊人的利润和发展呢？

3-4　企业道德观念薄弱的风险

概述法律合规对企业道德行为的影响，为公司提供一些可以从道德过错中恢复的策略。

很显然，DVD光碟是受版权保护的，但在一个大型贸易展来临之前，拉娜的项目组必须将一些视频剪辑到硬盘上进行测试。这种行为到底会损害谁的利益？有时，你只要破坏一点点道德准则就能出人头地。但是在商业世界里，无视道德准则真的值得吗？好人能成功吗？

3-5　道德需求带来的商业机遇

定义企业使用道德准则来创造新的商业机遇的方式。

理查德·斯蒂芬森（Richard Stephenson）看到了一个需求——人们对更富有同情心的医疗救治的需求，而这种医疗救治在技术方面也是最先进的。通过创建以道德需求为基础的新市场，许多类似斯蒂芬森的公司都收获了财务上的回报，提高了员工的士气，同时为世界做出了有价值的贡献。

3-6　企业如何打造道德氛围

列举公司可以用来打造和维护道德氛围的方法。

令人难以置信，那些曾经冻得好好的试管样本居然在工作站漏得到处都是，拉希德·戴维查（Rashid Divecha）的心都沉了。他必须以道德的方式给自己的客户及他的老板一个交代。但这么做到底意味着什么呢？

第一部分

了解商业环境

3-1 企业道德概述

阐释道德和道德行为体系，说明个人如何制定自己的道德准则。

■ 特雷西·宾厄姆（Tracy Bingham）每天早晨起床都会打开天狼星卫星广播收听霍华德·斯特恩的节目，听着那些有关刻板印象的俏皮话和笑话哈哈大笑。接下来，特雷西就会拿起钥匙出门上学。当他在学校餐厅排完队后，他发现自己拿到了20美元而非1美元的零钱，但他没有停下来。接着他去文印社复印了家庭作业，却发现下一次考试的答案居然就在复印机旁边。他将答案塞进自己的背包，不知如何是好。下课前教授当着所有人的面称赞了他上一次论文写作的优秀，特雷西明知道这篇文章来自班上另一个朋友，但他还是点头表示了感谢。当天晚上，他想起白天的事情，回顾了这一天所做的选择，然后昏昏睡去。与你相比，特雷西的个人道德品质怎么样？

和特雷西一样，我们每天都会做出种种道德上的选择。我们要决定自己的行动方式，以及自己要吸纳和驱散的念头。我们做出这些抉择的基础建立在我们关于世界如何运转及哪些行为会得到回报的一系列信念上。这些信念可以归为我们的价值观。本章，你将发现企业同样有引导自己行动的价值观。让我们先来分析什么是道德，以及如何制定自己的道德准则。

伦理学的定义

什么是伦理学？ 伦理学（ethics）是一门研究道德的一般特征及控制人的行为的具体道德准则的学科。[1]实际上，道德是你每天用来制定决策的准则。并非所有人都有同样的道德准则。道德行为体系有很多，有的以宗教体系为基础，有的是文化或民族方面的，有的则在某个特定的民族中代代相传。

道德行为体系

不同的道德行为体系有哪些？ 道德相对主义（moral relativism）是道德行为体系的一种，它认为世界上没有普遍的道德真理，相反，有的只是个人的信念、观点及价值观。这意味着没有一种观点比另一种更有效。因此，没有单一的标准可以评估道德真理。在道德相对主义者看来，每个人都有自己的是非观，没有人可以评价他人。请想象在这种道德体系下组织一群人（一个家庭、一个公司或一个国家）的情况。

另一种道德行为体系是**情境伦理**（situational ethics），在这种体系下，人们根据具体的情境而非普遍规律来做决策。哈佛大学神学院教授约瑟夫·弗莱彻（Joseph Fletcher）提出了情境伦理的概念，因为他相信，在做道德决策时，运用黄金准则——以你希望别人对待你的方式来对待他人——比运用复杂的道德标准更为重要。由于它挑战了已有的通用准则，可以适用于任何情境，因此弗莱彻的道德体系被认为是具有争议性的。

此外，还有其他道德行为体系存在，其中一些是由宗教传统定义的。例如，**犹太教-基督教伦理**（Judeo-Christian ethics）指的是犹太教和基督教所共有的基本价值观，内容包括尊重财产和人际关系、敬重父母、与人为善等。

当然，人们的行事方式有时会违背他们的信念或者他们声称自己所遵循的道德行为体系的信念。**不道德行为**（unethical behavior）是指不符合一系列公认的社会或职业行为标准的行为。它不同于**非道德化行为**（amoral behavior），在这种定义下，人们没有是非观念，毫不关心自己的行为会产生怎样的道德后果。

个人道德

什么是个人道德？ 每天，你都会产生一些想法来引导你去说或去做某件事。在你选择自己的语言和做法的过程中，你遵循着一套**个人道德**（personal ethics）标准，也就是引导你在自己的人生中做出抉择的准则。有时，人们遵循着一套清晰、明确的准则。而在另一些时候，人们的道德准则会出现不一致的情况，无法适用于所有情境。还有一些时候，人们并没有花时间去弄明白自己最看重的是什么。

有时，一个不道德的决策会带来立竿见影的好处，而这正是你最难坚持自己的道德准则的时候。试想，在申请一份理想工作的时候，为了让自己看上去更合适，一名大四学生在自己的简历中稍稍夸大了自己实习期的经历和职责，这是撒谎还是正当行为呢?

再想想你对待财产的方式。如果你从工作单位的工作用品柜里拿了一些信纸簿、几支钢笔、一沓空白蓝光光盘回家,那么这算盗窃吗?如果你只拿了一张纸回家呢?有人可能会说,这取决于你是否在家使用这些材料来工作。那么如果你将它们一部分用在了工作上,另一部分用在了私事上呢?如果拿办公用品回家的不是你,而是其他人呢?我们太容易对自己拿东西的行为和自己最不喜欢的人拿东西的行为提出两种不同的看法。

我如何才能明确自己的个人道德准则是什么? 你可以花点时间来检验自己的道德准则,这是很有价值的事情。如果你很清楚哪些价值观对你而言最为重要,那么在你的个人生活和职业生涯中,你可以更加轻松地处理需要你做出复杂道德决策的情况。表3-1列出了个人道德准则的分析方式,让我们看看这个过程中的每个步骤。

表3-1　明确你的个人道德准则

	问题	举例
基本性格	别人用哪些有关性格的词来描述你?	诚实、可靠、和善、自我中心、好斗、勇敢
信念	你最重要的信念,以及你在做决策时坚持的信念是什么?	"好人没好报" "努力终有回报" "我们必须坚持对的,反对错的"
信念来源	你的信念及你对自身个性的看法从何而来?	家人、信仰、电影、个人经验、仰慕的人
行为	你的人际关系如何反映了你的性格和信念?	"我和大多数人的交往都很浅,因为我不太愿意兑现自己的承诺" "我和许多人都保持着深厚而持久的友谊,因为我重视友情,我会照顾我的朋友"

© 迈克尔·R. 所罗门

1. 写下你是哪一种人。你的性格如何?你的朋友认为你诚实且善良吗?还是觉得你雄心勃勃、自私自利?抑或认为你很在意他人的幸福?请诚实地评价你自己。

2. 列举影响你做决策的信念。例如,如果在一家使用动物做实验的实验室工作,你会觉得别扭吗?你是否认为撒谎没什么大不了?如果是,那么哪种谎言你可以接受,哪种又不可以接受?你的答案是固定的吗?也就是说,你是否严格遵守自己的道德准则?

3. 现在,你已经写下了自己的信念,请再想想你是怎么产生这些信念的。我们在生活中经历的一切为我们提供了开发个人道德准则的机会。我们同样可以通过我们的家人、宗教场所、我们的小学一年级老师等媒介学习道德行为。有时，我们的经历会让我们放弃并转而采纳其他道德准则。对我们中的一些人来说，道德准则会因利害关系而改变。你是否曾在未经调查的情况下接受某些道德信念，它们能否经得起现实生活经历的考验？

4. 思考你在工作、学习和生活等场所的行为，以及你和周围人的相处情况。你想对自己的行为做出改变吗？例如，你有没有发现自己闲聊或说话的方式会让气氛变得更为失和？你或许觉得自己的评论不失公允，但你在闲聊时的道德立场能够创造你最终想要生活的环境吗？

道德的生活如何才能让我出人头地？ 有时，伦理学好似抽象的理想——这些理想在乌托邦世界里看着不错，但却不会对你当下的生活产生实际影响。然而，道德的生活方式明显是有一些好处的。

首先，社会建立在法律这样一套行为准则上。当然，无视法律会立即给你的生活带来负面影响。然而，由于我们生活的社会中包含多种不同的文化、宗教及道德体系，因此法律并不总能反映个人的道德准则。当人们选择以非暴力方式遵循自己的信念，甚至违反现行法律的时候，就会产生非暴力不服从行为。不论你是要遵循有关企业经营方式的法律，还是要依从对你的生活产生影响的法律，找到让自己的道德准则与社会法律保持一致的方式是非常重要的。

【商业杂谈】

遵从道德的生活可以让人快乐吗？

研究表明，快乐本身是遵从道德生活的结果。随着积极心理学这一研究领域的出现，心理学也将其纳入了新的研究重点。宾夕法尼亚大学积极心理研究中心的马丁·塞利格曼（Martin Seligman）博士是这一领域的先锋人物。[2]塞利格曼和他的同事致力于发现快乐的原因，而不是去寻找解决精神功能障碍的疗法。他的研究表明，通过明确自己的优点和美德（比如富有同情心或正义感），调整自己的生活，让自己每天都可以在生活中发挥这些优点和美德，人们会发现自己快乐程度的提高（以及抑郁程度的下降）和采用了抗抑郁药物及疗法的效果是相当的。找到一种方式来明确自己的道德准则和美德，并将其运用于自己的日常生活，这着实会对你的快乐感产生一定影响。

以道德的方式生活甚至可能有利于你的健康。当你的决策总是与你最看重的价值观相冲突时，你常常会倍感压力，更加恼怒。当你的价值观和你所采取的行动常常出现冲突时，各种类型的精神和生理创伤便会随之而来。雷纳特·舒尔斯特（Renate Schulster）就是这样一个例子。舒尔斯特是一家金融服务公司人力资源部的副主管，她受命调查一名员工的指控，该员工指控公司CEO曾经对自己实施过性骚扰行为。[3]舒尔斯特的调查使其相信，公司的这名CEO的确有罪。她的个人道德要求她执行员工的诉求，而这让她站在了公司的对立面。随着她的个人价值观与CEO的价值观之间的冲突所带来的压力越来越大，她求助于心理咨询，希望消除她所经历的这种压力对情绪的影响。舒尔斯特最终从雇主那里要回了自己的医疗及诉讼费用，离开了这家公司。尽管她坚持了自己的正直原则，但这场斗争并不轻松。

■ 个人道德在很大程度上取决于人们如何定义自己、自己的社会角色及商业行为。还记得特雷西吗？和我们所有人一样，特雷西将会继续在生活中面对道德抉择。如果他可以真正思考自己的想法和行动，也就是说形成自己的个人道德准则，那么他将更好地了解自己在复杂和挑战情形下的选择。

3-2　个人道德与企业道德

阐释个人道德如何在工作中发挥作用，以及可以用哪些资源来评估一个公司的道德准则。

■ "这是一种漂亮的釉料。"兰迪·马克斯叹息道。他的陶瓷小店靠着个人和小型建筑公司的订单过活，这些客户要找正宗的定制瓷砖来装饰厨房、地板或喷泉。"我用铜和一种特殊的烧制方法让釉料呈现令人惊异的深红色，"兰迪说道，"这是我们最畅销的产品。"纽约的一位建筑师很快就与兰迪签下一份订单，让他为自己的客户生产数量相当大的一批瓷砖。这意味着兰迪要工作更长时间，雇用更多员工来完成增多的业务。然而，部分生产过程需要在烧制时加入额外的铜，会产生有毒的含铜黑色浓烟。随着订单的增加，工作坊后面的窑炉通常会把这种烟喷到空气中，与生产普通釉料形成的无毒白烟产生鲜明对比。

多年来，兰迪一直是其所在社区环保小组的成员，因此他知道这种操作对环境多么不利。他怎样才能找到一种方式，在遵循自己道德准则的同时兼顾自己对员工和客户的责任呢？

我们常常发现自己在多个选择面前左右为难。找到一条既适合你，又适合你所在公司的方法通常很有挑战性。在某些情况下，我们很难分辨对错之间的界限。而其他时候你的个人价值观则与公司的价值观不一致，你或许希望自己在职业生涯早期（在投入时间和精力之前）就能更好地理解公司的道德文化。让我们一起探讨个人道德是如何在工作中发挥作用的，再看看你可以用哪些资源和技术来评估一家公司的道德准则。

来源：肯德尔·马丁。

作为公民个体的你和作为雇员的你

个人道德在商业环境中扮演了怎样的角色？我们个人的是非观影响着我们的言行和思想，但它是如何延续到我们的工作中去的？毕竟，我们的雇主花钱购买了我们的时间和精力。作为雇员，我们有责任遵循企业经营者或主管为企业构建的道德准则。然而，企业经营者无法控制你在工作之外的行为，甚至不能对此提出意见。

事情真的是这样吗？也许这个模式曾经适用于美国的生活，但是现代的工作环境更为复杂。今天，工作之外的行为、正直品质和诚信与工作表现密切相关。例如，在现代工作场所里，员工采用远程办公形式，在家使用电子科技来访问办公室的文档和开会。在这个新扩展出来的工作环境里，雇主可能真的会在意员工是否在工作时间里饮酒，或是做其他事情。公司董事会可能会密切留意他们的CEO在使用社交媒体方面的决策。一家科技公司的CEO格雷格·戈帕曼（Greg Gopman）在脸书上发布了一篇措辞严厉的文章，抨击了旧金山无家可归的群体，展露了科技行业精英冷漠的一面。人们的反应给他个人带来了影响，他的职业生涯因此偏离了正轨。而这也对人们日益觉醒的观念产生了影响，因为人们原本认为旧金山长久以来都是科技行业的中心。商业环境一直在发生变化，而隐私法则的界限也日渐模糊。如果雇员工作之外的行为可能会影响其所在的公司，那么雇主是否对这种行为有发言权？

同样，股东（持有公司股票的人）和员工有时对工作场所之外的管理行为有发言权。

波音公司因为不道德行为而开除了CEO斯通赛弗。讽刺的是，斯通赛弗也正是在该飞行器制造公司遭到一系列丑闻震荡之后受命带领公司恢复稳定的人。

来源：Pierre Verdy/AFP/Getty Images。

波音公司从一系列涉及如何获得军方合同的丑闻中恢复过来的事件就是一个经典的例子。[4]这家飞行器制造公司的领导层开除了当时的CEO，雇用了一位波音前员工哈里·C.斯通赛弗（Harry C. Stonecipher），让他带领公司恢复稳定。15个月后，已婚的斯通赛弗被发现与一名女性员工有染。由斯通赛弗制定的，标志着波音公司回归道德行为的道德准则最终将他自己推向了被开除的下场。尽管斯通赛弗没有受到性骚扰的指控，这名女子不直接为他工作，他也从未在波音公司内部给过她任何优待，但这让他的个人道德和自己所承担的公司职责产生了冲突。这对他个人及他正在努力重振的公司造成了极大的损害。

如果有人要求你做一些与你对道德行为的理解相冲突的事情，你会怎么做？ 决定自己到底要遵循哪一方的道德准则是件困难的事情，不论遵循你自己的还是公司的，每个选择都会带来法律和道德上的后果。例如，公司主席要求安德烈娅·马隆（Andrea Malone）开除一名患脑瘤的员工，理由是脑瘤会降低该员工的生产效率。[5]安德烈娅知道《美国残障法案》涵盖了这种情形，在这种情况下开除这名员工是违反联邦法律的。然而，她的公司坚持要求她开除这名员工，同时要求她说明这是出于脑瘤之外的其他原因。安德烈娅没有不公正地开除这名员工，而是选择离开了这家公司，但此后她很难找到新的工作。安德烈娅坚持了自己的道德准则，但她还没有为短期后果做好充分准备。

如果你发现自己正在进行一项不道德的行动，而你此前并没有意识到，那么你会怎么做？在布鲁斯·福里斯特（Bruce Forest）接受人力资源总监的工作时，他向公司询问了有关该公司雇用非法移民的传言，公司向他保证没有这样的情况。然而，在这家公司开展工作后不久，布鲁斯就收到有关公司仍然在进行非法雇用的消息。布鲁斯的老板要求他不要调查这些情况，并且告诉他公司宁可承担美国公民和移民服务局的处罚。在他的老板看来，这种处罚不过是"可以接受的业务开销"。[6]所以布鲁斯现在参与了非法行为，他必须做出艰难的抉择。他应该辞职吗？但这么做意味着他可能不得不搬家，接受更低的工资，同时损失公司原本承诺他的奖金。

在农业巨头公司ADM担任高管时，马克·惠特克（Mark Whitacre）曾经面临和布鲁斯相同的处境。多年来，ADM参与了一项国际价格垄断计划。**价格垄断（price** fixing）指的是多个公司就人为设定高额定价达成协议，使得客户不得不为产品支付高于原本价格的费用。惠特克是这一非法行动的参与者之一，同时他将被提拔为这个组织的最高领导人。然而他的妻子在ADM的所作所为和自己的道德价值观之间产生了越来越大的冲突。最终她威胁惠特克，除非他想办法不再参与这种活动，否则她就和他离婚。惠特克随后去了美国联邦调查局，成为美国历史上举报人中等级最高的企业高管。他同意秘密记录ADM的会议，最终在三年时间内为美国联邦调查局提供了录音和录像材料等罪证。[7]惠特克最后在监狱里度过了差不多九年时间。现在他是加利福尼亚州一家生物科技公司的首席运营官。这个故事非常吸引人，以至于被改编成了电影——由马特·达蒙（Matt Damon）主演的《告密者》。

ADM是国际价格垄断丑闻的核心，它与自己的竞争对手一同设定了销售价格和数量。为了公开这一丑闻，ADM的员工马克·惠特克担任了长达三年的美国联邦调查局线人。马特·达蒙在讲述这一事件的黑色喜剧《告密者》中饰演了惠特克。

来源：Timothy A. Clary/AFP/Getty Images。

在无意中陷入不道德行为或惠特克这样的非法行为会让人们面临困境，尤其是在他们的工作岌岌可危的时候。尽管有些人认为他们可以在工作中让自己的道德标准"保持灵活"，但这么做通常会对他们的精神状态、人际关系和生理健康造成伤害。

识别企业的道德准则

如何才能检验一家公司的道德准则？一些公司可能有书面的**道德准则**（code of ethics），或者针对某些道德行为的承诺。这也被称为行为准则，其用途是指导员工处理棘手的道德问题。此外，很多公司都有公开的**使命宣言**（mission statement），它定义了一个组织的核心目标，也就是组织为何而存在。使命宣言描述了公司的价值观、目标及愿景。请看以下来自菲泽酒庄的使命宣言：

我们的愿景是在生产优质葡萄酒、促进员工健康和福利发展、为股东创造可持续增长的同时，以一种能够让生态系统和社区得到恢复、振兴和再生的方式进行运营。[8]

这一使命宣言促成了一项到2030年实现完全绿色环保的计划，一项鼓励节约能源的奖金，以及一个作为员工教育计划一部分、在全公司范围内开展的第二语言英语培训项目。

如何才能发现公司道德行为最好和最坏的方面？在公司道德准则和使命宣言之外，

你还可以用其他资源来评估公司的行动及其可能触犯法律的行为。例如，你可以通过研究已经提起的实际指控或针对该公司且已有判决的案件来检验该公司的法律合规情况。"法律爬虫"（lawcrawler.com）等网站可以帮助你找到许多公司发起或作为被告的诉讼案件的相关法律判例。

此外，还有这样一类组织，例如波士顿学院企业公民中心，它们与企业合作，帮助企业定义、规划和建立企业公民身份。波士顿学院企业公民中心会突出显示那些采取积极行动的公司，将它们负责任的企业活动公之于众，并在自己的网站上发布有关企业道德问题的报告。通过这种做法，该中心和企业一起"利用它们的优势来确保公司取得成功，同时促成一个更加公平且可持续的世界"。[9]我们将在下一节讨论评估一个公司的道德和企业责任感的其他手段。

■ 当他的个人和企业道德准则与特制陶瓷釉料的生产出现冲突时，兰迪·马克斯决定怎么做？没有人"监视"他，环境部门没有责难他，而他也没有破坏任何法规。但兰迪内心的冲突却十分剧烈。"多年来，我一直反对工厂排放污染气体，"兰迪表示，"道德冲突实在太大，我不得不停止烧釉。"兰迪的决定让工作坊陷入了艰难的境地。来自纽约的建筑师取消了订单——这层釉料可是他的生意的制胜因素。工作坊的工人也十分不解。他们喜欢制作有趣而美丽的产品，新订单对他们意味着更多的工作时间和额外的收入。他们的工作坊非常小，因而员工起了争执：这一点点浓烟怎么可能会对大环境产生影响？

尽管兰迪的陶瓷工作坊并没有正式的书面使命宣言，但在停止生产受欢迎的釉料之后，他的行为和讨论的意愿让每个员工都清楚地看到了兰迪在生意中最看重的是什么。兰迪不得不坚定地重复解释他的个人道德观必须与他的工作道德保持一致，他确信，从长远角度看工作坊将得益于他的这一决定。尽管兰迪的员工很难轻易接受他的决定，但他们还是能够感觉到，企业更大的使命是清晰且值得尊重的。

3-3　企业社会责任

分析企业政策和决策对其实现社会责任的影响，讨论企业在企业社会责任的需要和成功商业实践的需要之间保持平衡时可能遇到的挑战。

■　带着成为一家具有值得员工自豪的价值观和指导原则的全国性公司的崇高使命，霍华德·舒尔茨在1987年买下了星巴克——西雅图一家销售新鲜烘焙全豆咖啡的门店。星巴克现已成为企业家梦想的企业，它在全世界60多个国家拥有逾22 000家门店。这些帮助社区、保护环境及启发员工的目标究竟与公司的底线，也就是利润和增长有什么关系？

企业决策反映了一家公司实现企业社会责任的意愿。 每天，盖璞、迪士尼、壳牌等大型企业，以及中型企业和小型地方企业都必须做出反映它们的企业社会责任的决策。让我们看看企业社会责任的含义是什么，它影响了哪些人，以及公司如何才能在企业社会责任和成功经营之间保持平衡。

企业社会责任的五大支柱

什么是企业社会责任？ 企业社会责任（corporate social responsibility，CSR）是公司以实现社会、环境和经济发展为目标而开展活动的义务。为了履行社会责任，企业必须在以下五个主要领域做好决策（见图3-1）：

来源：Francis Dean/Getty Images。

1. 工作场所的人权和用人标准。

2. 有道德的采购。

3. 营销与消费者的关系。

4. 环境、健康及安全问题。

5. 社区和"睦邻"政策。

让我们逐一考察这些领域。

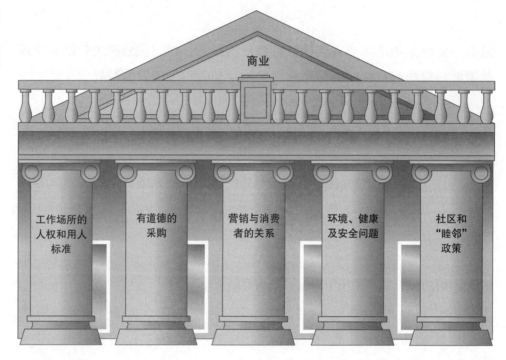

工作场所的人权和用人标准。企业社会责任关注的问题影响着当地和全球社区办公室之外的世界。例如，用人标准——公司如何尊重和关心自己的员工，可以通过公司制定的政策及公司对其所在社区产生的影响反映出来。随着企业和国际市场交互的增多，企业必须针对棘手的问题制定道德标准，例如童工、污染、工资公平及人权等方面的问题。以钴为例，这是一种用于电池生产的矿物。苹果、索尼、三星等许多电子产品制造商使用的钴都来自剥削儿童的钴矿，有些孩子一天要在矿里工作12个小时或更多。苹果这样的公司必须率先确认它们的供应商违反了儿童劳动法，并且采取行动。它们还应对其他原材料进行评估，从而降低劳动力和环境方面的风险。[10]

有道德的采购。寻找原材料资源并和供应商达成协议是大多数企业运营的一个方面。在今天的全球化市场里，很多公司发现自己需要与国际供应商一同协作。一旦企业打算从其他国家或本国其他地区的供应商那里采购材料，该企业便与当地的环境及社会问题产生了关联。试想，一家公司在另一个国家有一家装配工厂，它现在已经与当地的社会环境联系在了一起。为了保持供应商的运营或装配工厂的顺利运转，

作弊可以让你得到回报，但这只是暂时的

大众汽车的工程师需要在规定的时间和预算内让公司的柴油汽车达到《美国空气清洁法案》规定的排放标准。他们的方案是安装一款软件来探测汽车是否接受了排放检测。如果汽车受到检测，那么该程序会输出错误的二氧化碳读数，而它的数值是实际水平的1/40。

多年来，这一作弊行为一直无人注意，它影响了1 100多万辆汽车。当这一行为最终被揭露时，它带来了数十亿美元的罚款和诉讼，并且导致该公司CEO辞职。而它对公司未来的整体影响依然在延续。

公司会因其容忍欺诈的文化而付出代价吗？如果大众汽车的作弊行为一直没有被发现会怎样？

当地的劳动力必须接受教育，因而该公司成了当地学校教育质量的既得利益者。

以香蕉供应商奇基塔为例，该公司在世界上产出其产品的地区都有既得利益。数十年来，奇基塔一直背负着恶名，该公司让农场工人在危险的条件下辛苦劳作，同时污染水源、砍伐热带森林。由于工人的权利和环境问题正在威胁它的品牌声誉，奇基塔开始对这些条件进行改善。它为工人建造了住宅，为他们的孩子建了学校。现在，奇基塔的所有农场都要接受环保组织雨林联盟的认证，确保它们在杀虫剂的使用、工人健康等相关问题上达到具体的标准。[11]对企业社会责任的承诺意味着公司必须意识到其行为的道德影响——无论是在本国还是在远离本土的社区。

营销与消费者的关系。营销常常会带来道德问题。除了广告的真实性问题，营销人员必须考虑到那些即便不是彻头彻尾的谎言，也可以操控人的行为的信息。例如，普拉达、范思哲和阿玛尼等一些著名时尚品牌已经同意禁止零号模特参加它们的时装秀。这是因为越来越多的医学权威将观看这些时尚图片的行为与女性饮食失调症的增加联系起来，时尚界必须做出抉择。如果想要以一种对社会负责的方式来经营，企业就必须考虑许多营销与消费者方面的问题。你的看法如何？你是否认为选用零号模特是对社会不负责任的行为？为了让广告中的模特看上去更完美而修图，这种做法有问题吗？我们如何才能判断何时负责任的行为变成了不负责任的行为？

环境、健康及安全问题。很多行业，哪怕是小公司每天都要做出对环境及其工人和邻居的安全产生影响的决定。从跨国制造业巨头到地方汽车修理厂，任何生产过程中会产生有毒物质的行业都必须做出直接影响环境的决策。同时，有毒物质的产出速度远远超过了合理储存及处理设施与技术的发展速度，因而处理有毒物质变得越来越昂贵。

获奖著作《漫长的诉讼》记录了这方面最臭名昭著的案件。案件的起因是马萨诸塞州一个小镇上的儿童白血病发病率很高。最后，人们发现这个小镇的水源被两家当地企业排放的三氯乙烯污染了。忽视这些问题的短期和长期代价是什么？关注企业社会责任的企业会致力于了解其决策对社会产生的影响。

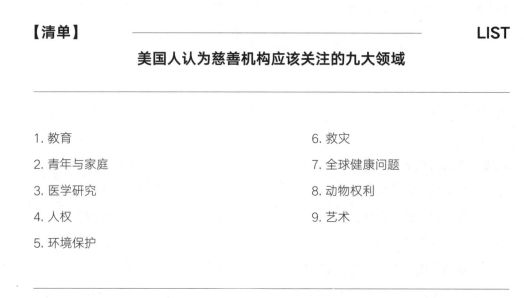

【清单】   **LIST**
美国人认为慈善机构应该关注的九大领域

1. 教育   6. 救灾

2. 青年与家庭   7. 全球健康问题

3. 医学研究   8. 动物权利

4. 人权   9. 艺术

5. 环境保护

社区和"睦邻"政策。最后，企业社会责任还涉及企业如何影响其业务所在的地区，特别是其周边社区的问题。这个问题多年来一直是沃尔玛面临的一个挑战。在纪录片《沃尔玛：低廉价格的高额代价》中，导演罗伯特·格林沃尔德（Robert Greenwald）认为沃尔玛支付给员工的报酬相当少，以致社区会因沃尔玛在此地开设卖场而付出代价。[12]一些门店甚至为员工举办节日食品募捐活动。由于员工拿到的薪水很少，也没有可以涵盖他们孩子的医疗福利，这使得该地区的医疗补助支出提高，而公众必须用他们的税收来为此买单。此外，格林沃尔德还指出，很多地方小企业因为无法和商业巨头竞争而被迫关门。雪上加霜的是，为了吸引沃尔玛进驻，许多社区通常都会给沃尔玛提供补贴。找到成为好邻居的办法很重要，这可以避免沃尔玛一直在应对的紧张局势和负面社会形象再度产生。

商业环境中企业社会责任的冲突

一个企业真的能做到对社会负责吗? 诺贝尔经济学奖获得者米尔顿·弗里德曼(Milton Friedman)说过:"要求一家企业对社会负责,与要求一栋房子承担社会责任一样毫无意义。"[13]他认为,企业作为一个抽象的概念,无法行使人的功能,例如履行职责。这些观点一直存在争议。2010年,美国最高法院公民联合会裁定,企业具备与公民选举官员一样的宪法权利,因此有能力做出无限的政治贡献。

企业对自己的股东负有一项独特的责任:在年底实现盈利。我们很难衡量这项职责与企业对社区或整个地球的长期职责是如何相互作用的。企业为股东创造利润的需要与企业社会责任的要求之间可能存在冲突。尽管企业会通过对社会负责而获益,高层战略管理者还是必须就如何通过有效的企业社会责任策略来支持企业利益发展形成共识。

沃尔玛对当地社区的影响备受争议。批评者认为,该公司的薪酬如此之低,以致员工需要将社会救济和沃尔玛的工作结合起来才能生存下去。
来源: Jim West/Age Fotostock。

企业社会责任的好处

企业社会责任的好处是什么? 一项强大且明确的道德政策能够从以下几个方面为企业提供帮助:

- 企业会在市场上的消费者、供应商和经销商之中建立良好的声誉。
- 企业能够招募和留住最优秀的人才。
- 当企业充分利用原材料并减少浪费时,效率会提高。
- 产品创新、环境友好及道德意识标签可以让企业的销量增加。

衡量企业社会责任

我们有办法衡量一个企业的社会责任水平吗? 衡量企业社会责任这样复杂的事情看似不可能,但还是有一些方法可以让我们了解企业社会责任工作的整体水平。

社会审计。社会审计(social audit) 研究企业如何履行其社会责任。这是一种内部的系统性检验，它衡量和监督的是公司设定了哪些目标，取得了怎样的进展，以及资金和劳动力等资源如何用于实现企业社会责任目标。

评级和排名。在社会审计之外，波士顿学院企业公民中心等组织会评估企业社会责任，并公开它们的成果。而卡尔弗特投资公司等则向消费者提供企业社会责任评级和报告。卡尔弗特投资公司根据公司在环境保护、职场环境、企业行为、人权及社会关系等方面的表现为它们进行评分。投资人可以用"了解你所持有的公司"（Know What You Own®）这一工具来调查基金，检验基金所投资的公司的环境和社会效应。

除了社会审计和卡尔弗特评级，《财富》等不少杂志每年都会公布值得钦佩的公司名单。其他机构则会奖励企业卓越的企业社会责任行为。例如，滤光片制造商克罗玛科技就有许多创新的举措。[14] 在这家国际化公司里，员工拥有董事会的所有席位。此外，公司在薪酬体系中大力奖励员工的忠诚。员工的基本工资取决于其在组织中的专业，然后会随着员工的资历而提高。[15]

克里夫能量棒公司是另一个常被提及的企业社会责任奖获得者，它是一家有机能量棒制造商。加里·埃里克森（Gary Erikson）在他的厨房里用1 000美元开办了这家公司。经过十年的持续增长，埃里克森打算接受一笔开价为1.21亿美元的收购要约。然而在最后一刻，他得知收购方计划将克里夫能量棒搬离加利福尼亚州，同时将公司现有员工全部解雇。他感到自己的诚信和他对公司的愿景都岌岌可危，因而取消了这笔交易，继续接管公司。

【商业杂谈】

作为公民的企业

在著名的公民联合会案件中，美国最高法院裁定由个人组成的企业具有和公民选举官员一样的宪法权利，因而可以对政治运动做出无限贡献。它打开了讨论美国民主状况的大门。这一决定是否会让企业和一小撮极端群体在美国政治中压倒大众的声音？

企业应该拥有和个人同样的权利吗？在刑事诉讼中，一家公司能够以美国宪法第五修正案为由，避免自证其罪吗？我们在哪种意义上希望公司成为拥有权利和责任的法律实体？我们是否应该用我们钦佩的人所遵循的道德行为和共情标准来评判一个公司？

自我报告。公司对自己在解决复杂道德问题上的努力和履行社会责任方面的工作进行自我报告现在变得越来越普遍。每年，娱乐公司时代华纳都会向股东提供一份企业社会责任报告，探讨公司在企业公民责任上的进步，内容包括公司对新闻诚信、社会责任项目（例如电影对吸烟行为的描绘问题）、内容无障碍、消费者隐私、内容多元化，以及儿童保护等问题的关注。[16]

企业慈善。许多公司都会参与**企业慈善**（corporate philanthropy），这是一种将自己的部分利润或资源捐赠给慈善机构的行为。通常，企业将慈善活动视为一种营销投资，旨在与它们开展业务的社区、员工及普通消费者建立更牢固的联系。例如，塔吉特将自己税前利润的5%用于捐赠，相当于每星期捐赠300万美元。[17]它的捐赠额超过了其他美国企业平均水平的两倍。

由微软董事长比尔·盖茨发起的比尔及梅琳达·盖茨基金会则是另一个例子。盖茨基金会拥有400亿美元善款，致力于解决全球婴儿存活率问题，启动了疟疾疫苗项目，同时努力支持教育创新。尽管该基金会与微软没有直接联系，但它对该公司的公众形象带来了积极的影响。

企业社会责任与社交网络

社交网络与企业社会责任有什么关系？ 社交网络不仅改变了企业的许多方面，也改变了企业社会责任的面貌。汉堡连锁店温迪汉堡曾一度利用推特为其创始人建立的基金会——戴夫·托马斯收养基金会募资。用户每转发一次带有"TreatItFwd"（转发它）标签的推特帖子，温迪汉堡就会捐出50美分来帮助寄养儿童。这项父亲节推广活动筹得了180万美元的善款。[18]

比尔及梅琳达·盖茨基金会每年在疫苗等全球健康和发展项目上投入的资金超过15亿美元。
来源：Pius Utomi Ekpei/AFP/Getty Images。

银行业巨头摩根大通凭借它的"摩根大通社区捐赠计划"进军了众筹慈善市场。摩根大通让访问其脸书主页的用户决定公司该向哪个非营利项目捐款。摩根大通得到了什么回报呢？或许是更积极的形象及客户参与度的提升吧。

企业社会责任的挑战

企业社会责任带来了怎样的挑战？ 很明显，当今企业面临的许多相互矛盾的需求给其造成了大量道德上的挑战。试想那些生产特殊产品的企业面临的困境，例如开发治疗艾滋病药品的制药企业。面对非洲撒哈拉以南地区艾滋病肆虐的情形，它们的道德和伦理义务是什么？在非洲，有超过2 500万人携带艾滋病病毒。[19]他们中的1/3还感染了肺结核。每年还有100万或更多的非洲人死于疟疾，其中大部分是儿童。[20]此外，70%的非洲人每天的平均生活费用不足2美元，他们无法支付药品费用，而这些费用本可以用来偿还制药企业研发这些药物的费用。现代企业领导者一方面要满足投资者创造利润的需要，一方面又有减轻人类疾苦的意愿，如何在这两者之间保持平衡，是他们面临的一大挑战。然而，我们尚无现成的培训可以教企业决策者做好准备，并让他们具备驾驭这种棘手问题的能力。

尽管如此，一些企业始终能够平衡企业社会责任的需求和企业成功经营的需求。作为强有力地践行企业社会责任的行业领导者，英特尔公司获得了很高的评分。[21]在环境方面，该公司在过去几年里减少了企业经营活动的排放量，减轻了自己对全球变暖现象的影响。通过为国内合作伙伴提供福利，以及仔细监测工人接触危险化学品的情况，该公司对自己的员工表现出了强烈的责任感。该公司对其运营业务的每个国家都有相应的人权政策。此外，它也向多个机构捐赠电脑设备，通过金钱援助支持大量组织，并且能响应社区的需求。

企业社会责任对社会的作用

企业社会责任如何影响整个社会？ 企业无法脱离社会整体来运营，因而企业社会责任会在很多方面影响我们所有人。

环境效应。企业的运营方式会对本地和全球带来环境上的影响。例如，生活在旧金山周边硅谷地区的人依赖地下水作为他们的主要水源，这使得整个硅谷地区的存亡都取决于当地半导体制造商的正当工业运营。如果这些公司让化学污染物进入地下水系统，那么整个地区都会因此遭殃。

企业同样在全球范围内带来了令人不安的环境问题。有人认为允许自由贸易，即企业可以在任何国家生产和销售产品，等同于将污染物排放到欠发达国家。企业是否将"污染工业"，即那些污染风险高、对工人有危害或对环境有害的产业，搬迁到了缺少环境监管的国家？对于行业领导者来说，在系统性的道德体系下制定这些复杂而长期的决策正变得越来越重要。

经济效应。企业社会责任同样会影响作为个体的你。在财务方面，企业践行强有力的企业社会责任计划所带来的长期结果会影响你要购买的产品的价格、可用性及质量。那些以危及自身长期可持续发展的方式运营的企业，可能会带来经济波动，影响消费者的利益。

对员工士气的影响。想想你所从事的职业。你的发展潜力、日常工作环境及整体目标感都会受到你所在公司的社会责任感的影响。公司的道德文化及其领导方式每天都在影响它的员工。这种影响有时是积极的。让我们看看美国增长最快的广告公司——由琳达·卡普兰·泰勒（Linda Kaplan Thaler）和罗宾·科瓦尔（Robin Koval）创办的阳狮集团卡普兰泰勒广告公司。这家价值十亿美元的公司最初是一家只有一个客户的初创企业，它以独特的广告创意而自豪，例如成功抓住观众注意力的"美国家庭人寿保险公司小鸭子广告"。

然而，它所有的成功均源于公司的核心理念，泰勒和科瓦尔在他们合撰的《友善的力量》一书中将其描述为"友善可以带来回报"。在高强度、高压力，同时以"弱肉强食才能升职"著称的公司里工作多年后，泰勒和科瓦尔另辟蹊径，开创了一家以同理心为理念的公司。[22]他们认为与自己一同工作的人都是来帮助自己的，此外，他们也认为那些在情感上适应能力强的人收入更高、活得更久，而且对生活更为满意。[23]这两位公司创始人的信念每天都在影响公司的员工。

公司企业社会责任计划的某些方面可能在初次面试时就已显露无遗。例如，通过践行企业社会责任来吸引职位候选人，雇用符合企业价值观的员工，这种方式在企业中已经越来越普遍。许多公司发现，这样做可以让自己的员工更加敬业，同时表现得更好。人力资源管理专业人士将这种做法称为基于价值观的招聘活动。

个人对企业社会责任的影响

个人如何影响企业运营的道德表现？ 个人可以通过很多方式让企业向着更有道义的方向发展，从而让整个世界变得更有道德。你可以通过个人在工作中和工作之外的努力为此做出贡献。除此之外，你把钱花在何处、用于何物的选择也会极大地影响企业行为。只有让消费者购买自己的产品或使用自己的服务，企业才能够生存。如果你不认可一个公司的道德标准，那么你可以选择和其他公司做生意。

如果你选择把钱投入共同基金①和股票市场，你就有了另一种机会来表达你对企业道德标准的态度。**社会责任投资**（socially responsible investing, SRI）是只对达到特定企业社会责任标准的企业进行投资的行为。从事社会责任投资的投资基金经理会考察公司的社会和环境行为，从而判断哪些公司可以被纳入投资组合，哪些公司又该被排除。作为股东，你可以通过自己的声音来鼓励公司提高或保持较高的道德标准。

■　当还是一个男孩时，星巴克创始人霍华德·舒尔茨就目睹了父亲的病倒，他们一家失去了自己的房子，最终被迫住进了公共住房②。霍华德下定决心，无论经营什么公司，他都绝不会让这样的事发生在自己员工身上。1987年买下星巴克后，他随即将公司补助的医疗保险方案扩展至所有全职、兼职员工及其家属，且所有员工的免赔额、自付费用和赔偿金都是相同的。星巴克在承担道德责任和社会责任的同时取得了令人难以置信的成功，尽管这可能只是一个意外，但霍华德自有其不同的说法。

3-4　企业道德观念薄弱的风险

概述法律合规对企业道德行为的影响，为公司提供一些可以从道德过错中恢复的策略。

■　"对我来说，这就是盗窃，总之盗窃是不对的。"拉娜·菲利普（Lana Phillips）所在的软件公司开发了一款向个人移动设备按需推送电影内容的程序。然而，进入市场之前，公司必须对该产品进行测试，并让其在大型电子产品展会上亮相。为了测试该程序，公司需要一些电影资源。然而电影都是受版权保护的，它们的 DVD 光碟经过加密，无法复制到其他电脑硬盘上。随着测试的临近，管理层发话了：买几张 DVD 光碟，破解加密，然后将它们拷到硬盘上来测试。毕竟，管理者认为，公司并不会因为侵犯 DVD 光碟版权而赚钱，他们这么做只是为了测试自己的软件。如果测试结果不错，那么他们将用这些 DVD 光碟向客户和展销会进行展示。这么做有什么危害吗？

———————————
① 共同基金：mutual funds，又称互惠基金，是信托基金的一种。——译者注
② 公共住房：public housing，是美国政府为低收入人群所建的公共住宅。——译者注

该公司咨询了它的律师，其中一半人认为使用这些DVD光碟可能违法，另一半人则觉得这是可以辩护的。拉娜提出了另外一些解决方案：公司可以使用年代更久远的不受版权保护的好莱坞电影，或是可供公众自由使用的公版领域纪录片。公司管理者对这种做法给企业带来的影响表示担忧。在热闹的拉斯维加斯展会上，一个展示30年代老电影或不知名纪录片的产品怎么能抓住买家的眼球呢？而另一个危机则在于，产品的成功发布可能无法让公司免遭因侵权而招致的法律诉讼。在不明确到底什么才是合法途径时，拉娜和她的老板应该怎样解决这个问题呢？

来源：kaprikfoto/Fotolia。

在不同的行业里，忽视某些公认道德标准的行为可能会给企业带来重大法律后果。 企业有责任遵守一系列复杂的法律条款，如果触犯了法律，即使是在不知情的情况下，它们可能也会因此遭遇危机。接下来，我们将考察企业法律合规问题，以及如果企业忽视道德行为，它们应该如何弥补过错。

法律条例和法律合规

企业如何才能受到法律监管？ 法律条例（legal regulations）是制约特定行业的产品或流程的具体法律条款。当足够多的人认为某一特定的道德标准十分重要时，它最终就会成为法律。1962年通过的《消费者权利法案》就是这样一个例子。该法案将以下道德标准列为了法律权利：消费者有权获得安全保障，有权获得正确资料，有权自由决定选择，以及有权提出消费意见。[24]

另一个例子则是美国农业部的有机认证，它向消费者保证有机产品的质量和诚信。为了证明产品是有机的，企业必须符合美国农业部规定的严格条件，包括年度和随机的标准检查。

法律合规（legal compliance） 指的是在一个行业的所有法律法规限定的范围内开展业务。平等就业机会委员会、证券交易委员会等多个政府机构可以为企业提供指导，帮助它们保持法律合规。平等就业机会委员会通过调查工作场所内有关歧视、性骚扰或违反《美国残障法案》的投诉来监督企业合规行为。1990年颁布的《美国残障法案》要求企业在不会给自身造成过大负担的情况下，应当为已知残障的、有资格的申请人或雇员提供合理的调整。证券交易委员会则负责监督证券行业，确保所有投资人都能得到公正的待遇，同时可以通过相同的途径获取公司信息。

违反联邦法律可能会严重损害公司利益。我们在前文中提到，农业巨头ADM参与了一项大型价格垄断案，从自己的客户那里骗取了数百万美元。该公司随后因其在价格垄断案中的角色被罚款1亿美元。同样，在2010年，英国石油公司同意设立200亿美元基金，用于赔偿深水地平线号石油泄漏事故造成的损失。[25]

难道企业不是常常违法但依然赚钱吗？ 有很多这样的案例，其中企业虽然违反了法律，但似乎却能（在一段时间内）从中获益。以安然公司为例，安然曾发展为美国第七大公司，多次被《财富》杂志誉为美国最具创新精神的公司，并跻身《财富》杂志最佳雇主100强榜单的前25名。安然曾经发布过自己的社会和环境立场，指出公司的决策建立在以下三个价值观之上：[26]

尊重。在受到公司运营影响的社区和利益相关者之间建立相互尊重的关系。

信誉。调查公司业务对环境和社会的正面及负面影响，并将人类健康、社会和环境因素纳入公司管理和价值体系。

卓越性。持续提升企业的业绩，鼓励企业合作伙伴和供应商遵守相同的标准。

然而在2001年，人们发现安然的成功大部分建立在欺诈上。为抬高股价，该公司隐瞒了超过10亿美元的负债；操控了得克萨斯州和加利福尼亚州的电力市场，造成了严重的困难；为了赢得海外合同，向海外政府行贿。几个月后，该公司宣告破产，创始人肯尼思·莱（Kenneth Lay）被判10项欺诈罪及同谋罪，后来在等待宣判过程中去世。公司CEO杰弗里·斯基林（Jeffrey Skilling）被判18项欺诈罪，刑期14年。

而安然雇用的国际会计师事务所安达信因为销毁了数千份有关安然及其欺诈行为的材料而被判处妨碍司法公正罪。欺诈最终导致两家公司内部崩溃。而对自己老板的违法行为一无所知的数千名员工，却因此失去了他们的工作和养老金。

为了避免此类事件再度发生，美国于2002年颁布了《萨班斯－奥克斯利法案》（Sarbanes-Oxley Act）。该法案规定，公司CEO必须核实公司的财务报表，并向证券交易委员会证实其准确性。然而该法案并未终结金融欺诈。2008年，史上最大的金融丑闻之一——由纽约金融家伯尼·麦道夫（Bernie Madoff）发起的大型庞氏骗局曝光。在庞氏骗局中，投资者相信他们的钱都是用来投资和为他们赚取回报的，但这些钱其实全都被骗子给骗走了。在没有太多投资者想要撤出资金的情况下，庞氏骗局就能奏效。当有很多人想撤资时，骗子没有足够的钱给他们，骗局就会败露。几十年来，麦道夫从他的大量尊贵客户那里筹集了数十亿美元的资金，这些客户包括名人、养老基金和非营利慈善机构。最后人们发现，他的客户账户中有650亿美元不翼而飞。[27]他最终被判有罪，刑期150年。

从道德薄弱行为中恢复

如果你的公司违反了法律，而你打算阻止它会怎样？ 在工作场所看到滥用职权行为时，一些人会冒着职位和未来职业生涯上的风险来阻止。**举报人（whistle-blower）** 指的是举报不当行为的员工，他们通常会向公司之外的监管机构举报。杰弗里·威根德（Jeffrey Wigand）——一家烟草公司的副总裁，就是这样一个著名的例子。1996年，他在电视节目《60分钟》上透露，他的公司故意提高了香烟中的尼古丁含量，使其更容易令人上瘾。另一个例子是中士约瑟夫·达比（Joseph Darby），他向美国陆军刑事调查司令部发送了匿名便条和一些照片，内容是伊拉克阿布格莱布美军监狱的虐囚行为。这些信息引发了调查，最终向公众揭露了监狱内的虐待行为。达比后来获得了约翰·F.肯尼迪勇气奖，但由于受到威胁，他和妻子被迫住在一个秘密地点，得到了保护性拘留。

对举报人的保护因其所在州和行业而各有不同。对于做出这一举动的人来说，他们所看到的行为与他们自身道德标准之间的冲突给他们造成了压力，迫使他们做出了巨大牺牲。

企业真的能从道德过错中恢复吗？ 那些试图从备受关注的道德过错中恢复过来的企业往往面临着漫漫长路。要想从丑闻中恢复，企业几乎一定要进行广泛的改变。通常，没有参与违法行为的员工会努力塑造全新的形象。如果腐败问题非常严重，企业有时会大举"清理门户"，即解雇现任的所有管理者甚至员工，从而在公众面前"挽回面子"。2003年，当泰科国际发现公司总裁和首席财务官骗走了公司数亿美元时，就发生了类似的事情。这些钱通过非法企业贷款和操纵公司股价的方式被转走。两人均被判处欺诈罪，后来又被处以长达25年的刑期。在上任后的几个月内，泰科的新CEO一举替换了公司董事会的所有成员，以及公司的全部290名员工。

为了从丑闻中恢复，企业往往会采用以下几个通用的策略：

努力寻找一位能够为公司树立全新道德形象的领导者。

重组内部运营模式，让所有员工都能够思考他们的决策的道德影响，同时让他们在发现问题时直言不讳。

重新设计内部奖励体系，例如调整销售人员的激励方案，在他们与客户建立持续关系而不是仅仅完成一单销售时给予他们经济上的奖励。

在运用创造性思维、坚持明确道德标准的前提下，公司可以真正地将丑闻转变成好事。例如，塔吉特有一项不允许募捐者在公司门外筹钱的政策，当大量消费者因为这一政策而抵制该连锁店时，塔吉特设法把这件事变成了正面宣传。该事件的发端是塔吉特不允许志愿者为救世军募捐。救世军宣称，这项禁令让他们损失了超过900万美元的潜在善款。塔吉特本可以采取自卫性的反击手段，或者指出自己已经为本地社区投资了利润的5%。但该公司却选择与救世军合作，首先直接捐赠了救世军损失的900万美元，接着又开辟了在线"心愿单"，让购物者向节日期间有需求的家庭捐赠玩具、衣物及家庭用品。通过这种与救世军合作的全新方式，塔吉特将原本不利的情形转化成了一件对自身和社区均有益的好事。

■ 现在让我们再想想拉娜·菲利普所在的公司复制DVD光碟电影的案例。尽管该公司并没有犯下像安然丑闻那样的欺诈罪，但它们的行为在很多方面是相似的。因为赚钱或赚钱机会的诱惑而无视法律，是这两者行为的核心。安然的罪行就算没有影响数百万人，也毁掉了数千人的生活。而对拉娜的公司来说，未来的处罚可能会让公司陷入瘫痪。然而，拉娜意识到公司的行为违背了自己的道德准则，仅这一点就足以成为她站出来的动力。她不得不决定自己是否应该拒绝为该项目工作，而她可能会因此失去工作，因为她知道经理会将工作分配给另一个行将触犯法律的员工。拉娜决定敦促公司不要使用受版权保护的DVD光碟。最终，管理者同意了她的意见，他们认为未来遭到侵权诉讼的风险太大。而拉娜的坚持最终有了回报，她保住了自己的工作，同时坚持了自己的道德准则。

3-5　道德需求带来的商业机遇

定义企业使用道德准则创造新的商业机遇的方式。

■　在20世纪80年代早期，玛丽·斯蒂芬森（Mary Stephenson）在与癌症的斗争中失败了。在她去世后，她的儿子理查德·斯蒂芬森试图探寻这样一个问题：如果可以让他的母亲和家人更好地度过最后的时光，他能有怎样的选择？他找到了一些机构，这些机构提供一流的技术护理，但没有一家机构可以为病人及其整个家庭带去同情和关爱。他将如何为自己母亲的死赋予意义，同时给他人生活带去积极影响呢？有什么办法可以让医疗服务企业既能保持商业成功，又具有同情心呢？

到目前为止，我们已经讨论了企业为了以道德的方式经营所要完成的额外工作和艰难决定。但这么做同样会带来机遇和潜在的收获。和理查德·斯蒂芬森一样，不少公司专注于创造以道德为重心的新市场。其他公司则重新设计了它们的业务，这样它们不再会对环境造成负面影响。还有一些公司将道德挑战作为团结员工和为员工赋能的工具。让我们展开探索，看看坚持严格的道德标准能创造怎样的新机遇。

创造以道德为重心的新市场

来源：Fuse/Getty Images。

公司如何才能通过道德行为创造业务？很多公司用社会责任的眼光来审视这个世界，并因此用新型产品和服务创造了新的机遇。让我们看看其中的一些企业。

提供清洁能源。太阳之城是一家试图在太阳能的住宅和商业应用中创造利润的公司。它没有发明新的太阳能板或新技术，而是着眼于通过创造性的方式帮助家庭和企业承担更换太阳能能源设备的前期安装成本。和发明新型太阳能电池相比，这种让太阳能成为数百万人负担得起的选择的做法可能更加重要。

研制医用疫苗。另一些公司则通过解决世界上最严峻的医疗需求而创造了商机。疟疾每年导致300万人死亡，其中大部分是儿童，这是全球儿童（大多数为非洲儿童）的主要死亡原因之一。这种疾病十分容易传播，而目前用于治疗它的药物却变得越来越没有效果。

许多企业还没有找到方法来平衡研制疟疾疫苗的高昂研究成本和预期的微薄利润。恩特桑那利亚是由史蒂芬·霍夫曼（Stephen Hoffman）博士创立的制药公司，制造疟疾疫苗是它的使命。霍夫曼表示："我用25年时间来研究世界上最弱势和最容易被忽视的人口的疾病，并不只是为了开一家公司来赚钱。"[28]该公司开发的疟疾疫苗已经完成了第一阶段的临床试验。

走向环保的企业

企业如何才能因为走向环保而获益？ 越来越多的公司正在试图减少它们对环境的影响。以全球最大的商用地毯制造商英特飞为例，该公司一直谨慎地遵循着所在行业的所有法律法规，但除此之外，它并没有在环境管理方面做出特别的承诺。后来，该公司的CEO雷·安德森（Ray Anderson）读了《商业生态学》一书。[29]安德森受到这本书的启发，开始按可持续发展原则对其价值14亿美元的公司进行重组。**可持续发展（sustainability）** 指的是以同时保护和加强地球生命支持系统的方式改善人们生活质量的实践。

为了满足可持续发展目标，英特飞重新考量了业务的方方面面。它减少了生产过程中产生的垃圾和有毒物质，使用可再生能源，并且为卡车找到了更高效的运输路线。[30]

蚊帐可以降低感染疟疾的风险，而疟疾疫苗却可以为数百万人消除这样的风险。
来源：J R Ripper/Brazil Photos/Getty Images。

降温地毯正是一款体现了英特飞当前运作方式的产品。降温地毯中的"降温"指的是英特飞确保地毯从生产到交付的整个生命周期内排放的所有二氧化碳都已被抵消，从而减少其对全球变暖的影响。从风力发电场购买能源，以及选择生态友好型供应商的行为抵消了地毯生产其他阶段所必须产生的二氧化碳。安德森认为，英特飞今天的选择最终会影响未来世代，他希望自己的客户能看到这种选择的价值，一同加入环保行动。

　　　　　　　　　　　　　　　　　　　美国百所大学都在上的商学课（第五版）

另一家为减少环境影响而努力了超过十年时间的大型跨国企业是星巴克，其"共爱地球"计划为公司在回收利用、能源和水源使用、建筑，以及减少对气候变化的影响等方面设定了明确的目标。[31] 星巴克还与当地政府、杯具制造商及回收商召开峰会，明确杯子回收利用的具体步骤。在店面设计中，回收箱被放在了门口，顾客以可重复使用的咖啡杯每购买一杯咖啡，就可获得0.1美元的优惠。今天，超过3 500万星巴克顾客会自带咖啡杯前来该公司门店购买咖啡。

如果顾客自带可回收的杯具来购买咖啡，星巴克会给顾客打折。每年，自带杯子买咖啡的客户超过3 500万人次。
来源：Bloomberg/Getty Images。

■ 因此，道德标准方面的需求有时可以带来新的商机。理查德·斯蒂芬森为回应母亲的离世，创建了一个名为美国癌症治疗中心的医院网络。美国癌症治疗中心教导医生要以"母亲关爱般的标准"来对待病人，该标准与你期望从家人那里获得的同情和支持程度相当。在使用最新常规疗法治疗病人的同时，美国癌症治疗中心还提供全方位的补充治疗选择，以及跨学科的团队支持。中心工作人员可提供营养咨询、精神支持、身心咨询，以及最新的化疗、放疗和手术治疗。中心的政策以名为"患者赋权医疗"[32]的模式为中心，在这种模式下，患者和护理人员都在治疗过程中扮演了积极的角色。在母亲的病痛及其缺少同情和全面关怀的遭遇中，斯蒂芬森发现了建立更符合道德标准、更人道的医疗服务系统的机遇。

3-6 企业如何打造道德氛围

列举公司可以用来打造和维护道德氛围的方法。

■ 作为一名大型临床实验室的项目经理，拉希德·戴维查（Rashid Divecha）见识过以下所有事情：整个周末期间都留在工作站的样品（已经融化到无法补救），用旧化学试剂完成的实验，以及没有按时提交和未完成的报告。然而当一名实验室技术人员在周五宣称一位主要客户的三份重要检测样本丢失时，拉希德知道他在客户关系问题上有麻烦了。这些样本的检验结果对周一要提交给客户的报告至关重要，但现在他们无法向美国食品和药物管理局证明报告中包含的样本和数据确实存在过。在拉希德思考如何处理这

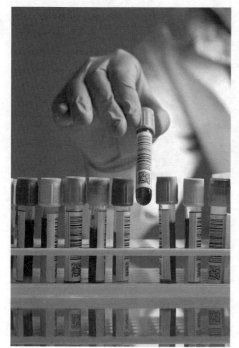

来源: angellodeco/Shutterstock。

一情况时,他的电子邮箱被来自上司的邮件填满了,他的上司要求他什么都不告诉客户,直到他们找到一种可以让实验室显得无可指摘的完整说辞。有人甚至建议他用假数据掩盖整个事实。拉希德会怎么做?

几乎每个企业都想促进道德环境的发展,但有时管理者发现他们很难了解如何成功实现这一目标。让我们看看企业可以用哪些方法来创造一个看重道德行为的工作环境吧。

最初的道德关注重点

企业如何才能提高自己的道德文化及采取负责任的行为? 企业可以采取以下措施确保员工从道德角度出发来做事:

管理者必须设定严格的道德准则,以及有意义的现行使命宣言,并在员工进入组织工作时将其清晰地传达给员工。道德准则和使命宣言应该张贴在工作场所各处。

企业可以对新员工进行入职引导,告知他们相关道德标准,以及他们在该公司的职业生涯开始时就应做到的行为。

企业应该从一开始就定下正确的基调,表明它们认真看待道德问题,并且高度重视道德行为。

日常的道德关注重点

企业如何才能在工作场所内保持有关道德准则的政策? 当员工每天都会遇到不道德的情况时,要想遵守公司的道德准则就变得较为困难。企业领导者必须采取措施,确保所有员工都能做出符合道德准则的决策。这在经济困难时期更是一个严峻的考验。

企业常常声称它们正在通过多种方式提升组织的道德行为。这些措施包括管理者定期与员工讨论可接受和不可接受的商业行为,以及检查员工是否遵守了道德准则。优秀的管理者则会关注道德本身,为公司各层级期望的行为做出明确的表率。通常,

参与道德游戏

一种独特的道德培训方式在企业中崭露头角，它就是游戏。例如，吉百利史威士是一家国际糖果和饮料公司，它开发了一款提供给员工的名为《道德风险》的桌面游戏，旨在帮助弥合公司希望实现的价值观与管理层日常决策和行为之间的差距。[33]洛克希德·马丁公司则使用了一款名为《灰色问题》的游戏，该游戏呈现了一系列道德困境。在引导人带领下进行小组讨论可以让员工更好地理解如何解决复杂的道德问题。[34]挪威的一所学校甚至使用电子游戏《行尸走肉》来教授伦理道德，因为游戏所描绘的那些在充满僵尸的末日世界里的角色常常会发现自己要面对道德决策。[35]其他许多公司也提供在线道德意识问题培训。多媒体和游戏的应用加强了对话，让参与者可以深入洞察，思考公司在道德和社会责任方面的复杂问题的实际解决方式。

企业会开设热线电话，允许员工匿名举报违反道德准则的行为，并确保指控得到跟进。

公司也可以借助持续的**道德培训计划（ethics training programs）**来提升员工对道德问题的意识。这种培训可以针对组织中任何层级的员工开展。从制定战略和长远决策的高层管理者，到运用决策技能"救火"的一线管理者，到与供应商打交道、必须解决道德问题的销售人员，再到那些需要判断是否应遵循领导指示的下级员工，各级员工都应接受道德培训。

当然，私营企业并不是唯一希望对员工进行道德培训的机构。国家和政府机构也面临着同样的挑战。许多执法机构，包括地方警署、州警署和联邦调查局，都会通过道德培训项目来帮助警官处理没有明确伦理回应的问题。[36]例如，当一名警官响应家庭纠纷报警但判定没有犯罪行为时，他或她是否有责任设法防止此事未来向犯罪事件升级？通过讨论、角色扮演及拟写场景的方式，警官们可以做好更充分的准备来应对工作中面临的道德难题。

■ 开发一个道德环境需要实现多个方面的内容，同时需要时间和资源的集中投入。然而，这始终是大多数企业应优先考虑的事情。回想一下拉希德的故事。他到底决定怎么做？尽管他受到了上级的压力，无法在他们找到一套完整的说辞之前给客户任何交代，但拉希德知道自己希望得到怎样的对待，即便在这场危机中，他也愿意坚持自己的道德准则。通过这种行为，他为自己的员工树立了值得效仿的榜样。

接下来，他开始寻找公司规定的程序，以便对类似纠正措施进行符合道德准则的处理。结果他所在的机构并没有这样的文件，但该公司在盐湖城的实验室有一份纠正程序文档，拉希德得到了它的副本。随后他开始对所有相关员工进行系列面谈，他的目的并不是追究责任，而是要传达一个明确的信息，那就是要改善实验室的表现。他明确了一些需要改变的行为，例如，科学家常常直接走进实验室拿走他们研究所需的样本。很明显有一位员工曾多次涉及样品处理不当事件。从来没有证据证明这是由无能或不道德行为导致的，但这名员工得到了一份行为改善方案，以帮助他接受培训和监督，并且改善情况。当这些结果传达给客户时，客户对该实验室的信任度开始提高。拉希德的主管看到了保持诚实和直面客户的意义，从而正式修改了公司的相关政策。

本章小结

3-1　阐释道德和道德行为体系，说明个人如何制定自己的道德准则。

- 道德是人们的伦理决策。
- 道德体系包括：

——道德相对主义认为没有普遍的道德真理，只有个人信念、观点和价值观。

——情境伦理鼓励人们根据具体的情况和环境而非固定的法则来做出道德决策。

——犹太教–基督教伦理是由宗教传统定义的伦理体系，它指的是犹太教和基督教传统下一系列共同的基本价值观。

3-2　阐释个人道德如何在工作中发挥作用，以及可以用哪些资源来评估一个公司的道德准则。

- 判断你的基本个性。
- 列出所有影响你个人决策的信念。
- 思考你的行为是如何反映这些信念的。
- 接着思考你的信念及你对自身个性的看法来自何处。你为什么会有这些信念？
- 强大的道德基础可以帮助你实现商业上的成功，并且让你生活得更加快乐。
- 在现代工作环境里，工作场所内外行为方式上的差异越来越小。以远程办公为例，雇主可能会影响员工在

家的行为。尽管发生在工作之外，人们在社交媒体上的行为同样会影响到个人的工作场所。

- 当你的个人道德准则和公司的道德准则不一致时，冲突就会产生。

3-3　分析企业政策和决策对其实现社会责任的影响，讨论企业在企业社会责任的需要和成功商业实践的需要之间保持平衡时可能遇到的挑战。

- 有些公司可能有书面的道德准则，或者有关某些具体道德行为的承诺。
- 很多公司有公开的使命宣言，定义了组织的核心目标，以及价值观、目标和追求。
- 企业社会责任包括五个主要领域的责任：用人标准，道德采购，营销问题，环境问题，以及社区政策。
- 强大的企业社会责任计划能够让企业很好地服务当地和全球社区，同时会以直接或间接的方式让企业受益。
- 企业必须平衡它们对消费者的道德义务和它们响应投资者并产生利润的需求。
- 对企业来说，同样重要的是向员工（确保工作场所的安全）、当地社区（响应社区需要），以及它们开展业务的所有国家（维护人员政策）做出强有力的承诺。有时，在取得财务成功的要求下，企业很难平衡上述几个方面的承诺。

3-4 概述法律合规对企业道德行为的影响，为公司提供一些可以从道德过错中恢复的策略。

● 法律合规指的是企业要在该行业所有法律法规限制的范围内行事。

● 设定并坚持较高道德标准的企业更有可能保持法律合规。

● 企业可以努力寻找能够为公司树立全新道德形象的领导者。

● 企业可以重组内部运营模式，让所有员工都能够思考他们的决策的道德影响，同时让他们在发现问题时直言不讳。

● 企业可以重新设计内部奖励体系。

3-5 定义企业使用道德准则来创造新的商业机遇的方式。

● 在一些企业开始处理道德问题，并且通过它们的业务为消费者提供更有道德的选择的同时，其他企业正在试图减少自己对环境的影响。

3-6 列举公司可以用来打造和维护道德氛围的方法。

● 管理者可以在适当的情况下确定使命宣言，为组织各层级的期望行为树立明确榜样。

● 公司可以为新员工提供入职引导，让他们适时了解公司的道德准则。

● 道德培训项目可以提升员工对道德问题的意识。

重要概念

非道德化行为	法律合规	社会审计	道德准则
法律条例	社会责任投资	企业慈善	使命宣言
可持续发展	企业社会责任	道德相对主义	不道德行为
伦理学	个人道德	举报人	道德培训计划
价格垄断	犹太教－基督教伦理	情境伦理	

自我测试

单项选择题（答案在本书末尾）

3-1 研究道德准则的是：

a. 基督教

b. 伦理学

c. 企业社会责任

d. 慈善

3-2 以下哪种做法是企业对社会负责的行为？

a. 制定强有力的政策来帮助社区

b. 减少企业对环境的负面影响

c. 诚实对待市场中的消费者

d. 上述所有

3-3 员工可以确信自己在办公室之外的行为：

a. 对股东没有影响

b. 在用假名字发布博客的情况下不会影响自己的职业生涯

c. 只有在进行正式远程工作的时间里才会对雇主产生影响

d. 上述都不对

3-4 企业社会责任可以通过以下哪种方式来衡量：

a. 企业的增长率

b. 由相关组织对企业在社会问题上的表现进行监督和评分

c. 员工在一个公司的幸福感

d. 企业的高利润率和高销售额

3-5 如果企业_____，那么它就是法律合规的。

a. 遵守它认识到的所有法律

b. 无法被证明违反了任何法律

c. 遵守本地、本州及美国联邦的所有法律

d. 只雇用没有犯罪记录的员工

3-6 非道德行为是指：

a. 任何违法行为

b. 不关心个人行为的道德结果

c. 个人在行动背后有强大的动机

d. 大多数宗教传统的一部分

3-7 社会责任投资意味着你的投资对象：

a. 是过去三年内获得最多利润的企业

b. 仅限于达到某一企业社会责任标准的企业

c. 仅限于非营利机构

d. 是支持食物银行的企业

3-8 道德采购意味着：

a. 人们应该根据特定情况做出道德决策

b. 企业有公认的资源来指导其做出道德决策

c. 在从供货商处获得原材料时遵从公认的行为方式

d. 企业不与国际供应商合作

3-9 以下哪项策略的目的并非帮助企业从道德过错中恢复？

a. 确保举报人会面临法律后果

b. 尽力找到可以为公司树立全新道德形象的领导者

c. 重组内部运营模式，让所有员工都能够思考他们的决策的道德影响，同时让他们在发现问题时可以直言不讳

d. 重新设计内部奖励体系，例如，调整销售人员的激励方案，在他们与客户建立持续关系而不是仅仅完成一单销售时给予他们经济上的奖励

3-10　企业的慈善举措：

a. 只不过是一种营销策略

b. 可以让企业与员工及其所在社区建立更强的联系

c. 意味着企业可以通过激烈的价格竞争取得成功

d. 只适用于媒体高度关注的特定行业领域

判断题（答案在本书末尾）

3-11　使命宣言详细说明了企业如何实现盈利的计划。

□对　□错

3-12　最小化公司的碳足迹是增强企业慈善计划的一部分。

□对　□错

3-13　伦理学研究的是道德的一般特征及个人所做的具体道德选择。

□对　□错

3-14　价格垄断是多个公司为了弥补市场的稀缺性而凑在一起决定降低价格的行为。

□对　□错

3-15　公司道德意识薄弱可以让其更积极地竞争，同时保证更高的利润。

□对　□错

批判性思考题

★★3-16　你认为有道德会让你的生活质量变得更好吗？在现实世界中，到底骗子是赢家，还是道德行为能带来更令人满意的结果呢？你是否有时会为了商业利益而放弃自己的道德准则？

★3-17　你认为企业社会责任的五大支柱哪个最重要？这五个领域之间的关系是怎样的？

★★3-18　企业应如何响应政府令其破坏自身安全系统的要求？执法部门曾多次要求苹果破解犯罪案件和恐怖事件中被没收的iPhone。苹果能否被迫提供"后门"，允许政府机构破坏他们设计在产品中的安全功能？

小组活动

一个问题，两个方面

将全班分为三个小组，分别代表以下群体：

a. 制药公司管理者；

b. 身患重疾，但可治愈的病人；

c. 拥有"特殊"DNA 的人。

背景

有什么东西是人不可以拥有的吗？白血病患者约翰·摩尔（John Moore）会给出肯定的回答。加州大学洛杉矶分校在给摩尔切除了癌变的脾脏之后，保留了这个脾脏，并最终因此获得了从器官中移除 DNA 的专利。这份 DNA 的价值超过 10 亿美元。当摩尔要求校方归还他的脾脏细胞时，加利福尼亚州最高法院做出了不利于他的判决，并称他无权在细胞从体内移出之后拥有这些细胞。加州大学等制药研究机构通常希望为这些 DNA 模型颁发使用许可，或者将它们卖给其他公司，用于开发

药物或检验疾病的存在。

拥有特定或独特基因的个人或组织是否拥有对其基因遗传信息的所有权？他们应该得到报酬吗？他们对自己基因材料的使用有发言权吗？这种对更多人更有益的发现的价值是否超越了个人和组织的利益？

步骤

步骤1，记录你对这个背景事件的想法和观点。务必从分配给你的立场去思考。

步骤2，小组成员共同讨论，从多个角度回顾这个问题。共同讨论可以制定哪种最好的政策，以同时解决所有三个群体的问题。

企业道德与企业社会责任

个人和企业道德

正如你所了解的，有时一个人的个人道德准则并不属于其在工作中使用的道德规范。你的个人道德准则是什么？你希望未来从事什么职业？你的个人道德准则与你的职业道德准则匹配吗？你会为了工作而无视自己的个人道德准则吗？

步骤

步骤1，起草你的个人道德准则。使用本章开头列出的

用于分析个人道德体系的步骤。

步骤2，构想一个你未来想从事的职业。上网了解该职业的道德准则。

步骤3，对比你的个人道德准则和该职业的道德准则。写一段话来说明这两套准则的对比情况。

3-19　政府对幸福的作用

不丹是唯一一个用国民的幸福程度来衡量自身发展的国家，它的衡量指标被称为国民幸福指数（GNH）。访问 www.grossnationalhappiness.com 并进行调查，看看你是否认为国民幸福指数的理念可以纳入组织决策？

3-20　明确你的优势

访问推广积极心理学的心理学家马丁·塞利格曼（Martin Seligman）的网站 www.authentichappiness.sas.upenn.edu，完成人格优势行为价值调查表。思考你可以如何在当前每天的工作安排下利用自己的优势。

3-21　社会意识：你的投资符合标准吗？

当投资互惠基金时，你可以通过多种方式进行选择。你可能只想把钱投入上一年收益最高的基金，抑或你想把钱投给那些集合了具有社会责任感企业的基金。请找到几个有社会意识的互惠基金。它们对投资的公司有哪些限制？它们的平均回报率是多少？

3-22　是举报人还是叛徒？

爱德华·斯诺登（Edward Snowden）公布了数千份机密文件，这些文件显示美国国家安全局正在实施一项国际性的监控项目。这一行为在全球引起了反响。斯诺登到底是从事了危害美国的间谍活动，还是做出了符合美国人民利益的事情呢？请找出支持这两种观点的依据。举报行为中是否包括违法行为？应该给他定罪还是赦免他？

3-23　企业社会责任与你的处方

西维斯药房决定停止销售香烟和其他烟草制品，尽管它每年可以从这些产品中获得大约 20 亿美元的收入。访问西维斯网站，调查它的行为准则和有关企业责任的陈述。讨论西维斯药房应如何将这个决策传达给客户、股东及员工。西维斯药房如何才能兼顾顾客的健康需求与股东的经营诉求？这一决定可以通过怎样的方式提高企业收益？

MyBizLab

在 MyBizLab 作业板块完成以下写作练习。

★ **3-24**　你的个人道德准则如何影响了你的商业决策？它们会如何影响你购买产品的选择？它们会如何影响你的就业决策？你又如何评估公司的道德准则，如何将其与你的个人道德准则相比较呢？

★ **3-25**　企业为股东创造利润的职责是如何与其社会责任相互作用的？提出一些可能发生冲突的地方并从短期和长期角度进行分析。

1. "Ethics," *The Oxford Dictionary* (Oxford: Oxford University Press, 2016), www.oxforddictionaries.com/us/definition/american_english/ethics.

2. University of Pennsylvania Positive Psychology Center, "Authentic Happiness," www.authentichappiness.sas.upenn.edu/.

3. Ann Pomeroy, "The Ethics Squeeze," *HR Magazine*, March 2006, 53.

4. Renae Merle, "Boeing CEO Resigns over Affair with Subordinate," *Washington Post*, March 8, 2005, www.washingtonpost.com/wp-dyn/articles/A13173-2005Mar7.html?nav=rss_topnews.

5. From Pomeroy, "The Ethics Squeeze," 53.

6. From Pomeroy, "The Ethics Squeeze," 53.

7. "Once a Whistleblower," March 11, 2014, www.wcpo.com/news/local-news/once-a-whistleblower-embezzler-the-man-who-inspired-the-informant-talks-redemption-in-cincy.

8. Fetzer Vineyards, "Fetzer Vineyards Philosophy," March 14, 2016, www.fetzer.com/committment, reprinted with permission of Fetzer Vineyards.

9. Boston College Center for Corporate Citizenship, March 15, 2016.

10. Miller, Chance. "New Investigation Claims Apple's Battery Suppliers Use Cobalt Mined by Child Labor." 9to5Mac. AAPL Company, 18 Jan. 2016. Web. 15 Mar. 2016.

11. T. Webb, "Case Study: Chiquita," May 23, 2013, www.slideshare.net/Tobiaswebb/chiquita-case-study-from-octopus-to-csr-pioneer.

12. Brave New Films, "Citations of Statistics Used in the Film," www.walmartmovie.com/.

13. The Corporation, "Who's Who," www.thecorporation.com.

14. Chroma Technology Group, "Chroma Wins Worldwide Award for Democracy in the Workplace," www.chroma.com/newsevents/articles/chroma-wins-worldwide-award-democracy-workplace.

15. Chroma Technology Group, "Being Their Own Bosses," www.chroma.com/newsevents/articles/being-their-own-bosses.

16. Time Warner, "Citizenship," www.timewarner.com/corp/citizenship/index.html.

17. Target, "Community Outreach," http://sites.target.com/site/en/company/page.jsp?contentId=WCMP04-031700&ref=sr_shorturl_community.

18. Suzanne Vranica, "Twitter Crowns Wendy's Promo as 'Most Retweeted,'" *Wall Street Journal*, December 8, 2011, http://blogs.wsj.com/digits/2011/12/08/twitter-crowns-wendys-promo-as-most-retweeted.

19. World Health Organization, "Global Health Observatory," January 2015, www.who.int/gho/hiv/epidemic_status/deaths_text/en.

20. World Health Organization, "World Malaria Report 2015," http://www.who.int/malaria/publications/world-malaria-report-2015/report/en/.

21. Intel, "Corporate Responsibility Report," www.

intel.com/intel/corpresponsibility/awards.htm.

22. Linda Kaplan and Robin Koval, *The Power of Nice: How to Conquer the World with Kindness* (Crows Nest: Allen & Unwin, 2007).

23. Kaplan and Koval, *The Power of Nice*.

24. Val Lush, "Consumer Bill of Rights," www.bookrags.com/research/consumer-bill-of-rights-ebf-01.

25. British Petroleum, "BP Establishes $20 Billion Claims Fund for Deepwater Horizon Spill and Outlines Dividend Decisions," June 16, 2010, www.bp.com/genericarticle.do? categoryId=2012968&contentId=7062966.

26. Data from Enron's *Corporate Responsibility Annual Report*, 2000, www.corporateregister.com/a10723/enr00-cr-usa.pdf.

27. "Ponzi Scheme," www.merriam-webster.com/dictionary/ponzi%20scheme.

28. "Malaria Prevention," *The Medical News*, © 2007. All rights reserved. Used with permission.

29. Interface, Inc., "Our Progress," www.interfaceglobal.com/Sustainability/.

30. Interface, Inc., "Groups," http://www.interfaceglobal.com/company/mission-vision.aspx, 16 Mar. 2016.

31. Starbucks, "Being a Responsible Company," www.starbucks.com/responsibility.

32. Cancer Treatment Centers of America, "CTCA Quality Story," www.cancercenter.com.

33. Mark Young, "HR as the Guardian of Corporate Values at Cadbury Schweppes," *Strategic HR Review* 5, issue 2 (2006),: 10 – 11.

34. "Lockheed Martin Gray Matters Ethics Game," http://www.lockheedmartin.com/us/who-we-are/ethics/training.html, 16 Mar. 2016.

35. K. Akash, "Walking Dead Video Game Used in Norway to Teach Ethics and Morality," January 18, 2014, www.ibtimes.co.uk/walking-dead-video-game-used-by-norwegian-school-teach-students-ethics-morality-1432832.

36. International Association of Chiefs of Police, "Ethics Training in Law Enforcement," www.theiacp.org/PoliceServices/ExecutiveServices/ProfessionalAssistance/Ethics/ReportsResources/EthicsTraininginLawEnforcement/tabid/194/Default.aspx.

第四章 经济全球化下的商业模式

本章目标

4-1 什么是全球化

明确市场和生产全球化的影响，解释全球化为何发展得如此之快。

德温·凯（Devin Kay）总是"买美国货"，但这在新的国际市场中意味着什么呢？

4-2 国际贸易

探讨国际贸易的成本和收益。

随着国外企业开始参与美国市场竞争，美国企业面临的竞争和压力越来越大。国际贸易的收益是什么？它的成本又是什么？

4-3 自由贸易和贸易保护主义

阐述不同类型的贸易壁垒。

参与全球市场竞争意味着企业可以使用所有可用资源。因此，当经营着米勒农场的家庭成员发现转基因生物有助于提高农场的作物产量时，他们激动不已。然而现在，他们发现，由于使用了转基因技术，他们无法向28个国家销售自己的作物。自由贸易协定对企业和社区成员产生了怎样的影响？

4-4 开展国际业务

阐述国际企业的三个基本策略，描述国际企业如何才能成功打入外国市场。

在你开展国际业务的过程中，有很多因素会发挥作用。国际企业的战略是什么？如何才能打入外国市场？哪种进入机制是最佳的？在扩展自己的业务之前，五十铃八森（Hachimo Isu）需要这些问题的答案。

4-5 国际业务：经济因素与挑战

定义什么是汇率，解释汇率对国际业务的影响，讨论在全球业务经营中发挥作用的经济因素和挑战。

经济因素影响着产品的进口和出口。汇率能够促进和抑制国与国之间的贸易，因而会对进出口产生重要影响。雷切尔·高（Rachel Gao）是一名做珠宝生意的企业主，她打算从汇率有利的国家进口商品。汇率会如何影响雷切尔的生意呢？它又如何影响一个国家的整体经济？

4-6 开创成功的国际业务

列举在国际市场开展业务所面临的社会文化、政治、法律及道德挑战。

如果一位来自委内瑞拉的潜在客户没有和你签约，原因在于你没有在初次会面时轻拍他的肩膀，你会作何感想？乔·斯坦（Joe Stein）就是以这种方式失去了一位客户。现在，他又觉得自己会因为接受并打开了印度客户的礼物而再次失去另一位客户。乔面对的是什么挑战？在收到礼物时接纳并打开是不对的吗？了解这些问题的答案对成功经营国际业务来说是至关重要的。

4-1　什么是全球化

明确市场和生产全球化的影响，解释全球化为何发展得如此之快。

■　德温·凯是个曾在世界各地周游的、经验丰富的人。但他对美国产品十分忠诚，只要有机会，他都会尽量购买美国产品。例如，德温是不会梦想着买一辆玛莎拉蒂这样的意大利车的。"意大利车？没门！我宁愿买一辆优质的美国吉普！"他如是说。度假时，他选择在曼哈顿过周末，而不是花钱去国外度假。他认为，对在美国销售的国外产品征收高额关税是个好主意，因为这么做会让它们比美国产品更贵，从而让美国产品卖得更好。他告诉自己的朋友："全球市场竞争十分激烈，我们应该尽己所能保护美国企业的优势。"

图4-1　美国制造？

许多品牌产品都是由世界各地制造的配件构成的。例如，大多数人都认为福特汽车是美国制造的。但是，如果汽车的大部分零件都是在其他国家制造的，或是在美国以外的地区组装的，那么它还是真正的"美国制造"吗？

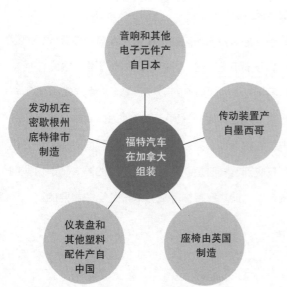

美国前总统比尔·克林顿（Bill Clinton）曾说："全球化不是我们能推迟和抑制的……这是一种相当于自然之力的经济力量，就像风和水。"[1]近年来，全球化的兴起给世界各地人们的生活带来了剧烈影响。美国和其他国家越来越多地**进口**（importing），即向其他国家购买产品，同时它们也开始**出口**（exporting），也就是将国内生产的产品卖给其他国家。从美国到中国，再到阿根廷，人们因各种商品和服务而相互关联、彼此依赖。

我们拥有的许多产品都是由美国之外的国家制造的。检查你所购买的东西，例如笔记本电脑、衣服和汽车，你会发现很多东西和它们的零件都是在其他国家生产的。图4-1告诉我们，大多数人认为在美国制造的福特汽车实际上是由其他国家生产的零部件构成的，或是在美国以外的其他地方组装的。即便相对较小的公司也会将它们的产品销往美国，反之亦然。

人们如何才能增强自己国家在全球经济中的竞争力呢？一

个国家能做什么来为其公民提供高薪的工作？面对来自国外的竞争，美国企业如何才能在国内提高盈利能力，又如何在海外提升市场份额呢？当美元和其他国家的货币相比更坚挺或更疲弱时，这会如何影响美国企业？学完这一章，你就能回答这些问题了。

【清单】
——————————————————————————————————— **LIST**

需要了解的权力人物

你知道名单上的这些人吗？

1. 安格拉·默克尔（Angela Merkel）

2. 金墉（Jim Yong Kim）

3. 谢尔盖·布林（Sergey Brin）和拉里·佩奇（Larry Page）

4. 卡洛斯·斯利姆·埃卢（Carlos Slim Helu）

5. 迪尔玛·罗塞夫（Dilma Rousseff）

6. 阿卜杜拉·本·阿卜杜勒-阿齐兹·阿勒沙特（Abdullah bin Abdu Aziz al Saud）

7. 纳伦德拉·莫迪（Narendra Modi）

8. 克里斯蒂娜·拉加德（Christine Lagarde）

全球化的影响

全球化给美国带来了怎样的影响？ 我们可以用"没有人是一座孤岛"这句老话来形容全球化。**全球化（globalization）**，是世界经济向着联系更紧密、更加相互依赖的方向发展的运动，它可能是影响美国及全球人民最深刻的因素之一。这是为什么呢？今天，美国作为世界第一大经济体，其经济无论发生什么，都将对美国及全世界带来重要影响。同时，其他国家的经济状态同样会影响美国经济，为美国消费者、企业及工人带来改变和挑战。

印度和中国经济的蓬勃发展就是这样一个例子。它们的发展是全球能源需求不断增长的主要原因。能源需求的增加是国际油价上涨的主因，这为全世界人民带来了更高的汽油价格。因而人们用在其他地方的钱就更少了，例如在外就餐。地方餐厅和企业感到了压力，它们的销量下降，它们不得不削减产量和裁员。更高的能源价格同样抬高了生产成本，导致企业必须提高产品价格。

全球化是如何为企业提供更多市场机会的？ 全球化包括两个主要组成部分：

- 市场的全球化。
- 生产的全球化。

市场的全球化（globalization of markets）指的是人们不再认为自己产品的市场仅限于本地或全国，相反，他们认为全球都是自己的市场。这为企业提供了不可思议的新机遇。通用电气、戴尔及丰田等公司不仅将产品卖给达拉斯、亚特兰大、日本或欧洲的客户，它们还面向全世界客户进行销售。例如，所有汽车制造商都希望将自己的车销往中国。为什么是中国呢？因为这里有超过14亿消费者。这是生活在美国的消费者人数的4倍多。

当谈及海外经营时，大多数市场专家都会建议公司"放眼全球，立足本地"。也就是说，无论在哪里经营，企业都必须调整自己的产品和市场策略，以满足当地客户的独特品位和偏好。例如，可口可乐公司常常要调整自己的配方，来迎合世界不同地区消费者的口味。在印度，可口可乐调整了美汁源橙汁汽水的配方来迎合当地人的口味，在这里，大多数人喜欢比美国销售的版本更甜的配方。[2]同样，很多国外公司也在美国通过做广告或调整产品的方式来吸引当地消费者。

全球化如何让产品制造变得更简单？ 生产的全球化（globalization of production）指的是企业为了发挥低成本优势或提高产品质量，而将生产线搬迁到世界其他地区的趋势。外包通常是全球化生产的一部分。**外包**（outsourcing）的意思是将某些具体的工作，例如生产或会计等交由外部公司或组织来完成。目前，大多数外包形式都是**离岸外包**（offshore outsourcing或offshoring），也就是将生产从国内转移到国外。此外，公司可能还要做出决定，至少将部分生产设施搬迁到生产成本更低的其他国家。

全球化兴起的原因

为什么全球化发展得如此之快？ 在更广泛的全球化趋势的背后有两个主要原因：

贸易和投资壁垒急剧降低。贸易和投资壁垒是政府用来限制商品、服务及金融资本在国家之间流动的措施。贸易壁垒的降低使得国际贸易做起来更加便宜和简单，同时可以让企业将不同的生产活动转移到成本最低的地区。例如，一家企业可能会在一个国家进行产品设计，然后在其他两到三个国家生产产品所需的零件，接着又在另一个国家进行产品组装，最后将其出口至世界各地。

科技创新。科技、通信及交通技术的进步让企业可以更好地管理国际生产和产品营销。利用网络会议工具，身在纽约的企业管理者无须走出办公室，就可以同公司在欧洲及亚洲运营中心的联系人会面。这极大地减少了企业运营的成本。对小企业来说，科技进步带来了平等，它可以让这些企业以低廉的价格通过自己的网站接触世界各地的客户，并且有效地与大型国际企业展开竞争。

全球化生产使得一些国际化公司变得十分庞大，以至于它们实际产生的收益比许多国家的GDP都要高。我们可以在图4-2中看到，不少美国企业在总收入方面已经超过了世界上的很多国家。

 新西兰

通用电气的收入超过新西兰全国的

 苏丹

好市多的收入规模大于苏丹的

 厄瓜多尔

苹果公司的收入超过厄瓜多尔的

 挪威

沃尔玛的收入超过挪威的

图4-2　企业收益对比国家收入

今天，一些国际企业所产生的收入甚至超过了一些国家的整体收入。

数据来源：Vincent Trivett, "25 Mega Corporations: Where They Rank if They Were Countries," *Business Insider*, June 27, 2011. www. businessinsider.com。

来源：clockwise from top left: © General Electric Inc.; © Costco Wholesale Corporation; Logo of Walmart Stores, Inc.; © Apple Inc。

© 迈克尔·R. 所罗门

全球商业趋势

全球商业趋势会将我们带往何方？ 以下是一些值得注意的，可能会继续发展下去的全球商业趋势：

发展中国家的作用越来越大。在过去几十年里，中国、印度和巴西等发展中国家的经济一直在迅速扩张。随着这些国家在世界经济舞台上的影响力变得越来越大，这一趋势将持续下去。

美国之外的其他国家的对外直接投资增加。此前，美国在**对外直接投资（foreign direct investment）**方面一直处于世界领先地位。对外直接投资指的是出资在国外购买房产和企业的行为。现在，许多其他国家开始在国外投资企业，其中也包括美国境内的企业和产业。你可能认为百威是一家美国公司，但你知不知道它已经被荷兰英博公司收购了？现在，不仅有比过去更多的外国投资流入美国，越来越多的对外直接投资也流入了发展中国家。

跨国企业的兴起。在过去几十年里，**跨国企业（multinational enterprise）**的重要性开始凸显。跨国企业是在两个或多个国家制造和销售产品的企业。此外，微型跨国公司即小型和中型跨国企业也在国际舞台上崭露头角。以精明转账为例，这家公司可以让人们以比银行更低的费率在不同国家账户之间进行快速电子转账。精明转账用科技改变了国际银行业务的运作方式，因而能够将自己的服务快速拓展至海外。

民主化的发展。在世界各地走向民主和自由市场经济的进程中，越来越多的国家开始参与全球经济。如果这种趋势继续下去，那么随着国际市场的扩张和更多生产基地的开放，国际业务的机遇将变得相当大。

■　还记得德温吗？因为全球化的发展，他可能很难买到"纯美国"的产品。今天，他永远都不会买的玛莎拉蒂是意大利汽车制造商菲亚特的产品，该公司拥有生产美国吉普的克莱斯勒集团的一部分股份。而他在纽约的假期呢？纽约市超过1/10的商品和服务，以及1/20的工作岗位都是由外国投资者控制的公司提供的。[3]尽管德温认为关税可以保护美国的产品，但大多数经济学家却认为关税会让一个国家的贸易减少，从而阻碍其经济发展，并可能导致该国国内就业岗位的流失。

【清单】 ———————————————————————— **LIST**

容易创业的国家或地区

1. 新西兰
2. 澳大利亚
3. 加拿大
4. 新加坡
5. 马其顿

6. 中国香港
7. 格鲁吉亚
8. 卢旺达
9. 白俄罗斯
10. 爱尔兰

4-2　国际贸易

探讨国际贸易的成本和收益。

■　汤姆·麦戈文（Thom McGovern）经营着一家成功的布料制造公司。该公司是由他的父亲创办的，自从汤姆接手后，公司每年都在发展。这家公司制造在零售商店销售的高级布料产品。汤姆的公司是一家可靠的供应商，许多客户都对其表示十分满意。然而，在过去几年里，美国市场上出现了大量来自国外的优质布料，且其售价远远低于汤姆可以提供的同类产品。渐渐地，他的客户转向了其他供应商。如果将生产离岸外包出去，汤姆就可以向客户降价销售，并提高公司的利润。但是这意味着他必须辞退自己的员工。他应该怎么做？

经济学家认为，国际贸易之所以繁荣发展，是因为它符合国家整体的最佳利益。 然而，国际市场的竞争通常会给汤姆·麦戈文经营的这类国内企业带来新的压力，除非它们可以设法跟上国际贸易的发展，提供质优且价低的产品。让我们详细考察国家为何要参与国际贸易，国际贸易对企业竞争力产生了怎样的影响，以及国际贸易的成本和收益是什么。

来源：wavebreakpremium/
Alamy Stock Photo。

国际竞争

什么是比较优势论？ 适用国际贸易的理论有很多，最流行的理论当属**比较优势论**（theory of comparative advantage）。该理论认为，国家之间的专业分工和贸易能够使所有相关方都受益。在这种方式下，每个国家都会得到更多可以按更低价格消费的质量更高的产品。

为了让这种共同受益的机制发挥作用，每个国家都必须专攻某些产品的生产，并因此获得**比较优势**（comparative advantage），也就是说，和其他国家相比，某个国家可以更高效地生产其所提供的商品和服务。比较优势不可与**绝对优势**（absolute advantage）混淆，绝对优势指的是生产比其他国家更多的商品或服务的能力。一个大国能够生产比小国更多的商品，并不一定意味着它在该商品的生产上更有效率。重要的是相对效率，也就是比较优势，而非绝对优势。

当所有国家都专注于生产它们具有比较优势的产品时，那么就总体而言，它们都会有更多的产品可以分享，这反过来又为它们创造了更高的生活水平。你可能已经猜到了，国家会出口具有比较优势的产品，同时进口没有比较优势的产品。

培养竞争力

一个国家怎么做才能在国际市场中占据优势？ 政府往往会通过改善本国资源的方式来重点提升自身的竞争力，这些资源包括自然资源、劳动力、资产（工厂、设备和基础设施）、科技、创新及创业精神等。一个国家在改善其自然资源方面能做的是有限的，然而，它必须充分利用自然赋予它的资源。拥有丰富自然资源的国家可能在生产需要这些原材料的产品方面具有比较优势。例如，只有墨西哥和伯利兹等少数国家拥有大叶桃花心木这一物种，这些国家因而在桃花心木家具和乐器的生产方面具有比较优势。

然而，政府能够也应当在医疗、教育，以及旨在提高劳动力生产效率的培训方面进行投资。所有国际企业都在寻找优秀的员工，每个国家都希望吸引企业来增加本国公民的就业机会。在教育项目、创业课程及职业培训和学徒培养方面的投资，同样可以发展出对企业有吸引力的劳动力群体。此外，各国还会相互竞争，吸引那些选择留在本国完成学业的留学生。

很多国家试图制定激励性的措施来吸引私营企业的投资，例如对工厂和设备的投资。政府尽量保持较低的税率是其中的一种措施，这么做便于私营企业投资最新、最先进的设备，从而让自己在国际竞争中占据优势。政府还会投资于公共资产，这有时也被称为基础设施。基础设施包括公路、桥梁、水坝、电网，以及通信卫星等提高生产效率的设施。

为了让自己具备竞争优势，各国政府还试图推进自身的科技发展，其中包括用于国立高等教育机构开展基础和应用研究的投资。最后，政府还应促进创新和创业精神的发展。韩国、法国及挪威等国的女性创业者很少。[4]为了弥补这一缺陷，挪威政府开创了一项旨在提升女性创业者获得资助概率的行动计划。计划的目标是让妇女拥有至少40%的创业企业。[5]另外，政府有时会利用贸易限制和提高其他国家商品进口关税的方式创造人为竞争优势。我们将在本章后半部分讨论这些做法。

企业怎么做才能变得更有竞争力？ 为了变得有竞争力，企业必须努力解决国家在提高竞争力方面所要解决的许多同样的问题。也就是说，为了占据优势，成功的企业会努力获得便宜的原材料，在员工培训和生产力提高上进行投资，同时购买最先进的厂房和设备。成功的企业同样会在其研发部门投入最尖端的科技。最后，它们还会在组织内部努力推动创新。

相反，如果一家公司、一个行业，或者一个国家失去了自己的**竞争优势（competitive advantage）**，那么它很可能是在上述某个或多个方面没有做好。例如，美国的钢铁和纺织工业曾一度在全球具有竞争优势。然而今天，这些行业已经落后于它们的国际竞争对手。明确提高竞争力的方式是政府和私营企业的共同职责。

国际贸易的收益和成本

国际贸易的收益和成本是什么？ 比较优势论指出，参与国际贸易的国家将体验到更高的生活水平，因为它们可以用更低的价格得到更多、更丰富和更优质的产品。这些结果源自更多的开放贸易带来的更激烈的竞争。但这些好处并非没有代价。

那些生计受到外国竞争对手威胁的企业和个人承担了国际贸易的成本。一些国内企业可能会因为外国企业而失去自己的市场份额，这些企业阻碍了它们的盈利能力和创造就业机会能力的正常发展。其他公司则会面对大量来自外国企业的竞争，以致最终被彻底挤出市场。

当来到美国时，外国企业提高了产品供应量，压低了产品价格。消费者喜欢市场竞争和看到更低的价格，但国内竞争者却不满意了。
来源：Universal Images Group/Universal Images Group/Getty Images。

国际贸易的收益高于成本吗？ 这是一个很难回答的问题。国际贸易增多带来的成本（包括被外国竞争对手抢走生意）往往很容易明确，但收益却通常很难看到，这是因为它们分散到了数百万消费者身上。**国际收支差额（balance of payments，BOP）** 是用来量化一个国家国际贸易的标准之一。国际收支差额概括了发生在一个国家的所有常驻单位和其外部世界之间的所有交易，包括付款、财政援助及赠礼等。

然而，一个数字并不能反映国际贸易的复杂性。例如，购买到更多数量的各类优质产品可能不会轻易被归因于国际贸易的增多，因为这些好处通常显现得比较缓慢而微妙。降价可能只会让人们省下一点微不足道的小钱。而对公众整体来说，这些更低的价格（尤其是在时间的推移下）带来的影响则是巨大的。我们将在下一节看到，各国政府在决定它们将支持多大程度的国际贸易方面发挥着重要作用，例如，它们会选择限制跨境商品的数量和种类。

■ 我们在本节开头讨论了国际竞争下汤姆·麦戈文举步维艰的布料生意。汤姆到底是关闭了公司，还是适应了压力，并充分利用了全球化机遇呢？作为公司的负责人，汤姆选择投资新的设备，培训自己的员工，期望以此获得竞争优势。他同时开始向国外供应商采购价格更低的原材料，而互联网让这方面的工作变得更轻松。最后，他调查了公司特色产品的新市场，并将业务拓展到了印度和中国等国家。汤姆并不确定自己的公司在五年后会变成什么样子，但他确信，国际市场的全球化会带来挑战和机遇。

4-3　自由贸易和贸易保护主义

阐述不同类型的贸易壁垒。

来源：Dvarg/Fotolia。

■ 农业已经发生了变化，而米勒农场一直在随着时代改变。几年前，米勒一家开始利用转基因生物来种植更耐霜冻、产量更高的作物。但最近，欧盟——由欧洲国家构成的大型组织，设定了一项新的卫生指令：若要取得在欧盟销售产品的资格，任何用于人类饮食的产品不得含有任何转基因生物。米勒一家担心收购他们产品的制造商因此不再愿意和他们做生意。

世界各国出于各种原因设置了贸易壁垒。有时，设置贸易壁垒是为了保护消费者。而在其他情况下，贸易壁垒则是为了保护国内企业免遭国际竞争。很多人认为这种保护主义的贸易壁垒是捍卫一个国家经济的最好方式，而其他人则支持自由贸易。**自由贸易（free**

trade）指的是商品和服务可以在各国之间畅通无阻地流动。也就是说，自由贸易不受政府干预，也不会受到其他阻碍商品国际流通的障碍的影响。绝大多数经济学家认为自由贸易的好处远远超过了一个国家为此付出的成本。然而，一些人——尤其是那些感到自己的生计受到自由贸易威胁的人，则不认同这一点。本节，我们将考察争论双方的意见。

贸易壁垒的类型

国家政府可以设定哪些贸易壁垒？ 如图4-3所示，贸易壁垒有以下三种：

关税和补贴。关税（tariff）是最常见的贸易壁垒，它是向进口商品或服务征收的税，比如美国对进口法国葡萄酒征收的关税。政府喜欢征收关税，因为这样可以增加它们的税收收入。与关税相反的是**补贴**（subsidy），政府以这种方式付钱给国内制造商。在美国，政府给大量企业提供补贴，其中包括许多农业企业。补贴有多种形式，可以是直接的现金资助，也可以是税收减免或低息贷款等。

贸易配额和禁运。贸易配额（quota）是一个国家对允许进口的产品总量的限制。例如，美国对法国葡萄酒设置的贸易配额可能会将每天进口的葡萄酒总量限制在10 000箱。**禁运**（embargo）是政府最严苛的贸易壁垒，它全面限制了某种产品的进口（或出口）。例如，美国对古巴贸易往来中的大多数商品实施禁运。

行政贸易壁垒。 其他几类贸易壁垒可以归为行政贸易壁垒，即旨在限制进口的政府规定。**当地成分要求**（local content requirement）正是其中之一，它要求商品的某些部分必须在本国生产。这通常会抬高进口成本。行政贸易壁垒也可能会要求进口产品满足某些技术指标或官僚准则，从而有效地将进口产品排除在国内市场之外。例如，欧盟禁止进口所有使用类固醇来刺激动物生长的肉类，这一决定严重影响了美国的牛肉和乳品产业。尽管行政贸易壁垒是合法的，但它们的目的可能只是保护本国产品免遭国际竞争。

图4-3　贸易壁垒

世界各国用这些策略，使得外国公司以竞争性的方式销售产品变得更加困难。
© 肯德尔·马丁

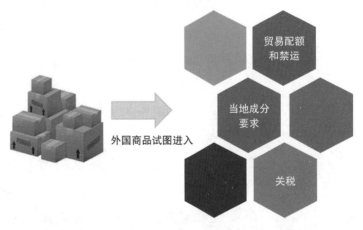

外国商品试图进入

贸易配额和禁运

当地成分要求

关税

贸易壁垒：孰胜孰败

贸易壁垒让谁受益又让谁受罪？ 毫无疑问，贸易壁垒惠及了国内制造商及其员工，但伤害了国内消费者。贸易壁垒增加了外国公司的成本，或者限制了进口产品的供应，使得国内市场价格抬高、销量减少。因此，价格更高的进口产品提高了人们对国产替代商品和服务的需求。这种更高的需求同样抬高了国产产品的价格，尽管它同时会提高国产产品的销量。

国内企业以更高的价格销售了更多产品，因此赢得了更多利润。这种盈利能力同时为它们的员工创造了更多工作保障。然而，令人不悦的结果却是，进口产品和国产替代产品现在都变得更贵了。国内消费者成了输家，而国内制造商及其员工则成了赢家。贸易壁垒也伤害了消费者，这是因为在对外国产品竞争的限制下，所有产品的总体数量、种类和质量都下降了。

赞同保护主义贸易壁垒的常见理由是什么？ 赞同和反对贸易壁垒的四个主要论点如下：

国家安全。国家安全论认为，对国家安全至关重要的某些行业应该得到保护，使其免遭国际竞争的影响。例如，美国不希望在对国防十分关键的某个元件上依赖另一个国家。而批评这一论点的人则认为，事实上寻求保护的行业很少属于这种类型。

新生产业。新生产业论认为，为了参与全球经济竞争，尚未发展起来的国内产业需要时间来成长和发展。一旦该产业发展壮大，竞争力变得更强，我们就不再需要保护其免受外国竞争的影响了。反对意见则认为，实际上，我们很难判断一个行业是否有潜力变得具有竞争力。此外，这些人认为，新生产业很少能"长大"。相反，政府却继续牺牲消费者的利益来保护它们。

● **廉价的国外劳动力**。国外劳动力廉价论的论点集中在外国企业员工的低工资上。这个问题引起了越来越多的关注。国内企业如何才能与这种低工资竞争呢？而反对保护一个国家的工人不受廉价劳动力影响的批评者则认为，如果员工的生产力可以提高两倍，那么就算公司付给员工两倍的薪水，它的生产成本还是会降低。如果一个国家希望在国际市场上保持较高的薪资水平，那么它应该寻找提高其劳动力生产效率的方式，而不是设置贸易壁垒。

美国百所大学都在上的商学课（第五版）

报复威胁。 报复威胁论（或谈判筹码论）认为如果贸易伙伴提高了针对我们的出口产品的贸易壁垒，或者在我们降低自己的贸易壁垒时未能降低壁垒，那么这会形成一个不公平的竞争环境。例如，如果外国企业倾销自己的产品，那么国内企业通常会受到不利影响。**倾销**（**dumping**）指的是以低于一国成本的价格向该国销售产品，迫使该国企业倒闭，从而占领整个市场。然而，倾销很难证明，也很难阻止。阻止倾销的方法之一是政府威胁说要提高针对倾销产品的贸易壁垒，也就是说，政府将贸易壁垒作为谈判的筹码。而批评者则认为，这一策略的问题在于，如果出口国同样以提高贸易壁垒作为回应，那么贸易战会发生。贸易战很可能会同时危害两国的经济。

经济学家对保护主义贸易壁垒的看法是什么？ 大多数经济学家认为，要想解决这些行业的担忧，使其员工的生计免受国际竞争的威胁，设置保护主义贸易壁垒并不是最好的方式。相反，这些失去着落的人必须接受教育、培训，获得必要的技能，才能顺利过渡到该国具有比较优势、需求正在上升的行业去工作。尽管所有国家的政府都设置了保护主义贸易壁垒，但它们一直在努力降低这些壁垒，因为它们相信，这么做的经济效益一般远远大于成本。这也有助于解释自由贸易和全球化规模不断扩大的趋势。表4-1总结了一个国家实施自由贸易和贸易保护主义的收益和成本。

表4-1　实施自由贸易和贸易保护主义的收益和成本

项目	自由贸易	贸易保护主义
经济收益	数量更多、种类更丰富、价格更低、质量更优的产品	受到保护的国内企业的产品销量和价格提高，使其能为员工提供更好的工作保障
经济成本	国内企业产品的销量和价格出现下降，难以在国际上竞争，企业利润下跌，员工的工作保障降低	产品的数量、种类、质量下降，价格上涨

© 迈克尔·R. 所罗门

促进自由贸易的国际组织

哪些组织正在促进自由贸易？ 世界各国发现，单方面降低贸易壁垒可能会让本国企业处于不公平的不利位置。实现国际贸易互利共赢的关键在于让所有国家同时降低自己的贸易壁垒，这也是关贸总协定和世界贸易组织成立的原因。

关贸总协定（**General Agreement on Tariffs and Trade, GATT**）由23个成员创立于1947年，截至1994年，该组织已经发展至123个成员。尽管关贸总协定并不是一个有实际执行权的组织，但它的八轮谈判协议或条约成功地减少了关税，以及其他阻碍商品自由贸易的壁垒。此后，国际贸易总额大幅增加，国际经济也出现了增长。[6]然而关贸总协定在减轻服务贸易壁垒、保护知识产权或推动成员履行协议方面并不太成功。因此，**世界贸易组织**（World Trade Organization）在1995年取代了关贸总协定。

世界贸易组织将关贸总协定的范围拓展到了服务领域，同时提高了对知识产权的保护，从而强化了世界贸易体系。然而，世界贸易组织最重要的作用可能在于它承担了贸易纠纷仲裁的职责，同时负责监督成员的贸易政策。[7]与关贸总协定一样，世界贸易组织在解决争端时都是以共识为基础的。然而，与关贸总协定不同的是，世界贸易组织不允许败诉方无视其仲裁报告。世界贸易组织有权强制成员执行其决定。

为了促进自由贸易还可以做些什么？ 自由贸易的支持者认为，要想降低贸易壁垒，还有更多事情可做。世界贸易组织第一轮会议因反全球化抗议者而受阻。几年后，会议重新启动，其目的是减少倾销，降低贸易壁垒，保护知识产权，以及降低政府为对外直接投资设置的壁垒。[8]这轮会议原定持续三年，但随后断断续续地开了15年。会议取得具体成果的难度远远超出了任何人的想象。

自由贸易可能导致什么问题？ 针对世界贸易组织的抗议反映了这样一种担忧，即自由贸易鼓励企业将自己的生产线转移到工资水平低、劳动标准宽松的国家，这种对低工资国家工人的剥削造成了贫富差距。环保人士还担心，自由贸易鼓励企业将生产转移到允许企业污染环境和排放无限温室气体的国家，这会导致全球变暖。环保人士强调，自由贸易的经济收益和成本并不是它所带来的唯一好处和代价。我们同样需要考虑重要的社会、道德、政治及环境问题。

区域自由贸易协定

什么是区域自由贸易协定？ 许多国家十分渴望通过自由贸易来实现更高的生活水平，为了开创一片新天地，它们建立了自己的**区域自由贸易协定**（regional free-trade agreement）。让我们一同了解几个最强大的区域自由贸易协定。

欧盟
欧盟是世界上历史最久、规模最大的自由贸易区。欧盟的起源可以追溯到1957年欧洲经济共同体（又称"共同市场"）的成立，该组织由六个国家共同发起。尽管有许多困难要克服，例如对可能丧失国家主权的担忧，仍有28个国家陆续加入了欧盟。它的成功在很大程度上是因为其对商品、服务、资产和人员在欧洲境内自由流动的承诺。

欧盟的成功并非没有争议。2016年，在大规模移民潮的压力下，英国通过公投选择退出欧盟。这次"脱欧"公投是一次势均力敌的投票，其中伦敦和苏格兰等地区坚决支持留在欧盟。人们在随后几年了解了脱欧程序及其带来的长期影响。而它带来的直接影响则反映在了国际金融市场上，也就是英镑价值的暴跌。

欧盟产量约占世界总产量的1/3。它是世界上最大的出口实体及第二大进口实体。[9]1999年，欧盟开始使用统一货币——欧元，在经济一体化方面超越了其他自由贸易区。欧盟28个成员国[①]中有18个国家使用欧元，欧元已经成为国际金融市场上的主要货币。[10]随着东欧等地的其他国家申请加入该组织，欧盟的规模可能会继续扩大。

欧盟的经济实力和政治影响力对全球的国际企业都有着巨大影响。例如，一些国际企业受到激励，开始在欧盟投资生产设施，以此来对抗任何潜在的贸易壁垒。欧盟还为欧盟市场设置了许多进口方面的法律法规及技术标准。此外，欧盟的反垄断裁决对美国企业产生了重大影响。

北美自由贸易协定

北美自由贸易协定（North American Free Trade Agreement, NAFTA）的目的在于拉近美国、墨西哥及加拿大的关系，使其更接近真正的自由贸易。[②]在经历了大量政治冲突后，北美自由贸易协定于1994年生效。在协定签署20多年后，北美自由贸易协定让三国之间的贸易量翻了两番。有关北美自由贸易协定的最糟糕的担忧都没有成为现实——墨西哥人没有大规模失业，该国的移民比率也没有显著上升，它成功地为该地区市场创造了1 900万美元的贸易额。美国同样参与了其他自由贸易协定，例如中美洲自由贸易协定（**Dominican Republic-Central American Free Trade Area, DR-CAFTA**），以及与以色列、韩国和澳大利亚等国签署的协定等。

其他自由贸易区

世界上还有许多其他自由贸易区。以下是一些比较值得注意的例子：

---

① 在本书撰写过程中，英国依然是欧盟的一部分。——译者注
② 2018年12月，美国、加拿大和墨西哥三国领导人签署了取代《北美自由贸易协定》的协议。——译者注

南方共同市场是巴西、阿根廷、巴拉圭、乌拉圭和委内瑞拉等南美洲国家的区域
联盟。

东南亚国家联盟（下文简称东盟），包括印度尼西亚、马来西亚、菲律宾、新加坡、
泰国、文莱、越南、老挝、缅甸和柬埔寨。东盟和许多国家签订了自由贸易协定，
目前致力于与欧洲建立自由贸易关系。

亚太经济合作组织有21个成员，其中包括美国、日本和中国等经济强国。

在降低贸易壁垒方面，大多数自由贸易区都没有取得像欧盟和北美自由贸易协定那
样的成功。然而，很明显大多数国家都渴望团结起来降低贸易壁垒，从而获得规模
更大的自由贸易带来的经济利益。

■　在本节开头，我们讲述了米勒农场的故事，在欧盟不允许转基因产品进入其成员国
的决定之下，该农场难以判断自己到底该怎么做。区域自由贸易协定造就了强大的谈判
方，正如米勒一家认识到的那样，欧盟的决定可以影响到各级政府，最终影响到米勒农
场的管理。

现在，你已经了解了辩论双方针对保护主义和自由贸易问题的意见，那么你有什么
看法？保护国内企业和消费者与开放更多自由贸易市场是否能够达成平衡？

4-4　开展国际业务

**阐述国际企业的三个基本策略，描述国际企业如何才能成功打入外国
市场。**

■　在成功开办自己的美国翻译公司之前，五十铃八森曾经从事了多年职业翻译工作。
这些年来，八森雇用了更多的译员，他的公司也得到了发展。现在，他认为如果在其他
国家开设一些办事处，他的公司就会发展得更大。那么他应该扩张到哪些国家，又该如

何做呢？

所有商业运作都是在一定的经济、社会文化、政治和法律环境下进行的，而这些环境会随着时间变化。即使是最精明的管理者，也难以跟上这些变化的步伐。而管理国际企业则更为复杂，因为一家公司必须跟上多个国家的变化。

我们将用本章的剩余部分来探索各个国家在经济、社会文化、政治及法律等方面的诸多重要差异。认识这些差异对国际企业的成功经营十分重要。首先，我们将讨论国际企业的策略及其进入外国市场的方式。

来源：Thanapol Marattana/
Moment/Getty Images。

国际企业的策略

国际企业可以采用哪些类型的策略？企业可以采用不同类型的策略向海外拓展，让我们一起来看看。

国际战略。将标准化产品（或同质产品）销往国际的企业采用的是**国际战略（global strategy）**。标准化产品是满足普遍需求的产品。农产品、原油及原材料是标准化产品的代表。不同公司提供的这些产品在本质上是相同的，它们对不同文化的消费者具有同等的吸引力。当销售标准化产品时，企业会在价格上产生激烈的竞争。价格最低的企业通常占有最大的市场份额。

多国化战略。针对各地区的独特需求、口味或偏好提供定制化或差异化产品的公司采用的是**多国化战略（multidomestic strategy）**。例如，麦当劳在亚洲国家供应海苔味薯条。采用多国化战略的企业在降低成本上面临的压力相对较小，因为价格通常是买方的次要考虑因素。相反，对客户来说，最重要的地方在于产品是否能够满足他们的需求，或者是否不同于竞争对手的产品。

跨国战略。在全球范围内向许多国家销售同样的产品，同时致力于以尽可能低的价格来销售产品的企业采用的是**跨国战略（transnational strategy）**。可口可乐汽水或戴尔计算机的销售就是这类战略的代表。尽管包装上的文字会随国家而变化，但产品是不变的。

进入外国市场

企业如何才能进入外国市场？除确定企业战略之外，企业还必须明确如何为外国客户提供服务。企业可以采取以下六种策略之一：

- 出口产品。
- 实施交钥匙项目。
- 出售特许经营权。
- 签订许可协议、合资或结成战略联盟。
- 委托加工。
- 设立全资子公司

让我们简要地了解每一种策略。

出口

许多企业最初是通过出口的方式进入外国市场的。与在外国市场开设实体店铺相比，出口是相对简单且成本低廉的。此外，出口可能会帮助公司降低成本，因为公司可以将生产转移到更便宜的地区，然后将产品从此地出口到世界各地。出口也有一些缺点，比如它对运输成本较高的重型或大型产品来说不够经济。如果其他国家意外地设置了贸易壁垒，那么出口可能因此变得不太划算。

交钥匙项目

当企业用自己的技术知识来换取费用时，它们实施的就是**交钥匙项目**（turnkey project）。交钥匙项目常见于复杂制造设施的生产，例如炼油、炼钢及水力发电所用到的设施。在设施建成并且开始运转，以及当地员工得到培训之后，这把"钥匙"就算真正地交给了新的外国所有者。例如，中国最大的交通控制系统是由德国电气公司西门子交付的武汉城市交通控制系统。[11] 交钥匙项目让西门子等拥有专业技术的公司从它们的专业技术中获得了更高的利润。但它的缺点在于，如果一家公司的专业技术很容易获得，那么它可能会为该公司制造竞争对手。

特许经营

特许经营（franchising）指的是向投资者出售知名品牌或经过检验的经营方式，以此收取费用或一定比例的销售利润。卖方是特许人，而买方则是被特许人。特许经营在美国国内和国际上都很普遍。特许经营的例子比比皆是。现在，我们可以在世界各地找到麦当劳和肯德基餐厅。[12]华特迪士尼公司在印度出售了超过100家商铺的特许经营权。[13]毫无疑问，所有这些特许经营店都必须谨慎地调整自己的商品和服务，从而吸引全球不同的客户。

特许经营的主要优势在于，特许人将开拓海外市场的风险和成本转嫁给了被特许人。而它的缺点则在于，如何执行特许合同以确保对距离遥远的被特许人进行质量控制，以及如何确保特许产品得到合理调整并吸引海外客户。

许可协议

在**许可协议**（licensing）中，许可人将自己的无形财产——专利、商标权、服务商标、版权、商业机密或其他知识产权等，出售或提供给被许可人，以此交换许可费。许可人拥有原始专利或版权，而被许可人则要付费才能使用这些财产。许可协议的优势在于，许可人进入外国市场的速度加快，以及被许可人承担的成本和风险降低。而它的缺点在于，许可人通过许可损失了自己的技术专长，同时为自己创造了竞争对手。斯坦福国际研究院是一家在生物科技、计算机，以及化学材料等领域拥有多项专利的公司。[14]它在世界各地授权了大量知识产权。

合资企业

如果两家企业希望比单独经营时更好地利用商业机会，那么它们联合起来形成的就是**合资企业**（joint venture）。通常，一家希望拓展海外市场的公司会与一家了解如何在该国经营的当地公司合作。两家公司共同承担该合资企业开发和销售产品的成本和风险。

有时，合资是企业进入市场的唯一方式。印度的肥皂、洗衣液、洗发水等消费品市场的规模超过12亿人。然而，为了保护印度的小型企业，该国严格限制进口企业的进驻。因此，沃尔玛只能通过与印度公司巴蒂合资的方式进入印度市场。事实证明，双方在文化和其他方面的差异使得这一扩张变得十分艰难，它们最终在七年后放弃了扩张。[15]

因为国际特许经营，你可以在印度、中国及埃及等其他国家的肯德基餐厅用餐。
来源：top to bottom: Bloomberg/Getty Images; Stephen Shaver/AFP/Getty Images; Dana Smillie/Bloomberg/Getty Images。

走入合资关系就好比走入婚姻，双方必须在选择互补合作伙伴时深思熟虑。合资的缺点在于企业失去了对合资企业的控制，因为向合作伙伴妥协在所难免。合资的另一个主要缺点在于，如果合资企业解散或分道扬镳，可能会出现损失专有技术的风险。

战略联盟

战略联盟（strategic alliance）是企业与实际或潜在竞争对手达成的协议。与合资企业不同，战略联盟中的每一方都能保持自己企业的独立性。战略联盟通常是某一特定时期或特定项目期间的协议。汇集特殊人才和专业知识，以及在共同利益下分担项目的成本和风险是战略联盟的优点。而它的缺点在于会出现技术上的损失，以及最初很难找到合适的合作伙伴。

微软与手机制造商诺基亚形成了战略联盟，两家公司共同致力于优化移动手机用户使用微软视窗软件和诺基亚手机硬件的体验。它们联合了自己富有才华的工程师团队及财务实力，从而具备了更强的竞争实力。[16]

委托加工

委托加工（contract manufacturing）指的是公司将部分或所有商品的生产外包给外部公司，以此来替代拥有和运营自有生产设施的方案。在经营国际业务时，这里的外包公司就是一家外国公司。因此，委托加工实际上是离岸外包的形式之一。

戴尔、苹果及惠普均采用委托加工方式生产自己的电脑产品。尽管苹果电脑的设计是在美国完成的，但它的很多产品都是从亚洲制造商那里直接运给客户的。[17]委托加工允许企业通过贴牌方式在外国市场销售其在当地生产的产品。与在外国建立自己生产设备的高昂起步成本相比，委托加工可以让企业在外国试销自己的产品，且无须付出太多代价。

而这么做的缺点在于，企业对外包商缺少质量控制。例如，玩具制造商美泰曾委托其他国家工厂生产风火轮汽车和芭比娃娃，但美泰最终召回了这些玩具，同时向美国消费者产品安全委员会缴纳了数百万美元的罚款。原因何在？这是因为该工厂在玩具中使用了含铅涂料，而这种做法在美国是禁止的。[18]

全资子公司

全资子公司（wholly owned subsidiary）是由它的投资公司完全所有的实体。例如，韩国汽车制造商现代通过在俄罗斯设立全资子公司俄罗斯现代发动机制造厂的方式进入了俄罗斯市场。[19]这么做的优势在于，母公司可以完全控制外国公司的运营和技术方法，缺点则是母公司必须承担进入外国市场的所有成本和风险。

每种进入市场方式的优缺点

哪一种模式是进入外国市场的最佳方式？最佳进入方式取决于包括公司策略在内的许多因素。表4-2概括了各种方式的优缺点。

■　我们在本节开头讲述了五十铃八森打算向海外拓展自己业务的故事。在用了大量时间思考进军全球的方案后，他想到了两个不同的目标国家：沙特阿拉伯和比利时。对每个国家，他都必须考虑如何调整自己的服务来满足这些国家的需求。例如，比利时布鲁塞尔是欧盟的总部，具有政治和法律方面的特定翻译需求。而沙特阿拉伯正在经历建设热潮，需要工程和法律文件的翻译服务。八森必须考察进入这些市场的不同方式，以及每种方式的优缺点，最终确定最有利于自己公司的方案。这是一个激动人心的时代，在不久的将来，他将累积大量飞行里程！

表4-2　进入外国市场方式的优缺点

	优点	缺点
出口	• 进入速度快 • 在成本最低的地区进行生产	• 运输费用高 • 关税等贸易壁垒的威胁 • 缺少获取当地情况的渠道
交钥匙项目	• 提高高科技企业的利润	• 可能会将技术方法交给潜在的竞争者
特许经营	• 开拓外国市场的成本和风险转嫁给了被特许人	• 难以对遥远的被特许人进行质量管控
许可协议	• 快速打入市场	• 被许可人可能会成为竞争者 • 可能会将知识交给潜在的竞争者
合资企业	• 学习当地情况的可能性很高 • 从合并的资源中获益	• 共享企业控制权 • 将专业知识交给合作伙伴的风险
战略联盟	• 汇聚了人才和专业知识 • 共同分担成本和风险	• 将专业知识交给合作伙伴的风险 • 难以找到合适的合作伙伴
委托加工	• 进入市场的速度快 • 试销成本低	• 难以对遥远的委托加工者进行质量管控
全资子公司	• 可以完全控制全部运营过程 • 可以留存自己的专有技术	• 存在进入外国市场的风险和成本

© 迈克尔·R.所罗门

4-5　国际业务：经济因素与挑战

定义什么是汇率，解释汇率对国际业务的影响，讨论在全球业务经营中发挥作用的经济因素和挑战。

■　当雷切尔·高打算将自己的珠宝业务扩大到手提包领域时，她认为进口这些产品要比向国内公司进货便宜。起初，她觉得自己应该从欧洲的一家小型设计师品牌那里进货，但在了解了欧元汇率后，她改变了主意。因为欧元兑美元的汇率相对较高，为了盈利，雷切尔可能不得不向购买她的手提包的客户收取极高的价格。她认为自己的客户不愿意付这么多钱来买包。为了扩展自己的手提包业务，她还可以选择怎样的方式呢？

企业每天都会受到汇率波动的影响。国际公司之间的交易不仅必须明确双方的付款金额，还要明确使用的货币。此外，跨国公司要用外国货币来支付当地工人的工资，或者将多余的现金投资到利率更有吸引力的其他国家。本节，我们将研究汇率及货币价值的波动对全球经济的影响。我们还将探讨影响国际业务的其他因素和挑战。

汇率的作用

什么是汇率？ 外汇交易市场决定**汇率**（exchange rate），汇率是一国货币转换为另一国货币时的比率。**强势美元**（strong dollar）意味着一美元可以兑换到更多的外国货币。**弱势美元**（weak dollar）意味着你用一美元只能兑换到更少的外国货币，例如墨西哥比索。

来源：Bloomberg/Getty Images。

一家公司是否偏好强势美元或弱势美元取决于该公司的立场。美国出口商喜欢弱势美元，因为这样的话外国人更能负担得起它们的产品。然而，美国进口商则喜欢强势美元，因为进口外国产品的成本会更低。如果以低廉的价格进口产品，那么省下来的钱便可以用来惠及消费者或作为利润。

汇率如何影响国际业务？ 汇率的变化对经营国际业务的企业

有很大影响。让我们一起看看其中的原因。

进口和出口价格

假设美元升值，或者对日元走势上涨，那么这会对美国和日本的企业带来什么影响呢？从美国出口的商品会变得更贵，因为日本人需要用更多的日元才能买入一美元的产品。这意味着一条美国生产的售价为40美元的牛仔裤将以更贵的价格卖给日本消费者。而日本消费者则会购买更少的美国产品，例如美国牛仔裤。美国对日本的出口量也将下降。当然，这会伤害到向日本销售产品的美国企业。

同时，强势美元将导致美国消费者购买的日本产品的价格相对下降，因为购买一日元产品所需的美元变少了。因此，由于汇率的变化，美国将进口更多日本产品，美国企业会因此损失一部分市场份额给日本企业。

这一美日贸易的例子说明了**本币升值**（currency appreciation）——一国货币汇率上升，是如何导致进口商品相对价格下跌和出口商品相对价格上涨的。当货币升值时，该货币就更为强势。相反，**本币贬值**（currency depreciation）——一国货币汇率下跌，则会给进出口的相对价格带来相反的影响：出口商品变得更便宜，而进口商品则变得更贵。有时发行货币的政府会决定让该国货币**法定贬值**（devalue）。这种对货币价值的刻意调整和本币贬值不同，本币贬值的变化是由外力造成的。

汇率的浮动也在其他方面影响着跨国企业。很多公司迫于压力，不得不将生产转移到货币弱势或币值较低的国家，从而利用其生产成本较低的优势。例如，弱势的中国货币使得该国劳动力成本降低。如果一家公司没有将更多的生产转移到中国，而它的竞争者却这么做了，那么该公司的成本会变高，并且它会损失在国际市场上的份额。

贸易逆差和贸易顺差

汇率的变化还会给一个国家造成**贸易逆差**（trade deficits）和**贸易顺差**（trade surpluses）。当一个国家的进口总值超过其出口总值时，就会产生贸易逆差。例如，强势美元可以使美国产生贸易逆差，因为这会让出口价格上升，让进口价格下跌。贸易顺差发生在一国出口总值超过进口总值时。各国在出现贸易顺差时应该怎么做？通常，那些进行石油或钻石等原材料贸易的国家会发现商品价格每年都在剧烈变动。因此，利用贸易顺差年获得的资金池进行投资是一个不错的策略。**主权财富基金**（sovereign wealth funds, SWFs）就是这样一种政府投资基金。它们与国家的官方货币储备分开管理。1953年，科威特建立了首个主权财富基金，现在它的价值接近3 000亿美元。现在，挪威、中国、沙特阿拉伯及新加坡等不少国家都设立了自己的主权财富基金。所有国家的主权财富基金总值超过6万亿美元。[20]

主权财富基金可以投资任何它们想要投资的事物。有时，主权财富基金的投资趋于稳定，可以允许外国企业进行扩张。但在信贷危机中，很多主权财富基金投资的欧美银行都濒临破产。实际上，超过690亿美元都投向了一系列陷入困境的银行和金融机构。[21]石油资源丰富的阿布扎比酋长国向美国花旗银行投资了79亿美元。这种投资规模的政治含义令一些人对主权财富基金的迅速增长感到不安。而中国则对美国的主要金融机构进行了大量投资。这将如何影响两国之间紧张的政治局势呢？如果阿拉伯将主权财富基金投资于一家航运公司来控制美国港口，这又会怎样呢？

【清单】　　　　　　　　　　　　　　　　　　　　　　　　　　　　　LIST

美国的主要贸易伙伴

排名	国家	贸易额占比
1	中国	16.0%
2	加拿大	15.4%
3	墨西哥	14.2%
4	日本	5.2%
5	德国	4.6%
6	韩国	3.1%
7	英国	3.0%
8	法国	2.1%
9	印度	1.8%
10	意大利	1.6%
11	巴西	1.6%
12	荷兰	1.5%
13	比利时	1.4%
14	瑞士	1.4%

来源："Foreign Trade," U.S. Top Trading Partners, U.S. Department of Commerce, 12/2015, www.census.gov。

固定汇率制度和自由浮动汇率制度

汇率可以由政府调节。事实上，大多数国家都是在自由浮动（或灵活）汇率制度下运作的，在这种制度下，货币的汇率是由全球对该货币的供求关系决定的。影响一国货币供求的具体因素有很多，例如利率变动，以及税率和通货膨胀率等。然而，一般来说，自由浮动汇率制度下的汇率变动反映了一国当前的经济健康状况及其增长前景和投资潜力。

浮动汇率的问题在于，它们可能会造成国际企业无法控制的相对价格变动，汇率的快速及意外变化也会带来风险。例如，1980年，日本航空公司从波音公司购买了几架波音747飞机，并同意以美元支付。在合同签订和交付飞机款项的过渡期，美元的价值急剧上升。日本航空公司必须支付高出预期的钱来购买飞机，差一点因此破产。这个例子说明，汇率的意外变动会给国际企业造成极大的风险。

非兑换货币和对等贸易

各国政府同样有权保留限制其货币兑换的权利。对发展中国家而言，非兑换货币是很常见的——这种货币不可兑换别国货币。例如，摩洛哥的国家货币是迪拉姆。它无法在摩洛哥境外兑换，因此游客们要在摩洛哥旅行结束前把身上的所有迪拉姆都用掉。发行非兑换货币的政府担心，可兑换货币将导致资本外逃，也就是将国内的资金转移成在国外持有的外国货币。资本外逃将使该国失去投资和发展所急需的资金。

国际企业仍然可以通过对等贸易与那些发行非兑换货币的国家做生意。**对等贸易**是一种国际物物交换，即用商品和服务来交换其他商品和服务。目前，对等贸易大约占国际贸易总额的10%～15%。企业参与对等贸易是出于必要和它的营利性。固特异、通用电气、西屋公司、3M公司、通用汽车、福特汽车公司、可口可乐和百事公司等都是从事对等贸易的企业。[22]

国际业务的其他经济挑战

从事国际业务还会面临哪些其他经济挑战？变化的汇率和非兑换货币并不是企业开展国际业务所面临的唯二经济挑战。企业还必须考虑如何调整自己的产品才能让其在发展中国家销售，了解特定的政府政策会对企业产生怎样的影响，以及某一地区的社会经济因素会如何影响它们销售的产品类型。

强势美元和弱势美元，哪个更好？

这个问题的答案取决于美国企业经营的业务。从事大量出口业务的企业，例如交通工具制造商、化学品制造商和农民，更喜欢弱势美元，因为这可以降低它们的产品在国际市场上的价格，从而扩大销量和利润。然而，需要将元件或成品进口到美国国内再次销售的企业则偏好强势美元，因为这会让它们进口的产品的相对价格变得更低。

从美国消费者的角度看，强势美元通常更受青睐，因为进口产品价格更低，这会让国内竞争者的价格也保持在较低水平。作为一名员工，如果你工作的公司出口大量产品，那么你可能更喜欢弱势美元，因为这可以刺激销售，给你的工作带来保障。

强势美元对美国整体的好处在于，它降低了进口产品的价格。然而，强势美元会造成贸易逆差。而弱势美元则相反，它有利于美国国内的国际企业，因为这可以刺激就业，提高人们的生活水准。弱势美元的不足在于，它会导致进口能源和产品的价格提高。如果这些产品的价格出现较大上涨，那么它们会提高美国的通货膨胀率。强势美元和弱势美元到底哪个更好呢？和大多数现实问题一样，这个答案取决于你的视角。

经济增长和经济发展

许多发展中国家正在以超过发达国家的速度快速发展，它们拥有数亿随时准备将钱投入国际市场的热切的新客户。然而，一些发展中国家依然缺少有效运输商品的必要基础设施，或者缺少可靠的电力供应。它们可能还缺少现代化的通信系统。对于同这些国家做生意的企业而言，这些问题的影响显而易见。例如，销售的食品种类需要改变，包装也要有所不同。广告的模式将从电视广告转变为广播广告，而互联网产品营销可能不会奏效，因为很少有客户拥有自己的电脑。在这些国家通过移动手机发布广告是非常重要的。非洲地区的国家就是这样一个例子。

政府的经济政策

和计划经济制度相比，国际企业更偏好自由市场经济，因为官僚主义的繁文缛节会增加成本。影响企业决策的其他经济因素包括一个国家的债务负担（一个国家的负债总额）、失业率和通货膨胀率，以及它的财政和货币政策。较高的失业率和失控的通货膨胀率可能会发出这样一个信号，即该国不够稳定，在这里做生意会有风险。

社会经济因素

此外，企业还要考虑一些社会经济因素，例如人口分布密度和年龄分布等。很多发展中国家的出生率很高，这给美泰等玩具制造商带来了激动人心的机会。企业必须考虑的其他社会经济因素包括收入分布、种族及人群的文化习惯等。

■　还记得雷切尔·高吗？她打算将自己的珠宝生意扩展到手提包领域，并且认为进口商品会比向国内公司采购更便宜。尽管她打算向欧洲设计师订货，但她很快意识到，这些商品在欧元汇率下可能会变得非常昂贵。在考察了多个国家的汇率后，她认为自己可以从中国以低价进口多种手提包。她的顾客不仅喜欢这种便宜的产品，她也能从手提包的销售中获得可观的利润。你认为她的决策有风险吗？

4-6　开创成功的国际业务

列举在国际市场开展业务所面临的社会文化、政治、法律及道德挑战。

■　对乔·斯坦来说，国际销售是他的理想职业。他喜欢旅行，可以流利使用多国语言。他以善于与人相处为荣，并且喜欢协商。对他来说，这份工作最有挑战性的地方在于理解各国各不相同的不成文的规定。在委内瑞拉，商人喜欢在初次见面时有力地握手并拍拍肩膀。而在日本，他必须在对方将名片递到他手中时立即阅读上面的文字，而不能直接将其放进口袋。最近，他去了印度，并且收到了一位印度商业合作伙伴送给他的礼物。打开礼物后，乔表示了自己无尽的谢意，但他却意识到自己做错了什么。这会让他付出代价吗？他应该采用什么别的办法？

来源：Paylessimages/Fotolia。

当企业扩张到国际市场但又缺乏跨文化意识时，它注定会失败。 和文化规范一样，各国的政治、法律及道德标准也各不相同。了解不同政府的不同政策如何影响你的业务也很重要。由于没有国际法院来解决分歧和争端，企业必须透彻研究每个国家在法律和道德上可以接受什么。本节，我们将考察社会文化、政治、法律及道德等问题，它们能够决定一个企业

在国际市场上的成败。

社会文化挑战

文化如何影响企业? 文化是人们代代相传的价值观、行为习惯、生活方式、艺术、信仰,以及制度的复杂集合。文化影响着企业的方方面面,例如企业的管理、生产、营销等。大多数国际企业之所以失败,是因为它们缺乏跨文化意识。跨文化意识指的是对外国文化的理解、尊重及敏感。**民族中心主义**(ethnocentrism)则是一种认为自己的文化比其他文化更优越的观念,这会让国际企业难以成功。

为什么美学对国际业务很重要? 美学指的是人们认为某些事物是美丽或有品位的。美学影响着一种文化的礼仪、风俗和规矩。没有什么比违背自己的好品位更让人尴尬的了。例如,一家公司在泰国投放了一个眼镜广告,广告中各种各样的可爱动物都戴着眼镜。然而这个广告在泰国却是一种糟糕的宣传,因为这里的人们认为动物是低等的,没有一个有自尊的泰国人会戴任何动物戴的东西。同样,美国前总统乔治·H. W. 布什(George H. W. Bush),还有克莱斯勒公司前任董事会主席李·艾柯卡(Lee Iacocca)等美国商业巨头在20世纪90年代出访日本时也违反了当地的礼仪,他们向该国的领导人提出了直接的要求。日方认为这种要求十分无理,是一种无知或孤注一掷的标志。日本商人不会通过直接提出请求来"贬低自己"。有分析认为,这种破坏文化美学的行为注定会让两国试图进行的谈判失败,同时会向日本人证实美国人是野蛮人。[23]

为了在其他国家取得成功,企业还需要考察哪些文化偏见? 世界各国对时间的态度大相径庭。对美国人来说,时间是至关重要的,人们应该做到守时。有些文化却认为这是一种咄咄逼人的、没有人情味的行为。此外,美国人对时间范围的理解与很多国家的人都大不相同,例如日本人。在美国人看来,长期目标指的是未来四到七年的目标,而日本人则认为其是指未来几十年的目标。各国人对工作的态度也各不相同。例如,德国人认为美国人活着就是为了工作,而德国人是为了生活而工作。德国人和其他欧洲人每年都可以享受四到六周假期。相比之下,美国人平均只有两周假期,哪些国家更看重休假时间是不言而喻的。

宗教在文化的塑造中发挥了深刻作用。如果国际企业不想在营销活动中冒犯客户,那么它们最好对自己进行有关宗教价值体系、习俗和行为方面的教育。例如,一款软饮料进入了阿拉伯，该饮料醒目的标签上绘有星星图案，而且是六芒星。阿拉伯人认为这是一款"亲以色列"产品，因此拒绝购买。

为什么只了解当地语言是不够的？ 语言（无论是有声的还是无声的）都相当重要。让我们再来看几个由于缺乏跨文化意识而导致国际商业失误的例子。在印度尼西亚，一名美国石油钻井平台的主管向一名员工大喊，要求他坐船上岸。然而，当众斥责某人在印度尼西亚是一件令人厌恶的事情，工人们因此十分愤怒，他们拿起斧子猛追这名主管。

无声的语言或身体语言在各个国家也大有不同。一家美国电话公司在沙特阿拉伯播放了一则广告，广告描绘了一位把脚翘在办公桌上打电话的主管形象。哪里有问题呢？原来他的鞋底露出来了——阿拉伯人永远不会这么做。尽管世界正越变越小，全球文化正在兴起，但重要的文化差异依然很多。

政治挑战

企业在开展国际业务时会遇到哪些政治挑战？ 国际企业会寻找政治稳定的国家开展业务，因为政治动荡会严重扰乱商业，危及企业的成功。不同国家之间的政治分歧也会给经营国际业务的企业带来挑战。

在决定哪些商品不受欢迎，哪些商品应该受到监管、征税或禁止的过程中，各国政府的干预也不尽相同。很多对环境有污染的产品是不受欢迎的，大多数政府都会以各种形式对其进行监管。这些监管标准上的差异会造成全球企业生产成本的巨大差异。各国政府应对全球气候变化的压力正在不断增长，这也会对国际企业产生影响。

法律挑战

开展国际业务的法律挑战有哪些？ 在世界各地，法律、监管标准及进入公正司法体系的方式的差别非常大。我们尚无通用的监管标准或全球法庭来解决国际经济中的争端。在开展国际业务时，有关合同、产品安全、责任标准和产权的不同法律尤其重要。侵犯产权的行为，包括对软件、音乐、出版业的专利权和版权的侵犯，每年会让企业付出数十亿美元的代价。如果知识产权没有得到充分的保护，那么科技开发的成本和风险都会变得很高，企业也无法继续为此提供资金。

国际业务的失误

企业必须对它们打算开展业务的地方的文化规范和语言进行研究。如果不这么做，结果可能是灾难性的，下面的例子就是这样。[24]

翻译问题会让一条优秀的标语在其他语言中惨败。百事可乐的口号"百事新一代带给你活力！"（Come alive with the Pepsi Generation！）在中文中被误译成了"百事可乐让你的祖先起死回生！"。

在拉美文化中，女人不会使唤自己的丈夫，人们也不太在意守时的问题。一家颇受欢迎的美国电话公司对此并不了解。该公司做了一则广告，内容是一名拉美裔的女性要求自己的丈夫打电话给一个朋友，说他们会迟点去吃晚餐。该广告最终失败了。

宝洁公司没有想到，只是在日本播放了一则在欧洲很受欢迎的广告，却遭到强烈的反对。广告中，一名男性走进浴室抚摸了他正在泡澡的妻子。日本人不认可这个广告，因为这名男性的行为不符合他们的文化规范。

一家制造商试图在日本销售四个一组的高尔夫球，但这一计划并没有成功。这是为何？因为"四"这个字的发音在日本听上去和"死"一样，所以四个一组的产品在该国并不受欢迎。

世界各地监管贿赂行为的法律也各不相同。为了防止美国企业为获得合同或其他好处而向外国政府官员非法提供资金，美国在20世纪70年代通过了《反海外腐败法》。该法案旨在重振公众对美国商界的信心。但美国国会却担心该法案会将美国企业置于不利地位。许多外国公司依然定期行贿，甚至能够从应交税款中扣除作为合法经营支出的贿金。因此，美国推动成立了经济合作与发展组织，致力于打击贿赂行为，现在该组织拥有30多个成员。然而，在世界很多地方，贿赂是常见的，甚至可能是做生意所必需的。[25]

当你在日本拜访客户时，你会鞠躬还是握手？
来源：Rawpixel.com/Fotolia。

道德挑战

国际企业面临的道德挑战有哪些？ 行贿只是国际企业在不同国家面对的众多道德难题之一。例如，在其他国家运营时，即便该国没有相关的法律规定，一个企业是否应该始终遵守自己国家的环境、工作场所及生产安全标准呢？企业是否应该与专制国家做生意呢？在开展国际业务时，企业必须做出是否愿意为了利润而违背道德准则的抉择。

■　我们在本节开头介绍了乔·斯坦，他在国际销售工作中必须应对各种各样的文化。在国际销售工作中，乔对世界和自己都有了许多认识。当印度供应商向他赠送礼物时，他礼貌地表达了感谢，并且打开了礼物。但他发现供应商舍斯哈得里的面容在抽搐，而团队里的其他人也开始显得别扭起来。乔迅速道歉，并且私下向舍斯哈得里询问了自己在哪里做得不合适。"在印度，你不可以在赠礼人离开前打开礼物。我们被你的粗鲁表现震惊了。"乔感谢了他的意见，并保证向在场的人道歉。理解和尊重世界各地的文化差异将有助于乔在国际业务中取得成功。

本章小结

4-1　明确市场和生产全球化的影响，解释全球化为何发展得如此之快。

● 市场的全球化指的是企业将全世界而非本地或所在国家看作市场的趋势。企业必须"放眼全球，立足本地"，这意味着企业必须通过产品营销来吸引当地和外国的客户。

● 生产的全球化指的是个别企业将部分生产过程分散到世界其他地区，充分发挥低成本优势，同时提高产品质量的趋势。生产的全球化通常涉及外包，即企业与另一个公司签订合约，让其生产一部分原本在企业内部生产的产品。离岸外包已经成为美国工人的主要担忧。

● 贸易和投资壁垒是政府阻止商品和服务、财务资产在国家之间自由流通的壁垒，贸易和投资壁垒的降低是促进全球化发展的因素之一。壁垒的降低鼓励发展中国家参与国际贸易，使得企业可以将生产设施建造在成本最低的地区。

● 科技变革同样促进了全球化的兴起，这些变革包括：
——远程会议，让商务人士与世界各地的联系人一起开会。
——信息技术，例如互联网、有线及卫星电视系统，可以让公司在全世界范围内推广和销售自己的产品。

4-2　探讨国际贸易的成本和收益。

● 比较优势论认为国家的专业分工和国与国之间的贸易有利于各个参与方。这是肯定的，原因在于参与国际贸易的国家获得了数量更多、种类更丰富、质量更高且

以更低价格销售的产品，从而实现了较高的生活水平。

● 国际贸易的成本转嫁给了企业，以及生计受到外国企业竞争威胁的工人。在与外国企业的竞争中，企业可能会损失市场份额，因而不得不裁员。

4-3　阐述不同类型的贸易壁垒。

● 贸易壁垒包括关税、补贴、贸易配额和行政贸易壁垒等。

● 关税是向外国商品或服务征的税。

● 补贴是国家以现金资助、税收优惠或低成本贷款等形式提供给国内生产商的补助。

● 贸易配额是允许进入一个国家的出口产品的限额。

● 行政贸易壁垒是政府用来限制进口的官僚政策。当地成分要求就是这样一个例子，它要求商品的部分成分是在本国国内生产的。

4-4　阐述国际企业的三个基本策略，描述国际企业如何才能成功打入外国市场。

● 国际企业的三个基本策略是国际战略、多国化战略和跨国战略。

● 企业进入外国市场的常见方式有八种，它们是：
——出口，将国内生产的商品销往外国市场。
——交钥匙项目，出口公司的技术手段，用以交换相关的费用。
——特许经营，出售知名品牌或经营方法，用来换取费用和一定比例的收益。

——许可协议，协议中许可人的无形资产可以出售，或以一定费用授权给被许可人使用。

——合资，合资双方共同拥有一家子公司的所有权。

——战略联盟，竞争对手之间的合作协议。

——委托加工，将部分或所有产品的生产转包给外部公司。

——全资子公司，建立一个完全由投资企业所有的外国设施。

4-5 定义什么是汇率，解释汇率对国际业务的影响，讨论在全球业务经营中发挥作用的经济因素和挑战。

● 汇率是一国货币转换为另一国货币时的比率。

● 本币升值是一国货币汇率上涨，这会引起进口商品价格下降和出口成本提高。本币贬值指的是一国货币汇率下跌，这会导致相反的结果。

● 经济的增长和发展带来了挑战，这是因为一些国家尚且缺少高效运输商品所必需的基础设施。

4-6 列举在国际市场开展业务所面临的社会文化、政治、法律及道德挑战。

● 民族中心主义是一种认为自己国家的文化比其他国家的文化更优越的观念，它会在企业开展国际业务时带来冲突。其他社会文化方面的挑战包括美学、宗教，以及对时间和工作的态度差异。

● 国际企业偏好政治稳定的国家。然而，很多国家无法提供这样的政治和经济环境。政府在税收、基础设施投资及反垄断法律的执行等方面的决策都会影响国际企业的业务。

● 从法律角度看，世界各国在法律法规上的差异同样会给业务的开展带来挑战。全球没有统一的法律或政策来管理合同、产品安全、责任标准或产权。

● 贿赂是跨国企业面临的一个道德难题。在国外经营时是否要遵循本国的环境、工作场所及产品安全标准则是另一道德难题。

重要概念

绝对优势	自由贸易	离岸外包	国际收支差额
关贸总协定	外包	比较优势	国际战略
贸易配额	竞争优势	全球化	区域自由贸易协定
委托加工	市场的全球化	主权财富基金	本币升值
生产的全球化	战略联盟	本币贬值	进口
补贴	法定贬值	合资企业	关税
倾销	许可协议	比较优势论	禁运
当地成分要求	贸易逆差	民族中心主义	多国化战略
贸易顺差	汇率	跨国企业	跨国战略

出口   北美自由贸易协定   交钥匙项目   对外直接投资

全资子公司   特许经营   世界贸易组织

自我测试

单选题（答案在本书末尾）

4-1 市场的全球化指的是人们不再：

a. 认为产品的市场在本地

b. 对其他国家的贸易感兴趣

c. 认为产品的每个组成部分都必须在该国生产

d. 认为向外国投资是个好主意

4-2 市场的全球化和生产的全球化意味着：

a. 人们不再能掌控自己的生活

b. 人们都是通过网络联系在一起的

c. 企业可以在无须变动的情况下将产品推向国际市场

d. 企业为国际市场设计产品，同时可以进行离岸生产

4-3 认为专业化和贸易能够让参与贸易的所有经济体都受益的理论是：

a. 比较优势论

b. 互利贸易论

c. 绝对优势论

d. 相对贸易论

4-4 民族中心主义是这样一种观念：

a. 它认为道德是成功经营企业的关键

b. 它认为商业的价值会随着不同的社会而变化

c. 它认为所有文化都应该得到同等的尊重

d. 它可能会在企业开展国际业务时导致冲突

4-5 比较优势论认为：

a. 一个国家应该向其他国家销售自己最能够高效生产的产品，同时向其他国家购买自己无法高效生产的产品

b. 国际贸易会让国内企业在外国企业的竞争下被迫失去市场份额

c. 参与国际贸易的国家将实现更高的生活水平

d. 参与国际贸易的商品和服务的总量应该得到限制

4-6 以下哪个选项属于区域自由贸易协定？

a. 欧盟、北美自由贸易协定、亚太经合组织

b. 欧元、国际货币基金组织、关贸总协定

c. 世界贸易组织和转基因

d. 主权财富基金、欧盟和肯德基

4-7 微型跨国公司是：

a. 规模较小但依然从事国际销售的企业

b. 大型国际企业

c. 小型本地企业

d. 在贸易壁垒的限制下是非法的

4-8 汇率会影响国际业务，因为汇率：

a. 影响进出口的相对价格

b. 影响一个国家的贸易逆差和贸易顺差

c. 可能会被政府操控，让价格变化超出企业的控制范围

d. 以上全部

4-9 下列哪种进入外国市场的方式具备以最低成本在外国进行产品试销的优势？

a. 合资企业

b. 全资子公司

c. 出口

d. 委托加工

4-10 当地成分要求是一种政府规定，它的目的是：

a. 减少外国出口

b. 限制进口

c. 向外国商品征税

d. 补贴国内生产商

判断题（答案在本书末尾）

4-11 自由浮动汇率制度利用国际供求来设定汇率。

□对　□错

4-12 倾销是以低于制造成本的价格销售产品的行为。

□对　□错

4-13 美国在对外直接投资中的主导地位不断加强，有助于加速全球化的进程。

□对　□错

4-14 通过合资方式进入外国市场意味着企业最终可以独立经营。

□对　□错

4-15 当企业将产品同时销往一个国家的不同地区时，它采用的是跨国经营策略。

□对　□错

批判性思考题

★4-16 政府为国民投资教育和基础设施，部分原因是为了在国际市场上取得竞争优势。政府可以在教育上投入太多吗？政府可以在科技上加大投入吗？哪些关键技术和服务可以让一个国家在当今市场上获得更多竞争优势？

4-17 回顾国际企业的基本策略，讨论哪些类型的企业最有可能采取国际战略、多国化战略和跨国战略。

★4-18 欧盟等推行自由贸易的组织很难统一自己的货币。为什么并非所有欧盟成员都使用欧元？为什么有些不属于欧盟的国家会选择使用欧元？

小组活动

阅读以下话题和问题。你认为这些现象的哪个方面是正确的？请与班上有相同观点的同学组成小组，以小组为单位来唱反调，也就是为这个问题创造一个反方意见。

既然你们已经思考了正反双方的意见，那么你们便可以驳斥反方的意见了。

1. 在最近的全球化浪潮中，发展中国家成了很多国际企业的关注重点。这种全球化进程到底是提高了发展中国家的实力，建立了一个公平竞争的环境，还是让这些国家处于富有国家的控制之下，加剧了收入不平等？

2. 自由贸易和保护主义是当今脆弱的经济状况下人们激烈争论的两个观点。在未来十年，到底是自由贸易还是保护主义更有利于美国的经济健康呢？

3. 现在，印度尼西亚儿童的最低工作年龄为12岁，而美国儿童的最低工作年龄为14岁。如果一家美国服装公司打算将生产外包至印度尼西亚完成，那么这家公司雇用12～13岁的工人是符合道德准则的吗？

步骤

步骤1，组成小组讨论问题。记住，你必须为你选择的这一方找到理由。寻找你个人想法中的问题，为你所在的这方准备好理由。

步骤2，针对这个话题，为你所持的观点准备个人回应。

步骤3，与小组成员分享你的回应。思考每种回应可能会遭到的反驳。对那些可能引发有力驳斥的回应进行调整。

步骤4，确定小组的主要辩论发言人。

步骤5，每个小组有五分钟时间陈述自己的观点。在每个小组陈述完自己的观点后，其他小组可以用五分钟时间准备反驳意见，接着用三分钟时间进行陈述。

步骤6，对于其他话题，重复上述同样的过程。

步骤7，当每个小组都完成辩论之后，讨论是否有人在完成这项活动后改变了自己的观点。

企业道德与企业社会责任

离岸外包

美国工人通常对离岸外包持有负面看法。很多人认为，这种做法是一家企业通过减少美国就业岗位来换取更多金钱的方式。然而，离岸外包有时对于想要生存下去的企业来说似乎是必要的。请看以下场景。

场景

你是一家缝纫机制造企业的所有者。最近，由于竞争对手开出了更低的价格，你的公司利润出现了下滑。你无

法在不损失一大笔收入的情况下降低自己的机器价格。你的主要成本来自劳动力，你的工厂有2 000名员工，你的公司是当地的主要用工单位。如果将一半的生产工作外包给其他国家，那么你可以按原有价格的1/3销售自己的产品。然而，这样会减少1 000个岗位，严重破坏当地劳动力市场。同时，你打算外包的国家不安全的工作环境和工作方式也是出了名的。如果你不将一些生产外包出去，那么随着时间的推移，你的公司可能无法与其他企业竞争，而你可能会被迫关闭公司。

4-19 在企业经营者看来,将一半的生产转移到国外的好处和代价是什么?

4-20 离岸外包的收益大于成本吗?为什么?

4-21 是否可以考虑其他方案?你有什么办法可以让双方(国内和国际)都受益吗?

在线练习

4-22 欧盟的复杂性

在优兔网观看《细说欧盟》。你可以说出欧盟、欧元区及欧洲经济区的区别吗?为什么会产生这些不同的协定?这些与欧盟成员过去的历史有什么联系?

4-23 同一个公司,不同的产品

访问瑞典家具商宜家的网站(www.ikea.com),在"选择地区"栏目下选择美国,浏览网页,注意产品及其页面设计。接着回到主页,选择另一个国家,寻找网页外观和产品上的差异。在你看来,为什么每个国家的页面都不太一样?

4-24 去美国国务院工作

你考虑过在美国国务院工作吗?在美国国务院网站(www.state.gov)的"青年与教育"栏目下选择"学生职业生涯项目"。这些职业的哪些方面吸引了你?访问富布莱特奖学金项目。富布赖特学者指引手册中的哪些信息对你来说很新鲜?

4-25 文化指南

随着全球化程度的提高,了解如何在不同国家行事是非常重要的。访问 www.kwintessential.co.uk 网站,找到有关商务礼仪的资料。从世界不同地区中选出三个国家,查看每个国家的"礼仪、风俗和规矩"指南。为出差人士制作一份小册子,介绍在每个国家做生意时的守则和禁忌。

4-26 你是交易员

假设你正在负责一个国家的商品贸易工作。你是会专注于通过销售商品积累财富,还是会通过购入原材料来发展一个行业?在你的网页浏览器里输入"国际货币基金组织在世界各地的交易",这应该会打开一个指向国际货币基金组织的链接,你可以在那里玩一个游戏,成为一名国际交易员。你可以用国际经济状况来衡量你玩得是否成功。

MyBizLab

在MyBizLab作业板块完成以下写作练习。

★4-27 全球化进程在你的一生中是如何发展的？它是如何影响你的教育计划的，例如你在哪里上学，你的学校里有多少留学生，抑或你的课程内容是什么？它对你的购买决策和就业计划产生了怎样的影响？

★4-28 国际市场上日益激烈的竞争带来了怎样的好处？它的缺点又是什么？来自外国企业的竞争是否始终有利于消费者，是否始终不利于本地企业？

参考文献

1. President Bill Clinton, "Remarks by the President to Vietnam National University," Embassy of the United States, Hanoi, Vietnam, November 17, 2000.

2. Govindkrishna Seshan, "Fruit Punch," *Business Standard*, February 26, 2008, www.business-standard.com/india/storypage.php?autono.

3. Patrick McGeehan, "Foreign Investment in City Is Growing, Report Finds," www.mitchellmoss.com/mentions/NYTimes-27-June-08.pdf.

4. Ayala Pines, Miri Lerner, and Dafna Schwartz, "Gender Differences among Social vs. Business Entrepreneurs," http://cdn.intechopen.com/pdfs/31886/InTech-Gender_differences_among_social_vs_business_entrepreneurs.pdf.

5. Ministry of Trade and Industry, "Promoting Entrepreneurialship," www.regjeringen.no/en/dep/nhd/selected-topics/innovation/promoting-entrepreneurship.html?id=582899.

6. World Trade Organization, "The GATT Years: From Ha-vana to Marrakesh," www.wto.org/english/thewto_e/whatis_e/tif_e/fact4_e.htm.

7. World Trade Organization, "Understanding the WTO," www.wto.org/english/thewto_e/whatis_e/tif_e/tif_e.htm.

8. World Trade Organization, "Doha Development Agenda: Negotiations, Implementation, and Development," www.wto.org/english/tratop_e/dda_e/dda_e.htm.

9. Central Intelligence Agency, "Rank Order: Exports," World Factbook, www.cia.gov/library/publications/the-world-factbook/rankorder/2078rank.html, and "Rank Order: Imports," World Factbook, www.cia.gov/library/publications/the-world-factbook/rankorder/2087rank.

10. Matt Rosenberg, "Euro Countries," http://geography.about.com/od/lists/a/euro.htm.

11. M. Jing, "Siemens Provides the "Brain" for Wuhan's Traffic Control System," October 23, 2013, http://usa.chinadaily.com.cn/epaper/2013-10/23/content_17053310.htm.

12. "Subway Timeline," March 18, 2013, http://www.subway.com/subwayroot/about_us/TimeLine.aspx.

13. Franchise International, "Disney Signs India Master," www.franchise-international.net/franchise/Walt-Disney-Company/Disney-signs-India-Master/1554.

14. SRI International, "Intellectual Property and Licensing," www.sri.com/rd/hot.html.

15. "The Bharti-Walmart Breakup: Where Does FDI in India Go Next?" KnowledgeWharton, University of Pennsylvania, 1 Nov. 2013. Web. 18 Mar. 2016.

16. Warren, Tom. "Microsoft Writes off $7.6 Billion from Nokia Deal, Announces 7,800 Job Cuts." *The Verge*. N.p., 08 July 2015. Web. 18 Mar. 2016.

17. M. Kan, "Foxconn Mulls Building TVs, Display Panels in Arizona," www.computerworld.com/s/article/9243931/Foxconn_mulls_building_TVs_display_panels_in_Arizona.

18. Parija B. Kavilanz, "Mattel Fined $2.3 Million over Lead in Toys," June 5, 2009, http://money.cnn.com/2009/06/05/news/companies/cpsc.

19. "Hyundai Is First Foreign Automaker to Install a Stamping Shop in Russia," http://news.infibeam.com/blog/news/2010/05/20/hyundai_is_first_foreign_automaker_to_install_a_stamping_shop_in_russia.html.

20. K. Armadeo, "Sovereign Wealth Fund," http://useconomy.about.com/od/glossary/g/wealth_fund.htm.

21. Elena Logutenkova and Yalman Onaran, "Singapore, Abu Dhabi Face Losses on UBS, Citigroup (Update2)," *BusinessWeek*, March 2, 2010, www.bloomberg.com/apps/news?pid=newsarchive&sid=aeS1DdEYqj_Q.

22. C. G. Alex and Barbara Bowers, "The American Way to Countertrade," *BarterNews* 17 (1988), www.barternews .com/american_way.htm.

23. "Results of Poor Cross Cultural Awareness," www.kwintessential.co.uk/cultural-services/articles/ Results%20of%20Poor%20Cross%20Cultural% 20Awareness.html.

24. Quoted in "Cross Cultural Business Blunders," www .kwintessential.co.uk/cultural-services/articles/crosscultural-blunders.html.

25. U.S. Department of Justice, "Foreign Corrupt Practices Act," www.justice.gov/criminal/fraud/fcpa.

迷你章节
第一章　美国商业法

不论是大型跨国企业，还是小型个人独资企业，每个企业开展业务的方式都受到法律的监管。你应该对与你的企业和产业相关的美国法律体系有一些基本的了解，从而保证你的企业在法律范围内经营。

M1-1　美国的法律体系

美国是一个联邦制国家，这意味着联邦和州这两级政府都拥有政府权力。联邦政府具有特定的权力，而50个州则保留了相当大的自治权和政府职权。联邦政府和州政府都是由行政、立法和司法三个分支构成的。联邦政府与州政府的成文宪法共同构成了一个分权与制衡的体系（见图M1-1）。

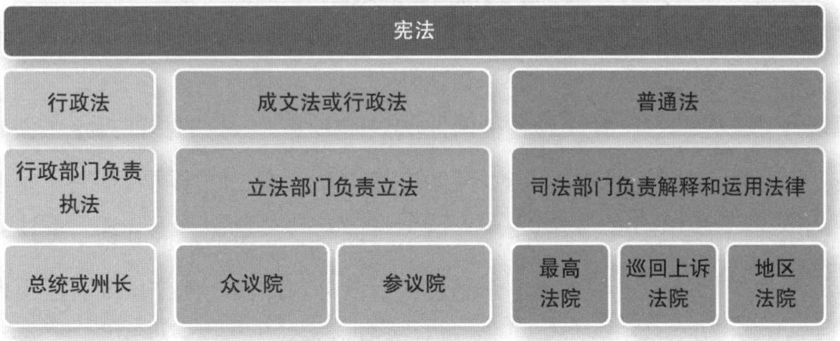

图M1-1　美国的立法体系

© 玛丽·安妮·波齐

美国的法律渊源

美国的法律渊源有四种，它们分别是宪法、成文法、行政法及普通法。**宪法**

（constitutional law）是《美国宪法》和《权利法案》的书面文本，是美国法律的基础。其他所有法律都必须服从这两个文件里的法律条款。**成文法**（**statutory law**）是由政府立法部门通过的法律。联邦或州政府的行政和立法部门另设监管机构，例如美国证券交易委员会、美国联邦贸易委员会、美国食品和药物管理局等。这些监管机构有权通过**行政法**（**administrative law**），即它们职权范围内的规章和制度。政府的司法机构不仅会在判决案件时使用已经确立的宪法和成文法，也会在判决成为未来判决先例的情况下创造出新的法律。这种不成文但已有所应用的法律被称为**普通法**（**common law**）或**判例法**（**case law**）。

M1-2　法律对企业的影响

除了监管美国所有公民的法律，美国还设有专门针对企业的特定法律。**商业法**（**business law**）就是这样一种直接影响企业活动的法律。一旦企业确立了合法的组织结构（见第六章），各种法律就会对企业的运营方式，以及其对待员工和消费者的方式产生影响。当企业必须停止运作时，也会有相关的法律来告诉企业接下来应该怎么做。

企业经营：商业法的基本概念

即使尚未开业，企业也已经受到各种商业法规的影响了。有的法律规定了创建企业的方式，以及企业与其他企业、员工及客户的交互方式。法律同时指明了企业以错误方式行事所面临的后果。有的法律是用来管理商业交易的，而其他一些法律的存在则是为了保护创意、发明、艺术作品及商用设计和图像。此外，政府还出台了一些保护消费者免遭欺诈或欺骗的法律，以及确保企业竞争的公平性和活力的法律。最后，还有一些法律可以确保企业不会对环境产生危害。让我们更详细地探讨这些法律。

合同法
合同是许多个人和企业交易的基础。**合同**（**contract**）是当事双方之间的协议。在我们的个人生活中，我们会在结婚与离婚，以及买卖房屋时用到合同。在商业活动中，企业会在雇用另一家公司或个人，以及买卖财产和交换服务时使用合同（见图M1-2）。

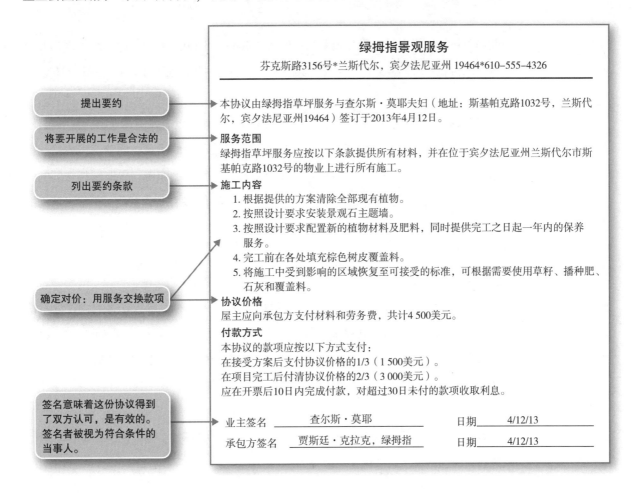

绿拇指景观服务
芬克斯路3156号*兰斯代尔，宾夕法尼亚州 19464*610–555–4326

提出要约 ▶ 本协议由绿拇指草坪服务与查尔斯·莫耶夫妇（地址：斯基帕克路1032号，兰斯代尔，宾夕法尼亚州19464）签订于2013年4月12日。

将要开展的工作是合法的 ▶ **服务范围**
绿拇指草坪服务应按以下条款提供所有材料，并在位于宾夕法尼亚州兰斯代尔市斯基帕克路1032号的物业上进行所有施工。

列出要约条款 ▶ **施工内容**
1. 根据提供的方案清除全部现有植物。
2. 按照设计要求安装景观石主题墙。
3. 按照设计要求配置新的植物材料及肥料，同时提供完工之日起一年内的保养服务。
4. 完工前在各处填充棕色树皮覆盖料。
5. 将施工中受到影响的区域恢复至可接受的标准，可根据需要使用草籽、播种肥、石灰和覆盖料。

确定对价：用服务交换款项 ▶ **协议价格**
屋主应向承包方支付材料和劳务费，共计4 500美元。

付款方式
本协议的款项应按以下方式支付：
在接受方案后支付协议价格的1/3（1 500美元）。
在项目完工后付清协议价格的2/3（3 000美元）。
应在开票后10日内完成付款，对超过30日未付的款项收取利息。

签名意味着这份协议得到了双方认可，是有效的。签名者被视为符合条件的当事人。 ▶

业主签名 _____ 查尔斯·莫耶 _____ 日期 _____ 4/12/13 _____

承包方签名 _____ 贾斯廷·克拉克，绿拇指 _____ 日期 _____ 4/12/13 _____

图M1-2 一份有效的合同

© 玛丽·安妮·波齐

合同的要素。一份有效的合同需要满足以下条件：合同双方必须提出要约，各方必须理解并认同合同条款，明确对价，要约必须得到双方认可。

符合条件的各方当事人提出并认可要约。要约（商品或服务的交换条件，通常是报价）可以是口头或书面的，并且必须被当事各方认可（通常以联系人签名、口头协议或简单的握手等方式表示认可）。企业可以通过广告形式向公众提出要约。为了制定有效的合同，合同各方都必须有能力理解其中的条款和条件。因此，未成年人、精神障碍者，以及那些受到药物或酒精影响的人被认为不具备执行有效合同的能力。最后，合同各方必须自愿签订合同，不得因欺诈或不正当影响而受到胁迫。

要约条款必须得到明确定义和理解，同时必须具有法律意义。尽管合同可以随意创建，例如通过口头形式约定，或是潦草地写在面巾纸上或信封的背面，但大多数合同都是正式起草的。在任何合同中，要约条款都必须得到明确定义和理解。合同的基本目标必须是合法的，否则这份合同就是无效的。

明确对价和交换对价。无论是要交换服务或商品（交易或物物交换），还是要为服务或商品付款，合同双方都必须交换具有实际价值的事物，也就是律师所说的对价。

合同违约。大多数合同都会得到兑现，合同各方也都可以令人满意地履行合同条款。然而，在有些情况下，由于合同一方提供的商品或服务的质量存在争议，或是一方未能完成合同规定的义务，双方可能无法兑现自己声称的职责。未能履行合同的行为是**违约**（breach of contract）。违约行为可以通过法律诉讼解决，但很多这样的行为都是通过不那么正式的方式得到处理的。

侵权行为法

侵权行为法是另一种常见的商业法。**侵权**（tort）是一种会导致伤害或损害的不法行为。侵权行为与合同违约的不同之处在于，侵权行为侵犯的是法律赋予的权利，而合同违约破坏的是合同要求的权利。在一些案例中，有的情况可能既是侵权又是违约。侵权有三种不同类型，分别是故意侵权、过失侵权和严格责任侵权。

故意侵权是指有意损害他人或他人财产的行为，例如殴打、暴力伤害、欺诈、虚假陈述、非法侵害、言辞诽谤和毁誉等。

过失指的是未能采取合理的审慎措施以避免对他人造成伤害。由于过失侵权不是故意的，因此它不会导致故意侵权行为。

严格责任，又称绝对责任，指的是针对损失或伤害的法律责任，尽管有时负有严格责任的人并没有过错或过失。严格责任一般与有生产缺陷的产品或设计上有问题的产品有关，通常又被称为**产品责任**（product liability）。在产品责任案件中，受害方只需要证明产品有缺陷，并且会导致某种类型的伤害即可，无须证明该产品的生产者有某种过失。生产者如未能就产品的不当使用或内在危害向购买者发出警告，也可能会引起产品责任诉讼。

一名79岁的老年女性将麦当劳的咖啡洒到了自己的膝盖上，造成了三度烫伤，这正是一个企业既没有警告消费者，其产品也存在缺陷的典型案例。这名女性起诉了麦当劳，声称其故意将咖啡煮得太烫，如果咖啡泼洒出来，可能会在两到七秒内造成三度烫伤。尽管麦当劳在咖啡杯上印制了咖啡烫口的警示文字，但这些字却小得无法看清。法庭审理了这起案件，并判这名女性获胜。此后，麦当劳降低了咖啡的饮用温度，同时加大了咖啡杯上的警示文字。

毫无疑问，你一定可以想起公司必须为问题产品带来的损害负责的其他案件。费尔斯通公司召回了650万只费尔斯通轮胎，因为这款有缺陷的产品导致了福特探索者汽车用户的死亡和重伤，而其中部分受害者对该公司提起了诉讼。美泰公司为其在别国制造的含有大量铅元素的玩具履行了产品责任赔偿。丰田公司则召回了数百辆汽车，以应对意外加速和刹车问题的产品责任索赔。有时，在产品缺陷影响了许多人的情况下，这些个体会组织起来，共同发起**集体诉讼**（class-action lawsuit）。在这种情况下，受害者团体（称作集体）可以作为单个索赔人得到共同代理。集体诉讼通常比个人的单独诉讼更有力，对个人而言成本也更低。如果诉讼结果对集体有利，那么赔偿金将分配给团体中的每个成员。

侵权法改革——有关限制侵权起诉及其诉讼程序，同时设置赔偿上限的提议，一直是争议和讨论的焦点。当前，侵权诉讼体系的经济作用是推动这场辩论的最大动力。制造商辩称，诉讼的代价和数十亿美元的赔偿提高了企业的保险成本，迫使企业提高产品价格。有些人认为整个社会变得过于爱打官司了，琐碎的诉讼案件已经多到失控。而其他人却认为，对于那些真正受到产品伤害的人来说，侵权法改革会让他们更难发起诉讼和获得公正的赔偿。对此你有什么看法？

专利是针对新发明和实用发明的产权。
来源：Don Farrall/DigitalVision/Getty Images。

知识产权法

知识产权法是为了保护人类的思想创造出的**知识产权**（intellectual property）而设的法律，这些财产包括创意、发明文学及艺术作品，以及商业中使用的符号、名称、图像及设计等。知识产权法涵盖专利、商标、版权、商业机密和数字权利等方面的法律。知识产权保护促进了创新、研发以及文化探索，因为它可以确保这些成果得到保护，并能够确保它们的创造者得到充分的赔偿。

专利（patent）。专利是由美国专利商标局为新发明和实用发明授予的产权。专利授予专利所有人对其发明的专有权，不允许他人在14年或20年内使用、制造或销售同样的发明，具体时限视专利类型而定。专利有三种类型：发明专利、外观设计专利和植物专利。

发明专利保护新发明的工艺、机械、制造方式或复合物质材料（例如新合成的化合物或分子）。外观设计专利保护的是物体的外观而非功能（由发明专利保护）。植物专利保护的是全新的、可繁殖的植物（有机体）。

专利所有者可将专利一次性转让或销售给另一方。不过，在更多情况下，专利所有者会将专利授权给一家将该发明推向市场的公司。在这种情况下，发明人依然拥有专利所有权，但会根据发明产生的收益收取一定的许可费和特许使用金。

商标（trademark）。商标是用于识别和区分某种商品的任何文字、名称、标志或装置（或这些内容的任意组合）。服务标志用于标识服务。商标和服务标志通常被称为"品牌"或"品牌名称"。通常，消费者会将有商标的产品与特定的质量标准联系起来（见图M1-3）。当你看到耐克的对勾、麦当劳的金拱门或苹果的大苹果时，你会作何反应？商标权禁止他人使用同样的标志，从而保护商标所有者免遭任何潜在欺诈行为的侵害。只有在美国专利商标局注册的商标才可以使用®标志，但任何人都可以使用™或™来标记一个标志，尽管它可能并没有在美国专利商标局注册。商标可以授权给他人，这种情况常见于特许经营。

版权（copyright）。版权是在一定时间内针对原创作品作者的一种保护形式。版权所保护的作品类型包括书籍、音乐、摄影、美术、电影，以及计算机程序等，它适用于公开出版和非公开出版的作品。在版权保护之下，除创作者外，任何人对创作者的作品进行复制、传播，比如创造衍生品（如根据小说改编电影）、公开表演（如音乐或剧目）或公开展示（如绘画作品），都是非法的。

商业机密（trade secret）。商业机密指的是可以为企业带来竞争优势的机密信息。

图M1-3 企业标志

你认识这些企业标志吗？

来源: clockwise, from top left: Q-Images/Alamy Stock Photo; LunaseeStudios/Shutterstock; Howard Harrison/Alamy Stock Photo; Bloomberg/Getty Images; dailin/Shutterstock; Kristoffer Tripplaar/Alamy Stock Photo。

商业机密可以是任何配方、模式、物理设备、创意、操作步骤，或者信息的汇编。与商标及专利不同，商业机密不受美国联邦法规的保护，它们只受州法律的保护。它与商标及专利的另一个区别在于，商业机密只有在不公开的情况下才能得到保护。企业员工因其在公司的职务特点而获知了商业机密的第一手信息，因而会被要求签署保密协议，也就是不可泄露雇主专有信息的协议。破坏此类协议的人可能会遭到监禁。例如，因为窃取公司商业机密并将其出卖给百事可乐，两名可口可乐员工分别被判处了五年和八年的联邦监狱监禁。

数字权利（digital right）。数字知识产权是具有商业市场价值的个人智慧的数字（或电子）表现形式。与受到专利、商标和版权保护的其他知识产权不同，保护数字知识产权要困难得多，这是因为数字知识产权通常易于进行电子复制和以低成本分发给大量人群。1998年，美国通过了《数字千年版权法》，试图以此防止数字化作品的非法复制和传播，并且因此推行了世界知识产权组织于1996年签署的两项条约。《数字千年版权法》将复制和分发受到版权保护的技术、设备或服务的行为定为刑事犯罪，控制了版权作品的获取途径，同时加重了数字环境下对侵犯版权行为的惩罚，并以此扩大了版权涵盖的范围。然而，一些人认为，《数字千年版权法》几乎没能真正减少人们对数字作品保护的困惑。人们当前的争议在于：这些作品是否真正得到了保护，以及目前适用于数字媒体的版权法是否损害了消费者的利益和科技的发展？[1]

买卖法

管理商品销售的法律有很多，其中最全面的是《**统一商法典**》（**Uniform Commercial Code**），这是一套管理在美国及其领土内销售商品的企业的示范法。《统一商法典》涵盖了商品销售、所有权转让、租赁、合约、证券及借款方式等内容。《统一商法典》的法律都是"示范法"，这是因为它们首先必须得到某个州的采纳——无论是全文照搬还是有所修改。一旦得到采纳，它们就可以成为州法。美国所有50个州和地区都采用了某种形式的《统一商法典》。

表M1-1列出了《统一商法典》各篇及其总则。日常商业交易涉及第3、第4和第5篇的条款。第3篇主要与流通票据有关，包括支票、纸币、商业票据（为满足短期信贷需求而发行的短期债券）等。这些票据的债务是无担保的，也就是说，它们的发行没有经过任何形式的担保。第4篇涉及银行业务，第5篇适用于信用证。信用证是由银行出具的，保证无论买方当前财务状况如何都可以向卖方付款的凭证。

篇	标题	内容
1	总则	解释的原则与一般定义
2 和 2A	买卖和租赁	适用于所有商品买卖和租赁的合同
3	流通票据	支票、纸币、商业票据
4	银行存款	银行托收、存款和客户关系
4A	资金划拨	企业之间的电子资金划拨，以及电汇和自动清算所的贷记划拨
5	信用证	有关银行承诺在不考虑买方财务状况的前提下快速为买方支付货款的法律
6	大宗转让与大宗销售	对于为了完成某些类型的业务而订购大宗存货的买方强加了一项义务
7	仓库收据、提货单和其他所有权文件	一般适用于货运公司，包括规定买卖双方及任何商品的运输商之间的关系的法规
8	证券投资	与发行股票、债券和其他投资证券有关的法规
9	担保交易	不动产的担保权益

© 迈克尔·R. 所罗门

反托拉斯法

经济的健康与否取决于企业能否在自由和开放的市场里相互竞争。竞争可以通过提供更多选择、保持低价和高质量产品及促进创新而让消费者获益。**反托拉斯法**（antitrust law）旨在促进企业之间的公平竞争，防止可能给消费者带来负面影响或不公平地伤害企业的行为。

美国的第一部反托拉斯法——1890 年的《**谢尔曼法案**》（Sherman Act），就是为了防止那些有权势的大公司联合起来成为主导产业的"托拉斯"[①]而创立的。1914 年的《**克莱顿反托拉斯法**》（The Clayton Antitrust Act）进一步为反托拉斯法增加了实质性的内容，涉及兼并等《谢尔曼法案》没有明确禁止的具体行为。而《**罗宾森-帕特曼法**》则认为公司以比其他公司更优惠的价格进货是非法的。如今，美国联邦贸易委员会竞争事务委员会会审查和分析企业之间的协议，防止反竞争行为的发生，同时确保竞争得以维持。

通过审查反竞争性商业行为，美国联邦贸易委员会设法保证了消费者在价格、商品种类、质量和创新方面的选择。反托拉斯法旨在防止企业通过垄断、兼并，以及竞争企业之间的非法合作等手段不公平地扼杀竞争。

---

① 托拉斯是垄断组织的一种高级形式。托拉斯由生产同类产品的企业或产品有密切联系的企业组成。其目的是垄断销售市场，争夺原材料和投资，强化竞争实力，从而获得高额垄断利润。——译者注

垄断。企业之间的竞争通常是有益于消费者的。竞争常常可以促进创新，鼓励企业以合理的价格供应高质量的产品。占行业主导地位的企业却得不到竞争的好处，它们常常向消费者开出更高的价格，提供劣质产品。而反托拉斯法则致力于防止企业变得过大，避免竞争消失。

合并。美国联邦贸易委员会负责对企业**合并（merger）**进行监管，确保两个或多个企业的合并不会导致市场被更大更新的公司所主导。并非所有的合并都会导致垄断，很多合并是有益的。合并可以通过合并运营、减少重复职能部门（例如两个销售部门、两个人力资源部门等）的方式创造效率更高、竞争力更强的组织。1997年，当史泰博试图收购欧迪办公时，美国联邦贸易委员会阻止了这两家大型办公用品零售商的合并。这是为何？当时，美国联邦贸易委员会认为该合并会减少某些地区竞争商铺的数量。然而，到了2013年，竞争环境发生了改变。在审核了欧迪办公和马克斯办公的合并提案之后，美国联邦贸易委员会批准了合并，理由是人们还可以通过亚马逊和沃尔玛等零售商或在线购买办公用品，欧迪办公和马克斯办公的合并不会严重限制办公用品市场的竞争。[2]

价格串通。美国联邦贸易委员会同时密切关注在价格相关问题上合谋的公司，这些公司可能会让竞争对手难以进入市场，或者人为抬高消费者的支付价格。例如，美国联邦贸易委员会认定苹果与五家美国大型出版商合谋提高了电子书的价格。[3]美国司法部对苹果和这五家公司提起了诉讼，2013年，这些公司被判有罪。苹果同意支付4.5亿美元了结此案。

制造商——经销商协议。美国联邦贸易委员会负责监管产品制造商和经销商之间的所有协议。这些协议通常是合理且有利于消费者的，例如电脑制造商与软件开发者

美国联邦贸易委员会批准了欧迪办公和马克斯办公的合并，而在数十年前，欧迪办公和史泰博的类似合并提案却遭到了该委员会的拒绝。

来源：left to right: Tom Carter/Alamy Stock Photo; Justin Sullivan/Getty Images News/Getty Images。

美国环境保护署负责维护和实施环境标准，控制空气、水源及其他污染。

来源：Snap Happy/Fotolia。

合作，在销售之前为新电脑预装某些程序。但是，美国联邦贸易委员会同样会留意制造商将不必要的关联产品强加给经销商的情况。微软在20世纪90年代早期将IE浏览器绑定于Windows操作系统的做法就是这样一个例子。美国联邦贸易委员会认为，这么做使得微软在网络浏览器市场上具备了不公平的竞争优势。

美国的联邦和州立监管机构还有很多，例如美国联邦通信委员会、美国食品和药物管理局、美国联邦航空管理局等，它们都是为了保护公众而设立的。然而，在20世纪70年代末期和80年代，很多人认为一些受到监管的行业的竞争和经济增长遭到了人为的限制，放松管制（打破政府对某些行业的监管控制）的趋势随即出现。放松管制行动始于1976年的《铁路振兴和监管改革法案》和1980年的《斯塔格斯铁路法案》。这两部法案使得铁路可以更好地与日益增长的卡车和航空产业竞争。同样，1978年通过的《美国航空放松管制法案》也促进了航空公司之间更广泛的竞争。1984年美国电话电报公司的解体使得电信行业的监管开始放松，随后，1996年的《电信法案》放松了对有线和互联网通信行业的监管。

环境法

企业和工业的快速发展会对环境造成严重的负面影响。为了保护未来世代的环境，美国于20世纪60年代和70年代通过了相关法律来监管空气和水源的质量，并且成立了美国环境保护署。[4]美国环境保护署的职责是维护和实施国家环境标准，同时开展针对环境问题的研究和教育工作。此外，美国又通过了一些旨在控制危险废物处理的法规。最近，人们还在争论是否应该通过有助于遏制全球变暖趋势的法规。

消费者和员工的相关法律

各种与商业相关的法律都是为了保护企业员工及其客户利益而设的。广告法、员工安全法及食品药品法就是这样的例子。

广告法

消费者被铺天盖地的鼓吹产品特色和好处的广告所淹没。企业做广告（有的还很贵）的目的是吸引消费者购买它们的产品。广告业占美国经济活动的近20%。[5]美国联邦贸易委员会负责监管所有形式的商业广告。

广告的真实性法则有助于确保广告的真实性和非欺骗性，也就是说有充分的证据可以证明广告所言，而这些广告也并非不诚实（同时不会给消费者造成不可避免的、无法被其好处所抵消的伤害）。

产品标签法所涉及的法律要求食品标签上必须标注具体营养信息和产品信息，香烟包装必须包含警示标签，以及任何可能对儿童有害的产品都必须包含警告信息等。

此外，政府还会监管一些特定产品的广告，包括香烟、酒精饮料、汽车、互联网服务、健康保健产品、住房和房地产，以及电信服务的广告。

广告的真实性法则确保广告不具有欺骗性，同时有证据可以支持它们声称的内容。
来源：Laura Gangi Pond/Shutterstock。

雇佣与劳动法

规定公司如何雇用和对待员工的法律条文有数百条。**雇佣法（employment law）**规定，企业在招聘中不可因求职者的残障状态、年龄、种族、宗教信仰、性取向或国籍而歧视对方。这些具体的法律包括《平等就业机会法》《民权法案》《美国残障人法案》《反就业年龄歧视法》等。

就业法（employee law）确保所有工人和雇员都可以在工资、工作条件、工伤医疗以及员工福利等方面得到公平对待。表M1-2列出了一些主要的就业法。

表M1-2　监管企业如何对待员工的法律举例

法律或法规	描述
《公平劳动标准法》	规范工资和加班费用标准
《职业安全与健康法》	规定员工应得的安全和健康条件
《劳动赔偿法》	为工伤或因工作而患病的员工提供补偿和医疗服务
《员工退休收入保障法案》	监管退休金、养老金及救济金的管理
《劳资报告与公告法》	规范工会对其成员的受托责任
《家庭医疗休假法》	在员工生孩子或领养儿童，以及员工直接家庭成员患有严重疾病的情况下，规范雇主应给予员工的假期时长
《莉莉·莱德贝特公平酬劳法》	受到非法薪酬歧视的个人可以根据美国联邦反歧视法寻求正义
《员工调整和再培训通知法案》	要求雇主在工厂关闭或大规模裁员前60天提前通知所有员工

© 迈克尔·R. 所罗门

企业停业的相关法律

在一些情况下，企业会关门停止运营。有时，特别是对家庭企业、独资企业或合伙企业来说，企业会因为当前领导者退出，同时又没有人来继承企业的所有权而关门。有时一家企业可以通过合并或收购并入另一家企业。在这种情况下，法律法规和相关程序可以确保所有财务责任（纳税和企业债务）都已成功履行，雇员得到通知并获得了适当赔付，执照、许可证和商标等与企业经营有关的所有方面的权责都已取消。在某些时候，企业会因为无法履行自己的财务义务而被迫申请破产。

破产

破产（bankruptcy）是指无力偿债的个人或组织的一种法律状态，在这种状态下，他们可以通过法律诉讼解除自身债务。破产可以是自愿的，也可以是非自愿的。当所有债务都还清后，债务人便有自由重新开始。债权人的资金来源首先取决于企业的组织结构。例如，当独资企业申请破产时，企业的资产会首先用于偿还它的债务。企业资产一旦耗尽，企业还可以用企业所有者的个人资产（例如房屋、汽车及银行存款等）来偿还剩余债务。有限责任公司及某些形式的合伙制企业可以保护个人财产，只允许用企业资产来偿还该实体产生的债务。

破产有三种形式，它们分别以《美国破产法案》的特定章节来命名：

第七章项下破产。所有企业（有时也包括个人）的资产都要得到清算，未偿还的债务要在第七章项下破产时清偿。所有财产都偿还完毕后尚未偿清的剩余债务将被勾销。企业终止运营。

第十一章项下破产。第十一章项下破产的企业可以继续运营并且制订重组计划，以便在一段时间内向债权人偿还债务。

第十三章项下破产。第十三章项下破产是最常见的个人破产形式。第十三章项下破产允许个人使用出售部分资产所获的收益，但个人同时必须遵照三到五年的还款计划，以营业收入来偿还剩余债务。这使得个人可以保住自己的房屋，或许还可以保住自己的汽车及其他生产资产。

尽管破产可以解决资不抵债的问题，但它只能是最后的手段。在破产中幸存下来的企业和个人常常发现自己很难重建良好的信用评级。因此，银行和其他放贷机构可能不愿意向他们发放贷款，或者只会以较高的利率来放贷。

重要概念

行政法	宪法	专利	反托拉斯法
合同	产品责任	破产	版权
《谢尔曼法案》	违约	数字权利	成文法
商业法	就业法	商业机密	集体诉讼
雇佣法	商标	《克莱顿反托拉斯法》	知识产权
侵权行为	普通法（判例法）	合并	《统一商法典》

参考文献

1. Michael Rappa, "Managing the Digital Enterprise: Intellectual Property," May 31, 2009, http://digitalenterprise.org/ip/ip.html, accessed March 30, 2016.

2. David McLaughlin and Matt Townsend, "Office Depot Merger with Office Max Wins U.S. Approval," November 1, 2013, http://www.bloomberg.com/news/articles/2013-11-01/office-depot-merger-with-officemax-wins-u-s-approval, accessed March 30, 2016.

3. Adi Robertson, "Apple Guilty of Ebook Price Fixing, Rules Federal Court," July 10, 2013, http://www.theverge.com/2013/7/10/4510338/apple-found-guilty-of-ebook-price-fixing, accessed March 30, 2016.

4. Environmental Protection Agency, "Our Mission and What We Do," https://www.epa.gov/aboutepa/our-mission-and-what-we-do, accessed March 20, 2016.

5. IHS Global Insight, Inc., "The Economic Impact of Advertising Expenditures in the United States 2012－2017," January 2014.

第二部分

开始创业

Starting and
Structuring a Business

第五章　小型企业与企业家

本章目标

5-1　小型企业：美国经济的主流
描述美国经济中小型企业的角色和结构。

从一家不错的公司的稳定职位上离职后，艾莉森·华雷斯（Allison Juarez）开办了自己的个人整理业务。对艾莉森而言，放弃稳定工资和退休金计划的财务风险被创业的独立性和灵活性弥补了。到底什么是小型企业？它们为什么对美国经济如此重要？

5-2　企业家与美国梦
说明高效企业家的特质，区分不同类型的企业家。

瓦虎（Wahoo）兄弟利用鱼肉塔克卷的概念在多地开创了价值数百万美元的生意。他们的成功依赖的不仅是美味的食物。对于这对兄弟和他们的企业而言，还有哪些是让他们成为成功企业家的因素？你具备成为企业家的条件吗？

5-3　购买特许经营权与现有企业
概括特许经营和购买现有企业的优缺点。

你是否曾想过拥有自己的企业，但却不知从何做起？娜奥米·劳伦斯（Naomi Lawrence）一直梦想着开办一家餐厅。她是应该开办自己的餐厅，还是收购一家现成的餐厅，或是购买某个餐厅的特许经营权呢？

5-4　小型企业的风险及从何处获得帮助
讨论导致小型企业失败的因素，以及可以用来降低小型企业失败可能性的措施和资源。

小型企业主可以通过哪些资源获得帮助和指导？开创小企业是有风险的！这足以说明为何企业家都是以爱冒险而闻名的。罗杰·谢尔曼（Roger Sherman）离开了一家濒临破产的公司，开创了自己的企业，他知道作为一名企业家所面临的压力和风险。在自己的事业有了良好开端之后，罗杰需要一些帮助。他可以从哪里获得短期的财务援助呢？

5-5　融资方式的选择
比较小型企业每种主要融资来源的潜在优点和缺点。

在未来的企业家和彩虹另一头的那一桶金之间，缺的只是为梦想的事业提供资金的方式。尽管开一家三明治店并不是弗雷德·德卢卡（Fred Deluca）的梦想，但这的确为他带来了第一桶金，因为它最终变成了世界顶级的特许经营企业和最大的私营企业之一。而这一切都始于一位朋友的 1 000 美元投资。小型企业如何才能获得资金，又该如何在不同的融资类型中做出选择呢？

5-1 小型企业：美国经济的主流

描述美国经济中小型企业的角色和结构。

■ 艾莉森·华雷斯曾经认为自己注定终身衣食无忧。大学毕业后，她加入了一家稳定的大公司；她有定期的收入，也有401（k）养老保险计划[①]，并且已经升职过两次。然而她依然觉得自己缺了点什么。她幻想拥有自己的企业，可以自主决策，灵活安排时间，同时不会让其他人来决定自己赚钱的可能性。但她从未鼓起勇气放弃稳定的收入。

最终，当她可能会被裁员时，艾莉森离开了公司这艘大船自谋生路，她开创了自己的个人整理事业。她曾经帮助朋友和家人整理他们的车库、衣橱和办公室，但她从来没想过为自己的时间收费。这对她来说本是一种乐趣。现在，她开始积极寻找客户，推广自己的服务，享受自己的成果。她的生意一直很稳定，但并没有突飞猛进。艾莉森很高兴自己能在经济低迷时期依靠自己的积蓄维持下去，对于开创自己公司的决定，她并不后悔。

来源：Bobo/Fotolia。

和艾莉森的事业一样，很多小型企业都是为了提供特殊问题的创新解决方案或提供不同的生活方式而创立的。小型企业往往填补了大型企业无法填补的利基市场。作为一个整体，美国的小型企业在经济中发挥了重要作用。在本节中，你将了解小型企业在美国经济中扮演的角色，以及人们创办小型企业的种种原因。

小型企业与经济

什么是小型企业？美国小型企业管理局（Small Business Administration, SBA）是一个独立的联邦政府机构，旨在为小型企业提供帮助、咨询和援助，保护它们的利益。美国小型企业管理局将**小型企业**（small business）定义为独

---

① 401（k）养老保险计划是一种由雇员、雇主共同缴费建立起来的完全基金式的养老保险制度，是美国雇主首选的社会保障计划。——译者注

立经营的，在其运营领域不占主导地位的企业。[1]为了有资格获得政府针对小型企业设立的计划和优惠，小型企业还必须满足美国小型企业管理局制定的员工和销售标准。一般来说，大多数小型企业的雇员人数不得超过500人。然而，如图5-1所示，近90%的小型企业只有20名或更少的员工。[2]美国小型企业管理局同时限定了有资格参加其计划的小型企业的年收入标准。各个行业的平均年收入限额差异很大，大多数行业的标准年收入为750万~3 850万美元。[3]

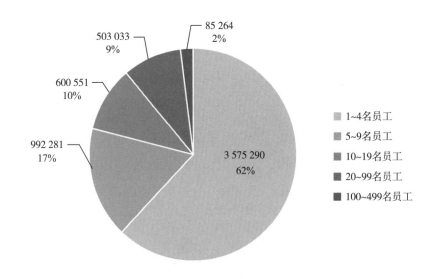

图5-1　美国小型企业的员工人数

来源："Statistics about Small Business from the Census Bureau," U.S. Census Bureau, retrieved from http://www.census.gov/econ/smallbus.html#EmpSize。

© 玛丽·安妮·波齐

【清单】　　　　　　　　　　　　　　　　　　　　　　　　**LIST**

十大创业行业

1. 健康快餐
2. 互联网营销
3. 老年家庭保健
4. 家庭健身教练
5. 园林工程

6. 宠物保健与美容
7. 应用程序开发
8. 房屋和建筑服务
9. 小企业服务
10. 退休娱乐

为什么小型企业对经济很重要？小型企业对美国经济和就业市场都很重要。小型企业在美国创造了65%的全新就业岗位，同时为美国创造了近一半的GDP。[4]如图5-2所示，如果美国的小型企业组成一个经济体，那么它可能会成为世界最大的经济体之一。[5, 6]小型企业的出口量占美国商品出口总额的1/3。[7]

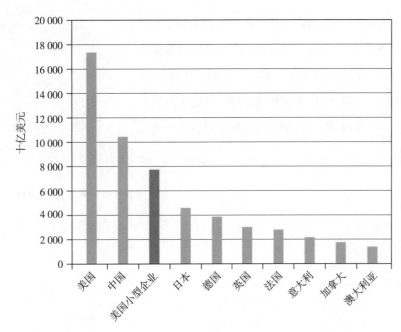

十亿美元

美国 中国 美国小型企业 日本 德国 英国 法国 意大利 加拿大 澳大利亚

图5-2 美国小型企业与世界经济体的GDP对比

来源："Statistics about Small Business from the Census Bureau," U.S. Census Bureau. Web. http://www.census.gov/econ/smallbus.html#EmpSize。

©玛丽·安妮·波齐

小型企业如何支持创新？ 小型企业常常会推出新产品或新方法，而许多大型企业则不具备生产或提供这些产品的灵活性、时间或意愿。事实上，小型企业员工人均创造的专利数超过了大型企业。[8] 小型企业在计算机、信息技术和通信行业的创新带来的影响广为人知。这些传奇企业家包括19岁在哈佛宿舍里创建脸书网站的马克·扎克伯格，以及斯坦福大学的拉里·佩奇和谢尔盖·布林，谷歌网站曾是他们研究生项目的一部分。许多年前，迈克尔·戴尔率先通过互联网而非零售店向客户直接销售电脑，一举震撼了电脑零售业。

科技领域之外的其他产业同样得益于小型企业的创新贡献。例如，在生物科技产业，很多小型企业都找到了医疗问题的创新解决方案。和大型企业相比，小型企业可以更快地对变化的市场趋势和需求做出反应。因而，小型企业在维持健康的经济体系中发挥了重要的作用。

"绿色产业"，即提供环境友好产品和服务的企业，是小型初创企业的温床。进入这一产业的人无非两种类型：一种是将现有产品做成绿色产品的人，另一种是先产生了绿色产品的创意，然后再创建企业制造它的人。风力涡轮机、太阳能电池板、回收及再生制品已经激发了许多商业活动。吉家百特是一家既有利于环境也有利于人们的安全和隐私的小型企业，它可以安全地将陈旧的电脑设备磨成100%可回收利用的粉末。[9] 户外服装和用品制造商巴塔哥尼亚是第一家使用回收塑料瓶（后又使用了回收聚酯）制作"极地科技"抓绒衣的公司。[10]

小型企业是如何帮助大型企业的？ 小型企业通常会与大型企业合作经营。例如，在汽车产业，小型企业是非常重要的，因为它们生产和供应的是制造汽车所需的零部件。事实上，座椅、发动机组及保险杠等许多汽车内部零部件都是由独立供应商提供的。小型企业同时为大型企业提供了更新更优质的产品设计。例如，加热座椅和间歇式雨刷最初都是由小型企业开发的，直到后来才卖给了大型制造商。

小型企业是如何帮助消费者的？ 小型企业直接为我们提供了很多每天都要使用的专业化商品和服务。服务型企业，例如美发沙龙、园艺服务商、干洗店、本地餐厅及汽车维修站等许多其他夫妻店，提供了大型企业无法也不愿提供的服务和商品。

小型企业和劳动力

小型企业雇用的是哪种类型的员工？ 几乎所有的新企业都是小型企业，它们带来的岗位占经济体中新增岗位的绝大多数。此外，小型企业雇用了更大比例的年轻员工、老年员工及兼职员工，因而帮助了数百万无法适应传统企业架构的人员。

小型企业为少数群体提供了就业机会吗？ 很多个人将开创和运营自己的企业视为实现美国梦的方式。为了实现这个目标，女性、少数族裔及移民正在成为小型企业领域更为重要的参与者。美国小型企业管理局宣传办公室发布的数据显示，超过1/3的美国小型企业为少数群体所拥有，其中拉美裔群体拥有最多的小型企业，企业发展规模也最大（见图5-3）。拉美裔企业占美国企业总数的12%，非洲裔企业占9%，亚裔企业占7%。而女性拥有530万家企业，约占全部小型企业主的1/3。

开创小型企业的原因

我为何要开创自己的企业？ 比尔·麦克尼利（Bill McNeely）是阿富汗国家警察训练营的一名物流运营经理，他辞职开办了一家小型企业，这样他就不必远离自己在得克萨斯州的家人了。不过，人们开办小型企业的理由其实有很多（见图5-4）。

1. 有机会来敲门。 有谚云："需求乃发明之母。"创办新企业的念头通常始于人们设想出的尚未面世的产品或服务。只要听一听美国广播公司的创业节目《创智赢家》的任意一集，你就会明白，很多新企业的成立是为了解决一个问题，根据现有创意改进一款产品，或者帮助人们克服个人障碍。例如，大象艾娃是一款会说话的药物滴管，它可以帮助孩子好好吃药，而"不会缩"洗衣液则是一款在借来的毛衣被误洗缩水之后发明出来的产品。同样，由于当时可用的工具十分零散，而且比较基础，安东尼·卡萨莱纳

图5-3 各族裔群体拥有的小型企业

来源: Data from Minority Business Development Agency, U.S. Business Fact Sheets, January 2016. Retrieved from http://www.mbda.gov/sites/default/files/2012SBO_MBEFactSheet020216.pdf.
© 玛丽·安妮·波齐

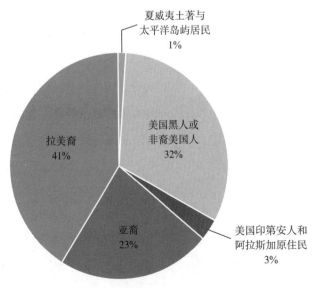

夏威夷土著与太平洋岛屿居民 1%

美国黑人或非裔美国人 32%

美国印第安人和阿拉斯加原住民 3%

亚裔 23%

拉美裔 41%

图 5-4　开创小型企业的原因

来源：clockwise from top left: Carsten Reisinger/Shutterstock; alphaspirit/Fotolia; Al-Ma-Ga-Mi/Fotolia; alphaspirit/Fotolia; tiero/Fotolia。

机遇与创新
有了新的创意，以及引入新企业的需要。

控制权
希望对企业决策拥有更多控制权，不想再为其他人工作。

财务独立
企业所有者认为他们可以通过经营自己的企业赚到更多钱。

灵活的安排
寻求工作与生活之间更好的平衡。

失业
因为失业而寻求获得收入的途径。

（Anthony Casalena）创建了广场空间——一款用来搭建和发布网站的在线工具。起初，卡萨莱纳并不认为自己在做生意，他只不过想解决自己的问题。然而今天，广场空间已经为超过100万个网站提供了支持。

2. 财务独立。很多人都是为了实现财务独立而开创小型企业的，然而这可能不是你开创小型企业的唯一理由。这是为何？因为大多数小型企业一开始都无法盈利。通常，新企业需要3～5年时间才能盈利。

3. 控制权。控制局面，做出比目前职位所允许的更多商业决策是人们开创自己企业的另一个原因。由于决策环节更少，因此小企业经营者往往能更快地利用眼前的机遇。这可能是值得的。而其他人这么做可能只是因为不愿意为其他人工作。

4. 灵活性。经营自己的企业给了人们调节自己工作安排的灵活性。很多小型企业主十分珍视运营自己企业所带来的工作和生活上的平衡。

5. 失业。因为没有其他就业机会而开创自己企业的情况并不罕见。对于普罗来通信公司的经营者布鲁斯·弗里曼（Bruce Freeman）来说，"被炒鱿鱼之时，正是生活开始之时"就是他的真实写照。在被开除三个月之后，他想不到自己要做什么。后来在一位朋友的鼓励下，布鲁斯开创了自己的企业。他的第一位客户是他在先前工作中合作的公司。十多年后，他赚的钱比他以前工作时挣的要多得多。[11]

如何给企业命名？

给企业命名应该很有趣，但可能也会让人有压力，尤其是在你犯下以下若干常见错误的时候：

错误1　请你的朋友、家人、雇员或客户来命名。企业名称应该传达出你的企业的关键要素，而不是源自你的朋友和家人的共同努力。

错误2　将产品描述结合在名称中。尽管这在当时看起来可能挺吸引人，但那些试图将描述与产品结合起来的公司名称往往是牵强且老套的。一家服务连锁企业的"优质服务"或一家日间水疗中心的"宁静水疗"终究不是恰当的选择。

错误3　使用常见的名称。用"顶点食品"作为公司名称的时代已经一去不复返了。同样，诸如"乔的酒吧"

或"史密斯硬件"这样的名称也不合时宜。在竞争如此激烈的时代，当新商品或服务都在争夺注意力的时候，企业最好选择一个更为独特的名称。

错误4　生造一个名字。尽管使用常见名称并不是个好选择，但是除非经过可靠的市场调查，否则也请小心避免使用那些晦涩难读或难拼写的名字。

错误5　使用地域名词。除非你打算做地方生意，因为在企业名称中纳入具体的地名意味着你不想将生意做到这一地域之外。

提示：你或许需要请一家公司来为你的公司起名。讴歌①、菲利克斯和康柏②等都是专家起的名字。

科技给小型企业带来的影响

科技是如何影响小型企业的？科技创造了新的商业机遇和做生意的新方式。优兔、脸书和谷歌等企业的成功创业故事给小型企业带来了重大影响。在一个兄弟会的弟兄后悔自己将照片发给了某人之后，企业家埃文·斯皮格尔（Evan Spiegel）最终创立了色拉布公司。尽管色拉布（最初名为皮卡博）花了多年时间才获得了认可和普及，但它的快速增长使得脸书发出了30亿美元的收购要约，而斯皮格尔拒绝了收购。

---

① 讴歌（Acura）是日本丰田汽车的一款车型。——译者注
② 康柏（Compaq）是一家美国电脑公司，2002年被惠普公司收购。——译者注

在得克萨斯州的格雷普韦恩购物中心使用社交媒体和移动设备与购物中的顾客进行交流。
来源：Joyce Marshall/MCT/Newscom。

社交媒体和移动营销

小型企业发现，与传统广告相比，社交网络、博客和移动设备在面向客户的互动和营销，以及与客户保持同步方面更具有成本效益。这正是加利福尼亚比弗利山的烘焙连锁店思冰客的做法。该公司每天都会在其脸书页面上发布一个秘密词语，找到这个秘密词语并在该品牌的任意一家连锁店提到它的顾客可以免费获得一个杯子蛋糕。该公司还利用脸书预先测试口味创意和即将推出的促销活动，试图加强自己与顾客的互动。

脸书并不是小型企业可以使用的唯一社交媒体。推特、耶普、四方网和领英等都是企业与客户及潜在员工沟通的流行方式。消费者可以通过移动设备上的应用获取小型企业的优惠券、折扣及特别优惠。为了协助来客购物，得克萨斯州的格雷普韦恩购物中心在整个商场中张贴了告示，提醒购物者如何使用移动设备进行导航和寻找特价商品。小型企业同样可以使用适配智能手机的设备来处理信用卡交易，这对于主要在贸易展、跳蚤市场和工艺品集市做生意的企业来说是一个完美的选择。

然而，如果管理不当，社交媒体同样会带来麻烦。在脸书上创建一个粉丝页面但不去管理人们对企业的评价，可能会让企业名誉受损。尽管大多数消费者表示他们使用社交媒体与商家进行沟通，但只有少数人对企业在社交媒体上的响应表示满意。同样，写博客可能有助于传达企业的信息，但如果博客没人看，也是没用的。在审慎思考后制订的科技应用方案和社交媒体方案是任何企业整体战略的一个重要方面。

■ 开创小型企业是一个相当大的挑战，艾莉森可以证明这一点。这没能解决她所有的问题。实际上，这么做可能还带来了更多问题，但她很高兴自己可以控制自己的处境。对于寻找自己的美国梦的企业家来说，这不失为一种热情高涨的挑战。对于艾莉森而言，灵活的日程安排，做自己想做的事并以此赚钱，这一切都让她开创自己的个人整理业务的风险变得十分值得。

爱闻

并非所有科技生意最终都会成功，爱闻就是例子之一。这款产品声称插入电脑USB接口后可以产生不同香气，从而提高用户的上网体验。通过使用爱闻，你可以在购买之前试闻新款香水，或者在玩棒球电子游戏的同时闻到棒球场的味道。不幸的是，爱闻从未超越产品原型阶段。它的母公司数字气味叫停了这一项目。[12]

5-2　企业家与美国梦

说明高效企业家的特质，区分不同类型的企业家。

■　谁可以想到，一笔将墨西哥、巴西及亚洲菜与3万美元结合的生意20年后在美国7个州乃至日本开了超过50家餐厅？瓦虎兄弟当然没想到。而这正是发生在他们身上的事情。瓦虎兄弟——林永基（Wing）、李永达（Ed）和李永定（Mingo）在南加州他们父母开办的中餐馆里长大。他们吸收了鱼肉卷饼的理念——这是他们在墨西哥冲浪时爱上的主食，并用他们最喜欢的巴西菜和亚洲菜改进了这种食物。他们餐厅的装修风格结合了休闲风与冲浪风，餐厅理念很受南加州当地人的欢迎。兄弟仨引入了另一位合伙人来帮助管理他们的第二家店，他们的生意很快从那里开始起飞。[13]是什么样的品质让瓦虎兄弟将自己的小型鱼肉卷饼店发展成了价值数百万美元的大企业？又是什么让他们成为企业家？

来源：Newscom。

我们都听说过星巴克、安德玛和亚马逊，但你可能还无法将这些知名公司与小型企业联系起来。然而，这些公司在某种程度上都源自小型企业。每家公司都是由一位**企业家（entrepreneur）**创办的，他们是承担企业的创造、组织和运营风险的人。然而，并非所有小型企业都具有创业精神。一个新成立的企业之所以具有创业精神，是因为它的业务是创新的，以变化为导向，或者它能够通过满足市场上尚未满足的需求来填补**利基机会**（opportunity niche）。

成功企业家的特征

成功企业家的特征是什么？ 生意人韦恩·休伊曾加（Wayne Huizenga）于1968年买下了一辆垃圾车，从此开创了在垃圾和环境服务行业占据领先地位的废品管理公司。通过收购其他垃圾回收业务，他扩大了自己的公司，1983年，该公司成为美国该类型公司中规模最大的企业。但是休伊曾加并没有就此止步。他又开创了录像带租赁公司百事达，以及汽车经销业的巨头全美汽车租赁（AutoNation）。[14]为什么韦恩·休伊曾加这样的企业家可以开创成功的企业，而其他人则难以将自己的想法落地呢？成功的企业家是如何看到利基机会，又是如何确切知道自己需要做什么来抓住机会并获得成功的呢？

尽管运气和时机对企业家的成功起到了很大作用，但研究也表明，成功的企业家还具有以下特质：

1. 具有创新性，有远见。

2. 敢于冒险。

3. 有成功的动力。

4. 变通且自主。

5. 能与他人很好地协作，具备优秀领导者的技能。

6. 是"系统性思考者"——能够把握全局而不仅仅着眼于片面。

企业家是如何具备创新性的？ 成功的企业家能看到有待解决的问题或市场上尚未显现的机遇，他们能够识别利基机会。他们同时能够改进现有产品或体系，或者引进一些新事物，从问题中找到有利可图的解决方案。著名管理学家与企业思想家彼得·德鲁克认为成功的企业家"会将变革作为开创不同企业和业务的机会"。例如，亨利·福特将自己的发动机知识转换成了首辆"无马匹马车"，随后又将它改进成了T型车。他的领先之处不仅在于他创造了新的机器，还在于他开发了一套流水线程序，使他的公司能够更有效地生产多种汽车。福特创新的流水线程序成为高效制造业的标准。

让我们再想一想其他企业家及其成功背后的创新。马克·扎克伯格发布的脸书改变了我们的沟通和社交方式。史蒂夫·乔布斯可以说是当代最伟大的创新者之一，他推出了苹果电脑，帮助个人电脑走入家庭，后来他又用iPod和iTunes改变了我们收听音乐的方式，用iPhone和手机应用改变了我们使用手机的方式，用iPad改变了我们获取媒体和娱乐信息的方式。拥有创业精神并不代表你可以白手起家。显然，乔布斯拥有苹果公司强大的资源来支持他的这些创新，尽管如此，他的产品还是具有创新性的，同时从根本上改变了许多传统的做法。图5-5列出了企业家的其他重要创新。你还可以加上哪些创新内容？

企业家如何承担风险？ 由于企业家常常创造全新和创新的产品，且他们开创的方法往往未经考验，因此他们会面临很多风险：失败的风险，失业或损失名誉的风险，当然还有财务上的风险。成功的企业家具有风险意识，他们知道自己可以影响事件，但无法完全控制它们，他们明白自己可能会失败。因此，成功的企业家会计算风险，也就是在决定是否冒险之前考虑成功的可能性。此外，成功的企业家不会被失败或糟糕的结果吓倒。他们中的大多数会将挫折视为整个过程的一部分来处理，然后继续前进。

什么是激发企业家成功的动力？ 企业家受到许多不同因素的激励。有些企业家的动力是自食其力、养家糊口。在找到一个成功创意之前，这些人可能会被迫进行多种冒险。其他企业家的成功则是受到了成功开创企业后的成就感的激励。

对挑战和成功的强烈渴望促使企业家特德·肯尼迪（Ted Kennedy，不是那位马萨诸塞州的前参议员）开创了一家公司。肯尼迪发现，铁人三项挑战赛的许多参与者都是企业高管。他还注意到，他们需要高于平均水平的住宿条件，他们喜欢在赛前

图5-5 企业家的创新

调频广播	宝丽来相机	超级计算机	便携式电脑	数码X光	便携式MP3音乐播放器	消费级GPS设备	iPhone	苹果iPad
1933	1947	1958	1981	1983	1998	2000	2007	2010

和赛事中与其他高管会面和社交。肯尼迪因而组建了高管挑战——一家专门为企业高管组织体育赛事的公司。尽管高管挑战最初只提供铁人三项赛事，但现在，它已经可以为高管们提供自行车、曲棍球、钓鱼、高尔夫、帆船、网球等其他竞争性的冒险活动，并在加拿大和欧洲等地举办挑战赛。

为什么成功的企业家需要变通和自主？ 由于新企业有风险，因此企业家必须能够对意外情况和衰退做出快速反应。此外，企业家必须能够扮演多重角色，不仅可以担任管理者，也可以成为销售经理、财务总监、秘书和邮件收发员。企业家还需要了解何时该卖出或退出自己的企业。

为什么人际交往能力和领导能力对企业家很重要？ 企业家可能是提出最初创业想法的那个人，但他们很少孤军奋战。尽管他们有能力承担各种职责，但大多数企业家在某种程度上还是需要具有互补技能的人加入自己的企业。正如瓦虎兄弟在打算扩张餐厅生意时所做的那样，如果企业家的企业开始扩张，那么他们必须雇用更多员工和其他管理者来协助运营。因此，领导力和沟通能力成为企业家的重要特质，他们可以激励别人像他们一样对企业充满热情。

企业家成为"系统性思考者"意味着什么？ 虽然企业家是从一个创意开始发展自己的公司的，但是为了取得成功，他们必须聚焦于将创意转化为生意的整个过程。成功的企业家在创立自己的企业时能够看到大局，他们要决定如何通过可靠的计划（包括生产、融资、营销及商品或服务的分销等）来解决问题或者抓住机会。

开创麦当劳连锁餐厅的麦当劳兄弟发现汉堡是他们在加利福尼亚州的餐厅最畅销的产品，他们因而建立了一条流水线，这可以让他们以更快的速度和更低的成本生产汉堡。他们的生意发达了起来。当雷·克拉克——一个在加利福尼亚州销售奶昔机器的生意人和企业家，说服麦当劳兄弟使用他的机器，同时允许他在芝加哥开设另一家麦当劳门店时，麦当劳的规模得到了进一步扩大。克拉克看到了快餐连锁的利基机会，后来，他从麦当劳兄弟手中买下了麦当劳餐厅，并将其发展成了全球化的、价值数百亿美元的企业。

企业家的类型

企业家有哪些不同的类型？ 除了前文所述的传统企业家，企业家的其他类型包括：

1. 生活方式企业家。

2. 微型企业家。

3. 居家企业家。

4. 互联网企业家。

5. 成长型企业家。

6. 内部创业者。

7. 社会企业家和内部社会创业者。

8. 连续创业者。

尽管每一个类型都有自己独有的特征，但企业家不会只符合某一个类型。例如，有的居家企业家同时也是生活方式企业家和互联网企业家。让我们一起了解这些企业家的类型吧。

什么是生活方式企业家？ 生活方式企业家（lifestyle entrepreneur）在开创自己的事业时看重的不只是潜在盈利。一些生活方式企业家试图摆脱企业官僚制度的束缚，或者寻求在家或在办公室之外的其他地方工作的机会。另一些人则希望工作时间和出差安排变得更加灵活。以理查德·达尔（Richard Dahl）为例，他开着一辆旅行拖车在全国各地旅行，销售300多种商品，其中包括他在拖车停车场、营地及房车展上销售的旗舰级水过滤系统。[15]他的企业——房车水过滤商店让他实现了带着妻子周游全国的梦想。格雷·维尼尔恰克（Gary Veynerchuk）开办了红酒图书馆网站，这是一个结合了他对红酒的热爱和他的创业精神，且价值数百万美元的在线红酒商店。从这里开始，格雷除了向其他初创企业投资，还开办了其他几家企业。

什么是微型企业家？ 微型企业家（micropreneur）开创了自己的事业，但为了实现平衡的生活方式，他们只满足于保持较小的企业规模。例如，一个微型企业家可能会开办一家新型餐厅，同时满足于只经营这一家餐厅，而不会以雷·克拉克对待麦当劳餐厅的方式进行扩张。微型企业家没有将企业发展壮大或雇用成千上万员工的渴望。遛狗服务提供者、画家及特殊活动的蛋糕烘焙师都可以被视为微型企业家。

什么是居家企业家？ 正如名字表示的那样，**居家企业家（home-based entrepreneur）** 是在家经营自己事业的企业家。居家企业家通常是那些希望能够一边在家带孩子一边做生意的家长。除了可以和孩子一起待在家里等生活方式上的优势，居家企业家通常还有很多财务上的优势。居家生活免除了通勤的时间和成本、房租及其他开支。此外，居家企业家的优势还体现在他们可以在税收中扣除租金或按揭还款额及其他开支，例如折旧、财产税、保险费、公用事业费、房屋维护费、修理费及改善费等。

P. J. 乔纳斯（P. J. Jonas）是一名居家企业家。为了避免孩子的皮肤接触化学物质，乔纳斯开始制作天然香皂，此后乔纳斯在自己的家庭农场推出了"山羊奶产品"。乔纳斯、她的丈夫，以及他们的八个孩子都忙于这门生意。2013年，山羊奶香皂在创业美国（StartUpNation）的"商界妈妈领袖"比赛中获得了胜利。

什么是互联网企业家？ 科技进步催生了另一种类型的企业家，即**互联网企业家（internet entrepreneur）**，他们创建的企业只在网络上运营。20世纪90年代早期出现了第一批互联网企业家，但他们中的大多数都没能在互联网出现泡沫和泡沫破灭后幸存下来。然而，随着有助于带来收益的Web2.0技术（例如博客和社交网络）、智能手机应用、基于语义的网络广告（例如谷歌广告）的出现，加之更快的宽带连接，人们建立了越来越多成功的在线企业，其中最为著名的企业家包括马克·扎克伯格（脸书）、杰夫·贝佐斯（亚马逊）、皮埃尔·奥米迪亚（Pierre Omidyar）与约翰·多纳霍（John Donahoe）（易贝网），谢尔盖·布林和拉里·佩奇（谷歌），以及吉米·威尔士（Jimmy Wales）（维基百科）。

在17岁那年的春季假期里，凯瑟琳·库克和自己的哥哥戴维与杰夫成功创办了网站"遇见我"。
来源：Newscom。

年轻人可能在这类创业上具有优势，因为他们只需要很少的投资、一些空余的时间，以及对同龄人需求的正确理解就可以取得成功。例如，戴维·库克（David Cook）和凯瑟琳·库克（Catherine Cook）及他们的哥哥杰夫·库克（Geoff Cook）一同在2005年的春假期间创办了"遇见我"网站（MeetMe，前身是myYearbook.com）。这个社交网站邀请成员通过玩游戏、聊天，以及赠送用"午饭钱"（Lunch Money，该网站的虚拟货币）购买的虚拟礼物的方

　　　　　　　　　　　　　　　　　　　美国百所大学都在上的商学课（第五版）

式和新朋友会面。用户同时有机会通过慈善功能为自己最喜欢的慈善活动捐赠自己的"午饭钱"。2013年，"遇见我"推出了两个全新的约会应用，一个是很快登上谷歌应用商店社交类应用排行榜首位的"挑剔"（Choosy），另一个则是像社交网站"藤蔓"（Vine）一样使用视频而非照片的"魅力"（Charm）。

斯坦福大学的一门课有一项简单的家庭作业，被称为"脸书课程"，它催生了许多成功的公司和创意。学生小组可以为流行的社交网站脸书设计应用程序。这些应用程序多数都很短命，但它们的创造者现在却为最新的iPhone创造了其他应用，或者开办了其他互联网企业，例如社交网站朋友网，也有人将自己的企业卖给了星佳①这样的公司。这门课现在叫作"创业工程"，人们可以在课程时代网（Coursera.org）免费学习。

什么是成长型企业家？ 成长型企业家（growth entrepreneurs）力图创造快速增长的企业，同时期待企业有所扩张。这类企业家创办的企业被称为"瞪羚"，一般来说，瞪羚企业起步时的收益至少要达到10万美元，五年内每年的销售额增长率至少要达到20%。换句话说，这家公司的收益会在五年内翻倍。人们很难在快速增长时期认出瞪羚企业，尽管如此，回顾易贝、谷歌及特斯拉等企业，我们可以清楚地认出它们早期就是瞪羚企业。瞪羚企业同样有助于经济发展。尽管它们大约只占所有企业的15%，但它们却为社会提供了差不多50%的全新工作岗位。[16]

什么是内部创业者？ 你不一定要离开所在公司才能开始创业。一些企业善于培养**内部创业者**（intrapreneurs），即在企业环境中以创业方式工作的员工。由于成功取决于其为家庭日常问题开发创造性解决方案的能力，因此培养内部创业者对惠而浦这家家电公司来说十分重要。惠而浦没有单纯地依赖传统的研发操作，而是通过鼓励员工开发能够提升现有产品的创意来激发员工的创造力。尽管员工们不会因自己的想法而单独得到报酬，但他们很高兴公司能征求他们的意见，因而对此做出了热烈回应。

科技公司因为支持内部创业者的创意而闻名。微软鼓励员工在公司的"车库"完成自己的项目，该"车库"里有三维打印机等各种工具可供他们使用。在谷歌，管理者鼓励员工用工作时间的20%来做自己的小项目。谷歌邮件和谷歌广告就是这一政

---

① 星佳（Zynga）：创始于2007年的一家社交游戏公司。——译者注

策带来的两个产物。其他源自员工创新的产品包括便利贴、索尼游戏站、爪哇编程语言及"万能"吉他弦等。[17]

什么是社会企业家和内部社会创业者？ 正如企业家试图打造创新的解决方案来满足企业或消费者的需求，这一理念同样可以延伸至整个社会领域。**社会企业家（social entrepreneurs）** 是旨在用创新解决方案处理社会问题的企业家。例如，米米·西尔伯特（Mimi Silbert）创办了德兰西街道基金会，这是一家寄宿制教育中心，它面向滥用药物者、曾经的重罪犯人及无家可归者传授过上有成效的生活所必需的技能。这家基金会以其创办的企业获得的收入进行运作，而该企业则是基金会项目参与者的培训基地。它被称为美国最成功的复原项目。[18]

同样，**内部社会创业者（social intrapreneurs）** 则在企业内部开发旨在发现和解决大型社会问题的项目。例如，为了创办一个"社会企业"，易贝召集了40名员工来讨论如何让公司变得更环保。从拼车项目、社区花园到在公司总部安装加利福尼亚州圣何塞最大的太阳能发电设备，这一行动产生了无数项目。[19]

我们在前文提到了韦恩·休伊曾加，他创办了废品管理公司、百事达和全美汽车租赁，和其他 **连续创业者（serial entrepreneur）** 一样，他似乎很喜欢一次次创办和发展企业的过程。其他成功的连续创业者包括特纳广播、美国有线电视新闻网以及特德蒙大拿烤肉店的创办者特德·特纳（Ted Turner），维京唱片、维京航空及维京移动的创办者理查德·布兰森（Richard Branson），甚至还有奥普拉·温弗瑞

【成功案例】

折纸猫头鹰

贝拉·威姆斯（Bella Weems）十分渴望在16岁生日时得到一辆车，但她的父母却有其他的考虑。他们希望贝拉可以去工作，这样她就可以给自己买辆车。而这正是贝拉的做法。14岁那年，她用350美元做起了生意，她的父母为她提供了这笔资金。贝拉最终给自己买了一辆白色吉普，但这只是故事的一部分。她开办的企业名叫"折纸猫头鹰"——利用私人家庭聚会销售灵动挂坠盒。这是一个迷你小盒子，你可以在其中放入讲述自己故事的装饰品。在短短两年时间内，该公司创造了2 400万美元的收益，此后收益一直呈指数级增长。

(Oprah Winfrey)，她创办了《O杂志》、《奥普拉杂志》、奥普拉温弗瑞电视网及哈普电视公司。有些人甚至认为本·富兰克林和托马斯·爱迪生也是早期的连续创业者。你同意吗？

创业团队

如果不具备成为企业家的所有技能，我该怎么办？ 请看一看本节所述的企业家特征。除了具有创新性、动力和自主性，一名企业家最初可能必须履行管理者、营销经理、财务总监、秘书及门童的职责。如果你不具备所有这些特征，这也并不妨碍你进行创业和成为一名成功的企业家。如果你有一个想法，并且十分想使其成为现实，那么你或许要找到其他人来组建一支创业团队，他们可以完成你做不到或不想做的事情。

什么是创业团队？ 创业团队（entrepreneurial team）是共同组建新企业的一群拥有不同经验和技能的，并且具有资质的人士。创业团队成员的技能可以相互补充，因此作为一个团队，他们具备了成功管理一个项目所必需的技能和特质。例如，卢卡斯（Lucas）兄弟、李·布朗（Lee Brown）、苗林和安德鲁·巴克曼（Andrew Bachman）共同组建了塔图媒体，这个成功的互联网营销公司改变了广告主付钱打广告的方式。卖掉塔图媒体之后，他们接着组建了"有生意"，这是一个广告效果分析团队。

对于那些打算经营自己的公司，但可能缺少个人经验的人来说，组建创业团队不失为一个很好的方案。例如，大学和商学院的学生常常会成立创业团队来开创他们的第一个项目。来自斯坦福大学的学生共同创立了谷歌、惠普、思科、英麦根和雅虎等诸多知名企业。许多学校还举办创业挑战赛，例如加州大学戴维斯分校的"大爆炸"竞赛。在为期一年的竞赛中，该校的学生、校友、员工和教师联合起来构建和检验他们的商业计划，而这些计划也成为一些新公司的起点。

■ 你也许已是创业团队的成员，或是一家内部创业公司的职员，抑或你打算自己创业。你可能想让自己的企业保持较小的规模，也可能希望像瓦虎兄弟或麦当劳那样扩大企业的规模。不论你的情况如何，成为一名企业家不仅仅是在为自己做生意。抓住利基机会的优势、历经坎坷、系统性思考者等都可以用来描述一名成功的企业家。你具备成为企业家的特质吗？如果你能迎接挑战，那么你就有创业的机会。

5-3　购买特许经营权与现有企业

概括特许经营和购买现有企业的优缺点。

■　改变生活方式的渴望促使娜奥米·劳伦斯产生了开办自己企业的念头。她一直梦想着经营一间属于自己的餐厅，但她没有什么商业背景或开餐厅的经验。而坚韧的性格和市场营销知识则是她所具备的。此外，她是一个善于进行人际沟通的人——这也是餐厅店主所必备的条件。然而，她还是不知道该从何入手。娜奥米不喜欢白手起家，因为她知道自己开餐厅的风险太高。她认为自己需要一些有过类似经验的人的帮助。她会选择怎么做？娜奥米可以采取的最佳方案是什么？

对于那些和娜奥米一样希望有机会开办自己的企业，但又想避免完全从头开始的压力的人来说，收购一家现有企业或购买特许经营权可能是一种可行的方案。 特许经营是获得企业所有权的一种流行方式。此外，收购现有企业也具有明确的优势，如果该企业此前具有良好的声誉，并且具有现成的客户基础，那么这种优势尤为明显。本节，我们将了解购买特许经营权意味着什么，我们还将讨论收购现有企业及如何将其塑造成自己的公司。

特许经营的基础知识

什么是特许经营？ 特许经营（franchise）已经存在了好几个世纪。在美国，作为特许经营企业之一的胜家缝纫机创立于1851年。特许经营是指企业（**特许权人，franchisor**）以公司名义向独立的第三方经营者（**被特许人或加盟商，franchisee**）销售其商品或服务的经营方式。娜奥米可以成为一名加盟商，在特许权人的名义下使用该企业的营销方式和注册商品。作为交换，她每月要向特许权人支付一定的费用。

来源：Kzenon/Shutterstock。

特许经营有哪些商机？ 特许经营在经济中发挥了重要作用。美国有近78万家特许经营企业，它们雇用了大约890万人，

每年产生的收益接近 8 900 亿美元。[20]

企业服务、零售产品和服务，以及住宿和个人服务等方面的特许经营将出现最大增长，同时带来最多就业机会。[21]特许经营的机会几乎存在于各个行业，且许多都可以在家经营，从而降低了创业者的起步成本，因为他们没有必要购房或租房。简的高端清洁服务、实耐宝工具和克鲁斯规划师等居家特许经营就是当时美国排名前几位的居家特许经营业务。[22]

如果你打算购买特许经营权，那么你可能还要做些功课。这里有一些资源，它们提供了关于特许经营的有用信息，你应该在采取行动前先学习一下。表5-1列出了一些有用的网络资源，你可以从这里开始。

表5-1　潜在加盟商可用的网络资源

美国小型企业管理局和**特许网**提供了一个网站，其中包含加盟信息，如何判断特许经营是否适合自己，以及如何选择合适的特许经营业务等信息
美国加盟商协会提供了与购买特许经营权、法律资源及与其他加盟商建立网络有关的建议
美国联邦贸易委员会为消费者提供了有关特许经营的信息和商业机会。《消费者购买特许经营权指南》概括了选择特许经营业务之前要采取的行动，如何在特许经营展上进行选购，以及在签署特许权人披露文件前应了解的内容
用户可以在创业网（Entpreneur.com）的**特许经营板块**搜索特许经营机会目录。该网站提供了购买特许经营权的建议。此外，该网站还根据发展水平、成本、全球吸引力和其他要素对顶尖的特许经营业务进行了排名
国际特许经营协会提供有关特许经营的常见问题的答案，以及潜在加盟商和现有加盟商的资源。该网站还提供了多个行业的特许经营机会名录

特许经营的利与弊

特许经营的优势是什么？ 由于可以立即得到一个拥有现成品牌的企业，在很多人看来，加盟特许经营是一种更简单、风险更低的创业方法。此外，特许权人提供了运营企业所需的大量营销和财务工具，所有加盟商都希望得到有用的管理和营销技能、时间及金钱。拥有特许经营权的其他好处包括：

运营体系经过检验。 加盟商不必历经困难才能获得新企业的所有权，他们可以得益于公司的集体经验。经过尝试和失败，特许权人已经找到了开办和运营企业的最佳方式。新加盟商可以避免许多常见的初始错误，因为他们可以使用标准化的产品和制度，以及财务和会计系统。

人多力量大。加盟之后，你就不用孤军奋战了，因为你属于一个团体。你可能会因企业的规模效应而获益，能够以折扣价买到原材料、用品和服务。此外，当运营加盟企业时，你可能更容易申请商业贷款，因为放贷机构通常会认为加盟企业的相关风险比较小。

初始培训也是交易的一部分。特许经营的美妙之处在于，你是在为自己做生意，但做生意的并不是你自己。为了确保你可以有个成功的开始，特许权人会提供初始培训。如果有新产品或新服务纳入了特许经营线，特许权人可能还会提供持续培训。

可以得到营销支持。作为一名加盟商，你常常会得到企业层面制作的营销物料并从任何全国性的广告营销中获益。尽管你只要努力做好本地营销即可，但来自同一地区的其他加盟商的支持同样会对你有所助益。

可以得到市场调研信息。优秀的特许权人会进行大量市场调研，并在出售特许经营权之前得出商品或服务是否有需求的结论。特许权人还应帮助加盟者留意竞争对手，提供相关战略，让加盟企业与之区分开来。

特许经营的缺点是什么？ 尽管购买特许经营权给加盟商带来了种种好处，但这种做法还是有以下缺点：

缺少控制权。由于特许权人通常控制着店面的外观、商品或服务，因此加盟商没有太多机会在经营上发挥创意。同时，加盟商还必须具备成功经营特许企业的必要动力和精神。

图5-6　加盟成本与费用

来源：top to bottom: Bloomberg/Getty Images; Ulrich Baumgarten/Getty Images; The Washington Post/Getty Images。

H&R BLOCK
总投资额：31 500~149 000美元
- 加盟费：2 500美元
- 许可使用费：30%
- 协议时长：10年

SUBWAY Sandwiches
总投资额：116 600~263 150美元
- 加盟费：15 000美元
- 许可使用费：8%
- 协议时长：20年

jazzercise
总投资额：3 530~75 750美元
- 加盟费：2 000美元
- 许可使用费：20%
- 协议时长：5年

启动和使用许可都需要成本。你需要花一大笔钱来购买特许经营权。初始投资包括加盟费（为加入特许经营系统而支付给特许权人的初始费用）及其他早期费用，例如房产、设备、执照及流动资金等（见图5-6）。克鲁斯规划师、先锋清洁及"全覆盖健康清洁"等特许企业的加盟费均不少于5万美元。[23]

此外，加盟商必须按月向特许权人支付许可使用费，金额通常是企业总收入的6%～10%。不论经营状况如何，也就是说，无论盈利与否，加盟商都必须支付许可使用费。

工作量。和许多新企业一样，新加盟商的工作并不轻松。娜奥米花在经营特许加盟店上的时间比她想象的要多得多。然而，由于她可以雇人来负责日常运营，她的时间更多用在了业务发展和管理方面。

竞争。一些特许加盟企业不会限制它们的加盟店数量。在这种情况下，加盟商不仅会面临来自其他公司的激烈竞争，还会面临来自同一组织下的其他加盟商的竞争。此外，一些特许加盟企业并不会针对新店的最佳选址进行地理或人口统计研究，相反，它们希望加盟商自行对周边的竞争进行市场分析。

共同分担问题。如果特许权人或其他加盟商出了问题，那么所有加盟商都会承受它们的痛苦。例如，当有人诬陷温迪餐厅的辣椒里出现了人的拇指时，所有温迪餐厅都会遭受同样的影响。

图5-7总结了特许经营的优势和缺点。

开展特许经营时的考量因素

在考虑购买特许经营权时应该注意哪些事项？ 对于任何有意购买特许经营权的人来说，最常见的建议就是提前做好功课。尽管大部分初始工作都已经准备得当，但你所购买的仍然是一个需要你付出时间和金钱的企业，而且它还不一定会成功。表5-2列出了一些问题，你可以向特许经营权卖家和那些先于你做出购买选择的人询问这些问题。

收购现有企业

除了自己开办新企业或购买特许经营权，还有其他开创企业的办法吗？ 收购现有企业是另一种办法。然而，和购买特许经营权及白手起家一样，这个决定也必须经过全面的考虑。

收购现有企业的优势是什么？ 收购现有企业有以下优势：

图5-7　特许经营的利与弊

特许经营

优势	缺点
☐ 运营体系经过检验	☐ 没有完整的控制权
☐ 人多力量大	☐ 启动和使用许可的成本高昂
☐ 初始培训也是交易的一部分	☐ 工作量不小
☐ 可以得到营销支持	☐ 可能会面临竞争，以及加盟商之间的同类相争
☐ 可以得到市场调研信息	☐ 个体问题会成为所有成员的问题

表 5-2　购买特许经营权之前要问的问题

	问特许权人	问加盟商
竞争	• 该商品或服务的竞争优势是什么？ • 是什么让这个生意更能吸引创业者和客户？	• 你的加盟体系比其他竞争对手好在哪里？ • 你是如何应对竞争的？ • 你的竞争对手是谁？
特许经营体系	• 这个特许经营体系是如何经过时间检验并实现标准化的？ • 采用了哪种特许经营体系，它的作用如何？ • 这种特许经营体系已经运作了多久，特许经营公司最近做了哪些改进？	• 这个生意做了多久了？ • 你的选址能够满足客户需求吗？ • 是谁选择了店址？
支持和培训	• 特许权人会给予加盟商多少支持？ • 是否提供初始和持续的培训？ • 是否有免费的帮助热线、现场支持、年会、当地会议、采购项目和市场推广？	• 你们和特许权人的关系如何？ • 初始和持续培训是怎样的？后续支持又如何？ • 营销、广告及推广项目做得怎么样？
财务实力	• 特许权人的财务实力如何，管理者有哪些经验？ • 有多少收入来自加盟费，又有多少来自许可使用费？ • 股票业绩如何？	• 对自己的收入满意吗？ • 销量在增长吗？
特许经营关系	• 加盟商对特许权人的重要性如何？ • 加盟商如何描述自己与特许权人的关系？	• 是否遇到过法律诉讼或仲裁案件？ • 如果有，后来是怎么解决的？ • 你会重新考虑自己的选择吗？（你还会再做出同样的选择吗？） • 你希望开设更多加盟店吗？

来源："A Checklist of Questions to Answer before You Buy a Franchise"（PowerHomeBiz.com）。
© 迈克尔·R. 所罗门

易于启动。 与特许经营一样，收购现有企业往往比白手起家简单得多。如果你购买的企业尚在运作中，而且没有严重的问题，那么你的供应商、现有员工和管理层，以及设备和存货已经到位，这可以帮助你顺利完成过渡。

现成的客户。 现有企业可能已经有了满意的客户群体。如果没有重大变动促使现有客户离开，那么企业可以继续经营，并且能够提供即时的现金流。

融资机会。 如果该公司的记录都是正面的，那么你更容易获得融资来购买它。

收购现有企业的缺点是什么？ 收购现有企业有以下不足之处：

购买价格高。 如果你必须购买企业的经营权，那么最初的购买价格可能会很高。购买价格可能比从零开始创业的直接前期成本高，在某些情况下也可能会高于购买特许经营权的费用。尽管你可以评估这个企业实体的价值和资产，但要想评估该企业**商誉**（goodwill）的真正价值却很困难。这里的商誉指的是由企业名称、客户服务、员工士气等因素构成的无形资产，它可能会随着企业所有权的变更而丢失。无形资产通常会被高估，从而导致购买这个企业的成本超过了它的真正价值。

沿袭前任企业所有者的错误。 此外，对于一个已存在的企业来说，你有时会被前任企业所有者的错误所困扰。这意味着你可能会继承不满意的客户、坏账，以及不合适的分销商或采购代理商。你可能需要通过努力来改变那些曾经和前任企业所有者有过不愉快经历的人的看法。

未知的过渡阶段。 你无法保证该公司现有的员工、管理者、客户、供应商或分销商会在你接管公司后继续与你合作。如果员工确实留下来了，那么你可能会继承一些意料之外的员工问题。

在收购一个企业之前，你需要做些什么？ 现有企业的出售原因有很多。在收购一个现有企业之前，请务必完成**尽职调查**（due diligence）——针对企业的历史、运营和财务记录、合同，以及企业估值的调查。你需要了解自己打算购买的企业是否有不满意的客户、大量未结清的账目，或者无法重新协商的不利合同。表5-3提供了一份简要清单，列出了在购买一个企业之前必须调查的内容。

表5-3　购买企业之前的考虑事项

初期考虑事项	尽职调查事项
• 该企业为何会被出售？ • 当前客户在私下和社交媒体上对企业的看法是什么？ • 是否有发展的机会？当前企业所有者为企业投入了多少精力？ • 竞争对手是谁？	• 对存货和设备进行独立估价。 • 请会计师来审核该企业过去三年的财务报表。 • 请律师分析财产租赁、劳动合同等相关业务文档。 • 与供应商沟通，了解他们是否会在业主变更的情况下继续为企业供货。 • 检查是否有遗留的或正在恶化的有害垃圾问题，处理它们将成为新的企业所有者的职责。

■　在本节开头，我们讲述了娜奥米·劳伦斯的故事，她梦想拥有一家自己的餐厅。她到底决定怎么做？娜奥米知道，从头开一家餐厅的风险太高。她考虑过购买一家现有的餐馆，但她依然觉得自己没有足够的经验来满足一家全方位服务餐厅的要求。相反，她认为自己可以经营一家小型的、产品单一的食品企业，例如咖啡小铺或冰激凌店，好让自己获得有朝一日开办属于自己的全方位服务餐厅所需的经验。她的选择非常多，因而她用了几个月的时间进行产品调研，拜访冰激凌特许经营企业，品尝它们的各种产品。

不论你是选择收购现有企业、购买特许经营权，还是打算自己开一家企业，你都会加入对美国经济做出重大贡献的小企业主这一庞大群体的行列。

5-4　小型企业的风险及从何处获得帮助

讨论导致小型企业失败的因素，以及可以用来降低小型企业失败可能性的措施和资源。

■　当罗杰·谢尔曼得知自己工作的公司打算申请破产的传言时，他觉得经营自己的公司可能会更好。罗杰利用自己的提前退休金和毕生积蓄开办了一家销售节能太阳能摩托车和自行车的企业。然而他精心开办的企业却因为经济大幅下滑而受到影响。罗杰担心他可能发不出工资或无法留下所有的员工。他应该怎么做？

开办小型企业是一项艰苦的工作，而且没有成功的保障。近1/4的初创企业在第一年就失败了，另有2/3的企业仅能存活两年。只有极少一部分初创企业能撑过五年。然而，小型企业主可以利用一些资源来帮助自己降低失败的风险。本节，我们将谈一谈小型企业面临的风险及它们可以从何处寻求帮助。

小型企业失败的原因

来源：alphaspirit/Fotolia。

经营小型企业都有哪些风险？ 尽管任何事情都有可能威胁到小型企业的生存，但大多数小型企业的失败仅仅是因为几个常见因素之一。企业失败的因素包括：

- 积累的债务太多。
- 缺少管理。
- 计划不周。
- 个人付出了意料之外的牺牲。

　　　　　　　　　　　　　　美国百所大学都在上的商学课（第五版）

让我们详细探讨每一个原因。

是什么导致债务积累过度？ 早期积累的债务太多是许多新企业失败的原因之一。大多数人都是通过借款开办新企业的。不论这笔借款来自银行、外部投资者还是信用卡公司，如果新企业没有快速产生足够的收益来偿还贷款，那么偿还贷款本金与利息的负担，加之正常的运营开支可能会让企业主进一步陷入一个潜在的无法逆转的局面。这种情况可能会诱使企业主申请更多贷款来维持企业运营。更糟糕的是，有些企业主用自己的个人资产作为抵押来借钱。这不仅会让企业主面临失去企业的风险，还可能迫使他们申请个人破产。

财务管理不善会如何导致失败？ 尽管企业家和小型企业主善于提出创意，但他们可能不擅长管理账本。很多小型企业因为债台高筑而倒闭，这种情况可能是财务和企业管理不善的标志。企业必须诚实地编制财务报表和预算，并且每月都按照它们来执行，应收账款应彻底收齐，而应付账款也应得到积极处理。以乔迪·加拉格尔（Jodi Gallagher）为例，乔迪拥有一家设计和制造女士内衣的企业。为了让她的产品进入尽可能多的商铺，乔迪对她的应收账款采取了宽容的收款条件。她没有坚持立即收款，而是准许商铺赊款，因此，她需要花好几个月才能收齐账款。当意识到自己的错误差点葬送了企业时，乔迪便不再允许赊款了。[24]

还有哪些类型的管理不当会导致失败？ 对一些新企业主来说，早期的销量飙升是颠覆性的。这样的事情发生于20世纪90年代末期，大量互联网公司纷纷破产。它们并没有快速增长的计划，因而没有足够的存货来满足新的订单。它们也没有考虑到这将对经销商和零售商造成的影响，这些也是其分销渠道的一部分。同样，过高的需求会导致企业业务扩张过快，或导致业务发展到利润较低的领域——这两者均会导致企业偏离最初的轨道，并且最终失败。

许多企业主忽视了企业失败的早期信号或将失败归咎于错误的理由。而优秀的管理者能够掌控企业的各个方面，保持客观，并在必要时做出艰难的决定。

规划对企业成败有多重要？ 企业成立之后会出现积累大量债务和管理不善的情况。企业失败的最大原因之一在于最初没有正式的计划。"不做计划等同于做好了失败的计划"，这句老话十分适用于创业。许多刚刚崭露头角的企业主在开创新企业的兴奋中忽视了设计有效商业计划的步骤，这么做虽然枯燥且困难，但却是必要的。**商业**

计划书（business plan）是一份正式的文档，它明确了企业的目标及实现这些目标的计划。

如图5-8所示，一份商业计划书包括企业的使命宣言、历史，还有经营者及管理团队的资质，以及他们可能为企业带来的任何资源。它可能还包括企业的营销计划、运营计划、财务规划及风险分析等。商业计划书同时会明确竞争，强调成功的机会。（你将在迷你章节第二章里找到编撰成功商业计划书的更多信息。）

忽视上述因素中的任何一个，都可能会从一开始毁掉一个企业。撰写商业计划书可以促使你预先考虑企业要面对的一些困难。糟糕的计划会带来不必要的开支。同样，一份写得很好、经过深思熟虑的商业计划书也能带来更好的融资选择，因为出资人更有可能投资于一家拥有可靠计划的企业。如果没有足够的资金，成功的难度要大得多。

当新企业主没有充分预料到自己会在金钱、时间和其他方面被迫做出大量牺牲时，新企业可能也会失败。例如，业主及员工的医疗保险与退休金的压力全都落在了新企业主的肩上。为雇员人数超过50名的企业提供医疗保险是政府的职责。然而对于规模更小的企业来说，它们有时会通过推迟支付企业主的医疗保险和长期退休基金

图5-8 商业计划书概括了企业的目标和战略

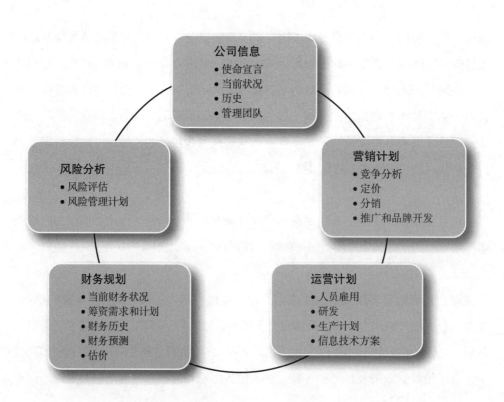

来维持企业的运转。此外，企业主必须为企业倾注大量时间和精力，同时必须承担多种职责，因而经营自己的企业并不适合那些无法承受这些压力的人。

获取帮助

小型企业主可以从哪里获得帮助？ 大多数新企业主都是新手，因为他们没有经历过他们将要遇到的问题。如果知道何时可以从哪里寻求帮助和听取别人的看法，或只是了解一点建议，那么新企业就会变得与众不同。以下是小企业主可以寻求帮助和建议的一些资源（见图5-9）：

图5-9　小企业的支持网站

美国小型企业管理局
● www.sba.org
● 其唯一目标是满足小企业的需要，提供咨询、研讨会、小额贷款等服务

退休高管服务公司
● www.score.org
● 由退休高管组成的志愿者组织，免费为小企业提供工作坊和咨询服务

企业家协会
● www.eonetwork.org
● 提供行业相关的会议和研讨会，帮助企业主接触行业专家，让他们接受专家的指导

美国企业孵化器协会
● www.nbia.org
● 为初创企业提供信息、教育、宣传，以及社会关系资源

美国小型企业管理局。除了财务援助，美国小型企业管理局还提供开办和运营企业所需的法律援助，例如面向小企业主的教育和培训、灾害援助及咨询等。美国小型企业管理局会在全美各个州的主要城市举办活动，例如财务分析、商业计划书撰写，以及如何启动企业的工作坊等。它还提供免费的线上课程，并且整合了指向私人在线培训学术机构的链接。在国家和各个州的政策制定者面前，美国小型企业管理局还充当了小企业主支持者的角色。它力图减少政府对小型企业的监管要求，同时最大化它们的利益。

退休高管服务公司。近11 000名志愿者组成了美国小型企业管理局的"**退休高管服务公司**"，他们无偿为小型企业提供工作坊和咨询服务。这些志愿者正在或曾经工作于这一领域，因而能够针对小型企业的新业主或现有业主提供建议。他们审阅企业的商业计划书，协助它们进行税务规划，同时提供新的创意和全新的观点。佛蒙特

泰迪熊、薇拉布拉德利和吉力贝糖果等都是退休高管服务公司的成功案例。

其他导师资源。退休高管服务公司并不是新企业主可以寻求导师帮助的唯一来源。行业会议或研讨会通常会给新企业主提供机会，让他们找到能够充当顾问和导师的其他人选。此外，企业家协会等机构可以让企业主与他们所在行业的专家建立联系，获得个人指导。尽管企业家协会针对的是那些当前可以独立发展的企业家（它的要求是参与者必须是一家年销售额不小于100万美元的企业的创始人、联合创始人、经营者或控股股东，且年龄不超过50岁），但这类导师服务对已经开展业务的小企业主来说也很有帮助。

小企业主适合哪种类型的培训？在投入努力之前，有些经验或训练总是好的。尽管许多企业家拥有商学院的高级学位，但正规教育等级通常不是必要的。如果你正在大学学习，请在你感兴趣的行业寻找实习机会。大企业和小企业都会雇用实习生。

大多数社区学院会开设学分制或非学分制的商学社区教育课程，由行业专业人士主讲。在正式课堂培训之外，你还可以通过在相关领域的公司实习或兼职来获得实践经验，在任何初创公司工作都可以给你带来有助你运营小企业的经验。

小企业主可以从何处得到支持服务？对很多新企业来说，它们最大的开销之一就是运营企业所需的支持服务。**企业孵化器**（business incubator）是通过提供行政服务、技术支持、业务网络、融资资源等更多初创企业可以共享的服务来支持初创企业的组织。企业孵化器既可以是私人组织也可以是公共组织。在过去数十年里，发达国家和发展中国家的许多城市都发起了促进新企业发展的公共企业孵化器，这些机构经常和大学及研究机构合作。例如美国国家科学基金会创立了创新团，这是一个总价值达500万美元的学生企业家孵化器，而伦斯勒理工学院则运营着美国最古老的孵化器项目之一。

企业孵化器的主要目标是培养成功的企业，这些企业能够独立运营，同时能在最易失败的早期阶段在财务上存活。企业孵化器还创造了一个协同环境，企业主在这里可以扮演同辈导师的角色，共同分享成功与失败的经验。此外，企业孵化器也为初创企业提供了合法性，以及比家庭办公室更专业的氛围。企业孵化器的参与者最终必须离开，但是以孵化项目作为开始能够提高很多初创企业的成功率。

小型企业还可以通过其他哪些渠道来获得建议和帮助？ 正如我们之前所说，开创一个小型企业要求企业主履行许多职责。很多企业主会很快意识到，他们只擅长其中的一个或几个方面，因此他们会寻求其他人的协助。其中一种选择是与可以为企业提供新企业主不具备的能力的合作伙伴开展合作，而合作伙伴反过来也会共享该企业的利润和债务。组建顾问团则是另一种选择。**顾问团（advisory board）** 是由可以为新企业主提供指导意见的个人组成的团体，它类似于上市公司的董事会，但不具备决策权。

企业所在地点对企业主可以获得的帮助类型有影响吗？ 在大多数情况下，新企业主会寻找一个适合业务经营的、交通便利且安全的地址。然而，为了在美国各地建立甚至复兴社区，联邦政府和州政府根据人口、贫困率及当地遭受的经济压力等多种依据设立了**企业振兴区（enterprise zones）**，这是一种旨在振兴经济发展的地理区域。在这些企业振兴区里选址和招聘的企业可以得到丰厚的税收优惠。此外，联邦政府还在美国各地设有企业社区和授权区。一旦在企业振兴区落脚，企业得到的经济利益通常会超过选址于困难地区的。

■ 还记得罗杰·谢尔曼吗？当发现自己的小企业遇到问题时，罗杰决定咨询退休高管服务公司的志愿者。很多新企业主认为他们无法负担专业咨询费用，因此他们总是依赖于自己的努力、朋友或家人的建议，以及反复试错。他们常常会发现，要想取得商业成功，只有好创意和努力工作是不够的。了解新企业能够获得的所有资源，可以避免企业家犯下最终导致企业倒闭的错误。谨慎的财务决策、精明的管理、细致的计划，以及做出重大个人牺牲的意愿都是创建成功企业所必需的。懂得在何时何地，以及如何寻求帮助同样是企业成功的关键要素。

5-5　融资方式的选择

比较小型企业每种主要融资来源的潜在优点和缺点。

■ 1965年，17岁的弗雷德·德卢卡开办了自己的三明治店铺。当时，刚刚高中毕业的

他担心自己无法用在本地五金店打工的微薄的1.25美元时薪支付自己的大学学费。弗雷德的一位朋友，彼得·巴克（Peter Buck）博士建议弗雷德开一家三明治小店。他认为弗雷德所要做的只是租一个店铺、设一个柜台、买一点食物，以及做三明治，这样顾客就会来店里买吃的。在支付了供应商的费用后，弗雷德依然会有余钱来支付大学学费。巴克博士确信这么做会成功，于是借给弗雷德1 000美元来启动。四十年后，赛百味已经成为一家大型私营企业，店铺遍及世界各地。[25]

弗雷德是从向朋友借钱开始的，在寻求更正式的融资办法之前，企业主还可以用其他方式来为新企业融资。 本节，我们将介绍可为小企业主所用的许多筹资资源，我们还将讨论每种资源的利与弊。

现金与信用

来源：Newscom。

从何处获得开办企业的资金？ 大多数新企业需要资金来购买存货、获得实体地址，以及开展适度的营销活动。通常，新企业主必须设法利用任何可用的资金来源，包括他们自己的资金。当企业主用很少的资金来开创企业时，我们称这种做法为**自我筹资**（bootstrap financing）。自我筹资方式包括动用自己的资金、向家人和朋友借钱，也包括与供应商或客户交换服务或商品。对新企业主来说，朋友和家人通常是第一选择，与银行不同的是，朋友和家人通常不会要求他们投入的钱有较高的回报率，也不会要求企业迅速盈利。

然而，在向家人和朋友借钱时，重要的是尽可能地以专业的态度对待他们。请务必向他们提供一些文件，说明你打算如何还钱，同时列出事情出错时的应急方案。此外，在项目进行过程中，你应该提前告知他们与企业相关的所有风险。自我筹资的其他方式还包括商业信用、保付代理及租赁等。我们将在第十五章讨论这些选择。

通过众筹网站筹资是合理的选择吗？ 启动众筹网和独立行等网站让众筹这种初创企业的新型筹资方式变得流行起来。企业家可以将他们对项目或企业的详细介绍发布到这些网站，并借此来寻求资金。为这些项目筹资的人通常会捐出一小笔钱，同时会获得其所支持的初创企业提供的免费产品，抑或购买特别版本产品或与产品设计师见面的机会。支持启动众筹网的人并不拥有新企业的任何一部分，而企业也不能向他们保证自己会成功——他们所做的只是捐款。

众筹也许听上去像是推出一种新产品的糟糕方式，但事实并非如此。相当成功的众筹项目有很多，卵石表就是最早获得融资的项目之一。这款手表的开发者希望一个月内在启动众筹网上筹集10万美元。最近，最酷小冰箱在不到36个小时内达到了自己的目标，最终获得了1 300万美元的资助。我们同样会在第十五章更详细地讨论众筹。

可以用信用卡来为自己的企业筹资吗？ 信用卡提供了一种快速获得资金的便利方式，特别是在其他融资选择的可能性为零的情况下。如果使用得当，信用卡可以成为一种满足企业短期资金需求的便捷方式，但前提是你每月都能付清所有欠款。如果你没能做到，那么未付欠款的利息会快速增长，这是因为信用卡利息和其他类型的筹资利息相比要高得多。随着时间的推移，你不仅要支付未付欠款的利息，还要支付结转利息，这很快便会成为巨大的财务负担。

小企业贷款和补助

如果企业主需要的钱比自筹的还多，怎么办？ 新企业主有时会抵押自己的资产（例如他们的房产）或退休金来筹得更大额的资金。然而，这是一种冒险的做法，因为企业失败的后果对个人而言是毁灭性的。用毕生积蓄或房产抵押来拯救一家失败的企业已经导致许多人失去了一切。

如果你正打算收购一家现有的企业或购买特许经营权，银行、储蓄和贷款通常可以提供资金来帮助你买下企业、设备、机器及信贷额度（可由借款人自行提取的信贷来源），从而帮助你在发展缓慢的时期发放工资。大约有一半的小型企业会使用银行贷款和信贷额度作为融资策略的一部分。

可以申请补贴来帮助自己创建企业吗？ 补贴（grant）是由联邦和州政府及部分私人组织提供的资金奖励。尽管企业不需要偿还补贴，但申请过程却十分漫长，同时涉及大量文书工作。申请补贴时的最大障碍在于撰写申请书。许多优秀的提案因为疏忽了拨款申请而没有得到资助，所以你必须了解拨款程序。受限于你的企业的性质，联邦政府的拨款通常是不可用的，但州政府一般会为小企业提供补贴，这些小企业所在的都是州政府为了发展经济而努力培育的行业。然而，你必须确保自己通读了整个补贴申请，并且理解了这种申请对接受补贴者的所有要求。如果不符合补贴要求，那么补贴通常会转变成附加利息的贷款。

天使投资和风险投资

如果企业主需要通过投资者来获得额外的资金来源该怎么办？ 在不打算通过贷款来筹资，或者没有贷款条件的情况下，企业主还可以通过其他来源获得资金。例如，企业可以从天使投资人、风险投资者或小企业投资公司等外部投资者那里获得资金。

天使投资人。天使投资人（angel investor）是富有的个人，他们愿意为了未来的利润而投钱。每年，天使投资人都会资助数千个小型企业，投资额为25 000美元到100万美元不等。[26]天使投资人通常会在企业发展的早期阶段提供资金，他们一般具有投资企业所在领域的相关经验，因此能为企业提供指导和建议。和风险投资者不同，天使投资人通常不会试图管理或控制自己投资的企业。如果你没有有钱的朋友，或者联系不上任何有钱人，那么你可以试着在网上搜一搜，或许可以找到天使投资人。天使投资协会可以帮助你定位地区性的天使投资人群体。天使名单和投资圈等社交网络则提供了创业者和投资人的配对功能。

风险投资者。风险投资者（venture capitalist）是初创企业的下一步筹资选择。当企业变得更为成熟，需要大量资金将业务推进到下一个阶段时，它们一般会选择通过风险投资来筹资。风险投资者是通过将其他投资人的资金投资于有高增长前景的企业来管理资金的企业实体。作为投资回报，风险投资者会从企业得到某种形式的权益，也就是一部分所有权。风险投资者对投资项目十分挑剔，因为它们希望将失败风险最小化。通常，只有那些已经运营了若干年，并且具有扩大潜力的地区或全国性上市企业才能得到它们的投资。为了保护自己的投资，风险投资者通常会在企业管理中发挥积极的作用。因此，企业所有者在寻求风险资本融资时，必须接受放弃控制权的想法。

美国广播公司的电视真人秀节目《创智赢家》可以让我们一窥风险投资的竞技场。该节目的主角是几位高调的投资人，他们每周都要听取若干全新的商业议案。

小企业投资公司。小企业投资公司（small business investment company，

开展 SWOT 分析

最近，你和一位工程师朋友一直致力于提高混合动力汽车的电池性能。随着你对混合动力汽车行业的了解越来越多，你发现了这些电池在服务与更换方面尚未满足的潜在需求。尽管有些经销商提供了这些服务，但你们可能还是有机会在你们所在的地区开设一家针对这些电池的专营店。你可以想一想混合动力汽车电池行业的优势、劣势、机会和威胁。

SBIC） 是风险投资不可用或不合适时的另一种选择。小企业投资公司是由美国小型企业管理局许可的私营风险投资公司，可以向小企业提供权益资本或长期贷款。小企业投资公司提供的资金规模通常在 25 万美元到 500 万美元之间。

如前文所述，使用外部投资的一个缺点在于，这些投资者为了保护自己的投资，通常会在企业中寻求控制权或管理权。然而，投资者的商业智慧通常会将企业推向下一个发展阶段，因此这一般会让企业所有者和投资者实现双赢。

■ 正如弗雷德・德卢卡所证明的那样，为企业融资是一项充满挑战和艰难决策的任务。利用朋友提供的资金和自己的积蓄，弗雷德将一家小小的三明治店做成了国际性连锁企业。但是，不论这些资金是来自你自己、你的朋友，还是来自外部投资人，你在个人生涯、职业及财务方面面临的风险都很高。全面的调查和细致的规划是解决这些棘手问题的关键。只有了解可用的选择，做好应对财务困境的准备，企业主才能给自己创造成功的最佳机会。

本章小结

5-1 描述美国经济中小型企业的角色和结构。

● 小型企业是独立经营和运作的企业，在其所在领域不占主导地位，员工人数不超过500人。为了达到参加美国小型企业管理局的政府项目的资格，企业必须满足一定的收入限制，这一限额根据不同的行业而有所变化。许多小型企业的年收入限额为700万美元。

● 小型企业对经济十分重要的原因有很多。它们的产出超过了美国经济的1/2，它们有助于推进创新，它们为大企业提供了这些企业自身无法提供的商品和服务，它们也为消费者提供了大企业不能也不愿提供的商品和服务。此外，它们雇用了大约50%的个人劳动力。

5-2 说明高效企业家的特质，区分不同类型的企业家。

● 企业家是承担企业的创造、组织和运营风险的人。

● 企业家具有创新性，敢于冒险，他们有成功的动力，同时变通且自主。他们善于与人沟通，具备良好的领导技能，并且是"系统性思考者"。

● 并非所有的企业家都是一样的。生活方式企业家希望找到符合自己期望的生活方式的事业，微型企业家则满足于通过保持较小的企业规模来实现平衡的生活，居家企业家在家里经营自己的事业，而互联网企业家则只在网上经营。成长型企业家渴望创造快速增长的企业，希望扩张，而社会企业家则是为了社会使命才开始自己的事业的。内部创业者是在为他人所有的组织内部以创

业方式工作的创业者。最后，连续创业者在自己的商业生涯中创造和培养了许多不同的企业。

5-3 概括特许经营和购买现有企业的优缺点。

● 特许经营是企业以公司名义向独立第三方运营商出售公司商品或服务的一种经营方式。

● 特许经营的优势包括：运营体系经过了验证，能够从经济的规模效应中获益，特许权人通常会提供培训、营销支持及市场调研等服务。

● 特许经营的缺点在于，加盟商没有对店铺、商品或服务的外观控制权，要向特许权人支付启动费用和每月使用费，以及承担沉重的工作负担。此外，特许经营还会受到与特许权人有关的或与同一公司的其他加盟商有关的负面新闻的影响。

5-4 讨论导致小型企业失败的因素，以及可以用来降低小型企业失败可能性的措施和资源。

● 商业计划书概括了一个公司的目标和战略，同时包括了公司的营销计划、财务规划、风险分析及运营计划等内容。忽视上述因素中的任何一个，都可能会从一开始毁掉一个企业。

● 新企业失败的原因包括：债务积累过多，没有充分的管理，规划不善，意料之外的个人牺牲，等等。

● 美国小型企业管理局提供与开办和运营企业相关的

法律支持，同时提供教育培训、财务援助、灾害援助及咨询等服务。

● 退休高管服务公司的志愿者提供免费的帮助，内容包括审阅商业计划书、税务规划支持及提供新创意和新观点等。其他导师资源包括行业相关会议和企业家协会等机构。

● 企业主可以在两年制和四年制学院里接受正式课堂培训，也可以通过在类似行业的公司参与实习工作来获得实践经验。

● 企业孵化器通过提供初创企业可以共享的行政服务、技术支持、业务网络、融资资源及财务资源等来支持初创企业。

● 顾问团为新企业主提供指导，但他们一般不具有决策权。

● 企业振兴区是美国联邦政府和州政府为了复兴经济而划定的地理区域，在该区域选址和用人的企业可以得到丰厚的税收优惠。

好处在于他们不会要求自己的投入带来高额回报，也不会要求企业迅速盈利。然而，这么做的潜在缺点在于，这类私人贷款的处理方式有时不够专业。

● 当所需资金超过信用卡、朋友或家人可以提供的数额时，小企业主可以采取其他融资方式，比如向银行和储蓄贷款机构贷款。信贷额度或启动贷款也可用来弥补短期资本需求。联邦政府及州政府也可能会为一些特定性质的企业提供补贴。

● 天使投资人是富有的个人，他们希望通过投资企业获得良好的发展前景和回报。天使投资人通常不会寻求其所投资的企业的管理权，他们一般要经过较长时间才能获得回报。

● 风险投资者通过给企业投资来换取某种形式的权益或企业的所有权。风险投资者常常希望在其所投资的企业中扮演积极的角色。因此，这种融资方式可能无法吸引那些不愿意放弃企业控制权的企业主。

5-5　比较小型企业每种主要融资来源的潜在优点和缺点。

● 与银行及其他借贷机构不同，向朋友和家人借钱的

重要概念

顾问团	加盟商	利基机会	天使投资人
特许权人	退休高管服务公司	自我筹资	商誉
连续创业者	企业孵化器	补贴	小型企业
商业计划书	成长型企业家	美国小型企业管理局	尽职调查
居家企业家	小企业投资公司	企业振兴区	互联网企业家
社会企业家	企业家	内部创业者	内部社会创业者

创业团队   生活方式企业家   风险投资者   特许经营

微型企业家

自我测试

单选题（答案在本书末尾）

d. 在其所在行业占主导地位

5-1　以下哪项是企业家的重要特征？

a. 变通能力

b. 敢于冒险

c. 创意思维

d. 以上都是

5-2　五年前，莎莉开创了一家新的企业。这家企业为食物银行提供过剩的有机食品，每年以15%的速度增长。以下哪个类型的企业家最适合描述莎莉？

a. 社会企业家

b. 生活方式企业家

c. 成长型企业家

d. 瞪羚企业家

5-3　开办企业之前必须首先撰写以下哪份文件？

a. 商业计划书

b. 贷款申请

c. 合伙申明

d. 特许经营协议

5-4　以下哪项不是小型企业的特征？

a. 员工人数少于500人

b. 平均年收入不超过700万美元

c. 是独立经营和运作的企业

5-5　史蒂文·叶打算开一家公司。他有一份商业计划书草案和一些初始资金，但他还需要额外的建议和指导来帮助自己完成启动过程。最适合史蒂文的资源是：

a. 一位天使投资人

b. 一位退休高管服务公司的志愿者

c. 他的父母

d. 银行贷款经理

5-6　和人（Kazuto）对开办新企业很感兴趣。是什么原因让和人购买了现有企业，而不是从零开始？

a. 他将经营一个已经过尝试和检验的企业

b. 他想工作更短的时间

c. 他需要的前期资金更少

d. 以上都是

5-7　韦兰打算购买一家待售的熟食店，但店铺主人对自己的商誉开价太高。商誉指的是：

a. 熟食店提供给当地食品救济处的过剩产品

b. 熟食店捐助慈善组织的捐赠价值

c. 店铺当前所有者的声誉

d. 以上全部

5-8 丽贝卡已经经营了好几年宠物美容生意，她花光了自己的个人积蓄，刷爆了信用卡。她设计了一款可以提高宠物美容效率的设备，但她需要12.5万美元才能进一步实现这一创意并将其卖给其他宠物美容师。那么丽贝卡最有可能使用以下哪种筹资渠道？

a. 信用卡借款

b. 新企业补贴

c. 天使投资人的投资

d. 风险投资

5-9 以下哪个因素通常会导致小型企业失败？

a. 没有进行充分的规划

b. 积累的债务过多

c. 个人要做出未曾想到的牺牲

d. 以上全部

5-10 拉希德开办了一家咨询公司，他需要一名接待员，一个会见客户的地方，以及其他功能的办公室。拉希德可以考虑的最佳选择是：

a. 导师团

b. 顾问团

c. 企业孵化器

d. 创业团队

判断题（答案在本书末尾）

5-11 小型企业可以对大型企业产生积极的影响。

☐对　☐错

5-12 社会企业家会为第三世界国家里那些打算开创自己的企业但没有资本这么做的人提供资金。

☐对　☐错

5-13 尽管大多数小型企业年收入不足3 900万美元，但美国小型企业管理局并没有为小型企业设定收入限制。

☐对　☐错

5-14 加盟商通常要向特许权人支付许可使用费。

☐对　☐错

5-15 众筹指的是在你的脸书主页上发布筹款请求。

☐对　☐错

批判性思考题

5-16 鼓励员工在现有工作中从事创业活动的公司最终创造了便利贴和索尼游戏站等产品。企业环境的哪些方面促进了内部创业活动？

5-17 讨论社交媒体如何影响小型企业的各个发展阶段，比如融资、营销和传播等。

5-18 比较小型企业可用的不同筹资来源。哪一种筹资来源更适用于企业的开始阶段？在企业已经发展得不错，打算扩张的情况下，哪一种筹资来源更好？

小组活动

头脑风暴：开创一家企业

5-19 在组队之前，请思考自己对什么感兴趣，有没有与你的兴趣有关的潜在市场。根据你的兴趣提出一两个有关你打算开办的企业的思路。

a. 想一想你是否可以卖点什么来填补未满足的市场需求。例如，你是不是对本地产的有机蔬菜很感兴趣，但却因为不知道附近哪里可以买到它们而沮丧？如果是这样，你就已经为当地的农夫市场想到了一个创意。

b. 想想社区服务方面的创意。当学校放半天或全天假时，是否可以考虑将高中生组织起来，为小学生提供日托服务？

c. 再想想那些有发展潜力但目前做得不怎么好的创意，你是否有办法把它做得更好？

召集小组成员，讨论每个人的创意，完善其中两到三个创意。

让每个小组成员进一步深化其中一个创意，明确目标市场，概括企业目标。

再一次召集小组成员，选出一个商业方案。

如果时间允许，小组可以利用商业计划书模板进一步深化该方案。请参考迷你章节第二章了解更多内容。

企业道德与企业社会责任

社会企业家精神：开始做点好事

为了帮助社会企业家筹款，亚历克斯·布达克（Alex Budak）和汤姆·道金斯（Tom Dawkins）创办了"开始做点好事"。和启动众筹网及独立行等众筹网站一样，在"开始做点好事"网站上给项目投资的人会获得产品或其他激励。

步骤

步骤1，访问StartSomeGood.com，了解该网站推广的项目类型。阅读"运作方式"栏目了解更多有关如何提交创意的方式。

步骤2，在小组中讨论学校或社区的需求，列出你们小组认为适合参加"开始做点好事"网站活动的创意。确定你们所需的资助标准，以及给予资助人的适当回报。

步骤3，每个小组向全班展示自己的创意，全班投票选出最适合放在"开始做点好事"网站上的创意。

5-20 你具备成为一名企业家的特质吗？

在本章，你已经了解了成功企业家共有的一些个人特质。你具备这些特质吗？使用搜索引擎，找一个创业测试来帮助你确定自己是否具备成为企业家的条件。你的哪些个人特质让你有望成为一名企业家？又有哪些因素妨碍了你？

5-21 特许经营业主

你打算开创一番事业但又不想从零开始。访问企业家网站，调研三个你打算从事的特许经营项目。请确保这些特许经营项目在你的财力范围之内。为每个特许经营项目撰写一份简短的概述，记下经营每个项目的利与弊。

5-22 做一日天使投资人

恭喜你，你中了彩票！你正在寻找一些可以投资的初创企业。访问"天使名单"网站，研究那些已经获得资金和正在寻求资金的企业类型。选择三个不同的企业，讨论你投资它们或不投资它们的原因。

5-23 建立一个有良知的企业

创建一个有社会良知的企业需要什么？在美国公共广播电视公司网站玩一玩《新英雄》游戏，看看你到底需要哪些条件。前往 PBS.org 网站，点击"项目"一栏下的《新英雄》链接[①]，点击"参与"开始游戏。

5-24 小企业主：从何处寻求帮助

假如你是一名新的小企业主，你会从哪里获得帮助？不少大学都设有小企业发展中心，这些中心是美国小型企业管理局的附属机构，它们向未来和现有的小企业主提供信息和指导。前往美国小型企业管理局网站，利用"小企业发展中心地址"链接找到你所在地区最近的中心，了解他们可以提供的服务。

MyBizLab

在 MyBizLab 作业板块完成以下写作练习。

★ 5-25 为什么有的人不想从零开始创业，而是打算收购现有企业呢？收购现有企业的缺点是什么？

★ 5-26 米卡打算开办一家新企业，因而需要筹集大约 50 万美元资金。请思考米卡可以采用的融资机制，选择两个你认为最适合米卡的方式。指出每种方案的利与弊，提出你的最终建议。你可能要在答案中对米卡的企业做一些假设。

---

① 该游戏页面现已下线。——译者注

参考文献 ████████████████████████████

1. From U.S. Small Business Administration, "Small Business Size Standards," https://www.sba.gov/contracting/getting-started-contractor/qualifying-small-business(accessed April 17, 2016).

2. U.S. Census Bureau, "Statistics about Small Business from the Census Bureau," http://www.census.gov/econ/susb (accessed April 18, 2016).

3. U.S. Small Business Administration, "Summary of Size Standards by Industry Sector," www.sba.gov/content/summary-size-standards-industry (accessed April 18, 2016).

4. John Tozzi, "Small Business's Shrinking GDP Contribution," *Bloomberg Businessweek*, February 16, 2012, www.businessweek.com/articles/2012-02-16/small-businesss-shrinking-gdp-contribution.

5. Small Business Economic Council, "Small Business % of US Economy": http://www.sbecouncil.org/about-us/facts-and-data/.

6. International Monetary Fund, "World Economic Outlook Database April 2016," www.imf.org/external/pubs/ft/weo/2011/02/weodata/index.aspx (accessed April 18, 2016).

7. Small Business Administration, "United States Small Business Profile, 2016," https://www.sba.gov/sites/default/files/advocacy/United_States.pdf.

8. Small Business Administration, Office of Advocacy, "Frequently Asked Questions," https://www.sba.gov/sites/default/files/FAQ_Sept_2012.pdf (accessed April 23, 2016).

9. GigaBiter, "Our Company and Mission," www.gigabiter .com/about/index.aspx.

10. "Fabric: Recycled Polyester," www.patagonia.com/us/patagonia.go?assetid=2791.

11. Bruce Freeman, "Fired? Start a Business!" www.prolinepr.com/Fired.html (accessed April 24, 2016).

12. Dan Tynan, "The 25 Worst Tech Products of All Time," May 26, 2006, www.pcworld.com/article/id,125772-page,6/article.html.

13. Jake Kilroy, "Wahoo's Has a Birthday Party (and I Get Invited)," *Entrepreneur Daily Dose*, February 27, 2009, https://www.entrepreneur.com/article/218380 (accessed April 24, 2016).

14. "Citizen Wayne—The Unauthorized Biography," *Miami New Times* 9, no. 33 (December 1–7, 1994), www.corporations.org/ wmi/huizenga.html.

15. "Lifestyle Entrepreneurs: RV-Based Businesses Can Be Going Concerns," www.entrepreneur.com/franchises/franchisezone/startupjournal/article64548.html.

16. Ryan Decker, John Haltiwanger, Ron Jarmin, and Javier Miranda, "The Role of Entrepreneurship in US Job Creation and Economic Dynamism," *Journal of Economic Perspectives*, Summer 2014, https://www.aeaweb.org/articles?id=10.1257/jep.28.3.3 (accessed April 22, 2016).

17. Jake Swearingen, "Great Intrapreneurs in Business History," www.bnet.com/2403-

13070_23-196888.html?tag+content;col1.

18. "Meet the New Heroes: Mimi Silbert," www.pbs. org/opb/thenewheroes/meet/silbert.html.

19. Josh Cleveland, "Creating a Company Culture That Engages Social Intrapreneurs," June 29, 2009, www.greenbiz.com.

20. International Franchise Association, "About the IFA," http://www.franchise.org/about-ifa.

21. "Franchise Business Economic Outlook for 2016," http://emarket.franchise.org/ FranchiseOutlookJan2016.pdf.

22. "Home-Based Franchises for 2016," https:// www.entrepreneur.com/franchises/homebased.

23. "2015 Top Low Cost Franchises," https://www. entrepreneur.com/franchises/lowcost.

24. Stacy Perman, Jeffrey Gangemi, and Douglas MacMillan, "Entrepreneurs' Favorite Mistakes," BusinessWeek, http://images.businessweek.com/ ss/06/09/favorite_mistake/source/1.htm.

25. "About Us: History," www.subway.com/ subwayroot/about_us/history.aspx.

26. "Financing Options for a Small Business: Finding the Right Funding," www.startupnation.com/ articles/financing-options-for-a-small-business- finding-the-right-funding.

第六章 企业的组织形式

本章目标

6-1 独资企业

讨论独资企业的优势与缺陷。

当企业家创立一家企业时，选择恰当的企业架构对它的成功十分关键。当帕蒂·雅各布斯（Patty Jacobs）打算开办她自己的清洁公司时，她就成为一名独资经营者。她的企业开始迅速发展，但她并不知道独资经营到底适不适合她的新公司的企业架构。你知道独资经营在什么情况下才是最佳选择吗？

6-2 合伙企业

讨论合伙关系与合伙协议的优势和缺陷。

独立完成一项工作有时会让人不堪重负。正因如此，企业家可能会与其他人合伙，为了每个参与者的利益而共同分享资源和才干。丹尼尔·拉米雷斯（Daniel Ramirez）和史蒂芬·布朗（Stefan Brown）这两位合伙人将他们的技能和资金结合起来，开办了一家新企业。为什么合伙是一种对企业有益的企业组织形式呢？合伙人应该针对哪些困难做好准备？

6-3 公司

说明公司是如何形成的，比较公司和其他形式的企业。

在继承了他们的母亲拥有和经营的房产之后，布兰登·雅各布斯（Brandon Jacobs）和他的姐姐索尼娅（Sonya）意外地发现自己成了房东。布兰登和索尼娅打算开办一家合伙企业，但有人提醒他们，合伙企业可能不是他们经营企业的最佳结构。为什么合伙企业不是索尼娅和布兰登的好选择？他们还有其他的办法吗？

6-4 非营利组织与企业

解释非营利组织与企业的特征。

达内尔·哈蒙德（Darrell Hammond）知道，他可以通过给孩子们提供安全玩耍场所这种方式来改变市中心孩子们的生活。他很快就不满足于适度的志愿者活动了，他知道自己想要扩大规模去帮助更多的孩子。他需要的是一种既可以获得利润，又可以将利润用于全国社区的企业架构。那么，哪一种企业架构最适合他呢？

6-5 合并与收购

比较不同类型的合并与收购，解释每种情况发生的原因。

为了进入不同地区，或是获得竞争优势，企业会不断地通过增加生产线这种方式来寻找扩张机会。合并和收购背后的基本原因在于，合并后的公司将比单个公司更有价值。合并和收购的不同之处是什么？它们会在何时发生？

6-1　独资企业

讨论独资企业的优势与缺陷。

■　帕蒂·雅各布斯在家经营一家小型清洁企业。她没有员工，她以自己的个人所得税来申报公司的收入和开支。然而，她的事业发展得很快，因而她打算雇用一些员工。她担心随着业务的扩大和新员工的到来，自己将会承担更多职责。作为独资经营者，她明白自己要为公司的所有损失负责。此外，由于帕蒂的小型企业经营得很成功，因此对公司收入单独报税可能比通过她的个人报税单来申报更为合理。她发现，作为一家正在成长的企业的经营者，她需要做出比她预想更多的决定。

帕蒂·雅各布斯选择以独资方式开办自己的公司，因为这是一种快速且简单的办法。 成立独资企业不需要任何法律文书，所有相关财务信息都可以通过经营者的个人纳税单来呈现。由于这些优点，独资成了初创企业的常见组织形式。不少企业家在开办企业时也采用了独资形式，但这只是因为企业经营者不熟悉其他的企业组织形式。

起初，为帕蒂的企业选择恰当的合法结构可能是一件容易的事情，但她的企业的快速发展是否已经超越了独资经营的能力范畴？如何才能了解哪种组织形式最适合自己的企业？选择某种企业组织形式取决于很多因素，包括个人所要承担的职责、缴纳的税金、借款能力，以及企业需要提交的书面文件数量等。

来源：Tatyana Gladskih/Fotolia。

美国的经济以及全球经济，是以各种类型的企业为基础的，这些企业包括独资企业（个人所有的企业）、合伙企业（由两个或多个个人合法共享所有权的企业）、公司（由独立的法律实体构成的企业）等。在美国，更多企业采用了独资经营的方式。不过，公司的数量虽少，但它们产出的收益却是最多的。在独资企业、合伙企业以及公司之外，我们还要考虑其他类型的企业，例如有限责任公司和S型公司等。在本章，我们将从本节的独资企业开始，详细探讨每一种企业组织形式。

开办独资企业

为什么独资是常见的企业所有权形式？独资企业是由个人所有（通常由个人控制）的非公司型企业。由于创办独资企业并不需要法律文书，因此很多小型企业业主通常都是在不知情的情况下成为业主。尽管独资企业只能有一个所有者，但它的员工数量没有限制。例如，你有一家管道公司，该公司的所有水管工都为你工作，而它依然可以是一家独资企业。图6-1列出了独资企业的其他特征。

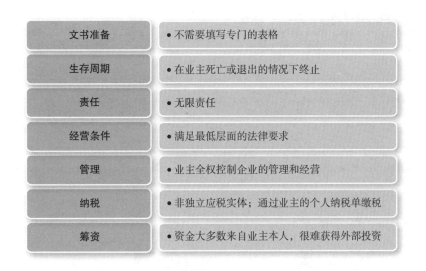

文书准备	• 不需要填写专门的表格
生存周期	• 在业主死亡或退出的情况下终止
责任	• 无限责任
经营条件	• 满足最低层面的法律要求
管理	• 业主全权控制企业的管理和经营
纳税	• 非独立应税实体；通过业主的个人纳税单缴税
筹资	• 资金大多数来自业主本人，很难获得外部投资

图6-1 独资企业的其他特征

如何创办独资企业？ 从你开始自己做生意的那一刻起，也就是通过提供服务或销售商品获得收入，你就成了一名独资业主。你不必填写任何特别的表格，也不需要向州政府或联邦政府提交特别的文件。然而，你可能至少要取得当地的许可，可能也必须保证自己在专门为这一业务开辟的区域中经营。你如果打算雇用员工，那么需要注册自己的公司，并且要在美国国内税收总署获得雇主许可号。

优势和缺陷

成为独资企业业主的优势是什么？ 以独资方式组建企业有几个好处，我们已经讨论了其中之一，也就是简单的组建方式。由于可以独立做出所有决策，无须征询其他所有者或利益相关方的意见，因此业主具有很大的控制权和极大的灵活性，可以快速采取行动。其他优势在于企业无须保存具体的公司记录，也无须提交税务报告等文档。由于这种企业的所有者与企业在法律上并无二致，因此企业不需要填写单独报税表。这可能是一种优势，在企业运营成本大于收入的初创阶段尤其如此。在这种情况下，超额费用（或净损失）可以帮助抵销其他收入来源的应缴税款。

例如，假设夏天的时候，除了自己的常规工作，你还要经营景观美化工作。如果你的除草机坏了，需要更换新的，那么这笔费用可能会超过你所获得的收入，让你的除草生意蒙受损失。你可以在常规工作收入中减去这笔损失，从而减少你的所得税应缴税额。表6-1和图6-2展示了企业损失是如何让你减少应缴税金的。在这个例子中，3 000美元的损失可以让企业向联邦政府少缴纳450美元的税金。

表6-1　独资企业出现亏损和未亏损情况下的个人收入与应缴税金

	出现亏损（美元）	未亏损（美元）
工资收入	14 500	14 500
企业亏损	3 000	
净收入	11 500	14 500
应缴税金	2 437	2 887
差额	450	

图6-2　企业亏损对个人收入的影响

独资业主可以在自己的应缴税款中扣除企业亏损的部分，从而减轻自己的税务负担。

来源：clockwise from top: Kirsty Pargeter/Fotolia; shock/Fotolia; Carlos Caetano/Fotolia。

全年为其他人打工

担任服务生

担任服务生的薪水

夏天独自经营除草业务

除草业务收入

来自客户的现金

新的除草机、汽油、机油，以及其他支出

1040纳税申报表简化版

向美国国内税收总署缴纳的税金

收入	3 500
支出	6 500
亏损	（3 000）

薪水	14 500	2 887
夏季业务的利润/亏损	（3 000）	
计税收入总额	11 500	2 437

夏季业务（损失）省下了450美元的应缴税金

为什么有人不打算采用独资方式经营自己的企业？ 独资的最大缺点在于要承担个人债务。**债务（liability）** 是偿还债务的义务，例如偿还应付账款或还债。债务可能还包括赔偿因违约或损害而产生的损失。**无限责任（unlimited liability）** 意味着如果企业资产不足以偿还企业债务，那么个人资产，比如独资业主的房产、个人投资或退休基金等，都可以用来偿还剩余的债务。换句话说，独资业主可能会损失无限的个人资产。独资企业并不是独立的法律实体，企业所承担的所有债务和责任都是业主个人的义务。作为独资业主，你个人必须为企业的合同、税收，以及员工在受雇期间因不当行为造成的法律责任负责。因此，如果你所经营的这类企业有可能会因其造成的损失让你受到起诉，那么你可能就不想独资经营了。

假设你经营餐饮服务业务，而在某人家中准备餐食时，由于你忘记将蛋卷从纸盘子中取出，烤箱着火了。如果你的企业资产（或保险）不足以弥补损失，那么你个人必须承担或负责赔偿所有损失。如果损失非常严重，也许你的客户的整个房子都烧掉了，那么你可能会失去包括房子和积蓄在内的所有资产。如果你考虑到其他因素而认定独资是最适合你的经营形式，那么请购买保险，例如过失与疏忽保险、残疾险以及保障你的财产的保险，这将有助于你避免因为不可预见的情况而蒙受损失。

在经营独资企业时还需要考虑其他哪些问题？ 无限责任可能是人们不选择独资经营的最重要原因。然而，人们之所以不想独资经营，可能还有其他原因。

• **融资或投资困难**。独资经营的一个缺点在于，它会让业主很难借到钱来帮助企业发展。银行可能会借钱给你，但不会借钱给你的公司，因此它们可能更不愿放出大额贷款，贷款额度将受到你个人资产的限制。组建一个作为独立实体的企业可能会让你筹到更多资金。此外，如果你打算引入一些希望对公司拥有某种所有权的投资人，那么你的企业形式可能需要调整。

• **税收问题**。作为独资企业，你的企业的收入与支出均包含在你的个人报税单里。尽管你可以在自己的个人报税单里扣除医疗保险、退休金以及其他福利上的部分支出，但对于个人独资企业来说，这些支出是不能用于减税的。如果你的企业十分成功，以致缴税成了一个问题，那么你的企业的法律组织形式可能需要改变。

• **出售的问题**。你是否考虑过卖掉自己的企业？出售独资企业会更困难。

- **经济牺牲**。财务控制固然十分重要，但它是有代价的。一般来说，企业要先向员工、供货商以及债权人付钱，企业主通常是最后拿到钱的人。如果预算紧张，那么企业主的医疗保险和退休金有时会推迟缴纳，这可能是一个问题。将独资企业作为兼职来经营，同时依然为别人打工，直到你的企业可以赚到足够的钱来支付薪水和福利，这种做法通常会有所助益。

- **身兼数职**。最重要的是，独资经营意味着所有的管理责任都落在了一个人的肩上，那就是你！在生产商品和销售商品给顾客之外，很多独资业主都忽视了经营一家企业的其他职责。对于开发票、收款、发放工资和福利（如有其他员工），以及开展新业务、跟踪以前的工作和执行营销工作等事项来说，做好它们都需要大量文书工作和时间的支持。这些额外工作十分耗时，它们是业主始料未及的，因此让不少业主很快放弃了自己的新事业。

还记得帕蒂·雅各布斯吗？当她刚开始创业时，独资经营的方式对她很有用。这种企业组织方式很简单，也没有什么文书工作要做。但是现在，帕蒂意识到独资经营对她来说并不是最佳形式，她不希望自己因为员工犯的错误而损失个人财产。和其他小型企业业主一样，帕蒂发现选择正确的企业组织形式是一个复杂的问题。在向其他企业主征询意见之后，帕蒂认为自己的企业有必要进行重组，这样公司的组织形式才更能满足她的需要。

6-2　合伙企业

讨论合伙关系与合伙协议的优势和缺陷。

■　丹尼尔·拉米雷斯看中了一处房产，打算在一个前景好的街区开店。该房产价格还算合理，但还是稍稍超出了他的能力范畴。这个房子还需要做一些翻新，而丹尼尔没有掌握这方面的技能。丹尼尔的大学室友史蒂芬·布朗有一些建筑和木工经验，而且正在寻找商业机会，但他并没有太多资金。在经过大量思考和沟通之后，丹尼尔和史蒂芬同意合伙购买这处房产，共同完成翻新工作。丹尼尔和史蒂芬分别为这一合伙关系做了哪些贡献？他们应该为什么样的困难做好准备？

"两个人的智慧总比一个人强。"这句俗语可能是对许多小型企业都是由两个或两个以上业主共同拥有的最好解释。这种企业组织形式有很多明显的优势，但也有一些潜在的缺陷值得我们注意。在本节中，我们将讨论合伙企业的优势和缺陷，以及在合伙企业中需要注意的问题。

合伙企业的优势和缺陷

来源：Ljupco Smokovski/Fotolia。

什么时候引入合伙人比较好？ 合伙制（partnership）是由两个或两个以上的实体（或合伙人）共享企业的所有权、利润以及损失的企业组织形式。他人力量的加入能够帮助商人分担开办和运营企业的成本、管理职责，以及相关的工作量。有一个与你技能互补的合伙人是非常有利的。例如，如果你擅长和数字打交道，但不喜欢打推销电话，那么引入一位喜欢上门拜访他人的合伙人将会对你的企业有好处。

合伙制的另一个优势与时间有关：由于加入企业的业主增加，业主因此有了更多的时间来发展公司的营销和促销手段，从而可以创造更多的收益。合伙人同样有助于为企业提出新创意和开发新项目，也能与你共同讨论并帮助你制定重大决策。此外，和普通员工不同，合伙人与公司有利害关系，因此他们更愿意长时间工作，而且会做得更多。

引入合伙人有什么缺陷吗？ 既然引入合伙人可以带来优势，那么引入不合适的合伙人同样可能会带来问题。很明显，引入合伙人意味着要分享利润和控制权，因此，如果你不希望放弃这些，那么合伙制可能不是适合你的组织形式。你的合伙人可能有不同的工作习惯和风格。如果此人的风格无法与你的风格互补，那么这种差异就会带来挑战。此外，在企业开始发展和变革时，你的合伙人可能希望让企业向着不同于你期望的方向发展。就像进入婚姻一样，你必须慎重考虑即将与你共享企业的人选。

作为一种企业组织形式，合伙制和独资经营有何异同？ 合伙制和独资经营是相似的。但事实上，两者最大的差异在于贡献资源、分享利润与分担责任的人数。形成合伙关系与组建独资企业一样简单。尽管一些地方性的限制可能会要求企业申请许可，但政府不需要企业提交任何特别的表格或报告。例如，假设你和你的伴侣的兄弟组建了一个名叫"全家电工"的小型合伙企业。在企业可以营业之前，你们或许需要申请许可，但你们不需要为合伙人关系提交任何书面材料。同样，与独资企业一样，合伙企业不需要单独提交报税单。合伙企业的所有损益都可以直接划归到各个合伙人的个人报税单上。图6-3概括了合伙企业的特点。

图6-3 合伙企业的特点

文书准备	• 不需要特别的表格；建议准备合伙协议
生存周期	• 除非合伙协议另有规定，否则企业只会在合伙人死亡或退出时终止
责任	• 无限责任
经营条件	• 满足最低层面的法律要求
管理	• 合伙协议明确了具体的职责；合伙人一般具有同等话语权
纳税	• 非独立纳税实体；企业通过业主个人报税单纳税
筹资	• 资金来自合伙人的贡献

合伙协议的要素

合伙协议有哪些内容？ 合伙关系可以从握手开始，大多数人都是如此。尽管组建合伙企业并不需要正式文件，但起草一份**合伙协议**（partnership agreement）来正式结成合伙关系仍不失为一种好方法。我们可以将合伙协议看作婚前协议。它有助于在冲突出现时解决冲突，并且可能防止微小的误会演变成巨大的分歧。合伙协议包含的要点有很多，但它通常必须包括以下六项。

• **出资额**。每个合伙人为开办企业所贡献的资金、设备、物资、技术，以及其他有价值的有形物质应写入合伙协议。此外，协议应该指出如何为企业提供额外的资本——由谁提供，以及合伙人的总出资额是否有限制等。

• **每个合伙人的责任**。为了避免一方合伙人做的工作比另一方做得更多或更少，或是出现一方希望自己的控制权比另一方更大的情况，企业最好从一开始就明确各个合伙人的责任。除非另有规定，否则任何合伙人都可以在未经其他合伙人同意的情况下将合伙企业与任何债务或合同关联起来。因此，特别重要的是要阐明由谁来承担处理重要财务或合同事务的职责。

- **制定决策的过程**。决策该如何制定？了解决策到底是由所有或多个合伙人共同认可的结果，抑或是只由一两个合伙人做出的重要决定，这将有助于合伙人避免分歧。协议同样应对构成重要决策的内容加以界定。在很有可能出现僵局的两个人的合伙关系中，一些合伙企业引入了值得信赖的合作者，让其充当第三个"合伙人"，而其唯一职责是充当调停人。

- **损益分摊**。协议不仅应该明确如何在合伙人之间分摊损益，还应明确这种做法的频率。例如，协议可能会规定每个合伙人的损益将按照他们最初贡献的比例来分配，如图6-4所示。此外，不管合伙人的贡献有多少，协议也可能会规定对利润进行平均分配。随着合作关系的成熟和变化，明确如何对分配进行调整（如果有的话）也是很重要的。

- **合伙人的退出**。随着原始合伙人的离开和新合伙人的加入，合伙人的结构最终可能会发生改变。无论合伙人是自愿还是非自愿退出，抑或是因为死亡或离婚而退出，合伙协议都应明确相应的合伙人退出规则。免除合伙人所有者权益的条款是必要的，这样企业才不会因此而停业（进入清算）。协议应该包括如何确定所有者权益的金额，以及退出的合伙人应向谁转让其权益。重要的

图6-4　合伙企业的损益分摊

分摊给合伙人的损益可能取决于每个合伙人的出资比例及其承担的责任。

来源：top to bottom, left to right: Anatoly Maslennikov/Fotolia; nattstudio/Fotolia; Antonio Gravante/Fotolia; WONG SZE FEI/Fotolia; Wrangler/Fotolia; hacohob/Fotolia; picture5479/Fotolia。

如何找到合适的企业合伙人？

企业合伙人就好比配偶：双方往往都是在特定情形和偶然的情况下找到对方的。由于财务方面的风险很高，很多人都希望与他们最信任的人合作，例如配偶、朋友或者亲戚。雇用自己的朋友或亲戚有相应的好处，但如果你最好的朋友做得不好要怎么办呢？你可能会寄望于在自己的熟人网络——你的健身房伙伴、孩子朋友的父母或是同学中找到合伙人。如果你在自己的社交圈中没有找到有希望的人选，你可以求助于别人的社交圈。和找工作一样，你可以写下对"完美合伙人"的描述，并尽可能多地将其发给别人。务必对候选人进行面试，寻找那些具有相同目标和价值观的，并且掌握互补技能的人。无论如何，你都要在进入一段"商业婚姻"之前与未来的合伙人"约会"（也就是了解对方）；由于风险很高，因此这一过程不可以进展太快。

是要考虑合伙人是否可以将他的所有权完全转让给其余的合伙人，以及现有合伙人之外的个人是否可以购买退出合伙人的企业份额。

● **合伙人的加入。** 合伙协议应写明对新加入的合伙人的要求。同时协议还应包括新合伙人加入后分配利润的方式，以及是否需要"初级合伙人"过渡期，在此期间此人应证明自己具备获得正式合伙人身份的资格。

合伙企业的类型

合伙企业有哪些类型？ 合伙企业有两种常见的类型：**普通合伙企业**（general partnership）与**有限合伙企业**（limited partnership）。这两类合伙企业的差异在于企业的所有或大部分责任由谁来承担。

什么是普通合伙企业？ 普通合伙企业是合伙企业的默认形式，因此它也是所有合伙关系中最简单的一种。例如，胡安和富兰克林这一对朋友在当地公园开办了一个出售冰激凌蛋筒的小铺，他们每天都在结束营业时分配利润，因而他们已经结成合伙人关系。对胡安和富兰克林来说，这种安排是合理的，因为他们可以平摊利润，而不用担心责任问题。在普通合伙人关系中，每位合伙人都对合伙企业的债务和责任负有无限责任，这意味着每个合伙人都要对自己、其他合伙人，以及任何员工的行为负责。

什么是有限合伙企业? 有时，企业可以引入"有限责任"合伙人，他们主要提供资本和分享利润，但不参与企业运营。为了鼓励投资者向企业投注资本，并且不用承担超出其投资范围的风险，**有限合伙企业**应运而生。有限合伙企业中有两类合伙人。其中**普通合伙人（general partner）**是企业的全权所有者，他们负责所有日常业务决策，同时要对企业的全部债务负责。**有限合伙人（limited partner）**以投资者的身份参与，因此他们承担的责任取决于其对企业的投资额。他们不得积极参与企业的任何决策活动。让我们继续此前的例子，假设胡安和富兰克林没有足够的资金为他们的企业购买一台新的冷柜。他们邀请胡安的兄弟卡洛斯投资现金来购买冷柜。卡洛斯有自己的全职工作，无法参与企业经营，因而成了有限合伙人。如果企业经营出现问题，合伙人必须补偿企业的损失，那么卡洛斯损失的仅仅是他投资的钱（购买冷柜的费用）。有限合伙企业比这个简单的例子要复杂得多，因此在选择采用这一形式之前，我们最好还是再考察一下其他类型的企业架构。

另一种类型的有限合伙企业是业主有限合伙企业（master limited partnership，MLP）。这种企业结构既具有其他有限合伙企业的税收优势，也与公司相似（我们将在后文进行讨论），因为它也是在证券交易市场上公开交易的。业主有限合伙企业主要限于房地产及某些与自然资源（例如石油或天然气）的使用有关的企业。

在十分关注责任的情况下，合伙企业会发挥很好的作用吗? 尽管对胡安和富兰克林的冰激凌小铺来说，普通合伙制是一个合适的选择，但它并不适用于所有企业。在某些情况下，尤其是责任十分重大的时候，独资企业或合伙企业都无法保护业主免遭无限风险。例如，莎拉和汉娜决定建立私人培训伙伴关系——成立一家私人培训与健身激励公司。她们知道每个合伙人都是有责任的——她们不仅要对自己的商业债务和行为负责，还要对对方的商业债务和行为负责。如果一位客户声称莎拉虐待了自己并起诉了公司，那么公司的资产会面临风险，莎拉和汉娜的个人资产同样会遭到威胁。莎拉和汉娜更愿意只对自己的错误负责。在这种情况下，合伙制并不是最好的企业组织形式，因为合伙企业具有无限责任的特点，任何合伙人都不会受到保护，无法让自己的个人财产免遭损失。

相反，莎拉和汉娜应该考虑组建一个有限责任合伙企业（limited liability partnership，LLP）。有限责任合伙企业不仅可以保护合伙人免受任何企业债务或责任的影响，还可以保护他们免受其他合伙人责任的影响。有限责任合伙企业中的合伙人只需对自己的过失负责。有限责任合伙企业可以保护汉娜的个人资产不被用来补偿莎拉的过失，而莎拉要全权为自己造成的错误负责。如果莎拉和汉娜不想考虑如何保护自己免受对方过失的影响，那么有限责任公司则是另一种选择。接下来我们将对这种选择以及其他形式的公司进行讨论。

■ 丹尼尔和史蒂芬的合伙企业得益于他们带来的互补技能和资源。由于丹尼尔的引入所产生的财务风险更高，因此签订合伙协议对史蒂芬来说十分重要。装修完工后，这个空间已经可以商用，丹尼尔和史蒂芬又引入了另一位合伙人——叶丽丽，她拥有广泛的零售和营销经验，而这正是他们推进企业发展所必需的。但丽丽建议合伙企业考虑采用公司的组织架构。她为何认为公司是适合他们的最佳架构呢？接下来我们会讨论公司这一组织形式。

6-3 公司

说明公司是如何形成的，比较公司和其他形式的企业。

■ 布兰登·雅各布斯和他的姐姐索尼娅在继承了他们母亲名下的几处出租房产之后，发现他们意外地成了房东。他们的母亲以房产的独资业主这个身份在个人报税单中申报自己的出租房屋所得。现在，作为共同所有者，布兰登和索尼娅正在考虑组建一个合伙企业，但他们担心责任问题，同时意识到合伙企业可能并不是他们的最佳选择。他们依然可以用自己的个人报税单申报出租房屋收入。为什么简单的合伙人关系没有用？他们还有其他选择吗？

美国作家安布罗斯·比尔斯（Ambrose Bierce）曾经将公司定义为"一种精妙的机构，能为个人带来收益，而无须个人负责"。[1]与合伙企业和独资企业不同，公司可以为企业主的个人资产提供更好的保护。什么是公司？为什么企业主会选择成立公司？公司有哪些不同的类型？你将在本节找到这些问题的答案和更多内容。

公司组织形式的优势

什么是公司？ 公司（corporation）是一种在美国各州法律规定之下合法组建的特定形式的商业组织。公司是独立于所有者的实体，因此公司像个人一样具有法律权利。一个公司可以像其他任何人一样拥有财产、承担责任、纳税、签署合同，同时可以起诉和被起诉。大多数情况下的公司都是C型公司，这里的C指的是规范公司经营的《美国国内税收法典》中的C分章。也有一些公司的组织形式是S型（我们接下来会对其进行讨论）。图6-5列出了C型公司的一些特征。

何时组建公司有意义？ 一些企业经营者之所以成立公司，只是为了在其企业的名字后面加上"公司"或"股份有限公司"等称号。拥有这样的企业名号可以让初创企业产生一种合法的感觉，这会为企业在潜在客户和贷款人方面带来明显的好处，同时使其在竞争中给竞争对手构成更大的威胁。更重要的是，按公司架构组建企业提供了其他企业组织形式提供不了的优势，例如保护个人责任、企业的永久存续以及资金筹集等。

企业所有者如何保护自己的个人财产？ 公司并不仅仅是适用于大企业的形式。C型公司是很多小型机构的正确选择，因为它是一个独立的法律实体，必须对自己的债务、义务和责任负责。它同时具备起诉和被起诉的能力。这也是企业经营者组建公司的主要原因之一。当公司遇到麻烦时，只有公司的财产才能用来补救这种情况，企业

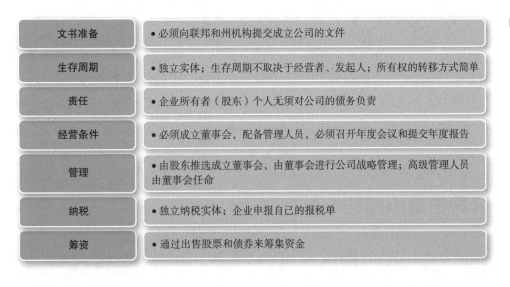

图6-5　C型公司的特征

文书准备	• 必须向联邦和州机构提交成立公司的文件
生存周期	• 独立实体；生存周期不取决于经营者、发起人；所有权的转移方式简单
责任	• 企业所有者（股东）个人无须对公司的债务负责
经营条件	• 必须成立董事会，配备管理人员，必须召开年度会议和提交年度报告
管理	• 由股东推选成立董事会，由董事会进行公司战略管理；高级管理人员由董事会任命
纳税	• 独立纳税实体；企业申报自己的报税单
筹资	• 通过出售股票和债券来筹集资金

经营者对企业的债务不承担个人责任。

当经营者退出时，公司会发生什么情况？ 从本质上看，独资企业和合伙企业的存续取决于它们的所有者。当企业所有者死亡或退出企业时，合伙企业或独资企业的经营通常就中止了。相反，公司在理论上可以一直存续下去，因为它的所有权可以转让给其他股东。由于公司所有权可以轻松变更，因此公司在所有者死亡或打算卖出自己在企业中的权益时，公司还可以继续存在下去。只要经济上可行，一个公司就可以永远经营下去。

公司是否更容易获得资金或筹资？ 公司可以通过向特定群体出售所有权来筹集资金。另外，当一个公司发展到相当大的规模时，它可以通过"上市"——向公众出售公司所有权份额，来扩大自己所有权的覆盖面。股票是投资及所有权的有形依据。正如我们之前提到的那样，贷款人更愿意贷款给公司，因为这些公司不会受限于独资业主或普通合伙人的信用状况。

向公司征收的税和向其他类型的企业征收的税一样吗？ 由于独资业主和合伙人通过自己的个人报税单来上报企业收入，因此这两类企业都是按经营者或合伙人的税率来缴税。公司则有单独的税率。在美国，企业前5万美元净收入的税率为15%，而独资企业或合伙企业相同净收入的税率为25%。然而大多数公司的净收入都超过了5万美元。产生超过5万美元应税收入的企业将按等同于或高于个人应税收入的税率缴税。

在哪里组建公司很重要吗？ 这个问题的答案比看上去要复杂得多，但我们还是需要考虑一些普遍的因素。如果你有一家股东或成员少于五人的公司，那么在你的企业实体所在的州成立公司通常更简单，成本也更低。然而，对规模更大的一些企业来说，在一些向来支持企业发展的州，比如特拉华州、内华达州和怀俄明州等，成立公司可能更有利。特拉华州提供了全美国最灵活、对企业最为友好的一些政策。内华达州的备案费用很低，而且不征收州企业所得税、特许经营税和个人所得税。而怀俄明州也因为类似的政策成为很受欢迎的公司组建之地。

公司的组织结构

公司的组织结构是怎样的？在最简单的配置中，一个公司的组织结构是由股东、董事会、公司管理层、一线管理者和员工构成的，如图6-6所示。每个群体都有不同的职责。

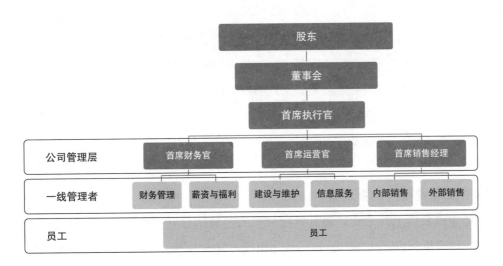

股东

无论一个公司是私人控股公司还是上市公司，它都有自己的股东。**股东（shareholder或stockholder，又称持股人）**拥有公司的所有权权益。对于他们的投资，公司会提供股票证明来明确他们所拥有的股份数额（称为分摊所有权权益）。**上市公司（publicly owned corporation）**是由美国证券交易委员会监管的公司，它们的股份可以在公开的证券交易市场上进行交易。尽管上市公司的股东扮演了公司所有者的角色，但他们并不会直接参与公司的管理工作。相反，他们会通过选举董事、监督管理组织的法律和法规，以及在公司重大问题上投票的方式来影响公司的决策。

在私人控股公司（闭锁公司①）中，大多数情况下公司的所有者是公司的创始人、管理团队或它的私人投资者。这些所有者通常会参与企业的管理和日常运营工作，和上市公司的股东相比，他们承担了更多制定决策的职责。私人控股公司的所有者通常是唯一的股东。私人控股公司的任何股份都不可在公共证券市场上交易。

董事

公司的股东负责推选公司的**董事会（board of directors）**，董事会成员负责选拔和雇用企业高层管理者来组建企业管理团队。公司的重大财务和业务决策也是由董事会决定的。例如，除了制定公司政策，董事会还会批准股票的发行、公司的借贷，

---

① 闭锁公司，即股份不公开公司，是不公开发行和买卖股票的股份公司。——译者注

以及决定重大房地产交易等。由于董事会成员是由公司股东投票选拔的，因此股东最终可以影响公司的性质及其运营方式。

董事会不仅要负责招聘公司的主要高管，还要负责确保他们做好自己的工作。但并非所有董事会都能有效地做到这一点。在一系列公司丑闻爆出之后，美国于2002年颁布了《萨班斯－奥克斯利法案》。该法案提供了一套新的法规，旨在监督董事会更好地履行其职责。董事会成员如果无视自己管理公司内部控制工作的职责，就会面临入狱和巨额罚款的风险。

高层管理者和一线管理者

公司董事会选出的主要管理者包括公司的首席执行官、首席财务官和首席运营官。**首席执行官**（chief executive officer, CEO）通常负责公司的全部运营工作，并直接向董事会汇报。有时首席执行官也是董事会的成员。**首席财务官**（chief financial officer, CFO）直接向首席执行官汇报，主要负责企业财务数据的分析与审核、企业财务业绩汇报、预算编制，以及公司开支的监督等工作。**首席运营官**（chief operating officer, COO）负责组织的日常运营工作，并且直接向首席执行官汇报。通常，公司还会配置一名首席法务官或法律总顾问。此外，公司可能会根据需要配备一名首席信息官。在现实中，只要对公司有意义，它可以构建任何领域的"高层管理者"职位。在规模较小的企业里，仅有的一两名高层管理者可能要扮演多个不同的主管角色。例如，首席执行官可能同时担任着首席财务官。而在大型企业里，每个主管的职责要求都很高，因此他们需要由自己直接监督的下级雇员，也就是一线管理者，来协助他们经营公司。

公司组织形式的缺点

按公司形式组建一个企业有什么不足之处呢？ 成立公司比成立独资企业或合伙企业要麻烦得多。图6-7展示了组建一个公司所需的步骤。由于公司是一个独立的法律实体，因此为了维持公司的地位，企业需要满足更多备案上的和流程上的要求。所有上市公司都必须提交年度报告，所有公司——无论是私人控股公司还是上市公司，都必须对年度和其他定期董事会及股东会议进行书面记录并留存。有关发行股票、购买地产、批准贷款或信贷额度、修改股票期权以及员工退休金计划等方面的重大决策必须记录。公司还必须在复式簿记系统中记录财务交易，并定期（每季度或每年）报税。

| 选择公司
名称 | → | 指派董事 | → | 公司组建材料
的备案 | → | 起草规章
制度 | → | 召开董事会 | → | 发行股票 | → | 获得执照和
许可证 |

由于公司自身是法律实体，因此它需要自己进行纳税申报。这就产生了双重征税的弊端。**双重征税**（double taxation）指的是为同一份收入缴两次税的情况。股息分配是双重征税的一个典型例子。公司首先要为自己的净收入或利润缴税，接着将净收入以股息的形式分配给股东，随后股东个人必须为股息缴税（而这笔钱已经在公司层面征过税了）。这样，同一个资金池——公司利润，就被征了两次税：第一次是以公司利润的形式征收，第二次是以股东收到的股息的形式征收。尽管这是公司常被提及的弊端之一，但它只会影响到那些向股东支付股息的公司。

企业可以得到公司的保护而不用缴纳公司税吗？ 在为自己的企业选择法律组织形式时，大多数企业家希望实现两个目标：保护自己免于承担个人责任，并且获得将企业收入通过个人纳税单申报的税务优势。公司的组织结构可以保护业主的个人财产不受公司财务困难的影响，但公司是作为一个独立的实体来纳税的，因此它的收入不会计入业主的纳税申报单。幸运的是，其他形式的企业架构能够同时满足这两个目标，它们是S型公司和有限责任公司。

S型公司

什么是S型公司？ S型公司（S corporation）是根据《美国国内税收法典》的S分章中的一项特别条款进行纳税的常规公司（C型公司）。和C型公司一样，S型公司有自己的股东，并且必须遵守其他适用于传统C型公司的法规。

S型公司和C型公司的不同之处在哪里？ 与C型公司不同的是，S型公司不需要支付公司所得税。相反，与合伙企业或独资企业一样，S型公司的股东应为他们获得的企业利润的分成缴纳所得税，并且应通过他们自己的纳税申报表缴税。通过个人纳税申报表缴税是组建S型公司的主要优势。然而，尽管S型公司不用像C型公司那样缴纳公司税，但它们每年仍必须提交企业所得税申报表。此外，S型公司还必须遵守C型公司的会议和报告要求。图6-8展示了S型公司的其他特征。

图6-7 组建公司的步骤
尽管组建程序更为繁琐，但和其他组织形式的企业相比，公司为企业所有者提供了更多保障。

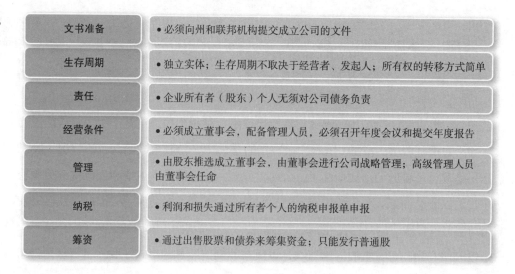

图6-8 S型公司的其他特征

文书准备	• 必须向州和联邦机构提交成立公司的文件
生存周期	• 独立实体；生存周期不取决于经营者、发起人；所有权的转移方式简单
责任	• 企业所有者（股东）个人无须对公司债务负责
经营条件	• 必须成立董事会，配备管理人员，必须召开年度会议和提交年度报告
管理	• 由股东推选成立董事会，由董事会进行公司战略管理；高级管理人员由董事会任命
纳税	• 利润和损失通过所有者个人的纳税申报单申报
筹资	• 通过出售股票和债券来筹集资金；只能发行普通股

S型公司如何处理个人责任？ S型公司的美好之处在于它同时提供了两全其美的方法：利润和损失转移给了股东，同时公司的组织结构对所有者的个人责任也有一定的限制。尽管公司所有者的个人财产会在公司遭遇大规模索赔时得到保护，但S型公司并不承担由所有者个人的过失所产生的责任。这一点适用于任何组织形式的公司——无论是C型公司、S型公司，还是有限责任公司（我们稍后对此进行讨论）。因此，如果一名企业所有者直接伤害了他人，或故意做了有欺骗性的、非法的或鲁莽的事情，并因此对公司和他人造成伤害，那么他将承担个人责任，并且不会得到公司的保护。

例如，假设威廉是一家在旧金山湾提供日间游船服务的船舶公司的老板。不幸的是，在一个大雾天，威廉的船因为与另一艘船相撞而翻船。在船只离岸之前，威廉已经知道救生衣的数量不足以让每个人都能穿上。如果他船上的任何一位乘客因为没有足够的救生用具而受伤，那么即使威廉将自己的公司组建成了S型公司，他也很可能要为自己的失职行为承担个人责任。威廉不仅会面临失去自己企业的风险，而且他如果要用自己的个人财产来满足公司的赔偿要求，那么可能还会被迫申请个人破产。

任何企业都可以成为S型公司吗？ 要想成为S型公司，企业必须满足一些资格方面的要求。根据《美国国内税收法典》，S型公司必须具备以下特征：

• 公司股东不得多于100人。
• 股东必须是美国公民或居民。

● 公司只能发行一种股票。

对于那些希望企业得到法律保护，同时想将企业的损益转移到自己个人报税单上的小型企业业主来说，S型公司是一种合适的企业组织形式。然而，如果企业不能满足美国国内税收总署对S型公司的要求，而企业主依然希望保护自己的个人责任，并且获得纳税上的好处，那么有限责任公司可能会是一种合适的替代性公司组织结构。

有限责任公司

什么是有限责任公司？ 有限责任公司（limited liability company，LLC）结合了公司的有限责任优势以及独资企业及合伙企业的税收优势。和组建S型公司或C型公司一样，有限责任公司需要组织章程，是一个独立的法律实体（因而能够带来有限责任）。但是，和对C型及S型公司的要求不一样的是，有限责任公司不需要召开年度会议，也不需要提交年度报告，因此维护起来更简单。

有限责任公司不发行股票。相反，每个成员的所有权取决于他的资本账户。资本账户跟踪成员对有限责任公司的资本贡献。利润和损失也会根据每个成员的所有权比例分配到他们的资本账户中。由于组建公司的手续少，有限责任条款少，以及个人层面的报税少，因此有限责任公司成了受许多新企业欢迎的企业组织形式。美国的一些州限制了可以组建为有限责任公司的企业类型。图6-9概括了有限责任公司的其他特征。

有限责任公司和S型公司的区别是什么？ 尽管有限责任公司和S型公司具有一定的共

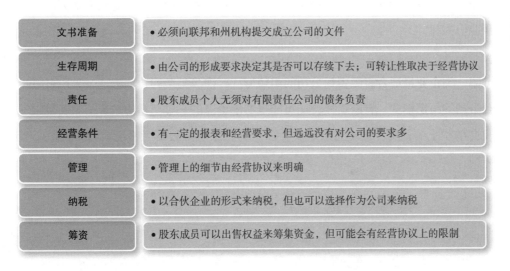

图6-9　有限责任公司其他的特征

文书准备	● 必须向联邦和州机构提交成立公司的文件
生存周期	● 由公司的形成要求决定其是否可以存续下去；可转让性取决于经营协议
责任	● 股东成员个人无须对有限责任公司的债务负责
经营条件	● 有一定的报表和经营要求，但远远没有对公司的要求多
管理	● 管理上的细节由经营协议来明确
纳税	● 以合伙企业的形式来纳税，但也可以选择作为公司来纳税
筹资	● 股东成员可以出售权益来筹集资金，但可能会有经营协议上的限制

性，但两者还是有一些区别的：

● **所有权**。S型公司限制了公司所有者的人数，而有限责任公司的所有者（称为股东成员）人数不限。此外，有限责任公司的股东成员不局限于美国居民，同时不会受到关于S型公司的所有权的其他约束的影响。

● **永恒的生命周期**。当一个股东成员退出有限责任公司时，除非其余股东成员同意继续经营，否则有限责任公司必须解散。美国的一些州要求在有限责任公司的组织章程中列出解散日期。在这种情况下，有限责任公司的生命周期是有限的。

● **股权转让**。S型公司的股权和C型公司一样，是可以自由转让的，而有限责任公司的所有者权益则不然，它的转让通常要得到其他股东成员的许可。

● **损益分配**。有限责任公司可以按企业所有者认可的任何方式来分配收益，而S型公司是按照股东的贡献比例来分配收益的。因此，如果企业的两个所有者中的一人贡献了75%的资产，但只干了25%的工作，而另一人贡献了25%的资产，但干了75%的工作，那么两人可以确定利润的公平分配比例是1:1。这一协议同样适用于有限责任公司，但对于S型公司来说，利润必须根据所有者权利的比例，即75:25，来分配。

● **企业所有者与员工的福利**。S型公司可以为其所有者提供附加的福利，例如优质的退休金计划、工作用的交通工具，以及与工作相关的教育费用等。由于S型公司有股票，因此它可以为自己的员工提供股票和其他股份激励。而有限责任公司提供给其股东成员的福利则比较有限，由于有限责任公司不发行股票，因此它无法为员工提供股份福利。

● **哪一类企业最适合有限责任公司的组织形式？** 许多类型的企业都适合采用有限责任公司的组织形式。有限责任公司可能是初创企业的一个不错的选择，原因是它不仅有纳税上的优势，还更容易融资，而这都在于它的投资者（所有者）人数不受限制。

公司组织形式的对比

哪一种组织形式是最好的? 并非任何形式都适合所有人。注册会计师或税务律师能够帮助你为自己的企业选择最合适的组织架构。你所考虑的重点在于它们在经营、法律以及税务等方面是否适用于你的独特情况。图6-10展示了最常见的企业组织形式在不同特征上的重合情况。

图6-10　企业组织形式的对比

	独资企业	普通合伙企业	C型公司	S型公司	有限责任公司
要准备文书才能开办企业			★	★	★
企业在业主退出或死亡的情况下停业	★	★			
业主对企业的债务和义务负有有限责任			★	★	★
企业所有者的数量不限		★	★		★
必须配备董事会和公司高层管理者,必须召开年度会议和提交年报			★	★	★
企业所有者可以通过自己的报税单来申报企业的损益	★	★		★	★
可以发行股票			★	★	

■　布莱登和索尼娅打算基于他们继承的房地产建立合伙经营的关系,但是他们得知,如果他们因为严重的问题被租户起诉,那么他们的个人财产将无法得到合伙制的保护。这对兄妹认为有限责任公司是最好的选择,因为这种形式不仅可以保护他们的公司,还可以让他们通过个人纳税单来上报企业收入。

6-4　非营利组织与企业

解释非营利组织与企业的特征。

■　上大学时，达内尔·哈蒙德曾经在儿童游乐园担任过志愿者。多年以后，他看到了一则消息，两名城市儿童在一辆废弃汽车里玩耍时窒息而死，他意识到如果这两个孩子有安全的地方玩耍，那么悲剧就不会发生。很快，达内尔和他的朋友唐·哈钦森（Dawn Hutchinson）为他们负责的服务日项目建设了一个社区游乐场，一年后，他们成立了"卡布姆"（KaBOOM！）——一个帮助社区建设游乐场的非营利组织。[2]为了在经济上保护自己、获得信誉，同时继续为社区服务，达内尔应该如何组建"卡布姆"呢？

对一些企业来说，它们的目标并不是盈利，而是要改变人们的生活及其所在社区。这些企业可以是教育、科学、宗教或慈善方面的组织。这些组织应该采用怎样的企业组织形式呢？它们的优点和不足又是什么？接下来我们将回答这些问题。

非营利组织

什么是非营利组织？从法律角度看，**非营利组织（not-for-profit organization）**是

来源：nuwatphoto/Fotolia。

不追求利润的组织。非营利组织的主要收入一般来自筹款或捐款。在支付了一般运营费用后，例如员工工资和房租，以及购买存货、商品、材料以及设备的费用，非营利组织会将剩余的收入用于完成机构的事业和使命，而不是将其分配给股东。非营利组织必须向联邦政府申请免税资格，有时要向其所在州申请这一资格。为了保持免税资格，非营利组织必须证明它的大部分收入或收益都用在了实现自身目标的服务上。

美国规模最大的非营利组织[3]

1. 美国基督教青年会（The Y）

2. 好意慈善事业组织（Goodwill Industries International）

3. 美国天主教慈善会（Catholic Charities USA）

4. 联合劝募会（United Way）

5. 救世军（The Salvation Army）

6. 美国红十字会（American Red Cross）

7. 复活节封印会（Easter Seals）

8. 消除美国饥饿组织（Feeding America）

9. 环球健康行动组织（Task Force for Global Health）

10. 美国男孩女孩俱乐部（Boys and Girls Clubs of America）

非营利组织可以像公司那样运作吗？ 非营利组织是法人组织，因此它们要遵守政府出台的监管营利性公司的大多数法律。作为独立法律实体而成立的非营利组织将受到有限责任保护。和营利性公司一样，非营利组织需要召开董事会，留存完整的账目和记录。非营利组织不发行股票，其成员（或所有者）无法从组织的利润中获得个人经济利益（作为员工获得的工资除外）。然而，一些非营利组织会为员工提供医疗保险等福利。此外，如果非营利组织解散，那么该组织的资产必须转给另一个具有类似使命的非营利组织。

免税的优势是什么？ 符合《美国国内税收法典》第501（c）（3）条规定的组织是非营利组织。这样的组织可以免除缴纳大多数联邦和/或州所得税的义务。此外，它也可以免于缴纳州销售税和财产税。非营利组织同时可以申请补助金以及其他公共或私人资助，并能享受邮政费率及其他服务的优惠。向非营利组织捐款的人可以在自己的纳税申报单上扣除捐款，这可以鼓励人们向非营利机构捐款。

合作社

什么样的企业架构适合拥有共同目标的企业群体？ 合作社（cooperative）并非由投资者所有的企业，而是由受益于该组织提供的产品或服务的成员管理的企业。合作社的成员具有共同的利益和需求，他们可以是个人，例如农业合作社里的农夫；

也可以是企业，例如共同组成该合作社的五金店、花店或旅店等。例如，佛罗里达州天然种植者合作社就是一个由柑橘种植者组成的合作社，这些种植者在佛罗里达州拥有自己的果园。

合作社的组织结构是怎样的? 成员是合作社最重要的组成部分。他们通过购买股份来为合作社提供资金，选举董事来管理合作社，还制定和修改管理合作社的规章制度。合作社依靠其成员自愿参加合作社支持的项目，同时它的成员可以自愿在董事会或委员会任职。合作社董事会可以任命委员会来实现特定目标，例如处理成员关系或负责特殊审计的委员会等。董事会同时可以聘任合作社经理来处理日常事务。

合作社是非营利机构吗? 尽管合作社的成员可能是受利润驱使的，但合作社本身并非如此。合作社的任何利润都会重新投入该组织，以维持和改善组织的运作。此外，合作社会根据成员使用合作社服务的比例将利润分配给成员，而不是按成员的投资或股份比例来分配。

合作社是在美国各州合作社规定下成立，并服务其成员的企业。合作社的地位同时得到了州和联邦税法的认可。因此，分配给合作社所有者的任何利润都必须在所有者的层面征税。

合作社的优势是什么? 合作社形成的原因在于一些个人或企业对市场提供其所需的商品和服务的方式，以及它们的销售价格和数量感到不满。通过联合起来的方式，合作社成员增强了他们在市场谈判中的议价能力，能够享受到更低的价格。

■ 一些企业因为自身潜在的业务目标而不符合成立独资企业、合伙企业或公司的要求。在这种情况下，企业所有者或许可以组建非营利机构或合作社。达内尔·哈蒙德并不在乎自己个人的利润，他只想创办一个有助于改善社区的组织，因而他认为创办一个非营利组织对他来说是最好的选择。

6-5 合并与收购

比较不同类型的合并与收购，解释每种情况发生的原因。

■ 1998年成立的时候，谷歌还只是一个搜索引擎公司，但是20多年之后，这个正式
名称叫作字母表的公司已经发展壮大，成为涉及许多类型业务的公司。今天，字母表公
司旗下拥有谷歌（搜索引擎）等一系列公司，其中包括网页浏览器——谷歌浏览器，地
图及定位服务——谷歌地图和谷歌地球，在线效率和沟通中心——谷歌文档和谷歌邮件，
以及社交媒体——谷歌＋。字母表还包括安卓移动平台、谷歌图像管理、博客、优兔，以
及其他一些尚未规划完善但已经涉足更概念化的产品的公司。前身是谷歌的字母表公司
是如何扩展成这样一个提供这么多产品和服务的公司的？

**有时，在业务的演变或市场力量的作用下，公司会通过增加新的生产线来扩张到其
他地区，或是推动公司发展以提高竞争优势的方式来寻求扩张机会。** 产品或市场的
拓展通常是通过缓慢增加新产品线或渗透到新地区的方式逐步完成的。然而，研发
新产品、在新地区设点或建厂通常既耗时又费钱。为了保持竞争力，企业有时还必
须扩张得更为迅速。在这种情况下，通过合并或收购的方式整合其他现有的企业不
失为一种较为轻松的方式。企业可以利用收购或合并的策略来获得协同效应，提高
自身竞争力。

合并与收购

合并与收购的区别是什么？ 合并与收购这两个词通常可以互换使用，但它们还是有
区别的。**合并（merger）** 发生在两个公司协作以组建新公
司的情况下。通常，合并意味着两个企业规模相当，并且都
愿意组建成一个全新的联合公司。而**收购（acquisition）**
发生在一个公司完全买下另一个公司的情况下。有时候一些
公司会声称它们进行了合并，但实际上却是一个公司收购了
另一个。合并一词的内涵比收购更好，因为用这个词可以让
被收购的公司"挽回面子"。合并而成的组织名称通常体现了

来源：bas121/Fotolia。

双方公司的名称，例如大通曼哈顿公司收购JP摩根公司后，成了摩根大通公司。而在其他情况下，合并后的公司只会保留其中一个公司的名称，例如美国航空公司和全美航空合并而成的航空公司决定以美国航空公司为名来运营。有时合并后的公司也会采用全新的名称，例如大西洋贝尔公司收购了美国通用电话电子公司后，成了威瑞森通信公司。

是否所有的合并和收购都是双方公司的共同意愿？ 正如2005年谷歌买下安卓那样，收购通常都是友好的。当时，安卓虽然只是一个初创公司，但已经展示出了它为移动设备开发操作系统的能力。合并后，安卓继续由其联合创始人安迪·罗宾（Andy Robin）运营，同时受益于谷歌提供的重要资源。此外，谷歌也因为拥有了一个可行的移动操作系统而获益，并且可以借此来挑战苹果和微软等行业巨头。

有些收购则是"不友好的"。当一家公司试图违背另一家公司股东或管理者的意愿来购买该公司时，就会出现不友好的收购。不友好的收购被称为敌意收购。在不友好的收购或敌意收购中，收购公司发出收购要约，也就是以高于当前价值的价格来购买目标公司的股票。开出更高价格的目的是用来说服目标公司的股东出售自己的股票。

另一种违背对方公司意愿的收购方式是代理权之争。这种方式指的是收购公司试图说服目标公司的股东，让他们通过投票将该公司的现有管理者踢出局，同时用认同收购公司目标的管理者来替换他们。2008年，微软试图收购雅虎时采用的正是这一策略。[4]

一些由外部投资者、雇员或管理层发起的收购是通过债务融资实现的。收购方以被收购公司的资产作为抵押，可以借到的资金多达收购所需资金的90%。这类交易被称为杠杆收购（leveraged buyout, LBO）。杠杆收购可以是友好的，也可以是敌意的，因为各种规模的公司都是杠杆收购交易的目标。最近的一些规模较大的杠杆收购案包括赫兹公司、米高梅，以及玩具反斗城等公司的收购案。尽管在某些前提下，杠杆收购可能是一种不错的策略，但这一行为招致了很多批评，因为杠杆收购往往会导致失业，而企业往往会因为杠杆收购带来的高额债务而倒闭。

合并和收购的优势

为什么会出现合并和收购现象？ 协同效应（synergy）是一个商业术语，人们常用它来证明合并或收购的合理性。协同效应是两家公司合并后出现的效果，其结果比每家公司各自实现的要好。当新公司可以实现运营或财务方面的规模经济效应时，就会产生协同价值。合并后的企业通常能够通过裁员、资源共享，以及获得只有大公司才能享受的折扣来降低成本。

在其他情况下，协同效应是通过资源合并来实现的，而双方中的任何一方原本都无法单独创造这些资源。卫星广播供应商小天狼星广播和XM广播的合并就是这种情况。每家卫星广播供应商都与不同的体育节目商签订了协约，因而用户很难在两者间做出选择，而它们的合并让双方的客户都获得了好处。

【失败案例】

美国在线与时代华纳的合并

尽管发生在十多年前，但互联网服务公司美国在线与媒体传播公司时代华纳的合并始终被人们视为美国历史上最糟糕的合并案之一。这一合并的价值高达1 640亿美元，曾是（至今也是）美国规模最大的并购案。当时，人们对这一互联网与媒体巨头的组合的看法正如时代华纳首席执行官杰拉尔德·莱文（Gerald Levin）所言："它可以让人们以前所未有的方式即时访问任何形式的媒体，为经济的增长、人类的相互理解，以及创造性的表达释放出巨大的可能性。"[5]美国在线联合创始人史蒂芬·凯斯（Stephen Case）则表示，这一合并是"新媒体真正成熟的历史性时刻"。[6]

然而由于这两家公司在文化上存在明显差异，因此这桩交易几乎从一开始就变得令人失望。此外，合并几个月之后，美国在线——这笔交易中的焦点，在互联网泡沫破灭时陷入了严重的财务困境。[7]更严重的是，美国证券交易委员会和司法部的调查显示，美国在线一直在不当地夸大其广告收入。2009年，时代华纳将美国在线剥离了出来，使其成为一家独立的公司。

竞争是合并和收购的推动力吗？ 获得更大的竞争优势是合并和收购的另一个原因。通常，几个公司会合并起来成为其所在市场的主导。例如，欧迪办公和马克斯办公的合并提高了新公司在与市场领导者史泰博公司竞争时的实力，同时提升了其与亚马逊网站及沃尔玛等网络商店及平价卖场的竞争力。[8]

公司可以通过合并来提高产品线的价值吗？ 很多时候，大公司会因为小型公司的创新性而收购它们，而小公司如果认为自己没有上市的机会，而且无法独立生存下去，就会同意合并或收购。谷歌的大部分成果都可以归因于公司内部的创新能力，但有些成果还是来自对小型创新公司的收购，例如对订阅炉、喜欢网、应用语义、波斯蒂尼[9]，以及无人机制造商泰坦航空等企业的收购。[10]

合并的类型

合并都有哪些不同的类型？ 每一桩合并案背后的原因和策略都不尽相同。然而，如图6-11所示，合并可以根据合并双方公司的不同关系分为以下五类：

● **横向合并**（horizontal merger）。这是由两家生产同类产品，彼此存在直接竞争关系的公司形成的合并。埃克森石油和美孚石油，以及全美航空和美国航空的合并就是例子。

图6-11 不同类型的合并

来源：left to right, top to bottom: Natika/Fotolia; m.u.ozmen/Fotolia; Sean Gladwell/Fotolia; Maksim Shebeko/Fotolia; Scanrail/Fotolia; Stian Olsen/Fotolia。

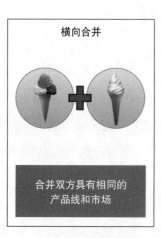

横向合并

合并双方具有相同的产品线和市场

纵向合并

合并双方的关系是公司与供应商或公司与客户

产品扩展合并

合并双方在相同的市场销售不同但相关的产品

市场扩展合并

合并双方在不同的市场上销售同类产品

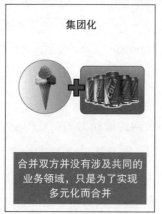

集团化

合并双方并没有涉及共同的业务领域，只是为了实现多元化而合并

- **纵向合并**（vertical merger）。这是由公司与其客户，或由公司与其供应商形成的合并，如华特迪士尼和皮克斯的合并或易贝网与贝宝的合并等。

- **产品扩展合并**（product extension merger）。这指的是在同一市场销售不同但相关产品的两家公司之间的合并，例如奥多比和宏大媒体的合并。

- **市场扩展合并**（market extension merger）。这是在不同市场销售相同产品的两家公司的合并，例如主要在美国东海岸和南部经营的美国众国银行与主要业务都在西海岸的美国银行的合并。

- **集团化**（conglomeration）。这指的是两家没有涉及共同业务领域的公司为了实现多样化而进行的合并。例如提供银行服务的花旗公司与保险公司旅行家集团合并后形成世界上最大的金融服务集团之一花旗集团。

合并的缺陷

合并有什么不足之处吗？ 尽管合并具有明显的优势，但超过一半的合并案要么彻底失败，要么没有达到财务预期。[11] 合并失败的主要原因在于合并交易后糟糕的融合过程。令人精疲力竭的合并过程可能会让高层管理者将关注重点从业务上移开，因为他们几乎没有精力或动力来计划和管理这两家公司如何作为一家公司来运作。尽管削减成本可能是一些合并企业最初关注的重点，但如果忽视了日常业务活动，那么收益和利润最终可能会受到影响。此外，如果新划分的职责含糊不清，那么组织可能会出现企业文化上的冲突，沟通也可能会因此终止。合并后的新管理团队内部忠诚上的分歧、不可告人的企图，以及权力斗争都会导致冲突。员工可能会感到紧张，因为大多数合并会导致工作岗位减少；同时会导致那些尚未被解雇的员工前往更为稳定的组织谋职。

■ 和其他科技企业一样，字母表收购了其他公司，帮助扩展和完善了谷歌现有的产品线。其中一些收购并没有奏效，而有些收购则发挥了作用。谷歌曾经只是一家拥有强大搜索引擎的公司，而现在它正在努力通过持续并购，以及在不同市场上开发产品的方式来保持自己的市场主导地位。

本章小结

6-1　讨论独资企业的优势与缺陷。

● 独资企业是由个人所有，通常由个人经营的企业。

● 由于组建方式最为简单，因此独资企业成为常见的企业组织形式，但这种企业形式既有优势也有不足。

● 组建独资企业的优势在于，开办这样一家企业没有任何正式的、法律上的要求，企业的收益和开销可以直接通过业主个人的纳税单上缴。

● 独资企业的主要缺点在于，一旦企业遇到商业灾难，业主的个人和企业资产都会面临风险。

6-2　讨论合伙关系与合伙协议的优势和缺陷。

● 合伙制是一种容易建立且没有任何正式法律要求的企业组织形式。

● 在合伙制关系中，两名或多名个人共同承担企业各个方面的工作职责，包括财务管理、销售以及营销等。企业的收入和开销直接通过各个合伙人的个人纳税单申报。

● 加入合伙关系的个人应当起草合伙协议，这是一份正式文档，它概括了每个合伙人的职责，比如如何分配企业利润，以及如何解决合伙人之间的争端等内容。

● 当合伙人不认同企业业务的性质，或具有不同的职业道德标准时，可能会出现问题。

● 合伙人的个人资产和企业资产有风险，每个合伙人都要对企业的任何部分负责。合伙人的责任范围并不局限于其对企业做出的财务贡献。

● 普通合伙制企业是所有合伙人都承担同等责任的一种合伙企业。在有限合伙企业中，部分合伙人不参与企业的日常运营，他们的责任范围受到其贡献给企业的资本量的限制。

● 有限责任合伙企业可以保护合伙人免于承担企业的债务和责任，同时可以保护每个合伙人不受其他合伙人责任的影响。有限责任合伙企业的合伙人只对自己的过失负责。

6-3　说明公司是如何形成的，比较公司和其他形式的企业。

● 公司是以独立法律实体这一身份组建的企业。公司由不同层级的管理者组成，其中包括股东、董事会、公司管理层（例如首席执行官、首席财务官、首席运营官等），以及一线管理者等。

● 公司与独资企业及合伙企业的不同之处有以下五点：

　● 成立较为困难。

　● 需要完成大量的文书工作，包括年度报告、公司记录，以及正式的财务记录等。

　● 必须单独报税。

　● 可以起诉，也可以被起诉。

　● 可以保护所有者的个人财产。

● S型公司和C型公司都提供了有限责任的保护，但S型公司允许公司的收入和开支通过个人纳税单申报，这样它们就不会被双重征税。

● S型公司有诸多限制，包括股东人数不得超过100人、股东必须是美国居民、只能发行一种类型的股票，以及损益必须按照每个股东的权益比例进行分配等。

- 有限责任公司的企业组织结构像S型公司一样，提供了有限责任的保护。有限责任公司和S型公司的不同之处在于：它对股东成员的人数没有限制；当任何成员退出时，公司必须解散；股东成员所得利润不必按照其对公司的财务贡献的比例来分配。

6-4 解释非营利组织与企业的特征。

- 非营利组织是以服务公共利益而非获利为目标的机构。非营利组织具有免税资格，这些组织的捐款人也可以在自己的纳税申报单上扣除捐款。
- 合作社是不为外部投资者所有的企业，它由使用其产品或服务的成员共同管理。
- 合作社的目标是向具有共同利益或需求的人提供服务或商品。
- 合作社产生的任何利润都会按其成员的所有权份额分配给成员。
- 合作社借助群体力量的优势与市场进行协商。

6-5 比较不同类型的合并与收购，解释每种情况发生的原因。

- 为了实现协同效应和规模经济，或者扩大自己的产品线和服务的地理区域，抑或获得竞争优势，公司有时会通过合并和收购将自己的企业合法地合并在一起。
- 收购发生在一个公司全盘买下另一个公司的情况下。被收购的公司名义上将不复存在，同时会在买方公司的名义和管理下继续运营。收购可以是友好的（收购经过双方一致同意），也可以是不友好的（一方不考虑对方管理层或业主的意见而收购对方公司）。
- 合并发生在两个规模相当的公司一致同意合并成一个新公司的情况下。合并有以下五种类型。
  - 横向合并：两个具有相同产品线且相互存在直接竞争关系的公司的合并。
  - 纵向合并：公司与其客户公司，或公司与其供应商进行合并。
  - 产品扩展合并：在同一个市场上销售不同但相关的产品的两个公司进行的合并。
  - 市场扩展合并：两个在不同市场上销售相同产品的公司的合并。
  - 混合合并：两个身处不同业务领域的企业为实现多样化而进行的合并。

重要概念

收购	一线管理者	合伙企业	董事会
普通合伙人	合伙协议	C型公司	普通合伙企业
产品扩展合并	资本	纵向合并	上市公司
首席执行官	责任	S型公司	首席财务官
有限责任公司	股东	首席运营官	有限合伙人

独资企业	混合合并	有限合伙企业	持股人
合作社	市场扩展合并	协同效应	公司
合并	无限责任	双重征税	非营利组织
纵向合并			

自我测试

单选题（答案在本书末尾）

6-1 奥马尔和萨姆是一同合作的理疗师。他们的办公室位于属于奥马尔的一栋房子的一楼。他们必须保护自己的个人财产，同时要保护自己免受合作伙伴过失的影响。那么下列哪种企业组织形式最适用于他们的企业？

a. 普通合伙企业

b. 独资企业

c. 非营利组织

d. 有限责任公司

6-2 为什么潜在的企业主希望组建独资企业？

a. 业主可以用自己的个人资产来偿还企业的任何债务

b. 业主可以考虑其他业主的看法

c. 业主可以用独立的纳税申报单申报企业费用

d. 业主在开办企业时无须完成法律文书工作

6-3 特露迪和伊冯娜一同经营着萨尔福德儿童中心。该中心得到了州和联邦的补助，所有剩下的资金都被用于改善和拓展该中心的服务。对萨尔福德儿童中心最贴切的描述是：

a. 合伙企业

b. 有限责任公司

c. 非营利组织

d. 独资企业

6-4 杰克逊小吃店是一家由杰西·杰克森和罗伯特·杰克森共同所有的合伙制企业。为了扩张到新的地区，他们需要更多资金，因此他们决定邀请肖恩加入，而肖恩只会为他们提供资金。对肖恩的最好描述是：

a. 普通合伙人

b. 有限合伙人

c. 业主

d. 以上都不是

6-5 以下哪项不是C型公司的优势？

a. 业主的个人财产得到了保护

b. 业主可以通过卖出企业所有权份额来筹集更多资金

c. 如果业主退出企业，公司可以继续存在

d. 涉及文书的工作很少

6-6 沃伦·巴菲特管理着伯克希尔－哈撒韦公司，该公司旗下拥有盖可保险公司、冰雪皇后、鲜果布衣，以及赫尔兹伯格钻石等企业。伯克希尔－哈撒韦公司属于下列哪种组织？

a. 混合合并型企业

b. 收购型企业

c. 合并型企业

d. 合作社

6-7　一家公司的股东任命了一些人来监督公司的运营，这些人是：

a. 公司的首席执行官、首席财务官和首席运营官

b. 公司的董事会

c. 公司的一线管理者

d. 以上均是

6-8　以下哪项是合作社的优势？

a. 群体的力量让它能够以优惠的价格购买商品和服务

b. 它不用向联邦或州政府纳税

c. 它是为了服务公共利益而非获利而成立的

d. 它可以为有各种兴趣和需要的人提供服务

6-9　爸爸野营装备公司向儿子户外帐篷公司购买帐篷。如果爸爸野营装备公司与儿子户外帐篷公司合并组建了家庭户外装备商店，那么下列哪一项能最好地描述发生在两家公司之间的交易？

a. 纵向合并

b. 产品扩展合并

c. 横向合并

d. 混合合并

6-10　公司A的管理团队联系了公司B的股东，试图鼓励他们用一个新的团队替换当前管理者，组建一个更符合公司A目标的管理团队。公司A的行为是：

a. 代理权之争

b. 要约收购

c. 善意收购

d. 善意兼并

判断题（答案在本书末尾）

6-11　任何企业都可以成为S型企业。

□对　□错

6-12　责任包括与违反合同或损害赔偿有关的损失。

□对　□错

6-13　小型私人公司可以组建成企业。

□对　□错

6-14　组建合伙企业的一个重要缺点在于需要完成大量文书和报告工作。

□对　□错

6-15　合伙协议应该包括一些步骤，这些步骤指出了如何处理合伙人的退出，以及如何引入新的合伙人。

□对　□错

批判性思考题

★6-16　为何将自己的企业组建成C型公司十分重要，哪怕你是唯一一个负责企业经营的人？

★6-17　普通合伙企业和有限合伙企业有哪些相同和不同之处？

★6-18　在所有的企业中，大约有70%都是独资企业。为什么独资企业是最流行的企业组织形式？在什么样的情况下考虑不同的企业组织形式是非常重要的？

小组活动

方案是什么？

假设你为美国小型企业管理局服务，并且有机会向新企业业主建议他们应该选用哪种企业组织形式。3～5人一组，从以下商业创意中选择一个，按小组为每个商业创意制作商业计划书大纲（大纲示例可参考迷你章节第二章）。你会建议每种商业创意采用哪种企业组织形式，原因是什么？一定要考虑每个企业潜在的危机和责任、潜在的所得税征税条件，以及当前和未来的投资需求。考虑五年内企业需要额外资本进行扩张，在不同地点建设一栋新建筑的情况。你的企业组织结构是否能够支持企业筹集必要的资金？为什么？

商业创意

● 屋顶和外墙公司

● 冰激凌店

● 除草公司

● 服装捐赠公司

步骤

和小组成员一起讨论你们的商业创意。记住，你们必须准备一份商业计划书大纲。利用你们所了解的有关企业组织形式的知识来制作商业计划书。

步骤1，准备一份单独的报告，说明你们的企业应该采用的组织形式及其原因。

步骤2，决定由谁来担任你们小组商业计划书的主要发言人。

步骤3，你们的小组将有五分钟来展示你们的建议。

步骤4，每个小组阐述完毕后，接着就企业组织形式上的分歧进行讨论。

企业道德与企业社会责任

道德规范

很多企业都有自己的道德规范或价值准则。这些规范用于向企业的利益相关者——董事、管理层、雇员、供应商，以及客户，传达企业的价值观和业务风格。例如，卡夫公司就有十条所有员工必须遵循的道德行为准则。威瑞森的道德规范则是一份相当长的文档，列出了各种准则和指导方针。

问题和讨论

6-19 调查三个不同机构的道德规范。列出这些规范中共有的价值观。注意任何不同之处，说明为何这些特别的规范对特定组织是必要的。

6-20 你是否认为建立道德规范足以确保组织中的道德行为？为了保证企业中的道德行为，企业可能还要采取哪些其他行动或措施？

6-21　企业组合

上网查找有关企业合并、兼并或收购的当前案例,解释每个事件的情况。其中涉及了哪些公司?这些事件是友好的还是不友好的?企业组合在一起的理由是什么?你对这些企业组合的看法是什么?你认为这是一个好的商业决策吗?为什么?

6-22　学生友好型企业

假设你打算开办自己的企业。你希望这是你在上学时可以做的事情。上网研究有关学生开办小型企业的思路。阐述至少三种不同的思路,包括你将使用哪种企业组织形式来组建自己的企业。

6-23　完美合伙人

上网搜索如何选择完美的商业合伙人的信息。根据你找到的信息列出选择完美合伙人的原则。其中应该考虑哪些因素?你应该做什么来避免未来的麻烦?

6-24　带着目标做计划

开办一家企业需要做大量规划工作,但即便这样,很多企业也会倒闭。然而在开创自己的企业时,大多数企业主的头脑里并没有"退出计划"。研究企业失败的主要原因,以及可以事先设置哪种退出策略来减轻企业必须关门时的痛苦。

6-25　合作社与你

你可以识别并管理一个合作社吗?你可以前往威斯康星大学合作社研究中心网站(www.coops.wisc.edu)玩一玩"寻找合作社"和"你是老板"这两个小游戏,并针对你在游戏中学到的内容撰写一个简短的小结。

MyBizLab

在MyBizLab作业板块完成以下写作练习。

★ **6-26**　讨论合并的不同类型,并举例说明。

★ **6-27**　讨论什么时候公司会成为最适合小型企业的组织结构。企业会在哪些方面从公司组织结构中获益,以及选择以公司作为组织架构会给小型企业带来哪些不利?

参考文献

1. From Ambrose Bierce, "Corporation," in *The Devil's Dictionary* (New York: Neale Publishing, 1911).

2. "Our Story," http://kaboom.org/about_kaboom/our_story.

3. From "The 2015 NPT Top 100," *The Non Profit Times*, http://www.thenonprofittimes.com/wp-content/uploads/2015/11/Top100_Charts-2.pdf.

4. Intology, "Intology—Intelligent Technology NewsComputers Technology Internet Arts Business Science Sports," April 29, 2008, www.intology.com/business-finance/microsoft-vs-yahoo-hostile-take-over-explained.

5. Gerald Levin, quoted in "AOL & Time Warner Will Merge to Create the World's First Internet-Age Media & Communications Company," January 10, 2000, http://www.timewarner.com/newsroom/press-releases/2000/01/10/aol-time-warner-will-merge-to-create-world-s-first-internet-age (accessed May 5, 2016).

6. Stephen Case, quoted in "AOL & Time Warner Will Merge to Create the World's First Internet-Age Media & Communications Company," Time Warner Inc., http://www.timewarner.com/newsroom/press-releases/2000/01/10/aol-time-warner-will-merge-to-create-world-s-first-internet-age, 1/10/2000, accessed August 15, 2016.

7. Ted Leoniss, quoted in Tim Arango, "How the AOL-Time Warner Merger Went So Wrong," *CNET,* January 18, 2010, http://www.cnet.com/news/how-the-aol-time-warner-merger-went-so-wrong/#!(accessed May 5, 2016).

8. "Office Depot and OfficeMax Complete Merger," http://news.officedepot.com/press-release/corporatefinancial-news/office-depot-and-officemax-complete-merger.

9. Matt Rosoff, "Google's 15 Biggest Acquisitions and What Happened to Them," *Business Insider*, March 2011, www.businessinsider.com/googles-15-biggest-acquisitions-and-what-happened-to-them-2011-3?op=1.

10. McNeal, Greg. "Google's Acquisition of Drone Maker Titan Is about Imagery and Internet," *Forbes*, 14 April 2014. Retrieved from http://www.forbes.com/sites/gregorymcneal/2014/04/14/fight-for-internet-drones-heats-up-as-google-buys-drone-company-originally-sought-by-facebook.

11. Susan Cartwright, Why Mergers Fail and How to Prevent It, *QFinance.com*. Retrieved from www.qfinance.com/mergers-and-acquisitions-best-practice/why-mergers-fail-and-how-to-prevent-it?page=1.

迷你章节
第二章　如何制作有效的商业计划书

从你收到为邻居除草或为邻居照看小孩的报酬的那一刻起，你可能已经开始对开创自己的企业产生兴趣了。但你该从哪里做起呢？你会给自己做名片吗？你会制作和发放传单吗？尽管它们可能是推动你的事业发展的好办法，但这些并不是你在创办自己的企业时首先要做的事情。美国小企业协会认为，做计划是开创企业时要做的第一件事。而撰写商业计划书通常是计划过程的第一步。商业计划书是一种书面文档，它详细说明了现有或规划中的企业，描述了企业的愿景、当前状态、所在市场，以及企业的当前和预期成果。

通常，潜在的企业主会在企业成立之前撰写商业计划书，但也可以在企业成立后撰写。在某些情况下，特别是在不断变化的行业里，如果不立即开始运营，那么你很有可能会错失商机；有时你可能并没有撰写计划书所需的数周或数月的时间。在这种情况下，你还是应该从回答几个独立且尖锐的问题开始，如图M2-1所示。这将帮助你判断你所追求的事业是否值得努力。最终，你应该撰写一份正式的商业计划书，更全面地明确企业的目标及其实现方式。

M2-1　做计划——从来都不晚

■　1958年，还在上大学的丹·卡尼（Dan Carney）和弗兰克·卡尼（Frank Carney）兄弟二人向他们的母亲借了600美元，随后在堪萨斯州的威奇塔开了一家比萨店。这个企业是必胜客帝国建立的标志。这对兄弟既没有制订正式的商业计划，也没有明确企业的发展道路。实际上，卡尼兄弟所做的只是在开业当晚用免费发放比萨的手段来吸引大

众的兴趣。尽管这种噱头是一种冲动之举，但它的确有用。一年后，这对兄弟组建了公司，在堪萨斯州的托皮卡开设了首家特许分支店铺。在接下来的十年里，他们又在美国全境开设了150家特许店铺，并在加拿大开设了一家国际特许店。1970年，该公司出现了爆炸性的增长。必胜客上市了，这对兄弟很快变得不知所措。"我们即将失去对企业运营的控制，"弗兰克·卡尼说，"后来我们发现我们必须学会做计划。"[1]最终，弗兰克和丹制订了计划，使公司的运营保持稳定并一直处于控制之中。他们还设定了一项公司战略，促使百事公司在1977年收购了必胜客。当时，必胜客的年销售额达到了4.36亿美元。[2]卡尼兄弟的经验是成功的；然而，如果他们从一开始就制订了明确的商业计划，那么他们可能早就为公司不可思议的增长做好了更充足的准备。

来源：Feng Yu/Alamy Stock Photo。

第一步：写下使命宣言。你可以通过回答以下问题来帮助自己说明企业的目标：
• 这样的企业为什么要存在？
• 谁是企业的目标客户？
• 客户将如何从该企业获益？

第二步：找到成功的关键。你可以通过回答以下问题来弄清如何才能让自己的企业取得成功：
• 你将在哪里开展自己的业务？
• 对你的企业存亡至关重要的三四个因素是什么？
• 你必须克服哪些困难？

第三步：对市场进行简单的分析。你可以通过回答以下问题来帮助自己判断潜在客户的数量：
• 你的客户目前是哪些企业的客户？
• 你的主要竞争对手是谁？
• 你的企业是否有足够的潜在客户？

第四步：进行简单的盈亏平衡分析。你可以通过回答以下问题来帮助自己判断你的企业必须创造多少收入才能覆盖住你的成本。
• 你的总运营成本是多少？
• 你的销量必须达到多少才能覆盖住成本？
• 你的销售目标符合实际吗？

第五步：认真思考。为了弄清你是否已经做好了开创企业的准备，你需要回答以下问题：
• 你认为自己准备好创办企业了吗？
• 你愿意为了企业的成功而付出大量时间吗？
• 你是否已经和企业顾问或导师讨论过你的想法？

对这些问题的答案进行思考之后，你是否依然认为自己做好了开创企业的准备？如果答案是肯定的，那么请开始吧，但你还是需要花时间制订一份全面的商业计划书，以此作为企业发展的指南。

图M2-1　简化版启动计划书

© 玛丽·安妮·波齐

M2-2　撰写商业计划书的目的

商业计划书是你的"商业故事"——一个你会向私人朋友、偶然认识的人、潜在合作伙伴、供应商、客户和投资者等各种各样的人讲述的故事。撰写商业计划书的目的有三个：发展、管理以及沟通。

● **发展**。撰写商业计划书可以强化和明确你的意图。它可以促使你思考业务中可能被忽略的许多方面，明确困难和障碍，找到解决或避免它们的方法。商业计划书可以用来让整个管理团队或公司的员工，了解公司的现状和发展方向。

● **管理**。大多数企业的目标自然是赚钱，因此商业计划书应该概括商业机会转化为利润的方式。商业计划书也有助于公司的管理。因为这是一份发展中的文档，在企业出现变化或到达一定高度时，商业计划书应当得到修订。商业计划书还可用于跟踪和监督公司的进展，以及评估与实际业绩相关的预测。

● **沟通**。商业计划书通常用于吸引投资者或贷款。它还可以用来吸引战略合作伙伴，管理团队的新成员或高质量的员工。因此，商业计划书必须传达出这样的信息：企业已经对自己形成客观且实际的看法，同时思考了所有的潜在问题，确定了合理的替代方案。

来源：Glyn Thomas Photography/ Alamy Stock Photo。

尽管有些商业计划书是篇幅很长的正式文件，需要用数周或数月的时间来准备，但另一些商业计划书则是简短且非正式的提纲。无论在何时或以何种方式编写，商业计划书都是企业成功运营的一个关键部分。

M2-3　商业计划竞赛

商业计划书可以帮助你判断自己的想法是否可行，也可以帮你将自己的创意推销给别人，此外，在一些情况下，它还可以帮你赢得一些必要的启动资金。美国的许多顶尖商学院和大学都会举办提供现金奖励的商业计划竞赛，帮助参赛者将商业计划转化为企业。

商业计划竞赛曾是学术活动的最高点，而现在却成了大量资金的来源。赖斯大学举办的商业计划竞赛提供的奖金额度超过了100万美元。麻省理工学院的10万美元创业竞赛则催生了160多家企业。这些竞赛将有周详商业计划的新思想家和风险资本家汇聚在一起，这对所有人来说都是双赢的。

M2-4　制订商业计划之前：找到合适的定位

麻省理工学院是最知名、最能赚钱的商业计划竞赛之一的举办地。
来源：Philip Scalia/Alamy Stock Photo。

在你开始思考如何撰写商业计划书之前，你应当通过自我反省来确定自己的目标，同时判断它们是否与你构想中的企业一致。你可能需要访问美国小企业协会网站，找一些可以帮助你聚焦自己想法的问卷和测试。

并非所有人都希望（或都能够）成为下一个比尔·盖茨。有些人非常满足于经营一个只有少量员工，收入从未达到数百万的企业。然而，一些雄心勃勃的企业家可能希望在更大的范围内实现自己的想法。无论你希望拥有多大规模的企业，重要的是通过回答以下问题来阐明你个人的商业计划：

- 你是否想在你的事业和个人生活之间保持平衡？你可以将事业当作自己的生活吗？
- 你是如何定义成功的？这是金钱上的目标、生产上的目标，还是生活上的目标？
- 你的成功期限是多久？你是希望快速成功，还是想慢慢地朝着成功的标准迈进？

确定这些问题的答案将有助你明确自己的重点，让你明白自己的首要事项是什么，同时可以帮你明确自己的商业目标。一旦完成这些准备工作，你就可以随时开始撰写你的商业计划书了。

M2-5　商业计划书的组成部分

商业计划书没有唯一一种正确的写法。每个企业都是独特的，因此商业计划书也可以通过多种不同的方式制订。尽管如此，大多数商业计划书都包含一些共同的基本组成部分。如图M2-2所示，一份典型的初创企业商业计划书大约有35～60页，包括8个关键要素。这些关键要素的顺序并不是随机排列的，它们应该根据它们对阅读文档者的重要性进行排序。因此，尽管产品的完整描述对你来说是最重要的，但你的投资人和重要投资者在了解产品细节之前首先需要了解的却是市场。让我们一起详细考察商业计划书的这些基本组成部分吧。

封面与目录

商业计划书的封面就好比一本书的封面；它带给阅读者的是对计划书和企业的第一印象。这一组成部分十分关键，但很多撰写商业计划书的人都没有在其中增添恰当的信息，以致潜在投资者望而却步。如图M2-3所示，商业计划书的封面应包括以下内容：

图M2-2　商业计划书的基本组成要素

© 玛丽·安妮·波齐

| 封面与目录 | 执行摘要 | 公司与管理团队 | 市场分析 | 产品介绍 | 销售和推广 | 财务信息 | 附录 |

- 公司的基本信息（名称、地址、电话号码、网址）；
- 公司的标志（如有）；
- 公司经营者和管理者的联系信息（姓名、头衔、地址、电话号码，以及电子邮箱地址）；
- 制订商业计划书的年份和月份；
- 计划书的作者姓名；
- 特殊的记录编号，用于跟踪谁收到了哪份副本，以便跟进。

紧跟封面的是目录。它的条理应该十分清晰，这样读者才能快速找到企业任何方面的信息。它还应该包括每个部分第一页的页码，因此文档中的所有页面都应编号。

执行摘要

执行摘要（executive summary）是整个商业计划书的清晰和简明（缩减）版本，一般不超过2～3页。阅读执行摘要后，人们应当能对企业的目标、价值观、运营方式，以及盈利前景有所了解。执行摘要应该提供有关公司的独特竞争优势，以及未来销售、发展和利润的预测等方面的信息。如果要将商业计划书展示给潜在投资人，那么执行摘要应包含一个有关资本总量及其使用方式的说明，以及还款计划和时间进度表。

最后，执行摘要还应该传达出令人兴奋的内容，刺激读者去了解更多。由于这通常是唯一一个人们在商业计划书中会完整阅读的部分，因此它也是最关键的部分。这要求我们和商业计划书的其他部分相比，对它投入更多时间、更多思考和更多关注。执行摘要在向潜在投资人展示商业计划时尤其重要。投资人如果在读完执行摘要后并没有对你的企业及其成功前景产生兴趣，就会停止阅读，并且很可能会把你的计划书丢进垃圾桶。由于撰写执行摘要的目的是将整个商业计划书浓缩成几页纸，因此很多人通常会将其留到撰写商业计划书的最后一步来完成。在完成商业计划书

图M2-3　商业计划书的封面样本

© 玛丽·安妮·波齐

AB环境咨询公司
拉萨尔北路21号
芝加哥，伊利诺伊州，60611
电话：（312）555-6439
www.abenvironmentalconsulting.com

商业计划书

编撰人：

亚当·伯纳德
公司主席兼所有人
电话：（312）555-6438
电子邮件：abernard@abenvironmentalconsulting.com

2017年1月

#AB5336

的剩余部分后再撰写执行概要，可以确保你已经处理好了所有的小瑕疵，并且可以保证计划书其他部分的合理性。

公司与管理团队

商业计划书的下一个部分展示了企业的"蓝图"，同时对公司及其目标下定义。有关公司的部分应该包括以下要素：

● **使命及愿景陈述**。如第七章讨论的那样，使命及愿景陈述应展现出企业创始人对企业在发展、价值观，以及对社会的贡献等方面的终极愿景。这部分同时可以提供企业的商业战略，定义企业的业务，明确企业的目标客户，并且说明企业将如何让他们受益。

● **行业概况**。行业概况描述了企业的运营环境。这部分讨论的是影响企业发展的经济趋势，同时可以提供行业背景、当前的行业展望，以及行业的未来发展潜力等内容。

● **公司概况及战略**。公司概况提供了有关企业如何运作的详细信息，解释了公司为何会有独特的机会来影响整个行业。公司战略概括了公司的发展和盈利计划。在讨论目标和战略时，保持既乐观又现实的态度是非常重要的。而更重要的则在于根据公司过去和当前的具体情况来制定战略，使之更具有说服力。

● **预期的挑战和有计划的应对**。这部分讨论的是企业在竞争、供应商、资源、行业或经济状况等方面的潜在缺陷。它同时讨论了可能会影响企业的法律因素——无论是积极的还是消极的，包括法律规则的改变、未决的诉讼、过期的专利和版权等。该部分同时应说明公司在有需要时可以使用的资源。最后，这部分还应说明企业在版权、商标或专利方面的所有保护措施。

市场分析是商业计划书中详细解释产品是否存在客户，以及客户是谁的部分。
来源：Zoonar GmbH/Alamy Stock Photo。

● **管理团队**。这部分应该列出管理团队的成员——财务、营销及生产方面的专业人士，以及每个成员可以给团队带来的相关经验、知识或创造能力。如果你的公司规模足够大，有自己的董事会，那么这些成员的名单也应在此列出。由于要在商业计划书的最后附上重要人员的简历，因此在这里可以简短一些，针对每个人写一两段话即可。

市场分析

市场分析（market analysis）部分明确了客户是谁，同时说明了接触他们的方式。这部分的主要目标是说明你们的产品的好处。它应该回答这样一个问题："你们的产品在哪些方面有竞争优势？"假设你们的产品是自制意大利面，那么你们的客户可能会因为能够以比竞争对手更低的价格买到正宗意大利口味的面条而获益。抑或你们产品所用的原料都是有机的，因此可以让注重健康的顾客受益。消费者的利益就是那些对消费者有好处的事情。它们会影响一个人的感受、钱包，或两者兼有。市场分析部分应该按以下要求提供针对一般市场的评估和更具体的竞争分析：

● **市场研究**。这部分应该包括针对市场的分析，以确定是否有足够多的客户存在，以及这些客户是否会一直存续下去，从而让你的企业在当前和未来都能获利。首先，你需要确切地描述产品的目标市场，也就是确定你的客户。例如，你的客户是即将上大学的青少年，没有时间陪自己宠物散步的主人，还是那些需要在放松的地方享用大餐的人？一旦你确定并描述了自己的客户，你就需要判断这个市场是在发展还是在萎缩。你在分析后应该得出这样的结论：该市场足够大，你的企业可以进入，并且具有足够的发展潜力，因而值得你为此投入时间和资本。

● **竞争评估**。表现出你对竞争的清晰认知是非常重要的。因此，你应该列出你们的主要竞争对手以及他们的优势及弱势。你应该清晰地阐述如何利用他们的弱势以及回击他们的优势的方案。

产品

在商业计划书的下一个部分，你要对产品进行描述，列出它们的重要细节。产品描述应该包括你的企业做过的检验和得到的许可，以及可以保护企业产品的商标、版权或专利等。此外，讨论随产品提供的持续性服务，例如保修和维修等，也同样重要。你的商业计划书应该明确说明产品的生产方式。如果产品的某些部分依赖外部供应商，那么你也应该列出这些供应商，并且证明它们的可靠性。如果你的企业是服务型企业，那么你们应该讨论的是如何找到和培训服务的提供者。

最重要的是，无论你的企业提供的是商品还是服务，你都应在这部分讨论定价策略。在有关定价的讨论中，你应该对任何导致产品定价更高的因素进行详细说明，例如使用了高级材料等。此外，你必须全面分析竞争对手的同类产品定价，指出两类产品之间的差异，从而证明价格差异的合理性。最后，你还应该在这部分列出你希望自己的客户愿意为产品付多少钱。

销售和促销

商业计划书的销售和促销部分阐述了你们的营销计划的执行方式。这部分应该描述的是你的企业打算采用的产品促销方式。它应该包括基础广告之外的促销渠道，例如使用博客、脸书、推特、图享和优兔等平台的社交媒体营销策略。请记得说明你的企业是如何跟踪来自社交媒体策略的反馈的。

这部分同时应该说明你的企业的销售方式。例如，你的企业是通过营销团队、互联网、直邮、零售网点，还是通过口头传播的方式来销售自己的产品？这部分还应包括有关成功推广的证据，例如当前的新闻报道、客户推荐或感谢信等。

财务信息

这一部分包括了损益表、资产负债表，以及现金流量表等若干财务报表。此外，你的企业还应提供公司迄今为止的财务历史记录，以及针对未来几年企业业绩的几种不同预测和设想。你的企业应该对企业的财务状况进行压力测试，并展示其对企业在最糟糕的情况、达到预期的情况，以及最理想情况下的表现的期望。如果制订这份商业计划书的主要目的之一是寻求外部财务资助，那么这一部分的另一个组成要素就是有关资金需求的申明，而它必须明确企业的资金需求量、筹款类型、贷款期限以及资金的使用方式等信息。投资人可能还想了解你们打算如何回报他们，因此你们或许还要向投资人提供有关时间安排、投资回报，以及退出机制等方面的信息。

不要低估准备财务信息的重要性，也不要受到误导，认为准备财务信息很容易（或应该很容易）。这种做法可以迫使作为新企业主的你去面对日常现金流之外的企业财务情况。这些数字必须表明你可以取得短期和长期的成功。

你打算如何推广自己的企业？商业计划书可以帮助你判断到底应该举办免费的网络研讨会，还是应该在热闹的街头发放优惠券。
来源：Art Kowalsky/Alamy Stock Photo。

有趣的是，在展示一家公司的财务状况时，展示得越多不一定越好。更重要的是，如果你用计算机软件来生成财务数据，那么请确保你能理解其中每一行数字，并能对此做出解释。对于审阅商业计划书中财务报表的人来说，提出"损益表第24行的数字是什么意思"这样的具体问题是常有的事。如果你的回答是"我不确定，这个数字是计算机软件生成的"，那么你就无法让投资人相信你在理解和管理企业财务问题上的能力。如有必要，请让会计师来帮助你准备或解释商业计划书里的财务报表和财务预测。

仅仅在商业计划书里提供实际财务报表、预测，以及财务情况是不够的。你必须解释和概括这些报表中的重要信息，并具体说明它们与前述的市场、销售，以及生产计划之间的关系。

附录

商业计划书的最后几页应留给附录。任何正文中没有提及的，有助于提高你的企业、管理团队或所在行业可信度的额外信息都可以纳入附录。附录可以包括以下信息：

- 重要管理者的简历；
- 有关产品、设备以及生产等内容的图片；
- 推荐信、专业推荐；
- 公开发表的资料；
- 合同与协议，专利、版权和商标的副本；
- 媒体材料、文章。

撰写商业计划书看似是一项艰巨的任务，但如果你对自己的企业有着明确的想法和愿景，那么这项工作对你来说就会容易一些。知道自己并不孤单也非常重要。美国小企业协会和退休高管服务公司为潜在的小型企业业主提供了大量信息和资源。

请记住，你的商业计划书应当是令人兴奋的、生动的并且引人注目的。撰写商业计划书的目的是让其他人和你一样为你的商业计划感到兴奋。如果你认真按步骤撰写了商业计划书，并且坚信自己的想法，那么很快就会有投资人找上门来加入你的项目。

■　尽管必胜客的所有人——丹·卡尼和弗兰克·卡尼在没有制订正式商业计划书的情况下开创了成功的企业，但很快他们还是发现，在制作商业计划书时学到的规划方式对保持成功来说是必要的。无论你是赢得了商业计划大赛，还是只是花时间思考你的经营细节，撰写商业计划书都会帮助你取得成功。

重要概念

执行概要　　　　　　　　　　　　　　　　市场分析

参考文献

1. "Pizza Hut Inc.," www.fundinguniverse.com/company-histories/Pizza-Hut-Inc-Company-History.html.

2. Pizza Hut, "Our History," www.pizzahut.co.uk/aboutus.

第三部分

管理与雇用

Looking at the
Business Environment

第七章　企业管理与组织

本章目标

7-1　管理基础知识

定义成功管理者所要达到的管理水平和必须掌握的技能，同时说明如何定义公司的战略计划、公司愿景和使命宣言。

1980年，作为一名机械工程实习生，施乐公司的首席执行官乌苏拉·伯恩斯（Ursula Burns）在施乐开始了自己的职业生涯。在成为一家价值数十亿美元公司的管理者的过程中，她展现了哪些管理技能？

7-2　管理的职责：计划

讨论管理者为何需要战术计划、操作计划，以及应急计划。

做计划对企业的起步时期，以及今后的每一天都同样重要。一位文身艺术家如何才能将他的技能转化成真正的生意呢？计划各个阶段的顺序是什么？他可以采用哪些工具来实现自己的最终目标？

7-3　管理的职责：组织

说明组织的重要性，并详细说明大多数公司是如何组织的。

卡丽·威特（Carrie Witt）和马克·希利（Mark Healy）分别在两家相互竞争的公司中担任同等的职位，但他们的日常经历却大不相同。这是为什么呢？

7-4　管理的职责：控制

详细说明管理者是如何确保企业步入正轨并向前发展的。

计划中的重组将把公司推向更高的竞争水平，这一切听上去都很不错，但为何现在一切都这么混乱呢？

7-1　管理基础知识

定义成功管理者所要达到的管理水平和必须掌握的技能，同时说明如何定义公司的战略计划、公司愿景和使命宣言。

■　施乐公司现任首席执行官乌苏拉·伯恩斯并不是从公司高层开始起步的。相反，她是从施乐公司的机械工程暑期实习生晋升到董事长和首席执行官的位置的。这是一个历史性的时刻：一位美国大公司的女性首席执行官——安妮·马尔卡西（Anne Mulcahy），第一次将公司交由另一位女性来掌管。伯恩斯的个人经历极具美国特色。这位在纽约的低收入住宅里由单亲母亲抚养长大的女性现在领导着一家价值140亿美元的企业。[1]然而对伯恩斯来说，这一路并非一帆风顺。在企业越来越多地使用电子通信方式，使得印刷和复印的工作变得更少的情况下，施乐公司面临着严峻的挑战。然而，伯恩斯在推动新产品方面有着丰富的经验。在她的职业生涯早期，她协助领导施乐进入彩色复印领域。她的设想推动施乐公司走出了传统的制造行业，并且使其提供的产品变得更加多样化。此外，她还打算让公司向着全新的方向发展。作为公司的首席执行官，她的早期举措之一就是收购联盟计算机服务公司。这一举措引领施乐公司进入了为商业数据处理和档案管理问题提供全方位解决方案的领域。此外，很多人表示，伯恩斯能够将她对施乐科技的理解有效地传达给董事会和管理团队的其他重要成员，而这也是一种重要的品质。

是什么让乌苏拉·伯恩斯成为如此才华横溢且高效的管理者？她掌握了哪些技能，又是如何运用它们的？本章，我们将研究什么是管理，讨论成功管理者必须掌握的技能。

来源：Paul Morigi/Getty Images Entertainment/Getty Images。

企业管理

到底什么是管理？你是否有过这样的团队合作经历：其中一个人发挥了重要的作用，使得团队工作变得更加高效？这个人可以是你的同辈或是你的上级，但无论这个人是谁，他都清楚地知道需要完成什么，也能够评估用于实现目标的资源，并且可以带领其他团队成员实现这个目标。如果你有过这样

　　　　　　　　　　　　　　　　　美国百所大学都在上的商学课（第五版）

的经历，那么你就已经见证了实际的管理工作。

管理（management）是借助人力和资源实现组织目标的过程。这个组织可以是一个工作小组、一个企业部门，或一个价值数十亿美元的大公司。组织的规模并不重要，而管理者的技能和管理者所经历的过程在各个管理层级都是相似的。

管理的四个职责是什么？如图7-1所示，一名管理者履行着四个主要职责：计划、组织、领导，以及控制或监督。在本章接下来的部分，我们将详细讨论其中三项职责，并且说明它们是如何整合人员、资金以及技术等公司的全部资源的。在第八章，我们将讨论领导这一管理职责。

图7-1　管理的四个职责

© 肯德尔·马丁

管理的层次

管理的不同层次有哪些？ 公司里有着不同层级的管理者，他们的职责随着层级的上升而增加。图7-2展示了传统的管理金字塔，以及每一层级管理者的职位和他们的任务。

高层管理者的职责是什么？ 位于金字塔顶端的是**高层管理者**（top managers），他们是对整个组织负责的高级管理者。大多数公司都有首席执行官或总裁。有的公司还会根据自身规模和复杂程度配置首席财务官、首席运营官和首席信息官等职位。

高层管理者为企业规划"宏大的蓝图"。也就是说，他们会勾勒出公司的长期目标和战略愿景。接下来他们会制订计划，带领公司朝着这个方向发展。他们奠定了组织

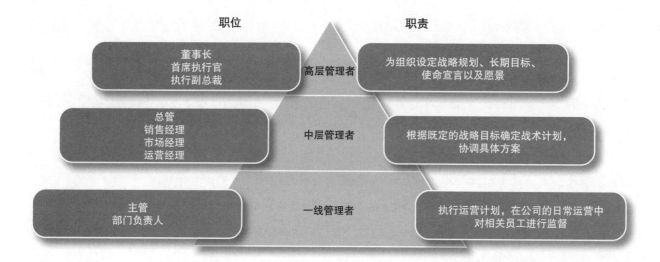

職位　　　　　　　　　　　　職责

董事长 首席执行官 执行副总裁	高层管理者	为组织设定战略规划、长期目标、 使命宣言以及愿景
总管 销售经理 市场经理 运营经理	中层管理者	根据既定的战略目标确定战术计划， 协调具体方案
主管 部门负责人	一线管理者	执行运营计划，在公司的日常运营中 对相关员工进行监督

图 7-2　管理金字塔

© 肯德尔·马丁

的文化，激励员工接受他们为组织设定的愿景。在规模较小的公司里，特别是小型初创企业中，高层管理者可能同时负责做计划和执行公司的日常任务。不过，随着公司的发展，这样的公司通常需要雇用更多员工，并且需要将工作分解为更小的任务和职责，而这通常要求公司雇用新一层级的管理者。

中层管理者的职责是什么？ 中层管理者（middle managers）管理组织的独立部门或机构，他们负责制订具体的方案来实现高层管理者制定的战略愿景。这一层级的管理者包括财务、市场、销售、运营，以及信息技术等公司职能部门的管理者。此外，团队领导也属于这一层级，他们的职责不是按照职能安排的，他们负责管理的是为了完成一个项目或组织的其他任务而组建的跨职能团队。

监督日常运营的人员也是管理者吗？ 位于管理金字塔底端的是**一线管理者**（first-line managers）。这些管理者负责监督执行日常运营工作的员工。

每个公司都有上述所有类型的管理者吗？ 并非所有公司都有这三个管理层级；有的公司的管理层级多，有的公司少。一般来说，你会发现中层管理者是可增可减的管理层级。

成功管理者的技能

管理者应掌握哪些技能？由于管理工作种类繁多，一个成功的管理者必须掌握以下类型的技能。

管理者应如何对员工行为负责？

过去两年里，阿尼·肖普里安（Ani Chopourian）在济慈综合医院的心血管团队中担任医师助理。在此期间，肖普里安对团队中男性医师在工作场所中的不正当性行为提出了大量投诉。她的所有投诉都被无视了。在发出了第18次投诉之后，她被解雇了。在随后的法律诉讼中，陪审团判给了她1.68亿美元的赔偿金。[2]陪审团听取了一组员工的证词，他们所描述的机构文化纵容了对女性员工的侮辱和欺凌，甚至严重到让病人面临危险的程度。为了打造让员工感到安全的工作场所文化，这家医院的管理者应该担负起怎样的职责呢？他们有能力控制心脏外科手术团队——这个给医院带来最大收益的团队吗？管理者需要运用什么工具才能应对这些挑战呢？

- **概念化技能：**进行抽象思考的能力。
- **技术性技能：**特定领域的专业知识。
- **时间管理能力：**有效利用个人时间的能力。
- **人际交往能力：**激励他人及轻松与人沟通的能力。
- **决策技能：**分析方案和实施最佳行动方案的能力。

很少有人能同时掌握上述所有技能。此外，由于管理者要负责多项工作，而且这些工作变化很快，因此管理者必须确定他们在任何特定情况下所需的技能。此外，管理者同时必须愿意通过学习、培训或寻求导师的帮助等方式来掌握他们在特定领域所不具备的技能。

概念化技能的含义是什么？为了做出优质的决策，管理者必须掌握**概念化技能**（conceptual skills），也就是通过抽象思考将企业视为一个整体，以及理解企业与商界之间的关系的能力。概念化技能还包括理解组织自身各部分之间的关系的能力。每当出现新的市场机遇或潜在威胁时，管理者都可以凭借他们的概念化技能来帮助分析他们的决策即将产生的结果。概念化技能对高层管理者尤为重要，这一能力通常会随着时间和经验的发展而发展。

管理者需要掌握哪些技术性技能？技术性技能（technical skills）包括能让员工执行某一领域或某个部门所要求的具体任务的能力和知识，例如建筑师的制图技能、软件开发者的编程技能或营销经理的市场分析能力等。懂得如何操作具体的机器也是一种技术性技能。管理者必须熟悉技术，同时具备解读各种数据的良好分析能力。除了具备与自身工作相关的技能，管理者还必须懂得如何运用他们所管理的员工的技能，或者至少对此有很好的了解。

成功的管理者必须掌握什么样的时间管理能力？ 掌握**时间管理能力**（time management skills）的管理者能够有效地利用自己的时间。作为一名管理者，你将如何做到这一点呢？减少时间上的浪费，例如杜绝持续的干扰、每天留出时间来答复电话和电子邮件、确保会议具有明确的议程，以及成功地将工作委派给其他人，可以提高你的时间使用效率。跟踪自己每天的时间使用情况同样可以改善你的时间管理方式。

为什么人际交往能力对管理者很重要？ 管理者通过与组织内外的人员进行协作来实现自己的目标。**人际交往能力**（interpersonal skills）能够让管理者与他人进行交互，从而激励他们，培养他们的信任感和忠诚度，使他们能够良好地合作。

高层管理者需要具备良好的人际交往能力，才能成功地与公司的董事会、投资者、商界领袖，以及中层管理者进行沟通。中层管理者需要具有良好的人际交往能力才能与各级管理者进行沟通，充当各群体中间人的角色。基层管理者必须具备良好的人际交往能力才能激励员工，建立士气，为那些完成组织日常工作的人提供培训和支持。此外，所有的管理者都必须具备良好的人际交往能力，才能与其他人进行沟通，并且激励他们。由于工作场所正变得越来越多元，因此这也成为一项日益重要的管理技能。

为什么有些人总是能做出比他人更好的决策？ 对管理者来说，掌握**决策技能**（decision-making skills）——识别和分析问题，明确和检验可选方案，选择并实施最佳行动方案，以及评估结果，是至关重要的。在制定重要决策时，管理者通常会经历一个如图7-3所示的正式决策制定过程。分析数据和探寻趋势可以让管理者发现看不见的问题或机会，例如销售额的缓慢增长、消费者不满情况的增加或开拓新市场的机会等。接着，管理者会与他们的团队一起开发可能的解决方案。他们可以根据各种标准，例如成本、可行性以及所需时间和资源等，来评估每种潜在的方案。一旦他们对潜在的方案做出了评估，管理者便可以选出最佳的行动方案。此时，管理者通常会在全面展开这一方案之前向客户或市场中的其他人员征求意见。如果反馈不是积极的，那么管理者则可以执行其他替代方案。在做出最终选择后，管理者便要制订实施行动计划的方案。最后，管理者要对他们的选择产生的结果进行评估。如果需要做出改变，则整个流程就要重新开始。

回想施乐公司的首席执行官乌苏拉·伯恩斯。她的教育经历是如何为她提供成功所需的技能的？你是否认为她的成功反映出她强大的人际交往能力？她带领施乐公司发展的方向能否反映出她的决策能力和概念化技能？时间管理能力又是如何在她管理一个大型公司时发挥作用的？要想像伯恩斯那样在商界取得显赫的声名和成就，掌握一系列管理技能是至关重要的。

图 7-3　决策制定的阶段

© 肯德尔·马丁

【商业杂谈】

社交媒体：如何利用网络工具让时间管理变得更轻松？

长久以来，人们用日历作为管理自己个人日程的工具。然而借助现代的社交媒体工具，基于网络的日历可以用来同步和管理很多人的日程。人们可以将新的事件添加到日历上，让会议的日程安排变得更为轻松、快捷。例如，你可以使用"会议向导"发送附有会议时间投票功能的电子邮件邀请函。随后，该应用会为你生成一份有关群体回复的报告，并向每个人发送一份附有最终会议时间的确认函。"要见面"则是另一款应用，它允许你让群组中的每个人在基于网络的日历上输入自己的可行时间。"涂划"（适用于苹果或安卓手机）是一款日程安排软件，可以让你在手机上对可行的会议时间进行投票。

这类工具对许多管理者来说都非常有用，但有的人认为基于网络的工具会让简单的工作变得更复杂，实际上会让我们的效率变得更低。你的看法是什么？我们是否过于依赖花哨的电子工具来管理自己的生活和时间了？

7-2　管理的职责：计划

讨论管理者为何需要战术计划、操作计划，以及应急计划。

威廉·李（William Lee）明白，如果自己做对了，他的文身艺术技能就可能会引领他开创自己的事业。但是他该从哪里开始呢？首先，他坐下来写下了他的商业愿景，以及他希望为这个世界带来的东西——"通过文身艺术激发自我表达和创造力"。尽管这似乎是一个浮夸的宣言，但将它写在纸上有助于威廉巩固自己的一些想法。接下来是如何做的问题——他如何才能从这个想法开始创造自己的企业呢？他如何找到可以租用的空间、开店的资金，以及有助于经营的专业知识呢？和其他文身艺术家相比，他的竞争优势是什么，他该如何将其传播出去呢？为此，威廉有许多工作要做。

与威廉·李开始规划自己的企业时的感觉一样，在当今繁忙的世界里，人们很容易分心。目标和计划让我们的注意力集中在通往结果的方向上。**做计划（planning）**是确立最终目标和短期目标，并且确定实现它们的最佳方式的过程。**长期目标（goals）**是一个组织希望在某一时间段内——对大多数公司来说是五年，实现的广义的、长期的成就。而**短期目标（objectives）**则是为了帮助实现长期目标而设定的短期指标。本节，我们将讨论组织中不同层级的计划方式。

来源：Dominique Faget/AFP/
Getty Images。

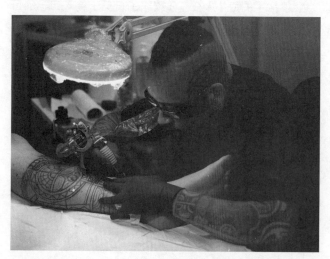

战略计划

什么是组织中最高层级的计划？**战略计划（strategic plan）**是由高层管理者设定的主要行动方针。战略计划有助于回答以下三个问题：

1. 企业要去哪里？
2. 企业应专注于什么？
3. 企业应如何实现自己的目标？

简而言之，战略计划指出了企业想要在未来到达的位置，并且确定了到达这一位置的方式。尽管个人目标有时会对这一计划有所贡献，但这个整体性的战略计划聚焦的是整个组织或整个部门。

如何开发战略计划？ 优秀的战略计划反映了组织内外发生的事情，展示了这些条件和变化在未来对组织的影响。制订战略计划的人员必须留意组织的能力和资源，以及环境的变化。图7-4展示了开发战略计划的步骤。

让我们一起考察维基媒体基金会的战略计划开发过程。维基媒体基金会为在线协作式百科全书——维基百科以及其他九个具有共同目标的项目（维基教科书、维基语录、维基学院等）提供支持。[3] 2009年，维基媒体基金会开始修订未来六年内将要使用的战略计划。[4] 维基媒体基金会发现，全球仅有15%的人在使用维基媒体的产品，这远远低于他们的目标。即便在美国，也只有1/3的网络用户使用过维基媒体的产品。

其中一个问题在于，人们对维基媒体基金会旗下项目的参与度和贡献都已开始降低——实际上超过50%的内容来自大约1%的贡献者。此外，该组织希望提高维基媒体基金会用户群体的战略性思考能力，让他们聚焦于组织的长期战略计划。

为了开发一套能够解决以上问题和挑战的计划，维基媒体基金会征询了社群贡献者的建议。维基媒体基金会的整个群体都可以浏览和评价每一条建议。整个社群共同设定了目标，并且确定了如何通过具体行动来实现这些目标的方案。这个过程主要是在网络上实现的，有1 000多名使用超过50种语言的用户参与了整个过程。一份内容长达1 500页维基百科页面的材料被整合成一份战略报告。尽管这一过程并不适用于所有企业，但它似乎非常适合精通科技的维基媒体社群。

图7-4 战略计划的过程

© 肯德尔·马丁

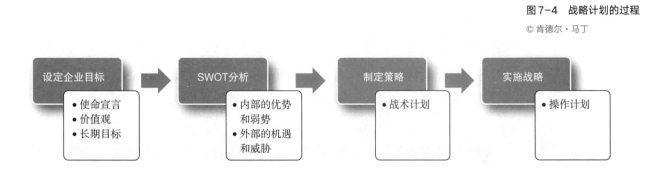

愿景和使命

什么有助于企业确定自己的方向？ 创建战略计划的第一步是通过定义明确的愿景来设定企业的目标。**愿景**（vision）定义了企业未来的发展方向，以及你对自己所有工作的最终成果的期望。企业必须向所有员工和股东明确自己的愿景。通用电气公司在前任首席执行官杰克·韦尔奇领导下的愿景是这样的："在我们参与竞争的每个业务领域都名列第一或第二，成为世界上最具竞争力的企业。"[5]这一清晰的愿景对通用电气发挥了作用——在韦尔奇担任首席执行官的20年里，该公司的市值从140亿美元上升到了4 100多亿美元。[6]

什么有助于企业定义自己的目标？ 人们常会混淆企业的愿景与使命宣言。愿景代表的是企业的长期目标，说明了企业的发展方向。而**使命宣言**（mission statement）是对一个组织当前目标、基本目标，以及理念的描述。使命宣言不仅有助于管理层保持专注，还可以让员工理解其所服务的企业的核心价值观。

使命宣言反映了一个公司的性格，因此，即便同一个行业的不同公司也会在使命宣言的设计和内容上大相径庭。有些公司专门针对特定群体，以严肃的方式使用科学术语。而其他公司则试图通过能够激励普通消费者的简单、直接的表达来吸引更多受众。你可能会发现，有的企业会使用使命宣言来强调它们对环境的关注，或用使命宣言来为公司的职员设定抽象的目标，例如为了让世界能够更好地沟通而工作。另一些公司可能只会讨论它们自身的商业目标。使命宣言可以让消费者和员工了解企业的核心价值观。

什么是有效的使命宣言？ 如果员工可以通过使命宣言感受到企业经营者对企业的热情，那么使命宣言就起到了积极的作用。员工会将使命宣言中的长期和短期目标融入自己的日常工作，同时会通过自己的言行将其传达给客户和供应商。

有效的使命宣言并不一定有华丽的辞藻。如果写得足够清晰且有说服力，那么简单的使命宣言也可以很有效。请访问www.missionstatements.com，阅读几条使命宣言。卡尔弗连锁餐厅的使命宣言只有简明的7个单词，而化妆品公司雅芳的使命宣言长达240个单词。但它们同样有效，并且能够反映企业追求卓越的热情。

定义明确的愿景和使命宣言的好处是什么？ 愿景和使命宣言可以带来以下好处：

- 通过确保战略与组织目标的一致性来保持正确的管理；
- 激励员工；
- 让投资者能够洞察组织的价值所在。

使命宣言只适用于营利性企业吗？ 不，使命宣言对非营利组织同样十分有用。非营利组织的使命宣言关注的是延伸至社群或特定公共服务的领域，而非投资者回报。例如，美国癌症协会的使命宣言聚焦的是减少癌症与病痛，而没有提到利润。使命宣言反映的是一个组织服务社群的承诺、它的目标范围，以及实现目标的途径。

我们可以在哪里找到一个企业的愿景与使命宣言？ 愿景和使命宣言均可以在组织的网站上找到。然而，由于使命宣言是直接面向客户的，这与直接面向员工的愿景不同，因此它通常会单独用在广告材料或其他产品实物上。

SWOT分析

管理团队如何才能推动企业向着实现愿景的方向前进？ 一旦明确了公司的愿景和使命宣言，公司的管理者就必须评估公司的优势和弱势，以及自己与竞争对手相较的位置。组织内外预计会发生怎样的变化？公司是否已经准备好响应这些变化？这些都是必须首先得到回答的问题。

什么是SWOT分析？ SWOT缩写代表的意义是：优势（strengths）、劣势

图7-5　SWOT分析

来源：Based on Walmart SWOT. Retrieved from: http://www.marketingteacher.com/walmart-swot/.

© 肯德尔·马丁

SWOT分析	
内部优势 给公司提供竞争优势的潜在的内部有利条件 以沃尔玛为例： • 强大的品牌； • 价格和便利度上的声誉； • 店内商品种类繁多。	**内部劣势** 和竞争对手相比缺少内部能力或专业知识 以沃尔玛为例： • 和销售单一产品（服装）的竞争对手相比，不够灵活； • 虽然已经开始向全球发展，但只打入了少数国家。
外部机会 有益于企业竞争力的可预见的外部变化 以沃尔玛为例： • 向新的地区拓展，开拓新型店铺； • 收购欧洲或中国的其他国际化零售商，或与之结盟。	**外部威胁** 可能会对企业竞争力产生负面影响的外部条件 以沃尔玛为例： • 激烈的价格竞争日益加剧； • 国际零售让沃尔玛在其运营的国家遭遇了政治问题； • 作为业界第一的沃尔玛成为竞争对象。

（weaknesses）、机会（opportunities）、威胁（threats）。

SWOT分析（SWOT analysis）是对企业的优势、劣势、机会以及所面对的威胁的分析。它有助于管理者确定组织的内部能力与业务和经济环境方面的外部机会之间的战略契合度。图7-5简单地阐释了SWOT分析的每个要素。

在评估一个企业的内部优势与劣势时，管理者必须分析公司的内部资源，包括企业的财务健康状况、员工的优势，以及它的市场、运营与技术资源。例如，强大的市场营销部门可能是一个公司的优势所在，而不利的地理位置则可能是它的劣势。

为了评估企业面对的威胁与机会，管理者需要评估多种外部因素，例如影响一个企业的经济、政治、监管环境，以及社会、人口、宏观经济和技术等因素。管理者也要分析公司所在行业的状态、它的市场以及竞争对手。例如，经济衰退可能会威胁替代性能源公司，相反人们对全球变暖现象的日益关注可能会为市场增长提供更大的机遇。

完成SWOT分析后要做什么？ 在完成SWOT分析后，管理者可以根据这些信息确立长期目标和短期目标。为了帮助确保这些目标得以真正实现，在设计目标和组织语言时，SMARTER法可以提供一些帮助：目标应该是具体的（specific）、可衡量的（measurable）、可接受的（acceptable，针对那些为实现目标而工作的人）、现实的（realistic）、有时限的（timely）、可扩展的（extending，指的是为实现目标而工作的人的能力），并且可以给员工带来回报（rewarding）（见图7-6）。[7]因此，你如果在为一个学生政府项目担任筹款工作负责人，那么设定一个"在12月底前筹集500件外套"的目标要比"我们打算为有需要的人收集衣服"更能够聚焦于行动。

图7-6　目标设计的SMARTER原则

来源：Based on Carter McNamara, "Strategic Planning (in Nonprofit or For-Profit Organizations)," retrieved from: www.managementhelp.org/plan_dec/str_plan/str_plan.htm。
© 肯德尔·马丁

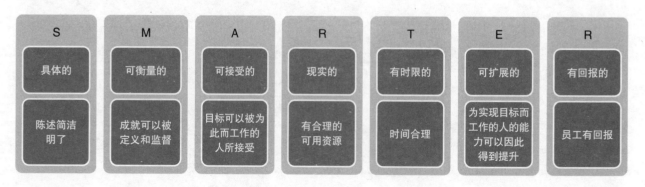

S	M	A	R	T	E	R
具体的	可衡量的	可接受的	现实的	有时限的	可扩展的	有回报的
陈述简洁明了	成就可以被定义和监督	目标可以被为此而工作的人所接受	有合理的可用资源	时间合理	为实现目标而工作的人的能力可以因此得到提升	员工有回报

战术与操作计划

管理者如何才能确定执行战略计划的方式？ 设定战略计划的下一个步骤是让中层管理者生成一套战术计划去实现公司的目标。**战术计划**（tactical plans）具体明确了实施特定战略计划所需的资源和行动。战略计划有一个长期的重点，而制订战术计划时考虑的是未来一到三年内的活动。例如，确定一个公司的年度预算就是战术计划的职责之一。我们可以说，一家纸品供应商的战略计划目标之一是向东海岸地区的大公司销售更多产品。而该公司战术计划的一部分则可能是确定在当地投多少钱做广告。

战术计划如何转化成对员工的指示？ 操作计划是战术计划的执行细节。在**操作计划**（operational plan）中，一线管理者精确地确定战术计划的实现过程。操作计划取决于每日或每周的日程安排，并且聚焦于具体的部门或员工。例如，一旦纸品公司确定了投放在广告上的预算，特定的部门管理者就必须决定派哪些员工出差为产品投放广告。

应急计划

如果发生了未能预见的事件会怎样？ 应急计划（contingency planning）是确保企业在遭遇意外破坏期间尽可能顺利运营的一组计划（见图7-7）。如果一家公司销量最好的产品因为一个缺陷被召回，抑或该公司某个商品的销量超过了它的生产能力，那么会发生什么？企业应该如何应对来自竞争对手的不可预测的收购威胁，或者该如何应对威胁关闭所有内部和外部通信网络的快速蔓延的计算机病毒呢？有时，极端情况会迫使公司改变自己的计划，另寻生存方式。例如，2011年的大地震和海啸致使20 000人遇难，让日本遭受了重挫，这场灾害导致电力短缺，供应链中断，并且严重影响了全球范围内依赖日本零部件出口的制造厂商。[8]如果发生了意外的危机，并且没有计划来及时应对，那么所有最好的企业战略可能都会迅速失效。

做计划如何帮助公司应对意外事件？ 应急计划的一部分内容包括公司如何在危机期间与内部和外部的所有利益相关者进行沟通。在内部，企业必须告知员工应该如何继续自己的工作。在外部，组织必须准备好应对员工、员工家属甚至媒体的方案。

应急计划还包括确定在危机突发时对组织的即时需求至关重要的部门是哪一个。每

图7-7　应急计划：你准备好了吗？
© 肯德尔·马丁

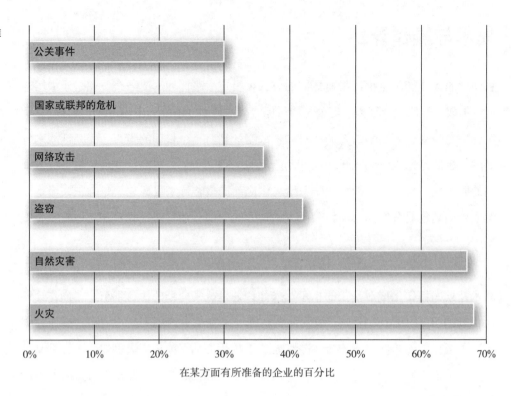

公关事件

国家或联邦的危机

网络攻击

盗窃

自然灾害

火灾

0%　10%　20%　30%　40%　50%　60%　70%

在某方面有所准备的企业的百分比

个计划的细节取决于企业的规模和职能，以及需要做计划应对的危机的严重程度。例如，投资管理公司先锋集团就设有一套专门的、正式的企业应急方案来应对从最坏的数据中心、建筑或人员损失到更常见的停电等一系列事件。[9]

图7-8　管理计划的四个类型
© 肯德尔·马丁

战略计划　高层管理者
• 设定实现组织长期目标和短期目标的方案
• 发挥决策框架的作用
• 有助于企业规范的设定

战术计划　中层管理者
• 确定实施战略计划所需的资源和行动
• 考虑的是1~3年的活动

应急计划　中层管理者
• 让组织在出现破坏的情况下保持运营
• 详细列出每种事件下的内部和外部沟通流程
• 确定危机中对组织最为关键的部门

操作计划　一线管理者
• 包括规划战术计划的具体执行方式
• 取决于每天或每周的工作安排
• 聚焦于具体的部门或员工

与制订计划同样重要的是要确保这些计划得到检验，以及关键人员明确知道自己应做什么。与学校里的消防演习类似，公司应该定期回顾和演练它们的计划。先锋集团的管理者对其应急计划进行了严格的检验，包括全面的演练。在此期间，该公司关闭了办公大楼，而员工则采取了远程办公方式。该公司还与所在地、所在州，以及联邦政府共同进行了模拟灾害演习。由于先锋的业务会因为其技术系统的任何中断而受到极大影响，因此该公司也会进行检测，判断信息系统在出现中断时可以以多快的速度恢复运行。图7-8概括了先锋这样的公司所采用的应急计划的类型。

■　许多年过去了，现在，在想起自己的早期商业计划时，威廉·李笑了。在他开办现在拥有的这家文身店之前，他必须在整个过程中做出上百个决定。在很多情况下，他需要从战术的角度思考，他必须进行全面的SWOT分析来判断自己的优势和劣势是什么，这样他才能为自己的店铺设定长期和短期目标。此外，为了应对未来的问题，他设定了自己的应急计划。"你永远不知道未来会怎样，"他说，"但你知道的是，如果不做计划，你就不会赢。"

7-3 管理的职责：组织

说明组织的重要性，并详细说明大多数公司是如何组织的。

■ **卡丽·威特和马克·希利有很多相似之处：** 他们都拥有商学学位，同时都在设计商用太阳能电池板的中型公司担任销售助理。尽管如此，他们的职业经历却截然不同。卡丽是其公司市场部的一员，为了帮助自己的公司在该州特定地区获得新客户，她正在接受培训。她直接向部门负责人汇报工作，但她的工作同时会受到几位中层管理者的监督，其中包括市场部的主管和营销经理。而这些人则依次受命于执行副总裁、首席执行官，以及总裁。而在马克的公司里，他与来自市场、研发、财务和运营等不同领域的人一同工作。他们作为一个综合性的整体负责各种项目。该团队由一位经理负责监督，他直接根据公司首席执行官和总裁的目标与指示来协调团队工作。

卡丽和马克的工作似乎是一样的，然而他们每天的经历却大相径庭。 这是为什么？原因在于企业的组织结构。卡丽的公司采用了哪种组织结构？马克的公司用的又是哪一种？这些结构为什么是必要的，它们的优势又是什么？每个公司，无论它的规模如何，从事的业务是什么，都需要一个稳固的组织结构。如果没有这样的组织结构，员工可能会在决策和分配职责时遇到困难。然而这并不意味着公司的组织方式是唯一的。本节，我们将探讨组织的不同方面。

来源：MG、E+/ 盖蒂图片社

组织结构

管理者如何才能将他们的计划转化为行动？ 一旦确定了目标并制订了计划，管理过程的下一步就是将这些计划付诸行动。**组织（organizing）**是将资金、人员、原材料以及其他资源整合起来，以最符合工作特质的方式执行公司计划的过程。确定组织结构是组织工作的一部分。企业选择的组织结构取决于多种因素，例如员工人数、企业做出决策的速度、企业在快速变化中的脆弱性，以及工作的协作特性等。

企业如何记录组织结构？ 和大型企业相比，小型企业倾向于采用更为简单的组织结构。尽管如此，为了同时完成多项任务，组织必须有分工，并且必须将工作划分为更小的单位。图7-9所示的**组织结构图（organizational chart）**展示了员工群体是如何被纳入更大的组织结构的。组织结构图通过视觉方式呈现了公司结构的一些要点。**控制范围（span of control）**指的是由特定人员监督的员工人数。**部门化（departmentalization）**是指将公司划分为更小群体的决策。有时，公司根据职能或产品划分部门，有时又根据地理位置甚至客户类型来划分。

如何在组织中分配权力？ 主要方式有两种：

- **纵向组织（vertical organization，**又称纵深组织）。权力属于少数人，大多数人都处在需要向主管汇报的岗位上。

- **横向组织（horizontal organization，**又称扁平组织）。权力分散到了团队或小组中的许多人身上。

图7-9 组织结构图
© 肯德尔·马丁

在纵向组织中，决策的制定是集中化的，只有少数人有决策权。这类公司的组织结

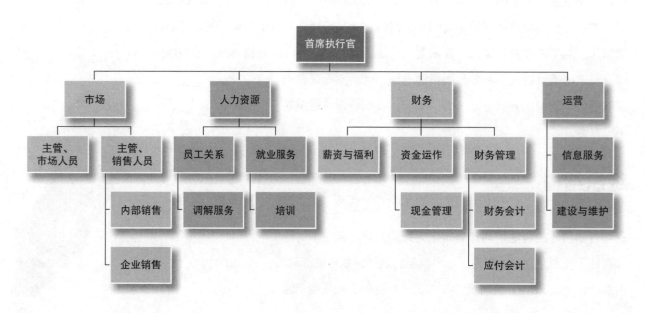

美国百所大学都在上的商学课（第五版）

构图往往有很多层级，并表明了工作汇报关系的长长的纵列。自工业革命以来，纵向组织一度是主要的企业组织结构。

在横向组织中，传统的管理金字塔被压扁了，管理层级减少。决策权是去中心化的，并且分散到了比纵向组织更多的人员身上。横向组织依然具有一些金字塔形的特征，例如首席执行官，可能还包括中层管理者，但大多数员工是在团队或小组中开展工作的。由于有权力的人很多，因此这类企业的组织结构图呈现出了扁平和横向的特征。图7-10描绘了纵向组织结构和横向组织结构的基本差异。

纵向组织的优点和缺点是什么？ 在纵向组织中，一个公司是由特定职能部门组成的，比如市场、财务、采购、信息技术，以及人力资源等部门。这些职能部门里的专业等级是层层递进的，管理者在他们负责的范围内有直接权力和汇报职责。整合这些职能和部门通常并非易事，因为沟通和决策必须沿着长长的指令线上下传递，这使得企业难以快速响应市场的变化。尽管如此，这种结构还是有其优势的，因为最终会有人负起责任，决策权也十分明确。然而，在20世纪90年代早期，有批评者认为纵向组织结构过于专业化，使得组织内部各自为政，并且缺乏灵活性。福特汽车公司和巴克莱银行等企业发现，当它们以不同的方式组织起来，根据特定生产领域组织管理团队时，它们会更成功。[10]

图7-10　纵向组织与横向组织

© 肯德尔·马丁

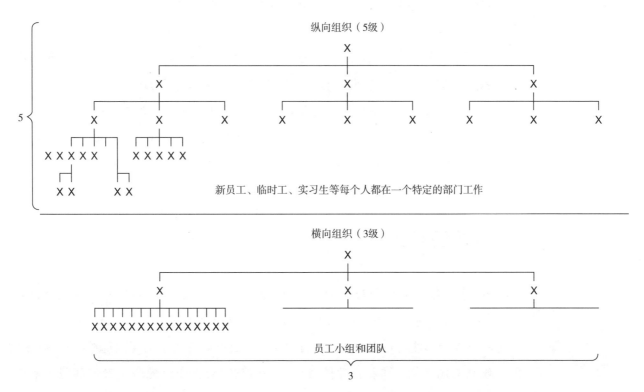

第七章　企业管理与组织 　　　　　　　　　　　　　　　　　　　　　　　　　　　275

横向组织的优点和缺点是什么？ 横向组织的优点在于每个团队都会对自己的工作成果更加负责。人们对权力的竞争意识变少了，大家更多向着协作的方向发展。每个员工都被赋予了权力，有了更多的职责和更大的决策权。由于管理层级变少，因此如果有必要的话，员工可以更快地从他们那里获得批准。

横向组织结构被认为是知识时代的范例。由于今天的员工在公司里拥有更好地获取信息的渠道，而此前只有他们的上司有这样的渠道，因此很多人认为横向组织结构更为有效。它们适用于那些需要对快速变化迅速做出响应的行业。

结构的变动

公司的组织结构会改变吗？ 是的，有时企业发展得过于庞大，以至于它们的产品线、地理区域或生产过程都变得难以管理。因此，公司会将纵向组织结构调整为横向组织结构。在这种情况下，管理者往往会试图通过职能来重组。例如，它们可能会将组织划分为一个个部门，每个部门由工作在同一条生产线上的员工组成。它们可能还会将公司划分为不同的团队，让它们专门负责某一地区的工作或某个生产流程。从本质上说，这些运作的部门好比独立的小型公司。每个部门都有自己的一套专业职能，因而会有单独的管理者来负责这些部门的财务和营销等工作。在今天的商业环境中，采用按职能分配的纵向组织结构的企业越来越少。

施乐就是这样一家从纵向组织转变为横向组织的企业。它曾经有一个传统的纵向结构，由研发、生产和销售等不同职能部门组成。为了更紧密地联系客户，该公司于20世纪90年代早期围绕个人业务市场，例如小企业、办公文档系统以及工程系统等，进行了重新整合。每个独立的团队都有自己的一套财务报告体系，而工厂则专注于各条生产线。今天，该公司依然保持着一种扁平化的组织结构，按产品类别以及公司在全球范围内的经营地区划分组织结构。

其他组织结构

什么是直线参谋制组织？ 大多数公司都是从一个简单的组织开始的，其中某个职位可以直接控制其下面的所有部门。这种组织被称为**直线组织**（line organization）。产品经理可能会负责产品的设计与生产。这类管理关系可以用简单、明晰的组织结构图表示。随着企业的发展，它们有时会转变成配备了**参谋部门**（staff

给予管理者的一点建议

1. 保持冷静。

2. 接受超出你的舒适区的机会。

3. 优先考虑自己的员工。

4. 赢得他人的忠心。尊重他人。

5. 能够承认自己的错误。

6. 不断学习。

8. 鼓励创造性思维。

7. 你的成就来自身边人的成就。

9. 在工作场所率先做出你想要的改变。

10. 先听后说。

departments）的组织。当需要针对监管问题的支持时，法律参谋部门便可以与具体的生产线进行互动。法律参谋部门并没有关于所有产品的设计和生产权力，但它会就具体问题与生产部门进行协作。这种更为复杂的管理关系被称为**直线参谋制组织（line and staff organization）**。

什么是矩阵式组织？ 在纵向组织里，员工根据自己的职能组成团队，例如所有会计属于一个部门，所有的工程师属于另一个部门等。**矩阵式组织（matrix organization）** 会根据人员的技能对他们进行归类，然后按需要将他们分配到不同的项目中。这样，一名工程师可能要向工程主管汇报，但在分配到项目中后，这名工程师还要向项目经理汇报。矩阵式组织结构对以项目为基础的企业十分有效，因为它能够促进资源共享。共享的权力和职责意味着管理者之间可以更好地协调，从而带来更好的项目成果。然而，同时有两个上司可能会导致冲突，因此矩阵模式只适用于特定的情况。

什么是反转型组织？ 纵向组织可以与另一种全然不同的组织结构相结合，这就是**反转型组织（inverted organization）**。在这种结构中，管理者必须对员工做出回应，或者对他们负责。反转型组织的目标是为员工赋权，推动和鼓励他们去做自己最擅长的事情。被授权的员工可以当场做出决策，不会因为要向各级管理层提出请求而耽误时间。大多数企业最终由传统的纵向组织结构转成反转型结构。因此，尽管员工依然有自己的主管，主管必须向管理者汇报，但管理者同样要对自己的员工负责。这种方式的基本依据在于，企业的核心任务是创造价值，而一线员工才是公司的价值创造者。因此，只有授权给一线员工，并且把他们放在第一位，管理者才能为企业的成功做出贡献。[11]

爱渠西来科技就是一家在这种理念下发展起来的公司，这是一家提供信息技术服务的企业，曾被评为印度最佳雇主。由维尼特·纳亚尔（Vineet Nayar）创立的爱渠西来科技在2005年采用了反转型组织结构。随后，该公司以每年20%的速度增长，即便在全球经济衰退期间亦是如此。[12]爱渠西来的纳亚尔认为，要想让客户满意，企业员工必须感到自己受到了重视，同时必须信任自己的管理者。而管理者必须对他们的员工负责，反之亦然。

纳亚尔在其所撰写的《员工第一，客户第二》一书中记录了这段经历。关注员工的结果是客户变得更为满意，同时他们也得到了更好的服务和产品。美国西南航空等许多企业也采纳了反转型组织的一些要素。

什么样的组织结构可以在多个公司之间发挥作用？ 今天，一种新的企业组织结构出现了，这就是网络式组织。**网络式组织（network organization）** 由一组独立的、主要具有单一职能的公司组成，这些公司共同生产某种产品或服务。网络式组织不是一个可以实现全部职能的单一公司。波音公司利用网络式组织来生产波音787飞机。过去，该公司的大部分飞机是由自己员工制造的。而对于波音787飞机来说，波音公司利用了全球数百家专业制造商来独立制造这一型号飞机的零部件。接着，这些制造商将各自的零部件送往波音总部，在那里这些零件将被组装到787飞机上。

其他采用网络式组织结构的公司包括只拥有一家制造工厂的耐克，以及锐步（Reebok）——该公司只负责设计和营销，但并不制造自己的产品。网络式组织的运营要求公司具备以下特征：

- 具有高度的灵活性和创新性；
- 能够快速应对危机和抓住机会。

成功运营网络式组织的公司发现，它们能够节省时间，并且可以降低成本和风险。

■ **回顾卡丽和马克的故事。** 卡丽在市场部门负责人，以及同一部门的几位中层管理者的监督下工作，而他们则要依次向高层管理者汇报。马克则在小组中与来自公司不同部门的成员一起工作。现在你是否可以更清楚地看到，尽管他们的公司看起来相似，但他们的经历却完全不同？卡丽的公司是一个纵向或纵深式组织，该公司围绕特定的业务职能进行组织，有多个层级的一线和中层管理人员。而马克则工作在一个横向或扁平化的组织里，中层管理者更少，员工在团队中工作。如果他们的公司重组成矩阵式组织，那么他们的工作生涯会发生怎样的变化？如果重组成反转型组织呢？

7-4　管理的职责：控制

详细说明管理者是如何确保企业步入正轨并向前发展的。

■　**事情不该这样结束。**公司高管曾共同制订了公司重组计划。马特·芬力（Matt Finley）现在仍记得当时的那种兴奋感：每个人都知道将企业推向横向组织结构会有利于管理者、员工以及客户。辉煌的前景感觉就在前方。而那是6个月前的事了。现在，公司销量出现下降，员工士气不高，也没有人知道这是为什么。马特相信管理团队已经确立了目标。那么到底是哪里出了错呢？

如果没有得到有效实施，那么再周详的计划都毫无意义。在制订计划，以及为了实现组织目标而执行战略方案的时候，管理者还必须确定自己的计划和战略方案是否产生了预期的结果。本节，我们将了解管理者如何控制（或监督）自己的组织，以及这么做为何十分重要。

为企业顺利发展而控制

为什么企业必须得到调整才能顺利发展？控制（controlling）或监督是管理者衡量业绩，确保企业的计划和战略都能得到正确执行的方式。通过控制，管理者能够确保企业的发展方向与短期和长期计划相一致。控制过程也可以检测系统中的问题，因此如果一个计划没有帮助企业达到它的目标，那么管理者就可以对它进行修订。

控制的策略

如何衡量企业是否向着其愿景迈进? 大多数公司都有控制系统,可以帮助衡量它们实施的计划是否有效。控制系统通常是一个闭环,如图7-11所示。业绩标准设定后,就可以根据标准来衡量实际的成效。衡量一家公司的业绩时需要用到财务报表和销售报告等报告工具。这些报告有助于判断一个公司的产品是否有竞争力,公司的生产是否高效,以及公司是否合理地使用了自己的资产。企业可以根据这些信息做出相应的调整,然后再次进入新的循环。

图7-11 监督或控制循环

© 肯德尔·马丁

财务、生产和销售是评估业绩的唯一工具吗? 不是。另一个衡量业绩的指标是质量,也就是一个公司提供的商品或服务必须达到或超越客户的期望。许多管理者会使用

【成功案例】

虫害控制公司控制了自己的车队

船锚虫害防控公司是一家小型害虫防控服务企业,它有一个由15辆面包车和卡车组成的车队。当面包车需要修理时,该公司遭受了严重的损失。因此,以最低的成本和最少的停工时间保证整个车队的最佳运行状态是该企业的重要目标。[13]该公司的另一个关键目标是客户的满意度。这一目标包括:司机按时到达,司机小心地开车进出现场,以及按时完成工作,等等。起初,该公司的经营者唐·沃尔夫(Don Wolf)试图在每辆车上使用全球定位系统来监督这些业务目标是否实现。但他很快发现这些系统可以跟踪交通工具,但是无法帮助他回答他的商业问题:每辆面包车什么时候需要维修?引擎的工作效率高吗?哪个司机每天停车的次数最多?

沃尔夫发现了一款名为"车芯"的监控设备,而且他可

以负担得起在每辆车上安装这一设备的费用。将"车芯"里的信息下载到一款软件中之后,每辆车都可以在恰当的时间——在其停止运行,而非按照要求送修之前,得到维修。"车芯"可以为每辆车设定最高速度,这样沃尔夫便可以了解司机是否在路上安全驾驶。沃尔夫还可以根据安全性评价或行驶里程来对表现最好的司机进行排名,并给予他们相应的奖励。

作为一名优秀的管理者,沃尔夫必须了解他给公司设定的目标是什么,然后研究合适的产品和工具来监控它的表现。利用数据来检验企业实现目标的进度,这种方式帮助该企业尽可能地实现了最高的效率和利润。

全面质量管理（total quality management, TQM），这是一种综合性的管理方式，为了发现和纠正问题，它关注着从生产直至最后监控这一过程中的质量问题。

管理者用于监控质量的基本工具有哪些？ 管理者用来监控质量相关目标的基本工具有以下七种：

- **查检表**。一张记录特定产品缺陷出现次数的表格（见图7-12A）。

- **控制图**。一张显示监视中的操作的平均值和波动的图表，可以用来判断该操作是否在恰当的功能范围内运作。图7-12B显示了不同批号产品的平均焊接强度（35.5）以及在平均值上下波动的情况。

- **柱状图**。一张显示某一特定事件发生次数的图表（例如，生产的管道的平滑指数位于5到10之间的次数）（见图7-12C）。

- **帕累托图**。一张结合了条状图和线性图的图表，展示了不同类型的问题，以及这些问题出现的总次数（累计数量）。图7-12D中的帕累托图显示了导致退货的投诉类型的分类。

- **散点图**。显示两个变量的值的图表，可以用于查看它们之间的关系。例如，图7-12E中的散点图有助于一个公司判断如果瓷砖在窑里烧制的时间更长，其平滑度是否会变得更高。

- **推移图**。一个显示某组特定日期里某些数据值的图表。管理者可以借此发现某一特定时间周期中的问题，例如每月一次的问题。图7-12F里的推移图是否表明亮度更高的灯泡的产出有一定的规律？

- **因果图**，也称为**鱼骨图**。它描绘了产品设计中所有可能导致生产问题的因素（见图7-12G）。例如，如果被分析的问题是焊接缺陷，那么因果图就会显示出影响因素可能来自机械操作、材料或方法。

可供管理者使用的、更先进的统计工具还有很多，但管理者通常都是从上述七种工具开始走上他们的全面质量管理之路的。

数据记录者：　吉格米·帕特尔（Jigme Patel）
地点：　　　　博伊，亚利桑那州
数据收集时间：10月1日—10月15日

问题类型或发生的事件	日期							总计
	星期日	星期一	星期二	星期三	星期四	星期五	星期六	
温度过高		IIIIIII	IIIIIII	IIII	II			20
冷却时间过长			II	I		II		5
焊接不牢								0
错位			I	II				3
损坏								0
脱色		II		IIII				6
污渍					II			2
油漆疵病								0
形状不规则				I				1
测量不精确						IIIII		5
总计		10	10	12	4	7		

图7-12A　查检表

© 肯德尔·马丁

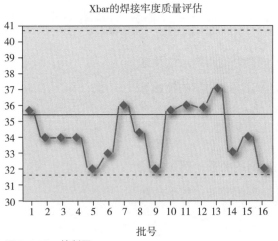

图7-12B　控制图

© 肯德尔·马丁

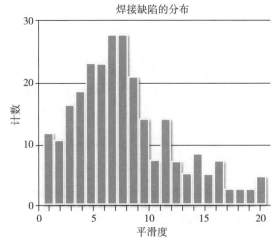

图7-12C　柱状图

© 肯德尔·马丁

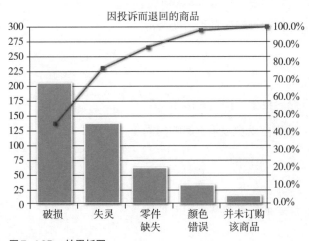

图7-12D　帕累托图

© 肯德尔·马丁

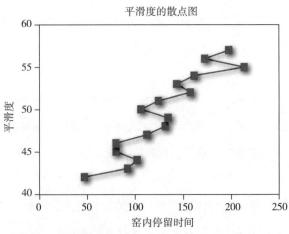

图7-12E　散点图

© 肯德尔·马丁

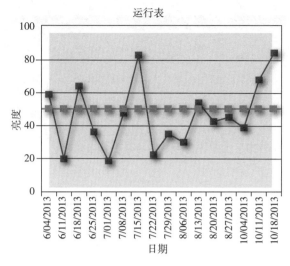

图7-12F 推移图

© 肯德尔·马丁

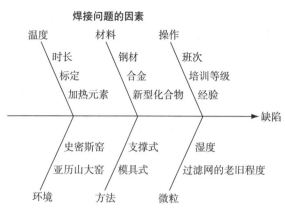

图7-12G 因果图

© 肯德尔·马丁

什么是六西格玛质量策略? 六西格玛(Six Sigma)是另一个知名的质量管理方案,这是一个基于统计的、具有前瞻性的长期过程,旨在检查企业的整个流程并防范问题的出现。为了达到"六西格玛标准",企业的失误率不可高于3.4次/百万次操作。要想达到这种水平,企业可能需要花费数年时间对员工进行培训,让他们理解这种策略。六西格玛技术带来的结果是持续且可重复的,这意味着企业可以生产出很少有缺陷的产品,同时保持高水准的客户满意度。

通用电气是六西格玛策略的拥护者,该公司非常成功地将这一策略推广到了公司的每一处。然而,人们对在商业机构中使用六西格玛进行监督的正确方式还存在争议。[14] 例如,离开通用电气后担任家得宝首席执行官的罗伯特·纳德里(Robert Nardelli)就以极大的热情在该公司实践了六西格玛策略。起初,家得宝看到了利润的大幅提高,但大量的文书和数据收集工作却开始给店铺的工作人员带来了负面影响。这使得他们没有时间与客户沟通,导致客户满意度急剧下降。家得宝的下一任首席执行官调整了六西格玛方案,让店铺经理可以独立地做出更多决策。

■ 尽管重组计划前景大好,但马特·芬力所在的公司仍在苦苦挣扎,其原因在于缺少足够的控制。该公司从精心设定的目标开始进行重组,但从未选择任何工具来监督其结果。马特意识到了这一点,并且设定了一套程序,这样管理者既可以评估公司的财务进展,也可以衡量产品质量。为了完成质量报告,他还必须了解一些新的工具——帕累托图和因果图。不过,一旦数据的收集和报告工作到位,这些图表自然就会变得清晰起来。这些重要的调整一经完成,新的组织结构就开始发挥作用了。

本章小结

7-1 定义成功管理者所要达到的管理水平和必须掌握的技能，同时说明如何定义公司的战略计划、公司愿景和使命宣言。

● 管理是利用人力和资源，通过行使四种主要职责来实现组织目标的方式。这四种职责是计划、组织、领导和控制或监督。

● 高层管理者是企业的高级管理者，他们要对整个企业负责。中层管理者是一个组织的主要部门的最高管理者。一线管理者则负责监督执行企业日常运营工作的员工。

● 成功的管理者必须掌握多种技能，包括概念化技能、技术性技能、时间管理能力、人际交往能力以及决策技能。

● 管理者通过计划、长期目标和短期目标来帮助企业实现自身的愿景并且维持运营。做计划是设定长期目标和短期目标，以及确定实现它们的最佳方式的过程。长期目标是一个组织希望在大约五年的时间里实现的广义的、长期的成就。短期目标是为了实现长期目标而设定的短期目标。

● 高层管理者制订战略计划或主要行动方案，它们可以勾画出该企业实现自身目标的路径。

● 在确定战略计划之后，公司的管理者必须通过愿景和使命宣言来定义该组织的目的、基本目标，以及理念。企业愿景是企业未来的发展方向。而使命宣言则是对组织的当前目的、基本目标以及理念的陈述。

● SWOT分析是战略计划的一部分，它可以帮助管理层确定组织的内部能力与外部机遇在战略上的契合性。

SWOT指的是企业的优势、劣势、机会与威胁。

7-2 讨论管理者为何需要战术计划、操作计划，以及应急计划。

● 战术计划具体明确了为了实施战略计划的特定方面所需的资源和行动。战术计划考虑的是未来1～3年的方案，由中层管理者制订。

● 操作计划确定了战术方案实现的步骤。操作计划取决于每日或每周的安排，更加关注具体的部门或员工。操作计划由一线管理者制订。

● 应急计划是确保组织在遇到危机和破坏的情况下尽可能顺利运行的计划，同时确定了企业管理者对内和对外的沟通方式。

7-3 说明组织的重要性，并详细说明大多数公司是如何组织的。

● 组织是以最符合工作特点的方式将资本、人力、原材料和其他实施公司计划所需的资源整合起来的过程。组织结构图展示了员工群体的汇报对象，以及他们是如何纳入更大的组织结构的。

● 纵向组织是根据特定职能，如市场营销、财务、采购、信息技术以及人力资源等，进行组织的结构。然而，要想整合这些职能和部门通常并非易事，因为沟通和决策的制定必须在长长的指令线上传递。

● 横向组织是扁平的，它的管理层级较少。大多数员工在团队或小组中工作，并且对自己的工作成果负有更多责任。由于指令线更短，因此人们可以更快地请求和获得对决策的批准。

● 矩阵式组织是一种管理体系，其中人们根据自己的技能聚合在一起，然后根据需要被分配到不同的项目中。

● 网络式组织是由一些独立的、大多数只有单一职能的公司组合在一起的组织，这些公司为生产某种产品或服务而相互协作。

● 在反转型组织中，管理者的职责是为员工赋予权力，激励他们去做自己最擅长的事情，并且对他们负责。

7-4 详细说明管理者是如何确保企业步入正轨并向前发展的。

● 控制（也称监督）是管理者用来衡量一个公司的业绩，确保它的计划和战略都发挥作用的方式。

● 业绩标准可以通过财务报表和销售报告等报表工具来评估。质量评估同样可以确保产品或服务达到客户的要求。全面质量管理注重的是整个生产过程中的质量控制。散点图和帕累托图等基础数学和图形工具可以用来监控质量目标。六西格玛是一个以统计为基础的，以实现企业高质量生产和防范未来问题出现为目标的质量监控方法。

重要概念

概念化技能	管理	参谋部门	应急计划
矩阵式组织	战略计划	控制（监督）	中层管理者
SWOT分析	决策技能	使命宣言	战术计划
部门化	网络式组织	技术性技能	一线管理者
短期目标	时间管理能力	长期目标	操作计划
高层管理者	横向组织	组织结构图	全面质量管理
人际交往能力	组织	纵向组织	反转型组织
做计划	愿景	直线组织	六西格玛
直线参谋制组织	控制范围		

自我测试

单选题（答案在本书末尾）

7-1　管理的四项主要职能是：

a. 计划、优化、领导和控制

b. 组织、控制、计划和领导

c. 制定优先权、领导、控制和组织

d. 计划、领导、组织和决策

7-2　SWOT分析：

a. 是制订战略计划时的重要部分

b. 是一种应急计划

c. 有助于将战术计划转变为对员工的指示

d. 可以保证存货符合市场需求

7-3　定义完备的公司愿景可以通过以下哪种方式让企业获益？

a. 让管理者聚焦符合公司目标的战略计划

b. 向投资人说明公司的价值观

c. 激励员工

d. 上述所有

7-4　使命宣言描述了一个组织的：

a. 财务健康情况

b. 当前目的、基本目标，以及理念

c 慈善目标

d. 战术计划

7-5　战略计划的焦点和战术计划的不同，这是因为：

a. 战略计划具有长远的关注重点，而战术计划着眼于未来几年

b. 它不是书面的，而且一直在变化

c. 只关注组织内部而非组织外部发生的事情

d. 由客户而非组织管理层创建

7-6　对管理层的控制职责的最佳描述是：

a. 让员工遵守章程

b. 通过监控员工的电子邮件和电话使用记录密切监视员工

c. 评估公司的业绩，确保公司计划的正确性

d. 上述所有

7-7　特定职位的控制范围是通过什么方式确定的？

a. 计算个人监督的员工数量

b. 统计一个人每天收到电子邮件的数量

c. 计算一个人担任职务的年限

d. 以上都不对

7-8　监督一个企业的七种基本工具不包括以下哪项？

a. 帕累托分析

b. 蒙特卡洛统计模拟法

c. 散点图

d. 因果图

7-9　中层职位包括：

a. 销售经理

b. 市场经理

c. 运营经理

d. 上述全部

7-10 矩阵式结构的公司：

a. 根据员工的技能将他们汇集在一起

b. 可以确保团队对自身成果更加负责

c. 根据职能领域安排组织结构

d. 将单一职能的公司集中在一个网络里共同生产某种产品

判断题（答案在本书末尾）

7-11 纵向组织的企业无法采用反转型组织结构。

□对　□错

7-12 SWOT分析可以用来判断一个组织与其内部和外部环境的战略契合度。

□对　□错

7-13 掌握概念化技能意味着一个人能够进行抽象思考。

□对　□错

7-14 应急计划可以帮助企业应对破坏或危机。

□对　□错

7-15 六西格玛方案的重点是改善沟通。

□对　□错

批判性思考题

★★7-16 回忆你自身的工作经历，以及你所接触过的管理者。讨论哪些技能可以定义你所共事过的最佳管理者，哪些又可以定义你所共事过的最糟糕的管理者。

7-17 你更愿意在纵向组织还是在横向组织中工作？如果你是首席执行官而非新员工，你的答案会改变吗？作为一名管理者，你觉得在反转型组织中工作怎么样？

★7-18 回顾用于监督质量的工具。这种由数据驱动的决策制定方式将如何帮助管理者制定决策？数据过多会让人难以做出行动决策吗？这是否取决于问题的类型，抑或取决于管理者的类型？

小组活动

关于使命

调研一些使命宣言，并将它们打印出来。一定要选择来自非营利组织和营利组织的使命宣言。将这些内容带到课堂上来。

步骤

步骤1，将全班分成四个或五个小组。

步骤2，以小组为单位评价各条使命宣言中相似的组成部分，例如：

● 对其所提供的产品或服务的陈述；

● 该组织的主要供应市场；

● 组织的质量承诺；

● 组织的社会责任承诺；

● 声明组织理念的部分。

步骤3，记录大多数使命宣言里的组成部分，以及少数使命宣言里的组成部分。

步骤4，以小组为单位，选出最激励人心的使命宣言和最不鼓舞人的使命宣言，并且说明原因。

步骤5，以班级为单位，比较各个小组选出的最激励人心的宣言，评选出最有效的宣言。最后，与班上的同学就获胜宣言将如何影响他们为该组织服务的意愿进行公开讨论。

企业道德与企业社会责任

社会责任评估

管理的职责之一在于控制，其中包括对财务业绩的衡量。但是，管理者评估组织社会责任的频率是怎样的呢？他们又可以采用哪些工具来评估呢？

步骤

步骤1，在小组内讨论以下问题：

● 在计划和组织结构上可能需要实施的调整。

● 管理者用来衡量和监控自身社会责任计划的结果的控制行为。

步骤2，讨论结束后，对凭借企业社会责任而著称的企业进行研究，接着讨论它们的行为对管理层的影响。

在线练习

★7-19 "氧气"项目

为了确定哪种人可以成为优秀的谷歌管理者，谷歌公司投入了大量时间来挖掘自身的数据。在称作"氧气"的项目中，研究人员对谷歌的管理行为进行了超过一万次的观察。在网络上查找并阅读有关"氧气"项目的文章。研究者得出的结论是什么？谁可以成为优秀的管理者，谁又无法成为优秀的管理者？这些研究者说的对吗？是否有其他重要因素没有出现在研究者最终确定的优秀管理者的八个特质之中？这一结果是否只适用于谷歌，或者你是否认为这是普适性的事实？

★7-20 全面质量管理工具

你可以使用优兔和琳达网（Lynda.com）等网络资源，看一看你是否能通过自学在微软优越试算表软件里创建帕累托图表。你可以制作柱状图和散点图吗？你可以找到用于制作因果图的PowerPoint幻灯片模板吗？

7-21 你的时间管理做得如何？

时间管理技能对管理者来说很重要，因为管理者必须高效工作，同时每天都必须完成作为管理者要处理的所有事务。你的时间管理技能如何？作为一名学生，你是自己的老板，你可以通过更好控制自己的时间来获益。你可以在网络上寻找在线工具来评估你的时间管理能力。你可以写一个简短的报告来回答以下问题：

- 你在网上找到了哪些评估方式？
- 结果如何？
- 你如何提高自己的时间管理技能水平？

7-22　怪诞行为学

你可以访问特德网（Ted.com），搜索来自行为经济学家丹·阿里利（Dan Ariely）的一个时长20分钟的视频"我们能控制自己的决定吗？"（Are We in Control of Our Own Decisions？）观看这段视频，并且注意有关医生和病人的案例。

管理者是否做过这样的商业决策，其中决策制定过程之外的因素对结果产生了影响？

7-23　达到SMARTER标准

SMARTER标准提醒我们，目标应该是具体的、可衡量的、可接受的、实际的、有时效性的、可拓展的，并且是有回报的。在网上做一些调研，了解其他人是如何实现SMARTER目标的。为你自己设定下学期的两个目标。记录它们是如何成为SMARTER目标的。

MyBizLab

在你的MyBizLab作业板块完成以下写作练习。

★7-24

应急计划对任何企业都十分重要。描述一下你的学校可能会制订怎样从灾害中恢复的计划。如果有的话，这些计划与你所在地区的本地企业的方案又有什么不同？在哪些情况下你的学校或本地企业需要应急方案？

★7-25

成功管理者的技能需要用时间去培养。请说明为了培养所需的概念化技能和技术性技能，现在的你采取了哪些措施。哪些活动可以培养你的人际交往能力？你又将如何提高自己的时间管理和决策能力？

参考文献

1. "Xerox on Forbes List." *Forbes Magazine*, May 2015. Web. 20 Mar. 2016.

2. L. Bohm, *Work Harassment—Ani Chopourian's Story*, www.youtube.com/watch?v=ZJMWaalwrcU.

3. Wikimedia Foundation, "Vision Statement," http://wikimediafoundation.org.

4. *Wikimedia Strategic Plan*, February 1, 2011, http://upload.wikimedia.org/wikipedia/foundation/c/c0/WMF_StrategicPlan2011_spreads.pdf.

5. Vision statement of General Electric Inc., by Jack Welch. Reprinted by permission.

6. "Our History: Our Company: GE," www.ge.com/company/history/bios/john_welch.html.

7. Carter McNamara, "Strategic Planning (in Nonprofit or For-Profit Organizations)," www.managementhelp.org/plan_dec/str_plan/str_plan.htm.

8. Rie Ishiguro and Shinji Kitamura, "Japan Quake's Economic Impact Worse Than First Feared," April 12, 2011, www.reuters.com/article/2011/04/12/us-japan-economy-idUSTRE73B0O320110412.

9. The Vanguard Group, "Business Contingency Planning and Disaster Recovery Programs at Vanguard," www.vanguard.com/pdf/ccri.pdf.

10. Frank Ostroff, *The Horizontal Organization* (Oxford: Oxford University Press, 1999), 25 – 57, 102 – 150.

11. "About Vineet." Vineet Nayar. http://www.vineetnayar.com/.

12. Harichandan Arakali, "HCL Tech Exceeds Expectations, Records 29% Jump in Net Profit," www.livemint.com/2012/04/18085442/HCL-Tech-exceeds-expectations.html.

13. Anchor Pest Control, "Pest Control Company Exterminates Business Problem," www.carchip.com/Product_Docs/CS_PestControl.pdf.

14. "Six Sigma: So Yesterday?" *Bloomberg Businessweek*, www.businessweek.com/magazine/content/07_24/b4038409.htm.

第八章 积极性、领导力与团队协作

本章目标

8-1 积极性

理解主要的激励理论，以及它们是如何改变工作氛围的。

在安娜·古铁雷斯（Ana Gutierrez）的公关公司里，出现了员工士气严重低落的问题。将激励理论转变为实际应用是许多企业管理者都要克服的一个挑战。安娜如何才能运用有关人类行为的抽象概念来激励她的员工，重振公司士气呢？

8-2 领导力

定义不同的领导风格和特征，并且说明它们是如何影响企业的。

每个年轻人都有远大的梦想，但改变世界交通和经济体系以及创造太空飞行器的梦想对任何人来说似乎都太大了。然而，埃隆·马斯克（Elon Musk）却借助自己的领导能力实现了上述所有梦想。

8-3 团队协作

说明创建团队、管理团队，以及参与团队工作的最佳方式。

团队协作可以带来巨大的成功。对所有团队而言，团队协作非常重要，并且对有些团队来说，它是必不可少的。如果一个外科手术团队不能有效地协作，那么病人可能会出现并发症甚至死亡。一位外科医生如何通过研究自己负责的手术团队的动态来改变世界呢？

8-1　积极性

理解主要的激励理论，以及它们是如何改变工作氛围的。

■ "我的所有员工都……无精打采，"安娜·古铁雷斯哀叹道，"大家好像只是'露了个面'；办公室里的冷漠感非常明显。我们的工作质量也出现了问题。我不知道应该做什么。"

安娜——这家小型公关公司的创建者和首席运营官，正面临着员工积极性低迷的危机。销售团队已经数月没有带来新客户了，而现有的客户也对他们的销售代表颇有怨言。"你没有兑现你的承诺，"他们的客户——一家本地非营利组织的负责人在一次尤为紧张的电话会议中脱口而出，"我们的活动宣传得很差，参与度也很低。你们的最新媒体发布稿中还有错误。而你的工作人员两天后才回复了我的邮件。"

为了激励她的员工，安娜已经尝试了多种方法。她为销售人员提供了额外奖励和免费晚餐机会，但并未奏效。她制定了一项新的政策，要求所有员工每天工作九小时，另外每个月有两个周末也要工作。但这也没用。她告诉她的员工，她打算六个月内在他们之中提拔至少三名表现最好的员工，让他们得到待遇更优厚的职位。但没人感兴趣。

来源：Tim Pannell/Fuse/Getty Images。

安娜如何才能运用自己掌握的激励理论来调动员工，拯救她的公司呢？

我们常常听到积极性这个词。当学生为了超越课程的一般要求而寻找额外的学习机会时，我们可以说他是积极的学习者。但积极性与在企业里工作有什么关系呢？所有企业主的行为都只是由利益驱动的吗？发放优厚薪酬的雇主是否总能有力地激励员工？本节，我们将详细了解员工的积极性，同时考察过去和现有的员工激励技术。

个人的积极性

是什么推动你做到最好？ 即便在追求自己的个人目标时，不同的人也会因为不同的要素保持或丧失自己的积极性。想一想你在学习、体育或其他活动方面推动自己做到最好的情况吧。你是否更容易对自己确信能够完成的任务产生热情？抑或你会为自己设定有难度的目标，并从挑战中汲取实现它们的能量吗？有些人需要即时的满足来保持积极性，其他人则会为了追求长远的成就而推延完成眼前的成就。上述哪种方式更能激励你？

现在，请想一想，在你得到积极反馈时，无论是金钱上的还是情感上的，你工作得有多么努力。你是否会被你所工作的单位的价值观、你的信念，或是做这份工作的回报激励？对一些人而言，成为整个团队成就的一部分就是他们工作的激励因素。你是这样的吗？

得到最优激励的感觉是什么样的？ 你是否在这样的项目中工作过：在项目中，你非常专注于自己所做的事情，以至于当你看表的时候，已经过去四个小时了？心理学家米哈里·契克森米哈赖（Mihaly Csikszentmihalyi）将这种全神贯注的状态称为**"心流"**（**flow**）。[1] 当你完全投入并专注于手头上的事情时，就会出现心流状态。通常，当人们进入心流状态时，他们能够将工作做到最好，能够最充分地发挥自己的技能，同时会感到最为愉悦。他们感到自己的能力可以恰到好处地应对任务所带来的挑战：这项任务既不会难到让人受挫，也不会简单到让人感到无聊。他们指出，他们对正在发生的事情有一种可控的感觉，工作起来也毫不费力。你该如何创造这样的心流呢？而这正是**组织心理学**（**organizational psychology**）的研究主题，这是一门研究如何创造一个激励员工并提高他们的生产效率的工作环境的学科。

激励员工

美国劳动力的积极性如何？ Q12问卷是一项由盖洛普机构实施的员工参与度调查，其中包含12个问题。根据受访者对这一系列问题的回答，该调查将员工分为"敬业"、"从业"和"怠工"三类。Q12调查结果显示，68%的美国雇员在工作中的表现属于从业或怠工（见表8-1）。[2] 也就是说，我们可以想象在这样一个工作环境中，3/4的员工每天都在抱怨或干扰其他员工。这个数据清楚地表明，在工作场所中倡导心流这一理念是一项重要的挑战。

表8-1 员工积极性的层次

敬业	从业	怠工
• 工作有激情	• 在工作上付出最少的努力	• 以破坏性的方式工作
• 和公司有关联感，认为自己对公司有义务	• 对公司漠不关心	• 对公司不满
• 可以为公司带来成功	• 对公司做出了很少的贡献或没有贡献	• 反对敬业员工的努力

来源：Gallup Organization，"American Workplace Report"，2016.www.gallup.com。
© 肯德尔·马丁

如何在工作环境中倡导"心流"这一理念？ 对此没有一成不变的方案，但有些公司已经成功地建立了积极的参与性环境来鼓励员工，支持他们获取创造性的心流体验。

北卡罗来纳州的商业软件公司SAS就是这样一家公司。在将员工流失率保持在低得令人难以置信的2% ～ 5%的同时，[3] SAS已连续40年实现了创纪录的营收。[4] 该公司之所以能够实现这一成就，在很大程度上缘于其首席执行官吉姆·古德奈特（Jim Goodnight）实施的政策。古德奈特列出了SAS用来支持创造性工作环境的方式，如下所示：

- 保持员工在智力上的参与。
- 排除干扰，让员工可以做到最好。
- 由管理者负责激发创造力。
- 让管理者消除对行政管理"案件"和更抽象的"创意"之间的直接区别。
- 鼓励客户成为创意伙伴。

此外，为了支持员工的职业生活，SAS同样会为他们的个人生活提供支持。在SAS园区，你会找到供员工及其家人使用的医疗设施、一家蒙台梭利日托中心，以及一个可供员工及其家人共进午餐的咖啡馆。"我们企业的理念是，如果你上五年级的孩子第一次参加学校演出，那么你应该到场观看。"该公司的首席执行官古德奈特如是说。正是这一理念让SAS在《财富》杂志的"最佳雇主"榜单上拔得头筹。[5]

保持员工积极性的好处是什么？ 雇主和员工都会受益于积极的劳动力团队。雇主发现，在提供了激励性的工作环境和鼓励性的任务之后，员工变得更有效率，也更有创造力了。而怠工的员工每年给公司带来的生产力损失高达3 000亿美元。[6] 如果你发现了激励员工的秘诀会怎样？员工高度敬业的公司的收入增长率是同行业苦于员工怠工问题的公司的四倍。

亚特兰大的连锁企业福来鸡就是一个因员工的高度积极性而获益的例子。该公司为经营业绩优秀的门店运营者提供奖学金和免费汽车等丰厚的物质奖励，并以此提高了员工的积极性。该连锁店从不允许任何门店在周日营业。在周日关门是一项实际的且具有精神价值的决策，它建立在这样一个理念上：员工应该有机会休息，同时每周应有机会和家人团聚，这样他们才有动力在周一回到工作岗位。[7]福来鸡的员工对此做出了高度投入的回应，他们会特意为顾客添加饮料，并且会注意观察是否需要将更多的餐巾纸送到顾客的餐桌上。这么做的结果体现在该连锁企业的爆炸式增长上，现在它的总销售额接近60亿美元。[8]

传统激励理论

描述激励因素的传统理论有哪些？ 人们已经提出了不少理论来解释我们受到激励的方式和原因，这些理论包括：

- 马斯洛的需求层次理论；
- 麦克莱兰的"三种需要"理论；
- 赫兹伯格的激励—保健因素理论。

什么是马斯洛需求层次理论？ 亚伯拉罕·马斯洛（Abraham Maslow，1908—1970年）是人类动机领域的早期研究者之一，他于1954年出版了《动机与人格》一书。马斯洛在其动机理论中指出，人类具有**需求层次**（hierarchy of needs）这一特性，在满足人的更高层次的需求之前，必须先满足人的基本需求（见图8-1）。

图8-1 马斯洛的需求层次

首先需要得到满足的是基本需求，也就是**生理需求**（physiological needs），例如对水、食物、睡眠以及繁殖的需求。这意味着在思考生活中的其他事情之前，我们必须确保这些基本的生理需求得到满足。

马斯洛理论认为，一旦生理需求得到满足，人们便会努力满足自己的**安全需求**（safety needs）。它包括创建安全且

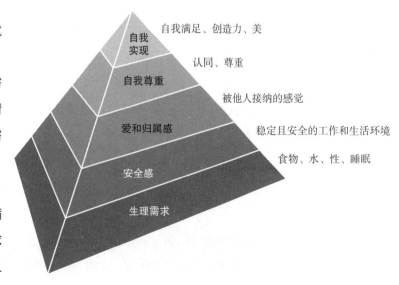

自我实现　自我满足、创造力、美

自我尊重　认同、尊重

爱和归属感　被他人接纳的感觉

安全感　稳定且安全的工作和生活环境

生理需求　食物、水、性、睡眠

稳定的工作和生活场所。这些需求满足后，人们便会试图满足自己的社交和**归属感需求**（belonging needs）。这包括归属于某个团体和被他人接受的需求。马斯洛需求的下一个层次是**尊重需求**（esteem needs）。人们可以通过掌握某项技能和赢得他人关注与认可的方式来满足这种需求。最后，位于需求层次金字塔顶端的是**自我实现需求**（self-actualization needs）。它包括通过教育和自我实现，以及美和精神上的体验来最大化自身潜力的愿望。除非所有下层需求都得到了满足，否则一个人是无法满足自我实现需求的。

马斯洛认为，需求层次因人而异，因此人们的动机也各不相同。一份需要加班但时薪更高的工作可能会调动一个关注安全需求的人的积极性，但对那些试图满足自我实现需求的人来说却适得其反。

什么是麦克莱兰的"三种需要"理论？ 还有一些研究者提出了不同的模型，将人类的需求及其动机联系起来。心理学家戴维·麦克莱兰（David McClelland，1917—1998年）的三种需要理论（three needs theory）认为主要的动机有三种：

1. **成就需求**（the need for achievement）——独立解决困难的需求。
2. **亲和需求**（the need for affiliation）——建立亲密人际关系的需求。
3. **权力需求**（the need for power）——具备控制他人行为的能力的需求。

尽管一个人可能有多种需求，但麦克莱兰认为某个需求往往会压倒其他的需求。我们试图满足的需求取决于多种复杂因素，包括我们的文化背景。例如，在职场中，如果亲和需求是一个人的主要需求，那么这个人可能不会有什么动力去独立完成一项工作，相反一个有着较高成就需求的人可能会对独立完成一项棘手的任务表现得非常积极。

赫兹伯格的激励—保健因素理论是如何解释动机的？ 1959年，心理学家弗雷德里克·赫兹伯格（Frederick Herzberg，1923—2000年）提出了名为**激励—保健因素理论**［motivator-hygiene theory，又称**双因素理论**（two-factor theory）］的工作满意度理论。该理论认为人的动机受到两个因素的影响。

保健因素（hygiene factors）指的是安全的工作环境、合理的薪酬和福利，以及同事间的良好关系等因素。在具备了这些因素的情况下，人们很少会注意到保健因素的存在。然而，如果缺少保健因素或保健因素不足，那么人们往往会感到不满。如果你的工作场所突然没了暖气或你的工资变少，那么你可能会积极寻找满足这些需求的方法。若这些需求业已存在，它们就会被认为是理所当然的，因此也无法起到激励的作用。

激励因素（motivator factors）是赫兹伯格理论中的第二类因素。这类因素包括责任感、认同感、晋升和职业发展等。如果你的工作没有个人发展的路径或你的成就得不到认同，尽管你可能不会立即辞职，但是这些因素的缺失将会创造出一系列条件，让你无法受到激励。

激励理论在现代职场中的应用

管理者真的会使用这些激励理论吗？ 激励理论可能是抽象的。因此，一个软件开发公司的团队领导如何才能理解研究者的激励理论，同时利用它来提高员工的效率和满意度呢？你在前文读到的人类动机理论提出了几种组织和激励员工的不同方式。

为了提高员工的积极性，管理者应该做些什么？ 在职场中，有几种外部的激励因素是可以为管理者所控制的。这些因素名为**外在激励因素**（extrinsic motivators），包括工资、晋升，以及口头表彰等。

内在激励因素（intrinsic motivators）则超出了管理者的可控范围，因为这些是员工个人的内在因素。内在激励因素建立在个人对自身工作的实际兴趣的基础上，源于个人在其所做工作中产生的目标感或价值观。对于那些受到内在激励因素影响的员工，管理者很难通过奖金或晋升机会去激励他们完成自己不满意的工作。

研究者正在调查人们是否具有某些共同的内在激励因素。在康奈尔大学，为了了解员工的积极性和工作质量是否会随工作的受益对象的改变而改变，埃文·波尔曼（Evan Polman）和凯尔·埃米赫（Kyle Emich）对大量本科生进行了研究。[9]他们给相互独立的两组学生布置了谜题和创意项目。他们告知一组学生，他们要通过解答谜题来拯救自己，同时要编撰一个随后可以由自己发表的故事。而第二个小组则被告知，他们要做的工作可以使其他人获益——解答谜题可以救下关在监狱里的一个人，而他们编撰的故事也将由其他人发表。在这两种情况下，为其他人工作的小组创造了更好的结果——利他主义小组中有66%的人解出了谜题，而以自我为中心小组的这一比例仅为50%，并且不知名作者的作品创意水平也更高。如果为他人而做的工作比为自己做的工作更有效，也更有创造性，那么管理者如何才能以促进这一点的方式来组织他们的机构呢？

其他的激励模型都有哪些？ 在马斯洛、麦克莱兰和赫兹伯格的理论之外，人们还开发了一些激励模型，针对商业和职场环境中的员工激励因素提供了理论解释，它们包括：

- X、Y、Z激励理论；
- 弗鲁姆模型；
- 基于优势的管理。

什么是X理论和Y理论模型？ 1960年，社会心理学家道格拉斯·麦格雷戈（Douglas McGregor）提出了X理论和Y理论模型（见图8-2）。

X理论（Theory X）模型认为人们天生不爱工作，并且想要逃避它。认同这一模型的管理者认为员工必须在强迫和控制下才能变得有效率，因而要对他们采取有威严的、强硬的管理方式。相反，**Y理论（Theory Y）**模型的看法则是人们认为工作就像玩耍和休息一样自然。根据Y理论模型的解释，人们天生是有积极性的，他们如果对自己的工作很满意，就会为实现组织的目标而努力工作。认同Y理论模型的管理者相信，人们一般都会接受责任并寻求责任，因此他们会采用更柔和、更具协作性的管理方式。

图8-2 X理论模型和Y理论模型的比较

　　　　　　　　　　　　　　　　　　　　　　美国百所大学都在上的商学课（第五版）

很明显，X理论和Y理论不会同时适用于所有情况。X理论风格的管理方式——一种专制而强硬的管理，通常会出现在大规模制造业这样范围较广的行业的运营中。而在由多种专业人士共同解决复杂问题的知识产业里，管理者更有可能使用Y理论风格的管理方式。

Z理论模型又有什么不同呢？ 1981年，加州大学洛杉矶分校的教授威廉·大内（William Ouchi）根据非常依赖协作式决策的日本式管理风格提出了**Z理论（Theory Z）**模型。20世纪80年代，在日本的很多公司里，一个人可能需要同时负责某个项目的多个方面。员工往往会成为多面手，而非经过培训的、只能完成某个有限领域工作的专家。Z理论风格的管理方式强调个人职责，提供长期就业机会。而员工则会表现出合作和对组织忠诚的意愿。因此，采用Z理论管理方式的企业通常会获得人员流动率低、生产效率高，以及员工士气高的好处。士气、使命感、工作热情是影响员工积极性的重要因素。

是否有针对个人积极性的激励模型？ 尽管马斯洛的需求层次和其他理论讨论了人类的积极性，但它们是从所有员工整体的角度去讨论的。1964年，维克托·弗鲁姆（Victor Vroom）提出了**期望理论（expectancy theory）**，该理论随后得到了其他研究者的发展。期望理论认为，个人的积极性可以通过三种心理力量之间的关系来描述。基于这三种力量，他提出了以下公式来描述个人在任何特定情况下的积极性：

$$积极性 = 期望 \times 工具性 \times 效价$$

期望（expectancy）是这样一种概念，即人的努力对某种情况的结果会产生明显影响，无论结果是成功还是失败。它提出了这样的问题：更努力地工作会给员工或企业带来更积极的结果，还是并不会带来什么改变？**工具性（instrumentality）**概念指的是某种情况的结果会带来奖励或惩罚。对那些受到外在激励的人来说，工具性回答了这样一个问题："如果我做得好，我得到奖励的机会有多大？"而对那些受到内在激励的人来说，工具性回答的问题则是"如果我可以完成这项工作，那么我的感觉会有多好？"

效价（valence）是个人对某一情境的期望成果赋予的重要意义。它解答了这样一些问题，例如"如果我的表现堪称典范，那么我得到的奖励会有多大？"，以及"如果我没做好，那么惩罚会有多重？"

一般来说，弗鲁姆的高低积极性公式可以进行如下解读：

积极性高=（我的工作对结果产生了影响）×（如果成功的话，我很有可能得到奖励）×（这将是一个非常大的奖励）

积极性低=（我做的一切都不会对情况产生影响）×（就算做得好，我也不可能得到任何好处）×（唯一的奖励也微不足道）

弗鲁姆的公式可以用来分析一些因素，例如员工的工作满意度、员工留存的可能性，以及员工的努力程度等。和马斯洛、麦克莱兰针对群体的特定需求的模型不同，弗鲁姆的模型具有三个独立的变量，可以产生更有针对性的结果，与特定个人的心理状态相符合。

公平理论（equity theory）是与期望密切相关的理论。该理论认为，如果人们认为自己的表现和其他人的一样，那么他们会期望自己得到与他人相同的奖励，否则他们的积极性就会受挫。组织里的个人希望以某种方式得到自己的贡献被认同的感觉，这种方式必须与他们所知的其他同事获得奖励的方式相一致。

什么是基于优势的管理？ 基于优势的管理（strength-based management）是建立在这样一种理念基础上的体系，即帮助员工的最佳方式不是改进他们的薄弱技能，而是确定他们的优势并在此基础上进行发展。这一体系具有研究依据，该研究表明，人们可以最大限度地了解他们业已具备强大基础的领域。在明确了员工当前的才能和技能后，基于优势的项目会为他们提供额外的培训和支持，让他们能够达到卓越的水平。通过设计，让员工的优势与其日常活动相匹配，同时针对员工的弱势进行改进，这样员工就会变得更有积极性且更加投入。

激励理论的发展

激励理论是如何变化的？ 在工业时代，大型企业应运而生，弗雷德里克·泰勒（Frederick Taylor，1856—1950年）等研究者开始研究提高工人效率和成本效益的方式。1911年，泰勒在《科学管理原理》一书中公布了他的发现。他鼓励管理者对他们的员工进行科学化的研究，从而确定他们完成任务的最佳方式，然后再训练员工使用这些方法。他的许多观点都在工厂里得到了应用。到了20世纪20年代和30

年代，为了进一步解决这些问题，一个名为**工业心理学**（industrial psychology）的学术研究领域出现了。弗兰克·吉尔布雷斯（Frank Gilbreth）和莉莲·吉尔布雷斯（Lillian Gilbreth）夫妇利用摄影来研究员工的行为模式。例如，他们通过**时间—动作研究**（time-motion studies）来分析工厂的工作。研究方式包括在工人从事日常工作时对他们的实际动作和位置进行记录和计时。接着工厂可能会对工人进行培训，让他们学会精准的操作步骤，从而实现最高的效率。

哈佛大学教授埃尔顿·梅奥（Elton Mayo）在西部电气公司位于伊利诺伊州的霍桑工厂开展了另一项著名的研究。这项从1927年持续到1932年的研究考察了工作场所对员工的生理影响因素（例如照明及湿度）及心理影响因素（例如群体压力和工作时间）。梅奥的主要发现被称为"**霍桑效应**"（Hawthorne effect），即无论试验条件发生了怎样的改变，员工的产量都有所提高。根据研究者们的结论，生产力的提高源于工人得到的关注。由于知道有人在研究自己，这些员工觉得自己很特别，因而无论霍桑研究的条件如何变化，他们的产量都有所提高。现在，人们用霍桑效应来描述因为给予工人特别关注而导致生产力提高的现象。第二次世界大战之后，管理理论的研究方向从对工人个体的管理转向了对整个组织、组织结构及其政策的管理。

什么是适合当代职场的激励理论？ 有关组织心理学的研究仍在继续，有关激励和管理的新兴理论也在不断涌现。当前发展起来的一种激励理论是针对开源运动的研究成果。所谓开源运动，是由全世界的网络志愿者免费开发、检测和维护的软件开发项目。维基百科和林纳克斯操作系统就是这类项目的代表。它们都取得了巨大成功，而它们都是由专业人士在其本职工作之外，通过长期的无偿服务创造出来的。

然而是什么促使人们这么做的呢？四位学院派经济学家试图通过一项实验来找到答案。在这项实验中，研究者招募了一些人来执行一系列需要运用自身技能、创造力和专注力的任务。研究者许诺为执行这些任务的人提供金钱奖励，而奖励的额度取决于他们完成任务的情况。如果在完成创造性任务和需要专注力的任务的过程中表现出色，最优秀的完成者将得到相当于五个月薪酬的奖励。出乎意料的是，激励越高，人们表现得就越差。伦敦政治经济学院在对企业薪酬绩效方案进行评估时，也得到了相似的结果。[10]研究者认为，在需要创意和专注力来完成工作的前提下，利用经济奖励来激励员工实则会导致更差的表现。除此以外，至少有一项研究表明，当今的工人更看重金钱以外的三件事物：[11]

SMART MOTIVATION FACTOR

1.自主权

2.精通技能

3.目标

"钱"
不是最重要的

对知识工作者来说，自主权、精通技能，以及目标才是重要的驱动力。

来源：keepsmiling4u/Fotolia。

- **自主权**。对生活中的关键决策有一定的控制权。
- **精通技能**。感觉自己熟练掌握了某些技能，同时有时间发展和提高自身技能水平。
- **目标**。希望自己的生活和工作都有更高远的意义。

聘用知识工作者，并且能够为他们提供类似上述激励的企业将会受益良多。

■ 还记得安娜·古铁雷斯和她那没有积极性的公关团队吗？"我发现，外部激励因素对我的员工没什么作用，基于X理论的强硬管理风格也没用，"她说，"为此我改变了方法，并且很快看到了积极的效果。"为了提高员工的内在积极性，安娜与她的销售人员进行了沟通，向他们询问他们认为哪些客户项目最有意义并且最令人满意。接着她根据这些信息重新调整了销售人员的客户项目。她发现，当他们与可以感觉到有联系感的客户合作时，他们会变得更加积极。安娜同时取消了九小时工作制的规定，但她很快发现，许多新近受到激励的员工就算不会工作更多时间，每天也都会自愿工作九个小时！这家一度陷入困境的公司现在兴旺了起来：销售额提升，客户也很满意。通过这些实验和审慎的思考，安娜实现了所有企业管理者的目标：将激励理论转化为企业的成功。

8-2　领导力

定义不同的领导风格和特征，并且说明它们是如何影响企业的。

■ 埃隆·马斯克很早就展现了他的科技才华，早在12岁之时，他就以500美元的价格卖出了自己设计的一款电脑游戏。在宾夕法尼亚大学完成自己的经济学和物理学本科教育之后，他计划进入斯坦福大学学习物理学。但他的兴趣并不局限于某一个领域。他希望通过互联网革命找到解决能源危机的方案，探索大众太空旅行的可能性，并且以此影响地球的未来。一个人怎敢指望自己在两个不同的行业里实现如此宏大的目标呢？

如果一个公司拥有强大的领导者，可以向其员工展示实现公司目标所需的努力时，

那么这个公司通常会取得成功。领导（leading）是影响和激励他人，使他人对组织的成功和效能做出贡献的过程。正如我们在第七章讨论的那样，领导是管理的四项职责之一（其他职责包括计划、组织和控制或监督）。

来源：Bloomberg/Getty Images。

所有的管理者都是领导吗？ 知名管理研究者兼作家彼得·德鲁克曾经指出："管理是正确地做事，而领导是做正确的事。"[12]领导和管理者都要努力激励员工，但他们的工作范围又有所不同。通常，管理者会将他们的时间用于确保员工按时完成特定的工作。而公司的领导关注的是建立公司生存和发展所需的长期愿景和战略。真正优秀的领导者能够同时胜任管理者和领导的职责：明确愿景，在整个公司范围内促进达成共识，接着实施具体的战略。

当前有哪些领导风格？ 不同的领导风格有很多，领导者通常会根据特定的情况采用不同的风格，这取决于由他们的个性、他们所在公司的类型、公司文化，以及他们所管理的员工等构成的综合因素。表8-2列出了最常见的四种领导风格：

- 民主型；
- 专制型；
- 亲和型（自由放任型）；
- 愿景型。

民主型领导和专制型领导是什么样的？ 民主型领导（democratic leader）会授权给员工，让员工参与决策制定过程。而专制型领导（autocratic leader）在做决定时不会征求他人意见。

以在大型餐厅负责管理厨房的亨利·张（Henry Chang）为例，在开发菜单的过程中，亨利允许他的员工为其提供建议。同时，他还让他们尝试不同的菜品及其呈现方式，并会尽可能将他们的努力表现在主菜单上。厨房成员喜欢和亨利一起工作，因为他能够让他们变得有创意和创新精神。他还鼓励他们培养日后经营自己的餐厅所需的技能。然而，亨利的餐厅常常会吸引重要的政治人物和知名艺人。有时餐厅会变得出乎意料的忙碌。在这种情况下，亨利并没有让任何事错过他的监管，并且清楚地确定了需要做的事情以及做事的人员。亨利明白自己可能会在这一过程中伤

表8-2　领导风格

	民主型	专制型	亲和型（自由放任型）	愿景型
领导人的个性	• 优秀的聆听者 • 团队工作者 • 善于协作 • 有影响力	• 喜欢命令人——"因为我这么说，所以你要这么做" • 喜欢威胁人 • 控制严格 • 专注于监督 • 会造成不和谐的情况 • 影响每个人的心情 • 会赶走人才	• 促进和谐 • 对他人共情 • 能够提高士气 • 能够解决冲突	• 鼓舞人心 • 相信个人的想法 • 具有共情能力 • 能够说明人们的努力是如何为"梦想"做出贡献的，同时可以说明原因
好处	重视个人的贡献，通过参与让员工投入工作	可以在紧急情况下通过给予明确指示的方式消除恐惧	通过将人们联系在一起的方式创造和谐的氛围	推动人们向着共同的梦想前进
适用情况	适用于为了获得员工认同和共识，或是为了获得来自员工的有价值的贡献的情况	适用于危机环绕，需要立刻扭转局面的情况，以及传统的军事领域	适用于防止团队分裂的情况；可以用来在紧张的时刻调动大家的积极性或加强彼此之间的联系	适用于当变革需要新的愿景或需要明确指引的情况；适用于彻底的变革

来源：Tribalium81/ 富图力；Kikkerdirk/ 富图力；Lightwise/123RF 图片库。

害某些人的感情，但最终他的员工还是相信他能做出正确的决策，为餐厅带来最好的结果。

在大多数情况下，亨利是一名民主型领导者，因为他知道，通过推动员工的参与，他们会在工作中更加投入。亨利承认，民主型领导的代价在于他需要更多时间，并且要提前计划。在没有这些时间的情况下，亨利必须全权负责。这时，他便会成为一名专制型领导者。优秀的领导者知道，在某些需要快速决策或团队似乎无法达成共识的情况下，这种发号施令式领导风格可能不失为一种有效的方式。

什么是亲和型领导者？ 一些领导者采取了更为放任的管理方式，他们更多是以顾问而非参与者的身份行事。**亲和型领导者** [affiliative leaders, **或自由放任型 (lasissez-faire) 领导者**] 的领导风格更具顾问性质，他们鼓励员工提供想法，而不会具体指导他们的工作。这种领导风格通常最适用于团队和小组。运用亲和型领导方式可能会给员工带去挑战感、责任感和全新的能量，因为他们可以自主处理自己的工作。随着企业管理层级的不断减少，亲和型和民主型领导风格变得日渐重要起来。然而，亲和型领导者可能会在团队中失去很多参与机会。如果团队或小组成员觉得管理层实际上并不存在，那么他们可能会选择不符合公司目标的、轻松的行动和战略方案。

是什么造就了愿景型领导者？ 愿景型领导者（visionary leaders）能够激发他人，因为他们坚信自己的愿景，并且可以推动他人向着共同的梦想前进。在乔治·卢卡斯（George Lucas）的卢卡斯电影公司开设电脑动画部门时，约翰·拉赛特（John Lasseter）还是迪士尼公司电脑动画部的一名动画师。拉赛特对卢卡斯电影公司先进的技术十分感兴趣，因此于1984年离开了迪士尼公司，在卢卡斯电影公司旗下的工业光魔部门工作了一个月。该部门随后被史蒂夫·乔布斯收购，成为一家独立的公司——皮克斯公司。现在，拉赛特是皮克斯公司的创意总监。他组建了一支独特的创意团队，他们曾经制作了《玩具总动员》、《超人特工队》和《冰雪奇缘》等经典动画电影。

皮克斯和沃尔特·迪士尼的创意总监约翰·拉赛特曾经是动画业里的一名愿景式领导者。来源：Matt Hoyle/Getty Images。

作为一名愿景型领导者，拉赛特必须创造出一种独特的环境，这种环境既能让创意人员自由发挥创造力，也能够让他们在规定的时间期限内按时制作出一部价值数百万美元的电影。他的领导力在《玩具总动员》的制作过程中发挥了作用。当时，皮克斯从来没有制作过时长超过五分钟的电影。该公司并不确定自己是否真的能够制作出一部完整的电影。《玩具总动员》是由迪士尼（与皮克斯合作）制作并发行的电影，为了通过查看电影片段来检验影片质量，该公司召开了一场会议。拉赛特记得那场会议："屏幕上的东西让我十分尴尬。这是我做的，是我指导每个人这么做的……但这却是一个充斥着最不开心、最卑鄙的人的故事。"迪士尼希望终止影片的制作并且解雇这些员工。但拉赛特争取到了为期两周的暂缓期限，并且回来领导自己的剧本工作和动画团队。"让我们做一部自己想做的电影吧。"他告诉他们。于是故事的基调变得更为轻松而温馨。在两周的暂缓期限内，在大规模裁员的威胁下，这个团队不得不马不停蹄地工作。故事的结果众所周知：《玩具总动员》在美国国内获得了1.9亿美元的票房收入，而拉塞特也因这一成就赢得了奥斯卡特别成就奖。[13]

领导的特征

伟大的领导者具备哪些特质？ 如图8-3所示，最优秀的领导者具有一些共同的特征：

● 伟大的领导者通常不认为传统的理念和做法是完成工作的唯一方式，因此会**挑战**

任务的完成过程。如果情况发生改变，领导者并不害怕改变他们的方法或计划。他们一直在进行头脑风暴，并寻找问题的解决方案和更有效的目标实现方式。

- 伟大的领导者会**激发共同的愿景**，激励他人关注组织的使命和目标。领导者会以积极和道德的方式（而不是以自私和破坏性的方式）影响他人，获得人们对愿景的信心、尊重和承诺。

- 伟大的领导者会**以身作则**，为他们要求员工效仿的行为树立榜样。领导者可以很好地把握自己的企业和行业。他们愿意承认错误，为了做出明智而合理的决定，他们不断寻求更多的信息。优秀领导者的决策建立在事实依据上。他们非常有条理，并且注重细节，他们通过自己的言行为公司奠定了道德基调。

- 伟大的领导者**表现出较高的情商**。大多数成功的领导者都具有较高的**情商（emotional intelligence）**，即同时理解自己和他人情绪的能力。这是一个包括自我意识、自我管理、社会意识和人际关系管理等技能在内的概念。领导者可以运用自己对他人情绪状态的了解来激励他人变得更加积极，同时可以通过坦诚地谈论自己的理想、担忧和目标来与他人建立联系。在与这类领导者共事的过程中，人们往往会有安全感，并且会自由地发挥和分享他们的创意。

图8-3　伟大领导者的特质

- 伟大的领导者可以通过提供信息获取渠道，以及让人们有能力发挥自己全部潜力的方式**促使他人行动**。[14]领导者必须达到并保持精力充沛的状态。然而，成功的领导者也会把权力和职责委派给他人，这些人因而也会成功。

这些特质对高效的领导工作来说是必不可少的，对大多数优秀的领导者而言亦是如此。

有没有可以衡量领导者潜质的系统？许多性格测试可以提供用于评估个人领导潜力和提升领导技能的信息。流行的性格评估包括五大人格测验、卡特尔16人格测验和主题统觉测验等。尽管性格测验并非完美的工具，但它可以让我们更好地了解这些作为成功领导力基础的特质。

清水正孝

2011年，地震对东京电力公司福岛核电站的重创将可怕的局面摆在了该公司总裁清水正孝（Masataka Shimizu）的面前。该核电站的三个反应堆随后融毁，导致大量放射性物质释放，造成了超过1 000亿美元的损失。日本的经济发展因此中断了一年多，而提高核能在该国作用的计划也就此搁置。

应对如此具有挑战性的一系列事件是十分困难的，但在随后的调查中，许多令人不安的信息浮出了水面。调查公布的辐射量是该公司最初报告的两倍多。此外，东京电力公司的高级工程师多年来始终知晓半数核反应堆存在危险的设计缺陷，但该公司并没有对其进行改进。[15]

灾难发生后，清水正孝消失了几天，而他与政府就此事的沟通也造成了混乱。如果福岛核电站的全部六个反应堆都被融毁，那么东京将面临大撤离的危险。尽管这种情况没有发生，但清水正孝却在一年内因为丑闻而辞职。

领导与企业文化

公司管理者的领导风格会如何影响工作环境？ 公司管理者及其员工所共有的价值观、规范和行为的集合定义了一个组织的特征和**企业文化**（**corporate culture**）。什么样的服装风格适合工作，工作环境本身，晋升规则，什么是受重视的，谁会得到重视，甚至人们所期望的工作—生活平衡都是企业文化所涉及的方面，而这些信息通常不会明确地写在任何地方。相反，这是通过一种"这就是我们在这儿做事的方式"的态度传递出去的。尽管企业不会明确告知员工该如何行事，但他们一般都会遵循企业文化的准则。这就是为什么你的个人目标和风格要与你选择工作的组织的企业文化相匹配。

如果企业文化没有得到很好的定义或更糟的是，企业文化支持问题行为，那么企业就会出现问题。这正是天然气巨头安然公司的下场。公司高层管理者对公司管控的缺失，以及他们不道德的行为，最终导致公司出现财务丑闻。该公司在

东京电力公司前任总裁清水正孝在该公司经历了因地震和海啸而导致的核电灾难之后，向不得不撤离福岛地区的居民下跪并鞠躬道歉。
来源：Sankei/Getty Images。

【商业杂谈】

只有身材高大者才能成为领导吗？

高个子是否更有魅力和自信？身高与成功的企业领导力有关系吗？许多行业专家和观察人士认为两者有很大关系。一些研究发现，身高是企业领导者试图用来展示权威的一种工具。[16]

对此你有什么看法？身高会影响企业的成功吗？这个答案对男性和女性都是一样的吗？抑或这种认为身高而非技能和天赋会导致晋升的观点是荒谬之说？

2001年丑闻曝光后倒闭。相反，当企业文化十分强大，所有员工都把企业文化当作自己的文化时，他们就会有动力去维护它，同时监督自己的行为。

领导者如何才能创建企业文化？ 在线鞋履销售巨头美捷步的谢家华（Tony Hsieh）是领导者如何创立企业文化的有力例证。谢家华在网络鞋履销售看似不可能的时代创办了美捷步。但他确信一流的客户服务可以让网络鞋履销售成为一项成功的事业。在他撰写的《回头客战略》一书中，他说明了率先确立企业文化是如何自然而然地带来了他所期望的客户服务水准和利润的，又是如何让他和他的员工实现自己的人生目标的。谢家华和两位联合创始人坚持着公司的核心价值观，这些价值观唤起了人们对结合了乐趣和冒险的客户服务的关注。

美捷步的企业文化始终焕发着光彩，甚至在招聘过程中也不例外。例如，第十条价值观便是"保持谦逊"。在机场，职位候选人会由美捷步的班车接走，公司会对司机进行访谈，从而了解候选人是如何对待司机的。面试在候选人尚未意识到的情况下就开始了！"文化契合度"，也就是符合公司的价值观，是公司对成功职位申请者的第一个要求。美捷步寻找的是愿意将个性带入工作的员工，而不是那些躲在他们对自己的期望背后的员工。在员工被聘用一周之后，如果他们认为公司不适合自己，那么美捷步会给他们提供2 000美元的离职补偿。[17]

专注建立企业文化对公司有什么好处？ 谢家华表示，美捷步已经成为一家具有"超越金钱、利润或成为市场第一"的更高目标的公司。[18]长期以来，该公司的员工因其出色的客户服务、友善的态度、甚至在必要时与客户通几个小时电话的行为而闻名。这为美捷步带来了超过10亿美元的年销售额。

308 美国百所大学都在上的商学课（第五版）

美国西南航空

美国西南航空是因强大的领导力和员工的高度积极性而获益的公司之一，它也是世界上最受尊敬的公司之一。在业界，美国西南航空的员工流失率低得惊人，该公司将其归功于允许员工自由表达个性的做法。在美国西南航空的航班上，遇到唱歌的空乘人员和用喜剧方式播报的飞行员是常有的事。该公司魅力十足的首席执行官加里·凯利（Gary Kelly）概括了美国西南航空员工必须满足的三个重要标准——"勇士的精神、服务的心态，以及快乐的态度"。[19]管理者鼓励各层级员工提供建议——职位的高低不会阻止任何人贡献新创意。

美国西南航空从未解雇过员工，而这本是该行业的惯例——旺季期间，航空公司会雇用更多人员来填补空缺，但在飞行流量下降时，这些人却得不到任何工作。因为知道自己的工作有保障，所以美国西南航空的员工对自己能够晋升到新的职位充满信心。作为航空联盟成员，美国西南航空的薪酬结构与其他航空公司的大致相同，但它有自己的利润分红方案。员工拥有该公司5%的股份。[20]该公司的股票在数年内飙升到了极高的水平，使得一些长期雇员因此成为百万富翁。令人毫不意外的是，这家公司曾多次入选《财富》杂志年度"最佳雇主100强"榜单。

■　埃隆·马斯克发现，为了实现他的远大目标，他需要成为优秀的领导者。他曾是在线服务网站贝宝的创始人。马斯克也是第一家向国际空间站发送太空飞行器的公司（SpaceX，太空探索技术公司）的首席执行官兼首席设计师。同时，他也是特斯拉汽车的首席执行官，该公司的电动汽车曾屡获殊荣，彻底革新了汽车制造业。这样一个人是如何给三个行业带来颠覆性变革的？答案就是成为一名强大的、具有革新能力的领导者。

马斯克始终想要挑战现状。在两年的时间里，他将自己的数百万美元资金投入了特斯拉汽车，因为没有人想象得到销售全电动汽车可以成为一门成功的生意。[21]他用自己的远见激发了其他人，吸引了来自其他优秀公司的天才工程师。这些工程师知道，在太空探索技术公司和特斯拉，他们将挑战极限，创造出前所未有的产品。马斯克清晰的愿景和致力于创造重要而美好的产品的奉献精神，在公司对员工的期望以及公司里可以做的事情等方面做出了表率。

8-3 团队协作

说明创建团队、管理团队，以及参与团队工作的最佳方式。

■ 你可能不会像对待给你做手术的团队那样要求其他团队做到更高效、更善于沟通，以及更有效率。对于由七名或更多成员组成的手术团队而言，其成员在手术日之前从未见过面是很常见的事情。由于医学变得越来越精密，即便是最常规的工作也变得十分复杂，失误十分常见。阿图·葛文德（Atul Gawande）博士看到了这种现象，他希望找到一种方式，让自己的手术团队做得更好。但该从何处入手呢？

培养高效的团队是一件具有挑战性的事情，但这么做的好处也非比寻常。本节，我们将讨论团队协作以及它是如何影响组织的。

工作中的团队优势

在工作中团队协作的价值是什么？尽管员工不同的个性可能会在团队协作中造成冲突，但它们也能带来独特的想法。成功的团队最终会就他们必须完成的目标达成一致，其成员也会依靠他人的想法和帮助去创建和实施成功的方案。团队中有一种责任感，而成员也都在为彼此的成功而努力。

【清单】   **LIST**

你的团队可以像谷歌团队那样运作吗？

---

1. 我们可以在不感到尴尬的情况下冒险吗？

2. 我们可以指望他人按时完成高质量的工作吗？

3. 目标、职责和计划是明确的吗？

4. 我们是否在做对各自有重要意义的事情？

5. 我们相信自己正在做的工作是重要的吗？[22]

微软的体感正是这样一款得益于团队开发的产品。作为电子游戏产业的一款突破性产品，体感让游戏玩家无须使用手持设备就能玩游戏。相反，玩家使用的是语音指令和动作。体感并不是由一个单独的团队设计的，而是由七个来自不同领域的团队共同创造的。首先，由一个小组来开发跟踪玩家身体运动的方式。紧接着由来自微软研究院的计算机视觉专家组成的另一个小型团队负责完成核心算法。在团队成果的演示版本在公司内部传播开后，工程师便开始自愿加入进来，同时利用晚间时间为项目工作。这款产品在问世的前60天内卖出了800万台，创下了销售最快的消费级电子产品的吉尼斯世界纪录。[23]

来源：Tyler Olson/Fotolia。

团队协作在工作中的挑战

团队协作总是能够改善开发过程吗？ 尽管团队协作在许多情况下都是有效的，但一些人认为，团队协作并不总是会带来更多创造力。由巴里·斯托（Barry Staw）在加州大学伯克利分校开展的一项研究发现，在要求大学生思考商业创意时——可以独立思考也可以按团队进行，个人提出的创意都会比团队的更多。此外，个人的想法也比团队的更具创造性。斯托的结论是，共同思考不会增加创造力，反而会妨碍人们发挥创造力。斯托认为，这可能是因为团队成员通常希望"融入"团队，但创造力则要求一个人敢于冒险和"出头"。[24]

如果团队成员未经精心挑选，那么"想要融入"的心态可能会导致团队内部成员思维狭隘，这种现象称为**趋同思维（groupthink）**。来自相同背景和相同公司部门的人员往往会有相同的想法，并且会在一套不言自明的相同设想下工作，而这会使得团队在未经公平检验的情况下拒绝不同的想法。

尽管通过精心设计团队的方式可以将这种挑战减到最少，但趋同思维仍会妨碍团队的创造力发挥，稍后我们将简要地讨论这一问题。

团队协作的另一项挑战在于，当前的劳动力是由年龄层次跨度广泛的人群组成的（见表8-3）。2020年，职场中将会同时存在五代人。试想一下一个由不同社会和教育背景的成员组成的团队所面临的挑战，每一代人在职场中都表现出了不同的风格。将这些风格以有利于团队协作的方式整合起来将是一项重要的挑战。

表 8-3　2020 年职场里的五代人

世代	出生年份	影响因素
"最伟大的一代"	1945 年以前	第二次世界大战 美国经济大萧条 朝鲜战争
婴儿潮一代	1945—1960 年	美国民权运动 越南战争
X 世代	1961—1980 年	HIV 与艾滋病 互联网
Y 世代（千禧一代）	1981—1995 年	"9·11" 世界贸易中心爆炸事件 社交媒体的扩张
Z 世代	1995 年以后	面向恐怖主义的"战争" 移动计算 中国的崛起

在职场上，代沟真的有那么重要吗？ 在《千禧一代的崛起：伟大的下一代》[25]一书中，作者尼尔·豪（Neil Howe）和威廉·斯特劳斯（William Strauss）讨论了当今职场上占主导地位的三代人：

职场上同时存在三代员工会带来很多挑战。

来源：Adrian Weinbrecht/Alamy Stock Photo。

- **婴儿潮一代**。出生于 1943 年至 1960 年间。婴儿潮一代是职场资深人士，他们中的许多人已经在同一家公司工作了数十年。

- **X 世代**。出生于 1961 年至 1981 年间。X 世代是独立的思考者，渴望改变，也是重视家庭生活甚于工作的第一代人。

- **千禧一代**。出生于 1982 年至 2002 年间。和 X 世代一样，千禧一代希望他们的工作能够适应自己的个人生活，但他们同样对职业成就有较高的期望。

现在，进入大学校园和职场的千禧一代坚信自己的价值和价值观。[26]他们觉得自己有能力改变自己服务的公司以及整个世界。豪与斯特劳斯指出，这一代人希望通过应用科技为社群赋予能力，并以此在社会上成名。团队协作、良好的品行，以及公民身份对这一代要比对上一代更为重要，而这一代人也认同性别和种族平等的理念。

这会对企业产生怎样的影响呢？企业应该如何响应需要兼顾工作和家庭的年轻员工的需求？年长的员工又该如何回应这一代人的自信表象以及他们致力于开发团队解决方案的倾向？

最佳的团队行为

哪一种行为为最佳的团队表现创造了条件？心理学家米哈里·契克森米哈赖将前文提及的心流应用到团队协作之中。**集体心流（group flow）**出现在一个团队知道如何协作，每个成员都能达到心流状态的情况下。这种环境有以下特征：

● **创造性的空间布置**。将创意钉在墙上，用大图标将来自整个团队的创意整合在一起，这通常可以让人对创意进行开放式的思考。更少使用桌子，因为在站立和移动的姿态下工作能够促进讨论和互动。

● **游乐场式的设计**。这是从空间的创造开始的，人们可以在这样的空间里安全地透露那些平时只会留在自己心里的想法。通常，这个空间会用大量图表来展示信息、图形，以及项目总结等内容。而墙面空间则可以用来收集开放式话题的结果和清单。

● **持续关注产品的目标群体**。在亚马逊，由于常常在团队会议上预留一个空位，首席执行官杰夫·贝佐斯因此获得了一个"空椅子"的外号。而这个空椅子则是会议上最重要的角色，因为它代表的是客户。[27]

● **可视化**。可以通过可视化和原型设计的方式来构建产品和服务的最初模型，接着再对这些模型进行细化。

管理者如何才能创建最佳团队？在创建一个团队的时候，管理者需要考虑以下四个重要的方面：

● **规模**。团队太大可能会影响到凝聚力，但大型团队也可以提供更为多元的视角。

● **心理安全**。当他们觉得自己可以承担风险时，团队成员会表现得最好。如果他们相信自己会得到团队的支持，那么即便失败，团队也依然会因此受益。

军队里的红队队员

团队协作是企业经营的一个关键部分，但你可能不会想到军队里也有团队决策。军队是围绕指挥系统组织起来的：指挥官发号施令，普通士兵必须毫无疑问地服从命令。

最近，美国军队开始对这一情形导致的趋同思维现象变得敏感起来。因此，一个旨在制造"红队队员"的研究项目应运而生，军队对长官们进行培训，让他们学会如何从广泛的视角来分析问题，包括决策将如何影响军队的盟友，以及被占领国家的人民将对决策做何反应。例如，红队队员在研究军事理论的同时也要学习东方哲学。这么做的目的是扩展他们的世界观。在伊拉克，军队让红队军官来决定军用犬的使用方式。这是为何？因为伊拉克人对狗抱有不同的文化认知，他们认为狗是不洁的。

红队队员要负责提出一些团队成员没有考虑到的问题，然后退出，从而不会妨碍决策制定。其他政府机构也采用了同样的理念，为了推广不同的观点，他们会在人群中投入一个怀疑论者。例如，美国联邦航空管理局利用红队队员来进行机场测试，以发现和解决安全漏洞。你的团队中有红队队员吗，抑或你们需要这样的成员吗？

- **时间范围。**有些团队是为了在短时间内解决某个特定的问题或完成某个项目而组建起来的，其他团队则会为了日常工作而在一起工作更长时间。

- **地位。**一个由公司正式组建的团队可能需要提交进度报告和工作进展，而它通常也能使用公司的资源。非正式团队可能需要在与他人或其他团队交流进展时采取主动的姿态。

在商业作家和商业理论家R.M.贝尔滨（R. M. Belbin）看来，有效的团队是由具有不同技能、才干以及观点的个人所构成的。团队成员各自所具备的技能和才干应该相互补充，使团队表现出最佳水平。例如，如果所有的团队成员都非常有创意，但是在高效时间管理方面缺乏经验会怎么样？如果团队中有五六个强势的领导者又会怎么样？很明显，承担不同团队职责的成员之间的平衡才是团队成功的关键。

表8-4概括了贝尔滨的九种团队角色模型理论。在设计团队时，同时考虑潜在成员的个性特征和他们可以承担的职责是很有帮助的。

什么是跨职能团队？ 过去，团队成员通常来自同一个部门，向同一个上级汇报。但

表8-4　贝尔滨的九种团队角色模型理论

角色	个性特征
智多星	有创造力和想象力
外交家	外向，善于沟通
协调者	成熟且自信
鞭策者	勇于挑战，充满干劲
审议员	严肃，有策略
凝聚者	善于协作与对外交往
执行者	自律而可靠
完成者	吃苦耐劳，认真
专业师	专注，具有自发性

来源：Adapted from R. M. Belbin, "Team Role Descriptions," Belbin Associates, www.belbin.com/content/page/731/Belbin_Team_Role_Descriptions.pdf., www.belbin.com. © Kendall Martin。
© 肯德尔·马丁

是现在，跨职能团队变得更为普遍。在**跨职能团队（cross-functional team）**里，成员是从企业的一系列重要职能部门中选拔出来的。例如，2004年，乐高集团濒临破产。该公司在乐高主题公园上的投资没有带来良好的回报，克立奇等部分产品在市场上的表现也不佳。为了扭转局面，乐高组建了一个跨职能员工团队来帮助公司推进在产品创新、定价模式、业务流程、营销计划，以及社区建设等方面的工作。该团队对现有的产品线以及乐高棋类系列等新产品进行了修改。现在，乐高公司的收入增长率已经连续数年超过了20%。

科技对团队设计有什么影响？ 在**虚拟团队（virtual team）**中，成员身处不同的地理区域，但可以通过远程技术为实现某个目标而协作。组建虚拟团队的需求源自越来越全球化的商业活动。人们熟知的电话会议和电子邮件已经升级成视频会议和关键会议与事件的网络实时直播等技术。网络广播现在可以支持观众的互动式参与。观众可以实时参与，与团队成员交换电子文档，并且可以录制演示视频以供后续回顾。思科的网讯和微软的统一沟通系统等网络会议软件允许任何地方的参与者在同一块"虚拟白板"上进行实时头脑风暴、观看演示和实时展示、记录讨论和注释以供后续回放。

维基等社交媒体工具是如何帮助当代团队的？ 当前，现代化的协作工具常常会取代带有附件的、无穷无尽的电子邮件流。维基就是这样一个例子。维基是支持多用户编辑的网页。团队成员可以同时处理同一份文件，相互查看彼此的编辑修改记录，同时可以通过实时聊天窗口进行沟通。文件的修改可以存档，也可以撤回。如果某一个团队成员晚些时候阅读了这份文档，并且希望它恢复为之前的版本，那么他需要做的只是一个单击操作。一份文档拥有多个不同版本的问题得到了解决，因此团队无须在所有成员之间同步不同的版本，人们可以在维基页面上找到文档的最新版本。

最知名的公共维基是百科全书项目维基百科。但维基百科并不是维基的唯一应用。维基可以由个人或在特定的企业进行运营和维护。维基矩阵（www.wikimatrix.org）等网页可以帮助你确定最适合具体虚拟团队的维基软件类型。"黑板"和微软的"共享点"等产品都包含维基工具。

设计一个强大的虚拟团队和组建一个强大的面对面团队是一回事吗？ 大多数成功的虚拟团队都会召开周期性的面对面会议。完全虚拟化的团队很少见。尽管科技可以让人们在不必见面的情况下沟通，但是让团队成员偶尔在同一个空间见面来建立社会联系也很重要。保持团队成员之间的联系是虚拟团队的重要优先事项，而在相距甚远的情况下保持紧密的联系可能颇为困难。跨时区工作或使用电子邮件作为主要沟通方式会带来通信延迟。确立团队规则，例如统一在特定时间段内回复电子邮件，或是明确全球统一办公时间，这些都可以将上述问题最小化。（更多有关团队沟通的内容请参考迷你章节第三章。）

你的团队角色

我该如何成为一名有价值的团队成员？ 从现在起就开始培养让你在团队中取得成功的技能是很重要的。无论你的职位如何，为了提高自己在组织中的价值，你可以做的最重要的一件事可能就是让自己做好为团队做贡献的准备。

什么样的习惯可以让我更有机会为团队做贡献？ 你可以培养许多技能来提高自己作为成功的团队成员的可能性。由著名管理学作家史蒂芬·柯维（Stephen Covey）开发的**"七个习惯"模型**（Seven Habits model）就整合了这些技能。[28] 柯维发现成功人士展现出了以下七个习惯：

● **积极主动**。这是控制自身所在环境而不被环境所控制的能力。积极主动的团队成员会不断地针对时间管理、工作，以及可能会阻碍项目成功的障碍进行认真思考。

- **以终为始**。这意味着你能够看到期望的成果以及为实现它所必须开展的活动。专注于终极目标可以让你避免将组织带入错误的轨道，或将组织带入导致分裂和浪费资源及精力的轨道。

- **要事第一**。管理好你的时间和精力，这样你就可以优先处理需要完成的任务。这一技能可以与第二个习惯一起推动你成为一名成功的团队成员。

- **双赢思维**。这是人际关系领导力最重要的一个方面，因为大多数成就都是建立在共同协作之上的。因此，我们的目标是落实让所有人都受益的双赢解决方案。

- **知彼知己**。良好的沟通对发展和保持积极的关系十分关键。在团队伙伴需要理解和建议的时候，倾听他们的意见，给他们提供倾诉的机会，这将成为你自身成功的要点。

- **统合综效**。这是创造性合作的习惯。它的原理是：与个人为了实现目标而独立工作相比，协作通常可以产生更多成果。

- **不断更新**。这个口号源自锯树的比喻。[1]如果你不断地锯树，但从来不停下来花点时间磨锯子，那么你会觉得自己虽然用了很大力气，但这个效果却比不上停下来把锯子磨快后的效果。强大的团队贡献者会花时间培养自己的技能，会从"苦差事"中退出来，重新分析手头的工作，这样他们才能更高效地工作。

如果你养成并且利用好这些习惯，那么你会发现你和所在团队都会变得更为成功。人们也会需要你去完成越来越重要的团队任务。

■ 葛文德博士认为提高团队效能的关键在于制定一份检查清单。他的《清单革命》一书叙述了他如何与自己的员工共同罗列手术期间所用的清单。这份清单明确了具体的事项，例如在手术开始前必须介绍团队的每一位成员，同时授予护士明确的权力，使其在清单上的内容没有全部完成的情况下有权中止手术进程。在团队全体成员参与罗列清单的情况下，那些原本很容易被忽视的重要问题最终被纳入了清单。这么做的效果如何呢？一项跨医院的研究显示，这些医院的手术死亡人数下降了47%。

---

① 这一习惯的英文原文为sharpen the saw，意为"磨快锯子"。——译者注

本章小结

8-1　理解主要的激励理论，以及它们是如何改变工作氛围的。

● 管理者可以提高员工的积极性，促进员工进入心流状态。心流状态是一种完全投入并且专注于一项工作的状态。保持员工在智力上的参与，消除干扰，鼓励创新和提高灵活性，在员工生活的各个方面给予支持等做法都可以提高员工的积极性。

● 马斯洛的需求层次将积极性描述为人们对生理、安全感、归属感、自尊以及自我实现的一系列递进需求的响应。

● 麦克莱兰的三种需要理论认为人的主要激励因素是对成就、亲和感和权力的需求。

● 赫兹伯格将激励因素分为两类：保健因素和激励因素。

● 外在激励因素是员工自身之外的因素，例如薪水、晋升等，这些因素可以提高员工在工作中的参与度。

● 内在激励因素是一个人自身的内部因素，它们来自个人对工作的实际兴趣，或者来自他们对工作的目标和价值的感受。

● X理论认为人类天生不喜欢工作，他们会尽力避免工作。因此，管理者应该采取强硬而专制的管理方式。

● Y理论则认为人们将工作视为理所当然的事，他们只要满意自己的工作，就会有动力工作。因此，管理者应该采用更温和的、允许员工充分参与的管理风格。

● Z理论认为员工希望进行协作，并且会忠于组织，这一理论强调的是协作式的决策制定过程。

● 弗鲁姆模型（期望理论）认为个人的积极性可以通过三个因素之间的关系来说明，这三个因素是期望、工具性和效价。

● 工业心理学是一个旨在科学地理解如何对人员和工作进行优化管理的学术研究领域。

● 埃尔顿·梅奥在1932年开展的一项研究结果表明，当员工认为自己很重要时，他们的生产效率便会提高。这被称为霍桑效应。第二次世界大战以后，研究开始专注于针对整个组织而非单个员工的管理。

● 研究表明，今天的员工对自主权、技能的精通，以及目标的重视至少等同于或高于他们对经济回报的重视。针对创意工作人员的研究显示，传统的金钱刺激通常会降低他们的积极性，如果为他们提供自主权、掌握技能的机会，以及目标意义，就能极大地调动他们的积极性。

8-2　定义不同的领导风格和特征，并且说明它们是如何影响企业的。

● 领导者可能会表现出民主、专制、亲和（自由放任）或愿景式的风格。很多高层管理者都表现出了其中一种或多种风格。

● 高效的领导者具有一些共同的特征。他们挑战传统观念，激发共同的愿景，以身作则，具有高情商，同时能够让他人发挥最大的潜力。

8-3 说明创建团队、管理团队，以及参与团队工作的最佳方式。

● 协作可以带来更伟大的创新，让组织能够以一定的速度响应市场变化，因此团队可以通过鼓励协作来获益。

● 高效的团队必须经过周详的设计和管理。当今的职场包含了来自三个或更多年龄层次的员工，管理者需要细心和洞察力才能让他们在同一个团队里很好地融合。

● 当团队成员明白如何共同协作，并且每个成员都能进入心流状态时，他们就实现了集体心流状态。创建强大团队的最佳方式包括考虑团队的规模、生命周期以及地位等因素。

● R.M.贝尔滨概括了九种团队角色模型。高效的团队需要不同的角色，团队成员必须与团队的需求相匹配。

● 电子邮件、视频会议、网络直播、维基，以及其他技术让身在某个国家或世界各处的团队成员组成虚拟团队成为可能。不过，大多数虚拟团队还是要定期碰面。

● 史蒂芬·柯维的七个习惯模型可以帮助员工提高自己作为团队成员的成功可能性。

重要概念

亲和型领导（自由放任型领导）	归属感需求	跨职能团队
专制型领导	企业文化	民主型领导
情商	保健因素	自我实现的需求
公平理论	工业心理学	七个习惯模型
自尊需求	工具性	基于优势的管理
期望	领导	X理论
期望理论	激励因素	Y理论
外在激励因素	激励—保健因素理论（双因素理论）	Z理论
心流	组织心理学	三种需要理论
集体心流	生理需求	时间—动作研究
趋同思维	安全需求	效价
霍桑效应	虚拟团队	需求层次
愿景型领导		

自我测试

单选题（答案在本书末尾）

8-1 以下哪项是领导的类型？

a. 愿景型、亲和型

b. 自由放任型、民主型

c. 专制型

d. 上述所有

8-2 企业文化是：

a. 一组书面的、分发给各人的规则

b. 管理者和员工共有的价值观和行为

c. 是由国家定义的企业总部的所在地

d. 不会对职场中的你产生影响

8-3 马斯洛需求层次：

a. 是有关人们为何会受到激励的理论

b. 使用三个因素来计算人们在特定场合的积极性

c. 可以用来解释霍桑效应

d. 被 Z 理论替代了

8-4 针对创意性和抽象工作的研究发现，人们的主要激励因素是：

a. 金钱激励

b. 自主权、掌握技能，以及目标

c. 为了取得进步的竞争动力

d. 工作时间的减少

8-5 团队在哪种情况下可以提高创造力？

a. 在出现优异的趋同思维的时候

b. 与团队的组成无关

c. 在就团队成员及其角色做出最佳选择的时候

d. 在个人与相似的人一同协作的时候

8-6 下列哪项是赫兹伯格的保健因素？

a. 归属感

b. 创造力

c. 安全的工作环境

d. 尊重

8-7 Z 理论之所以不同于 X 理论或 Y 理论，是因为：

a. 它在很大程度上依赖协作式决策

b. 它是专制且强势的

c. 它通常出现在大宗商品生产的环境下

d. 管理者认为人们会寻找自己的职责所在

8-8 虚拟团队是：

a. 不完整的、需要解散的团队

b. 只通过面对面会议进行交流的团队

c. 主要专注于科技项目的团队

d. 在不同地方工作的团队

8-9 自由放任式领导：

a. 会挑战每个决策

b. 采取的是不干预的管理方式

c. 相信员工团队会有很高的参与度

d. 对经历危机的企业来说非常重要

8-10 外在激励因素包括：

a. 做自己喜欢的事情

b. 相信自己的想法是重要的

c. 知道工作做得好会带来丰厚的金钱奖励

d. 在一家公司使命对自己有意义的公司工作

判断题（答案在本书末尾）

8-11　企业文化是在工作中推广的一系列体育和业余活动。

□对　□错

8-12　伟大的领导者具有较高的情商。

□对　□错

8-13　内在激励因素来自员工对所从事的工作的目标感和价值感。

□对　□错

8-14　基于优势的管理认为培养人才的最佳方式是在员工现有优势的基础上，帮助员工增加更多知识和技能。

□对　□错

8-15　趋同思维是群体最佳思维的聚合。

□对　□错

批判性思考题

★ **8-16**　在你的生活中，你是否受到过奖励、金钱或升职等外在激励因素的激励？在什么情况下，自主权、掌握技能和目标的组合会更成功地让你超越自我？

★ **8-17**　思考本章讨论的有效领导者的特质。接着思考你自己的个人特质。你怎样才能增强那些你目前在自己身上尚未看到的领导特质呢？你怎样才能找到更多机会来发挥你的领导优势呢？

8-18　假设你刚刚被分配到一个虚拟团队中。如果你想成为一名强大的、有贡献的团队成员，你会关注哪些具体的策略？你是否需要学习一些特定的技能？如果你的团队定期见面，而不是召开虚拟会议，那么你的角色会有什么不同呢？

小组活动

组建一个成功的团队

一家鞋履制造商希望让其成功的登山鞋产品线丰富起来。该公司希望吸引年轻人，这是一个可支配收入不断增加的、体量快速增长的消费群体。该公司决定给一个团队以无限的自由和资源去开发一款针对热爱电子产品的时髦年轻人的人字拖凉鞋。

你需要在组建团队的过程中应用最佳表现原则，判断每个成员的个性和优势所在，为每个成员分配他们的角色，让他们因此有贡献的动力。

步骤

步骤1，将全班人分成由三个人或四个人组成的小组。

步骤2，首先确定用什么工具来评估每个成员的个性特征、优势及弱势。

步骤3，制定一项策略来评估需要完成的工作，以及团队该如何为每个成员分配合适的职责。

步骤4，你们将如何评价团队的积极性和创造力？如果团队表现得不够好，你们可以做出怎样的调整？

步骤5，向全班展示你们的发现，并对此进行讨论。

企业道德与企业社会责任

团队合作中的道德问题

作为一名团队成员意味着你要对自己和团队伙伴的行为负责。请评价以下情况。

场景

假设你在一家广告公司工作。你加入了一个为某健身连锁中心制作广告的团队。该公司一直在苦苦挣扎，它需要你的团队赢得这个客户。在一次会议上，你的一个团队伙伴透露，他曾入侵了一家竞争对手公司的网络，得到了他们为同一个客户制作的提案草稿。你的伙伴想盗用这个创意，将其用在你们的团队提案上。你们团队的大多数成员都赞同这个想法，但你认为这么做不道德。

问题讨论

8-19 你将如何应对这种情况？你会反对，还是会赞同团队的选择？

8-20 如果你决定反对，你会直接向整个团队提出反对意见，还是会与团队成员单独沟通？为什么？

8-21 在做一名忠诚的员工和团队成员，以及维护道德标准这两个要求之间，你会如何协调？

在线练习

8-22 测验1，2，3……

找到三款有关领导力、团队角色或个性的在线分析工具。前往自我测试网站（testyourself.psychtest.com）找寻相关测试。描述你的个性或偏好的结果与实际一致吗？你认为这些结果有多准确？

8-23 伟大的美国领袖

在网络上搜索"20世纪美国领袖数据库"，这是一个由哈佛大学商学院（www.hbs.edu）维护的数据库。从中选择你所在州的一位领导人、一位和你性别相同的领导人、一位和你属于同一种族的领导人，以及两位来自不同行业的领导人。在这五位领导人身上，你发现了哪些相同和不同之处？

8-24 动力和灵感

访问优兔网，观看丹尼尔·平克（Daniel Pink）的有关内在激励因素的动画视频"动力"。根据你在上学和业余时间受影响的激励因素来撰写你的展示报告。接着观看西蒙·西内克（Simon Sinek）就为什么、如何做，以及做什么的"黄金圈法则"所做的演讲，并且说明这个演讲与灵感的关系。你如何使用这些观点来启发你所参与的下一个团队项目呢？

8-25 协作过多了？

回顾苏珊·凯恩（Susan Cain）发表的关于内向价值的文章。凯恩认为，如果企业给一些人提供独立工作的空间，那么他们可以变得更有创造力和更高效。我们的文化是否高估了协作的价值？请对苹果电脑公司的创建故事以及名为编码战争游戏的研究进行考察，并以此进一步探讨上述观点。

8-26 评估你的团队健康水平

假设你参加了一个团队，请在思维工具网站（www.mindtools.com）上填写团队有效性表格。提交表格并检查你的成绩分析报告。你是否认同这些有关你的团队动态的分析？利用得分解析后面的材料在团队里引发有益的讨论。为了提高成效，作为个人的你和团队可以采取哪些行动措施呢？

MyBizLab

在你的MyBizLab作业板块完成以下写作练习。

★ **8-27**　我们已经展示了一些激励理论。请说明它们与你在学术生活中所看到的情况的匹配程度。和学术生活相比，在生活中的其他方面，例如工作或体育运动，创造积极性是否有什么不同之处？

★ **8-28**　创建一个高效协作的团队的最重要因素有哪些？在你的学术生涯中，你在团队工作中遇到过哪些问题？这些问题又该如何预防呢？

参考文献

1. Mihaly Csikszentmihalyi, *Flow* (New York: HarperCollins, 1990).

2. Adkins, A. (2016, January 13). Employee Engagement in U.S. Stagnant in 2015. Retrieved April 16, 2016, from http://www.gallup.com/poll/188144/employee-engagement-stagnant-2015.aspx.

3. Ian Tan, "Why Work for SAS," www.sas.com/offices/asiapacific/singapore/press/why-sas.html.

4. SAS celebrates 40th year of record revenue-US$3.16 billion in 2015. (2016, February 2). Retrieved April 16, 2016, from http://www.sas.com/en_us/news/press-releases/2016/

february/2015-financials.html.

5. SAS Institute. (2016, March 03). Retrieved April 16, 2016, from http://fortune.com/best-companies/sas-institute-8/

6. State of the American Workplace. (n.d.). Retrieved August 17, 2016, from http://www.gallup.com/services/178514/state-american-workplace.aspx.

7. Casey Slide, "9 Leadership Lessons & Quotes from Truett Cathy, Founder of Chick-fil-A," www.moneycrashers.com/leadership-lessons-from-truett-cathy-founder-of-chick-fil-a.

8. Restaurant News. (2016). Retrieved April 16, 2016, from http://nrn.com/top-100/chick-fil.

9. E. Polman and K. J. Emich, "Decisions for Others Are More Creative Than Decisions for the Self," *Personality and Social Psychology Bulletin*, 2011 (PMID: 21317316).

10. Daniel Pink, *Drive: The Surprising Truth about What Motivates Us* (New York: Riverhead Books, 2009).

11. Ibid.

12. Peter Drucker, "Quotation Details," http://quotationspage.com/quote/26536.html.

13. *Black Friday*, a seven-minute video on the *Toy Story* Blu-Ray DVD, www.youtube.com/watch?v=bk8a_C0ao9Y.

14. James M. Kouzes and Barry Z. Posner, *The Leadership Challenge*, 4th ed. (San Francisco: Jossey-Bass, 2008).

15. Aaron Sheldrick, "Former Tepco Chief to Be Grilled over Fukushima Disaster," *Chicago Tribune, June* 7, 2012, http://articles.chicagotribune.com/2012-06-07/news/sns-rt-us-japan-nuclear-shimizubre85703w-20120607_1_fukushima-plant-masataka-shimizu-tepco-executives.

16. M. Hamstra, "'Big,' Men: Male Leaders' Height Positively Relates to Followers' Perception of Charisma," *Personality and Individual Differences* 56 (2014): 190–92, www.melvynhamstra.com/wp-content/uploads/2013/10/Hamstra-PAID-2014.pdf.

17. Based on "Our Unique Culture" and various blogs, www.zappos.com.

18. Tony Hsieh, quoted in Venuri Siriwardane, "Zappos CEO Adds Happiness to Corporate Culture," July 7, 2010, www.nj.com/business/index.ssf/2010/06/zappos_ceo_adds_happiness_to_c.html.

19. "Culture," 2016, www.southwest.com/html/about-southwest/careers/culture.html.

20. Southwest Corporate Fact Sheet," 2016, www.swamedia.com/channels/Corporate-Fact-Sheet/pages/corporate-fact-sheet.

21. Moryt Milo, "Executive of the Year," *San Jose Business Journal*, 24 December 24, 2010, www.teslamotors.com/sites/default/files/blog_attachments/elon_musk_ceo_of_the_year.pdf.

22. Mendoza, M., & Liedtke, M. (2015, November 17). Google searches itself to build more productive teams. Retrieved April 17, 2016, from http://bigstory.ap.org/article/8c60341cc1da47e084b8e17e62e83c98/google-searches-itself-build-more-productive-teams.

23. Matt Rosoff, "The Story behind Kinect, Microsoft's

Newest Billion Dollar Business," *Business Insider,* January 19, 2011, www.businessinsider.com/the-story-behind-microsofts-hot-selling-kinect-2011-1?op=1.

24. National Association of College Stores, "Teamwork Concept Questioned," August 11, 2006, www.nacs.org/news/081106-teamwork. asp?id=cm.

25. Neil Howe and William Strauss, *Millennials Rising: The Next Great Generation* (New York: Vintage, 2000).

26. Stephanie Armour, "Generation Y: They've Arrived at Work with a New Attitude," *USA Today*, November 6, 2005, www.usatoday.com/money/workplace/2005-11-06-gen-y_x.htm.

27. George Anders, "Jeff Bezos Gets It," *Forbes*, April 25, 2012, www.forbes.com/global/2012/0507/global-2000-12-amazon-jeff-bezos-gets-it.html.

28. Based on Stephen R. Covey, *The 7 Habits of Highly Effective People* (New York: Free Press, 1989).

第九章 人力资源管理

本章目标

9-1 人力资源管理

说明人力资源管理（human resource management, HRM）的步骤。

H和R这两个简单的字母合在一起，代表了任何成功企业的一个重要组成部分。诚然，管理良好的人力资源部门（human resource，HR）对企业的顺利运营至关重要。像莱斯利·布思（Leslie Booth）这样的人力资源经理要负责从招聘到解雇，以及其间的种种事项。人力资源管理为何如此重要？

9-2 员工培训和评估

说明如何对员工进行培训和评估。

培训可以让企业在整个公司内部调动员工的才干。乔治·亨塞尔（George Hensel）懂得如何组织完美的会议。他的公司如何才能最有效地利用他来培训其他人？

9-3 报酬、调度、升职与解雇

理解如何给员工支付报酬、如何调度人员，详细了解员工的地位是如何因为晋升、离职和退休而变化的。

为了吸引高素质的应聘者，企业必须提供和竞争对手相当或比对方更好的薪酬方案。凯茜·桑切斯（Kathy Sanchez）是一名全职平面设计师，但无力承担医疗保险费用。在优秀的薪酬方案中，还有其他哪些重要的福利？

9-4 职场多元化管理

说明多元化的融合对劳动力的影响。

多元化因对公司有利而得到了提倡，但对钱德拉基·帕特尔（Chandraki Patel）来说，管理自己负责的非常多元的小组却是一项挑战。在创建更为多元化的职场时，企业和管理者要面对哪些问题？

9-5 劳动力与工会

列出工会在全球化商业环境下的目标、组织结构，以及未来发展。

美国大学体育协会一级联盟高校的大学生运动员是运动项目的重要贡献者，可以为学校带来数百万美元的收入。这是否意味着他们是雇员？抑或他们的学生身份意味着他们无法联合起来争取更好的工作条件？

9-1　人力资源管理

说明人力资源管理的步骤。

■　当人力资源经理莱斯利·布思打算为所在公司聘用一名高级客户经理时，她仔细地权衡了自己的选择。为一个高级职位寻找人选需要耐心。为了给自己更多选择，她聘请了一名招聘人员去寻找外部候选人来参加面试。此外，她还在当地报纸和顶级客户刊物上投放了招聘广告。在发现没有合格的候选人之后，她开始感受到来自老板的用人压力。她该怎么做？

在思考经营一家企业所需的资源时，你可能会想到资金、场地、设备，以及供给等资源。 尽管这些都是重要的组成部分，但人们常常认为"人的"资源——人是理所当然的，而这却可以说是最重要的资源。人可以提供推动企业运转的想法、创意、知识以及独创性。

人力资源——一个组织中的人，需要像企业的原材料和资金一样得到妥善管理。**人力资源管理**是一种针对公司员工的组织职能。如图9-1所示，人力资源管理包含了企业中各个与"人"有关的方面，包括招聘、培训、激励、评估和人员薪酬制定等。在本节，你将了解人力资源管理所涉及的过程。

图9-1　人力资源管理的职能

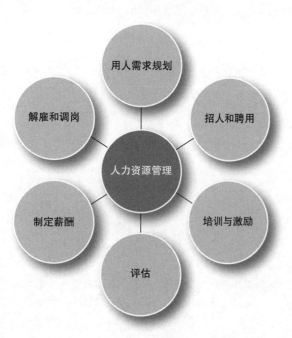

用人需求管理

随着公司的发展，用人需求计划会发生怎样的改变？ 小型企业最初可能只有一名工作人员，也就是创办这个企业的人。一旦企业开始发展，就会有新的人员进入组织。尽管掌握小型企业的人力资源需求可能非常简单，但员工不断增加并持续发展的公司需要更有针对性的人力资源规划。

糟糕的用人计划的代价可能是高昂的。员工过多会给公司带来不必要的负担，例如员工工资和福利，以及对多余人员的培训等。如果组织无法满足客户需求，那么人员不足可能会使组织损失销量、失去竞争力。人力资源管理的重点包括：

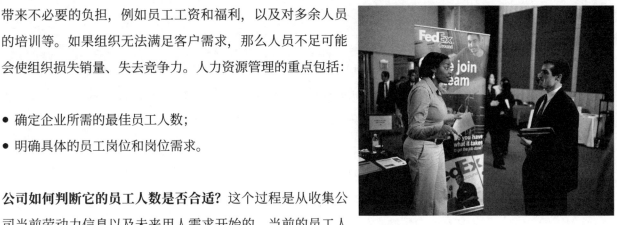

来源：Frances Roberts/Alamy Stock Photo。

- 确定企业所需的最佳员工人数；
- 明确具体的员工岗位和岗位需求。

公司如何判断它的员工人数是否合适？ 这个过程是从收集公司当前劳动力信息以及未来用人需求开始的。当前的员工人数是通过制定劳动力概况来确定的。**劳动力概况（workforce profile）** 是一份人员清单，其中包括每个员工的信息，例如年龄、教育背景、培训情况、经验、专业技能、当前和先前的公司职位等。

未来的员工需求由**用人预测（forecasting）**过程确定。用人预测建立在多种因素的基础上，例如对公司产品或服务的销售预测，员工当前的技能水平，公司是否有收缩或扩张计划，技术如何变化及其将如何改变企业的用人需求，以及可选的人员，如人员外包、离岸外包或使用兼职或临时雇员等。此外，在正常的人事变动、退休，以及任何计划中的编制变动下预期发生的人员变化也要考虑在内。如果用人预测显示员工供需不平衡，那么企业就可以做出相应调整，例如招聘、培训或再培训、减少劳动力，或通过增减员工的工作时间来改变劳动力的使用程度等。

公司如何定义其需要用人的具体岗位？ 人力资源部门还要对组织内需要执行的任务进行研究。**职位分析（job analysis）** 详细定义了员工需要履行的职责和任务的具体要求。职位分析包括以下内容：

- **职位描述（job description）**——一份正式声明，概括了员工在该职位上要做的事情，包括该职位的职责、工作条件，以及该职位与组织的其他职位之间的关系。职位描述非常重要，因为它定义了职位目标，这些目标后续将用于业绩评估。职位描述同时可以成为员工和雇主所签署的法律合同的一部分。

- **职位条件（job specifications）**——一个人成功完成自己工作所需的知识、技能、教育背景、经验、个性特征，以及身体条件等。

图9-2展示了职位分析中职位描述和职位条件的样例。

在明确定义了职位之后，人力资源部门将如何找到最佳的面试人选? 为每个职位匹配合适的人选取决于精心设计的招聘计划。**招聘**（recruitment）是运用多种方式和资源来为某个特定职位寻找、筛选，以及选择合适人员的过程。

内部招聘（internal recruiting）或用公司内部的现有员工来填补职位空缺，是很多公司的首选。通常，公司会在企业内网、内部邮件简报或在休息室的公告板上发布职位信息，抑或在员工会议上通知他们。内部招聘具有一些优势。它往往会鼓舞员工的士气，因为他们知道公司有意向提拔自己的员工。此外，由于雇主和员工业已结成工作关系，因此用不合适的候选人填补职位空缺的风险便降低了。内部招聘通常速度更快，成本也更低，因为这么做免除了外部招聘成本，并且通常会缩短新员工所需的培训时间。

外部招聘（external recruiting）是在公司之外寻找人选来填补职位空缺的过程。

图9-2　职位分析样例

职位分析	
公司：尼尔森无线	
职位名称：市场经理	
（a）职位描述	**（b）职位条件**
加入专注于消费市场移动技术的市场营销团队。 市场经理负责协调以及/或实施针对消费者市场而设计的营销项目。与销售团队、产品团队，以及总部的其他营销团队协作。市场经理需要协调公关项目以及其他促销活动，从而提高人们对尼尔森无线品牌的关注度，提高产品需求，促使消费者购买。 市场经理将为区域层面的行业活动提供战略监督，并负责客户活动的策划和执行。 市场经理要负责协调预算和时间进程，记录准确的支出情况，并且要编制活动成果报告。此外，市场经理要负责管理一个由8~10个成员组成的团队。 市场经理的职责还包括一些行政方面的工作，例如发票处理、活动安排、维护推广日程安排等。	• 大学学历，市场营销、商业管理或传播相关专业优先。 • 具备三年以上的市场营销或传播经验。 • 出色的口头表达能力和书面沟通技巧。 • 具有活动执行方面的经验。 • 具备协调多方合作关系的能力。 • 能够在压力下出色完成工作。 • 非常有条理，有很强的项目管理能力和时间管理技能，具有较强的多任务处理能力。 • 能够在快节奏、高速发展的专业环境下工作。

在报纸、行业杂志、招聘网站或在领英、脸书、推特等社交媒体上发布招聘广告是一种广泛接触受众的方式。图9-3列出了人力资源员工在外部招聘时可用的多种资源。

根据招聘职位类型的不同，企业可能会通过职业介绍所进行招聘。职业介绍所通常专注于特定的领域，例如会计、销售或文书服务等。它们可以提供大量经过筛选的候选人，减少了用人企业在招聘方面的行政负担。通常被称为"猎头"的招聘顾问则会进行更有针对性的搜寻，他们的目标一般是高层管理者或核心员工。通过外部公司来协助寻找人选通常价格不菲，但找到不合适人选的代价可能更高。

社交网络是如何影响招聘的？ 专门为职业人士开设的社交媒体网站有领英、数据网及司博克等。领英已经成为招聘者用来寻找候选人的主要来源。大多数人喜欢聘用他们认识的人，或是与他们一同工作，而领英能够提供来自同事和客户的有用推荐。利用幻灯共享和谷歌文档等应用程序，领英用户可以发布他们的展示内容以及工作作品集。这可以帮助招聘者快速评估和筛选潜在的候选人。当人力资源招聘人员希望跟踪某条线索时，他们便可以借助移动手机版本的应用随时使用领英。此外，领英和玻璃门可以通过为求职者提供有关公司及其职员的"内部"信息的方式来帮助他们。例如，在面试之前，领英可能会提供有关会面人员的背景信息。对面试官及其公司有更多了解能够让你在面试过程中进行良好的沟通。

图9-3　外部招聘资源

科技到底是有助于招聘，还是让招聘复杂化了？ 伴随科技应用而来的既有机遇也有挑战。与传统招聘方式相比，企业可以通过使用技术更快地招募到候选人，而不同类型的候选人，通常是那些精通科技的人，则更有可能得到聘用。例如，由于公司的所有职位信息都可以在移动平台上浏览，联合包裹公司因而能够在内陆城市招募到年轻的职员，而这些人可能无法在家使用电脑，他们原本必须去学校或图书馆才能上网找工作。招聘者同样可以通过领英这样的搜索网站找到有才干的员工，他们也许并没有积极寻找工作机会，但在合适的机遇面前，他们也会考虑离开现有工作岗位。

在线发布职位信息的缺点在于会招致大量回复，带来大批职位候选人。因此，对人力资源工作者来说，通过筛选这些回复来找出合适的人选是一项非常耗时的工作。为关键职位找到合格候选人的挑战非常重要。因此，人力资源经理必须了解如何巧妙地运用科技。在基本招聘层面，这意味着要学会如何让发布的职位描述信息吸引最有资格的候选人，同时让其招聘信息在网络环境下从其竞争者中脱颖而出，这样合适的人选才能更轻松地找到空缺的职位。此外，人力资源部门也在使用软件系统扫描简历，以此来筛选应聘者，剔除那些不合格的人选。许多零售企业使用应用软件联聘来筛选具备了可靠而诚实以及其他优秀品质的候选人。通过运用电子筛选手段，一些公司成功地降低了他们的员工流失率。另一些人则认为，电子筛选会淘汰具有有趣背景的候选人，因为他们不符合编写在软件中的职位描述。优秀的候选人不会在自己的简历中使用软件要搜索的关键词，因此可能会遭到淘汰。

【商业杂谈】

社交媒体与隐私

当你试图找工作时，在社交媒体网站上发布信息的风险是什么？你作为职位申请者，如果打算聘用你的人查看了你公开发布的信息，例如阅读你的脸书信息墙或查看你在脸书上的朋友的页面等，请不要惊讶。如果在面试中，一位雇主要求你在自己的脸书主页的其他位置上添加他为好友，你会怎么做？

有关在职场中正确使用公开信息的方式尚未得到明确定义，因此一些雇主会查看公开发布的帖子，以了解员工对公司的评价。如果公司敏感的机密信息出现在你的推特推文中，公司会对你采取措施吗？如果你正在使用四方网这样的地理定位应用，那么你所在的位置就会成为公开信息，而这可能会给那些精通科技的、想知道你都会在哪里"闲逛"的招聘人员或招聘经理提供重要线索。

即便招聘人员或招聘经理没有亲自搜索，他们也会聘请社交智能等外部公司去这么做。社交智能等网站会对搜索社交媒体或其他网站收费，并根据找到的信息创建有关候选人的报告。

出于法律和其他原因，许多公司发现为员工设立如何使用社交媒体的规则是非常重要的。社交媒体治理网提供了许多大型企业所需的现有政策。例如，英特尔公司的社交媒体指南要求员工在社交媒体上就英特尔的产品或服务进行评价时，必须公开自己与该公司的雇佣关系。[1]

从积极的角度看，你可以用社交媒体作为自己的个人营销机构，为自己树立一个作为未来潜在职员的"品牌"。你的脸书主页是否能够吸引专业招聘人员的目光？你可以考虑在其中添加能够展示你的能力和潜质的演讲与视频。

招聘

招聘过程中会发生什么？ 如图9-4所示，招聘是一个多步骤的过程。第一步是从最初的应聘者中选出一组合格的候选人。为了完成这一步，人力资源经理会将应聘者的资格与职位条件进行对比。一些公司使用应聘者跟踪系统软件来筛选简历，缩小候选人范围。这种软件还可以跟踪应聘者在招聘过程中的进展，并且将每个人的进展状态告知他们及招聘经理。[2]

在确定了一组合适的候选人之后，公司相关部门经理和人力资源经理通常会对他们进行面试，从而评估他们的优点和缺点，澄清候选人简历中的信息，判断他们是否适合该职位。候选人可能需要完成一些与技能相关的测试，同时会被问及他们过去是如何处理与工作相关的特定情况的。接下来，企业会要求合格的候选人接受该职位的负责人及其同事的面试。

一旦选出了合适的候选人，企业就要向其提出用人条件。如果候选人接受这些条件，那么公司接着可以进行背景调查和参考意见征询工作，而公司如果有要求，还要对候选人进行药物和健康检查。由于公司没有进行背景调查，使得所聘员工在工作中实施了暴力并伤害了他人，而公司也因此遭到自己和他人起诉，这样的事情屡见不鲜。此外，一些人伪造自己的教育或职业经历，或在法律上有麻烦的情况也很常见。例如伦敦普衡律师事务所的资深律师兼合伙人丹尼斯·奥赖尔登（Dennis O'Riordan）就曾谎称自己拥有牛津大学和哈佛大学的学位，并因此被取消了律师资格。[3] 为了证明这次聘用是合适的选择，员工在接受了职位之后一般要经历一段试用期。

在招聘过程中要考虑哪些法律问题？ 企业在招聘过程中必须遵守以下联邦法律：

- 《**联邦平等就业机会法**》。成立于1965年的联邦平等就业机会委员会负责执行禁止

图9-4 招聘过程

候选人	面试	技能检验	意见参考	选择	聘用
从申请者中确定最初的候选人群体	开展初试和复试	测试具体的工作技能	开展背景调查和意见征询工作	做出最后的选择	正式聘用，并且在试用期对其进行监督

就业歧视的联邦法规。这些法规由许多不同法案和法律组成，它们被称为《联邦平等就业机会法》。联邦平等就业机会委员会负责调查求职者和雇员提出的歧视申诉，并在必要时向公司提起法律诉讼。

- 《民权法案》。1964年颁布的《民权法案》禁止针对种族、肤色、性别、宗教信仰，以及国籍的歧视。该法案的第七条还设立了联邦平等就业机会委员会来执行反歧视法这一规定。

- 《美国残障人法》。1990年颁布的《美国残障人法》禁止针对残障（或感知残障）的歧视。在求职者或员工已知的残障情况不会给雇主的企业经营带来"不可承担的困难"的前提下，该法案还要求雇主针对这些残障情况做出合理的调整。这些合理的调整包括提供可供轮椅进出的条件，经过改造的设备或翻译服务等。

- 《雇用年龄歧视法案》。1967年颁布的《雇用年龄歧视法案》规定，因为年龄而在雇用时歧视一个人的行为是违法的。该法案还禁止年龄偏好出现在职位说明或招聘广告中，年龄是实现工作职能的必要因素的某些情况除外。

- 《公平劳动标准法案》。在确定最低工资标准和加班费的计算方式之外，《公平劳动标准法案》还负责童工的监管，内容包括未成年人可以从事哪些工作，以及他们可以工作的时长是多久等。

■　人力资源部门照管着企业最大的资源——员工。像莱斯利·布思这样的人力资源经理必须掌握多种技能，才能胜任多项复杂的任务。尽管这些任务——计划、招聘和雇用，可能不会与企业的整体成功产生直接关联，但实际上它们是密切相关的。四个星期以来，莱斯利始终没有找到优秀的候选人，她决定重新撰写职位描述，让它更好地与职位条件相匹配。她将找人范围拓展到了虚拟职业市场和领英网站，并向做出口头推荐的员工提供奖励。来自高素质候选人的申请开始出现，而她也相信自己的公司能很快为这个职位招到人。

9-2 员工培训和评估

说明如何对员工进行培训和评估。

■ 乔治·亨塞尔是组织会议的专家，人人都知道这一点。乔治主持的会议总是不长不短，每个人的意见都得到了倾听，而会议也常常能够产生创意性的成果。这个全国性企业的员工希望自己能够像乔治那样组织会议，但公司没有预算也没有时间让乔治前往全国各地去培训他们。他们应该如何利用乔治的能力来帮助整个公司呢？

强调培训和发展的公司的员工生产效率、忠诚度和留存率都会提高，而这些因素都是有利于企业收益的因素。本节，你将了解到员工的培训和评估是如何促进企业成功，并且确保员工保持最佳状态的。

培训方法和要求

新员工要接受哪些类型的培训？ 最初，在雇用一名新员工时，组织会通过**入职培训项目**（orientation program）让新员工融入企业。入职培训项目可以很简单，例如传达组织概述以及公司流程与期望等基本信息。然而，如表9-1所示，现在很多公司所做的已经超越了简单解释规章制度的传统入职培训项目范畴。如果公司可以让员工熟知公司的使命并让他们讨论新员工如何为公司的成功做出贡献，那么入职培训会变得更有效。

新员工和在职员工需要接受哪些其他的培训？ 培训始于入职项目结束之时。培训应该向员工传授新技能或提升他们现有技能水平。例如，销售人员或许知道如何销售某个产品，但可能却不知道销售一个新产品的所有复杂细节。通常，该部门的其他员工或新员工的导师可以为他们提供**在岗培训**（on-the-job training）。通过在岗培训，员工可以在实践中学习技能。例如，为了成为药剂师，员工要参加许多培训和认证项目。但是对于为医院的诊疗配制放射性药物的核

来源：Eric Audras/PhotoAlto/Alamy Stock Photo。

表9-1 新员工入职培训

入职介绍	与同事和上级有关	参观工作场所	与组织使命有关	与健康有关
员工职位介绍	上级的职责	职位描述	员工责任	援助资源
工作时间	日程安排（弹性工作制或紧凑的安排）	休息和午餐时间		
业绩要求	试用期限	职位要素和标准	评估与评价	
休假	实施中的员工职责	疾病或紧急事项的汇报	签到与签出	
培训和发展	在岗培训；课堂培训	日程安排	个人发展计划	
职业道德	职业道德培训			
安全问题	企业财产的使用	安全密码或身份	安全意识培训	

医药剂师来说，他们还需要接受额外500小时的在岗培训。[4]

有些职位则要求员工参加**学徒制培训项目（apprentice training program）**。在学徒制培训项目中，人们要接受课堂教育和正式的指导，同时要接受在岗培训。例如，对于水下焊工修复桥梁和其他水下基础设施的需求越来越多，为了成为一名水下焊工，你必须修完表面焊工项目和商业潜水项目，才可以向提供水下焊接服务的商业潜水公司申请职位。为了获得足够的经验，你可能会从潜水助手（潜水学徒）开始你的职业生涯。一旦你积累了足够的经验，你便可以升为潜水焊工，此时你的工资水平也将得到提升。

程序化学习方法（programmed learning approach）是要求员工按步骤执行指令或回答问题的方式，这种方式通常以计算机单选测验的形式出现，可以提供即时反馈。程序化学习的好处在于，员工可以按自己的进度一步一步地获取信息。然而在某些情况下，这种类型的培训可能不适用于必须传授给员工复杂决策制定类内容。为了进行此类培训，公司必须同时为员工提供可用的电脑，获得并维护所需的软件。

科技对培训产生了哪些影响？ 科技的进步为企业提供了其他培训选择，例如模拟训练和交互式多媒体培训等。游戏化设计——将游戏设计理念运用于非游戏场景的做法，已经创造了一些有吸引力的培训工具。酷圣石冰激凌、美国军队和希尔顿酒店都在用游戏培训自己的员工，将原本枯燥的培训变

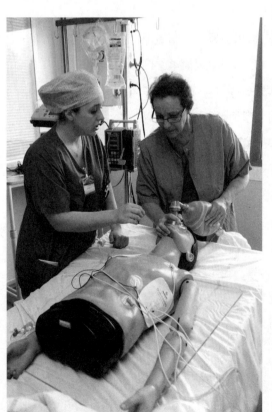

医疗专业人员可以在模型上演练急救技巧。
来源：Burger/Phanie/ Canopy/ Getty Images。

成交互式的视频体验。美国娱乐软件协会的一项研究表明，美国70%的雇主都曾在培训中使用过交互式软件和游戏。[5]

其他公司则提供了**模拟培训（simulation training）**。模拟培训为员工创造了他们在工作中会遇到的真实情况，但他们却不必担心自己的错误举动会带来灾难性的后果。模拟培训适合飞机飞行员、宇航员以及医疗专业人士，这类人员不可能不在培训中犯错误，而在真实场景下犯错的代价又很高。

在线培训（online training）可以让员工在互联网上接受实时培训，或让他们在自己方便的时候接受培训。身在某个地方的指导老师可以通过网络广播、在线研讨会以及视频会议等技术对员工进行远程培训。这些技术允许用户分享文件、共享软件、交换会议控制权。此外，有些技术还可以让培训者控制参与者的桌面来进行演示。参与者可以实时提问、在视频播放期间向小组发表评论，同时可以将内容存档以便后续回顾。

电子绩效支持系统（Electronic Performance Support Systems，EPSSs）包含员工在需要培训时可以使用的在线模块，因此员工无须脱离日常工作去参加长时间的正式培训。企业认为电子绩效支持系统具有成本效益。一项案例研究显示，在客户使用了电子绩效支持系统一年之后，该公司的员工发起了超过30万次的培训请求。由于能够对员工进行即时电子培训，该公司省下了260万美元。[6]

管理者需要培训吗？ 是的，但是考虑到管理者在组织中的职责各有不同，他们需要的是其他类型的培训。管理者培训通常侧重于领导力、沟通、团队协作，以及人际关系建设等技能。此外，管理者需要及时了解就业相关法律的变化，例如有关歧视和骚扰的法律，同时要及时了解使用全新工具进行电子通信的最新情况。

视频会议和远程培训让相距遥远的员工也能够轻松接受培训和共同工作。
来源：Monashee Frantz/OJO Images Ltd/Alamy Stock Photo。

管理发展项目（management development program）可以让管理培训生做好成为管理者的准备。这类培训可能会让学员参加在岗培训项目，其中可能包括轮岗培训，也就是员工要在不同部门轮转，在第一线学习企业经营各个方面的内容。这样的培训也可以是教练或候补项目，其中员工会直接与公司高层管理者一同工作，从而学习如何在公司层面进行规划、领导和决策。通过行动学习——另一种管理发展培训方式，学员可以单独或与团队一起分析超出他们专业领域的实时企业问题。微软、杜邦及波音等公司就曾成功地组建了作为管理发展项目一部分的行动学习小组。

有些公司则使用**脱产培训和发展**（off-the-job training and development）方式，这种培训方式要求员工参加外部研讨会、大学举办的项目以及企业大学。麦当劳的汉堡包大学是一个由22个企业培训机构组成的、为员工提供管理培训的系统。这里有19名全职教授为餐厅经理、部门负责人以及高管的发展项目提供培训。通过翻译，麦当劳的培训师可以用超过28种语言来教授他们的课程。[7]

如何培养资深的管理者？ 高层管理者通常会借助总裁教练来进一步提高他们的效率。总裁教练通过采访与管理者有密切工作关系的人来明确管理者的优势和弱势。接着他们会与管理者一起将弱势减小到最小，并且进一步发展他们的优势。

导师制则是公司采用的另一种方式。**导师**（mentor）是具有丰富资历的员工，负责培养经验较少的同事。导师会向自己的学员展示执行特定工作的方式，为他创造学习新技能的机会，同时会就特定行动或决策的后果为他提供咨询。现在，职场中还出现了一种全新的**逆向教导**（reverse mentoring）方式。在逆向教导中，资历更深的员工——通常是高管，会接受年轻员工在科技应用以及市场新趋势方面的培训。这么做对双方都有好处，因为年轻的员工积累了高层管理方面的经验和工时。和其他形式的培训与管理发展项目一样，导师制提高了员工的绩效、满意度和忠诚度。

绩效考核与替代方案

为什么绩效考核是必要的？ 绩效考核（performance appraisal）是一种正式的评估，通常每年或每两年进行一次，它为员工提供了针对其工作表现的反馈。图9-5是一张绩效考核表的样表。管理者利用绩效考核的结果做出有关升职、加薪、额外培训或重新分配职位的决定。绩效考核的过程对员工和整个组织都很重要，它包括以下三个方面：

- 根据员工所在职位的业绩指标对其进行业绩评估。
- 提供反馈以减少和消除不良表现，提高或改善积极的表现。
- 为员工制定工作目标。

当员工入职时，他们应该很好地理解组织对自己的期望是什么。这些期望会成为衡量他们绩效的指标。绩效考核是对这些指标的认定，它可以帮助员工建立可量化和可衡量的目标，以便他们在来年改善。

绩效考核有没有什么问题？ 如果实施得当，那么绩效考核对员工和组织都是有益的。然而，它们常常是无效的。很多管理者回避这种做法，因为他们不愿意发表负面评价。同时，管理者有时也很难客观地评价员工的表现，因为他们常常看不到员工的所有表现。在这种情况下，使用**360度考核（360-degree appraisal）**会有所助益。考核意见通常是匿名的，这些意见不仅来自员工的上司，还来自员工的同事、

图9-5　绩效考核表样表

员工年度绩效评估			
员工姓名：		主管：	
职位名称：		入职日期：	
所属部门：		评估日期：	

评估

本表格旨在评估你的当前绩效，并且帮助你设定未来的目标。该表格是机密文件，仅供你和你的主管查阅。

整体工作知识和经验等级

始终符合要求
通常符合要求
不符合要求

评语：

工作质量

超出预期
符合预期
不符合预期

评语：

出勤

很少迟到或缺勤
偶尔迟到或缺勤
经常迟到或缺勤

评语：

合作

始终保持积极参与，对团队有贡献
能够积极参与，并且对团队有贡献
参与不积极或对团队没有贡献

评语：

未来目标：

客户以及下属。

尽管绩效考核是一种向员工提供反馈意见的方式，它可以告诉员工如何改善较差的业绩或提高较好的表现，然而这一过程并不总会产生后续行动来落实反馈。通常直到下一次评估前，管理者和员工才会勉强承认他们没有进行必要的培训和改善工作。然而，下一次评估可能会在一年以后，因此更多紧迫的危机会将人们的注意力从考核建议上转移开。

现有的绩效考核替代方案有哪些？ 绩效管理是绩效考核的一种替代方案。**绩效管理（performance management）** 是一种将目标设定、绩效考核，以及培训和发展整合为一个统一的持续过程的方法。因此，和一次性的绩效考核相比，这种方式更像是一种循环的流动过程。为了确保员工具有开展工作的恰当工具，企业会不断地为他们提供反馈以及培训与发展的机会。表9-2总结了绩效管理过程的各个方面。这个概念虽然常常用于员工，但也适用于组织的其他组成部分，包括部门整体、产品或服务抑或整个组织。

表9-2 绩效管理的各个方面

分享目标	将组织的最高层次的目标，例如愿景、使命、价值观和战略等传达给每个人。
明确职责	定义日常工作中的职责。
目标的设定与规划	将组织或部门的目标转化为特定员工的目标，其中包括员工为实现具体目标所需的发展步骤。
持续的业绩监督与反馈	定期报告员工在实现目标方面的进展情况，并就其如何更好地实现目标提供反馈。
指导与支持	不断地为员工提供反馈与支持。
绩效评估（考核）	绩效管理过程中的一个要素，提供了有关员工的绩效如何改善公司业绩的具体信息。
奖励、表彰与补偿	给予员工恰当的激励，推动他们实现当前和未来的目标。
工作流程、过程控制，以及投资回报	确保员工可衡量的业绩与公司可衡量的目标是相互关联的。

来源：Adapted from Gary Dessler, Human Resource Management, 14th ed., © 2015. Pearson Education, Inc., Upper Saddle River, New Jersey。
© 迈克尔·R. 所罗门

■ 绩效管理、考核与培训对保持企业的生产率和效率具有重要作用。乔治·亨塞尔的公司认为所有员工都应具备组织和参与高效的会议的能力。他们因此创建了在线学习模块，其中包括由乔治来解释人们为何常常会让会议偏离主题的视频。该公司又开发了一款可以让员工召开虚拟会议的游戏，并会根据员工的表现对其打分。观看在线培训并参与模拟会议达到一定次数的员工会在绩效考核中得到赞许。员工投入培训后，整个公司的会议都变得更有效率了。

9-3 报酬、调度、升职与解雇

理解如何给员工支付报酬、如何调度人员，详细了解员工的地位是如何因为晋升、离职和退休而变化的。

■ 凯茜·桑切斯喜欢自己的工作。自两年前大学毕业以来，她一直在一家小型初创企业担任平面设计师，为各种各样的客户制作手册和其他材料。由于这家公司很小，因此她有机会参与在大公司永远没有可能参与的项目。她也很喜欢办公室轻松的氛围，觉得自己的同事实际上是她的朋友。但问题何在呢？由于这家公司还没有在市场上站稳脚跟，因此无法为她提供较高的薪酬或福利。尽管她热爱自己的工作，她也受够了在每个发薪周期结束后身无分文的境遇，更别说她的退休金和牙医保险了！她应该怎么做呢？

对一个企业来说，要想拥有并保持竞争力，具备一套合理的薪酬体系是非常重要的。优渥的薪酬待遇能够吸引高质量的员工，并且能够防止他们离职。然而薪酬并不局限于金钱回报。在今天的职场上，员工常常会获得各种形式的薪酬，包括工作—生活福利、医疗保险、退休金计划等。由于为员工提供报酬的方式十分多样，因此构建一个具有竞争力的薪酬方案并非易事。企业一方面要给员工提供足够的薪酬来吸引、激励和留住他们，另一方面要保持良好的财务状态，给企业股东提供回报，这两者之间往往存在着微妙的平衡。本节，你将看到人力资源工作者是如何管理薪酬，安排工作，以及提拔和解雇员工的。

薪酬策略

企业是以同一种方式给所有员工发工资的吗？ 为员工付出的时间和精力而支付报酬的方式有很多。

薪酬（compensation），也就是对工作的回报，通常以**固定工资**（salaries，具体工作的年度回报）或**薪水**（wages，按小时计算）的形式发放。一般来说，一个员工每年的薪酬水平可能会根据其绩效评估结果而有所增加。

对销售等职位来说，**激励性工资**（incentive-based payment）结构是更好的薪酬策略。销售人员的基础工资一般较低，但他们可以通过与销售水平和绩效直接挂钩的**佣金**（commissions）来提高收入。激励性工资奖励的是实现了优异的可衡量成果的员工。

奖金（bonus）是根据公司总利润发放的一种薪酬，它有助于将员工的表现与企业业绩挂钩。公司利润越高意味着员工的奖金也越高。

企业为员工提供了哪些类型的退休金计划？ 401（k）计划是最常见的退休金计划。401（k）**计划** [401（k）plan] 是员工将税前资金投入通常由外部投资公司管理的一系列投资的方式，先锋集团或富达投资就是这类投资公司。每年的投资额由员工工资的百分比决定，但不应超过法定限额。在一些情况下，公司会在员工投入的基础上再投入一定比例的份额。401（k）计划被称为固定缴款计划，因为员工退休后的所得总额取决于缴款金额和基金的投资收益。投资风险落在员工身上，因为投资的多少以及投资方式都是由他们自己决定的。

设立**养老金计划**（pension plan）的雇主会定期为自己的员工向退休基金投入一定资金。员工可以根据自己在公司的工作年限提前了解他们退休后能够得到多少养老金。养老金计划是设定受益计划。设定受益计划不太受雇主欢迎，因为如果该基金投资没有达到预期，那么雇主就要提供全部资金，并且承担财务风险。

利润分享计划（profit-sharing plan）指的是用于一系列不同类型的薪酬方案的计划。如果公司达到了某一利润目标，那么员工就会得到奖金。有时，利润分享模式也被用于设计员工的退休金计划。在大公司里，利润分享计划通常是高管薪酬的一部分，但在许多小公司里，特别是在资金紧张和薪水较低的初创阶段，它们则成了一种激励员工的方式。

公司还会提供哪些其他的金钱激励作为薪酬？ 股票期权（stock option）协议允许员工以特定价格购买一定数量的股权，但购买仅限于特定的时间点。如果股票价值超过了购买时的水平，那么员工就可以获得丰厚的金钱回报。然而，如果股票没有上涨，那么员工就不会有什么收获。脸书将股票期权作为薪酬方案的一部分来吸引顶尖工程师。当该公司开始向公众出售股票时，这些工程师就能够行使他们的股票期权，结果就是脸书有成千上万的员工成了百万富翁。[8]

员工股票购买计划（employee stock purchase plans）允许员工以一定折扣（通常是市值的85%）购买公司的股票。公司通常会将员工可以购买的股票份额限制在他们工资总额的10%以内。**员工股权计划**（employee stock ownership plans, ESOPs）则是根据员工工作年限为其提供股权的计划。在员工退休或离职之前，他们的股票均由员工股权计划的信托基金持有。年销售额超过250亿美元的大众超市是最大的员工持股公司。从经理到收银员，每个员工都持有该公司的一部分股份。大众超市常常现身于《福布斯》"最佳雇主100强"榜单，而且几乎总是通过内部招聘来提拔自己的员工。实际上，大众超市总裁兼首席执行官托德·琼斯（Todd Jones）在30年前曾是该公司的一名装袋工。通过股票交易为员工提供所有权的一个好处在于，这会让员工觉得自己与公司的关联更紧密，并且会激励员工为公司的成功而努力。

福利

非现金形式的薪酬有哪些？ 员工福利（employee benefits）是雇主在薪水和工资之外提供给员工的间接金钱和非金钱回报。有些福利是法律规定的。例如，2010年通过的《平价医疗法案》要求全职雇员超过50人的企业为员工提供医疗保险，否则就要支付罚金。其他福利则由雇主自愿提供，休假时间、假期以及养老金就属此列。

一些公司提供**灵活福利计划**（flexible benefit plans）或**自助计划**（cafeteria plans），该计划允许员工在由多种应税和非税报酬构成的菜单中进行选择。灵活福利计划可以让员工选择对他们最为重要的福利，同时降低了为所有员工提供全部福利的成本。

什么是工作—生活福利？ 工作—生活福利（work/life benefits）是帮助员工平衡工作内、外的生活需求的福利。工作—生活福利包括灵活的工作时间、放松的工作氛围、托儿服务及健身项目等。例如，美国最大的软件开发商SAS就为员工提供了无限制的病假，在企业内部设置了带有游泳池的健身俱乐部，以及汽车清洗、按摩和美发服务。该公司配置了四个附属的儿童看护中心，以及提供免费食物的食品室。尽管这些做法看起来代价不菲，但是由于员工流动率很低，因此这种让员工开心的策略每年能为公司节省大约7 000万美元。事实上，与业界20%的平均流动率相比，SAS的这一比率一直保持在5%以下。[9]

员工福利的其他趋势是什么? 在20世纪80年代早期,纽约的另类免费周报《乡村之声》就已经开始为员工提供家庭伴侣福利了。这些福利的对象是员工的同性或异性非婚姻伴侣。从那时起,家庭伴侣福利便成为薪酬方案中越来越常见的组成部分。实际上,几乎有62%的《财富》500强公司都为自己的员工提供了家庭伴侣福利。[10] 医疗保险、探亲假等政策也延伸到了家庭伴侣身上。[11]

《家庭与医疗休假法案》规定员工超过50人的公司必须允许所有符合条件的员工在需要处理医疗、生育以及领养事宜的情况下享受长达12周的无薪假期来陪伴家人。在员工返岗后,该法案还可以保证员工能够回到原有职位或相对应的岗位上。和其他国家的同类福利相比,美国的这一福利显得微不足道。全世界至少有178个国家通过法律保证了新生儿母亲的带薪假期,超过50个国家同时为新生儿的父亲提供带薪假期。

不断上涨的医疗成本给企业带来了冲击,并且改变了员工所能期望的医疗福利。雇主不再为员工提供特定的选择方案,而是为他们提供一笔固定的资金,让他们在市场上自行购买医疗保险,这是当前一种正在上升的趋势。一些公司则取消了有工作的配偶享受福利的资格,要求他们向自己的雇主就医疗保险进行协商。

替代性工作安排与调度

位于加州山景城的谷歌总部拥有游泳池、11个免费餐厅、排球场,以及按摩服务等设施。
来源: Yana Paskova/Getty Images。

在传统的工作日之外,还有什么其他可能的工作安排方式吗? 越来越多的员工发现,为了同时满足工作和个人生活的需求,最终两者都没能得到满足。今天,员工所面临的来自照顾孩子和老人、通勤,以及其他工作—生活冲突上的额外压力导致生产力下降、员工缺勤和迟到现象增多。

为了响应这些需求,越来越多的雇主在朝九晚五、一周五天的传统工作安排之外提供了更多选择。在惠及员工的同时,弹性工作制同样有益于雇主。盖洛普调查小组的一项研究考察了可以在家中按弹性工作制工作的员工。该研究发现,这些人实际上每周多工作了4个小时。[12]

最受欢迎的弹性工作方式包括:

- **远程办公。** 远程办公（telecommuting）允许员工部分时间在办公室工作，部分时间在家工作，抑或允许员工完全在家工作，偶尔去一趟办公室。思科的员工平均每周远程工作两天，据该公司估算，这一举措为其节省了2.77亿美元。[13] 对员工的表现进行远距离监督、非现场员工的设备维护以及沟通问题是远程办公的缺点所在。此外，远程办公的员工可能会与其他员工疏远。雅虎曾允许员工进行远程办公，但最终中止了这一做法，因为该公司的首席执行官认为这么做使得员工之间的协作和创意都减少了。

- **备选调度安排（弹性工作制）。** 实施**弹性工作制**（flextime）的公司会指定一组确定了工作日的核心工作时间，而员工可以在其中灵活选择开始和结束工作的时间。

- **压缩工作周。** 压缩工作周（compressed workweek）允许员工每周工作4天、每天10个小时，而不是每周工作5天、每天8个小时；抑或在两周内工作9天共80个小时，而不是两周工作10天。然而，各地的公司需要核实其所在州的劳动法规。美国有很多州禁止未成年人每天工作超过8小时。

- **工作分担。** 工作分担（job sharing）指的是两名员工共同兼职完成一份全职工作。那些分担工作的人往往有动力让这种安排发挥作用，因此公司的生产力和员工满意度都会提高。然而，为了保证所有工作职责都得到满足，分担工作的人必须认真协作，同时与对方和雇主进行沟通。

- **长期兼职。** 长期兼职雇员（permanent part-time employee）是企业长期雇用的、每周兼职工作的人员。与企业为了满足短期需求而雇用的临时兼职员工不同，一些企业的长期兼职员工可以享受与全职员工相同的福利。

雇主可以从替代性工作安排中看到哪些好处呢？ 尽管设计和实施弹性工作安排有相应的成本，但是这么做会使得员工满意度提高、缺勤率降低、员工生产率提高，因而雇主可以期待它带来积极的成效。同样，员工流动率的降低使得用于员工招募和职位调整培训的时间与成本都减少了。

联合包裹提供包裹处理员的长期兼职职位，从事该工作的员工在周一至周五每天工作4个小时。联合包裹为这些长期兼职员工提供健康保险、休假、股权购买计划，并且在某些地区提供学费补助。
来源：Gg/AGE Fotostock。

临时工作人员

为什么企业会雇用临时工作人员？ 临时工作人员（contingent workers）是企业在有需要的时候雇用的人员，他们没有全职正式员工的身份。这些工作人员通常会完成重要且具体的任务。临时工作人员最有可能为商业公司和专业服务公司，教育及医疗服务机构，以及建筑企业所雇用。企业雇用这些临时工作者来填补职员的空缺或在繁忙时期增加人手。为了完成特定的项目，企业通常会雇用长期临时工作人员，但他们的雇用时间并不是固定的。在很多情况下，临时用工是企业人力资源的"临时合约转固定聘用"战略的一部分，也就是说，企业会对临时员工进行评估，如果发现他们可靠且经验丰富，就把他们调到固定职位上。

独立承包人（independent contractors）和顾问（consultants） 是临时工作人员的代表，他们通常是自由职业者。公司临时雇用他们去完成特定的工作。通常，企业雇用承包人来完成建筑、财务，以及专业和商业服务中涉及最先进技术的工作。例如，雇用作为独立承包人的网页开发者而非长期雇用一个这样的人员可能是最省钱的方式。企业会聘请顾问来协助开展长期项目，这些项目通常是战略层面的，但一般有明确的截止期限。例如，一个正在评估高管薪酬方案的公司可能会雇用一位薪资顾问。

临时工作对人们来说是一种常见的情况吗？ 根据美国劳工统计局的估计，临时劳动力占美国劳动力总数的2%以上。[14]临时用工是一个价值700亿美元的市场。凯利服务公司和万宝盛华是两个著名的临时用工中介机构。临时工作者通常有机会与不同的公司合作，完成不同工作，遇到很多人。大学毕业生和大学生最近可能会发现，为了在自己想从事全职工作的行业里获得实际经验，或是为了了解打零工的公司是不是自己想要为其全职工作的雇主，参与临时性工作都不失为一种好办法。但是，临时工作者的报酬通常不会高于全职工作者，而且不太可能享受福利。不过，他们所服务的临时用工中介机构可能会为他们提供一些福利。

升职

员工如何才能提升他们在公司里的职责等级？ 在一个职位上取得成功业绩之后，许多员工都希望提高自己的职责和薪酬等级或寻求升职。雇主喜欢提拔内部人员，因为他们可以通过这种方式奖励优秀的表现，并且可以用经过检验的员工来填补职位空缺。然而，如果提拔过程是秘密进行的或比较随意，那么这种行为可能不会带来积极的结果。有时，某些员工被提拔到了新的岗位，而其他员工却没有机会申请，这可能会给人带来不好的感觉。因此，管理者必须确保晋升是以一套明确的标准为基础的，例如资历或能力标准等，并且符合人力资源管理的规程。

【清单】 LIST

获得提拔的十种途径

1. 找一位导师。

2. 在工作之外进行学习。

3. 自我推销成功经历。

4. 积极主动。

5. 善于提问。

6. 持之以恒。

7. 帮助同事。

8. 告诉上司你想升职。

9. 参与团队协作。

10. 为自己创造机遇。

可以通过升职进入管理层吗？ 试想一名工作十分成功但却不想做管理的工程师。一些公司会给员工提供两条职业发展路径：一条通向管理层，另一条则是为没有管理抱负的"个体贡献者"提供的。渴望从事管理工作的工程师可以选择第一条道路发展，而没有管理抱负或能力的工程师则可以晋升到"高级工程师"。此外，企业也可以让员工始终在同一岗位上工作，但给予他们更多职责，从而丰富他们的经验，让他们为进一步发展做好准备。

解雇员工

企业为什么会解雇员工？ 有时，企业有必要对员工的贡献和任期或劳动力的组成结构和规模进行重新评估。企业的精简与重组、外包和离岸外包的可能、全球化竞争的压力，以及科技应用的增加都是企业想要减员的原因。**解雇（termination）** 是因为员工表现不佳或服务需求中断而裁减员工的做法。企业常常会为被裁的员工提供一系列补偿，包括延续一段时间的医疗保险、遣散费，以及职业介绍服务，比如简历撰写和职业咨询等。

因为业绩不佳或非法行为而解雇员工则是一个复杂的过程。美国大多数州都支持自由雇用（employment at will），这是一项法律原则，它规定雇主可以在任何时间以任何理由解雇员工。同样，员工也有自由在任何时间因为任何情况而辞职。尽管有自由雇用法规的支持，雇主也不可因为一个人的种族、宗教信仰、年龄、性别、国籍、残障状态或生育计划而歧视或解雇此人。此外，企业不可因为员工检举揭发（向当局披露公司的不当行为），参与合法工会活动，提起员工索赔诉讼，履行陪审团义务或在法律程序中做对公司不利的证言而解雇他们。

管理者解雇员工时要做哪些准备？ 在因为不当行为或能力不足而解雇一名员工之前，管理者必须采取一些措施来避免不当解雇诉讼。这些措施包括留存可靠的记录，这样管理者就可以用它来建立有法律依据的解雇事件。法院一般会站在员工这一边，特别是在没有足够的证据可以证明员工有不良行为的时候。而有关不端行为的谣传通常在法律程序中是站不住脚的。让我们看一看莫妮克·德雷克（Monique Drake）的例子，她曾在同一家医疗诊所担任了12年的医务秘书。诊所的医生结婚后，他的新任妻子开始管理办公室。这位新任办公室管理者告诉德雷克，由于她的糟糕表现，她的薪水将从54 000美元削减至40 000美元，她的病假将被取消，休假也没有了。一个月后，德雷克被解雇了。她发起了不当解雇诉讼，并且打赢了官司。缺少证明她表现不佳的文件是她获胜的部分原因，而她的雇主显然没有与她就提高她的工作表现进行持续沟通。[15]

退休

员工有固定的退休年龄吗？ 退休（retirement）是一个人一生中停止参与全职工作的时刻。过去，员工在65岁退休。然而现在在美国，员工领取社会保障金的合法年龄正在逐步提高。1959年以后出生的员工现在必须工作到67岁才可以领取退休金。

为了保持活跃和参与度，为了留在公司的医疗保险计划名单上，许多年纪更大的员工还在继续工作。其他员工尚在工作的原因在于他们没有存下足够的钱来退休，或他们的积蓄因为上一次经济衰退而并没有像他们期望的那样增长。这种劳动力人口结构变化产生的一个影响是，和过去相比，年轻的员工在工作和晋升上面临的竞争压力比过去更大了。

对雇主来说，老龄化的劳动力可能会带来其他挑战，例如他们如果大举解雇老年员工，就会遭到年龄歧视诉讼。为了鼓励老年员工退休，一些公司为他们提供了**买断**

金（worker buyouts），又称**金色降落伞**，也就是让员工离开公司而一次性支付的费用。例如，近年来，为了减少经营活动和降低成本，美国邮政公司就为自己的员工提供了多笔买断金。阶段性雇用是另一种选择，即长期员工会转入兼职岗位工作一段时间，然后再退休。这种做法为企业提供了避免工作经验突然流失的机会。

■ 还记得凯茜·桑切斯吗？她热爱自己的工作，但她的工资和福利待遇都很低，她不知道自己该怎么做。在经过一番认真的自我反省之后，凯茜决定留在这家小公司，但她给自己定了一个两年的期限，之后她会开始另谋工作。她希望这家初创公司可以在这段时间里站稳脚跟，并且能够给自己的员工提供包括股权在内的、更具吸引力和竞争力的薪酬待遇。

9-4　职场多元化管理

说明多元化的融合对劳动力的影响。

■ 钱德拉基·帕特尔一直认为自己是一个熟悉各种人群和文化的人。尽管她生于底特律，但她的父母却来自印度，而她也常常出国旅行。现在，作为一家国际营销公司的管理者，她面临着自己未曾预料到的问题。她的员工有男有女，他们来自六个不同的国家，有五种不同的信仰（每个宗教都有不同的节庆）。此外，她还要负责远程管理位于爱尔兰都柏林和中国北京的部门。在那里，语言和文化的差异曾不止一次造成误解。谁能同时管理这么多不同的人和部门呢？

来源：Jose Luis Pelaez INC/ Image Source/Alamy Stock Photo。

职场正变得越来越多元。本节，你将了解到多元化是如何为组织带来挑战和好处的。

多元化的好处和挑战

为什么当代职场变得如此多元？ 美国不断变化的人口结构是职场变得越来越多元的主要原因。例如，西班牙裔的工作者

占今天劳动力总人数的15%。随着这部分人口的快速增长，到2050年，他们的劳动力占比将达到30%。而亚洲后代劳动力的比例在2050年也有望翻一番。[16]科技进步让企业在全球范围内相对轻松地运作成为可能。公司通过外包或在其他国家进行离岸外包来降低劳动力成本，或为了扩大市场范围而在其他国家进行运营，这些都已不再罕见。美国公司开始雇用来自其他国家的移民员工，这提高了劳动力的多元性。欧洲和中东公司的移民员工数量也出现了同样的增长。

女性劳动力的数量也比过去数十年更多。此外，正如我们曾指出的那样，比以往多得多的员工都表示他们打算在达到传统退休年龄之后继续工作，这意味着劳动力的年龄多样性也会提高。鉴于这些原因，当代职场在年龄、性别以及族群上都更为多元。

多元劳动力的好处是什么？ 多元化是当代职场的一个重要特征。对很多公司来说，通过雇用使劳动力变得多元最初意味着用一定数量的（美裔）女性、西班牙裔或非裔美国人来填补职位空缺，从而满足《**平权法案**》[①]的要求。一些人批评这一策略有失公平且对公司不利，因为最优秀的候选人可能会因没有满足这些要求而没有得到雇用。随着时间的推移，很多公司开始接纳多样化的概念，而不是仅仅为了满足要求才这么做。企业应该接纳多元化以提高自身竞争力，这一点现在已经越来越明确了。多元化的劳动力能为公司带来更广泛的观点，对在更加国际化的世界里参与竞争的企业来说，这一点是十分必要的。

此外，企业必须根据不同背景的客户来定制产品和服务，因此拥有一支了解不同顾客的文化需求的员工队伍至关重要。当百事公司旗下的菲多利部门推出专为吸引拉美消费者的牛油果沙拉酱口味立体脆玉米片时，该公司的拉美裔员工就针对产品的口味和包装提供了许多宝贵的建议。这款全新的玉米片在第一年带来了超过一亿美元的销售额，使之成为该公司历史上最为成功的新推产品。

在进行多元化管理时，企业会遇到什么样的问题？ 尽管好处多多，多元化的劳动力还是会带来挑战。例如，文化上更为多元的人群自然会带来更多宗教信仰及相应的行为，因此会有更多员工试图将自己的宗教行为融入工作。雇主在尽力满足员工宗

---

① 《平权法案》：诞生于20世纪60年代的美国，始于美国肯尼迪总统于1961年签发的反对歧视的行政命令，目的在于在教育和就业方面给予少数族群、土著美国人，以及妇女等群体一定的关照。但该法案在一定程度上造成对其他群体的不公，在美国引起了争议。——译者注

教需求的同时，还必须努力避免公开的宗教行为可能会激发的潜在冲突。许多雇主在这方面保持了平衡，他们允许员工在休息时间祈祷和请假参加宗教节日，他们满足员工的饮食需求，并且容许差异化着装。为了满足不同宗教背景的员工的需求，许多公司设置了不固定的宗教假期，并且在公司内配置了祈祷室等宗教设施。

尽管职场中女性的数量正在增加，但女性依然在与性别歧视、薪资不平等，以及性骚扰等她们的母亲和祖母曾经面对的问题做斗争。从历史上看，和男性职位相同的女性领取的薪水比男性更少，尽管有证据显示她们的表现更好，但她们的升职机会却很少。美国全国的媒体还在报道有关性别歧视和性骚扰的诉讼案件，这意味着与性别相关的问题还没有被消除。此外，男性依然占据着高层管理者的职位。在《财富》杂志500强公司中，只有不到12个公司是由女性领导的。

年长的劳动力群体同样引发了一些问题。和同一职位上的年轻劳动力相比，年长的工作人员常常希望得到更高的薪水和更好的福利。例如，医疗保险费用会随着劳动力年龄的增长而提高。然而，很多雇主发现，年长员工的离职率和缺勤率较低，他们愿意学习新技能，同时愿意帮助和培训年轻同事。这些好处可以为公司节省足够的开支，从而能够抵消留存年长员工的高额成本。

员工如何才能提高他们对彼此差异的认知水平？ 即便在最善意的行动之下，差异也会造成误解和冲突。因此，对雇主来说，为员工提供有效的**多元化培训（diversity training）**就显得十分重要。此外，同样重要的是，员工要学会从不同于自身的视角去看待问题。总之，多元化管理意味着培养一支劳动力队伍，他们能够接受、融合和包容人们具有的不同才能、背景和视角。

哈雷—戴维森摩托意识到，为了保持竞争力，它需要理解超越白人男性刻板印象的客户需求。这家摩托车制造商做出了极大努力，聘用了女性和少数族裔管理者。
来源：Gary Gardiner/Getty Images。

■ 回想钱德拉基·帕特尔，她负责管理具有不同文化背景、语言以及信仰的员工，她不知道怎样才能做到最好。为了看看自己是否能够提高在这方面的表现，她开始研究她所管理的团队的多样性是如何给她的公司带来创新型解决方案的。当她意识到与团队中各种各样的人一同工作的种种好处时，她觉得自己更有动力去应对一些挑战了。为了帮助员工变得更善于从多种视角看待问题，她开设了一个培训项目。这不仅帮助了她所领导的团队，还让该团队能够更好地与公司的中国和爱尔兰部门进行合作。

单一的多元化培训并不适合所有人

多元化培训工作坊和研讨会可以向管理者及其员工教导多元化劳动力的好处，但它们可能代价不菲。尽管如此，近期的一项研究却表明，大多数这样的项目都没有发挥作用。[17]在分析了多年全国就业统计数据之后，一项重大的研究发现，标准化的多元化培训很少会影响开展该培训的企业的女性和少数族裔管理者人数。这是为何？一些人的分析认为，强制性的培训不可避免地引发了抵制；而另一些人则认为改变人的内在偏见是一项不可能完成的任务。

然而，提高劳动力多元化程度的愿望并没有落空，该研究同时发现了两种对工作场所多元化产生显著有益影响的方法：任命一个人或一个委员会来负责解决公司内部的多元化问题可以让管理层中的女性和少数族裔人群比例提高10%；导师制让领导职位上的非裔美国女性人数增加了23.5%。

9-5 劳动力与工会

列出工会在全球化商业环境下的目标、组织结构，以及未来发展。

■ **大学橄榄球队队员是其所代表的学校的员工吗？**美国各地大学橄榄球队队员开始戴上了印有APU字样的腕带。APU代表着"所有队员联合起来"（All Players United），这是抗议美国大学体育协会的口号。一些队员认为，他们应该获得一部分由他们的比赛带来的电视转播权、广告，以及门票销售的报酬。他们还认为美国大学体育协会在保护球员免受头部伤害，以及为负伤队员提供医疗保险等方面做得并不够。当队员的形象被用于广告或电子游戏时，他们得不到任何利益。我们应该允许这些运动员组成联盟，就这些问题发表共同的意见吗？

你是否曾经经历过罢工队伍的警戒线，并且好奇工人们为什么这么做？罢工（strike）指的是工人们一致同意在他们的某些要求得到满足之前停止工作。本节，你将了解到劳工组织及其在职场中的作用。

劳工组织

什么是工会？ 工会（labor union）是为法律所认可的，旨在保护工人利益的组织。工会代表各种类型的工作者，例如公共事业领域的教师、护士和消防员，制造业的员工，以及建筑业的工程师、水管工和屋顶工等。演员和作家等演艺人员也有自己的工会。工会代表员工协商各种就业问题，例如员工的薪水、福利和工作时间等。

劳工组织的目标是什么？ 工会是在19世纪美国工业革命期间为了保护工人免遭雇主可怕的不公正对待而成立的。当时，雇主让员工承受了超长的工作时间、低工资以及健康风险。妇女和儿童的待遇往往更糟糕，他们的工资更低。为了争取更好的工作条件和员工权利，工会应运而生。为了获得更多权力来协商更好的工作条件，其中一些工会随后联合起来。成立于1886年、旨在保护技术工人的**美国劳工联合会**（American Federation of Labor，AFL）和成立于1905年、代表非技术工人的世界产业工人联合会（Industrial Workers of the World）是其中影响力最大的两个团体。

产业工会联合会（Congress of Industrial Organizations，CIO）成立于1935年，它代表的是整个行业而非特定的工人组织。产业工会联合会最初是美国劳工联合会里的一个独立组织，但很快从中分离出来，成立了自己的组织。1955年，这两个组织重新合并成了美国劳工联合会与产业工会联合会（AFL-CIO），至今，它仍然是一个运作中的、由56个成员工会组成的联盟。2005年，为了替代美国劳工联合会与产业工会联合会而成立的变求赢联盟则是最新的劳工组织。其他知名的劳工组织包括美国汽车工人联合会、国际卡车司机兄弟会和服务业员工国际联合会等。

来源：Superstock/Glow Images。

工会的组织结构是什么样的？ 为了成立工会，员工群体必须让他们的雇主自愿承认他们是一个团体，或让大多数员工组成争取工会代表的**谈判团体**（bargaining unit）。谈判团体是一个为了更好的工作条件或薪资待遇而与雇主进行协商的员工团队。工会成立后，员工可以加入并缴纳会员费。大多数工会都有带薪的全职工作者，以及大量志愿员工。除了向成员收取会员费，一些工会还设立了罢工基金，以便在工人

们罢工时给他们提供支持。工会负责人和工人代表是由成员选举出来的，他们负责为整个机构做决策，以及代表工会成员与管理层打交道。因此，工会可以更好地代表特定的利益，而**地方工会**（locals）是由同一行业、公司、地区或商业部门的工人所创建的。

集体谈判

什么是集体谈判？ **集体谈判**（collective bargaining）指的是工会与雇主之间的协商。工会的目标是为其成员整体（集体）提高工资、保险和福利、工作时间、养老金和申诉程序等方面的待遇，而不是让每个成员单独与公司谈判。集体谈判协议就是此类协商的结果，它迫使雇主遵守协议规定的条件。只有经过后续谈判才能对这些条件进行修改。

如果无法通过集体谈判达成协议，会发生什么？ 如果无法达成集体谈判协议，而且双方似乎陷入僵局，那么在工人罢工之前，还有其他方式来解决他们之间的分歧。一种方法是**调解**（mediation），即由中立的第三方来协助双方达成协议。调解员与双方合作，了解他们真正的利益所在，并且帮助各方提出解决这些利益问题的建议。另一种方法是**仲裁**（arbitration），也就是将争端交由仲裁员来解决。仲裁员听取争议双方的意见，而当事双方事先均认同仲裁员的判断是最终决议。有时仲裁是无约束力的，这意味着任何一方都不必接受仲裁员的决定。

谈判破裂后会怎样？ 当谈判陷入僵局时，工会工作人员有多种方法来说服公司接受他们的要求。例如，员工和同情他们遭遇的人可以抵制该公司。**抵制**（boycott）出现在人们拒绝购买或分销某个公司的产品或服务的时候。对此企业也有自己的对策，

停工就是其一。在公司**停工**（lockout）期间，工会成员不得进入该公司的办公场所。只有在协商出现僵局，企业为了捍卫其合法地位的情况下停工才是合法的。

作为最后的手段，工会成员可能会投票决定罢工并同意停止工作。罢工会危害组织的生产力，因此这可以用来胁迫管理层做出原本不可能的让步。罢工行为，特别是工人们举着反映不满情绪标语在公司入口来回走动**抗议**（picket）的情形，还可以获得大量媒体曝光。

说服工会成员罢工并非易事，因为他们在罢工期间可能会有收入上的损失。例如，一场持续六周的罢工会让一名工人每周损失700美元的工资，损失总额高达4 200美元。如果协商后的新合约让每周薪水提高了1美元，那么这名工人要花两年时间才能弥补这一损失。此外，罢工者可能会被公司用临时或永久用工来替换，这些人被称为**破坏罢工者（strikebreakers）**或工贼。美国一些州禁止警察和医务工作者等公共安全工作人员罢工。在这种情况下，员工通常会采取"托病旷工"的方式，在此期间工会成员并不会正式罢工。相反，他们会请病假，拒绝去上班。

工会的现状

工会现在还有用吗？ 在美国，工会的作用正在下降。今天，美国全国只有略多于10%的人加入了工会。[18]许多私营部门的工会的成员人数都出现了急剧下降，例如汽车和建筑工会。这种人数下降是由多个因素造成的，其中包括他们对自身在争取更好的工作条件、更高的工资和更多福利方面取得的成功所做出的反应。此外，科技的引进也使得以蓝领为基础的行业转变成以专业白领人士和服务为基础的行业，而在这些行业里，工会并不常见。由于可以将工会成员的工作外包或离岸外包出去，雇主现在处在更有利的位置上。尽管成员数在减少，但工会在许多行业和其他国家依然具有影响力。目前，这些工会正在努力将零售人员、服务行业的员工组织起来，例如快餐业员工。

未来的工会以及劳资关系将会是什么样的？ 美国的工会已经开始与其他国家的工会结盟。以跨国公司决定将生产转移到国外为例，它们发现这种做法可能会给本地和国际劳工带来负面影响。因此，为了保护它们自身的利益，工会必须扩大其影响范围，努力实现国际劳工的团结。移民是另一个影响工会的问题。移民工人来到了新的国家，他们会从事原本由工会成员完成的工作，因此会带来威胁。美国的工会，尤其是加利福尼亚州和佛罗里达州的工会，则在继续努力将这些潜在新成员融入它们自己的组织。最后，也许是最重要的一点，那就是工会必须转型才能在全球化环境中生存下来。

■ 那些每周花50个小时进行训练和练习的大学生运动员怎么样呢？他们是自己学校的员工吗？他们可以组建工会吗？来自美国西北大学橄榄球队的队员们向美国国家劳资关系委员会（National Labor Relations Board）发起了控诉，要求有权成立工会。该委员会最终决定不做裁决，表示自己没有司法权。因此，未来挑战的大门始终是敞开的，而大学运动队工会化的运动仍在继续。

本章小结

9-1 说明人力资源管理的步骤。

● 人力资源管理是一种组织职能，它涉及企业中与"人"有关的各个方面，例如雇用、培训、激励、评估和薪酬制定等。

● 用人计划包括确定企业需要雇用多少员工。劳动力概况是一份人员清单，其中包含了有关每个员工的信息。未来的人员需求由用人预测确定。

● 招聘是为某一职位寻找、筛选以及选择人员的过程。

● 缩小合格申请人的范围是招聘的第一步。接下来，申请人要接受人力资源工作人员和职位负责人的面试，有时还要接受他们未来将要管理的下属的面试。通常，公司会向选中的候选者提供有条件的聘书，在正式聘用前，这些候选人必须通过背景调查和推荐调查，有时还要接受药物检测和体检。

9-2 说明如何对员工进行培训和评估。

● 入职培训可以将新员工融入一个组织，这样他们就可以更快地提高效率，感觉到自己是组织的一部分，同时不会在聘用后很快辞职。其他形式的培训包括在岗培训、学徒制培训项目和模拟培训。

● 管理发展项目通过让学员参与在岗培训，例如轮岗、教练或候补项目、见习以及导师项目等，使他们做好成为管理者的准备。

● 脱产培训和发展项目要求员工在外部研讨会、大学项目以及企业大学里参加培训。

● 绩效考核是对员工绩效的正式评估。为员工提供反馈和改进建议，为他们提供指导和鼓励，以及帮助他们设定目标等都是绩效考核的一部分。如果执行得当，那么这些都可以发挥作用，但很多管理者却会回避绩效考核，因为他们不喜欢批评员工，也看不到员工表现的各个方面。360度考核会从员工的同事、客户以及下属那里征求意见，并将这些意见整合到考核中，因此会对解决上述问题有所帮助。

● 绩效管理是绩效考核的替代方式。它将员工评估视为一个持续的系统性过程。

9-3 理解如何给员工支付报酬、如何调度人员，详细了解员工的地位是如何因为晋升、离职和退休而变化的。

● 薪酬或工资报酬包括金钱和非金钱的回报。

● 固定工资和按小时计算的薪水、奖金、佣金以及退休养老金计划构成了金钱回报。

● 设定收益计划明确了员工退休时所获退休金的总额，固定缴款计划确定了员工投入退休金计划的最高额度。401（k）计划允许员工将他们的税前收入投入养老金计划。

● 非现金的员工福利有很多形式，包括医疗和伤残保险、带薪休假和病假，以及退休金计划等。一些福利是由法律规定的。其他则是由雇主自愿提供的。

● 工作—生活福利，例如健身房会员资格等，对那些试图平衡工作内外忙碌生活的员工来说非常重要。

● 替代性的工作安排可以让员工在生活中拥有更大的灵活性。弹性工作制、工作分担、长期兼职工作、远程办公，以及压缩工作周等都是替代性的工作安排方式。

● 员工可以通过升职提高他们的职责等级。升职指的是在公司或部门内部承担职责更大的工作，获得更高地位和更多薪酬。

● 解雇指的是公司因为员工表现不佳或服务需求中断而裁减员工的做法。企业的精简与重组、外包和离岸外包的可能、全球化竞争的压力，以及科技应用的增加等都是企业想要通过解雇来减员的原因。

● 退休发生在员工决定停止全职工作或完全停止工作的时候。财务保障，保持活力和参与度，以及学习新事物等都是年长员工延迟退休的理由。

9-4 说明多元化的融合对劳动力的影响。

● 今天的劳动力由来自各种不同文化和有着不同宗教背景的员工组成，这可能会给帮助员工相互理解带来挑战。

● 和过去数十年相比，职场中的女性人数增多了，但她们中很少有人能够到达管理层的级别。性别歧视、薪酬不公以及性骚扰问题依然十分突出。

● 随着越来越多的婴儿潮一代超过了一般退休年龄，劳动力的年龄也变得越来越大。在提高企业医疗保险成本的同时，老龄化的劳动力也可以提高企业的生产力，降低培训成本。

● 和非多元化的劳动力群体相比，多元化的劳动力更富有创意和创新性。多元化可以帮助企业根据多元的客户需求开发产品和服务，从而帮助企业保持竞争力。

9-5 列出工会在全球化商业环境下的目标、组织结构，以及未来发展。

● 工会是保护员工利益的合法组织。工会通常会为自己的成员就多种就业问题进行谈判，例如薪水、健康福利以及工作时间等。

● 来自工会的代表组成了与雇主进行协商的谈判团体。这种谈判称为集体谈判。

● 双方如果未能达成满意的条件，就会采取调解措施，即由中立的第三方来协助双方达成满足各方利益的条件。

● 在仲裁过程中，第三方会在听取所有问题后解决争议。

● 如果谈判破裂，那么工会和它们的支持者可能会选择抵制公司（也就是不与该公司做生意）。

● 作为最后的解决方案，工会成员可能会投票选择罢工，并且同意一起停止工作。

● 随着企业在全球范围内扩张，工会需要通过与国际工人、本土工人以及移民工人结成联盟来扩大规模。

重要概念

360度考核	外部招聘	入职培训项目	401（k）计划
灵活福利计划（自助计划）	养老金计划	平权法案	弹性工作制
绩效考核	美国劳工联合会	用人预测	绩效管理
学徒制培训项目	人力资源管理	长期兼职员工	仲裁

激励性工资	抗议	谈判团体	独立承包人
利润分享计划	奖金	内部招聘	程序化学习方法
抵制	职位分析	招聘	集体谈判
职位描述	退休	佣金	工作分担
逆向教导	薪酬	职位条件	工资
压缩工作周	工会	模拟培训	产业工会联合会
地方分会	股票期权	顾问	停工
罢工	临时工作人员	管理发展项目	破坏罢工者
多元化培训	调解	远程办公	员工福利
导师	解雇	员工股权计划	脱产培训和发展
薪水	员工股票购买计划	在线培训	买断金
自由雇用	在岗培训	劳动力概况	工作—生活福利

自我测试

单选题（答案在本书末尾）

9-1　人力资源管理需要掌握以下哪方面的专业知识？

a. 随着公司的发展，需要掌握人员管理方面的知识

b. 培训和评估员工方面的知识

c. 薪酬、纪律处分，以及提拔方面的知识

d. 以上所有

9-2　根据员工的工作时长给予员工一定数量股票的公司采用的是：

a. ESOP

b. AESOP

c. 401（k）

d. IRA

9-3　某些职业所需的培训类型包括：

a. 导师的在岗指导

b. 学徒

c. 程序化学习

d. 上述所有

9-4　绩效审核过程通常不包括以下哪一项内容：

a. 评估员工在工作环境中的社会地位

b. 根据职位绩效标准对员工进行评估

c. 就如何提高优秀的业绩进行具体反馈

d. 员工的职业预期

9-5　作为薪酬方案的一部分，阿米特·帕特尔得到了一个机会——可以在晚些时候以低于当前的价格购买公司股票。阿米特得到的是以下哪一种报酬？

a. 股票期权

b. 员工股权计划

c. 员工股票购买计划

d. 上述都不是

9-6 詹姆斯·罗德里格斯想要有更多的时间来陪伴自己两岁的孙女，因此打算离开公司。他如果现在离职，那么可以得到三个月的工资，以及和三年后再离开同样的退休金。他得到的这些待遇称为：

a. 独立咨询师待遇

b. 买断金

c. 退休

d. 压缩工作周

9-7 以下哪项不是雇用临时工作者的好理由？

a. 填补空缺职位

b. 保持员工较短的工作时间以及较低的薪水

c. 在特别忙碌的时期填补人手

d. 在正式雇用前评估员工的表现

9-8 以下哪项是企业因为雇用多元化劳动力而获得的好处？

a. 文化差异带来了不同的观点，从而可以让企业更好地解决问题

b. 可以实现预期的平权行动标准

c. 企业在国际市场上的竞争力变得更强

d. 上述所有

9-9 美国劳工联合会、美国汽车工人联合会和国际卡车司机兄弟会是：

a. 非法组织

b. 工会

c. 劳动关系理论

d. 临时工作者

9-10 谈判团体：

a. 致力于确定产品的合理售价

b. 在出售公司时协助谈判

c. 是股票的价格

d. 为了获得更好的工作条件而与雇主进行协商

判断题（答案在本书末尾）

9-11 内部招聘意味着空缺的职位首先由朋友或家人获得。

□对　□错

9-12 利润分享意味着在企业光景好的时候，员工可以获得奖金，也可以指公司对员工养老金的贡献。

□对　□错

9-13 一些企业利用360度考核来收集来自员工的上司和下属的意见。

□对　□错

9-14 自由雇用意味着员工的工作保障提高了。

□对　□错

9-15 多元的劳动力给职场带来了创意和多样的视角，这常常有助于企业提升竞争力和业绩。

□对　□错

批判性思考题

★**9-16** 绩效管理是传统绩效考核的替代性方法。作为一名员工，你更喜欢哪一种评估方法？作为管理者呢？

★**9-17** 效率低下的招聘可能会损害企业的利益，因

为人员流失和留存的成本都很高。通过计算机来收集和评估简历会对企业有所帮助吗？这么做也有益于求职者吗？

9-18 说明"完美"的福利待遇是什么样的。你的薪水和工资水平会如何影响你的决定？你会为了更好的福利而接受较低的薪水吗？

小组活动

了解双方

沃尔玛曾因它的许多人力资源政策受到了赞扬和批评。每四个人组成一个小组。每组再分为两个子小组。

a. 子小组1——优秀的人力资源管理：研究有关沃尔玛实施的积极人力资源管理政策和行为的文章，准备一份总结报告来概括你们的发现。

b. 子小组2——糟糕的人力资源管理：研究有关沃尔玛实施的消极人力资源管理政策和行为的文章，准备一份总结报告来概括你们的发现。

步骤

步骤1，作为一个小组，汇总你们的发现，并比较积极的和消极的政策。是否有这样的案例，其中某项政策最初是积极的，但最后却变成消极的，抑或是否有相反的案例？这些政策是如何对沃尔玛的战略目标发挥作用的？这些政策又是如何影响了沃尔玛的股价业绩的？

步骤2，如果你是沃尔玛的人力资源顾问，你会根据自己的发现给予该公司什么样的建议呢？

企业道德与企业社会责任

面试伦理

面试和招聘的过程充满了道德问题。组成一个小组，讨论以下场景的道德意义。

场景

职位候选人的隐私权与公司的知情权从何而来？正如你在本章中所学到的那样，美国联邦法律保护应聘者免遭歧视。招聘经理必须遵守这些法律，不可以在招聘过程中询问某些问题，例如不可直接询问候选人的年龄和残障情况等。然而，为了以合法的方式了解这些内容，管理者们想出了一些替代性的问题。[19]例如：

不这么问	合法替代性问题
你过哪些宗教节日？	你可以按规定时间上班吗？
你有孩子吗？	你有和X世代相处的经验吗？
你有残疾吗？	你能够完成这个职位的一些特定任务吗？

步骤

与你的小组成员讨论你对使用这些"合法替代性问题"作为人力资源策略的看法。这些问题是合法的,但它们是道德的吗?管理者是否在通过规避法律的方式来破坏法律?抑或为了做出最佳的用人选择,公司是否有权了解这些信息呢?

在线练习

9-19 年度报告分析

通过互联网获取三家不同行业的公司的年度报告。这些报告是怎么表述人力资源问题的?报告中讨论了哪些人力资源问题?这些公司的问题是相似的,还是不同的?

9-20 社交媒体与人力资源

职位候选人因为自己在社交媒体上的档案而遭到解雇的情况越来越多。从潜在雇主的角度来审查所有与你有关的网络资料——你的脸书和领英页面、你发布的博客文章,以及你上传的照片。你是否有什么材料可能会妨碍你被录用?你如何看待与这种做法有关的隐私问题?

9-21 超市大战

开市客是沃尔玛旗下的大宗零售商山姆会员店的直接竞争者。开市客和山姆会员店通过不同的方式招募劳动力。这些差异体现在它们的工资支付方式、福利,以及它们与工会的关系上。开市客的薪资水平和山姆会员店相比如何?平均员工利润、平均离职成本和离职率又如何呢?请试着对比每个企业的整体劳动力成本而不仅仅是它们的员工工资水平。

9-22 福利方案

很多公司都认为员工是它们最大的资产,因此照顾员工成了一项至关重要的任务。研究那些通过福利让员工感受到关怀并留住大部分员工的公司。大型企业和小型企业都要考察。

9-23 学生与员工

考察几所大学在学生员工方面的政策。学生每天可以工作几个小时?这些政策规定了哪些员工行为和纪律?学校的规定与联邦及州法律的重合程度如何?你是否认为特定的规则必须经过修改才能更好地适应学生员工的情况?

MyBizLab

在你的MyBizLab作业板块完成以下写作练习。

★ 9-24 薪酬不只是工资。讨论不同的薪酬策略以及它们对你的重要性。对处于不同职业阶段的工作者来说，他们的薪资方案会变化吗？雇主如何才能最好地满足为全体员工提供公平的薪资待遇的要求？

★ 9-25 在工会诞生的时期，美国很多地方的工作条件都很恶劣，甚至非常危险。工会在今天的工作环境中可以发挥什么作用？讨论工会提供了哪些有益于公司整体的功能？

参考文献

1. *Intel Social Media Guidelines*, May 1, 2016, www.intel.com/content/www/us/en/legal/intel-social-media-guidelines.html.

2. Peter Cappelli, "How to Get a Job? Beat the Machines," June 11, 2012, http://moneyland.time.com/2012/06/11/how-to-get-a-job-beat-the-machines.

3. D. Weiss, "Resume Lies Lead to Disbarment for Former Paul Hastings Partner," January 23, 2014, http://www.abajournal.com/news/article/resume_lies_lead_to_disbarment_for_former_paul_hasting_partner.

4. "Nuclear Pharmacy Opportunities with Cardinal Health," *RXInsider*, www.allpharmacyjobs.com/nuclear_pharmacy_cardinal_health_nuclear.htm.

5. Scott Steinberg, "Video Games Are Tomorrow's Answer to Executive Training," March 14, 2012, www.fastcompany.com/1824740/video-games-are-tomorrows-answer-to-executive-training.

6. L. Lanese and F. Nguyen, "The Journey from Formal Learning to Performance Support," *Performance Improvement*, May 11, 2012, http://frankn.net/Publications/PI2012-JourneyFormal2Ps.pdf.

7. McDonald's, "Our Curriculum," www.aboutmcdonalds.com/mcd/corporate_careers/training_and_development/hamburger_university/our_curriculum.html.

8. Alexei Oreskovic and Sarah McBride, "Facebook IPO Sparks Dreams of Riches, Adventure," December 9, 2011, www.reuters.com/article/2011/12/09/us-facebook-millionaires-idUSTRE7B72NK20111209.

9. "Why Work for SAS," www.sas.com/offices/asiapacific/singapore/press/why-sas.html.

10. Human Rights Campaign, "The Domestic Partnership Benefits and Obligations Act," May 1, 2016, www.hrc.org/laws-and-legislation/federal-

legislation/the-domestic-partnership-benefits-and-obligations-act.

11. "Domestic Partner Benefits: Grossing Up to Offset Imputed Income Tax," April 8, 2014, www.hrc.org/resources/entry/domestic-partner-benefits-grossing-up-to-offset-imputed-income-tax.

12. S. Sorenson, "Don't Pamper Employees—Engage Them," July 2, 2013, http://businessjournal.gallup.com/content/163316/don-pamper-employees-engage.aspx.

13. Cisco, "Transforming Employee Engagement," www.cisco.com/en/US/solutions/collateral/ns340/ns1176/business-of-it/Cisco_IT_Trends_in_IT_Article_Employee_Engagement_V2.html.

14. U.S. Bureau of Labor Statistics, *Current Employment Statistics Highlights*, April 4, 2014, www.bls.gov/web/empsit/ceshighlights.pdf.

15. "Medical Practice Messes Up Secretary's Termination," *Canadian Employment Law Today*, May 23, 2012, www.employmentlawtoday.com/articleprint.aspx?articleid=2731.

16. U.S. Census Bureau, "Table 4. Projections of the Population by Sex, Race, and Hispanic Origin for the United States: 2010 to 2050," April 1, 2016, http://www.census.gov.

17. Lisa Takeuchi Cullen, "Employee Diversity Training Doesn't Work," *Time*, April 26, 2007, www.time.com/time/magazine/article/0,9171,1615183,00.html.

18. U.S. Bureau of Labor Statistics, "Union Members Summary," January 28, 2016, www.bls.gov/news.release/union2.nr0.htm.

19. Melissa Cooper, "How to Get the Answers to Questions That You Can't Ask in an Interview," *HirePerfect*, March 31, 2016.

第十章　网络商务与技术

本章目标

10-1　网络商务

说明网络环境是如何帮助企业推广业务的，描述网络商务支持的不同业务交易类型。

索尼娅·佩廷吉尔（Sonja Pettingill）开办了一个向新手妈妈销售特制背心的初创企业。索尼娅可以通过本地的精品商店销售她的产品，但她知道，自己需要强大的网络业务才能成功。网络经营是如何改变她的营销策略的？她又该如何利用最新的网络技术呢？

10-2　商业科技

列举公司的首席信息官（chief information officer，CIO）和信息技术（information technology，IT）部门的作用，说明企业如何将数据转变成有用的商业智慧。

当伊恩·麦格雷戈（Ian McGregor）开始在一家五金店工作时，他惊讶地发现，这家店使用的科技已经过时了。这家店没有网站或顾客数据库，收银台甚至没有连接信息系统。科技进步将如何使这家店受益呢？又该由谁来负责让这家店跟上科技趋势呢？

10-3　安全问题

了解伴随科技发展而来的安全挑战。

尽管凯文·福斯本纳尔（Kevin Fossbenner）的企业平原车架发展得不错，但他还是担心某天员工收到的可疑邮件会导致公司遭到黑客攻击。企业家该如何防范这样的问题呢？

10-4　社交媒体和移动技术的影响

说明社交网络和移动技术的新发展是如何影响企业的。

你正在努力跟上技术的发展步伐。你在业务中增加了社交媒体要素。一开始它发展得很快，但是后来一位恼怒的客户差一点将你的客户都赶走。在业务发展过程中使用新技术有利也有弊，它可以成就你的企业，也可能会毁掉它。

10-1　网络商务

说明网络环境是如何帮助企业推广业务的，描述网络商务支持的不同业务交易类型。

■　当索尼娅·佩廷吉尔决定开办企业时，她知道自己的创意很棒。她的妈妈多用背心（Mom Utility Vests，MUVs）公司给妈妈们提供了一个可以存放带孩子出去玩一天所需的全部用品的地方，让她们在带上所有装备的同时解放双手。索尼娅知道这个创意很好。但是她该如何开始该产品的业务呢？她可以拜访这一领域的各个小型精品商店，但这么做的话，她永远也无法收回开发和生产这些产品的成本。她知道，自己必须将产品展示给全国的受众，并将自己的店铺搬到网上，但她该怎么做呢？

即便拥有自己的实体店铺，企业还是越来越多地使用网络、社交网络，以及移动科技来发展业务。 然而在网上做生意要求企业及其员工具备更多技能：他们必须理解应用于网络环境的营销技术，掌握维护和支持网络业务的科技技能，还要具备识别和响应网络威胁的安全知识。本章，我们将探索科技给企业带来的挑战和机遇。

来源：Sonja Pettingill。

网络营销

网络环境是如何支持企业的营销活动的？ 市场营销是商业的一个方面，为了应对商业科技的变化，它重新定义了自己。在当今世界，企业的市场营销部门必须将互联网当作收集客户信息以及传播产品及服务信息的工具。常联系（Constant Contact）等公司提供了电子邮件简报模板以及有关如何发起邮件调查的建议，可以帮助企业组织和管理群发电子邮件。此外，这些公司还提供生成报表的服务，用来记录阅读电子邮件和打开链接的人数，以及将邮件转发给其他联系人的人数。

上网给企业的营销策略带来了什么样的改变? 对市场营销专家来说，使用全新的广告渠道给企业带来了很多机遇。**网络广告（online advertising）**是指任何使用互联网向消费者传播信息的广告形式。从横幅广告、脸书广告，到垃圾邮件以及推特上发送的信息等，这种广告涵盖了各种形式。2014年超级碗（Super Bowl）球赛期间，保险公司易保就利用了这种转向网络广告的趋势。在超级碗球赛期间，单条电视广告的花费高达500万美元。而易保则在比赛结束后发布了一个简短的广告，告诉观众可以通过发送带有#EsuranceSave30[①]标签的推特信息参与价值150万美元的抽奖活动。这个标签的使用次数超过了380万次，极大地强化了公司的形象。

谷歌关键词广告允许你的企业接触那些正在寻找与你们产品相似的产品的客户。
来源：Deposit Photos/Glow Images。

【清单】   **LIST**

他们来自贝宝

以下每个人都曾在贝宝工作过一段时间。[1]贝宝是一家开创全新网络购买交易方式的公司。在离开贝宝之后，这些人创立或投资了列在他们名字后面的很多成功的企业。贝宝教会了他们什么呢？

1. 埃隆·马斯克——太空探索与特斯拉
2. 里德·霍夫曼（Reid Hoffman）——领英
3. 查德·赫尔利（Chad Hurley）——优兔网
4. 陈士骏（Steve Chen）——优兔网
5. 贾德·卡林姆（Jawed Karim）——优兔网
6. 戴维·萨克斯（David Sacks）——雅陌
7. 基思·拉博伊斯（Keith Rabois）——平方
8. 普雷玛尔·沙赫（Premal Shah）——基瓦
9. 马克斯·拉夫琴（Max Levchin）——斯莱德
10. 彼得·蒂尔（Peter Thiel）——脸书、帕兰提尔、辛加

---

① 它的意思是易保公司节省了投放30秒广告的费用。——译者注

电影《传染病》讲述的是一种
猖獗的病毒扭转病毒营销局面
的故事。人们制造了定制培养
皿和特定颜色的病毒,而这些
病毒长成一个活生生的广告牌。
来源: CB2/ZOB/WENN.com/
Newscom。

随着接入高速宽带互联网的家庭和移动设备的增加,网络广告正变得越来越精致。其可通过移动设备扫描的二维码将消费者从杂志广告和柜台展示直接引导至公司的网页。HTML5和Java①技术允许广告商嵌入动画广告和全动态视频。苹果手机应用则可以提供名为iAds的功能,这种功能能够让广告淡入,与客户交互,然后再淡出,而客户依然留在最初的应用中。

通常,网络广告会链接到一个网站,而软件则会记录点击链接的次数。事实上,追踪有多少人看过广告的能力是网络广告的一大吸引力。谷歌关键词广告服务等项目成功地为采用**点击付费广告(pay-per-click advertising, PPC)** 的公司带来了收益。使用点击付费广告的广告主只需根据网页浏览者点击其广告的次数付费。点击付费广告效果明显,因为付费广告关联着关键词,并且与潜在消费者搜索的内容高度相关。

谷歌广受欢迎的广告联盟网络将点击付费广告提升到了一个新的高度。通过将点击付费广告投放在第三方网站的方式,例如博客和网络论坛等,广告主可以根据特定页面的内容而非搜索结果接触到读者。这类广告也被称为**内容关联广告(contextual advertising)**,因为它们是根据特定页面的内容自动生成的。通过这种方式,知名滑雪博客的读者可能会看到肖恩·怀特(Shaun White)②推销红牛产品的广告。此外,广告联盟网络允许个人博主通过在自己网站放置这些广告的方式来获得收入。拥有庞大读者群的博客可以通过展示这些广告赚到很多钱。

网络广告有什么缺点吗? 点击造假就是缺点之一。它发生在竞争对手点击对方广告,使得对方广告费提高的时候。设计拙劣的电子邮件营销也会适得其反,当这些邮件填满收件箱时,人们会感到厌烦。上网的人还会抱怨弹出式广告(在新的浏览器窗口中打开的广告)以及插页式广告(在网页浏览者获取想要内容之前出现的页面)。人们已经越来越习惯于看到网络广告,因此这些广告可能不会产生太大的效果。表10-1总结了网络广告的利与弊。

---

① HTML5是超文本标记语言(hypertext markup language)的第五草案。Java是一种面向对象的编程语言。——译者注
② 肖恩·怀特: 世界知名单板滑雪运动员。——译者注

表10-1 网络广告的利与弊

利	弊
费用合理：点击付费广告的费用取决于使用频率	人们害怕垃圾邮件：为了避免收到垃圾邮件，网络用户可能不会点击广告
直指目标市场：内容关联广告带来了接触目标受众很大的可能性	成为令人厌烦的因素：网络用户非但不会被闪烁的广告或弹窗广告吸引，反而会因此感到恼火
追踪：企业可以记录点击广告的人及其所在位置，这些都是设计未来活动的必要信息	点击造假：如果竞争对手故意反复点击广告，那么投资点击付费广告的公司可能会收到出乎意料的大额发票

科技是如何改变国际化市场营销的？ 互联网技术让每个有自己网站的公司都可以向世界上任何一个能上网的人宣传自己（见图10-1）。在当今世界，任何网站都必须支持多种语言，更重要的是，企业必须确保根据不同的文化定制网站的内容。现在，每个市场营销活动都有可能是全球性的。

什么是病毒式营销？ 为了让人们注意到自己的广告，很多营销人员开始采用**病毒式营销（viral marketing）**技术。这种做法包括使用社交网络、电子邮件以及网页来扩大特定品牌的知名度。与依赖电视广告的公开广告活动不同，病毒式营销更为微妙，它依赖用户的积极参与来传播信息。它的目的是吸引那些可能会拒绝传统广告

图10-1 国际化的网站

感谢互联网技术，每个有网站的公司现在都能在全球进行推广。这个页面向日本用户展示了培生公司发布的产品。

©Pearson Education, Japan

的消费者。在本质上，病毒式营销是传统口碑宣传的互联网2.0^①版本，也就是一种更注重用户参与、交互和协作的营销类型。

病毒式营销给了企业更多机会去推广产品或品牌；它让潜在的消费者成为共同体验的一部分，从而让他们感受到品牌与个人的联系。好莱坞电影公司一直是病毒式营销的先锋。想想科幻电影《第九区》的市场营销活动。在这部电影上映之前，美国15个最大的电影市场就已经开始发布公共服务通告了。公交车的椅子上贴着"椅子仅供人类使用"的标语，后面还有一个"上报非人类"的提示，以及一个电话号码和网页地址，可供访问者了解更多有关这部电影的信息。²在两个星期的时间里，电影公司接到了超过33 000个电话，街上的人表示愿意按照外星人住在自己身边这个假设来玩这个游戏。该网站在网页内容、游戏和模拟交互方面为人类和非人类访问者提供了语言选择。该电影通过广泛的宣传活动引起了人们的兴趣，因而提高了票房收入。

这种致力于用广告作为开发内容和创造娱乐体验的手段，是网络和病毒式营销改变广告功能范式的一种途径。

网络商务交易的类型

网上有哪些类型的商务交易？ 自互联网出现后，企业与消费者之间的交互同样发生了极大的改变。最常见的交易模式包括企业对企业模式（以下称B2B）、企业对消费者模式（以下称B2C），以及消费者对消费者模式（以下称C2C）。

B2B交易的重点是什么？ B2B交易是在互联网上进行的企业之间的产品、服务以及信息的交换。B2B网站可以分为以下几类：

- 针对其他公司及其员工开设的对公网站。这些网站旨在向企业客户而非家庭消费者销售商品或服务。例如，联合包裹就设立了一个B2B网站，为寻找运输解决方案的企业主提供服务，但它不同于消费者因为个人运输需求而使用的网站。
- 企业相互在线购买或销售产品与服务的电子采购网站。例如，美国大多数州都有电子采购网站，公司可以通过这些网站来竞标各州的项目。公司可以在这些网站注

---

① 互联网2.0 (Web 2.0)：借助网络平台，由用户主导来生成内容的网络模式。——译者注

册，查询当前竞标机会，然后通过该网站进行网络竞标。

● 公司可以用较低价格购买和销售商品或服务的采购交易市场。这些网站有时是由一些公司负责运营的，有时则是由第三方负责的。与易贝网类似的中国网站阿里巴巴在其页面上有一个B2B板块。它的推出是为了帮助中国制造商向海外企业买家销售产品。

● 作为通往主要信息源、论坛，以及产品目录的入口的特定行业门户网站。例如首席执行官快线网站就是专为首席执行官而设的门户网页。由于它们提供了关于特定产品或市场的扩展信息，因此它们也被称为利基门户或垂直门户。

● 在商品或服务的供应者和潜在购买者之间充当第三方的中介网站。从投影仪、视频设备到挖掘机和开凿机，企业可能需要的各种租赁商品都可以在中介网站上找到。

● 提供有关特定行业信息的资讯网站。资讯网站也称为信息中介，这是一种向企业提供有关当前行业标准和发展状态等信息的资讯网站。例如，医媒网是一个发布有关医疗保健和医疗行业新闻的信息中介。它同时包括了行业展会信息、医疗出版物链接，以及医疗企业和产品目录等内容。信息中介有助于促进和创造B2B业务流量。

B2C交易的重点是什么？ B2C交易指的是企业和消费者之间直接发生的电子商务活动。对几乎所有企业来说，在网上进行销售或至少向消费者推广自己的产品正变得至关重要。"鼠标加砖块"指的是既有线上店铺又有线下实体店的B2C企业。对于那些既喜欢网络购物，又想在购买前亲眼看到商品，以及在无须支付运费的情况下退回产品的客户来说，这种组合不失为一种理想的选择。

为了经营下去，B2C企业采用不同的方式与客户建立联系，分销和推广自己的产品。加快B2C电子商务发展的模式有以下几种：

● 类似"旅游城市"和亚马逊这样的网络中介并不是产品的直接生产者，相反它们买进商品或服务，再将它们销售给顾客。

● 基于广告的模式依靠其他网站上的广告来吸引顾客。高流量和利基是广告主使用的两种主要手段。高流量方式是指在受欢迎的网站上投放广告，例如雅虎，其目的是广泛接触受众。而利基方式最适合那些针对小型特定受众的公司。

● 基于社区的模式可以让有共同兴趣的用户在全球范围内进行交互。例如，斯蒂姆是一个以社区为基础的游戏网站，用户可以在上面购买和使用由小型独立电子游戏商和大型游戏商制作的在线游戏。斯蒂姆拥有6 500万活跃的用户，因此用户永远可以找到一起玩游戏的，也是鼓励他们购买新游戏的人！

• 收费模式要求用户支付订阅费来浏览内容。在这种体系下，在用户注册和支付固定月租费或即付即用费之前，能访问的网站内容都是有限的。奈飞和般配、易和等互联网约会站点，以及《消费者报告》等在线刊物都是收费模式的B2C网站。

C2C交易的重点是什么？ 发生在消费者个体之间的，有时会涉及第三方的交易称为消费者对消费者交易（C2C transactions）。在这种电子商务模式中，消费者向其他消费者出售商品或服务，有时会有第三方的介入。充满艺术气息的爱特西网络商店就是以C2C交易为基础的企业。文档和音乐共享也是一种C2C交易，有时也被称为P2P或个人对个人（peer-to-peer）。脸书和领英等社交网站也属于这一类。表10-2概括了在线交易的多种类型。

表10-2　在线交易的类型

B2B	B2C	C2C
公司网站：联合包裹	网络中介：亚马逊	通过第三方交易：易贝
采购交易：肯塔基州电子采购	基于广告的模式：雅虎广告	个人对个人交易：音乐文件交换
特定行业门户：首席执行官快线网站	基于社区的模式：斯蒂姆	
中介网站：代理发掘	收费模式：《消费者报告》	
资讯网站：医讯网		

电子商务的挑战

如何对电子商务的销售征税？ 大多数互联网销售都是免税的，这给那些依靠销售税为公共机构提供资金的州带来了大问题。自1998年美国国会通过《网络税收自由法案》以来，有关电子商务税收法律的问题一直存在争议。该法案于2003年失效。《网络税收永久自由法案》已经上报了参议院，但在作者撰写此文之时尚未得到通过。[3]

网络销售税的要求因企业的不同而有所变化。如果一家网络企业同时在某一州设有店铺、办公室或仓库，那么该州可能要向该企业征收销售税。例如，塔吉特在马里兰州开设了一些店铺，因此生活在马里兰州的顾客在塔吉特网站购物时必须缴纳销售税。然而，如果一位乔治亚州的顾客在1800鲜花（1800Flowers）网站订购了一束花，那么这位顾客并不需要缴纳销售税，因为这家花店在乔治亚州并没有实体店。

由于消费者喜欢免税购物，因此能够提供这种功能的企业便具备了竞争优势。出于这一原因，一些大型公司都已开设了在线商店，它们是独立于实体店铺的法律实体。这使得客户可以在无须支付销售税的情况下在线购物。然而，这种做法激怒了许多必须从客户那里收取销售税的零售商。一些州政府设立了"使用税"。例如在宾夕法尼亚州，如果卖家没有收取销售税，那么客户会有一个月的时间来为网络消费支付6%的使用税。

个人对个人的文件共享系统可能会被用于非法下载以及合法的C2C交换。
来源：Matthew Lloyd/Getty Images。

谁对网络商务具有司法权？ 司法权是政府制定和执行法律的权力。它通常是地域性的，但因为互联网涉及的地域过于宽泛，难以界定，因此仅限于网络的商务活动的司法权问题很难得以解决。自互联网出现以来，有关电子商务司法权的争议就一直存在。大型企业可能会在不同的国家设有多个办公室或店铺，因此同时遵守所有这些国家的法律也变得十分困难。此外，为了保护买家和卖家的权利以及版权，企业还必须遵守1998年通过的《数字千年版权法案》。2000年，世界知识产权组织向电子商务企业保证，它们只需遵守公司所在地的法律。

你觉得自己在网上买了很划算的东西，但你知道你所在的州要对网络购物征收使用税吗？
来源：Silroby/Fotolia。

■ 索尼娅决定为在线经营投入一大笔资金。她聘请了来自印度的网络开发者开展病毒式营销活动，将视频和图像投放在广受新手妈妈欢迎的，以及那些提供婴儿洗礼服务的论坛和网站上。在这些活动引起人们对新产品的兴趣的同时，她开始研究如何使用谷歌分析来收集她新开的网络商店的访问者的有用信息。尽管把这些事情都做到位需要花费大量时间，但她知道自己打造的是一家可以参与21世纪竞争的企业。

10-2　商业科技

列举公司的首席信息官和信息技术部门的作用，说明企业如何将数据转变成有用的商业智慧。

■　当伊恩·麦格雷戈开始在一家五金店工作时，他以为自己要做的是网站更新和维护计算机系统的工作。然而，当他看到这家店使用的是过时技术时，他惊讶于这家店居然还在营业。顾客无法在网上下单，店铺没有集中存储销售信息，也没有办法向客户发送有针对性的营销信息。店主告诉他，他打算改造店铺，更新技术，这样就可以提高利润了。但伊恩不知道从哪里开始。信息技术在企业中发挥了什么样的作用呢？

试想这样一类企业没有一项主要职能是通过计算机系统完成的——这简直不可能！为了保持竞争力，企业需要通过短信、网站和电子邮件等电子传播媒介接触自己的客户。企业可以通过电子手段管理财会信息，因此可以很方便地完成报税，进行预算编制与监督，不过文字处理以及数据库也十分重要。在零售企业里，销售终端收集的信息将汇入存货和销售的计算机系统，以便重新订购存货，识别变化较快的产品，以及保持会计信息的实时性与准确性。

任何使用智能手机的人都可以使用平方应用（Square）来完成信用卡交易和电邮销售收款。在苹果商店，客户可以通过他们自己的手机结账。家得宝等许多商铺提供了自助式自动结账系统，减少了对收银员的用人需求。很明显，科技正在改变企业经营的基本面。

来源：Pololia/Fotolia。

信息技术组织

由谁来负责企业的技术问题？信息技术（information technology, IT）指的是基于计算机的信息系统的设计和应用。在组织中负责这类技术的人员是该组织的首席信息官（chief information officer, CIO）。该职位通常与公司的首席财务官处于同一个级别。如图10-2所示，首席信息官负责监督公司的信息处理工作，包括如何设计和开发公司的IT系统。通常，他或她要负责决定公司购买哪些硬件和软件，以及这些配置的更新时间。此外，首席信息官还要参与创造业务和电子商务机遇的工作，并且为公司制定隐私和安全方面的管理策略。

首席信息官必须做的典型决策有哪些？ IT需求可能会给想要与时俱进的企业带来财务负担。首席信息官必须管理好预算，在更新为最新系统的成本不断上涨的情况下保持技术优势的平衡。新技术的全部成本不仅包括购买软件和硬件本身的费用，还包括使新产品发挥作用所需的潜在硬件升级的费用。例如，假设一家公司想要升级它的操作系统，该公司不仅需要购买运行系统软件的授权，还要升级计算机系统的内存。此外，在部署系统之前，IT部门还需要花时间来测试软件、确定支持人员、安装软件，以及培训用户如何与程序进行交互。

有时，由于整个市场已经转而采用新的产品，抑或因为客户或供应商已经使用了新版本的程序或设备，管理者会因此感受到升级软件或硬件的压力。在这种情况下，首席信息官必须判断新软件或新硬件是否真的会让投资物有所值。例如，采用触屏界面的最新Windows操作系统需要企业对硬件设备进行评估，并且要培训自己的员工来使用它。一些公司决定不升级到新的操作系统，因为它们认为生产率的提高无法抵消这些成本。

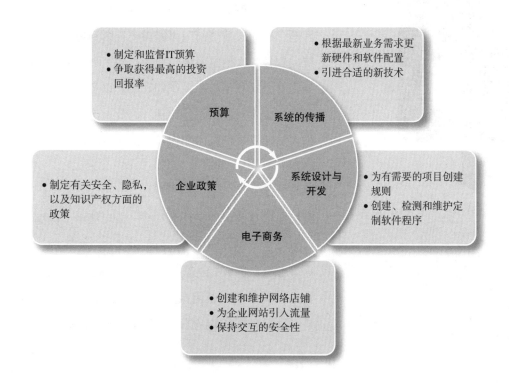

图10-2 首席信息官的多种职能

由于企业的所有主要职能都使用了科技，因此首席信息官需要具备卓越的技术、领导以及组织能力。

IT部门做什么？ IT部门由许多专业人士组成，他们负责从硬件组件、软件程序到网络策略的所有工作。该部门的成员同时要负责安全问题，响应计算机病毒攻击，处理停电或系统故障后的恢复工作。此外，该部门还要保证企业所有的计算机、打印机，以及其他设备的正常运转。IT部门还要负责设计公司的网络和存储信息的数据库，帮助首席信息官选择合适的硬件和软件，并为员工提供培训。

有时，IT专家必须创建定制软件，填补市场上可用的软件与公司需求之间的差距。IT部门同时要负责维护和管理公司里移动计算设备的使用，比如笔记本电脑、iPad类平板设备、智能手机以及其他设备等。最后，IT部门还要负责确保员工在外工作时可以远程接入公司资源，例如他们的文件和电子邮件等。

信息系统

什么是信息系统？ IT系统和**信息系统**〔information system, IS，又称为**管理信息系统**（management information system, MIS）〕的主要区别在于信息系统强调的是应用信息技术来解决商业和经济问题。例如，薪资部门可能需要升级到新的会计系统或软件包。信息系统专业人员的职责是调查这种变化对公司其他技术系统的影响，以及根据新软件所需的成本对收益进行评估。因此，信息系统的工作人员建立了纯技术知识及其对企业的影响之间的联系。

图10-3 将数据处理成有用信息的过程

来自杂货商店销售记录的原始数据可以处理成信息，帮助店主了解何时可以安排牛奶装运。

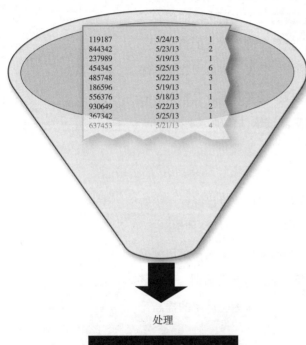

119187	5/24/13	1
844342	5/23/13	2
237989	5/19/13	1
454345	5/25/13	6
485748	5/22/13	3
186596	5/19/13	1
556376	5/18/13	1
930649	5/22/13	2
367342	5/25/13	1
637453	5/21/13	4

处理

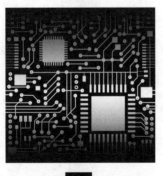

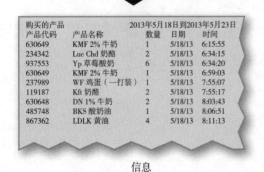

购买的产品			2013年5月18日到2013年5月23日	
产品代码	产品名称	数量	日期	时间
630649	KMF 2% 牛奶	1	5/18/13	6:15:55
234342	Luc Chd 奶酪	2	5/18/13	6:34:15
937553	Yp 草莓酸奶	6	5/18/13	6:34:20
630649	KMF 2% 牛奶	1	5/18/13	6:59:03
237989	WF 鸡蛋（一打装）	1	5/18/13	7:55:07
119187	Kft 奶酪	2	5/18/13	7:55:17
630648	DN 1% 牛奶	2	5/18/13	8:03:43
485748	BKS 酸奶油	1	5/18/13	8:06:51
867362	LDLK 黄油	4	5/18/13	8:11:13

信息

数据和信息的区别是什么？ 在一般用法中，数据和信息经常可以互换使用，但它们的含义却不同。数据（data）是事实或观点的呈现。数据可以由数字、文字、图像或声音组成。信息（information）则是经过组织和整理后变得有用的数据（见图10-3）。

从原始数据中提取信息的过程对许多企业的成功来说都至关重要。企业会尽力使用手头所有的资源来获得原始数据。例如媒体、信用机构和信息中介常常购买在法庭诉讼中公开的数据。这些数据会被加工成对企业有用的信息，或者会被再次卖给其他公司。因此，一家马萨诸塞州的健身俱乐部可能会向家事法庭申请一份近期离婚的女性名单。这家健身俱乐部的计划是将这些原始数据处理成一份由会员服务的特定目标对象组成的邮件列表。

什么是数据库？ 数据库程序可以让企业快速输入数据、过滤和筛选信息，以及生成报告。人们可以借助数据库轻松地设计表单，用以输入数据和验证数据的准确性。这些表单，例如每周工时卡或客户调查表，可以通过电子邮件发送，而回复内容则可以自动添加到数据库的表单中。人们可以查询收集来的数据，并以此创建针对特定条件的报告，例如有关过去一周购买园艺用具的所有客户的邮政编码的报告。

随着数据量的增长，我们应如何对其进行管理？ 数据存储在**数据库管理系统**（database management systems, DBMSs）中。数据库管理系统是数据表的集合，它整合了数据，便于人们用数据来进行分析和运行报告。在公司开始将大量数据存储在与其生产数据库分离的数据库系统中的情况下，**数据仓库**（data warehouses）应运而生。这样的数据仓库可以存储千兆级（petabytes）的业务数据。（一千兆字节可以存储时长超过13年的高清视频节目。）有时，企业可以通过创建数据子集的方式来区分产品或部门。这些较小的数据集合称为**数据集市**（data marts）。为了在数据中发现有益于企业的关系和模式而对数据进行探究和分析的过程称为**数据挖掘**（data mining）。数据挖掘可以用在很多方面。例如，假设一家超市应用数据挖掘来帮助判断是否要为销量不好的产品补办新货。如果数据挖掘显示，经常购买该产品的少量客户来自最能帮该超市赚钱的客户群体，那么为了继续与这些人做生意而保留该产品的存货则是值得的。硬件和软件的新进展使得数据挖掘在业务决策中占据了更大比重。

什么是"大数据"？ 用于数据分析以改进业务的庞大数据集直到最近才变得便宜而可靠。现在，人们可以实时收集免费的公开信息，例如维基百科中所有文章的页面浏览

很多企业使用软件程序来组织和分析它们收集到的数据。
来源：Wavebreak Media ltd/ Alamy Stock Photo。

量。使用特殊软件工具从超大数据集中提取信息的方式叫作**大数据分析**（**Big Data analysis**）。企业通过大数据分析发现新的趋势。默克公司曾用它发现了癌症幸存者的特定基因特征。而伊沃尔福公司则利用五亿多个数据点来评估汽油价格、失业率，以及社交媒体的应用，从而帮助施乐公司等客户预测员工最有可能在什么时候离职。

大数据给我们的隐私带来了威胁吗？ 既然每组大数据都可以产生有用的信息，那么收集数十亿条点击、购买以及消费者行为的数据就有了新的价值。数据代理是汇总和销售这类信息的公司。它们的做法可能包括跟踪个人对社交媒体或电话的使用，或是个人的购买记录。不过，这些数据有的可以公开获得，有的是从调查或忠诚计划等市场营销活动中收集的。接着，软件系统将这些数据组合起来，做出关于你的推论或猜测，例如你是否喜欢体育或是否有孩子等。

人们越来越关心这类信息交易带来的影响以及如何最好地保护个人想要维护的数据，例如个人医疗状况或信用记录。尽管你的医疗记录是私密的，但如果你在网上购买了特定的药物或搜索了某些内容，那么这便会成为你有健康问题的线索。例如，最近一家医疗保险公司购买了300万用户的购买记录来寻找类似购买超大码服装的信息。针对数据收集和使用的法律约束变得越来越普遍。拟议的《消费者隐私权法案》是一项严密立法的尝试，旨在界定数字时代允许的做法。

用于分析商业数据的工具有哪些？ 企业可以轻松地收集和存储大量数据，但将它们转化成有用的信息或"商业智慧"却是一项有挑战性的工作。一些软件系统可以提供这方面的帮助。

• **决策支持系统**（**decision support system, DSS**）是一个软件系统，它能够让公司通过分析收集到的数据来预测商业决策的影响。决策支持系统同时可以从外部资源检索数据，呈现与商业决策相关的结果。

• **主管信息系统**（**executive information system, EIS**）是专门为管理需求设计的软件系统。该系统可以借助内外资源来整合和总结一个组织内的事务。决策支持系统和主管信息系统有时可以交叉使用，但与决策支持系统相比，主管信息系统通常具有更为图形化的界面，而决策支持系统常常使用数据表，一次只能展示一个部门或一种产品的情况。

• **在线分析包**（**online analysis package, OLAP**）是一款旨在帮助人们整合多种信息，从而对业务产生清晰认识的软件应用。在线分析包常常用于销售汇报、预算编制以及数据预测等工作。市场上的在线分析包产品包括MS分析服务、开源产品"开眼"（Openi，在英文中读作"open eye"），以及杰德斯。

商业智能软件能够解决哪些问题？商业智能软件（business intelligence software）不仅可以帮助管理者分析公司的财务状态，还可以通过解决以下问题为他们提供进一步的帮助：

- 谁是前十位创收客户？
- 哪些（例如地区、产品或客户）是造成坏账的最大因素？
- 哪些厂商有未付款的发票，这些厂商欠多少钱？
- 各个仓库的存货可以维持多少天？
- 哪些工厂按时完成了最多的订单？

IT 部门有一系列涵盖硬件、软件以及网络的职责。
来源：Wavebreak Media ltd/Alamy Stock Photo。

■ 即便像伊恩·麦格雷戈工作的五金店这样的小企业，也需要具有IT经验的人将其带入新的时代。伊恩的老板明白商店的技术需要更新，但他不知道从哪里入手。为了帮助他，伊恩发挥了首席信息官的作用，他开始收集有关人口统计的数据，购买有关店铺客户消费习惯的信息。他用一套商业智能软件分析了这些数据，并且制订了一套营销策略和活动方案，包括让该公司出现在脸书和推特网站上。接着他将这些活动关联到了公司网页里的在线商店，并通过电子邮件发送营销信息。伊恩向他的老板表明，他可以使用这些技术更好地与客户保持联系。随着商店业务的发展，店主开始意识到最初这些改变带来的好处和利润，而伊恩则希望有机会进行更多IT上的改进。

10-3　安全问题

来源：ostill/123RF。

了解伴随科技发展而来的安全挑战。

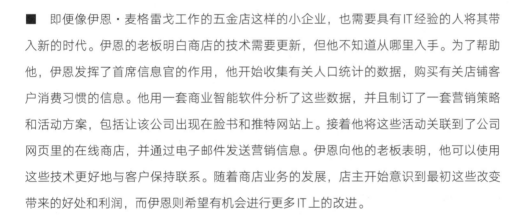

■ 从小参加自行车越野比赛的凯文·福斯本纳尔一直希望拥有自己的自行车制造企业。他的梦想成真了，他的公司平原车架就可以生产定制车架和全定制设计的赛车。和大部分企业一样，该公司每天都会收到数千封电子邮件，其中多数是垃圾邮件。一天，一位员工收到了一封看上去像是来自公司IT部门的"钓鱼"邮件。该邮件声称公司正在分配新密码，因此该员工需要确认她的"管理密码"。该员工迟疑了，觉得事情似乎不太对劲。但是她还有其他很多事情要做。

安全问题对我们的个人生活很重要，对企业来说更是关乎生死。雇主需要保护他们的企业，但也要在这种保护的做法与员工的个人隐私需求之间取得平衡。本节，我们将详细探讨这些问题。

网络商务的威胁

网络商务面临着哪些特殊的安全威胁？ 尽管网络商务和拥有在线业务的企业具有最大的发展和扩张潜力，但它们同样最容易受到安全漏洞和病毒等威胁的影响。你每点击一次横幅广告或下载一个程序，都冒着让广告程序或间谍程序进入电脑的风险。**广告程序（adware）**是在其他程序运行时弹出广告弹窗的软件程序。在最好的情况下，它顶多有些烦人。最糟糕的情况是该软件安装了**间谍程序（spyware）**，它会跟踪你的个人信息，并在你不知情的时候将其发送给第三方。

间谍程序运行在互联网连接的反向信道①里，它收集数据，并将这些数据传递给为了欺诈或盗窃身份而对此感兴趣的相关方。黑客可以使用间谍程序来窃取钱财，抹除有价值的信息，甚至摧毁公司的整个系统。最险恶的间谍程序能够抓取关键信息，以此窃取密码和其他机密信息，这些可以让黑客在公司的网络里畅行无阻。

企业可以保护自己的网络身份吗？ 任何在网上进行交易的企业都有被黑客窃取用户信用卡信息的风险。间谍程序并非黑客用来获取私人信息的唯一方式。**网络钓鱼（phishing）**是另一种常见方式，它可以欺骗网络用户，让其将信用卡号码等个人信息直接发送给黑客。

假设你有一张美国银行的信用卡，你收到了一封来自该公司的电子邮件，该邮件声称你必须更新你的网络密码。该邮件要求你在安全表单上填写个人信息，以便美国银行重新激活你的网络访问权。这封邮件有着美国银行的标志和背景图案，并且包

---

① 反向信道：通信术语，又叫返回信道或返回链路，是从用户终端到中心集线器的传输链路。——译者注

含一个指向需要填写的安全表单的链接。你点击了这个链接，它带你去往美国银行网站的在线表单页面。在表单上按要求填写了你的姓名、地址、密码、信用卡账号，以及信用卡有效期限之后，你点击了提交按钮，将所有这些信息发送给了美国银行。

网络钓鱼利用电子邮件冒充实际的企业，欺骗你输入自己的隐私与财务信息。
来源：Newscom。

没想到吧！你刚刚被"钓鱼"了。那封邮件并非来自美国银行，而是来自入侵美国银行网络系统的黑客，他们复制了该银行的标志和邮件版式。你点击的链接将你带到了一个虚假网站，该网站的表单设计得像真的一样。你刚刚把自己的银行信息发给了钓鱼者，他们现在可以用你的信用卡以你的名义进行欺诈性购买，并且有可能破坏你的信用评级。这同时给美国银行带来了伤害，因为该银行必须追踪并取消这些非法交易，同时为你开办一个全新的信用卡账户。你如果发现自己遇到了这种情况，那么一定要向有关公司的欺诈或滥用投诉中心报告。

名人阿什顿·库奇（Ashton Kutcher）的推特账号拥有170万粉丝，此前曾遭到黑客攻击。黑客在他的推特上发布了一条帖子，内容为："阿什顿，你被我们整了！这个账号不安全。伙计，我的SSL去哪了？"
来源：Chelsea Lauren/WireImage/Getty Images。

银行并非唯一受网络钓鱼困扰的行业。易贝等在线零售商和贝宝等支付服务商也曾是间谍程序和网络钓鱼的受害者。这会让它们付出高昂的代价，因为在被欺骗之后，客户可能不会再信赖它们了。遭到黑客攻击的企业通常会花费数千美元来找回丢失的信息，更新它们的防病毒程序和安全系统，以防未来再次遭遇入侵。这些安全漏洞让我们意识到了在线交易的风险，也迫使网络企业用最先进的技术保护自己的网络，以及采取额外的预防措施来保护消费者。

安全漏洞给管理带来了怎样的风险？ 由于现代企业的大部分价值都存储在文档、软件程序或电子邮件等电子材料中，因此企业很容易遭到黑客的攻击。**黑客（hackers）**是在未经授权的情况下进入电脑系统的个人。他们的目标可能是破坏系统运行或获取保密数据。零售商塔吉特曾经遭遇的数据泄露影响了超过7 000万人。被窃信息包括用户姓名、信用卡号码、电子邮箱。美国特勤局的调查人员认为，可能要花数年时间才能确定黑客的身份。有分析人士估计，塔吉特为此付出的代价接近五亿美元。

一个小错如何引发大型数据泄露？

美国政府经历了迄今为止规模最大的一起数据泄露事件。然而它并非高明的黑客攻击的结果。相反，这起事件的起因在于美国退伍军人事务部的一名员工违反规定，将一台笔记本电脑带回了家，而这台电脑随后在一起入室盗窃中被窃。这台笔记本电脑中存有超过2 600万退伍军人的社保卡号。这些信息最终被公布了。对美国退伍军人事务部以及相关老兵来说，幸运的是这起泄露事件并没有触及这台电脑里的敏感信息。

另一类数据泄露事件发生在苹果公司开发早期iPhone手机原型的过程中。该公司的一名工程师在当地一家酒吧庆祝自己生日时将一台原型机留在了酒吧的凳子上。发现这台手机的人意识到了这部手机的来历，最终这台手机在正式发布之前出现在了"小发明"网站上。尽管苹果可以从多个方面发起法律诉讼的威胁，但该公司想要在发布这款手机的新功能之前制造的兴奋感却已经受到了影响。

另一起大型安全漏洞事件发生于几年前，当时索尼影业的娱乐部门遭到了黑客非法攻击。在IT员工阻止其渗透之前，黑客软件已经窃取并删除了存储在该公司数千台电脑里的所有数据。接着，这些黑客开始将他们窃取的文件上传至共享网站——未完成的电影脚本、社保卡号，以及顶级电影明星的报酬清单被悉数公之于众。而在

惠普的间谍丑闻

惠普公司曾经发生过一起严重的间谍案件，为了发现泄露公司信息的匿名新闻的来源，惠普公司侵犯了员工和新闻记者的隐私。公司前董事长帕特里夏·邓恩（Patricia Dunn）雇用了私人调查员，据称她授权他们使用非法手段找寻泄露的源头。除此之外，这些私人调查员还利用托词或假身份获取员工的个人电话记录。该公司的投资者还使用了含有间谍程序的跟踪电子邮件，甚至讨论过在新闻编辑室里安插真人间谍。邓恩因为这起事件辞去了在惠普的职务，同时辞职的还有信息泄

露的幕后主使——董事会成员乔治·基沃思（George Keyworth）。其他几位董事会成员也退出了。这起丑闻让该公司在法律诉讼和负面新闻上耗费了数百万美元。

尽管惠普采用了非法的监督方式，但公司还是可以采用合法手段来检查员工的电子邮件、互联网和电话记录。你认为它有权这么做吗？如今，员工隐私可是一个大问题。

这起事件发生的若干年之前，索尼公司的游戏站网络也曾遇到过重大安全漏洞问题。在那起针对网络游戏服务的攻击中，超过7 700万用户的个人信息和信用卡号泄露给了一个不知名的黑客。

有时，破坏企业稳定的因素并非来自外部攻击。如果技术没有得到可靠的落实，那么企业同样容易遭到攻击。哪怕是重要服务的短暂中断都可能会破坏一个公司的声誉和价值，例如内部电子邮件系统或客户网站访问上的问题。例如，夏威夷的航空公司"出发夏威夷"打算以1美元一张的价格销售1 000张机票，然而这起促销活动导致公司网络崩溃，使得消费者无法购买机票。为了赢回不满客户的支持，这家航空公司不得不将1美元机票的数量提高了一倍。[4]

可以使用科技来支持道德行为吗？ 2002年颁布的《萨班斯－奥克斯利法案》规定，上市公司必须具备有关举报人——上报非法行为者的相关处理程序。现在，一些公司使用自己的内部网络让举报者进行匿名举报。美国职业安全与健康管理局和美国公民自由联盟等组织也对自己的网站进行了设计，让人们能够轻松安全地提交报告，同时保护他们免遭可能的报复。

这种举报系统在医院和医疗中心十分常见。员工可以通过所在组织的内部网络举报"未遂事件"——原本可能会发生，但被发现并得到纠正的错误事件。这使得组织可以从潜在的错误中吸取教训，同时可以让员工免于难堪或得到处分。如果没有这种匿名的好处，那么很多过失和不道德的行为就不可能被发现。

其他网站支持类似行为的做法则更有争议性。维基解密网站称自己是"一个跨越司法区域的公共服务平台，旨在保护拥有可以向公众传播的敏感材料的告密者、记者以及活动家"。[5]但它也引发了一些争议，因为它曾经公开了美国军方、美国中央情报局、美国大使馆的机密文件，以及各种私营企业的报告和电子邮件。例如，维基解密曾经公开过一段美国军方直升机在伊拉克向包括儿童和两名路透社记者的一群人发起攻击的视频。[6]

隐私

科技对员工产生了什么样的影响？ 工作场所中的一些科技应用带来了不同的改变。随着个人交互的减少，越来越多的电子邮件可能会让通信系统瘫痪。沟通专家认为，

对员工的监控感觉像是对工作
场所中的隐私的侵犯。
来源：J.R. Bale/Alamy Stock
Photo。

人们在面对面讨论中交换的信息里有高达93%的部分是通过
非语言方式传播的，例如手势、眼神、身体姿势和面部表情。
由于越来越多的办公室讨论都是通过电子邮件完成的，因此
误解和错会的概率将会持续增长。

随着科技的发展，工作与家庭之间的界限也开始变得模糊起
来。当员工可以在家获取办公文件，以及公司可以通过智能
手机或实时视频会议找到员工时，员工的工作日可能会因此
大大延长。

科技对员工的隐私产生了什么影响？ 美国公民在家中具有一定的隐私和自由保
障。然而在工作场所，人们在隐私方面的期望却与此不同。**电子监控（electronic
monitoring）** 常用于跟踪员工的按键操作和电子邮件，检查他们的网络浏览记录，
甚至会用于监控他们的手机通话、短信和即时消息。此外，企业还会使用摄像头监
控的手段。

来源：Bloomberg/Getty Images。

电子监控可以帮助公司防范盗窃、欺诈和员工的偷懒行为，同时可以提高企业的安
全性。在雇主告知员工他们会得到监督的情况下，这种做法
通常也是合法的。然而，如果监控范围过大，那么员工可能
会觉得喘不过气来，以致不再尽力而为。研究人员发现，在
工作得到监督的情况下，员工的压力和焦虑感都会提高，这
继而会引发员工的健康问题以及对工作的不满。[7] 在适当的监
督水平和最佳的工作环境之间保持平衡始终是一项挑战。

■ 这一次，平原车架公司逃过了一劫。这名员工意识到这封邮
件是对受保护的敏感数据的不寻常请求，于是在回复之前给IT部
门负责人打了一个电话。但是，对于平原车架公司来说，钓鱼机
制和其他威胁仍将存在，该公司必须保持警惕，关注最新型的网
络攻击及其防范方式。

10-4 社交媒体和移动技术的影响

说明社交网络和移动技术的新发展是如何影响企业的。

■　十年前，当菲利普·杜兰德（Philippe Durand）第一次开办自己的餐厅时，他坚信没有任何广告是坏广告。即便不好的口碑都会让人们好奇到想要尝一尝，一旦人们这么做，他便会借机赢得这些客户。但是在博客和脸书的新时代，网络空间里的内容可能会带来实际的负面影响。长期以来，菲利普的餐厅是唯一一家供应法式美国菜的餐厅，但现在城里多了一个竞争对手。菲利普决定采取攻势，他开始在自己餐厅的脸书页面上发帖嘲弄自己的竞争对手。人们对此的反应非常迅速：他们讨厌菲利普的消极态度，并且开始抱怨他的帖子，继而抱怨起他的餐厅服务和食物。这一切是如何这么快就出错的呢？菲利普又该如何挽回局面呢？

每天都有新技术产生，它们以意想不到的方式改变了企业的面貌。例如，社交网络就创造了全新的就业机会和市场机遇，同时给企业和品牌的营销带去了新的危机。移动设备的影响也是如此。对如何利用社交网络和移动科技来提升企业成功发生的认知水平，以及对消费者科技使用方式的预测可以决定一个商人的未来。

社交网络

社交网络是如何改变企业的？ 公司使用社交网络与其他组织进行沟通，管理者和营销专家利用社交网络来提高收益和激发人们对自己公司产品的兴趣。戴尔曾是中国领先的社交网站人人网上受欢迎的品牌之一，并因此打入了中国计算机市场。社交网络也可以用来筹资，而人力资源部门则会使用社交媒体来招募员工。让我们进一步探讨这一技术产生的具体影响吧。

企业内部使用社交媒体应用吗？ 企业社交网络（enterprise social networking） 指的是企业环境中类似脸书的应用产品。今天，脸书和推特等产品的企业版本以及雅陌等维基职场产品在企业中变得越来越常见。企业希望这些工具能够促进协作，提高企业内部决策制定的速度，同时能够改善客户的体验，最终提高自己的利润。

社交媒体网站不仅对我们的个人生活很重要，还对良好的商业运作越来越重要。
来源：Anatolii Babii/Alamy Stock Photo。

例如，计算机制造商戴尔用于发布打折信息的推特账号@DellOutlet（意为戴尔大卖场）就为该公司带来了数百万美元的销售额。

企业如何利用社交媒体监控自己的业务？ 社交媒体监控（social media monitoring）——关注在网络空间中传播的、有关其产品的外部信息，对企业来说是一个非常关键且相对新颖的举措。现在市面上有很多这样的产品在售，例如"品牌观察"和"优博优维"，它们收集某一特定产品或某个公司在社交媒体上被提及的情况等信息，然后就模式和趋势进行分析并编撰报告。

然而，很多公司所做的不仅仅是购买社交媒体监控软件。计算机制造商戴尔就是一个很好的例子。几年前，博客圈对戴尔糟糕的产品和服务表现出了恼怒的情绪。在戴尔找到应对这种糟糕名声的办法之前，有关"戴尔地狱"的抱怨在网络上持续了一年多。

戴尔开设了一个社交媒体监听指挥中心，这里的员工每天监控着超过25 000条网络发帖。每天，仅在推特上提及戴尔的帖子数量就超过了美国排名前12位的报纸的发行总量。该公司同时有数千名员工负责着全球40多个脸书主页和公司的推特账号。戴尔已经把这一工作变成一个专业的商业领域，同时会为其他公司就如何运营自己的社交媒体监听中心提供建议。

戴尔社交媒体监听指挥中心每天监控着超过 25 000 条推特发帖，旨在抓住客户对戴尔产品及服务的感受。
来源：Business Wire/Getty Images。

社交媒体的发展创造了哪些新的工作？ 现在，大大小小的公司都在招聘**社交媒体经理**，他们有时也被称为**社交媒体营销专家**。从事这类职业的人员要负责监控社交网络，并在这些网络上制造出有关该公司及其产品的"热议"。社交媒体经理还会听取有关公司的讨论，并从中找到问题和机遇所在。例如，社交媒体经理会监督那些曾经为公司产品"点过赞"的脸书群组，确保他们能够接收到特别的升级信息、优惠，以及有关促销和活动的最新消息。与社交媒体有关的其他职位还包括**社交媒体策划、社交媒体文案、搜索引擎优化**专家等。

社交媒体可以提供对企业直接有用的信息吗？ 使用社交媒体进行营销固然很重要，但企业也把它当作制定更具体的商业决策的方法。利用从社交媒体和互联网上的人们那里收集来的信息来帮助制定决策的做法称为**众包（crowdsourcing）**。戴尔利用众包协助产品开发。该公司的"创意风暴"网站允许客户发布产品创意和推荐他人的创意，同时让他们看到公司如何将这些创意付诸行动。同样，由于很多制造商对起订量的要求很高，服装品牌摩登之衣的经营者苏珊·格雷格·科格（Susan Gregg Koger）因此艰难地做出采购决策。为此，摩登之衣引进了一个"成为买手"的项目，该项目鼓励客户在网上为服装风格投票。通过评估他们对特定款式的反馈和回应，格雷格·科格就可以知道自己是否应该冒险下一笔大订单来制作该款商品。

社交媒体是如何为技术支持服务提供帮助的？ 企业可以利用社交媒体来阻止那些可能演变成公共灾难的潜在技术问题发生。艾罗伯特是一家家用机器人制造商，它的产品包括"室霸"真空扫地机。当一位客户在优兔网上发布了一段有关他遇到的麻烦的视频，并且很快获得了60 000次播放量之后，该公司意识到了社交媒体的重要性。现在，艾罗伯特使用软件来匹配社交媒体上的评论和特定客户记录，因此能够快速响应和解决客户的问题。

社交媒体如何帮助人们创建新企业和为其筹资？ 多年以来，由穆罕默德·尤努斯（Muhammad Yunus）发起的小额贷款运动一直用于连接需要钱来开办非常小的企业的人，以及那些可以提供小额贷款的人。格莱珉银行以极低的利率向欠发达国家的穷人提供额度非常小的贷款，因此成为一家小额贷款信贷机构。基瓦网站将这一理念与互联网的连接性结合了起来，使得投资者可以向全世界的借款人提供低至25美元的小额贷款。

众包在客户和企业职能（例如设计）之间建立了直接联系。摩登之衣的"成为买手"项目就是这样一个例子。
来源：http://www.inc.com/magazine/20100201/using-crowdsourcing-to-control-inventory.html and company is mod cloth。

正如我们在第五章提到的那样，社交网络正在成为一种为各个商业领域的初创公司提供资金的机制。**众筹融资（crowdsourced funding** 或 crowdfunding）**让很多相信某个公司或产品的人可以贡献少量资金来帮助公司起步。在大多数情况下，这个公司会提供一些回报，例如一个免费的产品或一张来自创始人的签名卡片。为了筹集让设备落地的25万美元资金，虚拟现实头戴设备项目傲库路思在启动众筹网上发起了筹资项目。众筹支持者们最终贡献了200万美元。后来，当脸书以20多亿美元收购傲库路思时，这些支持者并没有得

评价：
非常巴黎风的可爱感。
可以搭配黑色紧身袜和黑色发髻。

获胜款式：2 194票

评价：
超漂亮，如果可以我今天就想买下它。

评价：
我喜欢裙子的剪裁，但我很不喜欢这个图案。

落选款式：1 650票

评价：
这看上去好像是磕了迷幻药的家居服。

不得体的推特帖子

为了避免产生激烈的反对，企业需要仔细地考虑它的客户会如何回应它在社交媒体上发布的信息。例如，在音乐唱作人艾米·怀恩豪斯（Amy Winehouse）因为酒精中毒去世后不久，微软发布了一条推特帖子，鼓励乐迷通过在微软音乐播放器Zune上购买该歌手最后一张专辑的方式来怀念她。数千名推特用户用自己的推特帖子回复了微软，内容包括"实在太不得体了"，"卑鄙无耻——你们是认真的吗？"，以及"微软——失败的社交媒体"等。[8]

到任何利润。众筹并不能买下企业的股权，相反它只是你在产品开发的早期阶段为你希望成功的产品所提供的支持。

移动设备

企业如何应用移动设备？ 今天的大多数企业组织发现移动手段在为员工提供支持以及吸引和服务客户方面是非常关键的。顾客需要一种在自己的智能手机上就可以找到最近的购物场所以及下单购买的方式。企业的销售人员需要经常访问电子邮件、日程表和联系人，以及互联网资源。通过"会面时间"等应用拨打视频电话，查看对应当前位置的数据，以及制作和发送照片及视频等功能如果应用得当，那么都可以为企业更大的使命服务。

诺贝尔奖获得者穆罕默德·尤努斯创造了小额贷款的概念，使得全世界数百万最穷困的人口可以通过"微"贷款开始自己的生意。现在，Web2.0技术让更多的人可以通过众筹来开创自己的事业。

来源：AlexanderKlein/AFP/Getty Images。

杰克逊皮划艇是田纳西州一家设计、制造和销售皮划艇的小型企业。该公司在自己的网站上开设了一个皮划艇社交网络，它也有一个脸书页面，以及自己的移动应用程序。这个应用程序可以让用户浏览最新的皮划艇行业新闻，上传照片和状态信息，当然也可以让他们在杰克逊皮划艇购物。该公司还使用了移动分析，这使得公司的销售代表可以在现场向经销商快速展示和分析该公司的网站流量。例如，这项分析可以指出哪些具体客户行为能够支持为某类特定产品备货的做法。

企业如何选择购买哪种移动设备？ 在选择购买移动设备时，

企业需要考虑很多问题。例如该公司需要哪种类型的移动设备——电话、平板设备等，又需要哪些品牌？哪类员工应该使用它们，客户又在使用哪种设备？员工应该将自己的私人手机用于工作吗？如果小规模试用成功，那么这些设备推广到整个公司的难易程度有多大？它们将如何融入现有的邮件系统？ IT部门也要考虑可用的加密和数据保护方式，以及是否有合适的应用存在，或者是否可以在内部开发这样的应用。

从外部角度来看，无论客户使用的是苹果手机、安卓设备，还是非智能型的移动电话，一个公司在理想情况下都应该为客户的各种平台提供移动解决方案。开发和维护多种应用的开销意味着在决定部署哪种移动产品之前，企业必须完全了解自己的客户群体。

什么样的移动应用程序对企业是有用的？ 移动设备可用的应用程序有200多万种。许多对企业有用的应用侧重于通信、任务管理，以及数据管理等方面。通话应用可以让用户发起网讯网络会议、整合幻灯片播放、传输文件，以及进行多方语音和视频通话。奥姆尼焦点等产品除了提供简单的日历表，还可以安排日程，展示需要就近地理位置资源的任务，或列出可以并发运行的任务，以及哪些任务需要等待其他人的输入。销售团队的移动应用可以组织新的线索和客户请求，帮助管理销售人员的支出报告，或直接在平板或手机设备上处理发票。

云计算如何促进了移动设备市场的发展？ 云计算（cloud computing）指的是一种通过互联网在远端服务器而非本地服务器或个人电脑上存储和检索信息、资源以及软件的方式。借助云计算，在线支持系统可以通过"云"来工作，这样文档就可以自动备份，并且可以即时提供给所有用户。云备份使企业不必担心数据会因为洪水或服务器损坏而丢失。数据的实时同步可以让员工变得更有效率，特别是当他们不在办公现场时。例如，通过苹果的iCloud云服务，一个人在自己的iPhone上拍摄的照片可以即时出现在此人的iPad以及家用电脑上。随着越来越多不仅仅局限于存储的服务开始利用云计算，企业也将变得更加灵活和高效。

■ 如我们在本节开头所说的那样，菲利普·杜兰德试图成为社交媒体变革的一部分。他第一次尝试利用社交媒体营销自己的企业，结果却并不如他所愿，但他从中吸取了教训。具体来说，他认识到诋毁竞争对手不仅损害了对方，还伤害了自己的企业。相反，他开始更细致地研究谁在访问他的脸书主页，以及谁对他在新广告营销中使用的二维码做出了响应。他发现，自己的餐厅吸引了一些特定人群，他们较为富有，而且经常旅行。他决定试着用新菜品和全新的体验引起他们的兴趣。他的脸书主页开始突出自己采用的原材料以及供应商背后的故事。他还为顾客提供了餐后付款的新方式，即通过定制的移动程序来记录顾客的消费积分。

傲库路思虚拟现实头戴设备发起了一个启动众筹项目，希望筹集 25 万美元的捐款。在不到两年的时间里，该公司以超过 20 亿美元的价格被收购了。来源：RobynBeck/AFP/Getty Images。

本章小结

10-1 说明网络环境是如何帮助企业推广业务的，描述网络商务支持的不同业务交易类型。

- 通过电子邮件发送的网络广告和营销内容非常重要，同样重要的还包括病毒式营销技术的应用。

- 使用点击付费广告的广告主只需要按网页浏览者点击其广告的次数付费。点击付费广告之所以有效，是因为它关联着关键词，并且与潜在消费者寻找的事物密切相关。

- 病毒式营销包括使用社交网络、电子邮件，以及网站来扩大特定品牌的知名度。

- 网络商务交易的类型有三种：B2B、B2C，以及C2C。

——B2B网站通过信息交换和中介服务来促进企业之间的交易。

——B2C网站指的是直接发生在企业与消费者之间的电子商务。

——C2C网站促进的是个人之间而非企业之间的交易。

10-2 商业科技

列举公司的首席信息官和信息技术部门的作用，说明企业如何将数据转变成有用的商业智慧。

- 公司的首席信息官是负责信息处理的主管，包括系统设计和开发，以及数据中心的运营。首席信息官还要负责以下工作：

——决定如何设计和开发系统，以及系统上安装的软件程序；

——负责编制预算，在技术带来的好处以及拥有最新系统所需的不断上涨的成本之间保持平衡；

——为隐私和安全保障设定策略。

- IT部门由许多专业人员组成，他们负责从硬件组件、软件程序到网络策略等方面的所有工作。IT部门还负责以下工作：

——安全维护工作，既要响应电脑病毒攻击，也要负责在停电或系统故障时紧急恢复系统。

——保证组织的所有电脑、打印机、扫描仪，以及其他设备的正常运转。

——设计公司内部使用的网络，以及存储信息的数据库。

——为企业选择或制作所需的软件程序，为员工提供软件培训服务。

——负责整个公司移动计算机的维护和管理工作。

——实现计算机资源的远程访问，例如让员工在家办公时能够访问工作文件或电子邮件。

- 信息技术指的是基于计算机的信息系统的设计和实现。

- 信息系统着眼于应用信息技术来解决商业和经济问题。信息系统专业人士建立了纯技术知识及其对企业的影响之间的联系。

- 原始数据必须经过组织和整理才能变成对信息系统专业人士和其他决策制定者有用的信息，这样他们才可以利用这些信息来判断应该实施哪种IT解决方案。

10-3　了解伴随科技发展而来的安全挑战。

● 广告程序和间谍程序会给网上的客户带来烦恼，甚至会导致他们的身份信息和信用卡数据被盗。

● 网络钓鱼是一种通过模仿合法网站的沟通方式来获取安全隐私信息的手段。

● 各种规模的企业必须保护自己的数据不被黑客入侵，黑客会破坏企业的运营，如果客户数据遭到泄露，那么这可能会让公司面临代价高昂的法律诉讼。

● 技术可以支持工作场所内的道德行为。很多组织都允许想要对不当行为进行投诉和指控的员工与其他人在其网站上轻松、安全地提交报告，保护他们免遭可能的报复。

10-4　说明社交网络和移动技术的新发展是如何影响企业的。

● 企业必须了解人们在网络上是如何谈论它们的，因此它们可能会使用社交媒体监控手段。软件产品可以用于实现此目的，但是公司同时会雇用社交媒体经理和类似的员工来协助它们在最大程度上提高这方面的效率。

● 众包是利用客户和网友的意见来帮助企业做出决策的过程。

● 众筹是利用社交网络和互联网筹款来帮助小型企业创建和发展的方式。

● 移动设备数量的增多以及云计算的出现推动了移动技术应用的大幅增长。

重要概念

广告软件	众包	信息系统
大数据分析	数据	信息技术
商业智能软件	数据库管理系统	管理信息系统
企业对企业交易	数据集市	网络广告
企业对消费者交易	数据挖掘	在线分析包
首席信息官	数据仓库	点击付费广告
云计算	决策支持系统	网络钓鱼
消费者对消费者交易	电子监控	社交媒体监控
内容关联广告	企业社交网络	间谍软件
众筹	主管信息系统	病毒式营销
黑客	信息	

自我测试

单选题（答案在本书末尾）

10-1　数据库管理系统是：

a. 大数据的其他形式

b. 一些数据表的集合

c. 是可以为管理层评估员工绩效的

d. 是对员工进行电子监控的成果

10-2　管理信息系统和IT是不同的，这是因为：

a. 管理信息系统强调应用IT技术解决商业问题

b. 管理信息系统是专注于互联网应用的IT技术分支

c. IT系统强调的是硬件，而管理信息系统强调的是软件

d. 管理信息系统是理论化的，而IT系统是应用型的

10-3　决策支持系统通常：

a. 由管理者用来根据现有数据进行决策

b. 由决定如何解决技术问题的员工使用

c. 由负责组织和整理文档与报告格式的员工所使用

d. 由培训员工学习新软件产品的培训师使用

10-4　数据仓库是：

a. 存储千兆级交易数据的仓库

b. 不会在部署了数据库管理系统的情况下使用

c. 现在已经不再使用，因为数据集市替代了它

d. 是对大量纸质记录的管理

10-5　用于分析数据的工具包括：

a. DBMSs、ERP和ROI

b. DSSs、OLAPs和主管信息系统

c. OSHAs和C2Cs

d. PPCs、ISs和B2Bs

10-6　点击付费广告：

a. 只有在读者实际点击广告时才会向广告主收费

b. 由谷歌广告联盟这样的程序提供

c. 非常有效，因为它们与客户使用的关键词紧密相关

d. 上述所有皆正确

10-7　对社交媒体监控最好的描述是：

a. 为销售人员与潜在客户交流的活动做计划

b. 监督工作场所中电子邮件和讯息的使用

c. 保持对网络空间中提到你们产品的帖子的持续关注

d. 窃听私人通信信息

10-8　网络钓鱼可以用于：

a. 减少应向联邦政府缴纳的税款

b. 从不知情的客户那里窃取身份信息

c. 在人们登录有密码保护的网站时记录他们的按键信息

d. 帮助节省移动设备上的存储空间

10-9　企业对企业的交易机构包括：

a. 中介网站

b. 社交媒体网站

c. 特定行业门户网站

d. a和c都是

10-10　科技促使企业关注安全问题，例如：

a. 网络钓鱼

b. 广告程序和间谍程序

c. 黑客的破坏

d. 上述所有

判断题（答案在本书末尾）

10-11　内容关联广告意味着广告与人们刚刚进行的搜索有关。

□对　□错

10-12　商业智能软件通过呈现企业状态的可视化、交互式视图来支持决策。

□对　□错

10-13　可以通过适当的间谍探测软件来阻止病毒式营销。

□对　□错

10-14　企业社交网络是将社交媒体工具用于教育的应用。

□对 □错

10-15　众筹是利用社交网络为新企业筹资的方式。

□对　□错

批判性思考题

★10-16　在过去几年间，许多企业经历了数起重大数据泄露事件。你如何看待这些企业安全漏洞对消费者的影响？它会减少你购买某种商品或从某个企业购买产品的可能性吗？它是否改变了你保护个人信息的方式？

10-17　在我们具备了利用信息技术收集大量新信息的能力的同时，还有哪些责任需要承担？如果航空公司能够交叉比对飞行记录与银行数据并识别可疑模式，那么它们是否有责任向当局发出警告？抑或企业在数据中寻找描述某个人的模式的做法是否合法（推测有关他们的心理和生理特征，以及消费模式的数据，并基于此对他们进行判断）？如果大学的IT部门发现了一封来自学生电子邮件账户的威胁邮件会怎样？如果这封邮件并非威胁，只是内容粗俗呢？大学的职责边界在哪里呢？

10-18　在线和移动购物的增长促使很多企业对自己的销售和营销策略进行了极大的调整。什么样的实体书店在电子媒体和在线购物的趋势下幸存下来？为了突显它们的产品在数字时代的价值，它们强调了哪些特殊的品质？亚马逊网站是否提高了人们对阅读的兴趣，因而对实体书店有所助益？还是因此限制了它们的发展呢？

小组活动

变革之风

全班分成三个小组。每组的成员都要选择以下的某个话

题进行探讨：

a. 商业科技的社会影响

b. 商业科技的道德影响

c. 商业科技的国际影响

步骤

步骤1,以小组为单位,判断在未来的一年、五年和十年里,商业科技的哪些创新将对人们带来最大的影响。在小组选择了一个特定的创新之后,每个小组成员应准备一个简短的陈述,说明为什么这个特定的技术变革对其选择的话题至关重要。

步骤2,回答以下问题,对这项创新进行评判:

● 有多大比例的企业会受到该科技的影响?

● 企业哪些方面的活动会受到影响?

● 有多大比例的消费者或销售商会受到影响?

● 未来这项创新会给企业带来更多变革吗?

步骤3,(选做题)以班级为单位,比较各组的结果。判断哪项创新最有可能实现。它将如何改变你的职业生涯和未来生活的世界?

企业道德与企业社会责任

计算机黑客攻击:高昂的代价

阅读以下案例研究。接着以班级为单位,讨论后面的问题。

一天晚上,21岁的布莱恩·萨尔赛多(Brian Salcedo)和亚当·波特贝尔(Adam Botbyl)开着亚当的车四处转悠,车窗外挂着几根电线,他们还带了一台笔记本电脑。萨尔赛多和波特贝尔正在寻找可以接入的无线网络。当他们经过洛氏家居装修店时,他们发现了一个开放的无线网。该公司设置了开放的网络,这样公司的员工就可以通过无线使用与之连接的扫描仪和其他手持设备了。

六个月后,萨尔赛多和波特贝尔利用洛氏的网络将一个经过修改的程序上传到了洛氏的电脑系统。该程序旨在将客户的信用卡账号信息传送给他们。幸运的是,美国联邦调查局调查了这起事件,甚至在他们看到信用卡卡号之前就逮捕了他们。他们认了罪,并且与洛氏一起提

高了他们的网络安全性。尽管如此,萨尔赛多还是被判入狱九年,这是美国电脑黑客史上刑期最长的判决。而波特贝尔也被判了26个月。

问题讨论

10-19 该由谁来负责保护洛氏客户信用卡信息的安全性?

10-20 消费者在购买时如何才能知道使用信用卡是否安全?

10-21 萨尔赛多和波特贝尔的判决恰当吗?为什么?

在线练习

10-22　维基解密

访问维基解密网站，选择两条最新泄露的信息。评估这些信息公之于众的效应。它是否侵犯了相关个人的隐私权？维基解密的做法是揭露犯罪行为的好办法吗？泄露信息的好处是否大于侵犯隐私和机密信息的坏处？

10-23　打入中国市场

中国是苹果手机的第二大市场。经过了谨慎的谈判，苹果公司将其iTunes在线商店引进中国，运营了几个月之后，苹果公司关闭了此项服务。外国公司应如何扩大它们在中国的业务？

10-24　网络业务即全球业务

访问宝马汽车公司的网站。这是该公司的国际门户网站，可以将客户重新定向到数百个国家的网站中的一个。选择三个国家并调查这些网页。其中哪些元素是一样的？宝马公司是如何保持统一的国际营销信息的？哪些要素又是不一样的？你的浏览器是如何处理不同语言的字符集差异的？

10-25　数据泄露之后

调查马里科帕社区学院的数据泄露事件，这起事件造成240万在校学生和校友的信息泄露。信息泄露之后，该学院IT部门的响应方式非常关键。响应措施的代价有多大？该学院采取了哪些措施来重建人们对学院IT部门及学院自身的信心？还有哪些其他大学也曾必须对抗黑客攻击？

10-26　点赞的力量

在美国公共电视台网站www.pbs.org查看电视剧《前线》的"点赞一代"（Generation Like）剧集。年轻人和他们的社交媒体网站被市场营销人员利用了吗？抑或这一代人特别擅长用社交媒体来提升自己，打开通往新机遇的大门？

MyBizLab

在你的MyBizLab作业板块完成以下写作练习。

★10-27　很多人非常关注"数字鸿沟"，即工业化国家和发展中国家在IT资源上的差距。智能手机的爆发式增长可能是发展中国家快速进入数字时代的一条途径。在发展中国家，支持智能手机的使用与支持计算机的使用相比有什么优势？还有哪些基础设施和其他设备可能有助于缩小数字鸿沟？

★10-28　社交媒体的发展改变了企业的很多方面。社会联结是企业的优势吗？它是为企业创造了有用的信息，还是不正当地传播了错误的信息？

参考文献

1. C. Obrien. (2016, February 29). "'PayPal Mafia' impact explored in hypnotic new interactive graphic." Retrieved May 14, 2016, from http://venturebeat.com/2016/02/29/paypal-mafia-impact-explained-in-hypnotic-new-interactive-graphic/

2. Chris Lee, "'Alien' Bus-Stop Ads Create a Stir," *Los Angeles Times*, June 19, 2009, http://articles.latimes.com/2009/jun/19/entertainment/et-district19.

3. S.431 – 114th Congress (2015 – 2016): Internet Tax Freedom Forever Act. (2015, February 10). Retrieved May 14, 2016, from https://www.congress.gov/bill/114th-congress/senate-bill/431

4. "United Airlines sells 'free' tickets on website." (2013, September 13). Retrieved May 14, 2016, from http://www.cnn.com/2013/09/12/travel/united-free-tickets

5. WikiLeaks, "About Us," www.wikileaks.org.

6. Megan Chuchmach, "WikiLeaks Preparing to Release Video of Alleged U.S. 'Massacre' in Afghanistan," June 18, 2010, http://abcnews.go.com/Blotter/wikileaks-preparing-release-video-alleged-us-massacre-afghanistan/story?id=10954929.

7. A. Semuels. (2013, April 08). "Tracking workers' every move can boost productivity—and stress." Retrieved from http://articles.latimes.com/2013/apr/08/business/la-fi-harsh-work-tech-20130408

8. Tweet from unknown user, quoted in Cooper Smith, "Microsoft Sorry for 'Insensitive' Amy Winehouse Tweet," *Huffington Post*, July 26, 2011, www.huffingtonpost.com.

第十一章 生产、运营和供应链管理

本章目标

11-1 商品生产与服务

说明为何生产和制造对美国和全球经济都很重要。

史蒂夫·施密特（Steve Schmidt）热爱自己所从事的自行车定制工作。他和他的商业合作伙伴拉尔夫·布林斯多夫尔（Ralph Brinsdorfer）对自己能够提供最优质的客户服务而感到自豪，包括按时送货、支持分期付款，以及友好且高效的维修服务等。和所有企业一样，他们的目标是为客户提供优质的商品和服务。商品和服务的生产涉及哪些方面？生产对美国和全球经济有多重要？

11-2 生产管理

说明什么是生产管理，讨论企业所使用的常见的生产流程。

克里斯蒂·关（Kristi Kwan）和尤安·马丁（Yuan Martin）经营着一家保健与营养品咨询公司。他们向所有客户——特别是那些对特定食物过敏或有特殊饮食需要的客户——推荐了一款含有可定制成分的营养棒，这可以满足每个客户的口味和营养需要。如果无法人工制作营养棒，那么他们应该如何生产这款定制型产品呢？

11-3 运营计划与管理

定义运营管理，说明决定生产设施位置和布局的重要因素，概括生产设备所使用的技术类型。

阿瑟·里德（Arthur Ridder）的家具制造公司在华盛顿北部地区大获成功，他打算将业务拓展到新的地区。在选择新的区域之前，阿瑟需要考虑哪些因素呢？他该如何安置工厂，又该如何选择最佳供应商呢？

11-4 生产控制

说明企业是如何进行生产控制并达到质量标准的。

珍妮特·佩（Jeanette Pae）的女儿受伤了，因为儿童高脚椅的托盘从椅子上意外脱落了。生产商随后召回了这把儿童椅，但珍妮特对该产品的信任度降低了。她的朋友和家人也遇到过类似情况，他们的玩具、药品、计算机电池，以及汽车都曾被召回。为了确保生产出高质量的产品，企业应该怎么做呢？

11-5 供应商与供应链管理

定义供应链管理，说明它是如何帮助企业更高效地生产和交付商品与服务的。

西尔维娅·阿克曼（Sylvia Ackerman）喜欢宜家家居产品的简洁线条和清爽设计，她迫不及待地想用宜家的商品来装点自己的新家。此外，她还知道她买得起自己所需要的商品，并且可以自行组装家具，无须他人帮忙。宜家是如何管理全球店铺里这些价廉物美的商品的生产过程的？

11-1 商品生产与服务

说明为何生产和制造对美国和全球经济都很重要。

■ 史蒂夫·施密特为越来越多的专业自行车手和铁人三项赛选手制造手工自行车。客户十分欣赏他的公司在生产过程中对质量的重视。实际上，该公司的销量已经开始比得上那些行业领先的定制自行车制造商的了。因此，为了助力自行车生产，史蒂夫雇用并培养了一些学徒，希望他们也能够具备专注于细节的敏锐眼光。与此同时，史蒂夫的合伙人拉尔夫·布林斯多夫尔与零部件供应商、客户都建立了联系，并为他们提供无可挑剔的服务。拉尔夫负责保证每一辆自行车都以完好的状态按时交付，同时提供客户所需的维修与其他服务。

尽管史蒂夫和拉尔夫喜欢他们生产自行车的方式，但他们很担心随着公司的发展，这种生产方式可能需要改变。在业务不断扩大的情况下，史蒂夫和拉尔夫面临着怎样的挑战呢？他们可以采取哪些措施来保持企业所著称的"高质量产品和客户服务"标准呢？对于所有希望在不断变化的国际环境中保持竞争力的制造和服务企业来说，这些都是常见的生产和运营问题。

无论是只生产商品、只提供服务，还是两者兼有，所有企业都要制定生产流程。生产（production）是指将资源转化为成品并为其赋予价值的过程，它包括一系列相互关联的活动，企业每完成一项活动或一个步骤，产品的价值就会有所增加。

来源：Blend Images/Fotolia。

生产流程的有效性可能会促进或阻碍企业的整体成功，以及其商品或服务在市场上的竞争力。

生产的重要性

为什么生产对所有企业来说都是重要的因素？ 企业通过向消费者提供商品或服务来赚钱。为了提高利润、降低生产成本，企业必须找到最高效的生产方式。为了在全球经济中保持竞争力，制造商和服务机构必须监控自己的运营和生产流程，以确保公司以客户为中心，以质量为驱动，以经济效益为目标，同时精通技术。这需要企业从头到尾管理好生产流程的每个部分，同时与供应商建立更紧密的联系。

制造业对美国经济有多重要？ 制造业始终是美国经济的基础组成部分。尽管在过去20年，进口商品大幅增加，制造业的相关就业岗位大幅减少，但事实上制造业一直是美国国内生产总值的最大贡献者。

制造业之所以为美国国内生产总值做出了巨大贡献，部分原因在于制造业需要大量商品和服务才能进行生产。同时制造业催生了许多以服务为基础的其他经济活动，例如商品运输，辅助商品生产所需的软件制造，以及商品营销、推广和销售等。

向服务型经济转变

服务业对美国经济有多重要？ 尽管制造业一直都很重要，但美国和其他发达国家一样，从以工业为基础的制造型经济转向了服务型经济。服务业的GDP几乎占美国整体GDP的3/4，超过75%的就业岗位来自服务业。医疗保健、教育、儿童看护、零售运营，以及信息产业等服务型企业往往更容易起步，这是因为与需要租赁或购买地皮、厂房以及设备的制造型企业相比，开办这些企业所需的资金更少。此外，交通运输和公用事业公司也是对美国经济十分重要的服务型企业。[1]

我们可能会认为服务型企业就是社区附近的小型夫妻店，但并非所有服务型企业的规模都很小。当前，在道琼斯工业股价平均指数①所参考的30家工业公司中，10家来自服务业。它们分别是美国运通、思科、迪士尼、高盛、家得宝、摩根大通、麦当劳、旅行者、威瑞森通信和沃尔玛。人们认为有的公司既是制造型企业，又是服务型企业。同处于道琼斯工业股价平均指数的通用电气和IBM被认为是世界上规模最大且最有竞争力的服务型企业。

---

① 道琼斯工业股价平均指数是道琼斯股票价格指数的一部分，它以在纽约证券交易所上市的30家著名的工业公司的股票为编制对象。道琼斯股票价格指数的另外三种指数是：道琼斯运输业股价平均指数，道琼斯公用事业股价平均指数，以及以工业、运输业和公用事业所涉及的所有公司的股票为基础编制的道琼斯股价综合平均指数。人们平时所说的道琼斯指数是指道琼斯工业股价平均指数。——译者注

全球生产格局

美国制造业是如何参与全球竞争的? 当查看自己所使用的产品的原产国标签时,你会发现它们大多都产自除美国外的其他国家。因此,我们很难想象美国依然是一个在国际上有重要地位的制造业国家。尽管美国是世界上最大的进口国,但它同时是第三大出口国。美国每年会出口价值约1.5万亿美元的商品。[2]美国的企业依然在制造和出口大量高价产品。美国近一半的出口商品是晶体管、飞行器、汽车零部件、计算机,以及通信设备类产品。占美国出口总量1/4的商品是有机化学品等工业用品,汽车和药品等消费品的出口量约占15%。[3]

美国制造业是如何影响全球经济的? 在过去数十年里,美国公司采取了在第三世界国家或发展中国家进行离岸外包生产的方式,利用当地较低的工资水平来降低自己的成本。离岸外包方式导致美国制造业衰落,失业率上升。然而,从全球角度看,在第三世界国家进行离岸外包生产有助于提高当地生活水平,因此这也为全球经济增长做出了贡献。即便在离岸外包生产的情况下,美国国内生产总值依然是全球最高的。[4]

近年来,包括美国在内的许多国家的制造业竞争力发生了明显变化。全球制造业竞争力指数(Global Manufacturing Competitive Index)显示,中国依然是最具竞争力的制造业国家,其次是美国、德国和日本。一些工资较低的国家和地区,例如墨西哥,它们原本不是大型制造业国家或地区,现在也榜上有名。[5]

生产上的哪些变化可以使美国保持竞争力? 全球制造业竞争力指数预测,未来十年美国将成为在制造业上最具竞争力的国家,其次是中国。一些公司——例如总部位于北京的计算机制造商联想公司——正在美国建设新的工厂,而卡特彼勒、通用电气、福特汽车正在将一些制造业务和工作岗位带回美国。此外,美国的制造商正在采用企业资源规划、计算机集成制造、柔性制造和精益制造等手段来改进生产过程,我们将在本章后续部分讨论这些。诺德斯特龙和丽思卡尔顿酒店等服务型企业吸取了制造业的经验,通过调整上述手段来改善自己的服务。而麦当劳、迪士尼以及联邦快递等企业都具有类似制造型企业质量改进技术的、完善的质量管理程序。

■ 史蒂夫·施密特与拉尔夫·布林斯多夫尔的自行车店这样的小型企业与它们的大型竞争对手——施温自行车、崔克自行车和佳能戴尔自行车相比,在许多方面都有很大的差异。但是，不同企业在生产优质产品方面有同样的担忧。随着业务持续扩张，史蒂夫和拉尔夫必须确定最佳生产流程，以满足不断增长的需求，同时保持产品品质和个人服务水平。

11-2　生产管理

说明什么是生产管理，讨论企业所使用的常见的生产流程。

■　克里斯蒂·关和尤安·马丁在高中时期就认识了。他们之所以成了好朋友，主要是因为他们都热爱体育。尽管在大学时期走上了不同的道路，但他们在多年后相遇并开办了一家保健与营养品咨询公司。优棒（YouBar）是他们的主要产品之一——尤其针对那些对特定食物过敏或有特殊饮食要求的客户，这是一款根据每个顾客的口味和营养需求量身定制食品成分的营养棒。客户可以为自己的营养棒选择成分（包括营养棒所含的维生素）并为其命名。这些营养棒面向全球销售，但客户只能通过网络购买。该公司是如何提供这种定制产品的呢？

商品和服务不是凭空而来的，它们由人创造。正如你在前文学到的那样，生产是指将资源转化为成品并为其赋予价值的过程。**生产管理**（production management）指的是在资源转化为成品的过程中，企业所采取的规划、执行和控制措施。生产经理负责制订工作计划、选择生产所需的配件和用品、监督质量以及管理其他重要事项。做好有效计划的生产经理能够提高其所在公司的生产力，减少成本，并且提高客户的满意度。

来源：DragonImages/Fotolia。

外购或自制决策

什么是外购或自制决策？ 企业通常没有必要自己制造所有的东西。在生产之前，运营主管必须做出的决策之一是：公司到底是生产完整的产品，还是部分或全部采用外购配件来组装产品。这一决策通常称为**外购或自制决策**（make-or-buy decision）。通常将某些零部件的生产外包出去，成本更低或效率更高。如果企业做出了这样的决策，那么监督和确保所有外购配件的质量是非常重要的，因为劣质配件可以快速毁掉一个公司的声誉。

客户认为产品是一个整体，而非由不同供应商提供的零部件。即便制造了错误的配件或因错过最后期限而导致交付延误的是某些供应商，客户还是会要求企业对此负责。例如，由于某个供应商在玩具上使用了含铅涂料，美泰公司不得不召回近100万个玩具。随后，美泰公司被美国消费品安全委员会（Consumer Product Safety Commission）罚款数百万美元，原因在于美泰公司最终要为成品的质量问题承担责任。因此，能够满足企业需求，并且将企业客户视为自己的客户的优质供应商是非常可贵的。企业在选择供应商之前，意识到这些因素是非常重要的。我们将在本章后续部分详细讨论供应商的选择。

当然，一家公司针对其销售的产品所做出的外购或自制决策还将影响它的运营管理流程，包括生产流程、生产能力规划、设备规模、设备选址，以及设备通常使用的技术等。

常见的生产流程和技术

企业使用了哪些生产流程？ 为了满足人们日益增长的购买汽车的需求，亨利·福特引入了流水线概念。该公司的流水线采用了**连续流生产**（continuous flow production）手段，这是一种快速、连续地逐个生产大批量独立产品单元的方式。尽管这种方式的成本效益很好，但它无法对产品进行定制。实际上，福特最著名的言论就是："消费者可以把车漆成任何颜色，只要它们是黑色的。"

随着时间的推移，美国的公司开始感受到国外竞争对手生产定制化的、高质量的产品，并以合理的价格销售所带来的压力。为了保持竞争力，美国制造商不得不应用高效灵活的全新生产流程。**间歇式生产流程**（intermittent process）可以使企业的生产流程变得更短，因此企业可以在此期间对机械进行调整，以适应产品的变化。

今天，制造商采用了多种其他类型的生产流程。最佳生产流程取决于公司及其生产的商品与服务的类型。图11-1列出了一些常见的生产流程和技术。

批量商品是如何被制造出来的？ 以低成本生产批量商品的方式是**大量生产**（mass production），**流水线**（assembly line）生产是企业常用的手段。大量生产依靠机器和自动化流程来生产符合特定质量标准的、完全一样的商品。大量生产具有成本效益，这是因为机器完成了大部分工作，而且这种方式对熟练劳动力的需求不高。大量生产同时能够以很快的速度生产大宗商品。由于机器是主要的生产要素，因此人为错误的风险几乎消除了。大量生产的主要缺点在于它不够灵活。生产线建成后，企业很难在需要做出改变时对其进行修改或调整。

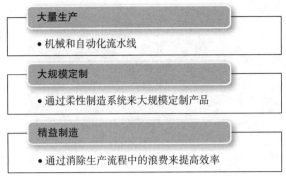

图 11-1　常见的生产流程和技术

最适合定制产品的是哪种生产流程？ **大规模定制**（mass customization）是一种以具有成本效益的方式为客户量身定制商品或服务的生产流程。从阀门、开关和仪器等工业用品的批量定制，到最常见的服装、鞋类、眼镜和自行车等个人用品的定制，这些都是大规模定制商品。例如，印刷咖啡屋（Cafepress）和彩滋网（Zazzle）让用户将自己的设计印在衣服、书本以及其他配件上，用户可以购买和分享它们，也可以在店铺里销售这些产品。空标签（Blank Label）让用户定制专属衬衫，而其价格几乎和商店里的其他产品一样。这种做法的好处在于，空标签不需要同时生产多种款式和尺码的衬衫，而这些原本会带来额外的仓储和运输开销。这与戴尔公司在20世纪90年代采用的模式是相同的。戴尔公司并没有存储可能很快就过时的未使用零件，相反，该公司允许客户按照最符合自身需求的规格来设计电脑。现在，大部分个人电脑制造商都提供了在线定制服务。

如何实现大规模定制？ **柔性制造系统**（flexible manufacturing system）使得制造商能够大量生产定制产品。越野汽车制造商北极星（Polaris）旗下的胜利摩托车（Victory Motorcycles）采用柔性制造系统来生产客户根据自己的需求和喜好在网上订购的摩托车。在柔性制造系统中，多台机器共同连接在一个中央计算机上。系统中的所有机器都可以同时处理不同类型的部件。与大量生产系统不同的是，柔性制造系统可以适应进度安排和产品规格上的变化。

印刷咖啡屋应用大规模定制流程来生产定制产品。
来源：NetPhotos/Alamy Stock Photo。

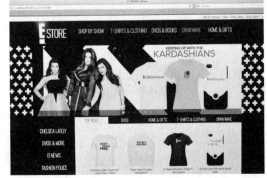

大规模定制可以用于服务业吗？ 大规模定制让很多服务型组织满足了客户的个人需求。汉堡王因其"我选我味"（Have It Your Way）的制作方式以及相关广告宣传而闻名，和麦当

胜利摩托车使用柔性制造系统来生产客户设计的定制摩托车。

来源：Newscom。

劳不同，该公司允许顾客根据自己的独特口味"调整"汉堡配料。[6]

大多数连锁酒店都会提供床铺尺寸的选择（或同时包括房间位置的选择），但是不管你在哪个国家，其余的住宿选择都是标准化的。但丽思卡尔顿酒店却培训员工记录客人的独特习惯、爱好以及不喜欢的事物，这些信息随后会被录入数据库，用于定制客人当前的住宿服务，同时可以让客人的下一次住宿充满个人风格。酒店工作人员会在问候时称呼每位客人的名字，酒店了解客人是喜欢羽绒枕头还是不易过敏的枕头，同时每天早上会在房间门口放上客人最喜欢的报纸。这种定制化服务带来了客户留存率的显著提高。

专注效率的是哪一类生产流程？ 精益制造（lean production）是一种有关减少浪费和改善流程的生产原则。根除生产过剩以及消除生产过程中的长时间等待、不必要的运输、过多的存货、多余的操作和流程等，是精益制造的目标。丰田率先在20世纪80年代采用了精益制造方式并取得了极大的成功。尽管精益制造最初是用于制造业的，但它同样可以用于服务业，例如医院和餐厅。

社交媒体与制造业

制造业是如何使用社交媒体的？ 社交媒体使消费者和制造商建立了联系（B2C关系），它为消费者提供了一个对产品进行即时反馈的地方，因此消费者能够直接影响企业的产品开发和生产。社交媒体也可以让同一产业里的企业相互建立联系（B2B关系），如果运用得当，那么这种联系是非常有用的。制造商已经开始拥抱推特和领英等社交媒体平台了，以此开展与行业有关的对话。而视频网络优兔则可以用来展示产品的使用方法、客户测评，甚至"工厂之旅"等内容。

来源：big tau/Fotolia。

■ 克里斯蒂和尤安致力于提供优质营养棒，以满足每位客户的独特口味和营养需求。他们开发了一个网站，客户可以选择符合自己口味和营养要求的营养棒类型。接着，克里斯蒂和尤安将信息直接传送给制造商，制造商会生产这些定制化产品，并将其直接送到客户手中。大规模定制技术的应用使得他们的公司能够提供越来越多的口味、营养成分和原料，从而满足全世界顾客的需求。

11-3　运营计划与管理

定义运营管理，说明决定生产设施位置和布局的重要因素，概括生产设备所使用的技术类型。

■　阿瑟·里德是华盛顿北部一家家具制造公司的运营经理。该公司获得了巨大的成功，得天独厚的自然资源、可靠的供应商以及庞大的熟练员工，使得该公司制造出大量优质家具。由于工厂所在地距离主要高速公路3英里，距离国际货运港口20英里，因此工厂在运输上十分便利。

由于一直经营得十分成功，因此该公司打算在欧洲开设一个新工厂来扩大国际市场。阿瑟考虑的地点在瑞士阿尔卑斯山附近，那里自然资源十分丰富，但是找到一定数量的熟练员工却非易事。运输和收货也是个问题，因为这个地区并不是交通中心。那么阿瑟应该怎么做呢？

运营管理（operations management）是指为了让企业尽可能高效地生产和销售商品和服务而对企业运营进行管理和计划的做法。运营管理注重的是整体，也就是获取、开发和利用企业成功为客户创造和交付商品与服务所需的资源。本节你将了解运营经理必须考虑的一些重要运营问题，例如计算企业生产某个产品需要多少产能，找到生产产品的理想地点，以及决定如何布置生产设施等。

产能规划

生产设施的规模应该有多大？ 运营经理可以通过生产预测来估算企业产品的未来需求。这些预测主要基于过去的销售情况、当前或预期的销售订单、客户的反馈、市场调研和行业分析。

一旦得出企业未来需求的"最佳预测"，以及哪些部件可以自行生产，哪些部件需要外购，这时运营经理就要关注下一个步骤：产能规划。**产能规划**（capacity planning）是一个确定企业可以生产多少产品来满足需求的过程。企业的产能规划需要保持生产设施的最大产量与客户需求量的平衡。生产设施的整体规模以及资源的有效利用情况决定了一个企业的产能。

企业可以通过引进新技术或设备、增加员工或机器的数量、提高现有员工或机器的效率以及扩大生产设施规模等方式来提高产能。相反，减少员工或机器的数量会导致产能下降。

商品仓储也是产能规划的重要部分。例如，大多数玩具制造商会在一整年中专门为节日季①生产玩具。因此企业会将大量产品存储起来，直到年底的需求到来。

由于服务无法像产品一样作为存货存储，因此服务型企业通常会通过营销手段来管理需求。例如，餐馆通过提供早鸟菜单和时段特供来提高非高峰时段的就餐量，苹果蜂（Applebee）晚上9点之后的半价开胃菜活动提高了晚餐后半段的需求，而酒店也会在淡季或需求低迷时期提供折扣。和制造型企业类似，服务型企业的产能管理包括通过增减员工的方式来满足高峰或低谷时期的需求。

设施选址

企业应该在哪里安置生产设施？ 企业选择在哪里安置自己的办公场所、厂房或销售卖场，将会对企业的整体效率、盈利能力以及成功产生重要影响。

除了场地的成本和可用性，企业还要考虑其他几个因素：

● **是否靠近市场**。餐馆、超市等服务型企业必须根据目标客户的便利程度来选择地点。汽车和行人都很容易到达的餐厅要比藏在少有人问津的偏远地区的餐厅好。然而很多企业发现，它们可以通过电子商务和社交媒体来吸引人们关注自己的产品，这样地点便不再是个问题了。例如，对教育机构、银行、保健公司以及其他服务型企业来说，提供在线或移动服务的能力使得选址变得不那么重要了。

● **是否靠近原材料**。为了降低损耗成本，制造型企业会尽量在必要的原材料附近以及靠近运输系统的地方选址。运输是企业的主要成本，它可以超过总成本的一半。[7]总部位于印度的塔塔钢铁（Tata Steel）是全球领先的钢材制造商，塔塔钢铁成功的

---

① 节日季特指美国的万圣节、感恩节以及圣诞节所处的时期。——译者注

原因之一在于它将自己的工厂建在了靠近原料资源的地方。塔塔钢铁获得了印度的铁矿石资源，而它在东南亚、澳大利亚以及非洲部分地区的海外业务的重点则是确保它能获取这些地区的原料资源。[8]

● **是否靠近公用事业设施**。即便土地很便宜，需要建造厂房或仓库等大型设施的企业可能也不愿意在缺少公用设施（比如电力、天然气、供水以及通信线路）的偏远地区设厂。由于缺少这些基础设施，企业的建造成本可能相当大。

● **是否靠近有害废弃物**。很多企业在日常运营中会产生大量危险废弃物，这些废弃物必须根据美国各州、各郡县或各市的有害废弃物处理原则处理。甚至涂料和清洁剂等日常用品有时也被视为有害废弃物，必须得到妥善处理。对有害废弃物的妥善处理会影响企业的选址决策，负责任的企业必须了解工厂所在地区的处理原则。

除了处理有害废弃物，企业也越来越注重处理其他形式的生产废物和垃圾，这些东西包括退回的、有瑕疵或破损的产品，以及剩余的零碎材料。处理退回的产品和材料并使其增值的过程被称为**逆向物流**。百思买公司将退回的残次品卖给金科（Genco）——一家专门从事逆向物流的公司，该公司将为这些产品寻找买家。巴塔哥尼亚循环利用了客户退回的摇粒绒背心，将它们变成用于制作新背心的纤维。[9]除了给废弃物带来更多价值，这种做法还有助于企业以环保的方式运营。

劳动力是如何影响选址决策的？ 优质劳动力的可用性会影响一个企业的选址决策。此外，企业还要注意其所在地区会如何影响企业吸引员工的能力。让我们来看看这些因素：

● **熟练劳动力**。几乎所有企业都需要找到一个拥有大量掌握必要技能的劳动力的地区。加利福尼亚著名的硅谷是高科技产业软硬件制造中心，因为这里毗邻斯坦福大学，当地工程师众多，而且还拥有历史悠久的科技开发传统。[10]

● **用得起的劳动力**。熟练员工只是影响选址决策的一部分。很多企业都需要找到熟练且用得起的员工。印度就是这类企业的主要目的地。[11]然而企业不一定要在印度设厂才能雇用这些员工。借助互联网和通信技术，企业很容易在全球范围内获得用得起的、经验丰富的劳动力。例如，美国很多诊所和放射科的医师在白天对病人进行放射扫描，然后将扫描文件发送给印度专家，由他们在晚间对这些内容进行分析。

● **生活条件**。企业可以给所在地区的生活条件带来积极或消

很多工厂都位于靠近自然资源或水路运输的地方。
来源：OlesiaRu/Fotolia。

极的改变。企业可以通过创造就业岗位给当地社区带来机遇，从而带来更高的生活标准。相反，企业可能会因为剥削员工、消耗有限的资源以及增加本地交通流量而给当地社区带来负面影响。很多企业试图在已经具备较高生活质量的地区（例如拥有优质学校、怡人气候以及低犯罪率的地区）设址，从而吸引更优质的员工。一些社会企业家可能会主动将自己的企业建设在贫困地区以促进当地的发展。

● **税收激励**。重视环境问题的政治家往往试图吸引绿色企业进驻其所在地区，这是因为这些企业有能力振兴当地低迷的经济。为了吸引企业在当地选址，美国许多地方政府都制定了现金补助、税收抵免、减税等激励措施。例如，北卡罗来纳州的皮特郡就为当地符合条件的新企业和现有企业提供员工选拔、测试、培训所需的场地和公用设施改造补助、基金和服务，以及低成本的工业收益债券。

● **法律和法规**。为了保持企业和社区利益的平衡，政府设置了很多保护个人和环境利益的法律和法规。法律和法规会因企业所在州和国家而有所不同，因此，作为选址评估步骤的一部分，企业必须考虑政府的介入会给企业带来怎样的影响。

设施布置

设施布置为什么很重要？ 设施布置（facility layout）指的是生产过程中资源和人的物理配置及其相互作用的方式。设施布置对企业效率最大化非常重要，它在很大程度上取决于企业所要执行的步骤或任务。这涉及从办公室隔间布置到工厂机械臂位置的确定等各方面的内容。

快餐店的工艺式布置帮助员工以相互协调的方式来准备食物和服务顾客。
来源：Kondor83/Shutterstock。

在规划设施布置时，运营经理必须对未来的改造进行预测和规划，例如怎样随着需求的变化对设施进行扩展或收缩。此外，为了确保员工的安全，设施布置应该符合美国职业安全与健康管理局的指导原则。

设施布置是如何影响生产的？ 设施布置应确保原材料可以得到有效处理，以确保生产顺利进行，同时让员工在生产设施内流动的效率达到最大。制造中的物品在设施内必须移动的距离也应当被考虑。设施布置不仅适用于商品生产，还适用于服务生产。例如，快餐店的布局应有利于负责不同生产工作的员工以相互协调的方式实现快速操作。

设施布置有哪些类型？ 不同制造流程需要不同类型的设施布置。设施布置主要有四种类型：工艺式布置、产品式布置、单元式布置和定位式布置。

- **工艺式布置**（process layout）是指根据执行中的任务将工作单元组合在一起，而不考虑每个工作单元处理的产品是什么。快餐店采用的正是工艺式布置：不同的步骤在不同的工作台上完成。工作流程的顺序并不是一成不变的，而是随着订单变化。

- **产品式布置**（product layout）是指根据每个工作单元所处理的产品将它们组合在一起。产品式布置一般用于大批量、标准化产品的生产。服装生产企业常常采用产品式布置，其中包括衣物缝制、纽扣及其他装饰物缝制、接缝检查，以及成衣处理等工作单元。

工艺式布置和产品式布置都是根据功能进行设施布置的。然而，功能型布置常常不够高效，因为如果某个工作单元出现问题，那么生产可能会停滞。工人也可能会因为重复的工作而感到厌倦。为了克服工艺式布置和产品式布置的缺陷，一些制造商采用了单元式布置和定位式布置。

- 在**单元式布置**（cellular layout）中，一小组工人集中在一个工作单元里，负责处理产品组装的所有工序。每个工作单元都配备了整个产品生产过程所需的所有部件和工具，在进行装配作业时，工人会在工作单元里走动。

- **定位式布置**（fixed-position layout）一般用于制造大型产品，例如轮船、飞机、模块化住宅等。在定位式布置方案中，产品被固定在一个地方，而工人则要围着产品移动以完成组装工作。

生产技术

科技在生产过程中发挥了怎样的作用？ 新科技可以提高生产效率和产量，同时减少成本，从而改善生产流程的方方面面。科技同时有助于企业创造多样性，而这会影响顾客的购买选择。顾客更有可能购买那些不仅质优价廉，而且品种繁多的产品。

什么对生产流程的自动化进程起到了帮助作用？ 当长时间重复执行一项任务时，人类有时并不具备保持精准性的优势。这正是工业机器人可以介入的地方。机器人不仅可以夜以继日、不知疲倦地进行精准工作，还可以在有潜在危险的情况下工作，从而保护工人免受危险环境的伤害。汽车制造业和家用电器业是机器人数量最多的两个产业，前者利用机器人来完成焊接、涂漆、组装以及处理各种材料的工作，后者利用机器人来完成微波炉等电器的组装、密封、涂漆等工作。机器人可能会让一些与生产相关的工作消失，但是这也为技师和工程师创造了许多新岗位。能够在生产过程中有效运用机器人技术的企业更有可能在全球市场中获得经济优势。

科技是如何改进设计过程的？ 计算机辅助设计（computer-aided design，以下称CAD）指的是利用计算机软件来设计零部件或产品的二维或三维虚拟模型。产品设计师首先将设计方案转化为便于CAD系统展示的几何模型。一旦获取模型数据，CAD系统就会为设计师提供相关工具和灵活的环境，方便他们从内部查看产品，在任意坐标轴上旋转产品以及调整它们的形状和大小。CAD系统还可以在零部件投入生产之前对其进行模拟环境测试。只要设计师在CAD系统里进行简单的设计更改，制造商就可以生产定制产品，例如衣服和汽车等，而且这不会产生额外的成本。CAD系统还可以用来设计工具和其他小型产品，以及住宅、机械和商用建筑等。

汽车和飞机等产品的制造过程更加复杂，除了CAD系统，企业还需要用更多工具来设计和组装不同的组件。例如，设计船舶可能需要一个用于钢结构的CAD程序以及另一个用于螺旋桨的CAD程序。这种做法的缺点在于工作人员必须了解如何使用不同的软件以及如何将它们集成到一个完整的产品中。

机器人被应用于汽车等产品的焊接、涂漆、装配、包装、检查和测试等工作。
来源：Rainer Plendl/Shutterstock。

CAD信息是如何被整合到制造流程中的？ 一旦完成了CAD设计，**计算机辅助制造（computer-aided manufacturing，以下称CAM）** 系统便会利用设计数据来控制生产机械。CAD系统与CAM系统在生产流程上的结合被称为**同步工程**。以福特公司的发动机部门为例，该部门成功地将所有生产和设计系统整合到了一个数据库中，以供设计和生产方面的员工及相关供应商使用。这种便捷的沟通方式对拥有复杂体系的公司大有裨益。CAD、CAM系统的主要缺点在于它们要求企业在必要的软件、硬件、通信和集成过程的设置和学习方面付出相当多的时间和投资。

所有生产设施都可以实现自动化吗？计算机集成制造（computer-integrated manufacturing，以下称CIM）系统将设计和制造功能与其他自动化功能结合在一起，例如接单、发货和计费等，从而实现了制造工厂的全面自动化。维斯达印刷（VistaPrint）不仅利用CIM系统来制造产品，还用它帮助客户创建订单，比如定制名片、小册子，甚至T恤衫。通过CIM系统，该公司扩大了自己的业务，并且能够在保持实惠价格的同时服务更多客户。

【失败案例】

科技：过犹不及？

当丹佛国际机场自诩拥有全自动行李处理系统时，其原本想要的优势最终未能实现。该系统的目标是让行李沿着自动轨道在航站楼和行李提取区之间移动，两者的距离在大型机场有时长达几英里。一个集中式计算机系统将控制整个操作，因而消除了将行李从一个地方搬运到另一个地方的人工处理需求。然而十多年来，在经历了种种行李丢失、系统故障和成本飙升的问题后，这个容易出错的系统最终关闭了。唯一使用过该系统的美国联合航空公司（United Airlines）重新使用行李处理流程来完成此前由全自动系统完成的工作。在切换系统前的一次检测中，人工处理的错误率低于自动化系统的。借助手持扫描仪等移动设备，美国联合航空公司现在对行李的跟踪工作做得比以往都要好。

【商业杂谈】

三维打印：一场工业革命？

谁曾想到简单的打印操作可能会改变制造业呢？在别出心裁的技术融合之下，一种新型打印技术出现了，这就是三维打印。三维打印机可以将数字文件制作成实物，其过程类似于喷墨打印。然而，这些物体是由一层层有弹性的耐用塑料制成的。一旦打印完成，你就能得到一个可以拿在手里的塑料物体。这些物体的设计可能非常复杂，例如带有可转动轮胎和不同色彩的玩具车。三维打印机几乎可以让人们在任何环境下（例如家里、工作场所或偏远的岛屿）大规模定制符合个人需求的产品。此外，由于不到一千美元就可以买到一台三维机器（随着时间的推移，这种机器无疑将变得更加实惠），因此三维打印可能会改变企业的外包决策。例如，小型零件和物品的制造业务可能会回归美国，甚至可以在人们的家中而非大型离岸工厂完成。三维打印机还可以更快地制作产品原型，从而加速了新产品的研发。对此你的看法是什么？你认为三维打印会改变制造业吗？

自动化对整体生产力产生了怎样的作用？ CAD、CAM、CIM 系统缩短了设计和制造之间的等待时间，从而给生产力带来了重大影响，并极大地改善了商品生产过程。这些系统还扩大了生产流程中自动化机械的应用范围。在技术的快速进步下，CAD、CAM、CIM 系统的应用不再局限于大型量产工厂，它们也进入了许多小型公司。

CAD 利用计算机技术来设计二维或三维物体。
来源：Marzky Ragsac Jr./Fotolia。

■ 根据现在对运营管理、产能规划、设施选址和布置等知识的了解，你是否认为瑞士是阿瑟·里德的最佳选址地点？他的公司应该采用哪种类型的设施布置方式？又该使用哪些技术和设备呢？

11-4 生产控制

说明企业是如何进行生产控制并达到质量标准的。

■ 当女儿从儿童高脚椅上摔下来后，珍妮特·佩无法阻止女儿蕾哈娜（Rihanna）的哭泣，而她自己也止不住地颤抖。这把高脚椅上的活动托盘意外从椅子上脱落，蕾哈娜一头栽到了厨房的瓷砖地面上，撞到了头，而且划破了嘴唇。这起意外发生后不久，珍妮特收到了制造商的产品召回通知。召回产品这件事对珍妮特和她的家人来说并不新鲜。最近，因为大肠杆菌污染，她不得不扔掉好几磅肉，而她珍爱的家庭汽车也被召回了。到底出了什么问题？企业在生产过程中用什么来保证按时生产出高质量的产品？

保证和控制产品质量的最佳办法在于监督每一个生产环节。 存货管理既决定了企业的盈利能力，也决定了客户满意度，因为它可以确保产品或服务按时交付。本节我们将从关键的项目管理和调度技术入手，研究生产过程中重要的控制领域。此外，我们还将了解如何在生产流程的最后对存货及其质量进行控制和管理。

生产流程控制

来源：Purestock/Getty Images。

调度是如何塑造生产流程的？ 在生产方面，**调度**（scheduling）指的是对设备、设施、劳动力及材料的有效组织。调度有两种类型：**正向调度**和**逆向调度**。通过正向调度，企业可以从材料可用之日起安排最高效的生产计划，然后根据该计划确定发货时间。逆向调度恰恰相反：企业会先得到一个发货或交付时间，之后根据所有工作必须完成的时间来确定开始时间和最有效的生产计划。

哪些工具有助于实施调度？ 实施有效调度的主要因素有两个：**负荷分配**与**顺序安排**。负荷分配是指将工作分配给特定的机器或整个工作中心，顺序安排指的是安排处理工作的顺序。软件系统可以用来整合包括负荷分配和顺序安排的紧密调度，从而确保所有恰当的工具都在正确的时间被用在了正确的工作上。然而，不管这个系统有多精密，所有配置都是根据输入系统的数据及其使用原则估算出来的。用人来监督调度安排始终是非常可贵的，因为员工拥有无法被编入计算机程序的经验和判断能力。

如何跟踪生产流程中的个人任务？ **甘特图**（Gantt chart）是用于监督特定项目进程的工具之一，这是亨利·甘特（Henry Gantt）于20世纪20年代开发的工具。甘特图看上去好似横向柱状图。它用单独的条块代表每一个项目，并按项目必须完成的前后顺序来排序，同时标注每个项目的时长。

表11-1是一个改建项目的甘特图。最初，甘特图主要用在大型建筑项目上，例如20世纪30年代的胡佛大坝。现在，甘特图可以用来管理多种大型和小型项目。在项目进程中的任何时刻，项目经理和制造商都可以快速了解哪些任务已经完成，哪些任务正在进行，以及哪些任务尚未开展。此外，甘特图还有助于员工识别按时完成的任务和滞后的任务。

表 11-1　甘特图示例

改建项目														
改建项目任务编号:	7 月 12 日			8 月 12 日				9 月 12 日					10 月 12 日	
98001505	15	22	29	5	12	19	26	2	9	16	23	30	7	14
项目总体时间	◀▨▨▨▨▨▨▨▨▨▨▨▨▨▨▨▨▨▨▨▶													
软件演示	▬	▬												
软件演示—结构		▬												
软件演示—钢结构制造			▬	▬										
框架布置			▬	▬										
天窗				▬	▬									
屋面洞口翻边与修补				▬	▬	▬								
电路布线				▬	▬	▬	▬	▬	▬	▬	▬	▬		
升降门				▬										
钢筋结构检查				◆										
水泥结构浇筑				◆										
服务或电梯维修					▬									
水管布线					▬									
网线或电话线铺设					▬									
钢筋结构安装						▬	▬							
丁字架网格修复							▬							
墙面检查					◆									
干墙螺丝检查						◆								
糊墙与填缝							▬							
夹楼演示							▬	▬						

什么是PERT图? 项目计划评审技术（program evaluation and review technique, 以下称PERT）反映了一个项目的相关步骤，它区分了那些必须按一定顺序完成的任务以及可以同时开展的任务。PERT图就像一个流程图（见图11-2），它在更大程度上强调的是任务之间的关系，而不是任务的时间线。

PERT图定义了**关键路径**，即企业需要用最多时间来完成连续任务的路径。这有助于管理者判断完成一个项目的整体时间线，从产品制造的角度说，也就是确定生产某个商品或提供某种服务的时间线。然而，由于延迟会导致项目关键路径发生改变，因此PERT图在预测项目完成时间方面的能力有限。

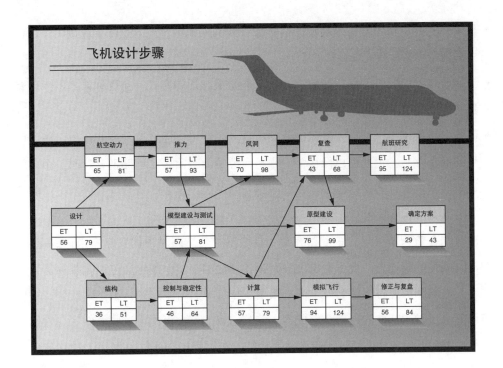

图11-2　PERT图示例

注：ET是指最早发生时间；
LT是指最迟发生时间。

采购与存货控制

生产过程中的材料是如何获得的？采购（purchasing）是指获得生产过程中所需的材料和服务。生产管理者需要找到能够以最优价格提供优质资源的可靠供应商。互联网使得采购过程变得更具竞争性。正如你在购买东西之前会在网上搜索最优价格，采购经理可以在签订服务协议之前上网比较不同供应商的服务和价格。

企业如何对存货进行控制？存货控制（inventory control）包括针对从原材料到成品在内的所有公司存货开展收货、储藏、处理以及跟踪工作。存货主要有四种类型：原材料、半成品、成品以及消耗品（例如纸和笔）。存货通常是企业最大的一笔开销。因此，对每种类型的存货进行记录能够确保企业对所有必要的材料都有储备而且很容易找到。合理的存货管理有助于企业管理好那些可能会变质并有一定保质期的产品，以及那些已经过时的产品。良好的存货管理还可以防止存货被盗。

存货管理方式有哪些？企业可以通过多种方式来管理存货。没有什么方法是适用于所有企业的，有时企业会使用多种方式来管理不同类型的存货。企业规模、所需存货总量、企业与供应商的空间距离、存货可用的存储空间，以及存货的易腐性等因素都会影响最佳存货控制的类型。

- 最简单的存货管理方式是**视觉评估**。当看到供应不足时，企业就该订货了。这种方式适用于那些没有大量存货的企业。
- 当需要精确计数时，**存货簿解决方案**可能是最合适的方式。在这种方式下，现有存货将与已订购或已售出的货物一同入账。
- **储备存货系统**是一种不太复杂的管理体系。企业可以通过这种方式预留一些不可动用的储备存货。企业可以像往常一样清点存货，当需要动用储备存货时，企业就知道是时候重新订购该商品了。在使用这一系统时，重要的是管理者应当记住储备存货足以支撑到再配货所需的时间。
- **准时制存货管理**可以让企业留存尽可能少的存货，同时根据实际需求订购存货。在准时制存货管理下，很少会出现没有具体用途的存货。戴尔通过准时制存货管理在个人电脑制造业打出了名气。由于采用了按订单进行生产的体系，这家公司减少了可能会过时的部件的大额存储成本，该公司可能不会再使用这些部件了，它们会变得过时和无用。在采用这一管理体系后的四年时间里，戴尔的收入从20亿美元上升至160亿美元。[12]以更短的时间存储更少的物品有助于减少企业的存储成本。准时制存货管理体系并非没有缺点。为了正常运作，企业必须与供应商保持良好的关系，确保正确的货物以恰当的数量按时送到需要它们的地方。

如何利用科技来简化存货控制？ 许多企业借助电脑存货系统来对此进行控制，这些系统使用了贴在产品上的条形码或**无线射频识别**（radio frequency identification，下文称RFID）标签。条形码和RFID标签存储了每个货物的具体信息，包括货物的成本、存货编号、存储位置等。货物在进出公司或供应商的工厂时，会经过电子扫描。存货在使用和销售时都会经过扫描，而计算机则会随着数量的变化不间断地更新每款货物的信息。电脑存货系统使得分析存货管理的定量因素变得更为简单，企业可以快速分析每款货物的销售速度，一次需要准备多少存货，以及每隔多久要更新一次存货信息，等等。

什么是物料需求计划？ 物料需求计划（materials requirement planning，下文称MRP）是更适合生产方的存货管理方式，这是一个用于存货管理和生产计划的计算机程序。订单生成之后，订单中的具体要求将被输入MRP系统。该系统根据之前的制造数据将任务分解为多个部分，接着确定完成任务所需的零部件，并将这些结果与现有存货信息进行比对。根据对比，MRP系统会重点强调企业需要生产或从供应商处购买哪些部件，以及何时需要它们。了解这些信息有助于企业在开工之前判断自己是否缺少项目所需的零部件和劳动力。

MRP系统有很多局限性，其中最大的局限在于其有效性取决于之前的数据。因此，如果企业未能维护好数据，那么系统的估算将变得越来越没有用。MRP系统的另一个局限性在于它的范围：它只关注对生产过程所需零部件的管理，而不关注其他任何业务领域。

什么是企业资源计划？ 规避MRP系统局限性的方法之一是使用**企业资源计划**（enterprise resource planning，下文称ERP）系统。和MRP系统一样，ERP系统是用来监督企业存货和流程调度的，但它还可以将这些功能与企业的其他方面结合起来，例如财务、营销、人力资源等。典型的ERP系统可以将信息整合在一个中心数据库，不同类型的信息可以在不同类型的功能模块获取。信息可以跨部门共享，从而简化工作流程、提高员工生产效率。不同部门可以在一起协作，而不用担心各自软件的兼容性。Oracle、SAP和微软等都是提供ERP系统的企业。

有了条形码和 RFID 标签，存货就可以通过电子化方式得到监控了。
来源：Mr.Zach/Shutterstock。

质量管理

品质控制始终是运营控制流程的一部分吗？ 用于保证产品达到某一质量水准的技术、活动以及过程统称为**品质控制**（quality control）。过去，大多数企业都拥有独立的品控部门，负责在生产流程的最后检查和测试产品缺陷。但是在最后进行产品检查有许多问题。原因之一是代价高昂。由于检查工作是由产品制造工人之外的人员负责的，每个检查员都会根据自己的标准和流程来判断一个产品是否合格，这会造成额外的成本并导致效率低下。此外，瑕疵品必须报废或全部返工，从而增加了成本和操作工序。

企业可以通过哪些手段来提高质量？ 仅仅通过监督员工和检查完工后的产品来进行质量控制，就好比治标不治本的治疗。因此，从20世纪80年代起，企业开始专注于在生产过程中的每一步提高质量，而不是在产品做好之后再报废或修复它们。在日本制造商将"全面质量"概念融入产品制造的各个阶段并因此提高了日本企业在国际市场上的地位之后，美国企业也全面接纳了这种方式。[13]汽车市场就是这样一个例子。日本汽车以品质优良著称，而美国汽车制造商却难以与其匹敌。日本企业的产品不仅质量更高，价格也更低。作为回应，以及为了保持自身的竞争力，美国企业开始要求所有参与生产过程的人员（包括管理者、客户、员工以及供应商等）都采用**全面质量管理**（total quality management，下文称TQM）。

如何实施TQM？ TQM指的是通过明确问题的根源和提供持续解决方案来实现对产品、服务和流程的持续改进。企业可以通过美国统计学家W.爱德华·戴明（W. Edwards Deming）创造的"计划—执行—检查—处理"（plan-do-check-act，下文称PDCA）循环来实施TQM（见图11-3）。在明确了系统中的问题后，企业使用PDCA循环来制订计划，从而减少已经识别出来的错误，接着小规模地执行计划、检查改进成效，然后在更大范围内实施该计划，同时对结果进行持续监控。

企业实施TQM需要进行哪些操作？ 统计质量控制（statistical quality control）包括一系列用于分析生产过程的每个阶段以确保产品达到质量标准的统计工具。**统计过程控制（statistical process control）**是企业进行统计质量控制所使用的工具之一。企业可以使用统计过程控制工具在生产的每个阶段对产品进行抽样检查，从而确定是否有任何问题。如果有问题，那么系统会向管理人员发出信号，表明生产过程的某个阶段出现了问题，必须加以纠正。

TQM是如何满足客户需求的？ 企业仅仅运用质量管理工具是不够的。实施TQM的一个重要目的是满足客户的需求和愿望。石墨制造商西格里集团（SGL Carbon）始终坚持实施TQM，该公司将产品是否符合高质量标准的最终决定权交给了客户。尽管企业可能会在一开始就对优质产品和劣质产品做出定义，但只有那些在生产过程中同步强调质量要求并兼顾客户意愿的公司才会在国际市场上更具竞争力。

是否还有其他品控方式？ TQM是以战略为基础的，它力求企业在保证质量的同时逐步进行改进。**六西格玛（Six Sigma）**是另一种品控方式，这种方式试图通过在组织的各个方面落实质量提升重点来切实消除产品缺陷。尽管在很多方面都与TQM相似，但六西格玛力求"持续改进并趋于完美"。TQM通常会使企业达到一个无法再做任何质量改进的阶段，而六西格玛的不同之处在于它可以使企业持续改进质量。员工要接受六西格玛方面的培训，同时负责在生产过程中实施任何必要的改变，从而确保产品的总体质量达到要求。采用六西格玛方式的企业，其产品在每100万次检查里出现缺陷的次数低至3.4次。在20世纪80年代采取了质量持续提升手段的摩托罗拉公司于1992年达到了六西格玛品质。[14]通用电气和霍尼韦尔等其他大型企业均效仿了这一做法。

图11-3 PDCA循环

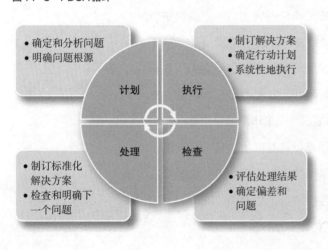

- 确定和分析问题
- 明确问题根源

- 制订解决方案
- 确定行动计划
- 系统性地执行

计划　执行

处理　检查

- 制订标准化解决方案
- 检查和明确下一个问题

- 评估处理结果
- 确定偏差和问题

鲍德里奇奖

马尔科姆·鲍德里奇国家质量奖（Malcolm Baldrige National Quality Awards）表彰的是那些具有卓越表现的美国私营和公共组织。该奖项设置于1987年，以罗纳德·里根政府时期的美国商务部长马尔科姆·鲍德里奇的名字命名。这是唯一一个由美国总统颁发的企业质量与绩效方面的奖项。

要想获得鲍德里奇奖，组织必须来自以下六个领域中的一个：教育、制造业、服务业、小型企业、医疗保健以及非营利领域。该奖项并不关注某项具体产品或服务，相反，它关注的是组织的整体品质。为了获得鲍德里奇奖，组织必须在管理上做出表率，专注于以下几点：优质产品或服务的持续改善，高效且有效的运营，具有吸引和响应客户及其他利益相关者的有效方法。

获得过鲍德里奇奖的组织有：美国米德威（MidwayUSA，小型企业领域）、圣迭戈特许学校（Charter School of San Diego，教育领域）、查尔斯顿地区医疗中心健康系统（Charleston Area Medical Center Health System，医疗保健领域）、美中器官移植服务（Mid-America Transplant Service，非营利领域）。美国米德威在2008年就获得过该奖项，与该组织一样屡次获奖的组织还包括：小型企业领域的梅萨产品有限公司（MESA Products Inc.）、医疗保健领域的北密西西比卫生保健服务（North Mississippi Health Services）、制造业的旭创集团（Solectron Corp.）、小型企业领域和制造业的阳光鲜食有限公司（Sunny Fresh Foods Inc.）、小型企业领域的得克萨斯州铭牌有限公司（Texas Nameplate Company Inc.）以及服务业的丽思卡尔顿酒店。

是否存在全球性的质量标准？ 国际标准化组织（International Organization for Standardization，下文称ISO）是一个致力于为商品和服务制定国际通用标准的组织。ISO创立于1947年，总部位于瑞士日内瓦。由于自由贸易壁垒（特别是欧洲国家之间的壁垒）开始消除，ISO标准使得不同市场和公司可以相互进行交易，同时确保了所有商品和服务都符合一套统一的质量标准。每个国家都有一套自己的标准体系，而采用ISO标准的企业能够确保产品在不同国家都保持统一的质量。该组织发布了超过19 500套标准，每年发布的新标准有1 000多套。ISO的目标是使所有参与国采取在品质和能力上保持一致的生产步骤。超过161个国家采纳了这些标准，数千个国家要求本国产品经过ISO认证。一些行业甚至制定了自己行业特定的ISO质量指标。[15]

ISO标准不仅适用于产品本身，还适用于企业在制造产品时所使用的生产方式和体系，以及公司内部的沟通方式和领导力等其他领域。大多数ISO标准都针对的是特定产品或行业，但有两类标准可以不受规模、产品或服务、业务领域或企业类型的限制而应用于所有组织，它们是ISO 9001和ISO 14001标准。ISO 9001实行的是质量管理体系，而ISO 14001实行的是环境管理体系。

ISO体系的认证过程是怎样的？ 认证工作通常由第三方负责，其会对公司的质量保证手册和行为进行评估。首先进行的是预审评估，在此期间，认证官会审核概括了企业标准和流程的文件。如果质量保证手册和其他文件通过了审核，那么第三方便可以继续开展剩余的评估工作。如果认证官在这些文件里发现了问题，那么下一步审核便会延后，直到错误得到纠正。在正式评审期间，认证官会检查经修订的文件，还会与员工、管理者进行面谈。这部分审核的目的在于确保书面政策和流程在公司的生产中得到落实。最后认证官签发审核报告，该报告汇总了审核结果，并且列出了所有需要改进的地方。企业如果在这个阶段需要进行修正，那么可以着手开展修正工作并将其记录在提交给认证官的报告里。当企业完成了令人满意的修正后，认证官便可以向该公司颁发认证书。一旦通过认证，该公司就可以将ISO标志放在自己的宣传材料和信笺抬头上。

首次认证通过后，认证官每年都会重返该公司两次进行检查，以确保公司依然符合ISO标准。这些现场检查是在没有事先预告的情况下进行的，认证官重点考察的是那些在初始评审中明显薄弱的领域。每隔三年，认证官还会再进行一次全面审核，签发一份新的审核报告。而公司也必须设立内部审查程序，从而确保自己始终践行ISO标准。

ISO认证的好处是什么？ 成功通过ISO认证的企业已经显露出了明显的优势，包括客户满意度的提升以及获得国际上的认可等。效率的提高、保持程序一致性以及基于实际的决策方法等，都是企业为了取得认证而必须实施的指导方针以及最终获得的结果。通过ISO认证的企业同时享有营销方面的优势，因为它们可以宣称自己达到了这一质量标准，从而吸引新客户和留住现有客户。最终，由于财务业绩的改善、生产率和客户满意度的提高，企业的收入有所增加。在实施了ISO 14001环境标准后，福特汽车公司每天减少用水量近一百万加仑，同时因为不再使用日光灯而省下了超过65 000美元的电费（每年）。该公司还回收油漆废料，从而减少了废弃的油漆污泥。此外该公司开始使用可重复利用的塑料或金属容器，而不是纸板盒或胶合板箱。[16]

■ 珍妮特·佩已经失去了对儿童高脚椅质量的信心，这一点儿也不奇怪。让消费者失去对企业生产优质产品的信心的代价是高昂的。销量下降会导致利润减少，而修复一家企业的声誉并重新赢得客户尊敬的成本可能更为高昂。在生产流程的第一步就注重质量管理并在整个企业内部采取以质量为导向的管理方式，可以确保企业生产出质量一致的产品。

11-5 供应商与供应链管理

定义供应链管理，说明它是如何帮助企业更高效地生产和交付商品与服务的。

■ 租约上的签名墨迹尚未干透，西尔维娅·阿克曼就已经开车前往宜家为自己的新家添置家具了。西尔维娅因为产品的简洁线条和清爽设计爱上了这家瑞典家具商。此外，由于这些产品都采用平板包装，因此她可以在没有他人帮忙的情况下将购买的东西搬回家。西尔维娅也很喜欢自行组装家具的挑战。最重要的是，西尔维娅知道宜家的定价是无可匹敌的，她总是可以用合理的价钱买到优质的产品。

宜家这样一家瑞典家居零售商和其他家具公司的不同之处在于包装和产品储藏方式。宜家的大多数产品都采用平板包装，企业可以经济地运输家具，然后在消费者家中进行组装。这种紧凑型包装方式将运输和存储成本缩减到了最小，因此降低了宜家产品的零售价格。该公司在全世界拥有多个工厂，并且还在不断开设新的工厂来满足越来越多特许店铺的供应。此外，宜家依托一个由供应商、运输商和仓储设施组成的系统，为了维护公司声誉，宜家需要对这个系统进行妥善管理。

供应链

什么是供应链? 几乎每一个到达终端用户手中的产品——无论它是否完全由某个企业制造——都是世界各地多个组织的成果。**供应链(supply chain)** 包括所有业务合作伙伴、服务供应商,以及参与产品生产或将产品交付给客户的原料制造商、分销商、零售商、运输商等。供应链还包括组织内部的所有主要部门。此外,位于供应链末端的自然是客户。

【清单】   **LIST**

在供应链管理方面排名领先的公司[17]

---

1. 苹果

2. 宝洁

3. 联合利华

4. 麦当劳

5. 亚马逊

6. 英特尔

7. H&M(海恩斯莫里斯)

8. 印第纺集团

9. 思科

10. 三星

企业需要从全世界的供应商那里获得原材料,而使用这些原材料的工厂通常位于其他大洲。接下来,商品成品会经过包括仓库、分销商、零售商在内的多重分销网络,最终到达客户手中。协调这些活动所需的信息和通信系统同样是供应链中的一个重要环节。新兴的通信和计算机技术造就了通信与信息系统,无论供应商、制造商、分销商、零售卖场以及最终客户在什么地方,这样的系统都可以将各方联系在一起。

供应链是流动的、不断变化的,它需要所有相关方进行大量沟通与协调才能实现最高的效率。供应链是每个业务实体(服务业、制造业、营利和非营利组织)的一部分。

企业如何决定使用哪种供应链? 企业与供应商建立联系就好比双方结成了合伙关系。为了找到能真正满足自身需求的供应商,企业首先必须清晰地定义和理解与其竞争策略有关的需求。成本始终是因素之一,但它不应该是唯一因素。例如,一家供应商可能会提供以极低的代价制造的零件,但零件的质量很差,以致产品需要维修或召回，最终企业付出了比生产优质零件还要高的代价。企业的声誉也因此受到影响，而修复声誉的代价是巨大的。

对运营经理来说，他们的挑战是找到提供最优解决方案的供应商。运动服装制造商巴塔哥尼亚等公司会对供应链上的合作伙伴进行选择和管理，从而确保供应链上的每个环节——从剪裁到成衣，都能反映巴塔哥尼亚公司在环保意识和环境保护上的承诺。该公司曾在其网站上发表过一篇有关供应链运营的文章，名为《碳足迹记录》（The Footprint Chronicles，地址：https://www.patagonia.com/footprint.html）。

有助于企业与供应商建立联系的渠道有很多。这些渠道包括北美商业改进局（Better Business Bureau）、本地商会、展会、贸易杂志、互联网，以及来自朋友和企业熟人的推荐等。此外，如前文所述，为了在本国和海外找到优质、可靠的供应商，很多企业都会寻找通过ISO认证的供应链合作伙伴。

为什么供应链管理很重要？ 供应链的可靠程度取决于它最弱的环节。**供应链管理（supply chain management）**指的是对生产过程中所有相关组织及其活动进行管理。供应链管理的目标是使价值最大化和实现可持续的竞争优势。此外，供应链管理可以通过严密关注供应链每个环节的方式来帮助企业减少碳足迹（见图11-4）。直到最近，很多企业还没有关注将产品最终交付给客户这一环节。供应链中的任何一个不良环节都会给供应链上的其他成员带来灾难性后果。

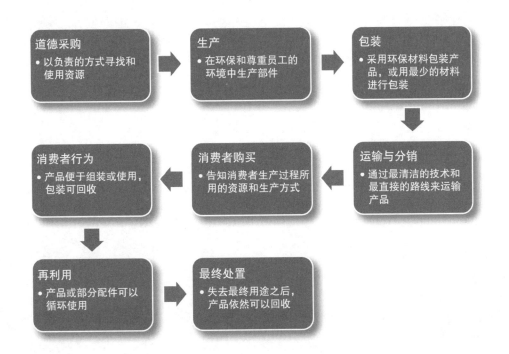

图11-4　供应链碳足迹管理

由于企业想减少自己的碳足迹，因此它们需要更详细地了解供应链上的每一个环节。

供应链管理不仅对提升组织内部的效率很重要，对提高生产和分销过程中所有部门的效率同样重要。此外，一些企业正试图通过定位存货的方式来提高自身的国际地位，这样无论客户身在何处，只要数量和价格合适，他们都可以得到自己想要的产品。而这种情况只有当供应链上所有成员齐心协力时才会实现。与供应链上的相关方在生产与设计上的合作增加了企业对更好地共享产品信息和协作式开发产品的需要。在寻找原材料价格最低的供应商的过程中，宜家等公司被迫成为全球性企业，这使得供应链成了一个更为复杂的过程。如果对其管理不善，那么这会导致企业效率低下。

供应链管理只适用于制造型企业吗？ 服务型企业中同样存在供应链。对服务型企业来说，它的供应链管理（有时也称服务链管理）目标也是最大化交付过程的价值，从而获得竞争优势。然而，服务型企业所管理的并非"物品"，而是劳动力为了完成服务所需的时间和行动。服务型企业的供应链管理包括对客户的反馈和需求进行评估和预测，此外还涉及计划、调度、劳动力管理，以及企业资源规划等工作。最后，服务型企业还很注重通过提高沟通技巧来与客户建立牢固联系。

■ 为了保持竞争力，同时在不牺牲质量和客户服务的前提下保证较低的零售价格，宜家曾经寻找过提升运营效率的方式。为了降低成本、保证质量和客户满意度，宜家将重点放在了从产品设计到分销的供应链管理上。[18]宜家的门店、特许店铺、仓库以及供应商遍布世界各个主要地区，宜家因此拥有了一个遍布全球的供应链。

本章小结

11-1 说明为何生产和制造对美国和全球经济都很重要。

● 生产是为了向客户提供商品或服务，它包括一系列相互关联的活动，每个阶段的活动都在为产品增添价值。公司的经营目的是为消费者提供某项服务或商品。一个公司生产和交付产品或服务的效率越高，它的利润就越多。

● 尽管多年来美国制造业出现了衰退，但它仍然占美国国内生产总值的很大一部分。此外，制造业以服务和商品作为投入，因此制造业在总产出上实际占有更大的份额。

● 服务业对美国经济十分重要，它占美国国内生产总值的75%，并且提供了大约80%的就业岗位。从小型初创企业和以家庭为基础的企业到道琼斯工业股价平均指数所代表的大型企业，这些都是服务业涵盖的范围。

● 尽管将外包、离岸外包以及制造业都推向了低成本地区，但美国制造业依然在全球占有重要地位。美国始终是世界领先的工业强国。尽管这个国家不再像过去那样生产大量的低价值产品，但它仍然在生产大量高价值产品，并且是世界第三大商品和服务出口国。

11-2 说明什么是生产管理，讨论企业所使用的常见的生产流程。

● 生产管理是指在将资源转化为成品的过程中，企业所采取的规划、执行和控制措施。这些活动类似于运营管理活动，但更关注产品。

● 在开始生产流程时，确定哪些东西需要生产、哪些东西需要从外部供应商处购买，是运营主管首先要做出的决策，这通常被称为外购或自制决策。

● 大量生产是一种以低成本生产大批量商品的方式。大量生产的好处包括降低成本、缩减生产时间，以及因依赖机器生产而几乎不会有任何人为错误。大量生产的缺点在于它不够灵活，当出现意外问题时企业很难及时调整。

● 大规模定制是指为了满足客户的独特需求，以成本效益较高的方式对商品或服务进行定制化生产。大规模定制是通过柔性制造系统实现的，该系统通过程序来设置机器，让它们同时处理不同类型的部件——这使得制造商可以大规模制造定制产品。柔性制造系统的主要优势在于它提供了一种灵活性，企业可以制造大量具有细微差异的产品。柔性制造系统的挑战在于它不太适合生产需求量很高的商品。

● 精益制造是一种有关减少浪费和改善流程的生产原则。精益制造的基本宗旨是消除生产过剩、不必要的等待时间、不必要的运输，消除过多的存货、多余的操作和流程，以及消除粗心且有缺陷的部门，从而以更小的代价获得更多利润。

11-3 定义运营管理，说明决定生产设施位置和布局的重要因素，概括生产设备所使用的技术类型。

● 运营管理包括产品和服务的生产及分销活动管理。如何安排生产设施，采购什么物资，保留哪些材料和存货，以及如何检验和控制产品质量等，都是运营管理的内容。

- 在确定生产设施选址的时候，企业会考虑工厂与市场的距离、原材料的运输成本、高速公路和其他运输系统的便利性、有害废物的处理、劳动力的可用性以及公用设施、生活条件、法律法规等多种因素。

- 设施布置指的是生产过程中资源与人的物理配置及其相互作用的方式。设施布置对于企业效率最大化和满足员工需求非常重要。

- 尽管运营管理通常是与商品制造联系在一起的，但它所包含的许多概念同样适用于服务业。

- 机器人能够持之以恒地降低生产成本、提高生产效率，并且生产出优质的产品。

- CAD、CAM、CIM系统减少了从设计到制造的时间，极大地改善了商品的生产流程，因而对生产效率产生了重要影响。这些系统同时扩大了自动化机械在生产流程中的应用范围。

- 互联网的社交网络结构加上各种硬件与软件工具，这为那些"随心所欲"的、更有创意的消费者创造了一个现成的销售体系。除了设计，社交媒体可以让消费者直接影响企业的产品开发和制造，同时就企业的做法是否值得进行即时反馈。

11-4 说明企业是如何进行生产控制并达到质量标准的。

- 有效的调度可以帮助管理者控制生产流程。甘特图和PERT图等调度工具可以确保所有正确的工具都在正确的时间用在了正确的工作上。

- 采购是指获取生产过程中需要的材料和服务。为了完成这项工作，生产经理必须找到以最优惠的价格提供优质资源的可靠供应商。

- 存货控制是指针对从原材料到成品在内的所有公司存货，开展收货、储藏、处理以及跟踪工作。准时制存货管理系统可以使企业尽可能存储最少的存货，其他所有必需物资都是订购的，因而可以做到随需随到。

- 品质控制指的是通过科技以及各项活动和操作来确保某种商品或服务达到特定质量水准。

- TQM涉及生产优质商品的各个因素——管理者、客户、员工以及供应商。员工和管理者时刻以生产优质产品为目标。

- ISO为商品和服务创造了世界通用的质量标准。ISO标准不仅适用于产品本身，同时适用于企业在制造产品时所采用的生产方式和体系，以及其他领域，例如企业的内部沟通和领导力等方面。

11-5 定义供应链管理，说明它是如何帮助企业更高效地生产和交付商品与服务的。

- 供应链管理是针对生产流程中的所有组织进行的管理活动。供应链管理的目标在于价值最大化和获得持续的竞争优势。供应链管理不仅对提升组织内部的效率十分重要，对优化生产和分销环节中的所有要素也很重要。

- 供应链由信息和通信系统组成，它们共同发挥作用，使产品及零部件从原材料转变成交付给消费者的成品。

重要概念

流水线

产能规划

单元式布置

CAD

CAM

CIM

连续流生产

企业资源计划

设施布置

定位式布置

柔性制造系统

甘特图

间歇式生产流程

存货控制

ISO 9001

ISO 14001

准时制存货管理

精益制造

外购或自制决策

大规模定制

大量生产

物料需求计划

运营管理

工艺式布置

产品式布置

生产

生产管理

项目计划评审技术

采购

品质控制

射频识别

调度

六西格玛

统计过程控制

统计质量控制

供应链

供应链管理

全面质量管理

自我测试

单选题（答案在本书末尾）

11-1 以下哪项是企业在选择最佳地点时应考虑的因素？

a. 是否靠近客户

b. 是否靠近原材料

c. 是否靠近熟练劳动力

d. 以上所有

11-2 大规模定制可以通过哪种系统实现？

a. 柔性制造系统

b. 精益制造

c. 正向处理

d. 逆向处理

11-3 哪种生产方式力求减少浪费和改善生产流程？

a. 大规模定制

b. 大量生产

c. 精益制造

d. 流水线制造

11-4　如果福特汽车公司想了解一款新车车身的空气动力学原理，那么它可以利用以下哪种技术来制作车身的虚拟三维模型？

a. CAD

b. 同步工程

c. CIM

d. 机器人

11-5　以下哪项适用于所有组织的环境质量系列标准？

a. 六西格玛

b. ISO 14001

c. ISO 9001

d. TQM

11-6　存有最少存货的系统是：

a. 准时制存货管理系统

b. 射频标签

c. 物料需求计划

d. 企业资源计划

11-7　与甘特图相比，PERT图的不同之处在于？

a. PERT图绘制了生产任务的时间线

b. PERT图绘制了生产设备的工作流

c. PERT图明确了项目中的关键任务路径

d. PERT图可以预测项目的完成时间

11-8　射频识别可以用来：

a. 记录每项存货的状态和数量

b. 记录存货产品的客户基础

c. 与工厂的其他工人保持联系

d. 记录运输到工厂的自然资源

11-9　哪种设施布置方式最适合定制化自行车的生产？

a. 产品式布置

b. 工艺式布置

c. 单元式布置

d. 定位式布置

11-10　六西格玛与TQM的区别在于：

a. 在生产过程中减少误差

b. 提高客户满意度

c. 明确潜在的问题

d. 通过持续的改善达到几乎完美的标准

判断题（答案在本书末尾）

11-11　机器人可以在有潜在危险的环境下持续、精准地作业。

□对　□错

11-12　CIM指的是利用计算机软件来创造零件或设备的二维或三维模型。

□对　□错

11-13　供应链管理指的是为商品生产提供必需物资的过程。

□对　□错

11-14　外购或自制决策决定的是哪个生产阶段需要外包。

□对　□错

11-15 由于美国更多的是一个以服务业为基础的经济体，因此制造业对其国内生产总值没有什么贡献。

□对　□错

批判性思考题

★ 11-16 供应链管理是对商品或服务的生产和交付过程中的所有组织活动的管理。描述你所在学校的教育供应链，它包含的内部和外部组成部分都有哪些？可以对其做哪些改进？

★ 11-17 提供优质客户服务是所有服务型组织的重点，然而我们常常要等很久才能让医生看病，或者在餐厅遭遇很差的服务。回忆你在服务提供者那里遇到的糟糕经历，描述你的经历并列出一些改进建议。

11-18 一家体育器材公司因其从南美洲进口的特殊网球拍手柄而著称。随着运输这些手柄的成本越来越高，该企业希望自行生产这种手柄。在向生产流程中增添新的步骤之前，这家企业应该考虑哪些因素呢？

小组活动

外包还是不外包……这是个问题

将全班分成两个小组，分别代表这个问题的正反两方：

a. 一组认为企业应该自己制造某组件。

b. 一组认为企业应该外包生产某组件。

场景

新泽西州的磨石物资公司打算扩大大型壁挂钟的生产规模。过去，该公司将钟表弹簧的制造外包给了内布拉斯加州的一家公司。这种做法的成本效益在过去很高，但是现在弹簧的需求量增大了，磨石物资公司打算自己生产弹簧。尽管内部生产弹簧的成本很低，但是由于生产过程会有很大变动，因此该公司并不清楚从长远角度看这么做是否有利。由于现有工厂只自制木材和塑料来进行生产，因此该公司需要用新机器来生产弹簧。随着新机器的到来，企业还需要新的技术人员来监控和维护机器。磨石物资公司应该改变自己的生产流程并在其中加入弹簧制作环节吗？或者它应该像过去一样继续在内布拉斯加州外包生产？这一决定将如何影响员工的士气和员工相互之间的关系？

步骤

步骤1，针对上述场景中的问题，记录你的想法和观点，务必从将问题分配给你的角度去思考。

步骤2，和小组成员一同回顾这一问题，讨论为什么站在你所在小组的立场做出的决策是最好的。

企业道德与企业社会责任

你刚刚被提升为某办公用品公司的运输部负责人，现在该由你决定运输路线了。你所在的公司位于美国东海岸，靠近主要高速公路和港口。过去，卡车运输是首选运输方式，因为人们认为它的成本效益最高。而轮船运输能够极大地减少卡车尾气给环境带来的负面影响。经过一番演算后，你意识到尽管海运可能会给整体利润带来不利影响，但公司依然可以获得可观的利润。

问题讨论

11-19 你会在这种情况下做出什么决定——陆运还是海运？

11-20 如果你被告知你的个人收入会因为采用更环保的运输路线而缩水，那么这将如何影响你的决定？

11-21 你认为一家转而采用对环境危害更小的做法的企业，会给运输业的整体氛围带来怎样的影响？

在线练习

★11-22 我选我味

20世纪70年代中期，汉堡王在快餐产品中引进了大规模定制的做法。今天，大规模定制可以借助互联网和其他科技来完成。请在网上搜索，找到五家采用大规模定制的企业，接着讨论根据自己的特殊需求定制产品对你来说是否很重要。

11-23 造就环保的美国

尽管美国已经成了一个更多以服务业为主的经济体，但很多人认为，对新型环保科技的关注可能会将制造业带回美国，助力美国经济复兴。调查美国现在正在研究什么样的环保技术，你是否认为在这些技术上进行更多投资会让大量制造业回归美国。

11-24 射频识别

在运输过程中用芯片来跟踪商品变得越来越普遍。请利用互联网，研究并应用RFID产品。哪些技术可以用来跟踪商品？这些商品的覆盖范围又有多大？

11-25 日常用品是如何制造的

斯坦福大学创新制造联盟（The Alliance for Innovative Manufacturing at Stanford University）制作了一些短片，介绍了豆形软糖、飞机以及瓶子的制作过程。这些产品采用了多种制作流程，包括锻造、铸造以及注射制模等。在浏览器里输入网址"manufacturing.stanford.edu"，点击链接"How Everyday Things Are Made"（日常用品是如何制造的）。观看一些视频，接着点击"Test Your Knowledge"（检验你的知识）、"Think

About It"（想一想），以及"Apply It"（利用它）等链接。写一段简单的话来总结你的体验和成果。

奖。至少调查两家这样的公司，讨论每个公司为了多次获得该奖所采取的质量管理措施。

★ 11-26　获奖的品质供应商

很多企业都曾多次获得马尔科姆·鲍德里奇国家质量

MyBizLab

在你的MyBizLab作业板块完成以下写作练习。

★ 11-27　哪些技术变革使得大规模定制得以发生？和大量生产相比，大规模定制这种生产流程的优点和缺点是什么？

★ 11-28　苹果公司是供应链管理方面的领军企业，研究苹果公司的供应链模型，说明它为何是卓越的标准。讨论其供应链上的哪些地方仍然需要改进（如果有的话）。

参考文献

1. U.S. Bureau of Economic Analysis, "National Data," http://bea.gov/iTable/iTable.cfm?ReqID=9.

2. United States Census Bureau, "Foreign Trade. Annual Trade Highlights, 2015 Press Highlights," http://www.census.gov/foreign-trade/statistics/highlights/annual.html, accessed May 16, 2016.

3. 同上。

4. World Bank, "World Development Indicators, GDP," http://data.worldbank.org/indicator/NY.GDP.MKTP.CD?order=wbapi_data_value_2012+wbapi_data_value+wbapi_data_value-last&sort=desc.

5. Deloitte, *2015 Global Manufacturing Competitive Index, Summary Brief*, www2.deloitte.com/us/en/pages/manufacturing/articles/global-manufacturing-competitiveness-index.html.

6. "Customer-Made," May 31, 2012, http://trendwatching.com/trends/CUSTOMER-MADE.htm, reprinted with permission.

7. Martin Murray, "Reducing Transportation Costs," About Money, November, 25, 2014, http://logistics.about.com/od/forsmallbusinesses/a/Reducing-Transportation-Costs.htm, accessed May 14, 2016.

8. "Tata Steel Ranked World's Best Steel Maker by World Steel Dynamics," *Tata*, June 22, 2005, www.tata.com/media/releases/inside.aspx?artid=nAlH2iibp8Q=.

9. Reverse Logistics: From Trash to Cash. *Bloomberg Businessweek*, July 28, 2008, www.businessweek.com/stories/2008-07-23/reverse-logistics-from-trash-to-cash.

10. Paul Graham, "How to Be Silicon Valley," May 2006, www.paulgraham.com/siliconvalley.html.

11. N. Shivapriya, "India Remains World's Top Outsourcing Destination," *Bloomberg Businessweek*, July 10, 2009, www.businessweek.com/globalbiz/content/jul2009/gb20090710_974200.htm.

12. Jonathan Bymes, "Dell Manages Profitability, Not Inventory," in *Working Knowledge for Business Leaders*, Harvard Business School, http://hbswk.hbs.edu/archive/3497.html.

13. American Society for Quality, "The History of Quality—Total Quality," www.asq.org/learn-about-quality/history-of-quality/overview/total-quality.html.

14. Motorola, Inc., "Motorola University: Six Sigma in Action," www.motorola.com/Business/US-EN/Motorola=University.

15. International Organization for Standardization, "ISO Standards," www.iso.org/iso/iso_catalogue.htm.

16. Fielding, Stanley. "ISO 14001 Brings Change and Delivers Profits," *Quality Digest*, www.qualitydigest.com/nov00/html/iso14000.html.

17. "The Gartner Supply Chain Top 25 for 2016," May 14, 2016, http://www.gartner.com/newsroom/id/3053118.

18. "Reducing Costs through Production and Supply Chain Management," *QFINANCE*, www.qfinance.com/operations-management-best-practice/reducing-costs-through-production-and-supply-chain-management?page=1.

迷你章节
第三章　商务沟通

我们总是在与别人进行交流和互动，每天如此。实际上，组织中的个人至少将75%的时间都用在了人际交互上，例如一对一的、小组成员之间的、组织之间的交互，或与客户、供应商、投资人以及顾问进行沟通等。[1]在商业世界，有效沟通是至关重要的，而它也带来了重大挑战。当思考糟糕的沟通给企业带来的影响时，例如服务不佳导致客户流失、抑制创新等，你便会明白为什么有效沟通是企业的重要目标之一。在这个迷你章节里，我们将讨论如何提升你在职场的沟通技能。

M3-1　提升演示技能水平

在商业领域，你常常需要说服和教育一群人接受你的想法，或让他们了解你的观点。如果你没有强大的演示技能，那么你的受众便不会轻易接受你的观点。要想掌握优秀的沟通技能，首先要具备良好的口头沟通能力，因此你必须确保自己的声音响亮而清晰。在适当的情况下改变语气、音调可以起到强调或激发兴趣的作用。为了吸引听众的注意力，直视听众以及现场不同的人是非常重要的。放松并且微笑，就像你在和好朋友说话一样。

来源：Eureka/Alamy Stock Photo。

如果应用得当，幻灯片等演示软件可以为你的演示增色不少。我们都观看过枯燥的演示：演示者要么逐字逐句地朗读幻灯片上的内容，要么使用了太多分散听众注意力的图片、动画，以及炫目的色彩。在发挥其最大功能的情况下，幻灯片可以成为一种有用的工具。在这个迷你章节里，你会学到一些制作优质幻灯片的小窍门。

积极聆听的能力可以提升口头沟通技能。为了确保自己能够全神贯注地聆听他人，你可以复述或总结你认为的已经说过的要点。积极聆听意味着你可以提出优质的问题，但请不要因为思考自己接下来该说什么而分心。如果你需要弄清什么，试着用"请说得更详细些"来回应。最后，请对他人的观点和建议保持开放的态度。在听完其他所有人的意见之前，你不必在脑海里得出一个解决方案或结果。

幻灯片制作小窍门

1. 保持简洁。不要因为软件有很多炫目的功能就觉得自己必须使用所有特效。保持简洁的设计，让图表简单易懂。限制动画和特效出现的次数。此外，图片可以用来描述和突出你要说的内容，但图片本身不是重点。

2. 遵循"6×6×24"原则。记住，幻灯片上的内容应该由你所要表达的观点组成，不要将你打算说的所有内容都呈现在幻灯片上，你可以在演说时扩充细节。幻灯片中只用包含你想要听众记住的关键词或想法。为了精简幻灯片上的内容，演示专家建议每张幻灯片里的要点不超过六个，每个要点包含的单词也不超过六个，以及字号至少为24点，同时尽量减少幻灯片的页面总数。

3. 使用图片或其他媒介来传达观点。有力的口头表达与视觉提示的结合能够让幻灯片在你的演讲中发挥有效作用。在聆听他人演讲的同时看到关键词，可以让我们更好地记住听到的内容。而当使用图形或图片来传达完整的意思时，我们可以记得更加牢固。你可以考虑在演示中加入视频短片，通过这种方式来增加一点幽默感，也可以引入不同的"演讲者"或以不同的方式来传达信息。优兔、谷歌视频、Vimeo、Ustream和Ted等都是有用的视频资源库。

4. 谨慎且有效地使用色彩。浅色背景配深色文字是大多数照明条件下的最佳配色组合。少量添加色彩有助于提高视觉上的效果，可以让观众特别留意演示中的关键部分。色彩过多反而会让人分心。

5. 编辑与校对。排版和拼写错误以及语法问题会让人觉得你并没有检查自己的幻灯片，从而给观众留下不好的印象。如果语法是你的弱项，那么请找一位擅长文字编辑的朋友来帮你检查幻灯片。

6. 练习。在面向观众现场演示之前，请大声地练习几次。如果你发现自己在某个部分说得结结巴巴，那么请多想一想你要表达的确切观点——你是否可以使用其他例证或通过类比来更好地向观众解释，等等。在演练的过程中，你可以使用排练计时功能来记录你在每张幻灯片上花费的时间。回顾这些时间，确保你将最多的时间用在了你想要表达的最重要的部分上。

有效的演示需要计划和演练。
来源：John Crum/Alamy Stock Photo。

M3-2　提升写作能力

在商业领域，书面沟通常常以商务信函或便函的形式出现。下面我们逐一分析这些写作形式。

商务信函

在商业世界里，非电子化沟通依然占有一席之地。例如，当一家公司向你提供某职位时，它通常会寄出一封商务信函，说明该职位的职责以及福利待遇。当两个人正在进行一系列正式的、有文件记录的行动时，他们也常常会发送信函。出于这一目的，企业通常会提供印有自己公司抬头和标志的纸品。

如图M3-1所示，传统的商务信函有特定的格式，包括顶部的日期、收信人地址以及正式称谓等。如果你平时直呼收信人的名字，那么你可以在称谓中使用名字，例如"亲爱的丽贝卡"。在其他情况下，请用收信人的姓氏来称呼他，例如"亲爱的孔苏埃拉先生"。尽管与其他类型的沟通方式相比，信件的内容更详细，包含更多细节，但信件内容必须简明扼要。你必须假设收信人没有时间阅读华丽的辞藻。和其他类型的文本一样，商务信函应该包括开头、中间部分以及结尾。在信函的第一段你需要陈述写信的目的，例如"我将应您的要求提供更多信息……""我很抱歉地通知您……"或"随信附上……"。接下来的段落应该提供支持性的细节，最后一段则应提供有关后续行动或收信人应采取何种行动的信息。最后，用正式的结尾来结束

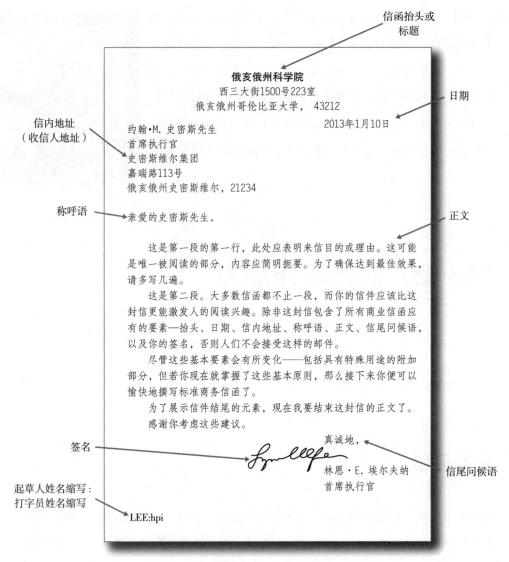

信函抬头或标题

俄亥俄州科学院
西三大街1500号223室
俄亥俄州哥伦比亚大学，43212

日期

2013年1月10日

信内地址
（收信人地址）

约翰·M. 史密斯先生
首席执行官
史密斯维尔集团
嘉瑞路113号
俄亥俄州史密斯维尔，21234

称呼语

亲爱的史密斯先生，

正文

这是第一段的第一行，此处应表明来信目的或理由。这可能是唯一被阅读的部分，内容应简明扼要。为了确保达到最佳效果，请多写几遍。

这是第二段。大多数信函都不止一段，而你的信件应该比这封信更能激发人的阅读兴趣。除非这封信包含了所有商业信函应有的要素—抬头、日期、信内地址、称呼语、正文、信尾问候语，以及你的签名，否则人们不会接受这样的邮件。

尽管这些基本要素会有所变化——包括具有特殊用途的附加部分，但若你现在就掌握了这些基本原则，那么接下来你便可以愉快地撰写标准商务信函了。

为了展示信件结尾的元素，现在我要结束这封信的正文了。感谢你考虑这些建议。

真诚地，

签名

林恩·E. 埃尔夫纳
首席执行官

信尾问候语

起草人姓名缩写：
打字员姓名缩写

LEE:hpi

信件，例如"真诚地"，接着是你的全名和头衔。如果信函抬头没有提供你的联系信息，那么你可以在你的头衔后面附上这些内容。商务信函中的信息要准确，同时语言要简明扼要，这一点非常重要。

便函

便函是用来发布通知、总结谈话或会议内容以及用于请求或交换信息的。便函可以是正式的，也可以是非正式的，这主要取决于它的内容。便函一般用于办公室或公司内部的沟通，而不会用于不同公司之间的沟通、进行外部联系或与客户进行沟通。

如图M3-2所示，便函的标准抬头包括日期、便函的撰写对象（"收件人"栏）、其他收件人姓名（"抄送"栏）、发件人姓名（"发件人"栏）以及简洁的便函主题（"主题栏"或"回复栏"）。你可以在微软办公软件网站上找到大量经过设计的便函模板。以下是撰写便函时需要记住的一些要点。

图M3-2 一份标准的商务便函

收件人：全体员工

发件人：首席执行官伊万·高尔维兹

回复：欢迎新任社交媒体传播副总裁

我想告诉大家，杰里·斯潘格勒将以新任社交媒体传播副总裁的身份加入我们的数字化战略大家庭。

我们对杰里来领导我们的社交媒体传播工作表示非常兴奋。他曾经在硅谷地区的多家知名公司担任社交媒体顾问，相信他可以为我们带来丰富的经验。

让我们一同欢迎杰里加入数字化战略部门！

便函的撰写要点

- 简洁。
- 使用标题、项目符号或编号来突出要点。
- 保持简短的段落，聚焦在一个主要观点上。
- 仔细校阅，检查所有事实的准确性。
- 申明便函包含的附件，防止它们被忽视。
- 结尾是不必要的。"发件人"栏免除了这一需要。
- 记住，便函在语气和外观上应该是专业的。

M3-3　你应该采用哪种沟通形式

传播信息的方式有很多。你是发送电子邮件、撰写商务信函，还是面对面地拜访客户呢？让我们一起探索每种沟通方式的优势与弱势，这样你就可以更好地根据实际情况进行选择了。

口头沟通可以让参与者考量说话人的言辞和音调。在进行面对面沟通时，参与者还会通过说话人的身体语言和面部表情（"无声"消息）来解读信息。说话人可以通过评估聆听者的注意力集中程度来调整自己的内容。然而，口头沟通并非完美无缺。为了准确表达你的意思，特别是在向你不熟悉的人进行表达时，重要的是使用清晰、无偏颇的语言，避免出现陈词滥调、负面的隐喻，以及引自特定文化的内容。例如，美国棒球迷可以理解"直到最后一击"（down to the last out）的表达，但是其他国家的人却不一定理解。

书面沟通比口头沟通具有更强的持久性。你可以在发送之前调整它，或者过一些日子再查看它。此外，收件人在回应之前有更多时间进行分析。而另一方面，发件人无法控制收件人的阅读时间，也无法立即获得回应。发件人也没有机会进一步做出澄清。总之，由于缺少面对面的交互，书面沟通可能会造成误会。加利福尼亚大学洛杉矶分校的艾伯特·梅拉比安（Albert Mehrabian）发现，人际交互中55%的意义来自表情和肢体语言，38%来自声音的变化，而词语仅能传达7%的意义。[2]因此，如果书面沟通中包含一些敏感或复杂的内容，那么明智的做法可能是随后再打一通电话或召开面对面会议。

电子邮件

尽管社交网络、维基、播客以及博客在商业世界中正变得越来越普遍，但电子邮件可能还是人们最常用的数字化书面沟通形式。电子邮件快捷、方便，发件人与收件人不必同时进行沟通。普及的移动设备（例如智能手机、平板电脑等）使得人们可以在有信号或无线网络连接的情况下随时收发电子邮件。

在商业世界里，你的电子邮件是其他人对你的唯一认知。因此重要的事情是花些时间去了解你的电子邮件接收对象，并且对电子邮件的内容进行相应的调整。显然，发送给朋友的电子邮件与发送给老板或客户的是不同的。朋友可能会接收一封格式松散——充满俚语和拼写错误——的电子邮件。然而在商业环境中，这样的电子邮件会让他人对你产生负面印象。你的电子邮件代表了你和你所在的组织，这正是为何你必须发送简明、条理且有意义的邮件。下文列出了一些撰写商务电子邮件的相关技巧。

撰写商务电子邮件的小窍门

1. 使用有意义的邮件主题。"主题"栏有助于读者对电子邮件进行排序和整理。不要使用"这是你要的东西"这样的说法，你可以试着说得更具体些，例如"2013年3月3日X客户的信息更新"。你可以为"主题"栏的内容设计大家公认的缩写，从而帮助收件人对信息或需要采取的行动做出更好的判断，比如AR（Action Required，待办事项）、MSR（Monthly Status Report，月度进展报告）等。一致的标识可以帮助人们对电子邮件进行排序和组织。如果有可能，你可以将整段信息浓缩成适合放在"主题"栏中的几个字，例如"确认参加2013年2月15日下午2点的会议"。

2. 注意俚语以及具有冒犯性或潜在破坏性的内容。电子邮件属于商业文件，我们宁可在语言和内容上过于保守也不要犯错。你一定不想用错误的词汇或不合适的内容来冒犯任何人。正文中不要使用缩写。

3. 校阅和编辑。在没有进行校对的情况下急速发出一封电子邮件可能会招致大错或误会，请确保发送的信息没有任何语法或拼写错误。

4. 简明扼要。你的电子邮件可能是收件人每天阅读的200封（或更多）邮件之中的一份，因此邮件内容要简短且切题。用项目符号或简短的语句来组织邮件内容，以便读者清晰理解要点。具体而言，如果你要发送一份长达20页的附件，那么请告知收件人重要信息位于第2页和第17页。

5. 考虑附件的格式及大小。当你不确定收件人是否有合适的软件来浏览附件时，请使用通用格式，例如PDF格式。此外，大多数邮件服务器不允许包含超大附件的邮件进入系统。如果需要发送大文件，那么你可以考虑将内容上传至公司的内部网络（如果用户可以访问内网的话）。"随身碟"（Dropbox）和"速存"（Hightail）等免费网络服务平台也可以实现这一目的，你和相关人员可以在它们的网站里上传和下载文件，从而实现文件共享。

6. 在回复中附上此前的信息。当未能立即回复邮件时，即便你只是从此前的邮件里复制了一段话，在回复中附上之前的信息会有所助益。如果你和对方已经一两天没说过话了，那么你不会拿起电话就说"我同意"，然后期望电话另一头的那个人理解你所同意的是什么。然而，如果你要添加新的收件人，那么请在复制整段信息时多加留意，因为长期往来的电子邮件中可能包含一些不适合新人查看的内容。

7. 使用"签名"栏。此栏中应包含你的头衔以及所有联系信息。

电子邮件有其局限性，用户必须注意避免上述问题，比如注意附件的大小。由于电子邮件不像普通信件那么私密，因此你在使用时要保持谨慎。电子邮件更像是一种任何人都可以阅读、复制、保存、共享和交换的明信片。你的上司可以合法地监控你的工作邮件，当公司遭到诉讼时，你的电子邮件可能会被审查。此外，当用户误将针对收件人列表里的某个人的评价，"全部回复"给所有人或将信息转发给了错误的人员时，这会产生严重的问题。由于使用简便，很多用户并没有在冷静后以更为平静和专业的态度来回复电子邮件，他们发现自己会在带着沮丧或愤怒情绪发送邮件之后遇到麻烦。最重要的是，人们应该谨慎使用电子邮件，而不是用它来传播机密信息、隐私或具有潜在破坏性的内容。

企业开始认识到员工每天收到大量电子邮件所引发的问题。为了减轻电子邮件对人的负担，一些企业采用了设立"无电邮日"的做法，鼓励员工"走出"自己的电子设备，与其他同事和客户进行真实的交谈——无论这种交谈是面对面的还是通过电话进行的。这么做的结果令人惊讶。当某个公司强制推行"无电邮星期五"时，两位始终只通过电子邮件沟通的同事发现，他俩并非身处不同的地区，相反，他们之间只隔了一个大厅。现在，他们的工作关系因为面对面交互而变得更紧密了。

在很多情况下，发短信已经成了商务活动的一部分。
来源：XiXinXing/Alamy Stock Photo。

短信

短信是另一种受欢迎的数字化沟通方式。很多企业通过短信向用户"推送"信息。例如，航空公司用短信来向乘客确认航班信息；当符合买家要求的新房源上市时，房地产经纪人会用短信来通知客户；广告商也发现短信是一种向用户宣传新产品的便利方式。

当你在商业环境中发短信时，请记住后台会记录你说过的话。短信绝不应该用于传播挑衅的、敏感的或机密的信息。不要以为自己拥有隐私或任何级别的安全保障！记住，不要在商业短信中使用非正式的缩写。短信并不适合用于官方沟通，但在传达简单的信息、澄清观点、确认会议等方面，它是非常有用的。

M3-4　使用协同沟通工具

除了演示文稿、便函、电子邮件等，还有各种各样的工具可以帮助我们进行协同式商业沟通。

视频会议

视频会议应用了双向音频和视频技术，身处两个或多个地方的人们可以进行同步交互。位于不同地区的人们可以召开虚拟会议，他们可以看到对方，并且可以进行"面对面"的交互。除了可以省下差旅开支，使用视频会议技术的公司发现这可以增加员工面对面交流的时间。视频会议还可以用于跟进客户的情况以及培训不同地区的员工。

大多数移动设备现在都支持进行视频会议。智能手机一般都有两个摄像头，一个朝向发言人，另一个朝向发言人的对面。视频会议软件允许你随时切换这两个摄像头：利用前置摄像头向其他人展示你的表情，或者切换到后置摄像头以展示整体环境。其他功能，比如应用软件Skype的同步交换文件功能和视频会议系统Adobe Connect的多路视频显示功能，则将视频会议工具推到了一个实用又便捷的全新水准。

爱德华·斯诺登因为揭露了美国国家安全局的监测工作而被"流放"至俄罗斯，不过视频会议技术让他有机会在俄罗斯参加在奥斯汀举办的 SxSW 音乐节。

来源：Tammy Perez/Getty Images。

其他科技也推动虚拟工作环境里人员之间的协作更加高效、便捷。WebEx等在线会议软件可以让用户在任何地点开展并记录会议。每个人都可以通过网络和摄像头展示个人画面，也可以只通过音频工具加入会议。无论使用的是电脑还是智能手机，人们都可以通过这些设备参与会议。会议参与者可以展示幻灯片、进行实时提问、运行软件程序以及共享文档。远程桌面控制功能允许所有参会人员通过控制其他人的电脑桌面的方式来解释某个要点或阐述某个特征。WebEx等应用软件不仅可以用来开会，也可以用于交互式的客户培训、销售演示以及客户支持服务等。

协同编辑

很多基于云计算的在线工具提供了协同编辑文档功能。用户可以通过网络浏览器创建文档或增添、编辑、删除文档内容（见图M3-3）。它像是一个共享的工作空间，甚至比共享空间更好，任何人都可以在其中完全平等地访问同一个项目。由于所有版本的文档都保存了下来，所以用户可以恢复之前的版本，而且可以跟踪所有编辑过程，了解谁做了哪些编辑。这为多人起草和编辑同一份文本提供了一种绝佳的方式。

乔提供了初始文本（显示为黑色字体）。

在雇用更多员工之前，我们应该首先分析组织内部需要完成的工作任务。

对小型企业来说，这是可以由企业所有者自行完成的简单工作，因为小型企业的所有者通常对需要完成的任务有更好的理解，甚至其本身就是最有资格完成这些任务的人。随着业务发展，组织需要雇用更多员工来确保目标实现，这种分析便成了人力资源部门的职能。职位分析详细说明和定义了一个员工的具体职责。在职位分析中，每项任务都是通过职位描述来定义的，

这是对工作目标、职责，以及开展工作的条件的一种正式陈述。职位描述非常重要，因为它定义了这个职位与其他组织结构的关系。它同时定义了职位目标，这会用于绩效考核，并且可以成为员工和雇主之间的法律合同的一部分。

史蒂夫添加了更多内容（显示为绿色字体）。

希拉提供了更多细节（显示为红色字体）。

图M3-3　专业协作

来源：vgstudio/Fotolia; Arena-Creative/Fotolia; Sergey Nivens/Fotolia。

与交换电子邮件和附件不同的是，在使用基于云计算的协同编辑功能时并不存在时效和版本问题。此外，所有用户都可以在任何时间查看文档并做出评论，因而这一过程对所有人来说都更具协作性和参与性。由于应用软件是免费的，并且不需要任何硬件或信息技术的支持，因此它的成本可以忽略不计。这类应用软件包括谷歌文档、微软网盘等。文档、幻灯片和电子表格等都可以在这些协同环境中编辑。

博客

博客是由个人撰写的网络日志，访客无法对其进行修改或编辑。不过，访客可以评

论原有的内容。在某些情况下，博客和商业并没有很好地结合在一起，例如有些博主会撰写有关自己雇主和其他人的不那么讨喜的故事。我们可以看一看发生在宾夕法尼亚州的一位高中英语教师纳塔莉·芒罗（Natalie Munroe）身上的事情，她在博客中写到了自己的学生。芒罗并没有暴露学生的姓名，但是其中的细节足以让学校里的人认出他们。芒罗在博客中使用了"可怕的笨蛋"和"像老鼠一样"等描述，她因此遭到了解雇，而法院随后支持了这一做法。法院裁定，她的言论所造成的影响说明她不具备完成自己工作的能力。[3]工作场所与人们在网上发布的工作内容之间的法律界限依然在不断演化。

很多企业发现，博客给了它们一个接触广大受众以及通过评论获取反馈的机会。如今的互联网上存在大量企业博客。全食超市（Whole Foods）不仅利用自己的博客向客户发布最新的特价信息和食谱信息，还通过博客向大众展示公司在动物福利标准以及员工用语上的看法，此外它利用博客将顾客引流至公司的社交媒体网站。博客为企业提供了与客户互动的机会，而这是其他沟通形式无法做到的。企业可以通过筛选博客的方式来判断公众的"脉搏"——他们在谈论什么，什么对他们很重要，他们对当前潮流趋势或产品的喜好是什么，因而博客成了一种可贵的营销分析工具。博客也是企业推广自身及产品、为公司网站制造更多访问量的好方法。

播客

播客是商界采用的另一种沟通形式，它是一种存储在互联网上的音频（或视频）文件。用户可以将其下载至自己的电脑或手机上，随时聆听。播客的独特之处在于用户可以订阅自己感兴趣的内容，这样每当有新内容产生，系统就可以自动将其下载到电脑里。由于下载过程很快，而且是自动的，所以播客对企业和用户来说都十分简单且方便。最重要的是，大多数播客及其必需的软件都是免费的。

高效且有效的沟通是当今充满活力的全球经济的关键。幸运的是，从传统的电话和信件到高科技技术支持的视频会议，我们在商业沟通方面有很多选择。请记住，我们要根据特定情况选择最合适的沟通形式，而最重要的则是明智地使用它。

通常由 WordPress 工具制作的博客是接触广大受众和获得反馈的一种方式。
来源：M4OS Photos/Alamy Stock Photo。

参考文献

1. Edward G. Westheim, "The Importance of Effective Communication," http://windward.hawaii.edu/facstaff/dagrossa-p/ssci193v/articles/EffectiveCommunication.pdf.

2. Alan Chapman, "Mehrabian's Communication Research," www.businessballs.com/mehrabian-communications.htm.

3. C. Palmer. (2015, September 06). "Bucks teacher fired after blog posts can't sue." Retrieved May 21, 2016, from http://articles.philly.com/2015-09-06/news/66244762_1_natalie-munroe-steve-rovner-school-teacher.

美国百所大学都在上的商学课（第五版）

了解市场

Looking at the
Business Environment

第十二章　市场营销与消费者行为

本章目标

12-1　市场营销基础知识

阐述市场营销是如何随着时间而演变的，概括市场营销的好处以及针对它的批评之声。

福特汽车公司于1913年开始通过流水线来制造T型汽车。一百多年后，这家汽车制造商仍然在生产汽车。该公司获得成功的部分原因在于它改变了营销理念以顺应时代发展。市场营销是如何发展的？市场营销又是如何给客户、卖家以及整个社会带来好处的？

12-2　营销策略

说明市场营销策略涉及的各个要素以及市场营销组合的组成部分，讨论公司如何通过营销流程来实施营销策略。

阿伦·霍夫曼（Aaron Hoffman）有一个商业创意，他打算推出一项移动宠物美容服务。一名顾问告诉他，他需要制作一份"营销策略"。什么是营销策略？它为什么是必需的？

12-3　营销环境

说明营销环境对一个公司控制市场营销组合的能力有怎样的影响。

阿梅莉亚·拉索（Amelia Russo）经营着一家专卖店，销售专为女士设计的有趣且独特的礼服鞋和手提袋。她的大部分货品来自欧洲。然而，美元价格下跌使得她必须花更多钱来购买欧洲的产品。此外，大量年轻职业女性涌入了该店铺所在的地区，但她们目前不会在阿梅莉亚的店里购物。营销环境迫使阿梅莉亚改变自己的经营方式。什么是营销环境，它会给企业带来怎样的限制呢？

12-4　市场研究与营销计划

说明市场研究的过程，讨论优质营销计划涉及哪些要素。

蒂亚拉·沃森（Tiara Watson）决定开办一家美发沙龙用品企业。她知道市场对自己的服务有需求，但为了确保生意成功，她打算制订一份周密的营销计划。她所在的地区有100多家美发沙龙店铺。为了在美发沙龙用品领域打出名气，她必须采取哪些措施？为了保证新业务取得成功，她又该怎么做呢？

12-5　消费者行为

比较B2B市场和B2C市场的购买决策与营销过程。

威尔·朱斯托（Will Giusto）需要买一台电脑，但商店里林林总总的电脑产品让他挑花了眼。他的女朋友有一台苹果电脑，他最好的朋友有一台拥有顶级配置的游戏电脑。威尔并不想要名牌或功能太多的电脑，哪些因素可以帮助他选出自己想要的电脑呢？

12-1 市场营销基础知识

阐述市场营销是如何随着时间而演变的，概括市场营销的好处以及针对它的批评之声。

■ 当福特汽车公司在1913年生产T型汽车时，流水线的创新使得该公司大批量地生产了数百万辆这样的汽车。当客户的需求和喜好发生改变时，T型汽车并没有相应发生改变，因此这款汽车的生产在1927年停止了。福特汽车公司从中吸取了教训，它知道自己必须对客户做出响应。1927年底，福特的新款汽车A型车问世，这款车兼具美观与舒适度，吸引了许多富裕的消费者。20年后，随着经济水平的提高和消费者品位的提升，人们对1949年的新款福特汽车产生了兴趣，这款车提供了更多的车身选择，因此"适合每个人"。而1954年的福特雷鸟汽车则抓住了当时提倡自由的时代精神。

在接下来的数十年中，尽管面临着激烈的竞争以及经济和石油危机，福特始终在"战后繁荣之路"[1]上前行着。虽然没有像通用汽车和克莱斯勒公司那样宣布破产，但福特也在经济大萧条期间遭遇了重创。然而今天，该公司还是重回大众视野，有人说它发展得比以前更好了。正如上文所说的那样，该公司的营销策略一直在随着时代而演变。它能够将这种成功延续到未来吗？

来源：Stock Montage/Archive Photos/Getty Images。

The Ford Model F, Price $1200

从最广泛的意义上说，我们可以将营销看作识别并满足人类的需求和欲望的活动。美国营销协会（American Marketing Association）对**营销（marketing）**的正式定义是"用来创造、交流、传递和交换对顾客、客户、合作伙伴以及整个社会有价值的产品的活动、机制以及过程"。[2]

市场营销的演变

市场营销部门做什么？市场营销部门具有多种职能。首先，也是最重要的，营销人员要留意人们的需求和欲望，继而与

美国百所大学都在上的商学课（第五版）

来源：Stock Montage/Getty Images; Stock Montage/Archive Photos/Getty Images。

组织内的其他人员就这些需求和欲望进行沟通。市场营销部门可以协助确定定价策略、宣传产品优势，从而说服客户相信公司的产品是最好的。此外，市场营销部门还负责在最合适的时间和地点向客户提供产品。最后，市场营销部门还要与客户建立有意义的关系，从而获得他们的忠诚，确保他们成为回头客。图12-1概括了这些职能。本章将展示这些重要的企业职能的基本方面，包括营销策略、营销组合以及消费者行为。我们将首先研究市场营销如何随着时间而变化。

市场营销是如何随着时间而演变的？ 尽管市场营销部门的职能在时间的推移下始终保持一致，但营销的性质却大体上经历了五个阶段（见图12-2）。

图12-1　市场营销部门的职能

- 生产时期。
- 销售时期。
- 市场营销时期。
- 社会营销时期。
- 客户关系管理时期。

尽管每个阶段的观念在特定时期都是最受欢迎的，但今天最成功的市场营销活动却是对各个观念的最佳组合。

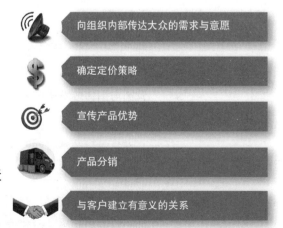

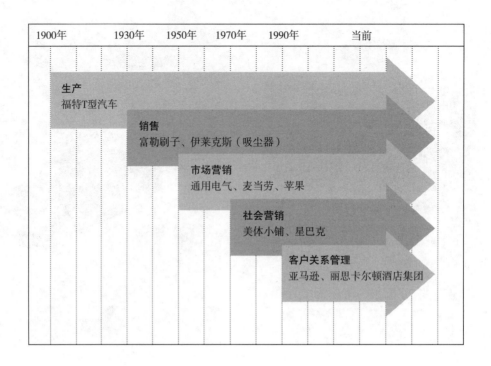

图 12-2 市场营销的
演变

1900年	1930年	1950年	1970年	1990年	当前

生产
福特T型汽车

销售
富勒刷子、伊莱克斯（吸尘器）

市场营销
通用电气、麦当劳、苹果

社会营销
美体小铺、星巴克

客户关系管理
亚马逊、丽思卡尔顿酒店集团

什么是生产时期？ 从第一次工业革命到 20 世纪 20 年代，大多数企业只重视生产，因而出现了生产时期。当时人们普遍认为优质的产品自然可以销售出去，因而不怎么考虑客户的需求。在这一时期，由于产品供不应求，这种方式对很多企业来说都非常有用。当需求大于供应时，卖方市场就会形成。这种经济环境使得亨利·福特说出了"消费者可以购买任何颜色的汽车，只要它们是黑色的"这样的话。[3]

什么是销售时期？ 从 20 世纪 20 年代中期到 50 年代初，科技的进步加速了生产的步伐。然而，在这一时期的第一阶段，美国正处于经济大萧条时期，当时的失业率高达 30%，人们只购买自己必需的东西。大多数产品的供应量远远超出了需求，争夺客户的竞争因而变得激烈起来。企业专注于销售现有的产品，并使用激进的手段来"推销"它们——上门销售员销售的产品包括牙刷、吸尘器以及百科全书，"无所不包"。企业开始在各种可用的媒体上大量投放广告。这是销售时期的开端。在这一时期，市场营销一般是在产品的开发和生产完成之后才进行的。今天，许多人将市场营销与销售或发布广告联系在一起，然而事实上，市场营销远不止于此。

什么是市场营销时期？ 到了 20 世纪 50 年代，企业的生产速度继续超过人们对商品和服务的需求增长速度。此外，生产相似产品并且为了吸引买家的注意力而相互竞争的公司也越来越多。这促使买方市场和市场营销时期形成。从"二战"战场上归来的士兵开始结婚、组建家庭，他们愿意购买商品和服务。很多公司曾用"强行推销"

　　　　　　　　　　　　　　　　　　美国百所大学都在上的商学课（第五版）

的手段迫使消费者购买他们并不需要的产品，而消费者随后开始厌倦这些手段。最终企业意识到，生产高质量产品并且通过巧妙的广告和促销活动将它们推销给顾客，并不能保证销量。

企业必须确定顾客想要什么，然后再去生产能够满足客户需求的产品，而不是先制造出产品，之后再说服顾客购买。**市场营销观念（marketing concept）**的重点从"为产品寻找合适的客户"转变成"为客户生产合适的产品，并且要比竞争对手做得更好"。如图12-3所示，市场营销观念更注重调整组织的全部功能，以及通过提供优质的产品和服务来满足或超越客户的需求。此外，市场营销观念还强调对客户需求的长期满足。

通用电气是率先实施这种全新营销策略的公司之一。通用电气1952年的年报指出，通用电气能够以客户愿意支付的价格提供其想要的产品，并且可以将产品在合适的时间和地点交到客户手中。为了做到这一点，通用电气的营销团队对产品生产的所有阶段——生产规划、生产调度、存货控制以及销售、分销和服务——都实施了管控。[4]

市场营销观念要求公司始终把握客户喜好变化的脉搏，有时甚至要先于客户表达或意识到他们的喜好，同时在竞争对手行动之前快速调整自己的产品。苹果等公司因遵循了这一理念而大获成功。苹果是预测并满足客户需求的高手，它的产品线包括iPod、iPod配件、iPhone、iPad、移动应用以及苹果手表等。

市场营销是否也考虑了对社会来说最有益的因素？ 企业开始意识到，它们必须将长期社会利益考虑在内。社会营销是市场营销观念和企业社会责任的一个分支，它起源于20世纪60年代末至70年代初。它向企业发起了通过为消费者和社会的利益而运营以获得利润的挑战。护肤与美妆用品公司美体小铺的产品含有100%纯天然成分。同时，该公司积极与经验丰富的小规模农户、工匠以及农村合作社合作。[5]巴塔哥尼亚在黑色星期五活动中鼓励消费者重新思考消费主义，"别买这件夹克"（Don't Buy This Jacket）广告清楚地说明了生产一件该公司最畅销的夹克，人类要在环境上付出的代价是多大，并且得出结论："你要做的事情很多……但别买你不需要的东西。"[6]其他产业也在影响人们的行为，阻止不健康的做法，例如快餐店会在菜单里增加注重健康的新菜品。

图12-3 市场营销观念

图12-4 客户关系管理
客户关系管理涉及市场营销、销售以及客户反馈和支持,其目的是确保客户长期满意。

市场营销会提高消费者的忠诚度吗? 在市场营销时期,为了吸引客户,公司专注于提供定制化的产品。然而在20世纪90年代后期,客户关系管理时期开始了,企业开始专注于在售后阶段通过取悦客户来持续满足他们的长期需求。

客户关系管理(customer relationship management, CRM)是一种为了提升客户忠诚度和回头率而与客户个体建立长期联系的过程(见图12-4)。客户关系管理结合了客户服务和营销传播的优势,以留存客户和刺激未来相似或互补产品的销量。例如,大多数店铺会发送带有优惠券和促销信息的电子邮件,或者鼓励人们在脸书上关注官方账号,以获得促销或特惠信息。亚马逊利用自己庞大的数据库,根据用户的购买历史或浏览兴趣自动为用户提供购买推荐。客户关系管理可以让公司根据特定客户的需求提供定制化产品。

客户忠诚计划围绕尽可能多地了解客户及其消费习惯开展,因此企业可以与每一位客户都进行有意义的一对一互动。公司的销售团队通常会收集特定客户的信息并创建客户数据库,勾勒出客户的需求和喜好。其他公司则会通过客户关系管理软件与客户进行个性化沟通。

非营利组织和其他组织的营销

非营利组织如何营销它们的产品? 很多非营利组织同样对市场营销感兴趣。这些组织想要营销的并非产品或服务,而是某个事件、某项事业、某个地方或某个人。塞拉俱乐部(Sierra Club)和红十字会(Red Cross)等非营利组织利用营销手段来

很多非营利机构依赖市场营销手段来提高人们对其事业的关注并获得筹款。
来源:Newscom。

提高公众的关注度，增加筹款额。世界各国、美国各州和各大城市也通过营销活动来吸引游客和商家前往该地。你可能很熟悉美国公益广告协会（Ad Council）发布的公益广告，例如"饮酒或吸毒后驾车等同于醉驾"（Buzzed Driving Is Drunk Driving）。[7]

我们可以为某个人做营销吗？ 政党会为了获得选票而对候选人进行营销，经纪人则在电视节目、麦片包装盒以及杂志封面上营销自己所代理的名人。我们在参加工作面试时也会推销自己，为了被大学录取，你可能也推销过自己。

无论营销的内容是什么，营销的本质始终不变，即向客户传递价值并管理客户关系。不同营销实践之间的唯一差别在于营销活动所涉及的利益相关者以及目标不同。

市场营销的效益

卖家如何从市场营销中获益？ 公司可以通过成功的市场营销来扩大销量并因此获益。只要销售收益超过生产和营销成本，企业就会获得利润。利润不仅可以让企业持续经营，还可以让企业繁荣发展，持续为客户提供价值。

社会如何从市场营销中获益？ 社会通常会从成功的市场营销中获益，原因在于稀缺资源被更有效地用来生产社会最需要的商品和服务。市场机制可以确保原材料和劳动力等资源从需求越来越少的低价值产品的生产，流向需求量较大的产品和服务的生产。

投资人和员工如何从市场营销中获益？ 投资人可以通过投资拥有优秀营销部门的公司来获得财务回报，因为这样的营销部门有助于公司取得成功。当获得更高回报时，投资人便会向这些企业追加更多资本。员工之所以可以从成功的市场营销中获益，是因为他们的工作和生计都因公司的成功而更有保障。此外，为了满足不断增长的需求，企业不断扩大生产，从而创造新的就业机会。

消费者如何从市场营销中获益？ 作为消费者，我们有很多需求——食物、服装、住房、医疗保健、交通等。市场营销人员所做的就是响应并满足这些需求，但有时他们也会创造需求。赛百味和奎兹诺斯快餐店竭力说服你购买它们的三明治来满足你对食物的需求，同样丰田和福特试图说服你购买它们的汽车来满足你的交通需求。

形态效用
• 制造成品

任务效用
• 提供客户想要的服务

时间效用
• 在客户需要时提供产品

地点效用
• 在客户方便的地点提供产品

占有效用
• 客户根据需要使用产品的自由

图12-5　市场营销为用户提供的五种效用

来源：Africa Studio/Fotolia;
Wolfelarry/Fotolia; Marnini/
Fotolia; Auremar/Fotolia;
Lorelyn Medina/Fotolia。

当需求得到满足时，效用便产生了。

效用有哪些类型？ 市场营销为客户提供了五种类型的效用（见图12-5）。

● **形态效用**（form utility）。原材料用于制造产品，产品呈现出对客户有用的形态，例如由织物和相关材料制成的泳装。

● **任务效用**（task utility）。一些人为另一些人提供服务，例如裁缝修改泳装。

● **时间效用**（time utility）。企业在人们最需要的时候生产某种产品，例如在夏季供应泳装。

● **地点效用**（place utility）。买家可以在自己方便的地点买到某种产品，例如在本地的百货公司购买泳装。

● **占有效用**（ownership utility）。商店通过销售泳装将所有权移交给客户。

如何衡量产品的价值？ 无论何时，企业只要满足了客户的需求或欲望，就为客户创造了价值。但是客户是如何衡量价值的呢？产品的**价值**（value）是指产品的效益与成本的比值。效益远远超过成本的是高价值产品。基于产品成本，低价值产品几乎没什么效益。成功的营销人员能够找到办法来提高客户获得的价值——既可以提高产品的实际或感知效益，也可以通过降价或最大限度地提高客户的便利性来降低成本。提供高价值产品的组织将赢得最多的客户，并且能够繁荣发展，而那些提供低价值商品和服务的组织则会失去市场份额或彻底停业。

【清单】 ────────────────── **LIST**

十大市场营销策略

──────────────────────────────────

1. 脱颖而出。

2. 用电子邮件沟通。

3. 与顾客建立联系。

4. 采用发放赠品、优惠券以及竞赛等手段。

5. 在社交网络上树立好的形象。

6. 创建一个优质的网站。

7. 通过参与社区事务来建立公共关系。

8. 投放点击付费广告。

9. 提供优质的客户服务。

10. 持续营销。

──────────────────────────────────

针对市场营销的批评之声

对市场营销的批评有哪些? 随着时间的推移,市场营销手段显露了一些社会性缺陷。一些有争议的营销策略包括:抬高价格(设定一个公认的不公平的价格)、强制销售、生产劣质或不安全的产品、计划报废(制造商计划在某段时间之后让产品报废)、滥用客户信息、增加迷惑性和欺骗性标签,以及收取隐藏费用等。

我们来看看"问题营销"让社会付出代价的例子吧。

- **滥用客户信息**。营销活动常常涉及客户的个人信息。公司会记录人们在网上的行为,并且通过市场研究来确定当前和潜在用户的婚姻状态、收入、年龄、性别、种族以及其他特征。信息中介收集和出售用于发布定向广告和开展市场研究的用户数据。互联网成了这类活动的温床。当我们的个人信息得不到充分保护,或未经我们的允许而被转售时,我们当中的很多人会觉得自己遭到了侵犯。
- **收取隐藏费用**。当必须支付不包含在公开费用里的隐藏费用时,许多人会觉得自己被利用了。需要另外购买配件或支付额外运输费和服务费的产品常常会让客户感到不快。
- **忽视购买后果**。不择手段的营销人员有时会利用那些对产品特征不甚了解的人。在多大程度上让买家自己关注购买后果是合理的呢?在购买贵重的、复杂的商品时,例如买车或按揭购房,这一点尤为重要。类似的担忧也出现在了面向儿童的营销中。

我们不能对有关营销的批评意见掉以轻心。这有助于解释我们为何要大力支持保护消费者的法律和其他监管企业行为的法规。营销让社会付出的代价往往源于不道德的企业行为。正如第三章讨论的那样,所有公司都应该用一套道德准则和制度来约束组织内的不道德行为。然而,并非所有公司都是这么做的,这使得有问题的产品在市场上推广,而公司同时可以使用不恰当的营销策略。美国营销协会的网站上有一份道德声明,其中包含了针对营销人员的道德规范和价值观的指导意见。

■ 在过去一百多年的时间里,市场营销格局发生了变化。那些成功经营下去的企业(例如福特汽车公司)顺应消费者欲望和需求的变化而改变了自己的产品和营销策略。为了满足不同消费者的个人喜好、品位以及预算要求,福特从大量生产单一车型转变为生产数十种不同类型和款式的汽车。

12-2　营销策略

说明市场营销策略涉及的各个要素以及市场营销组合的组成部分，讨论公司如何通过营销流程来实施营销策略。

■　阿伦·霍夫曼决定自己单干。他知道自己可以通过提供移动宠物美容服务来实现这一想法。阿伦曾经做过七年宠物美容师，因此他具备充分的经验来开始自己的事业。阿伦已经找到了一辆面包车来存放所有的设备，他与之前的一些客户也有来往，而他们对他的服务很感兴趣，但他却不知道下一步该怎么做。有些人建议他制定营销策略，那么营销策略的作用是什么？阿伦如何制定营销策略呢？

所有组织都可以从完善的市场营销策略中获益。接下来我们将讨论营销过程中涉及的各种因素。

营销策略：市场营销的4P模型

什么是营销策略？ 营销策略由两个主要因素组成：

- **目标市场（target market）**：营销手段所针对的特定的、潜在的客户群体。
- **市场营销组合（marketing mix）**：为服务目标市场而设计的产品营销计划中可控因素的组合。

本章后半部分将详细讨论目标市场，我们先来关注市场营销组合。

市场营销组合包括哪些要素？ 市场营销组合通常包含四个要素，它们被称为4P，即产品（product）、价格（price）、促销（promotion）和分销渠道（place）。市场营销组合是指以适当的价格提供客户需要和想要的产品，对产品进行促销，并将产品分销或分发至便于客户购买的地方。一些人认为市场营销组合应增加第五个"P"，也就是人员（people）。在提供服务的时候，参与人员可以创造重要价值。

市场营销组合中的各个要素必须以最适合目标市场需求的方式进行组合。如图12-6所示，寻找最佳组合的过程会受到公司控制范围之外的环境因素的约束。本章后半部分将讨论更广泛的市场环境的约束，我们先来详细了解一下4P因素。

产品

给客户带来价值的产品就是完美的产品。公司必须弄清客户想通过产品获得什么，或者某个产品如何满足特定需求。此外，将产品与其他竞争产品区分开来也十分重要。如果一个产品和竞争产品没有区别，或者没有竞争产品好，那么客户为何要购买它？产品差异化是指为了吸引客户而在产品中制造实际的或可感知的差异。产品差异化对大多数企业来说都很重要，我们将在第十三章对此进行详细讨论。

价格

企业在为产品定价时需要考虑很多因素。产品的价格必须足够高，这样企业才能盈利，但是为了吸引客户，产品的价格还必须足够低。保修和退货的成本也是企业在确定价格时必须考虑的因素。

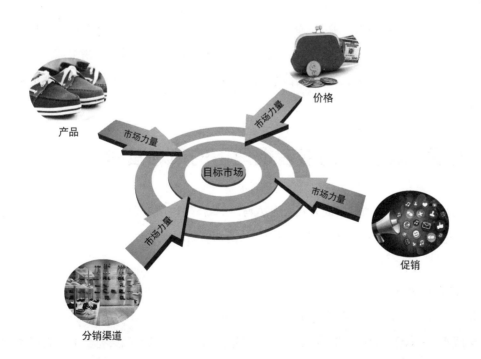

图12-6　市场营销的4P模型

来源：Lorelyn Medina/Fotolia; swisshippo/Fotolia; 3ddock/Fotolia; Venimo/Fotolia; Adisa/Fotolia; IQoncept/Fotolia。

为产品设定具有竞争力的价格通常并不代表以市场最低价来销售产品。有时，在难以持续提供低价的情况下，企业可以提供优惠券、折扣或其他服务，以帮助客户降低成本。当然，企业必须对这些策略进行周期性评估，以评判它的整体效果。我们将在第十三章详细讨论市场营销组合中的价格要素。

促销

促销是指所有用来宣传产品优势并说服客户购买的方式。促销同时可以用于构建积极的客户关系。企业可以通过广告促销、人员推销、公关活动、直销以及其他宣传方式将产品或服务的优势传达给客户。我们将在第十四章对促销要素进行更全面的探讨。

分销渠道

市场营销组合中的分销或分发指的是企业将产品交到客户手中的所有方法。如果顾客无法在合适的时间和地点买到某个产品，那么这个产品对客户来说是无益的。当一个企业提供的是商品而非服务的时候，产品的交付过程通常更为复杂。很多商品（例如杂货店里的商品）都要进入分销渠道，这当中包括一系列参与产品从制造商向消费者流动过程的企业或个人。分销渠道的中间参与者有时被称为分销商或批发商。在到达零售点（例如杂货店）之前，食品等部分商品要经过许多批发商才能最终到达消费者手中。汽车等其他商品通常会直接从制造商那里转移到一个批发商处，也就是汽车经销商，继而到达消费者手中。此外，还有一些商品会绕过所有批发商，直接从制造商那里转移到消费者手中，例如可以通过产品目录或网站订购并直接运输给消费者的商品。我们将在第十四章讨论企业如何寻找合适的分销渠道，并对其进行有效管理，从而让产品在合适的时间以合理的数量和最低的代价送到正确的地方。

4C 营销模型：消费者视角下的市场营销

市场营销组合可以通过其他方式来表达吗？ 市场营销的 4P 模型呈现的是制造商视角下的营销。如图 12-7 所示，4C 模型则是从消费者角度来思考市场营销的。

- **顾客（customer）取代产品**：企业不再强迫顾客购买标准的产品解决方案，而是转向小众营销和为客户创造个性化的解决方案。
- **成本（cost）取代价格**：产品的价格只是消费者拥有该产品所花费的所有成本中

的一部分。其他成本包括消费者更换新产品或新服务所产生的成本，例如开车前往可以购买新产品的地方，花时间做出购买决定，以及学习如何使用新产品等。

• **便利**（convenience）取代分销渠道：网络购物和其他混合购买方式降低了分销渠道的重要性。便利指的是宣传有关产品或其所在位置等信息的方便程度以及实际交易的发生形式。

• **沟通**（communication）取代促销：移动设备和网络的普及使得企业和消费者可以保持沟通，企业必须像希望消费者听取自己的营销信息一样"倾听"消费者的声音。

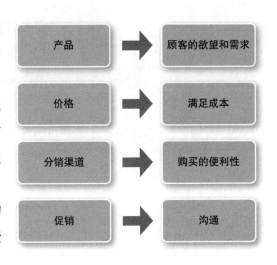

图12-7 市场营销的4C模型

4C模型反映了营销方式转为客户导向。

营销流程

营销流程是什么样的？ 图12-8展示了企业的营销流程。如图中显示的那样，市场营销并不只是在市场上为某个产品做广告。企业首先要进行大量的市场研究和分析，然后再传播有关产品的最终信息。在顾客购买产品后，企业还要继续与他们进行沟通。

明确市场需求。回想一下阿伦·霍夫曼的移动宠物美容服务。阿伦有自己的宠物，在成为宠物美容师之前，他会带自己的小狗去他后来工作的地方进行宠物美容。运送小狗是一件很麻烦的事情，阿伦觉得把小狗关在笼子里太可怕了。当时阿伦并没有意识到自己实际上发现了一个未被满足的市场需求，那就是移动宠物美容服务，这可以减少宠物主人带宠物去美容时的麻烦并降低人们的愧疚感。明确市场需求是营销的第一步。

开展市场研究，制订营销计划。通过对营销环境进行分析，阿伦可以判断是否有任何政治、经济、社会或科技方面的因素会对自己的生意和利润产生影响。此外，他还进行了内部分析，包括评估自己的潜在客户、竞争对手以及合作方等。这些分析为他的营销计划奠定了基础。阿伦发现，他即将开展的业务已经有了足够的需求。本章后半部分将详细讨论如何分析营销环境，以及如何开展市场研究和制订营销计划。

明确目标客户。如果阿伦跳过了这个步骤，那么他会浪费精力和金钱去向那些对移

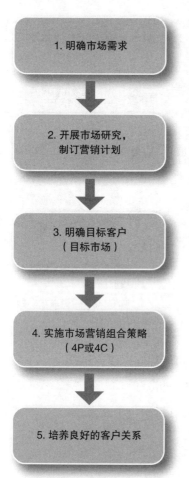

1. 明确市场需求

2. 开展市场研究，
制订营销计划

3. 明确目标客户
（目标市场）

4. 实施市场营销组合策略
（4P或4C）

5. 培养良好的客户关系

图12-8　营销流程

来源：MoustacheGirl/Fotolia。

动宠物美容服务不感兴趣的人进行推销。因此，阿伦必须考虑谁是理想的客户，他们的想法和需求是什么，然后利用这些信息来做出营销决策。本章后续部分将详细讨论如何明确目标市场。

实施市场营销组合策略。接下来，阿伦必须实施市场营销组合策略。他已经确定了客户的需求，而且开发出了一种不仅能够满足这种需求，并且比竞争对手的质量更高的产品。接下来，他将考虑自己的定价策略，以便在盈利的同时保持竞争力。在制定定价策略时，阿伦必须考虑客户在享受服务时所产生的任何其他直接或间接成本。

市场营销组合中的分销渠道要素涉及向客户交付产品的方式。公司较小的初始规模和可移动性为阿伦提供了极大的灵活性，他可以在合理的距离内将产品交付给客户，几乎不需要进行存货管理。这给他的客户带来了极大的便利。阿伦还可以提供哪些其他便利服务呢？他可以让预约变得更方便吗？

促销是市场营销组合中最突出的一部分，尽管企业可能要为此付出代价，但其效果也非常显著。作为促销的开始，阿伦应该给自己的公司取一个容易记住的名字，将它和其他公司区分开来。接下来，他如何与市场进行沟通，并留住当前客户和吸引新客户呢？他需要创建脸书账号、开发移动应用程序或者建设网站吗？他需要在博客或推特上发布有关宠物美容的小窍门或其他护理知识吗？

培养良好的客户关系。营销流程的最后一步是建立和培养长期的、相互信赖的客户关系，从而提高客户的忠诚度并赢得回头客。阿伦必须与顾客及其宠物建立融洽的关系，同时了解哪些客户是回头客并且记住他们的美容喜好。他需要向客户征求建议，并通过持续改善自己的服务来回应他们的意见。为了赢得客户的信任，如果客户不满意，那么阿伦可能要将费用退还给客户。为了保持和培养人们对他所提供的服务的兴趣，阿伦也许还要使用社交媒体。阿伦可能还要与兽医诊所和宠物饲养员建立联系。个性化的、妥善维护的客户关系是企业取得成功的关键。

■　写在纸上的营销流程看似简单，但它既是一门艺术也是一门科学。它是为了满足客户需求、确保提供优质产品并获得回头客而对企业战略进行持续调整的一个过程。阿伦·霍夫曼的移动宠物美容服务需要一份适合其产品的特定营销策略。他需要单独考虑每个产品，这样才能为它们制定合适的市场营销组合。

12-3 营销环境

说明营销环境对一个公司控制市场营销组合的能力有怎样的影响。

■ 阿梅莉亚·拉索经营着一家专卖店，销售专为女士设计的有趣且独特的礼服鞋和手提袋。她从欧洲购买了大量货品，因此美元的价值变化会对她的总成本产生很大的影响。最近美元贬值，这给阿梅莉亚造成了损失。此外，她的店铺服务的是富有的年长群体，但阿梅莉亚想吸引更多年轻人士光顾自己的店铺。哪些环境因素正在影响阿梅莉亚的生意？她如何应对这些影响呢？

企业可以直接控制市场营销组合中的各种变量。然而，企业所处的**市场环境（marketing environment）**却不在控制范围内，它限制了企业控制市场营销组合的能力。如图12-9所示，市场环境包括竞争、经济、科技和社会文化方面的环境，以及国际、政治和法制方面的环境。

在确定市场营销组合时，营销人员必须敏锐地注意到市场环境的变化。实际上，管理者的主要职责之一就是进行**环境扫描（environmental scanning）**，这是一个通过调查市场环境来评估外部威胁和机遇的过程。一个成功的企业能够察觉到市场环境的变化，并且快速调整自己的市场营销组合，这是因为整体市场环境会允许企业这么做。让我们一起详细研究一下市场环境中的每种因素。

图12-9 市场营销组合和市场环境

市场营销组合可以由营销经理控制，而营销环境是由他们无法控制的外力决定的。

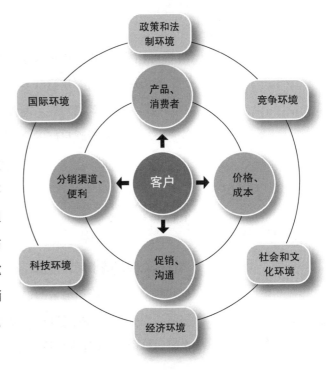

竞争环境

为什么分析竞争环境很重要？ 企业所面对的竞争情况对于制定有效的市场营销组合而言非常关键。竞争包括完全竞争、垄断竞争、寡头垄断、双头垄断和垄断。竞争程度会影响一个企业的营销策略。垄断环境下的企业营销策略与寡头垄断环境下的企业营销策略是不一样的。一个想取得成功的企业，必须关注自己的竞争对手并设法领先它们一步。阿梅莉亚·拉索的专卖店因其独特的产品而具备了一些竞争优势。然而由于美元贬值，阿梅莉亚可能需要重新考虑自己的营销策略以保持竞争优势。

经济环境

经济环境如何影响营销策略？ 市场营销人员必须紧跟经济变化的步伐。原因何在？这是因为经济环境（包括通货膨胀率、利率、失业率、经济增长率和消费者信心水平）可能会从许多方面影响公司的营销策略。通货膨胀率的提高会降低货币购买力，因而商品销量可能会下降。而经济衰退会减少人们对某些产品的需求。当客户再也买不起某个公司的产品的时候，即便是最好的营销计划，也会失败。如果利率很低，借贷成本就会下降，那些以贷款方式购物的消费者（特别是购买房屋或汽车等大宗商品的人）可能会买得更多。因为经济全球化，那些谨慎的公司也开始跟随全球化趋势。回想我们此前讨论过的不同市场营销阶段，每个阶段都是随着经济变化应运而生的。

再举一个例子，假设美元在外汇交易市场贬值（变得疲软），那么这将导致礼服鞋等进口商品变得更贵。这意味着阿梅莉亚必须提高进口商品的售价，而这可能会导致商品销量下降。阿梅莉亚可能需要改变自己的营销策略以吸引买家，并让他们相信这些进口鞋能够反映良好的个人形象且物超所值。精明的市场营销人员会努力把握市场脉搏，预测紧迫的问题或潜在的机遇，并且做出必要的调整。

科技环境

科技是如何影响市场营销的？ 通信技术的进步深刻地影响了现代市场营销。由于可以在网上进行宣传和销售，很多小型企业有了与世界各地的大公司竞争的能力。互联网同样有助于企业通过社交媒体将营销信息更快地传递给更多受众，这几乎可以在瞬间给企业带来指数级曝光，互联网在市场营销组合的重点从产品转变为消费者

病毒式营销

病毒式营销已经成了一种有效的营销工具，这是数字化形式的产品宣传。像病毒一样，这种形式的互联网营销可以将信息快速散播给大量受众。成功的病毒式营销活动的影响远大于传统营销活动，这也说明了为何很多公司都将病毒式营销作为其整体营销策略的一部分。多瑟瑰啤酒（Dos Equis Beer）的"世界上最有趣的男人"，好时派（Old Spice）男士美容产品的"好时派男人"，以及十分受欢迎且富有新意的布兰泰（Blendtec）搅拌机产品的"这可以搅拌吗"，都是十分成功的病毒式营销案例。近期的企业营销活动融合了社交媒体因素，例如色拉布（SnapChat）与一些品牌合作的"地理滤镜"，以及塔可钟（Taco Bell）的"玉米卷表情倡议"活动。病毒式营销的关键在于创造一条营销信息，它要足够新颖、有趣和吸引人，以便人们注意到它并通过"说说它"的方式将其传播给其他人。那么什么可以让信息达到病毒式传播水平呢？这比你想象的还要难，但大多数信息都包含了让人意想不到的主题，从而推动人们继续观看并采取后续行动。最重要的是，病毒式营销所传播的信息极少涉及直接推销产品。你最喜欢的病毒式广告是什么？它们是关于什么的，又是什么推动你把它们传播出去？

的过程中发挥了重要作用。

由于科技的进步，公司更容易定制产品以满足特定需要，同时能够以更低的价格提供产品，从而满足目标顾客的不同喜好。技术促进了数据库的创建和应用，从而提高了企业的客户关系管理水平。成功的营销要求企业运用最新科技来找到目标客户并让他们满意，无论这些客户身在何处。

社会和文化环境

文化和社会趋势是如何影响市场营销的？ 在第四章，我们讨论了社会和文化环境对企业的重要作用。人口统计因素的变化（例如年龄、性别、族群和婚姻状况）以及价值观的变化可以给企业带来机遇。例如，随着人口平均年龄的提高，我们可以预见医疗保健、药品以及疗养院等方面的需求会扩大。阿梅莉亚·拉索则看到了年轻群体对优质礼服鞋的需求。

政治、法律和监管环境

政治、法律等如何影响市场营销? 有人说,在民主国家,只有嘎吱嘎吱响着的轮子才会被上油。特殊利益群体试图通过多种方式来影响政治进程。企业也不例外,它们试图通过资助政党、独立候选人以及政治行动团体来影响法律和监管领域。此外,美国国家环境保护局(Environmental ProtectionAgency)、美国消费品安全委员会、美国食品和药物管理局以及美国联邦贸易委员会等监管机构通过法律法规来限制企业所从事的营销活动。家乐氏曾被禁止在部分食品上使用"纯天然""不含人工成分"等字样。美国食品和药物管理局认为,很少有产品是"纯天然的",因为它们大部分都经过了一定程度的加工,此外这些产品还添加了经化学合成的维生素,所以"不含人工成分"的说法也是不恰当的。鉴于此,企业在制定营销策略时不得不考虑政治和法律环境,因为这些因素可能会对营销活动的整体成功发挥关键作用。

国际环境

国际环境如何影响市场营销? 国际贸易的大幅增长在某种程度上得益于互联网。客户可以在全世界范围内寻找具有价格吸引力的产品,而企业也可以在全世界寻找供应商。为了开拓新市场,很多企业开始进行国际扩张。然而,伴随全球化而发展的市场营销并非没有困难。在发布产品和开展营销活动之前,营销人员必须考虑当地的文化与社会差异。不同的政策和法律环境同样影响着一家公司在其他国家进行经营的方式。企业还必须意识到将产品运输到国外的复杂性。

■ 那么,作为店主的阿梅莉亚·拉索如何应对自己所面临的市场环境的变化呢?为了应对疲软的美元并尽力吸引年轻群体,阿梅莉亚联系了美国国内一些新兴的优秀鞋履和手袋设计师,他们很高兴自己的产品能在阿梅莉亚的店铺上架。阿梅莉亚通过名为"美国设计,美国制造"的活动来宣传店铺的转变,并因此吸引了她一直想要的年轻群体。与阿梅莉亚一样,成功企业始终关注着市场环境的变化,并且愿意对自己的产品和营销策略进行相应调整。

社交媒体的教训

尽管社交媒体给很多企业带来了开展优秀品牌推广活动的契机,然而不幸的是,善意的活动也可能产生一些不好的后果。有关企业在失败后利用社交媒体重塑品牌忠诚度的例子很多。但可惜的是,消费者的记忆力很好,这些营销活动最终还是失败了,因为这让人们想起了这些企业之前的失败。例如在金融危机期间,摩根大通决定在推特上让客户通过话题标签"#AskJPM"(提问摩根大通)提出金融方面的问题。然而活动发布之后,人们却开始在推特上问这样的问题:"你们如何决定是否取消某个人的抵押品赎回权?扔飞镖吗?"还有人问:"作为一个年轻的反社会者,我如何才能在金融业取得成功?"几小时后,摩根大通发布推特,宣布"明天

的问答活动取消,这是一个糟糕的主意,让我们从头再来"。同样,在发生负面事件后,纽约市警察局邀请市民发布带有话题标签"#myNYPD"(我的纽约警署)的图片,希望通过这种方式来为自己增添更为积极的形象。不幸的是,人们反而用警察暴行图片来回应。

大多数社交媒体营销的失误都是因为人们看待活动的不同方式被忽视了。很明显,摩根大通和纽约市警察局都没有很好地解读公众情绪,也不知道如何应对。良好的营销初衷转变为公关危机的例子还有很多。你是如何看待这些社交媒体活动及相关企业的反应的?你还可以想到哪些糟糕的营销活动?

12-4 市场研究与营销计划

说明市场研究的过程,讨论优质营销计划涉及哪些要素。

来源:g-stockstudio/Shutterstock。

■ 蒂亚拉·沃森发现,她常去的美发沙龙店的老板总是抱怨供应商相距好几个州。这个老板对不断上涨的配送成本和越来越长的交货时间感到懊恼。此外,供应商提供的产品也无法满足该地区越来越多元化的客户需求。

蒂亚拉看到了自己开办本地供应公司的商机，她觉得自己可以做得更好。她的初期调研显示，她所在的地区有一百多家美发沙龙店。蒂亚拉与使用同一家供应商产品的美发沙龙店老板进行了交谈，发现很多人都愿意更换供应商。蒂亚拉明白，她不能一开始就向这里的所有美发沙龙店销售产品。为了成功开创新业务，她如何决定首先针对哪些店铺进行销售呢？

回看图12-8所示的营销流程的五个步骤，你会发现在明确市场需求后，下一步便是通过市场研究来确定企业的盈利能力，之后制订营销计划、确定目标市场。

市场研究

什么是市场研究，相关步骤是什么？市场研究（market research）是指为了制定营销策略而进行的市场信息收集和分析。市场研究可以很简单，例如通过发货清单或电子邮件进行简短的调查；市场研究也可以很复杂，例如在新产品推出之前进行全面的市场分析。尽管市场研究包含很多中间步骤，但大体上它们都可以归入图12-10所示的几个基本步骤。

图12-10　市场研究的步骤

为什么定义市场需求或机会很重要？尽管新的市场需求或机会显而易见，但是市场上可能会有其他隐藏机会，因此重要的是真正定义市场机会。例如，蒂亚拉已经明确了本地美发沙龙店对邻近的沙龙产品供应商的需求。但是，距离是否真的是个问题呢？其他因素，例如糟糕的服务或不充足的产品供应，是否才是真正的问题呢？

开展市场研究的第一步是定义问题，这一过程可能还包括进行更多调查以进一步明确需求和机会，或者加强对它们的感知。营销经理和研究人员需要共同协作以确定企业需要哪些数据以及获取数据的方法是什么。这样做有助于研究人员确定研究方法和预算，同时确保企业收集到正确的数据。

需要收集哪些数据？确定需要收集哪些数据以及如何收集数据是非常重要的。数据的类型有两种：原始数据和二手数据。

• **原始数据**（primary data）是指研究人员收集的初始数据。这些数据通常是通过观察、问卷、调查（信函、电子邮件或电话形式）、焦点小组、访谈、客户反馈，以及抽样和对照实验等方式获得的。**焦点小组**（focus group）通常是一个由8～10

个潜在客户组成的小组，他们要针对某项产品或服务、广告、创意，甚至包装风格提供反馈。

- **二手数据**（secondary data）是指已经经过汇总和处理的数据。企业自身就有大量可能有用的数据，例如销售和生产数据。二手数据的外部来源包括国家或国际机构、政府、行业出版物等组织或刊物收集的数据。近年来，社交媒体也成了收集二手数据的工具，企业不仅可以收集有关自家产品的数据，也可以收集竞争对手的数据。由于这种信息网已存在，因此企业据此获取二手数据的代价通常比获取原始数据的小。

表12-1总结了部分原始数据和二手数据的来源。

表12-1　原始数据和二手数据的来源

原始数据	观察
	问卷和调查
	实验
	访谈和焦点小组
	客户反馈
二手数据	公司内部信息
	行业协会
	商业机构
	政府数据
	报纸、杂志
	社交媒体、互联网数据库、搜索引擎

通过联系一些美发沙龙店的老板，蒂亚拉·沃森开始收集有关美发沙龙店老板更换距离更近、更便宜的供应商的决心到底有多大的原始数据。她还收集了有关距离最近的美发沙龙用品公司的二手数据，以及她所在地区的相关潜在顾客的统计数据。

如何在市场研究中使用社交媒体？脸书和推特等社交媒体现已成为企业接触广大公众的宝贵工具（见图12-11）。企业不仅能够找到大众对其产品的看法，还能找到大众对其竞争对手的产品的意见。无论这些意见是好还是坏，这两种信息都是极其珍贵的。企业可以从渴望表达自己意见的人那里获得真实反馈。通过社交媒体而非传统焦点小组来收集信息有两个优势，即规模优势和即时性优势。焦点小组的规模有限，而研究人员也无法确定自己是否选择了正确的人员。焦点小组的形式决定了这

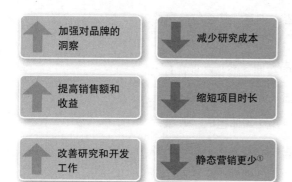

加强对品牌的洞察

提高销售额和收益

改善研究和开发工作

减少研究成本

缩短项目时长

静态营销更少①

图12-11 使用社交媒体进行市场研究的好处

种活动常常需要制订大量计划，而且执行起来可能代价高昂。相反，社交媒体可以让企业快速从大量消费者那里收集信息。并非所有公司或市场研究项目都愿意使用社交媒体，但如果情况确实合适，那么社交媒体会成为市场营销人员获取消费者意见的宝贵工具。

如何分析和解读数据？ 企业一旦收集到了数据，就必须将它们整合成一种易于分析和解读的格式。分析数据的人必须了解不同的统计技术，并且懂得如何使用它们（这超出了本书的范围）。企业的最终目标是进行细致的分析，从而得出关于实施哪种营销策略的结论。分析必须是真实的，研究人员不可以调整数据以获得他们想要的结果。通过调查和个人访谈，蒂亚拉发现，本地大约有30家美发沙龙店愿意更换供应商，这意味着她的潜在目标市场非常大。她的市场研究还发现，消费者对当前供应商的产品和价格，以及供应商与本地美发沙龙店之间的关系有一些担忧。

市场研究完成之后企业该做什么？ 完成信息收集和分析工作后，企业通常要将这些信息以条理的形式呈献给做决定的人。毕竟，市场研究的目的是帮助管理者做出更好的营销决策。企业可以向销售和营销团队展示正式的报告，或许还要雇用广告公司来制作全新的广告方案。不断变化的市场环境要求企业持续做出调整，不断寻找更好的方式来为客户提供价值。因此，市场研究应该持续开展。

营销计划

什么是营销计划？ 制订营销计划是在市场研究结论的基础上采取的部分行动。**营销计划**（marketing plan）是一份书面文件，它详细说明了为实现组织目标而要开展的营销活动。这是一份有助于实施市场研究所确定的战略的路线图。

优质的营销计划包括哪些要素？ 所有优质的营销计划都包含以下四个要素：

- 清晰的营销目标。
- 市场情况分析。

---

① 静态营销：相对于主动营销，这是一种不采取任何行动，坐等客户上门的营销方式。——译者注

- 目标市场描述。
- 有关如何实施、评估和控制市场营销组合的描述。

为什么营销目标是必需的？ 营销目标（marketing objective）是指可以通过营销活动实现的清晰目标。它应该是实际的、可量化的，并且具有时效性。"让美国的每个家庭都购买某个特定产品"这一营销目标就是不切实际的，"每年的销量达到十万件"则是一个更实际、更易量化、更有时效性的营销目标。如果目标是实际的，那么它非常有可能实现，并且可以激励员工向着这个目标努力。如果目标是可衡量的，那么公司可以判断自己是否达到了目标。如果最后时限也确定了，那么公司可以知道自己是否按时实现了目标。

什么是情况分析？ 制定清晰的目标是确定营销计划的第一步。接下来的步骤则是进行情况分析。用于开展情况分析的方式有很多，比如我们在第七章讨论的SWOT分析，其中包括了对内在**优势和弱势**，以及外部环境中的**机会和威胁**的分析。然而，这种分析只关注市场营销，而非整个组织。

内部优势指的是什么？ 在市场营销方面，一个公司的内部优势指的是该公司所具备的竞争优势或核心竞争力，公司可以利用它们来实现特定营销目标。核心竞争力能够让一家公司变得与众不同，可以让公司为客户提供其他公司无法仿造的产品和服务。例如，迪尔公司（Deere and Company）曾将旗下的约翰迪尔牌优质农业器材的品牌声誉转移给了城市家用草坪拖拉机和除草车，以及建筑业的推土设备等产品，并因此成功扩展了业务。事实上，目前迪尔公司的很大一部分收益均来自非农业产品。[8]

企业如何评估自己的弱势？ 评估内部弱势意味着一家公司必须对自己当前的管理经验、制造和融资能力，以及成功实施产品市场营销组合的能力进行审视。公司只有诚实地评估自己的弱势，才能确定自己的实际营销目标。例如，一家只有三名员工的手工手表制造公司不能指望自己每周生产75 000只手表。

为什么要考察外部环境？ 不断变化的外部环境给企业带来了很多机遇，也创造了不少威胁。竞争程度、经济、科技和社会文化的变化，以及全球环境、政治和法律环境的变化在让一些公司蓬勃发展的同时，也让另外一些公司蒙受了损失。这对国际公司来说尤其严重，因为它们所处的多个市场环境增加了分析的复杂性。科技的飞速变化创造了新机遇，它扩大了互联网上的产品销量，但也带来了新的威胁和挑战。

伊士曼柯达（Eastman Kodak）曾是相机和胶卷行业的领军企业，然而由于未能快速向数码摄影转型，该公司最终被迫破产。成功的企业会不断对环境因素进行评估，并将其作为情况分析的一部分，从而将自己的优势与机遇匹配起来，同时解决自己的弱势问题以避免受到威胁。

还有其他开展情况分析的方式吗？ 另一种开展情况分析的方式是对图 12-12 所示的因素进行分析。这种方式的情况分析要求公司收集有关自身及协作机构的信息，以及经济和行业环境的信息，接着通过对客户和竞争对手进行分析，进一步扩展这些信息。

公司	协作机构	客户	竞争对手	行业环境
• 我的公司是做什么的？ • 公司销售什么？ • 公司的优势和弱势是什么？	• 为了保证公司正常运营，我要和谁协作？ • 我如何发展和培养这些关系？	• 谁是我的目标受众？ • 谁是当前的客户？ • 我卖的东西是客户想要的吗？	• 谁是我的主要竞争对手？ • 我的产品有替代品吗？ • 是否有新兴企业或科技会影响我的公司？ • 我的公司的独特之处是什么，我可以发挥它的作用吗？	• 行业里正在发生哪些事情？ • 是否有法律或法规会影响我的公司？ • 当前的经济环境是如何影响购买行为的？

图 12-12　情况分析的考量因素

目标市场

如何确定目标市场？ 为了确定目标市场，企业首先要进行**市场细分**（market segmentation），这是将大范围的市场分割成更小市场的过程。**细分市场**（market segment）是由拥有共同特征、具有相同产品需求和喜好的一组潜在顾客构成的子集。细分市场应该是可辨别、可接触、有一定规模、稳定且具有特定需求的。因此蒂亚拉决定重点向由本地美发沙龙店构成的更小的细分市场进行销售，而非面向本州所有的美发沙龙店。还有一些市场被称为**利基市场**（niche market）[①]，它的范围更为狭窄。例如，一家销售比赛专用的自行车变速器的企业就是在利基市场开展业务的。

营销人员会选择盈利潜力最大的细分市场，而它们也就成了目标市场。对于每个目标市场，企业都会尽力整合市场营销组合来更好地满足目标客户。为目标市场制定

---

① 利基市场：又称小众市场。——译者注

最符合其要求的市场营销组合的过程被称为**定位**（positioning）。

如何细分消费品市场？ 消费品市场可以根据客户的不同变量和特征加以细分，最常见的是根据地理、人口统计、心理以及行为进行细分，表12-2对它们进行了总结。

表12-2 消费品市场的细分依据

地理	人口统计	心理	行为
• 地区 • 郊区 • 农村 • 城市 • 人口密度 • 气候 • 地形	• 年龄 • 人种 • 宗教信仰 • 家庭规模 • 族群 • 性别 • 收入 • 教育	• 生活方式 • 个人特征 • 动机 • 价值观	• 利益诉求 • 使用量 • 品牌忠诚度 • 价格敏感度 • 产品最终用途

如何根据地区或区域来定义市场？ 根据地理特征来细分市场被称为**地理细分**（geographic segmentation）。例如，服装、滑雪板、除雪机、四轮驱动汽车、空调以及暖气的需求因各地区的气候差异而有所不同。人们对食物的喜好也因地区而不同。因此，麦当劳通过提供特别餐品来满足特定地区和国家消费者的口味和喜好，比如在加拿大和美国东北地区供应麦氏龙虾卷。由于大多数印度人不吃牛肉，因此当地的麦当劳店卖得最好的产品是由羊肉或鸡肉制成的"王公汉堡"。对蒂亚拉·沃森的美发沙龙用品公司来说，她所在地区最有特色的发型可能要用到一些在其他地方不那么流行的产品。

如何根据人口特征来定义市场？ 人口统计细分（demographic segmentation）是指根据年龄、人种、宗教信仰、性别、族群背景，以及其他人口统计因素对市场进行细分。例如，当专家此前预测到2020年，美国1/5的人口将是西班牙裔时，[9]不会有企业想错过这一不断发展的细分市场。现在，美国消费者经常能在标签或说明书上同时看到英文和西班牙文，西班牙语电视频道和报纸的数量也在不断增加。

可以根据观点或兴趣来细分市场吗？ 哈雷戴维森公司（Harley-Davidson）的摩托车种类多样，每种车型都在迎合某种特定的生活方式。[10]猫粮广告巧妙地聚焦"爱猫者"的性格特征，而许多啤酒厂商则锁定了男性和体育爱好者。根据人们的生活方式、个性特征、动机以及价值观对市场进行细分被称为**心理细分**（psychographic segmentation）。例如，全食超市和乔氏超市（Trader Joe's）关注的都是那些对健康的有机食物感兴趣的消费者，星球健身（Planet Fitness）则重点向那些关注自身健康，但同时很在意价格的消费者推销会员资格。

精明的市场营销人员会仔细考察客户的生活方式、个性特征、动机以及价值观，因为这些心理变量与地理和人口统计变量有所不同，心理变量可以通过营销手段来操纵。无论消费者看重什么，无论他们在乎的是质量、社会地位或社会关系、安全感、健康、隐私，还是科技或外貌，你都可以确信，商家会提供某种商品或服务以满足这种真实的或认知上的需求，并且会因此获得利润。

如何通过消费者行为来定义细分市场？ 无论价格多高，你都只买同一个牌子的牙膏吗？你是不是只在感恩节购买蔓越莓酱？[①]这些不同类型的行为定义了**行为细分**（**behavioral segmentation**）市场，这是根据特定的消费者行为特征（例如品牌忠诚度、价格敏感度、利益诉求、购买场景以及产品最终用途）进行细分的市场。

行为细分依据之一的品牌忠诚度可以影响购买者的价格敏感度。客户越忠诚，那么他们对价格上升的敏感度就越低。如果一位客户12年来始终使用同一款牙膏，而且十分喜欢这款产品，那么价格小幅上调对该客户来说很有可能不是问题。

最后，了解产品的实际用途有助于公司开发能够吸引用户的产品包装。例如，将维生素装在附有盖子的容器里，这些盖子就连关节炎患者也可以轻松转动，因此这种产品可以吸引一些成人消费者。

■ 营销流程可能只有几个步骤，但每个步骤都要耗费不少时间并且我们要集中精力。蒂亚拉·沃森已经仔细思考了自己应该锁定哪些美发沙龙店。然而，如果不做市场分析，她就无法确定从哪里开始。当退后一步，花点时间去研究市场时，她发现了一些愿意接受她的个人服务（比如快速交货以及供应特殊产品）的小型美发沙龙店。蒂亚拉开了一个好头，但是在实施市场营销组合和培养良好的客户关系方面，她依然还有一些工作要做。第十三章和第十四章将对此问题进行更深入的探讨。

---

① 蔓越莓酱是美国感恩节主菜火鸡的传统配料。——译者注

12-5　消费者行为

比较 B2B 市场和 B2C 市场的购买决策与营销过程。

■　威尔·朱斯托站在笔记本电脑柜台前。他必须为学业买一台电脑，但是他拖到最后一刻才这么做，这次他不买不行。由于对电脑没什么了解，因此这些电脑对他来说看起来都一样，他该如何选择呢？他的女朋友有一台苹果电脑，而且她很喜欢它，但其实只要是苹果公司的产品，她都喜欢。他最好的朋友有一台拥有顶级配置的惠普电脑，朋友总是对它赞不绝口，但这个朋友是个游戏玩家。他的姐姐有一台微软苏菲（Surface）平板电脑，她非常喜欢它，但它看上去太小了。威尔寻找的并非名牌或功能花哨的电脑，他只需要一台可以用来写论文和刷脸书的电脑。但是看着一排排看似差不多的笔记本电脑，这着实令人生畏。威尔该如何做出购买决策呢？哪些因素会影响他的决定？

在做出购买决策的时候，几乎每个消费者都会受到诸多影响。消费者行为（consumer behavior）指的是个人或组织寻找、评估、购买、使用和不再使用商品或服务的做法。请注意，消费者行为涉及针对个人消费者和充当市场买方的企业组织的研究。大多数人根据直觉认为市场就是个人消费者市场。在 B2C 市场，个人因为个人消费而购买商品和服务。然而这里还存在 B2B 市场。在 B2B 市场，企业向其他企业购买商品和服务。本节，我们将探讨这两类消费者行为。

B2C 市场

为什么要研究消费者行为？ 理解消费者的行为有助于营销人员选择盈利水平较高的目标市场，并开展针对这些群体的市场营销组合的实施、评估和控制工作。例如，消费者越来越重视保护环境，意识到这种情况的汽车制造商可能会供应更多节能汽车，或者下调低能效车型的价格，从而弥补它们在油耗性能上的不足。

来源：xijun/Fotolia。

消费者如何做出购买决策呢？消费者的购买过程包括五个

阶段：

- 确认需要。
- 搜索信息。
- 评估备选方案。
- 做出买或不买的决策。
- 购买后进行评估。

并非所有消费者都会经历这五个阶段，这些步骤也不必按同样的顺序进行。这一过程可能会随时被"不买了"的决定打断。

试想你对于接受大专或大学教育所做出的决策。你先确认了自己对高等教育的需求，你可能会通过许多渠道——你的朋友、家人、辅导员或者《美国新闻与世界报道》（U.S. News & World Report）的年度大学排名，获得相关大学的信息，你或许还访问了一些大学校园以收集第一手信息。接下来，你会根据多种因素来评估自己的选择，这些因素包括大学学费（价格）、地理位置，以及你的朋友选择去哪所大学等。你的最终选择可能建立在理性分析的基础上，也可能是情绪化决定的结果（基于一些直觉）。最后，你可能会根据期望被满足的程度来评估自己的选择。你很可能会在毕业之后继续评估你对大学的选择。

图12-13 影响消费者做出购买决策的主要因素
有效的营销活动有助于消费者收集产品信息和评估备选产品。
来源：Philip Kotler and Gary Armstrong, *Principles of Marketing*, 12th ed. (Upper Saddle River, NJ: Pearson/ Prentice Hall, 2008), 131–47。

哪些因素影响了消费者的决策？ 消费者的决策过程是更广泛的社会环境的一部分，这些环境会影响每个购买步骤。营销人员应该在开发适合目标市场的市场营销组合的过程中注意这些因素。图12-13展示了这些环境方面的影响因素。[11]

文化是如何影响人们的购买行为的？ 文化是指一个社会所特有的并代代相传的一套可习得的态度、信念以及生活方式。亚文化是指某一文化中具有相似态度和生活经历的特定群体。教会、社区组织，以及脸书和品趣志等网络社区都是亚文化的代表。总之，购买者的文化、亚文化、社会阶层、家人以及同辈共同构成了影响其购买决策的**社会文化因素**。例如，肥胖症的流行使得很多人开始重视健康的生活方式，这反过来也改变了他们的购买模式。

社会阶层指的是一群人所共有的教育、收入、财富以及地位水平等因素的组合。社会阶层会对购买决策产生影响，因为有些物品是地位的象征，例如威尔女朋友拥有的苹果电脑，人们总是认为苹果电脑比其他电脑更"酷"。

哪些独特的个人因素塑造了我们的购买行为？影响消费选择的**个人因素**通常是由一个人的年龄、性别、经济状况、生活方式和个性构成的。了解男性和女性在购物方式上的不同有助于企业调整销售策略。女性一般喜欢看一看、逛一逛，再做一些交流，而男性通常更喜欢来了就买，买了就走。一家加拿大女性服饰精品店认识到了男性和女性的购买模式的不同。为了迎合女性顾客的需求，店主举办了"衣箱秀"①，在此期间，顾客会与自己的朋友聚在一起，一边品尝红酒，一边欣赏设计师的新系列。同时，店主将男性顾客伴侣的个人信息和喜好存储在数据库里，从而迎合了他们对高效购物的偏好。当特殊的日子到来时，店主会通知男性顾客，让他们知道店里有适合他们伴侣的最佳礼物。[12]

态度如何影响购买决策？市场营销的目标之一就是在消费者的心中塑造对产品的感知。对产品的态度会让顾客产生一种心理，这种心理会使他们以积极或者不积极的方式看待产品。**心理因素**包括买家在动机、感知、态度以及认知方面的差异。创造积极的产品体验同样很重要。良好的产品体验会带来回头客，糟糕的体验会阻碍未来的销售。寻找新客户的代价比留住现有客户的代价要高得多，因此为了满足现有客户的需求而进行投资是非常重要的，只有这样客户才会保持对品牌的忠诚。

临时条件会影响购买行为吗？情境因素包括物理环境、社会环境以及产品类型，这些都会影响买家的行为。产品分销渠道或商店的布置方式等因素是易于控制的。然而，正如威尔·朱斯托因为拖到最后一刻而必须匆忙购买一样，恶劣的天气条件或消费者的负面情绪等因素是无法轻易控制的。出于压力，威尔可能觉得自己无法做出冷静且有依据的决策。

---

① 衣箱秀（trunk show）：一种高规格的秀场，是非公开的服装展示会。——译者注

市场营销组合是如何影响购买行为的？ 市场营销组合因素包括以买家负担得起的价格提供产品，推广产品的特点，以及将产品或服务分销至便于消费者购买的地方等。

企业在开展有效的营销活动时，重要的是理解消费者的购买行为，以及它是如何受到影响的。这些影响因素中的一部分——例如个人因素——并不受营销人员的控制，而心理因素等则会受到商家的影响。在选择目标市场，实施、评估和控制市场营销组合，以及建立客户关系的过程中，企业应牢记这些影响因素。

B2B市场

B2C市场和B2B市场有什么不同？ B2C市场和B2B市场的不同之处在于谁是购买方。在B2B市场中，企业为了进一步处理、转售或促进一般业务活动而产生购买行为。B2B市场比B2C市场大，这是因为在最终到达零售端的消费者面前时，几乎所有消费产品都要经过分销商或批发商的购买环节（B2B）。实际上，供应链上的每个环节都存在一个独立的B2B市场。我们可以想一想制造和分销一辆汽车所涉及的所有交易。大多数配件都是由独立公司制造的，每个公司都必须从其他公司购入生产该配件所需的原材料。

【商业杂谈】

增强现实：是过渡还是未来趋势

增强现实（augmented reality，下文称AR）是一种在智能手机照相机、微软眼镜和谷歌眼镜等设备上通过叠加信息或图像等虚拟元素来增强物理环境的技术。该技术已经存在了很多年，比如博物馆利用AR技术来提供有关艺术作品的内容，城市则利用这一技术提供有关公共交通的信息。但是AR技术迟迟未能引起那些销售各种产品的营销人员的注意。

不过，自从谷歌眼镜和微软眼镜等设备开始发展以来，AR技术引起了营销人员的兴趣。你可以用宜家的应用程序看到宜家的家具摆放在你家里的效果；雷朋（RayBan）通过AR技术让客户试戴太阳镜，以便客户了解它们戴在自己脸上的效果；封面女孩（CoverGirl）开发了一款全新的美容应用程序，以便女性在购买前试妆。

科技研究与咨询公司高德纳（Gartner）认为，AR技术和可穿戴设备是一种新兴的移动技术。对此你怎么看？AR技术是一种未来可行的营销手段吗，或者它只是一种过渡阶段的手段？

美国百所大学都在上的商学课（第五版）

B2B市场的特征是什么? 面向企业市场进行销售的第一步与消费品市场相同: 明确目标客户, 确定客户为什么需要产品。然而, 由于市场之间的内在差异, 每个市场接下来的步骤不尽相同。B2B市场通常是由关系而非产品驱动的市场。尽管产品的质量很重要, 但关系才是这个市场的重点。B2B市场的特征包括:

- **买家少, 买得多**。B2B市场一般涉及大批量购买的少数买家。例如, 购买大部分波音飞机的只是少数几家航空公司。
- **买家训练有素**。大多数企业的采购代理都非常熟悉自己的业务。与消费品市场中的买家相比, 他们通常会更系统地权衡利弊, 也不太容易受到情绪因素的影响。这要求卖家以更高的水准来推销自己的产品。
- **集体采购决策**。由采购部门组成的团队通常会在制定采购决策时共同协作。这意味着为了达成交易, 营销人员必须保持耐心, 同时要留意所有决策制定者关注的问题。
- **强大的客户关系**。由于只有少数精明的买家在购买大宗产品, 营销人员有必要与客户建立比消费品市场的客户更为密切的关系。因此, 和专攻消费品市场的大规模广告营销相比, B2B市场的营销更注重人员推销。
- **买家集中在某一地理区域**。美国大多数B2B市场的买家都集中在工业化程度较高的少数几个州, 而这里是大型企业的所在地。这样企业可以减少获得买家的成本。
- **直接采购**。B2B市场中的买家通常直接从卖家那里采购, 这与消费品市场相反, 后者的产品通常会经过多个批发商才能到达终端用户手中。

表12-3总结了B2B市场和B2C市场的重要差异, 包括市场结构、购买单位的性质以及购买流程三个方面的差异。

表12-3 B2B市场和B2C市场的差异

	B2B 市场	B2C 市场
市场结构	• 客户较少 • 大宗采购 • 买家地理位置集中	• 客户较多 • 小规模购买 • 买家地理位置分散
购买单位的性质	• 采购决策更专业、更理性	• 购买决策不太复杂, 但更为情绪化
购买流程	• 买家训练有素 • 采购决策由集体制定 • 复杂的购买决策 • 正规的购买流程 • 卖方营销人员和买方的个人关系密切 • 人员推销	• 买家没有经过训练 • 采购决策由个人制定 • 购买决策相对简单 • 不必制定正式的购买流程 • 营销人员和买家没有个人关系 • 大众广告

企业如何制定购买决策，哪些因素会影响这一决策？ 和消费者一样，企业首先要确认需求，接着寻找有助于制定采购决策的信息，评估备选方案并决定买还是不买，最后再进行购买后评估。企业在采购时要考虑多种影响因素，例如经济状况、科技因素、对监管的担忧程度、组织目标、政策和流程等。因此，企业通常会做出更加理性、合理和客观的决策。

B2B市场的营销流程有什么不同之处吗？ 所有市场的营销流程都是一样的，包括明确市场需求，开展市场研究并制订营销计划，选择目标市场，实施和控制市场营销组合，以及培养良好的客户关系。

■ 威尔·朱斯托最终买到了电脑。在向销售人员咨询了每个品牌后，他选择了惠普笔记本电脑。影响他做出这一决定的是惠普产品的质量和名声，还是他的朋友，或者是其他什么因素？

本章小结

12-1 阐述市场营销是如何随着时间而演变的，概括市场营销的好处以及针对它的批评之声。

● 在生产时期（第一次工业革命到20世纪20年代），大多数企业只注重生产。那时候需求通常大于供给，人们普遍认为优质的产品自然卖得出去。

● 在销售时期（20世纪20年代中期到50年代初），科技进步意味着生产的增长远远超过了人们对商品和服务的需求。"推销"和在各种可用的媒体上"大打广告"变得普及起来。

● 在市场营销时期（20世纪50年代到90年代），生产继续以高于商品和服务需求的速度扩大着。市场营销观念的重点从为产品寻找客户转向为客户生产适合他们的产品并且做得比竞争对手更好。

● 在社会营销时期（20世纪60年代至今），企业意识到自己必须考虑消费者和社会的利益。

● 在客户关系管理时期（20世纪90年代末至今），企业一直致力于与个人客户建立长期关系，从而培养客户忠诚度并获得回头客。

● 市场营销的任务是明确并满足人类的需求和欲望，营销人员为客户提供更大的利益，从而为他们带去价值。同时，卖家也会受益，因为营销让它们生存了下来。

● 在满足客户方面做得好的企业可以产生更高的利润，投资者会从中受益。员工也会得益于成功的营销，因为这使得他们的工作和生计变得更有保障了。

● 整个社会也会得益于营销，因为稀缺资源可以更高效地分配到社会最需要的商品和服务的生产中去。

● 针对营销的批评包括价格欺诈，生产假冒伪劣或不安全的产品，以及混淆视听和欺诈性行为等。我们不应对这些批评意见掉以轻心。所有企业都应该制定道德准则和相关制度，以此约束组织内的不道德行为。

12-2 说明市场营销策略涉及的各个要素以及市场营销组合的组成部分，讨论公司如何通过营销流程来实施营销策略。

● 营销策略的两个基本要素是目标市场和市场营销组合。

● 市场营销组合中的4P是指产品、价格、促销和分销渠道。

● 营销流程包括：（1）明确市场需求；（2）开展市场研究，制订营销计划；（3）明确目标客户；（4）实施市场营销组合策略；（5）培养良好的客户关系。

● 营销计划的实施既是一门艺术也是一门科学。生产优质的产品，对产品独特的品牌进行推广，在客户需要的时间和地点以合理的价格为他们提供产品，这些都是成功营销的共有因素。

12-3 说明营销环境对一个公司控制市场营销组合的能力有怎样的影响。

● 营销环境包括竞争、经济、科技和社会文化环境，以及政治、法律和监管方面的环境。由于这些因素超越了公司的控制范围，因此它们会限制一个企业控制其营销组合的能力。

12-4　说明市场研究的过程，讨论优质营销计划涉及哪些要素。

● 市场研究是收集和分析市场信息，并以此衡量不断变化的市场条件的一个持续的过程，它可以帮助企业创造为客户提供服务的更好的方式和机会。

● 市场研究的步骤包括：（1）定义市场需求或机会；（2）进行调研设计；（3）收集相关数据；（4）分析和解读数据；（5）根据结论开展行动。

● 营销计划是一份书面文件，它明确了为实现组织目标而要开展的营销活动。

● 优质的营销计划包括四个要素：（1）清晰的营销目标；（2）市场情况分析；（3）目标市场描述；（4）有关如何实施、评估和控制市场营销组合的描述。

● 另一种类型的情况分析是考察有关市场营销的其他因素：公司、协作机构、客户、竞争对手，以及行业和经济环境。

12-5　比较B2B市场和B2C市场的购买决策与营销过程。

● 在B2C市场，买家是购买最终消费品的居民。在B2B市场，企业向其他企业采购产品。B2B市场比B2C市场大。在B2B市场，买方通常由一组训练有素的个人组成，他们共同进行大批量采购，并且与营销人员有更为密切的联系。B2B市场的买家通常集中在某一地理区域。

● 在购买过程中，消费者和企业采用了五个同样的决策步骤。然而，影响企业购买行为的一些因素却有所不同。

● 所有市场的营销流程都是相同的：明确市场需求，开展市场研究并制订营销计划，选择目标市场，实施并控制市场营销组合，以及培养良好的客户关系。

重要概念

行为细分	细分市场	地点效用	B2B市场
市场细分	定位	B2C市场	市场营销
原始数据	消费者行为	市场营销观念	产品
客户关系管理	市场环境	促销	人口统计细分
市场营销组合	心理细分	环境扫描	营销目标
二手数据	焦点小组	营销计划	目标市场
形态效用	利基市场	任务效用	地理细分
占有效用	时间效用	市场研究	分销渠道
价值			

自我测试

单选题（答案在本书末尾）

12-1 以下哪个营销时期，制造商几乎不得不强迫消费者购买它们的产品（经济大萧条时期）？

a. 生产时期

b. 销售时期

c. 市场营销时期

d. 客户关系管理时期

12-2 购买汽车时的时间效用指的是顾客从哪里获得的价值？

a. 拥有汽车

b. 汽车的造型和功能

c. 确保顾客在想用的时候能用上这辆车

d. 确保顾客在需要的地方可以用上这辆车

12-3 以下哪项通常不会出现在营销计划中？

a. 对目标市场的描述

b. 对销售目标和整体目标的概括

c. 情况分析

d. 书面的营销目标

12-4 特尼迪亚·雷诺兹在几年前开办了一家小型社区书店。每当有新书推出，特尼迪亚都会根据顾客的过往购买记录向她认为可能会喜欢这本书的顾客发送电子邮件。特尼迪亚的行为反映的是哪个营销流程？

a. 开展市场研究

b. 明确市场需求

c. 实施市场营销组合

d. 建立客户关系

12-5 比尔·沃茨经营着一家只服务退休群体的交通服务企业，比尔的企业利用了以下哪种营销环境的优势？

a. 竞争环境

b. 社会文化环境

c. 科技环境

d. 经济环境

12-6 以下哪项不是有关B2B市场的描述？

a. 该市场由分散地区的小批量买方组成

b. 买方制定了复杂的采购决策，通常还要遵循正式的购买流程

c. 采购过程涉及大量个人推销工作，这要求买家和卖家之间建立紧密的联系

d. 买家的专业性更强，他们制定的采购决策更为理性

12-7 根据生活方式、个性特征、动机以及价值观进行的市场细分称为：

a. 地理细分

b. 人口统计细分

c. 心理细分

d. 行为细分

12-8 以下哪项代表了从4P营销到4C营销的转变？

a. 考虑产品对消费者而言的全部成本

b. 让产品方便购买

c. 聚焦消费者的需求和欲望

d. 上述所有选项

12-9　明确内部优势和劣势，以及外部环境中的与组织营销职能有关的机遇与威胁，这种做法被称为：

a. 情况分析

b. SWOT 分析

c. 营销分析

d. 竞争分析

12-10　以下哪项不属于二手数据？

a. 统计数据

b. 客户在推特上的反馈

c. 焦点小组的结论

d. 从公司销售报告中得到的数据

判断题（答案在本书末尾）

12-11　B2B市场和B2C市场的主要区别在于B2B市场的买方更少，但他们的购买数量更大。

□对　□错

12-12　目标是4P营销组合的要素之一。

□对　□错

12-13　利基市场是一种狭义上的细分市场。

□对　□错

12-14　员工可以从成功的市场营销中获益，原因在于，企业为了满足人们不断增长的对高价值产品的需求而扩大生产，这可能会创造新的工作机会。

□对　□错

12-15　社会营销始于经济大萧条之后，这一时期的经济得到了提升，大多数人都愿意花钱。

□对　□错

批判性思考题

★12-16　想一想特定组织（非营利或营利性组织）是如何试图与你构建更好的客户关系的。这个组织是怎么做的？它们的做法有用吗？为什么？

★12-17　列出你可以想到的汽车品牌，并根据目标市场将它们分类。各个品牌的哪些特征决定了它的目标市场？

12-18　假设苹果公司聘用你来为新款苹果手机制定市场营销活动，请描述产品的新特征，接着确定哪些人是这款手机的目标客户。至少列出四个有关理想客户特征的词语并描述相应的细分市场。针对丰田普锐斯汽车和亚利桑那州的一家豪华水疗中心的假期套餐，重复上述练习。

小组活动

品牌分析

将全班分为 4 ~ 5 个小组，每个小组选择一款不同的运动饮料（例如佳得乐）或调味饮用水（例如酷乐仕）。

步骤

步骤 1，为你们的品牌确定目标市场，讨论你们使用的市场细分方式。

步骤 2，讨论你们的市场营销组合。

步骤 3，讨论公司用来向未来和当前买家传播品牌信息的特定要素和策略。

步骤 4，针对你们的品牌进行简要的情况分析。

步骤 5，针对你们的发现撰写一份简要的概述。根据研究和分析，你们可以为这个品牌提出什么建议？

企业道德与企业社会责任

巴塔哥尼亚和化纤再生项目

巴塔哥尼亚长久以来都是环境保护活动的领军者。正如我们在前文提到的那样，2011 年的黑色星期五，该公司在主流报纸上投放了整版广告，督促顾客不要购买该公司的夹克，除非顾客真的需要。这一行动符合该公司减少自身碳足迹的倡议。你可以在巴塔哥尼亚的网站上找到这家公司发布的碳足迹记录。此外，巴塔哥尼亚还发起了化纤再生项目，该项目鼓励人们行动起来，通过减少产品的数量以及维修、再利用、回收和重新设计产品等方式来保护环境。

问题讨论

12-19　访问巴塔哥尼亚公司的网站，查看该公司为了成为一家负责任的企业而采取过的行动和正在开展的行动。简单概括该公司当前的"负责任的经济"（The Responsible Economy）行动。

12-20　讨论巴塔哥尼亚在环保和企业社会责任方面的行动是如何提高客户忠诚度的。

12-21　在碳足迹行动中，该公司列出了其他公司可以利用巴塔哥尼亚的策略来减少碳足迹的方式。选择一家本地企业（甚至你的大学），针对组织可以如何实施巴塔哥尼亚的策略展开讨论。

12-22 苹果公司的市场营销组合

访问苹果公司网站，点击"苹果手表"（Apple Watch）链接。描述该产品的市场营销组合策略——产品/客户、价格/成本、促销/沟通、分销/便利。苹果公司是如何培养良好的客户关系的？你可以对苹果公司提出哪些营销建议？

12-23 移动营销

营销人员现在通过移动设备来提供优惠券、发送促销或折扣通知、使用二维码，以及制作移动购物应用程序。星巴克是移动营销的先驱。研究星巴克的移动营销行为并对此做出评价。星巴克在这方面所做的哪些事情是其他公司可以效仿的，企业在哪些方面还可以做得更好？

12-24 有机差别

访问乔氏超市和全食超市的网站，这两家公司都是有机和健康食品企业。比较这两家公司的网站，它们分别使用了哪些营销技术？你认为它们针对的是相同类型的顾客吗？为什么？

12-25 每日特惠

团券（Groupon）和社会生活（LivingSocial）是每日特惠概念方面的先锋企业。随着时间的推移，沃特（Woot）和谷歌特惠（Google Offers）等越来越多的每日特惠网站发展了起来。研究这些每日特惠网站，评价它们的营销计划。这些计划是如何吸引和留存客户的，又是如何与客户沟通的？

12-26 吉普体验

吉普公司采用了一项非常规的营销手段，它向吉普车主发出了参与特别活动的邀请。访问吉普的网站，研究该公司为顾客提供的这些活动。客户参加了这些活动就会成为该公司的回头客吗？

MyBizLab

在你的MyBizLab作业板块完成以下写作练习。

★ **12-27** 选择你所在地区的一家本地企业或者你所在的大学，讨论每一个营销环境要素（国际环境、科技环境、经济环境、社会和文化环境、竞争环境以及政治和监管环境）是如何影响企业的。

★ **12-28** 回想你的上一次购买行为，说明社会文化、个人、心理、情境以及市场营销组合是如何影响这次购买行为的。

参考文献

1. Ford Motor Company, "Vehicle History," June 1, 2012, http://corporate.ford.com.

2. American Marketing Association, "Community: AMA Definition of Marketing," June 12, 2013. Retrieved from https://www.ama.org/AboutAMA/Pages/Definition-of-Marketing.aspx. Reprinted by permission.

3. Henry Ford, quoted in Henry Ford Museum and Greenfield Village, "Showroom of Automotive History: The Model T," June 18, 2012, www.hfmgv.org.

4. From General Electric 1952 Annual Report, p. 21, as quoted in Rom Zemke and John A. Woods, *Best Practices in Customer Service* (Amherst, MA: HRD Press, 1998), 3.

5. The Body Shop, "About Us," www.thebodyshop-usa.com/about-us/aboutus.aspx?cm_re%3DTyra_CrueltyFreeMakeup2012-_-Navigation-_-about-us.

6. Patagonia, "Common Threads Initiative," www.patagonia.com/email/11/112811.html.

7. Ad Council, "About Buzzed Driving," http://adcouncil.org.

8. John Deere, www.deere.com.

9. High Beam Research, www.omniglot.com/language/articles/spanishtranslation.htm.

10. "Will Harley-Davidson Hit the Wall? It Redefined the Motorcycle Industry as It Roared through 16 Years of Growth. But as Its Customers Age—and the Stock Market Slides—the Ride Could Get Uneasy," http://money.cnn.com/magazines/fortune/ fortune_archive/2002/08/12/327029/index.htm.

11. Philip Kotler and Gary Armstrong. *Principles of Marketing*, 12th ed. (Upper Saddle River, NJ: Pearson/Prentice Hall, 2008), 131 – 47.

12. Women's Enterprise Centre, "Sales Savvy Series for Women Entrepreneurs: #6—Gender Differences in Buying Habits," www.womensenterprise.ca/enews/articles/Microsoft%20Word%20-%20 6%20-%20Gender% 20Differences%20_2_.pdf.

第十三章 产品开发、品牌建设与定价战略

本章目标

13-1 新产品开发

明确新产品开发的步骤，定义产品生命周期，说明单个产品如何与整体产品区分开来。

杰茜卡·史密斯（Jessica Smith）打算在她所在的街区开办一家瑜伽工作室，她还想销售瑜伽用品。离她最近的一家瑜伽工作室在5英里之外，而且条件很差，因此她觉得自己的工作室应该会很棒。为了打造自己的工作室，杰茜卡还要做什么？产品开发又涉及哪些步骤？

13-2 调整现有产品及生产线

描述产品差异化及其在产品开发中的作用，说明消费品和B2B产品的不同分类。

伊夫琳·鲁宾逊（Evelyn Robinson）和胡安·德尔加多（Juan Delgado）喝的都是可口可乐公司生产的零卡路里软饮料。伊夫琳喝的是健怡可乐（Diet Coke），而胡安喝的是零度可乐（Coke Zero），他俩都认为自己喝的饮料是最好的。这两款产品真的不一样吗，或者它们只是贴着不同标签的同一种产品？

13-3 品牌建设

说明为何品牌建设对买方和卖方都有好处，以及品牌建设战略有哪些。

罗宾·格林（Robin Green）喜欢自制意大利面，当她的意大利面机器需要新零件时，她联系了制造商。然而出乎意料的是，对方告诉她公司已经不再生产这款机器了，因此不会为它提供相关服务。这家公司已经将自己的品牌授权给了另一家制造商。罗宾对这个她曾经很喜欢的品牌感到很失望。在购物的时候，产品的品牌对你来说有多重要？

13-4 商品与服务的定价

描述定价目标，说明它们与市场营销组合的关系，以及制定定价策略的主要方式。

吉娜·里维埃拉（Gina Riviera）打算提高她所管理的商店的利润，她重新查看了前任经理采用的定价策略。吉娜该如何改变顾客对店里的独特商品的看法，让他们在自己的店里而非附近的连锁商店购物呢？她应该采用怎样的定价方式呢？

13-1　新产品开发

明确新产品开发的步骤，定义产品生命周期，说明单个产品如何与整体产品区分开来。

■　杰茜卡·史密斯想在自己所在的街区开办一家瑜伽工作室。其实附近已经有一家瑜伽工作室了，但是人们越来越不满意这家店的服务。杰茜卡此前曾在那里教过课，但由于该店经营和维护不善，她辞职了。那里没有为学员提供足够的瑜伽垫，储物间很小，墙壁也需要重新粉刷。杰茜卡认为是时候开办自己的瑜伽工作室了，她不仅打算提供瑜伽课程，还想销售瑜伽用品。杰茜卡该如何开发新产品？产品做好之后又该如何处置它们呢？

我们在第十二章了解到，成功的市场营销需要明确需求，并通过开展市场研究来确定目标市场，以及实施可以随着时间的推移而满足客户需求的营销计划。 这些听上去挺简单，实则不然。开展市场营销是一门艺术，也是一门科学。在特定品牌下制造优质产品，对其进行适当的推广，以合理的价格不断为顾客提供价值，让客户在需要的时间和地点能够买到它，这些对全世界的营销人员来说都是重要的挑战。

本章重点关注4P营销组合中的两个要素：**产品**和**价格**。下一章重点讨论另外两个要素——**促销**和**分销**渠道。

来源：Pete Saloutos/Fotolia。

我们首先讨论产品，因为所有营销都始于产品，尤其是新产品。大多数企业常常调整自己的产品，或是提供全新的产品以满足快速变化的市场。

新产品开发的步骤

新产品的开发涉及哪些方面？ 企业通过推出新产品来避免失去市场份额或规避潜在的消亡可能。"不创新就会死"是一个常常与新产品开发联系在一起的说法。如图13-1所示，开发全新优质产品的过程包括以下七个步骤。

构思产生。新产品或新服务始于构思，例如杰茜卡开办瑜伽工作室的构思。企业通常通过社交媒体或其他手段详细听取顾客的意见，以此获得有关新产品开发或现有产品改进的创意。在杰茜卡的例子中，顾客的抱怨意味着对新服务的需求。清洁用品制造商庄臣（SC Johnson）发现，消费者在使用竞争对手的一款产品——来苏消毒喷雾（Lysol Disinfectant Spray），因为消费者认为这款喷雾可以杀死空气中的细菌。然而这款喷雾只能杀死物体表面的细菌，庄臣因此开发了一款全新的产品——奥斯特空气消毒剂（Oust Air Sanitizer）。庄臣强调，奥斯特可以杀死空气中的细菌，因而将它和来苏等其他同类产品区分开来。[1]

图13-1　新产品的开发步骤

一些公司采用内部创新和头脑风暴的方式来刺激新的构思。另有一些企业在外部搜寻创新发明和产品创意，然后向创造它们的公司购买这些创意，或者直接收购这些公司。为了开发新产品而收购其他公司是科技行业常见的做法。例如，为了改善自己的音乐流媒体服务，苹果公司收购了比兹音乐（Beats Music）。

构思筛选。构思筛选的目的是在投入大量资源进行开发之前确定最佳创意并清除不完备的构思。筛选过程包括评估消费者对产品的需求、产品的盈利能力，以及公司现有生产能力下的生产可行性。被采纳的构思会得到进一步分析。

产品分析。接下来企业要对可行的构思进行分析，从而确定产品的需求及财务上的可行性。生产或外包成本评估也需要在这一阶段完成。生产成本取决于为了满足目标客户的需求而必须实现的产品特性。此外，企业在这一阶段还要对销量和盈利情况进行评估。

概念开发和测试。如果有充分的经济激励来继续推动这一构思，那么接下来企业要通过消费者反馈来检验产品或服务。**焦点小组**是出于这一目的而组织在一起的一群客户，

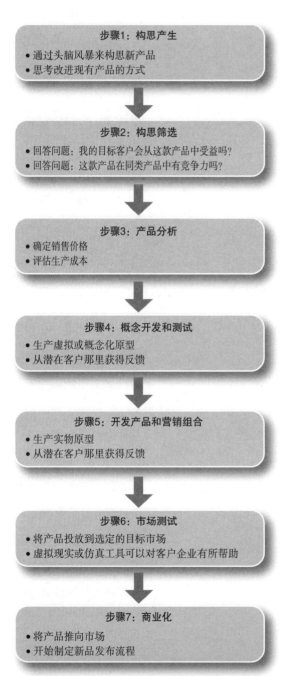

步骤1：构思产生
- 通过头脑风暴来构思新产品
- 思考改进现有产品的方式

步骤2：构思筛选
- 回答问题：我的目标客户会从这款产品中受益吗？
- 回答问题：这款产品在同类产品中有竞争力吗？

步骤3：产品分析
- 确定销售价格
- 评估生产成本

步骤4：概念开发和测试
- 生产虚拟或概念化原型
- 从潜在客户那里获得反馈

步骤5：开发产品和营销组合
- 生产实物原型
- 从潜在客户那里获得反馈

步骤6：市场测试
- 将产品投放到选定的目标市场
- 虚拟现实或仿真工具可以对客户企业有所帮助

步骤7：商业化
- 将产品推向市场
- 开始制定新品发布流程

他们要评估一款产品的不同特征、定价、包装以及其他因素，并将其与竞争对手的产品进行比较。产品或服务通常会用故事脚本或虚拟模型的形式来呈现，有时也会通过广告创意来呈现。总之，这一步骤的目标是确定参与者对产品或服务的喜好，以及他们是否会购买该产品或服务，又愿意花多少钱来购买。这一阶段的目标是得到一款最好的、盈利能力最强的产品。

开发产品和营销组合。接下来企业便要进行产品的初始设计并开发原型。在此之前，产品的设计和原型开发都是以概念化或虚拟形式呈现的。而在这一阶段，企业则要开发实体产品并将其推荐给消费者，从而获得更多反馈。此时，企业也要对市场营销组合进行调整，例如调整定价、促销手段以及分销或销售产品的方式和地点等。

市场测试。如果企业在前面几个步骤中已经获得了足够多的信息和反馈，那么这个步骤可以省略。但是，为了进一步检验人们的接受程度，新产品通常要经过市场测试阶段。市场测试一般是指在特定地理区域向选定的目标市场推荐某个产品。由于经销商或商店管理者并不了解产品的特性，有时市场营销人员必须说服他们在货架上留下空间来测试新产品。为了避免这些问题，同时减少市场测试的成本，一些公司和营销人员已经开始采用虚拟方式来开展市场测试。仿真工具和虚拟商店有助于减少将新产品引进市场所需的开发成本和时间。

商业化。如果一个产品概念能走到这一步，那么这款产品已经做好了上市的准备。商业化是指将一款产品推向市场。由于产品开发需要在研究和制造上进行投入，同时产品上市还需要广告、个人推销以及其他促销方面的投入，因此引入一款新产品的代价可能十分高昂，并且这些投入可能要花一些时间才能获得回报。这或许可以解释为什么企业总是一次性在某个地区推出新产品，也就是所谓的**新品发布**。

尽管新产品的开发过程非常严格，但很大一部分新产品还是失败了。有关新产品失败的最有趣的案例之一是1985年可口可乐公司上市的产品新可乐（New Coke）。为了振兴品牌，该公司修改了它最受欢迎的汽水配方。然而人们并不希望自己最喜欢的软饮料更改配方，新可乐仅仅上市三个月就下架了。[2]可口可乐公司回归原始配方，并将其改名为经典可口可乐（Coca-Cola Classic）。

产品生命周期

什么是产品生命周期？ 产品生命周期（product life cycle）是描述产品在其生命周期内的销量和利润的理论模型。产品生命周期始于产品上市，在生命周期内，产品一般会经历介绍期、成长期、成熟期以及衰退期等阶段。产品生命周期可以用于描述某种具体产品或整个产品类别。图13-2概括了产品生命周期每个阶段的特征、营销目标以及策略。

可以通过研究黑胶唱片的生命周期来了解这一理论。黑胶唱片由美国广播唱片公司（RCA Victor）于1930年首次推出，作为脆弱且易损的78-rpm唱片[①]的替代品，黑胶唱片在20世纪50年代流行起来，这一阶段是介绍期。黑胶唱片的销量在20世纪50年代和60年代出现高速增长，这一阶段便是该产品的成长期。20世纪70年代初，黑胶唱片进入成熟期，这时磁带出现了。到了20世纪70年代末和80年代初，磁带被广泛接受，黑胶唱片的销量急剧下降，并因此进入衰退期。随着CD光盘和数字音乐的出现，黑胶唱片的销量持续下降。尽管人们近几年又对黑胶唱片产生了兴趣，但它们主要作为收藏品出售。也许黑胶唱片的生命周期又要重新开始了。

豆豆娃（Beanie Babies）[②]等时尚产品的生命周期可能短至几个月，汽车等产品的生命周期可能长达一个世纪或更久。此外，并非所有产品都严格按照这些阶段发展。一些产品在上市后销量就再也没有增长过，而有些产品的销量则似乎从不会衰退。同时，企业常常会调整产品，让产品在沿着生命周期发展之前来回经历不同阶段。和其他模型一样，产品生命周期模型反映的是"简化的"事实。因此，我们应当在预测真实产品的未来销量和利润时谨慎使用它。

产品生命周期会影响营销决策吗？ 了解特定产品处于产品生命周期的哪个阶段有助于企业确定适合这个阶段的营销组合策略。实际上，营销决策会影响产品生命周期的每个阶段。

如何延长产品的生命周期？ 为了尽可能多地从产品中获利，企业会努力延长现有产品的生命周期。用来延长产品生命周期的策略包括以下几方面。

---

① 78-rpm唱片是一种每分钟旋转78次的唱片。——译者注

② 豆豆娃是一种毛绒玩具，由美国人哈罗德·泰·沃纳（Harold Ty Warner）与他所创设的公司（Ty Inc.）发明生产，1996年末豆豆娃在欧美地区掀起了一股收藏和炒作热潮。——译者注

- **降价**。一些汽车制造商会提供折扣价、返利以及低息贷款等优惠，以延长某些车型的生命周期。

- **为产品创造新的用途**。生产烘焙苏打粉的艾禾美（Arm & Hammer）公司在广告中宣传苏打粉可以作为冰箱除臭剂，以此延长了该产品的生命周期。

图13-2　产品生命周期模型

产品生命周期是描述产品在其生命周期内的销量和利润的理论模型。

并非所有产品的生命周期都与这些阶段完全吻合。

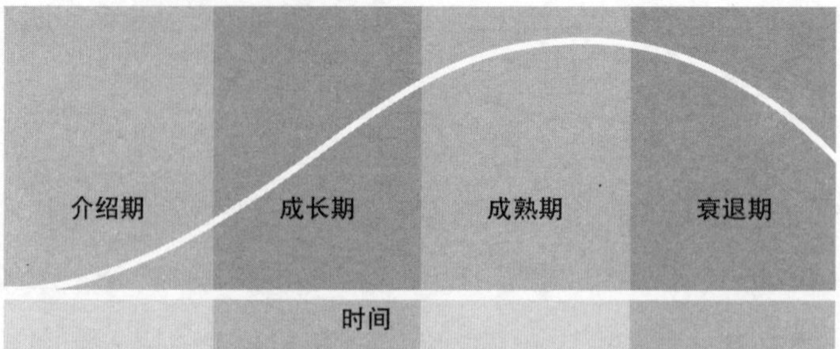

	介绍期	成长期	成熟期	衰退期
特征				
销量	销量低	销量快速提升	销量达到最高点	销量下滑
成本	单位客户成本高	单位客户成本高	单位客户成本低	单位客户成本低
利润	负值	利润上升	利润较高	利润下滑
客户	追求新鲜的人	追求新鲜的人	大多数人	后知后觉者
竞争对手	少	越来越多	数量稳定并开始减少	数量减少
营销目标				
	吸引人们对产品的注意力，进行产品测试	市场份额最大化	在维持市场份额的同时最大化利润	减少开支，充分利用品牌来获益
战略				
产品	提供基本产品	提供拓展的商品、服务和售后保障	提供多元的品牌和模式	淘汰弱势产品
价格	成本加成定价和撇脂定价	渗透定价	为对标或击败竞争对手而定价	减价
分销渠道	有选择地建立分销渠道	建立密集的分销渠道	建立更为密集的分销渠道	筛选分销渠道，淘汰无利可图的渠道
广告宣传	培养早期使用者和经销商的产品意识	在大众市场培养产品认知和兴趣	强调产品的差异和效用	减小宣传力度，达到吸引核心忠诚用户的水平即可
促销	大力促销，推动试销	减少促销，充分利用用户的强烈需求	加大促销力度，鼓励人们改换品牌	最小程度的促销

- **为产品找到新市场**。卡骆驰（Crocs）是一家与众不同的鞋类公司，最初针对休闲划船者销售不常见的木屐式鞋子，这种鞋具备轻便、防臭和防水的品质。多年以后，该公司推出了"CrocsRx"，这是一款专为医疗用途而设计的鞋子。现在，该公司为各类用户生产的产品种类超过300种。

- **给产品贴上新标签或采用新包装**。重新包装是延长产品生命周期的另一种常用方式。美甲用品公司莎丽·汉森（Sally Hansen）就将指甲油装进了便于携带且防漏的笔状容器。

- **为产品创造新的愿景**。正如奥兹莫比尔汽车（Oldsmobile）在名为"这不是你老爸的奥兹莫比尔"（This isn't your father's Oldsmobile）的营销活动中所做的那样，企业可以重新定位自己的产品。这种策略并非总会奏效。尽管奥兹莫比尔调整了自己的营销活动，但这个品牌终究还是没有延续下去。[3]别克汽车公司也力图让人们重新认识自己的品牌，为此该公司在营销活动中展现了一些尽管别克汽车就在眼前，但人们却找不到它的情况。

■ 正如你刚刚了解到的，开发一款优质产品不是企业的目的，而是一个开端。在开办了自己的瑜伽工作室和瑜伽用品商店三年后，杰茜卡·史密斯改变了销量下滑课程的营销方案和定价策略。与此同时，她还增加了店里最受欢迎的课程的数量，以便在最关键的成长期和成熟期最大限度地提高它们的盈利能力。此外，她开始在工作室提供有机零食和轻食产品。正如杰茜卡学到的那样，一个动态变化的市场需要动态的产品开发。

13-2　调整现有产品及生产线

描述产品差异化及其在产品开发中的作用，说明消费品和B2B产品的不同分类。

■ 伊夫琳·鲁宾逊和她的男朋友胡安·德尔加多正在吃午饭。"我要一杯健怡可乐。"伊夫琳在点了三明治后说。然后她又指着胡安说："他要一杯零度可乐。"伊夫琳笑着对胡安说："你知道的，它们是一样的。我不知道你为什么不喝健怡可乐。"

来源：Helen Sessions/Alamy Stock Photo。

"我从来不喝健怡可乐。不知为何，我觉得零度可乐更好喝。"胡安打趣道，"如果你觉得它们是一样的，那你为什么不喝零度可乐？"

"除了健怡可乐，我想不到还能喝什么。你可以继续喝你的零度，我喝我的健怡。"伊夫琳说。

这两款均由可口可乐公司生产的零卡路里可乐除了标签和名字不同，它们是一样的吗？或者它们真的有什么不同吗？为什么可口可乐公司要生产两款同样的产品呢？这家公司想达到什么目的呢？

为了调整现有产品或创造新产品，企业必须将自己的产品和竞争对手的区分开来。为了实现这些目标，企业不仅要考虑产品的物理成分，还要考虑构成整体产品的其他特征。

整体产品

什么是整体产品？请回忆一下，产品是指可以满足需要或欲望的任何商品或服务。苹果手机、大学教育、医生的建议、度假套餐等都是产品，消费者为了一些有形或无形的好处而购买产品。**整体产品**（total product offer）由与产品有关的所有效用组成，它们会影响消费者的购买决策。例如，当购买车时，消费者买的不仅仅是一个交通工具，他们同时买到了一些无形的效用，例如车的款式或品牌形象。营销人员深谙于此，因此，当制订整体产品规划时，他们会从三个层次来考虑这个产品，即**核心产品、实际产品、扩展产品**。每个层次都会给产品带来价值。图13-3概括了产品的这三个层次，它们说明了人们可以从整体产品中获得的效用。

什么是核心产品？核心产品（core product）提供的是主要的效用或服务，它们可以满足消费者的基本需求或欲望。汽车的核心产品是交通上的便利，软饮料的核心产品是解渴功效，而照相机的核心产品则是捕捉回忆的功能。请注意，这些核心产品都是无形的，客户无法触摸它们。企业利用产品的这些效用来吸引客户。想一想可口可乐的"喝杯可乐笑一笑"（Have a Coke and a smile）的营销，它试图传达的是怎样的效用？

什么是实际产品? 实际产品(actual product)是产品可以被摸得到、看得到、听得到、闻得到或尝得到的实际方面。产品在使用时提供了核心效用。消费者常常会通过比较品牌、质量(通常与品牌声誉相关)、功能、造型或包装的方式来评估实际产品的有形效用。汽车的实际产品是汽车本身,而汽车的核心效用在于它的安全特性、皮座椅或娱乐系统。软饮料的实际产品是消费者在购买汽水时想要得到的清新口味或咖啡因的快感。

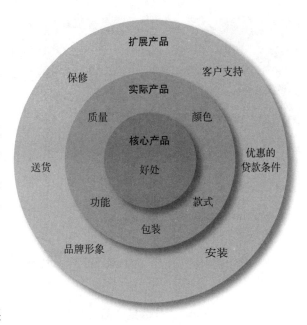

什么是扩展产品? 扩展产品(augmented product)包括核心产品、实际产品以及其他可以为消费者的购买带来额外价值的实际或感知上的效用。这些效用可能包括消费者服务与支持、送货、安装、保修,以及优惠的贷款条件等。实际产品的这些增值要素是整体产品的重要部分,因为它们有助于提供更令人满意的客户体验。汽车的延伸效用可能包括合理的价格、简便的支付方案、十年保修期,或者只是人们在拥有一款新车时得到的安全感。

图13-3 产品的三个层次

产品的三个层次说明了人们可以从整体产品中获得的效用。

产品差异化

产品差异化有多重要? 产品差异化(product differentiation)是产品成功的关键。产品差异化是一种为了吸引顾客而在实际或可感知的方面将产品与竞争对手的产品区分开来的做法。产品差异化可以通过在相似的产品中构建具体的或无形的差异来实现。例如,美国西南航空公司就凭借低价机票和风趣友好的服务脱颖而出,该公司的"免费携带行李"(bags fly free)活动也让其有别于竞争对手。如果一个产品并不突出,那么顾客不会有动力舍弃其竞争对手的产品而去购买它。

消费者的意见是如何影响产品开发的? 企业依靠客户的建议来塑造产品。听取并采纳顾客的意见是培养良好客户关系的有效方式,这对于获得回头客和实现长久的成功来说非常重要。实际上,听取客户反馈是有效管理客户关系最为重要的因素之一。企业必须了解顾客希望如何调整产品以满足自己的需求。

果汁的差异性体现在包装、口味以及顾客可感知的健康及解渴方面。

来源：zjk/Fotolia。

很多公司发现，在了解客户想法以及了解使用竞争对手产品的客户的想法方面，搜索社交媒体网站是一个好办法。消费者的建议通常提供了一些信息，这可以帮助公司对大规模市场进行划分，专注于细分市场的目标客户。例如，如果一家早餐麦片公司了解到大多数消费者是因为高纤维含量而购买公司产品的，那么为了锁定关注健康的成人市场，并将自己的产品与其他产品区分开来，该公司可能要在广告中强调这一特征。

产品线与产品组合

什么是产品线与产品组合？ 顾客的反馈还可以促使企业创造新的**产品线**（product line），这是面向同一个市场的一组相似的产品。例如，本田汽车提供了一系列不同的产品线，包括汽车产品、飞机和轮船发动机以及电力设备。每条产品线都针对一个有相似需求的消费者群体。**产品组合**（product mix）是指一家公司供应的所有产品线的组合。本田汽车的所有生产线组成了它的产品组合。

一条产品线上的产品种类的多少是否很重要？ 确定产品线的长度是一项重要的营销决策。**产品线长度**（product line length）是指任意给定的产品线上的产品种类的多少。增添或减少产品线上的产品类型会影响企业的利润。可口可乐公司发现，由于可供销售的饮料种类繁多，因而追求较长的产品线有利可图。该公司在全世界范围内提供了数百种从常规、低糖、无咖啡因到风味可乐的不同产品。不喜欢喝可乐的人可以从可口可乐公司制造的大量不同种类的产品中进行选择，这些产品包括果汁饮料、饮用水、运动与能量饮料、茶、咖啡，以及牛奶和豆奶饮料等。[4]

产品组合宽度（product mix width）指的是一个公司提供的不同产品线的数量。这同样是由盈利能力决定的。通用电气拥有从照明灯泡、家用电器到飞机引擎和医疗器械的数百条产品线。[5]通用电气的目标是通过在多个市场扩大自己的产品线来实现最大化盈利。产品线长度和产品组合宽度是企业努力提供差异化产品以满足目标客户的结果。图13-4展示的是可口可乐公司的产品线长度和产品组合宽度的一小部分样本。

产品组合宽度

碳酸饮料	能量饮料	果汁/果汁饮料	饮用水
可口可乐	全力（Full Throttle）	飞想（Fuze）	达沙尼（Dasani）
健怡可乐	元气饮（Rehab）	五活（Five Alive）	水瓶座之泉（Aquarius Spring）
零度可乐	TaB能量饮料	美汁源果汁	酷乐仕聪明水（Glaceau Smartwater）
芬达			酷乐仕维他命水（Glaceau Vitaminwater）
雪碧			

产品线
长度 *(左侧纵向标签)*

图13-4　可口可乐公司的产品线长度和产品组合宽度

消费品和B2B产品

消费品和B2B产品的区别是什么？ 在第十二章，我们探讨了消费品市场和B2B市场的区别。同样，消费品和B2B产品也有所不同。**消费品（consumer product）** 是指居民为个人消费而购买的商品和服务。**B2B产品（business-to-business product）** 有时也称产业用品，是指企业为了进一步加工、转售或为了促进运营而购买的商品和服务。消费品和B2B产品之间的区别取决于产品是为个人所用还是为企业所用。例如，如果房主购买了一台割草机自用，那么这台割草机就是消费品。如果一位园林设计师购买了同样的割草机，但将其用在自己的业务上，那么这台割草机就是B2B产品。

营销人员对消费品和B2B产品采用了不同的分类方式，这是因为消费者和企业的购买行为不同，因此消费品市场和B2B市场的产品定价、促销方式、分销方式也有所不同。消费品和B2B产品的差异同样有助于企业通过从一个类别跨越到另一个类别来扩展自己的产品线。例如，卡斯卡德牌（Cascade）洗涤剂在消费品市场上出售，而由磷酸盐制造的另一个版本的卡斯卡德牌洗涤剂则用于餐馆等企业。

消费品的分类

消费品有哪些不同的分类？消费者的购物模式有助于企业对消费品进行分类。产业用品则是通过它们如何应用于其他商品的生产来分类的。

如图13-5所示，消费品可以分为以下四大类。

- 便利品与服务。
- 选购品与服务。
- 特殊品与服务。
- 非渴求品与服务。

图13-5　消费品的分类

来源: clockwise from top left: Patrikeevna/Fotolia; Vanessa/Fotolia; Balint Radu/Fotolia; Elena Baryshkina/Fotolia。

便利品是由哪些产品构成的? 那些可以频繁购买、立即购买或无须深思熟虑便可购买的产品被认为是**便利品与服务**（convenience goods and services）。由于它们通常消耗得比较快，因此它们也被称为**非耐用品**。牛奶、肥皂和报纸等都是便利品，洗车服务也是一种便利服务。购买这些产品主要出于一种习惯性行为，这意味着消费者会定期购买他们熟悉的和用惯了的特定品牌。便利品与服务是价格较低的产品，企业通常会通过品牌知名度和形象来促进销售（本书会对此做简短讨论），而且会在位置便利的商店或交通繁忙的地区进行分销。

那些人们不常购买的产品属于哪一类? 人们在购买一些产品时需要花费更多精力和时间来进行比较，并且不会像购买便利品那样经常购买它们，这样的产品就是**选购品与服务**（shopping goods and services）。选购品一般是耐用品，也就是可以在长时间内反复使用的商品。汽车、服装、家具以及大型电器等都是选购品。选购服务包括酒店、航班以及其他旅行服务。消费者通常会根据产品的适用性、质量、价格、风格以及品牌形象等特征来比较选购品。

如果消费者非常在意自己想要的产品类型，那么会发生什么? 有时，买家愿意付出大量时间和精力来寻找特定的品牌或风格。这些顾客非常清楚自己想要什么，他们不会接受替代品。这些类型独特或特殊的产品就是**特殊品与服务**（specialty goods and services）。法拉利跑车、劳力士手表、高级设计师设计的服装以及知名医疗和法律专家的服务等都是特殊品。由于没有合适的替代品，特殊品的买家不会货比三家。他们已经知道自己想要的具体商品或服务，无论产品在哪儿，无论价格如何，

美国百所大学都在上的商学课（第五版）

他们都愿意去寻找它。那些成功实现产品差异化并使其成为特殊品的企业可以为此开出比选购品更高的价格。

只在有特殊需求的时候才购买的产品是什么？ 非渴求品与服务（unsought goods and services）是这样一种产品：买家通常不会购买它，也不知道它的存在，只在有特殊需求的时候才购买它。我们一般不会想到或想要购买某些产品，例如人寿保险或墓地等。其他非渴求品与服务对消费者来说则是全新的产品。药品等新产品与创新产品必须通过促销广告介绍给消费者，这样他们才会积极购买。医疗急救服务和汽车维修也是人们在没有预先计划的情况下购买的非渴求服务。在这些情况下，解决燃眉之急比货比三家更重要。非渴求品需要通过个人推销或宣传广告来实现销售。如果有人迫切需要这种商品或服务，那么价格便不是重要的考量因素了。

B2B产品的分类

B2B产品有哪些不同的分类？ B2B产品可以分为以下五大类（见图13-6）。

- 设备。
- 保养、维修和运行（MRO）产品。
- 原材料和加工材料。
- 零部件。
- 专属的专业化服务。

图13-6 B2B产品的分类

来源（从左上开始顺时针旋转）：Marc Dietrich/Fotolia; Africa Studio/Fotolia; Karlstury/Fotolia; Scanrail/Fotolia; Zeljko Radojko/Fotolia。

上述每一类产品都需要不同的定价、促销以及分销策略。

哪些产品可以被视为设备？设备也称**资产**，包括企业的所有物理实体。这些物理实体可以被进一步定义为生产资料（工厂、仓库以及办公室和重型设备等）或**辅助资料**（计算机、打印机和复印机等）。很多设备都是昂贵的、独一无二的，并且要使用很长一段时间。因此，这些设备的出售通常需要经过几个月或数年的谈判，公司的高层管理人员也会参与进来。为了销售这类设备，营销人员通常会提供多种多样的服务，包括可以减轻因购买设备以及售后维护与维修所带来的巨大财务压力的金融方案。

如何对运营用品进行分类？能够促进生产和运营，但自身并不会成为成品的组成部分的产品属于**保养、维修和运行产品**。这些产品包括纸品、笔以及清洁用品等。和消费品中的便利品一样，这类产品的营销通常建立在便利性的基础上。

用来制造其他产品的产品属于哪一类？在加工成用于制造其他产品的材料之前，以原始形态销售的原材料属于**原材料和加工材料**，例如粮食作物、原油、铁矿石和原木等。这些产品是最终成为成品的一部分的基本材料。原材料和加工材料通常会被大规模采购，它们的价格取决于材料的质量。

用于组装的部件属于哪一类？零部件是成品的装配部分，例如汽车的刹车和引擎，房屋的石膏板预制件和电线等。购买零部件的企业根据质量和品牌认知来做出购买决策，最终成品的质量将取决于它的零部件质量。

专属服务有单独的分类吗？和个人一样，企业通常需要使用服务。**专属的专业化服务**有助于支持企业运营。这些服务包括广告、管理咨询、法律服务、财会服务以及信息技术服务等。在决定是否将这些工作外包之前，管理人员会从成本和质量方面对这些专属服务和内部运营进行比较。例如，在雇用外部会计公司时，一家地方杂货店的店主可能会评估自己处理企业财务事务的能力。

■ 由于可以创造多种类型和不同类别的产品，产品开发显然是一个激动人心但具有挑战性的领域。还记得伊夫琳和胡安吗？伊夫琳喜欢健怡可乐，而胡安偏爱零度可乐。这两款产品是同一家公司生产的零卡路里可乐饮料，但它们的营销策略和目标人群却大不一样。零度可乐侧重于吸引男性消费者，[6]它的罐身颜色更深，传达出口味更强的信号，并且这款饮料的广告也是男性导向的。零度可乐的营销人员表明，重要的是不仅要将产品与其竞争对手区分开来，同时要满足更广泛市场的需求。思考和理解创造差异化产品所涉及的许多复杂因素是关键。

13-3 品牌建设

说明为何品牌建设对买方和卖方都有好处，以及品牌建设战略有哪些。

■ 罗宾·格林喜欢自制意大利面，她经常使用她的意大利面机器。在做了好几次她最喜爱的意大利面之后，机器的刀片不工作了，需要替换。出乎意料的是，当联系制造商时，她被告知这家公司已经不再生产这款产品了，也不会为它提供服务。实际上，这家公司已经将自己的品牌授权给了另一家完全不同的制造商。罗宾对这家公司及其产品的信赖被挫伤了。和很多人一样，罗宾是基于她对该品牌在提供优质产品方面的固有信任而购买产品的，但她并没有得到她所期望的。

品牌的好处是什么？为什么人们认为一些牌子比其他的更好？如何建立并保持品牌忠诚度？这些问题是产品开发的另一个方面——品牌建设——的重要因素。本节我们将讨论品牌建设及其好处，以及品牌忠诚度、品牌战略等内容。

品牌建设的好处

品牌建设的好处是什么？品牌建设是最重要的产品差异化工具之一，它可以同时让买卖双方受益。品牌（brand）是指将一家公司及其产品和其他公司及产品区分开来的一个名称、称谓、标志或设计。对买家来说，知名品牌减少了他们在大量产品中找到自己想要的质量水平或耐用性产品所必需的选购时间。当买家无法客观地对质量做出判断时，品牌建设降低了购买的风险。我们依靠已有的品牌来达到自己一贯的质量预期。和直接选取信赖的品牌相比，对产品描述和成分进

来源：Akeeris/Fotolia。

耐克的"走回我的路"

耐克生产了大量鞋子。但是你知道这些鞋子（以及其他牌子的鞋子）在被穿坏或者没法再穿之后依然还有其他用途吗？在过去的20多年里，耐克的"走回我的路"（Reuse-A-Shoe）项目一直在回收那些通常会被扔到垃圾场的旧鞋，并将它们重新制成耐克颗粒（Nike Grind）。耐克颗粒是把旧鞋的橡胶、泡沫以及织物磨碎后制成的产品。耐克颗粒可以用于多种鞋类和服装产品的生产，也可以用于制造网球场和篮球场等运动场馆的地面以及运动场的地面。美国俄勒冈州波特兰市康科迪亚大学（Concordia University）的整个运动场是由大约600万双耐克鞋的颗粒制成的。因此，当想到耐克品牌时，你可能会在运动鞋、运动衣和运动器材之外想到运动场地。

对卖家来说，品牌建设的好处之一在于提高品牌忠诚度，正如许多苹果产品用户所表现出的那样。
来源：James Leynse/Corbis Historical/Getty Images。

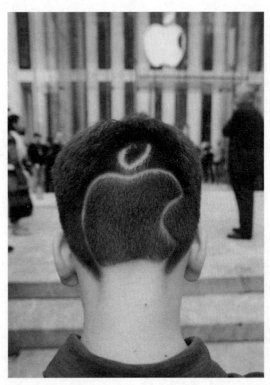

行比较所需的时间要多得多。消费者同样可以通过购买他们希望被别人认出来的品牌产品来彰显自我。例如，一些买家通过购买奔驰汽车、劳力士手表、唐培里侬香槟等高级品牌产品或者比兹耳机等炫酷的时髦产品来寻求声望。

品牌建设也有助于卖家突出其产品的特质，这可以带来回头客，同时可以让卖家以更高的价格出售新产品。拥有可靠品牌的企业能够以相对较低的成本快速推出新产品。通过扩展自己的品牌，企业可以延长其产品线的长度，拓宽产品组合宽度，同时提高自己的盈利能力。在同一个品牌下营销不同类别的产品被称为**品牌延伸（brand extension）**。卡夫食品的产品组合具有广泛的多样性，因而该公司可以向世界上的任何一个人推销自己的品牌，每个人都可以在卡夫的产品线上找到自己想要的产品。

一般来说，人们是通过产品上的商标或产品广告来识别品牌的。**商标（trademark）**可以是一个名字、一个符号或一个标志，它受到法律保护，在未经其所有者允许的情况下，任何人都不得使用它。商标给卖家带来的好处在于，它可以让卖家将自己的产品和竞争对手的**仿冒产品**区分开来。仿冒产品是指一种产品的非法复制品或廉价仿制品。

一家公司的商标可以被合法地用于其他公司的产品吗？ 在得到品牌授权的情况下这是可以的。**品牌授权（brand license）**是指品牌所有者和另一家公司或个人达成协议，后者需要支付商标使用费才能将品牌商标用于新产品，比如本节开头提到的意大利面机器产品。通过授权的方式，品牌所有者将商标或品牌拓展到了不同种类的产品上。华特迪士尼公司就是一个很好的例子，带有米老鼠等卡通形象的玩具、书籍或服装等产品都不是迪士尼生产的。美国的各个国家体育联队也是特许产品的大型授权方和主要零售商。

图标是如何助力品牌建设的？ **图标（logo）**是指可以代表一家公司的名称、商标、图形标志或符号。有时商标和图标是一样的，但有时公司也可以有一个非商标的图标。图标是公司身份的重要要素，它能帮助公司在竞争中脱颖而出，同时帮助人们建立对品牌的信任和信心，并且有助于提高顾客忠诚度。很多顾客都可以描述星巴克、苹果以及拉夫·劳伦（Ralph Lauren）等品牌的图标。一个优质的图标可以让顾客轻松地将产品和公司的一套标准联系起来。在世界各地，顾客只要看到麦当劳的金色拱门，便可以清楚地知道自己可以吃到的食物类型及其品质。

品牌忠诚度和品牌权益

品牌建设可以促进顾客对产品的偏好吗？ **品牌忠诚度（brand loyalty）**是指顾客持续偏爱一个品牌的程度，它是品牌建设的另一个主要好处。实际上，公司希望顾客通过图标、口号或色彩等属性来识别自己的品牌（**品牌认知**），公司希望无论便利性和价格如何，顾客都更偏爱自己的产品（**品牌偏好**），并且坚持使用它们，同时不接受用替代品或通用产品取代它们（**品牌坚持**）。当消费者坚持使用某个品牌时，品牌忠诚度便达到了最高水平。公司可以将产品变成特殊品与服务，从而收取更高的价格。品牌忠诚度最终取决于公司所满足的客户，苹果粉丝的狂热追捧可能是当代有关品牌忠诚度的最突出的例子。

什么是品牌权益？ 强大的品牌忠诚度有助于增强**品牌权益（brand equity）**，这是一个品牌在市场上的整体价值优势。尽管这种价值很难衡量，但它却代表了品牌对所在组织的价值。除了品牌忠诚度，质量感知对品牌权益也有重要贡献。优质产品不但没有缺陷，而且可以始终保持较高的品质。例如，很多顾客购买李维斯牌（Levi's）牛仔服装的原因在于这个牌子的质量好、耐穿。这方面的声誉大大增加了李维斯的品牌权益。

还有哪些因素可以提升品牌权益？ 除了品牌忠诚度和质量，顾客对品牌的另外两种感知也会带来品牌权益，它们是**品牌意识**和**品牌联想**。

● **品牌意识**（brand awareness）指的是人们在某个特定产品类别中对某个特定品牌名称的熟悉程度。企业通过大规模投放广告的方式来帮助自己的产品成为所在类别中最受认可和最易想到的品牌。例如，说到洗衣皂，你首先想到的是哪个品牌？如果是汰渍（Tide），那么这说明宝洁公司的洗衣皂品牌意识宣传成功了。同样，当别人提及咖啡时，你想到的第一个品牌是什么？如果你在路上喝咖啡，那么你可能会想到星巴克，或许你还会想到福杰仕咖啡（Folgers）。无论是什么的牌子，这些公司都成功地让你记住了它们的品牌。

● **品牌联想**（brand association）指的是将品牌名称和其他积极的特征联系在一起。聘请名人来代言产品是培养品牌联想的有效方式。耐克颇为成功的运动鞋产品线"飞人乔丹"（Air Jordan）就是与著名篮球运动员迈克尔·乔丹（Michael Jordan）合作的结果。迪士尼也成功地将自己的品牌与健康的家庭价值观联系在一起。由符号或口号所唤起的形象也可以成为强大的品牌联想工具。

企业明白全美赛车协会（NASCAR）粉丝们的热情所在，因此它们在赛车车身和车手的连体装上印制了品牌图标，将自己的品牌和这项运动联系在了一起。
来源：Cal Sport Media/Alamy Stock Photo。

品牌战略

哪些战略可以用来建设品牌？ 公司可以使用的品牌战略有很多，这取决于它们想如何描绘自己的产品，是想传达俭朴理念还是奢侈理念？企业要为不同目标选择不同的战略。品牌战略还会因目标客户的特征而有所不同。

一个产品所属的品牌类型有以下几种（见图13-7）：

● 制造商品牌，又可分为家族品牌和独立品牌两类。
● 自有品牌。
● 联名品牌。
● 通用品牌。

什么是制造商品牌？ 制造商品牌（manufacturer's brand）是指由产品的生产者或制造者创建的品牌。制造商品牌

美国百所大学都在上的商学课（第五版）

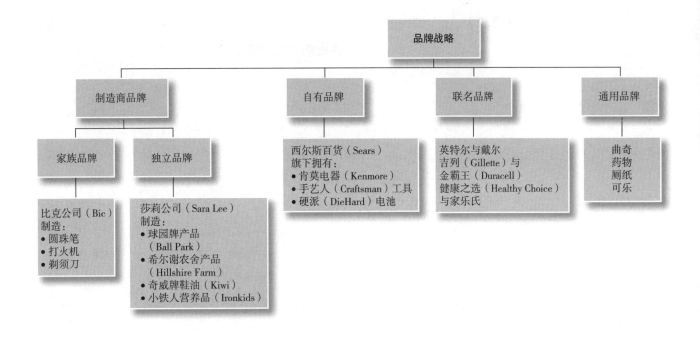

也称全国性品牌，尽管这个品牌的产品可能会销往全球。本杰瑞冰激凌（Ben & Jerry's）和谷歌等知名品牌就是制造商品牌，制造商在创建、推广和发展品牌方面投入了大量资金。制造商品牌又可分为两类：家族品牌和独立品牌。

图13-7 品牌战略

什么是家族品牌？ 家族品牌（family brand）是指在同一个品牌名称下经营多种不同产品的品牌。苹果和家乐氏是家族品牌的代表。消费者更愿意尝试他们所熟悉和信赖的老牌家族品牌的新产品，因而老牌企业能够通过自己的品牌成功打入新市场。最初因为制造一次性圆珠笔而为人所知的比克（Bic）成功地将一次性剃须刀和打火机列入了自己的家族品牌。然而，将一个公司的品牌延伸至新产品也有其缺点：如果其中一款产品未能成功，那么它可能会"玷污"同一品牌下的所有产品，并带来负面的品牌形象。

什么是独立品牌？ 独立品牌（individual brand）指的是为一个公司产品组合中的各个不同产品分配单独的品牌。例如，莎莉（Sara Lee）公司就在旗下的多种食品、饮料以及家用和个人护理产品上使用了独立品牌。人们可能很熟悉其中的一些品牌：球园（Ball Park）、希尔谢农舍产品（Hillshire Farm），当然还有莎莉牌（Sara Lee）冷冻及包装食品。独立品牌的主要优势在于如果一款新产品失败了，它不会损害同一公司其他产品的形象。

零售商及其自有品牌[7]

公司	自有品牌
百思买	英西格尼亚（Insignia）、丹尼克斯（Dynex）、极客小分队（Geek Squad）
西维斯（CVS Caremark）	西维斯（CVS）、溪谷农场（Fieldbrook Farms）、基础系列（Just the Basics）
家得宝	汉普顿湾（Hampton Bay）、动力（PowerCell）
克罗格（Kroger）	私人之选（Private Selection）、舒适（Comforts）、克罗格
劳氏（Lowe's）	科博特（Kobalt）、艾伦和罗思考（Allen & Roth）
喜互惠（Safeway）	好好吃（Eating Right）、苜蓿（Lucerne）、船长之选（Captain's Choice）
西尔斯（Sears Holdings）	手艺人（Craftsman）、肯莫（Kenmore）、硬派（DieHard）
塔吉特	阿彻农场（Archer Farms）、市场储藏室（Market Pantry）、萨顿与道奇（Sutton & Dodge）
沃尔格林（Walgreens）	沃尔格林、鹿园农场（Deerfield Farms）
沃尔玛	宣洁（Equate）、山姆之选（Sam's Choice）、惠宜（Great Value）

什么是自有品牌？ 自有品牌（private brand）是指由分销商或中间商创造的品牌。中间商可以是批发商、经销商或零售商店。因此，自有品牌常常称为**分销商、批发商、经销商、商店或零售店品牌**。自有品牌的重要特征在于产品上没有标注制造商。西尔斯（Sears）的硬派（DieHard）电池、肯莫（Kenmore）电器和手艺人（Craftsman）工具就是这样的例子。这些产品均由其他知名制造商生产，但在西尔斯的自有品牌下销售。日杂商店通常在它们的自有品牌下销售同类产品。连锁超市喜互惠（Safeway）就有多个自有品牌，包括开放自然（Open Nature，纯天然食品）、苜蓿（Lucerne，乳品）以及英凯德（In-Kind，个人护理产品）等。除了给相同产品贴上不同标签，制造商可能还会专门为自有品牌生产特殊的产品。采用自有品牌的优势在于独立分销商可以对产品的价格和促销方式有更多控制权。由于许多自有品牌已经在全国范围内得到了认可，制造商品牌和自有品牌之间的竞争因而愈演愈烈。对许多商店来说，自有品牌是一项大生意，原因在于它们通常以低价供应产品，因此人们一般会认为它们具有与全国性品牌一样的质量，但更为经济实惠。

什么是联名品牌? 联名品牌(co-brand)是指将两个或多个品牌同时用于同一个产品的品牌,例如凯马特(Kmart)的玛莎斯图尔特日常系列(Martha Stewart Everyday)。联名品牌的目标是将两个品牌的声望结合起来,从而提高消费者愿意为此付出的价格。联名品牌还可用于提高某个产品的品牌忠诚度,同时将品牌忠诚度扩展至其他产品。

什么是通用品牌? 通用品牌(generic brand)产品是完全没有品牌的产品。这种产品的内容通常是通过白纸黑字来识别的。通用品牌看上去一般与品牌产品几乎没有差别,实际上,它们可能也是由品牌产品制造商生产的。因此,通用品牌的奶油夹心曲奇可能看上去很像奥利奥曲奇,即便是由纳贝斯克公司生产的,但它们也不叫奥利奥或者带有纳贝斯克公司的品牌名称。然而由于没有打广告,因此通用品牌产品的定价通常低于品牌产品的。

佳丽家用熏香蜡烛与贝蒂妙厨的合作是两个企业如何共同创造联名品牌产品的例子之一。
来源: Portland Press Herald/ Getty Images。

通过生产这两种类型的产品,制造商可以同时吸引有成本意识的客户和对品牌忠诚的客户。消费者通常会在购买自己日常使用且没有品牌偏好的产品时选择通用品牌产品,例如通用药品等。

包装

包装是如何帮助企业进行产品推销的? 包装通常是消费者用来确定购买决策的首要标准,因为它们是消费者在寻找产品时最先看到的事物。让消费者注意到某个产品,并从货架上拥挤的类似产品之间选择这款产品是非常重要的。包装的设计、造型、色彩以及质地都会影响买家的感知和购买行为。包装也会传达有关产品和品牌的信息。珠宝或高端化妆品等奢侈品制造商通常会通过一种创造奢侈、精致和专属感的方式来包装自己的产品。

蒂芙尼的知更鸟蛋壳蓝包装盒常常会让收礼者在还没看到盒子中的礼物时就欢欣雀跃起来。
来源: Pedrosala/Fotolia。

可口可乐公司的标志性包装定义了它的品牌,而产品的造型也十分独特,能够立刻为人所识别。这种流线型的包装是在1915年创造的,其目的是将可口可乐与其他竞争产品区分开来。这款瓶身造型大获成功,可口可乐因而在1977年注册了相关专利。蒂芙尼的小蓝盒则是标志性包装的另一个例子,

你的品牌：打造个人品牌

凯蒂·佩里（Katy Perry）[①]和马克·库班（Mark Cuban）[②]有何共同之处？他们都拥有自己的品牌。和耐克、苹果以及星巴克等品牌一样，每个名人都有其独特的形象。但名人不是唯一可以创造个人品牌的群体，包括你在内的每个人都可以创造个人品牌。个人品牌建设是我们将自己推销给其他人的过程。如果我们认真开发自己的个人品牌，它们就可以为我们创造品牌权益。

个人品牌建设这个说法实际上是由企业管理大师汤姆·彼得斯（Tom Peters）创造的。"我们每个人都是'自己'这家公司的首席执行官。"他写道，"在今天的商业社会里，我们最重要的工作就是打造那个叫作'你'的品牌。这很简单，也很难，但却在所难免。"[8]提升个人品牌对你的成功而言很重要，它可以让你在做任何事时都具有竞争优势。

创造个人品牌的方式有很多，其中不少都与公司推广自身品牌的方式类似。例如，你可以从使用脸书、领英和推特等社交媒体开始，并且保证你的品牌形象的一致性和专业性。你也可以撰写博客或开办网站，以你自己的名字作为博客名称或域名，或者使用"名字.姓氏@email.com"的形式，在电子邮件地址里建立你的名牌。管理好你的品牌，这是你迈向成功的第一步。

这是一款能够同时提升品牌形象和生活方式的包装。自1837年问世以来，这种知更鸟蛋壳蓝的盒子一度成了优雅和兴奋之物的象征。这款包装十分受欢迎，以至于一些消费者只想买盒子。然而，蒂芙尼公司的硬性规定却是蓝盒子不可以离开店铺，除非里面装着已经被购买的商品。[9]

包装是如何保护产品的？ 包装的目的是保存和保护产品，这是包装最明显的用途。大多数产品在从制造商处运输到最终消费者手中的过程中都会经过多次处理。为了保护产品免遭不利因素的影响，企业需要对一些产品进行包装。此外，包装还必须保护产品免遭篡改。婴儿配方奶粉和药品等产品必须做到防篡改，同时必须达到食品和药物管理部门的最低要求。

---

① 知名歌手。——译者注
② 美国达拉斯独行侠篮球队的老板。——译者注

通用商标

品牌建设有助于企业将自身产品与其他相似产品区分开来。然而，当品牌名称或商标变得十分普及，最终成为某种产品类别的同义词时会发生什么？你上一次买盒装 Q-tips（棉签品牌）是什么时候？如果你买的不是 Q-tips 牌棉签，那么你买的就不是 Q-tips，但你依然会称之为 Q-tips（此处意为"棉签"）。Q-tips 已经成了一种通用商标——成为某类产品或服务的同义词的商标或品牌名称。由于竞争对手的价格或包装能够促使消费者选择 Q-tips 牌之外的特定品牌，因此消费者实际上可能买了其他品牌的棉签。所有公司都希望保护自己的品牌避免成为某个产品类别的通用描述，因为如果是这样的话，它们的品牌名称就成了"公共财产"。通用商标会导致商标权损失，使得竞争对手可以通过使用这个表达方式来描述自己的同类产品并获益。这种情况不仅发生在 Q-tips 上，也出现在了舒洁（Kleenex，曾是"面纸"的代称）、施乐（Xerox，曾经是"复印"的代名

词）、阿司匹林（aspirin，原为拜耳公司推出的一款药品的名称）、自动扶梯（escalator，曾经是奥的斯的一款电梯的商标）、碎麦饼（shredded wheat，原为宝氏食品的一款产品品牌）、煤油（kerosense，曾经是亚伯拉罕·格斯纳公司的注册商标）、邦迪（Band-Aid，现为创可贴的代称）和膳魔师（Thermos，现为保温杯的代称）等品牌上。科技公司的一些商标也常有通用化的风险，你还记得自己"谷歌"[①]了多少次吗？

为了保护商标免遭通用化，企业通常会将商标当作描述产品类别的形容词，并在商标名称之后加上"牌（brand）"的字样。吉露牌果子冻（Jell-O Brand Gelatin）就属此列[②]。为了帮助谷歌保持其品牌名称的独特性，韦氏字典与该公司合作，为"谷歌"这个动词提供了一个定义：在互联网上使用谷歌搜索引擎来获取信息。你还可以想到哪些通用化商标？

为什么包装的便利性很重要？ 包装应该便于使用：卖家希望包装易于运输、存储和上架；更重要的是，消费者希望产品包装易于处理，并且方便打开以及重新密封和存储，他们还希望易腐坏的产品能有较长的保质期。

包装便于使用且外观具有吸引力的产品卖得更好。在改用挤压瓶后，亨氏番茄酱的销量出现了极大增长。为了响应消费者变化的口味和对便利性的偏好，金宝汤开始供应拉盖式包装和小包装，以及微波汤和即食汤等产品。很多卖家根据产品的大小

---

① 在这里，网络搜索引擎品牌"谷歌"泛指"网络搜索"的意思。——译者注
② Jell-O 曾被当作果子冻的通用商标。——译者注

彪马的"聪明小鞋袋"是生态友好型包装的代表，这种袋子可以重复使用。

来源：Bloomberg/Getty Images。

提供不同尺寸的包装。例如，为了提高便利性，盐、糖以及早餐麦片的包装采用了许多不同尺寸。

包装给环境带来了怎样的影响？ *产品及其包装是否环保是许多消费者日益关注的一个问题。有些包装——特别是一次性包装——可以说既浪费又不环保，因此，很多公司开始采取环保措施，开发可以提高销量的全新生态友好型产品。例如，彪马为自己的鞋类产品开发了一种生态友好型包装，该公司* 没有采用传统的纸盒包装，而是将鞋子装在了包裹着可反复使用的鞋袋的纸板框架里。这种包装节约了近8 500吨纸，同时减少了生产和运输所需的资源。[10]

标签的重要性

为什么标签对塑造品牌形象很重要？ 标签有两种功能：促进购买和提供信息。引人注目的标签可以促进和说服顾客购买产品。标签同时包含了一些信息，可以让顾客了解产品的特点和其他好处。为了和其他产品区分开来，很多公司在标签上使用了自己的品牌图标。如果标签可以展现产品一贯的优秀品质和可靠性，那么标签可以让积极的品牌形象延续下去。

政府是如何管理产品标签的？ 标签必须向消费者提供有关产品的信息，例如产品的用法、特点和安全事项等。美国政府已经发布了一些法案来规范产品标签上必须出现的内容。1996年颁布的《公平包装和标签法》（Fair Packaging and Labeling Act）要求公司将产品的特殊信息传达给消费者。该法案要求所有标签都要标注制造商、分装商或分销商的名称与地址，以及产品净含量。美国消费品安全委员会也设定了指导方针来确保制造商将产品的危险性告知消费者，例如产品是否易燃，以及使用不当的不良后果等。美国消费品安全委员会同时要求企业提供可追溯标签。可追溯标签包括批号和运行产量编号，人们通过它们可以识别产品及其组件的确切来源。通过这种方式，如果产品有缺陷或被污染，制造商就可以追溯问题的源头，从而更快地纠正问题。

为了让标签更加便于消费者对产品进行评估，美国政府针对标签制定了其他监管措施，包括1990年颁布的《营养标识和教育法》（Nutrition Labeling and Education Act）。该法规要求所有营养成分和健康声明都要符合监管要求。然而，标签也可能会迷惑或误导人。例如，美国食品和药物管理局谴责了通用食品公司有关"吃了脆谷乐，胆固醇指标可以在六周内下降4%"的说法。[11]现在，该公司采用了"谷物有助于降低胆固醇"这样更为笼统的说法。希望建立良好客户关系的企业必须谨慎地给产品贴上合乎道德的标签。

媒体和互联网是如何影响品牌战略的? 在品牌战略中运用数字媒体的企业比以往任何时候都要多，它们在网上投放广告、创建博客、提供在线对话，并且使用社交网络。餐厅点评媒体查格使用了脸书、推特和优兔网，并且在四方网（Foursquare）上发布了相关诀窍和推荐。这些全新的科技让一些企业重新思考了自己此前的品牌战略并重新制订了新的方案。

■ 罗宾·格林很失望，因为她为了质量而选择的品牌并不是她原本想要的。如果罗宾下一次还要买新电器，那么她很有可能不会买那家制造商的产品了，而且她一定会在购买东西前确认服务和保修信息。品牌建设对买家和卖家都很重要。让产品令人难忘并具有吸引力是所有公司的首要任务，品牌建设能帮助它们实现这一目标。

营养成分表	
每份含量5盎司（120克）	
包装含量：4份	
每份含量	
卡路里	33
脂肪卡路里	0
总脂肪含量0克	每日营养素参考值%
饱和脂肪0克	0%
胆固醇0克	0%
钠25毫克	0%
碳水化合物16克	1%
膳食纤维0克	5%
糖1克	0%
蛋白质2克	
维生素A 180% ●	维生素C 15%
钙5% ●	铁2%

营养素参考值以2 000卡路里的饮食为基准，您的参考值可能会根据您的能量需求有所变化。

	卡路里	2 000	2 500
脂肪	不多于	65克	80克
饱和脂肪	不多于	20克	25克
胆固醇	不多于	300毫克	300毫克
钠	不多于	2 400毫克	240毫克
碳水化合物		300克	375克
膳食纤维		25克	30克

标签用于向消费者提供信息，例如产品的营养价值。
来源：Photomelon/Fotolia。

13-4 商品与服务定价

描述定价目标，说明它们与市场营销组合的关系以及制定定价策略的主要方式。

■ 吉娜·里维埃拉是一家名为小宝贝店铺的新经理，她迫切地想提高店铺的利润额。在前任经理的管理下，小宝贝举步维艰，店铺老板一直在考虑是否永久歇业。吉娜是他最后的希望。前任经理坚持以低于附近连锁店的价格来销售同样的产品。不过，小宝贝

还有一些独特的婴儿产品，它们放在店铺的一个角落里，很不显眼。吉娜认为这些产品会成为店铺的"商机"，但令她苦恼的问题是定价。她应该尝试在相同产品的价格上和连锁店竞争吗？她又应该对这些独特的商品采取哪种定价战略？

定价对消费者和制造商来说都很重要，它是市场营销组合的重要组成部分。在这一章的结尾，让我们来讨论市场营销组合中的定价要素。促销和分销策略将在下一章讨论。

产品定价与定价目标

定价目标有哪些？ 确定合理的价格远远不止计算生产成本，然后通过加价来获取利润那么简单。价格常常会影响消费者对产品的看法，可能还会决定他们的购买意愿。价格同样可以区分产品及其竞品。在确定价格之前，设置具体的定价目标是非常重要的。定价目标有很多，常见的有以下几种。

- **利润最大化**。这指的是在价格已经确定的情况下，产品的整体收益在最大程度上超越了总成本。
- **实现更高的市场份额**。一家公司的市场份额指的是它的销售总额或收入占整个行业的百分比。不幸的是，更高的市场份额通常不一定能带来更高的利润。
- **销量最大化**。销量最大化通常意味着低价及其引起的损失，公司在亏损的情况下无法长久生存下去。然而，在企业处理多余存货时，例如上一年的产品，销量最大化可能不失为一个合理的短期目标。
- **创造客流**。杂货店和百货商店等很多零售店铺可能会通过宣传少量低价产品的方式来提高店铺的客流量和构建强大的客户基础。它们希望顾客在采购特价商品时也能够购买其他利润更高的产品。
- **制定匹配现状的价格**。制定匹配现状的价格的目标在于应对竞争对手的定价，也可能是企业为了避免发生损害所有卖家的价格战。曾经的机票价格大战伤害了每一家航空公司，因此它们开始选择在非价格因素上进行竞争。
- **承担生存成本**。如果一家公司很难建立客户群，那么它可能会将价格设定为足够承担成本的水平。然而，这并不是一个合适的长期目标。生存定价可能会带来销量，但是不会使企业产生利润。
- **打造形象**。一些产品之所以定价很高，是因为企业希望消费者可以将高定价与高质量联系起来。许多特殊品都是如此，例如豪华汽车、香水以及出自设计大师的服饰、鞋履和配饰等。

● **确保所有人都买得起。** 为了让更多人买得起自己的产品，一些企业制定了较低的价格。例如，一些保险公司向预算紧张的群体提供低成本的汽车保险产品。

如何确定正确的定价目标？ 理想的定价目标是通过思考产品或企业的经营和财务目标来确定的。如果企业的经营目标之一是成为市场领导者并实现最大的市场份额，那么和创造客流相比，销量最大化可能是合适的目标；如果企业的经营目标是促进生产的积极增长，那么利润最大化可能是最重要的。生存定价和匹配现状的定价可能更适合市场环境糟糕或不稳定的时候，或者公司首次进入某一市场的时期。定价目标也可能会随着产品的生命周期而变化。由于价格只是市场营销组合中的要素之一，因此营销人员必须根据产品的品牌建设、包装、促销方式以及分销渠道等因素制定定价策略。

为什么产品的价格是市场营销组合中的重要组成部分？ 作为消费者，我们明白一个产品的价格代表了我们为得到它所必须付出的代价。而在卖方看来，价格是市场营销组合中唯一能够带来利润的部分。而营销组合中的产品、促销以及分销渠道部分都会产生成本。价格也可以作为营销工具，并且可以经常用于促销活动。

对营销人员来说，设定合理的价格可能是一项真正的挑战。产品的价格必须足够低才能刺激顾客购买，但为了让公司抵销成本并从中赚取利润，产品的价格也必须足够高。此外，市场和经济状况以及竞争对手的产品价格总是在不断变化，因此，为了保持竞争力，企业必须经常评估自己的定价策略。

价值如何影响产品定价？ 价格是顾客为产品所付出的实际代价，而价值是整个产品所带来的效用。价格可以影响顾客对产品价值的看法。回顾整体产品，它是由与产品相关的所有效用构成的，每个层次的效用（核心产品、实际产品和扩展产品）给产品带去了更多价值。产品的购买还可能产生其他成本，例如了解如何使用产品的成本，或者与产品的后续处理有关的成本。这些成本同样会影响顾客对产品整体价值的看法。

定价策略和价值感知

主要定价策略有哪些? 在确定了定价目标后,接下来企业就要选择最佳定价策略来实现这一目标。特定策略更适用于特定目标。此外,为了顺应公司营销策略、市场条件以及产品生命周期的变化,企业在不同时期可能要采用一些不同的定价策略。商品或服务的正确定价方式并不是唯一的,卖方可以采用多种定价策略。最常见的定价策略包括**基于成本的定价、基于需求的定价、基于竞争的定价、天天低价**。

此外还有一些备选的定价策略和影响价值感知的策略。图13-8归纳了这些定价策略。

什么是基于成本的定价? **基于成本的定价**(cost-based pricing,又称**成本加成定价**)是最简单的产品定价方式。这种定价策略建立在补偿企业成本并提供一定利润的基础上。假设企业以2 000美元的总成本制造了100个单位的产品,那么生产每个单位产品的平均成本是20美元。如果企业希望获得20%的单位利润率或加成,也就是4美元(20%×20),那么企业会给产品定价为24美元。企业获得的总收益相当于2 400美元,利润为400美元,即总成本的20%。

图13-8 定价策略和价值感知

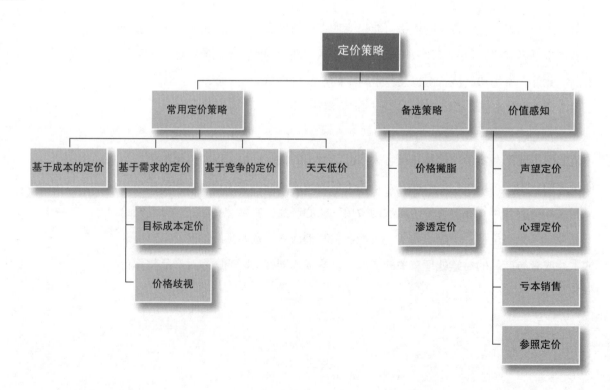

美国百所大学都在上的商学课(第五版)

基于成本的定价有许多优势。除了易于计算和管理，它需要的信息也最少。然而，这种方式也有一些缺陷。基于成本的定价忽略了价格是否符合消费者的期望，以及是否能够与同类产品进行竞争。基于成本的定价也不会激励企业通过更高效的运营来降低成本。很多制药企业使用基于成本的定价方式来弥补开发新药的昂贵研发成本，以实现目标利润。由新药专利保障的垄断权利意味着企业在这方面没有任何竞争对手，因此制药公司认为在为新药定价时没有必要考虑消费者的需求。

产品需求如何影响定价？基于需求的定价（demand-based pricing，也称**基于价值的定价**）是根据产品需求或感知价值来确定价格的策略。产品需求和感知价值越高，价格也越高；产品需求和感知价值越低，价格也越低。采用这种定价策略的前提是企业可以准确地预估自身商品或服务的感知价值或需求。有时这种情况的确会出现，但这通常不太实际。尽管如此，不少企业还是会试着这么做。

基于需求的定价可以通过其他定价策略进一步定义，这些策略包括目标成本定价和价格歧视。

- **目标成本定价**（target costing）是指企业预估消费者从产品那里获得的价值，也就是他们愿意为此付出的价格，接着从中减去合适的利润，从而得到产品的预估成本，随后企业将成本压低到目标水平。宜家就曾成功地使用了目标成本定价法。该公司首先构思了产品需求和定价，然后设计和制造产品来满足这些目标。[12]
- **价格歧视**（price discrimination）发生在企业因为与价格无关的理由而在相同商品和服务上针对不同顾客收取不同费用的情况下。企业会向那些对价格不敏感的顾客收取更高的费用，同时向那些对价格更为敏感的顾客收取较低的费用。例如，由于老年人的预算通常是固定的，因此餐厅和电影院常常会向他们提供更低的价格。销售人员会根据顾客对大件商品（如汽车和家具）的感知需求开出不同的价格，因此不要告诉销售人员你有多喜欢他们的商品或服务！为了让价格歧视发挥作用，企业必须成功地根据需求上的差异和价格敏感度来细分顾客。此外，这些产品必须是优质的商品或服务，因而那些能够以低价购入它们的顾客不会轻易地将它们再次售出。由于这么做有利可图，因此很多企业都会使用价格歧视法。
- **基于竞争的定价**（competition-based pricing）是以市场竞争程度为依据的定价策略，它反过来会影响公司的定价能力。可以根据竞争程度对市场进行以下分类。

完全竞争市场是一个拥有许多供应商和同质产品的市场，例如汽油、农产品和原材料市场等。所有这些产品几乎完全一样，并且以相同的价格出售，因此个体卖家很难或无法控制自己可以开出的价格。

垄断竞争市场是一个有很多企业在其中的市场，这些企业有能力实现产品差异化，因而可以为产品开出不同的价格。例如，太阳镜以及时尚与运动护目镜制造商奥克利公司就曾成功地实现了产品差异化，因而能够开出更高的价格。

寡头垄断市场是只有少数卖家的市场，航空、石油以及教科书行业就属此列。为了避免价格战，这些公司很少会在价格上进行竞争。相反，它们会积极在产品差异化方面进行竞争。如果它们的整体产品是独一无二的，它们就可以制定更高的价格。如果一家公司（通常是市场领导者）偶尔设定了不同的价格，那么其他所有公司都会遵循相似的定价。

垄断市场是由单一公司支撑的市场。由于没有竞争对手，因此这个垄断企业拥有极大的定价自主权。有时，垄断企业会通过**掠夺性定价**来抓住市场，这是一种通过设定超低价格来摧毁竞争对手的方式。掠夺性定价是不合法的，但很难防止它的发生。

哪些定价策略使得企业始终提供低价？ 一些零售商店很少提供单独进行促销的产品，相反，它们为所有产品提供**天天低价**（everyday low pricing）。沃尔玛就成功地运用了这一策略。在这里，价格出现变动的情况并不是临时促销，而是降价。

有没有什么定价策略更适用于产品生命周期的不同阶段？ 在推出新产品时，企业可能需要使用与现有产品不同的定价策略（见图13-8）。

老年人折扣是价格歧视的一种形式。
来源：Mikeledray/Shutterstock。

● **价格撇脂**（price skimming）指的是在产品最初上市且没有什么竞争对手时为其制定较高的价格。它的出发点是，在一开始攫取尽可能多的利润以收回开发成本。然而，高价可能会鼓励竞争对手以更低的价格进入市场。如果是这样，企业就要降低自己的定价。

● **渗透定价**（penetration pricing）指的是为了快速抢占市场份额而对新产品开出尽可能低的价格。如果企业为了满足不断增长的销量而提高产量，从而导致单位产品的成本更低，那么即便价格降低，该产品的利润实际上也会提高。渗透定价同样适用于产品生命周期的成长期，以及顾客对价格敏感的时期。采取这一策略的企业可能会在消费者中间创造出良好的商誉，从而防止竞争对手进入该市场。然而，渗透定价可能会导致后期产品的价格难以提高，同时可能会给品牌或企业带来品质低劣的形象。

企业可以用哪些定价策略来影响人们对价值的感知？ 对许多消费者来说，价格高意味着质量好。在产品比较复杂，以及对产品或品牌不太了解的时候，消费者更愿意将价格与质量联系起来。可以影响人们的价值感知的定价策略有很多，主要包括以下四种。

* **声望定价**（prestige pricing，又称**高价政策**）是一种通过制定高价来激发人们对高品质和特权的感知的方式。对那些适用于声望定价策略的品牌来说，高价本身就是一种对消费者的激励。高定价带来的高感知价值实际上提高了产品的需求，因而创造出了一种可以自行延续下去的更高定价。一些人称之为**虚荣效应**。奢侈品和设计师产品的定价都是这种策略的代表。

* **心理定价**（psychological pricing，有时也称**奇数或零头定价法**）是指制定略小于整数的价格，从而让价格看上去低得多。9.99美元而非10美元的定价就是心理定价的例子。加油站和餐厅经常使用心理定价策略。

* **亏本销售**（loss leader）是指销售一些低于成本价的产品。店铺通过亏本产品来吸引顾客到店，并希望借此吸引他们购买其他有利润的产品。

* **参照定价**（reference pricing）是指先确定膨胀价格（常规零售价或制造商建议零售价）再打折，从而让产品看似物超所值。商店同时提供更贵的"镀金"产品及其低价替代品的做法是参照定价策略的一种变形，这种策略使得替代品看上去更划算。

定价策略是如何影响生产的？ 无论企业选用了哪种定价策略，重要的是确定盈利前企业可以在某一价格水平上生产多少产品。**盈亏平衡分析**（breakeven analysis）确定了总收入正好可以收回总成本的产量水平，它适用于任何定价策略。企业达到盈亏平衡点时既不会产生利润，也不会亏损。盈亏平衡分析的第一步是确定成本。生产总成本有两种：固定成本和可变成本。**固定成本**（有时称为**间接成本**）是指所有不随产量水平的变化而变化的成本，一般包括固定薪水、租金、保险以及贷款等开支。**可变成本**是指随着产量水平的变化而变化的成本，例如工资、原材料和能源成本等。**平均可变成本**（或**单位可变成本**）等于总可变成本除以产量水平。计算盈亏平衡点产量的简易公式如下。

$$盈亏平衡点产量 = \frac{总固定成本}{单位收益 - 平均可变成本}$$

例如，假设总固定成本为600美元，产品的销售价格为24美元，平均可变成本是14美元。那么盈亏平衡点产量则是60个〔600÷（24-14）〕。产量若低于这个水平，企业就会亏损，而高于这一水平的产量会带来利润。固定成本、可变成本或价格的任何变化都会影响盈亏平衡点产量。

价格调整

价格调整有哪些常见的类型？ 为了促进产品销售，大多数企业都会定期调整产品价格。如图13-9所示，有不少策略可以用来实现价格调整。折扣（discount）是方法之一，它指的是在常规价格基础上进行减让。折扣有以下多种形式。

- 现金折扣（用现金支付时打折）。
- 促销折扣（使用特定促销代码或优惠券时打折）。
- 数量折扣（大批量购买时打折）。
- 季节折扣（购买过季商品或服务时打折）。
- 津贴，比如以旧换新津贴（购买新产品并返还老产品时打折）。

图13-9　价格调整（策略）

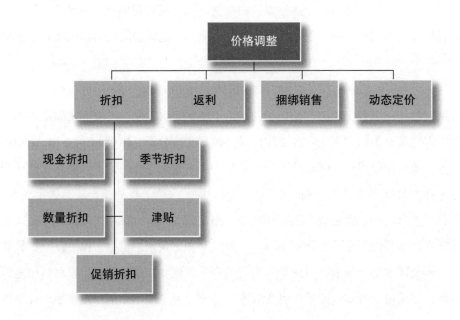

美国百所大学都在上的商学课（第五版）

返利是另一种价格调整方式。**返利（rebate）**是指在顾客为产品支付的金额基础上返还部分钱款。邮寄退款就属于这种情况。顾客将返利单寄给制造商后，制造商会给顾客寄回可供未来购买使用的支票或借记卡。

捆绑销售是价格调整的另一种方式。在**捆绑销售（bundling）**方式下，两种或更多原本互补的产品被组合在一起并以单一的价格进行销售。这个单一的价格通常低于这些产品的价格总和。捆绑销售常见于快餐业，在这里，捆绑在一起的不同产品组成了套餐。有线电视、网络以及卫星电视公司会将不同频道捆绑在一起，以单一价格销售，也会将它们与电话和互联网服务捆绑销售。由机票、租车服务、酒店住宿和其他游乐资源组成的假期套餐也是一种捆绑销售模式。

动态定价是另一种价格调整手段。**动态定价（dynamic pricing）**下的价格不是固定的，它会根据买家和卖家之间的交互随时快速变化。拍卖是动态定价的一种传统形式，易贝网和普利斯林网（Priceline.com）是它的另一种形式。

能确定价格变动对需求的影响吗？ 在调整价格之前，企业最好首先预测消费者可能会对价格调整产生怎样的反应。对一些产品来说，价格调整可能会严重影响消费者的需求；而对其他产品来说，消费者的需求可能完全不会受到影响。经济学家将产品需求受价格调整影响的程度称为**需求价格弹性（price elasticity of demand）**，或简称**价格弹性**。当价格提升时，需求无变化的产品是缺乏价格弹性的（又称具有价格刚性）。汽油、电力等必需品都缺乏价格弹性。具有价格弹性的商品，例如餐馆的菜品、电影票以及奢侈品或大件商品的需求通常会在价格上升时下降。因此，在调整价格之前，制造商应该确定产品的价格弹性。如果打算提价，那么该产品最好是相对缺乏价格弹性的，因为这类产品的需求会下降得少一些。假设成本不变，那么在这种情况下，企业的利润会提高。相反，价格弹性较高的产品在提价后会出现需求下降的情况，这会给企业的整体利润造成不利影响。

当然，除了产品价格，影响价格弹性程度的因素还有很多。例如，替代品较少的产品和替代品较多的产品相比，前者价格弹性就更高。产品的价格弹性可能会随着时间的推移而改变，这是因为消费者有了调整自己购买习惯的时间。

■ 吉娜开始采用不同的定价策略：她对连锁店同样有售的产品实施了竞争性定价，而对特殊产品设定了较高的价格，这个价格可以让顾客认识到它们的特殊之处，同时不会高到让他们对此失去兴趣。吉娜还用更好的陈列形式将这些特殊的产品展示在店铺的前端。在进行了这些调整之后,吉娜开始注意到前来小宝贝购买特殊产品作为礼物的顾客多了起来。此外,她还在包装袋、包装盒、纸巾和丝带上印制了小宝贝的图标和专属色彩,这样一来,该商店的产品即便离开了店铺依然可以引人注目。这些定价和包装策略最终带来了回报。在两年时间里,这家商店渐渐摆脱了财务困境,小宝贝找到了自己的定位。

本章小结

13-1 明确新产品的开发步骤,定义产品生命周期,说明单个产品如何与整体产品区分开来。

● 新产品的开发步骤包括构思产生、构思筛选、产品分析、概念开发和测试、开发产品和营销组合、市场测试以及商业化。

● 产品生命周期是一种描述产品在其生命期内的销量和利润的理论模型。产品的生命周期包括介绍期、成长期、成熟期和衰退期等阶段。

● 产品是可以满足需求或欲望的任何商品、服务或想法。整体产品由某个产品、服务或想法所带来的所有影响消费者购买决策的有形和无形效用构成。营销人员深谙此道,在规划整体产品时,他们会从以下三个层面考虑:

(1)核心产品满足的是基本需求或欲望。这是产品提供的最基本的效用,是无形的,因此无法触碰到它。

(2)实际产品是客户摸得到、看得见、听得到、闻得到或尝得到的东西。在付诸使用时,它提供了产品的核心效用。

(3)扩展产品包括核心产品和实际产品,以及其他为客户的购买带来附加值的实际的或可感知的效用。

13-2 描述产品差异化及其在产品开发中的作用,说明消费品和B2B产品的不同分类。

● 产品差异化指的是为了吸引顾客而将产品在实际和感知方面与其他产品区分开来的过程。

● 顾客的建议和反馈指导了产品的开发和差异化过程,同时可以引导企业创造产品线——这是针对同一个市场的一组相似的产品。产品组合是指一家公司可供销售的所有产品线的组合。产品线和产品组合是针对特定目标客户定制整体产品的结果。

● 消费品的四种分类是:便利品与服务、选购品与服务、特殊品与服务以及非渴求品与服务。

(1)便利品与服务是指顾客可以即刻购买、频繁购买以及无须过多考虑就购买的产品,例如口香糖、肥皂、牛奶等。

(2)选购品与服务是指顾客不常购买,且需要花费更多时间和精力来比较的产品,例如服装、电器和家具。

(3)特殊品与服务具有独一无二的特点,并且没有合适的替代品。知名设计师设计的服装或知名律师的服务就属于此类。

(4)非渴求品与服务是指买家通常不会想购买,也不知道其存在,只在出现特殊问题时才会购买的产品,殡葬服务就属于这类产品。

● B2B产品有五类,分别是设备,保养、维修和运行(MRO)产品,原材料和加工材料,零部件,以及专属的专业化服务。

13-3 说明为何品牌建设对买方和卖方都有好处,以及品牌建设战略有哪些。

● 品牌建设减少了消费者的选购时间,同时有助于他们表达自我。品牌建设可以帮助卖家明确自身产品的独特品质,促进客户重复购买,同时可以为企业在更高的价格上带来新的销量。

- 在同一个品牌名称下对不同类型的产品进行营销的做法被称为品牌延伸。品牌授权是指品牌所有人与其他公司或个人签订协议，为了在新产品上使用该品牌，后者需要向前者支付品牌使用费。

- 品牌建设为卖家提高了消费者的品牌忠诚度。品牌忠诚度可以促进品牌权益的发展，品牌权益是指品牌在市场中的整体价值。品牌意识是指消费者对特定品牌名称的熟知程度。品牌联想指的是消费者将品牌与其他积极属性联系在一起的情况。

- 品牌有不同的类型：制造商品牌（分为家族品牌和独立品牌）、自有品牌、联名品牌和通用品牌。

- 产品的包装和标签传达了有关产品和品牌的信息。

13-4 描述定价目标，说明它们与市场营销组合的关系，以及制定定价策略的主要方式。

- 常见的定价目标包括利润最大化、实现更高的市场份额、销量最大化、创造客流、制定匹配现状的价格、承担生存成本、打造形象以及确保所有人都买得起等。

- 价格是市场营销组合中唯一可以产生收益的要素。为了制定最佳定价策略，营销人员必须认真考虑他们的定价目标。

- 定价策略主要包括基于成本的定价、基于需求的定价、基于竞争的定价以及天天低价。

- 价格撇脂和渗透定价是适用于新产品的两种定价策略。

- 声望定价、心理定价、亏本销售和参照定价是影响消费者价值感知的定价策略。

- 折扣、返利、捆绑销售和动态定价是常见的价格调整手段。

- 产品的价格弹性衡量的是价格变化对产品需求的影响。涨价时购买量几乎不变的产品缺乏价格弹性；相反，具有价格弹性的产品的需求会在涨价时下降。

重要概念

实际产品	基于成本的定价	产品差异化	扩展产品
基于需求的定价	产品生命周期	品牌	折扣
产品线	品牌联想	动态定价	产品线长度
品牌意识	天天低价	产品组合	品牌权益
家族品牌	产品组合宽度	品牌延伸	通用品牌
心理定价	品牌授权	独立品牌	返利
品牌忠诚度	图标	参照定价	盈亏平衡分析
亏本销售	选购品与服务	捆绑销售	制造商品牌
特殊品与服务	B2B产品	渗透定价	目标成本定价
联名品牌	声望定价	整体产品	基于竞争的定价

价格歧视　　　　　　　商标　　　　　　　消费品　　　　　　　需求价格弹性

非渴求品与服务　　　　便利品与服务　　　价格撇脂　　　　　核心产品

自有品牌

自我测试

单选题（答案在本书末尾）

13-1 当你点比萨外卖时，以下哪项代表的是实际产品？

a. 饥饿感的满足

b. 加了番茄酱和奶酪的饼皮

c. 及时送货

d. 美味的香气

13-2 以下哪项无法体现产品线长度？

a. 健怡可乐、樱桃可乐、经典可乐

b. 桂格（Quaker）即食燕麦、桂格燕麦方脆、桂格烤燕麦

c. 本田思域（Civic）汽车、本田除草机、本田船用发动机

d. 佳洁士（Crest）美白牙膏、佳洁士小苏打与过氧化氢牙膏、佳洁士专业护龈牙膏

13-3 因为消费者会仔细比较品牌而在价格、品质和品牌形象上进行激烈竞争的企业销售的是_____。

a. 便利品与服务

b. 选购品与服务

c. 特殊品与服务

d. 非渴求品与服务

13-4 当企业请名人代言自己的产品，并将品牌与积极的因素联系起来时，它们专注的是自身品牌的_____。

a. 品牌忠诚度

b. 品牌意识

c. 品牌联想

d. 品牌延伸

13-5 在同一品牌名称下销售不同产品的品牌是_____。

a. 制造商品牌

b. 家族品牌

c. 自有品牌

d. 联名品牌

13-6 西沃恩·克拉克最近买了一件背后印有球员乔恩·莱斯特（Jon Lester）的名字和号码的芝加哥小熊队（Chicago Cubs）球衣，以及带有小熊队图标的帽子和夹克。这些产品采用的品牌战略是_____。

a. 通用品牌

b. 制造商品牌

c. 自有品牌

d. 品牌授权

13-7 你认为特斯拉汽车目前处于产品生命周期的哪个阶段？

a. 介绍期

b. 成长期

c. 成熟期

d. 衰退期

13-8 斯蒂芬妮·林要进行盈亏平衡分析，她应该把制造设施的租房成本算在哪一类成本里？

a. 固定成本

b. 可变成本

c. 收益成本

d. 生产成本

13-9 罗科·瓦伦丁诺只去沃尔玛购物，因为罗科认为自己可以用最低的价格买到东西，而且没有别的麻烦。沃尔玛的这种定价战略是_____。

a. 动态定价

b. 天天低价

c. 基于竞争的定价

d. 渗透定价

13-10 莎莉和布莱恩只在星期二购物，因为他们可以得到老年人折扣。他们利用了哪种定价战略的好处？

a. 渗透定价

b. 价格歧视

c. 目标成本定价

d. 心理定价

判断题 (答案在本书末尾)

13-11 扩展产品为消费者的购买提供了附加值。

□对　□错

13-12 一家本地比萨店涨价了，你现在去其他地方买比萨。因此比萨是一种缺乏价格弹性的商品。

□对　□错

13-13 一家本地小家电商店以149.95美元/台的价格销售微波炉。而价格标签显示，该产品的制造商建议售价为160美元。这种定价类型称为亏本销售。

□对　□错

13-14 B2B产品中的保养、维修和运行产品的营销方式与消费品中的便利品和服务的营销方式相似。

□对　□错

13-15 产品包装只是用来保护产品内容的。

□对　□错

批判性思考题

★13-16 品牌忠诚度、特殊品与服务、声望定价之间有怎样的联系？

13-17 说明下列商品和服务在核心产品、实际产品、扩展产品层面的效用分别是什么：在麦当劳买的汉堡包、健身馆会员身份、一本教科书。

★13-18 说明适用于以下定价策略的情况有哪些：折扣、返利、捆绑销售、动态定价、声望定价、心理定价、亏本销售定价和参照定价。

小组活动

开发一款新产品

将全班分为三四个小组。以小组为单位，利用你们在本章所学的内容讨论如何为智能手机或平板设备开发一款全新的应用程序。

步骤

步骤1，从新产品开发的第一步——构思产生——开始，就你们要开发什么样的新应用程序进行小组讨论。

步骤2，完成构思筛选、产品分析、概念开发和测试、开发产品和营销组合、市场测试及商业化等步骤。根据你们的分析，这款产品的消费者需求及生产可行性如何？哪些因素会影响生产成本？你将如何对该产品进行市场测试？又将如何营销这款产品？

步骤3，总结你们的发现，并向全班展示。

企业道德与企业社会责任

处方药的伦理问题

制药业在伦理方面问题重重。处方药的开发是企业面临的众多重大道德挑战之一。思考以下场景带来的问题，若有可能，请和一位同学讨论自己的想法，或者参与有关这一话题的小组辩论。

场景

你是一家美国顶尖制药公司的管理者，在最近的一次产品开发会议上，两个研发团队报告说，每组都将在一年时间内研制出一款可供临床试验使用的新药。A组正在开发一款治疗罕见但致命的骨科疾病的药物，B组正在开发的是一款治疗不危及生命的常见皮肤病的药物。然而，为了在最后期限之前完成开发，两个小组都需要再增加1 000万美元的资金。你知道公司只能满足得了一

个团队的资金需求。根据产品分析，A组的药物生产成本高且不易营销，同时只能产生微薄的利润，而B组的药物则有可能带来可观的利润。

问题讨论

13-19 你会推荐公司为哪一个团队投入资金，为什么？

13-20 B组药物的潜在收益将如何从财务（经营）和医学（伦理）角度影响你的立场？

13-21 如何定价？你将如何调和制药公司保持盈利能力的需要与制造人们买得起的药物的道德责任呢？

13-22 苹果手机

访问苹果公司的网站，描述苹果公司在产品和价格方面的市场营销组合战略。在什么情况下，苹果手机是一款消费品，又在什么情况下是一款B2B产品？苹果公司在拓展产品方面做了什么？苹果公司采用了哪种品牌战略？苹果手机现在处于产品生命周期的哪个阶段？就苹果手机在产品生命周期中所处的阶段来看，苹果公司采用了恰当的品牌战略吗？

13-23 有机可乐

有机产品越来越受欢迎。假设可口可乐公司推出了一款有机苏打水产品，请你利用互联网对其他有机饮料和汽水进行研究，从而确定这种产品适合放在可口可乐公司的哪一条产品线上呢？可口可乐公司现有的品牌会对这款产品的上市带来怎样的帮助或损害？你认为可以通过哪种定价策略来引入这款新产品？

13-24 研究一个品牌

选择一个你喜欢的服装品牌，利用互联网来收集有关它的信息。这个品牌是哪种类型的品牌——是制造商品牌、自有品牌、独立品牌，还是其他类型？它是品牌延伸的一部分吗？它是否与联名品牌或品牌授权有关？产品的包装和标签如何影响该品牌所反映的形象？用简短的报告来概括你的发现。

13-25 牙膏的差异化

查看沃尔玛网站或其他药店网站，列出不同的牙膏制造商，接着列出每个制造商的不同产品。这些公司是如何将自己的产品与其他产品区分开来的？你认为消费者会对这些不同种类的牙膏做何反应？

13-26 比价购物网站

访问一个比价购物网站，例如我的西蒙（mySimon）、抓价网（PriceGrabber）和迪泰姆（DealTime）等，至少研究三款产品的定价。说明每款产品的不同定价，注意提供最低价和最高价的店铺类型。这些产品的价格具有一致性吗？为什么？

MyBizLab

在你的MyBizLab作业板块完成以下写作练习。

★ **13-27** 为什么说营销人员从整体产品角度来思考一项商品或服务非常重要？

★ **13-28** 回顾过去十年的汽车产业，讨论各种类型的汽车是如何适应产品生命周期的。

参考文献

1. SC Johnson and Son, Inc., "Most Frequently Asked Questions," www.oust.com/faq.aspx?oust=airSanitizer.

2. Michael E. Ross, "It Seemed Like a Good Idea at the Time," April 22, 2005, www.msnbc.msn.com/id/7209828.

3. Robert E. Cannon, "A Tutorial on Product Life Cycle," www.mrotoday.com/progressive/online%20exclusives/productlifecycle.htm.

4. Coca-Cola, "List of Coca-Cola Products: Comprehensive Coca-Cola Brand List," www.thecoca-colacompany.com/brands/brandlist.html.

5. GE, "Products & Services Overview: Introduction, Businesses, Categories," www.ge.com/products_services/index.html.

6. Theresa Howard, "Coke Finally Scores Another Winner," *USA Today*, October 28, 2007, www.usatoday.com/money/advertising/adtrack/2007-10-28-coke-zero_N.htm.

7. "The NRF Top 100 Retailers Are Private Brand Stars," My Private Brand, July 1, 2010, http://mypbrand .com/2010/07/01/the-nrf-top-100-retailers-are-private-brand-stars. Copyrighted 2010 NRF Enterprises Inc. 69694-12mcd.

8. Tom Peters, "The Brand Called You," August 31, 1997, www.fastcompany.com.

9. Tiffany & Co., "Welcome to Tiffany & Co.," www.tiffany .com/About/Default.aspx.

10. Puma, "PUMA's New Packaging and Distribution System to Save More than 60% of Paper and Water Annually," April 13, 2010, http://about.puma.com/puma%E2%80%99s-new-packaging-and-distribution-system-to-save-more-than-60-of-paper-and-water -annually.

11. "FDA Takes Issue with Cheerios Health Claims," May 13, 2009, www.msnbc.msn.com/id/30701291.

12. "The IKEA Product Range: Democratic Design," http://franchisor.ikea.com/Theikeaconcept/Pages/The-IKEA-product-range.aspx.

第十四章　促销与分销

本章目标

14-1　促销与促销组合

说明促销组合中的要素，解释促销组合在促销活动中的功能。

当丹尼·科比特（Danny Corbett）开创自己的快餐车事业时，他认为和其他快餐车待在一起再派发点样品就能带来生意。不幸的是，事情并没有像他预想的那样发展。他该如何制定有效的促销策略呢？

14-2　广告与公共关系

说明广告的类别，以及每种类型的广告在商界和社会中的作用。定义公共关系，说明企业如何在促销组合中应用公共关系。

莫妮卡·加西亚（Monica Garcia）和史蒂文·阿尔瓦雷斯（Steven Alvarez）共同开办了一家室内设计企业。他们有一个网站，同时通过图享网和脸书与客户建立联系，并且借此听取客户的看法。但是他们如何才能监控这些社交网络上的所有评论呢？他们是否需要采取其他更传统的广告方式？对他们来说，还有哪些广告方式是最佳的？

14-3　个人推销与优惠促销

概括个人推销的步骤，说明优惠促销的特征。

基斯·杰斐逊（Keith Jefferson）在一家货车运输公司工作，他正在进行第一次独立推销。当潜在客户问到运输费用时，基斯卡壳了，他不知道该如何回答这个问题。什么是个人推销？优秀的推销人员具备哪些特质？

14-4　分销：营销的中介

讲解不同的营销中介，说明每种营销中介在分销渠道中的作用。

为了上美国当代文学课，丽芙·卡尔森（Liv Karlsen）需要《纽约时报》畅销书榜单上的一本书。但学校书店已经没有这本书了，丽芙可以从哪些渠道找到这本书？所有分销流程都一样吗？

第四部分

了解市场

14-1　促销与促销组合

说明促销组合中的要素，解释促销组合在促销活动中的功能。

■　丹尼·科比特梦想拥有自己的企业。当决定向前一步换个工作时，他既紧张又兴奋。他热爱烹饪，但没有钱开一家完备的餐厅，因此他决定经营一辆快餐车。尽管他无法和商业区的其他快餐车一起经营，但他的快餐车与它们相距不远，依然位于相当繁华的商业区。丹尼知道，无论如何他都必须让自己做出的全新食物引起人们的注意。丹尼的朋友建议他先开设脸书和推特账号，但是在事业发展起来之前，丹尼并不想在这些事情上浪费时间。他在快餐车外挂了一个部分菜品免费试吃的牌子。然而，尽管试吃的人很多，买东西的人却寥寥。最后，他在开业第一天用掉了400美元，并且没有得到任何回报。到底是哪里出了问题，是他的食物、店址，还是他的产品促销方式？他应该采纳朋友所说的关于运营社交媒体账号的建议吗？

丹尼的促销计划有一个好的初衷，但计划并没有像他期望的那样发挥作用。 他应该采取哪些不一样的做法呢？他还有哪些选择？本章，你将了解4P营销组合中的促销及分销（分发）这两个要素。

促销

来源：Fancy Images/Getty Images。

什么是促销？ 无论产品的开发、定价和分销工作做得有多好，很少有产品会在没有进行恰当促销的情况下卖得好。**促销（promotion）** 包括营销人员用来向目标顾客宣传产品优势和说服他们购买的所有技术。促销旨在提高产品意识、品牌忠诚度和销量，因此它是市场营销组合中最为突出的一个组成部分。

找到最佳手段来传播产品优势和说服顾客购买是营销人员的一项重要工作。是否该为某个产品打广告，或者该产品是否更适合个人推销？如果采用打广告的方式，那么哪种途径最好，是报纸、电视、互联网，还是其他渠道？除了广告和个人推销，哪种类型的公关活动最为恰当？这些只是营销人员在促销产品时必须回答的部分问题。

营销人员最常用的促销工具是什么？ 以下是用来促销商品或服务的四种基本促销工具。

- 广告。
- 公共关系。
- 个人推销。
- 优惠促销。

促销组合（promotional mix）是促销工具的战略性组合，这些促销工具是用来接触目标客户和实现营销目标的。图14-1描绘了促销组合涉及的要素。注意，产品本身也属于促销组合要素。正如丹尼·科比特所做的那样，由于产品可以通过免费提供样品的方式来推广，因此产品也可以算作一种促销工具。

高效的组织会根据自己的营销目标和预算来寻找最佳或成本效益最高的促销组合。特定产品的最佳促销组合将随着促销活动目标的改变而变化。

促销活动有哪些步骤？ 企业最好制订一个促销计划，从而确保活动及其时间保持协调。尽管每项促销活动都会因产品的具体需要而有所不同，但基本的促销步骤都包括以下几项。

1. 明确目标市场。回想一下，**目标市场**指的是营销活动所针对的特定潜在客户群体。促销活动应首先针对这个市场开展。

图14-1　促销组合

2. 确定营销目标。企业想实现利润、销量或市场份额最大化吗？企业的营销目标是获得客流、品牌意识，还是提高品牌形象？企业是打算推出新产品，还是想回击竞争对手呢？无论营销目标是什么，这个目标都应该是清晰且可度量的。

3. 确定预算。找到效益最高的组合，企业就可以确定促销活动的最佳组合了，但是促销活动的预算始终要在营销部门与

财务部门共同预先制定的范围之内。

4. 设计想要传达的信息。 营销信息应该向客户传达产品的优势，同时要得到促销组合中其他要素的呼应。

5. 实施促销组合。 重要的是确保促销活动中应用的所有不同工具和资源都能够协调一致地发挥作用。**整合营销传播**（integrated marketing communications）是一种策略，其目的是在所有可以接触顾客的地方向他们传达有关公司及其产品的明确的、一致的、统一的信息。这一策略与让员工各自面向客户进行宣传形成了对比，后者可能会导致产生相互矛盾的信息，从而让客户感到困惑，并且最终导致销量损失。

6. 评估和调整。 所有促销组合的效果都必须是可衡量的。此外，为了持续响应市场变化或纠正无效的促销手段，促销组合中的每个要素以及促销组合整体都需要进行定期调整。

■　为了促销产品，企业需要选择最佳的促销组合，以此说服顾客购买某个商品、某项服务或创意。正如丹尼·科比特发现的那样，实施这种组合可能是一项挑战。现在，丹尼正在认真考虑为自己的企业开发有效的促销活动以及实施最佳促销组合所需的每个步骤。如果你是丹尼，你将如何设计这一营销组合呢？

14-2　广告与公共关系

说明广告的类别，以及每种类型的广告在商界和社会中的作用。定义公共关系，说明企业如何在促销组合中应用公共关系。

■　从设计学校毕业后，莫妮卡·加西亚和史蒂文·阿尔瓦雷斯租了一个小型工作室，开始了他们的室内设计事业。虽然他们已经有了一些客户（例如朋友和家人），但他们明白，如果想让自己的业务有所发展，他们必须在更加正式和更加广泛的范围内进行宣传。史蒂文设计了公司网站，并在脸书上开设了主页。莫妮卡喜欢用图享网，她每天都会在这个平台发布自己设计作品的照片，而且她也开始写博客了。他们关心的是如何监督针对他们发布内容的所有交互活动。莫妮卡和史蒂文还想知道他们在社交媒体方面做得够不够，以及他们是否需要投放某种形式的平面广告。哪种广告最适合莫妮卡和史蒂文呢？

为了说服受众购买产品，企业采用了各种手段。这些手段中最广为人知的就是广告。**广告（advertising）**是指定赞助商用来说服或影响目标受众的付费且不带个人色彩的大众传播方式。当我们想到广告时，我们中的很多人会想起电视广告。不过，正如你将在本节了解到的那样，广告的形式远不止这些。

广告的作用

广告在促销组合中发挥了怎样的作用？ 广告是一种旨在面向目标客户进行传播的促销工具。企业通过广告来完成以下功能。

来源：Goodluz/Fotolia。

● 帮助大众树立品牌意识和实现品牌联想，因此广告在产品生命周期的介绍期和发展期显得尤为重要。

● 强调产品的不同之处，这对产品的成熟期很有帮助。

● 让消费者了解产品的价值，让公众懂得产品的作用。然而，批评者认为广告主通常会通过强调产品品质或可能并不存在的好处来误导公众。为了控制潜在的滥用广告行为，政府的法律法规帮助约束了广告和其他营销行为。

● 为消费者提供更低的价格。当更多人了解并喜欢某个产品时，产品的销量会提高，继而会促使产量提升。产量的提升带来了规模经济效应，因此消费者可以得到更低的单位成本和产品价格。

广告对经济产生了怎样的影响？ 广告因其大量的金钱投入影响了经济。仅耐克一家公司就在包括广告、品牌活动和数字营销的"需求创造"活动上花费了30多亿美元。[1]广告收入以多样的方式分散在整个经济中。电视广告可以帮助支付电视节目的费用，而平面广告则有助于支付报纸和杂志的出版费用。受欢迎的广告会提高销售利润，最终带来业务的发展、工作机会的增加以及可支配收入的提高。然而相反的情况也可能会出现，如果一家公司没花钱做广告，或是广告效果不佳，那么这会让产品销量停滞不前，最终导致企业裁员、员工失业。

什么是广告机构？ 企业在打广告方面常常需要帮助。在这种情况下，企业会雇用广告机构来帮助自己创造、计划和处理广告业务（或其他形式的促销）。广告机构可以是小型"精品"公司，也可以是大规模的全国性企业。广告机构可以处理营销活动的部分或全部工作，包括市场研究、品牌战略、产品广告，以及在合适的媒体上投放广告等方面。

广告的类型

广告有哪些类型？ 几乎所有组织都会打广告，而且企业有很多不同类型的广告媒介可以选择。图14-2展示了一些比较常见的广告类型。

广告媒介

广告媒介有哪些类型？ 企业利用多种媒体来实施自己的广告战略。电视、报纸、互联网、社交媒体和户外媒体是较为传统的广告媒介。户外媒体包括广告牌、运动场标牌、车身广告甚至空中文字[①]等。

直邮广告依然是企业最常用的广告形式。你可能很熟悉直邮广告，只不过你用了不同的方式来称呼它——垃圾邮件。直邮广告的内容包括优惠券、小册子和产品目录等。令人惊讶的是，随着使用特定消费者数据的复合型广告的增加，直邮广告的规模还在持续增长。直邮广告使得企业可以根据邮政编码或过往购买记录，将自己的广告投放给最有可能购买其产品的客户。[4]

不同类型的广告媒介的优点和缺点分别是什么？ 每种类型的广告媒介都有其特定的优点和缺点。例如，电视广告可以覆盖非常多的受众，但它的费用很高；社交媒体的受众同样很大，但它需要相当多的人力来解读和管理宣传结果。表14-1列出了各个主要广告媒介的优点和缺点。

[①] 空中文字：飞机通过放烟而在空中形成文字或图案。——译者注

产品广告（product advertising）主要推广某个具体产品的用途、特点。这是我们最常想到的广告类型。

 倡导广告（advocacy advertising）宣传的是某个组织对全球变暖或移民等公共议题的立场。竞选期间由独立于某一政党或候选人的组织发布的广告是人们所熟悉的倡导广告。

 企业（或机构）广告（corporate or institutional advertising）强调的是帮助政府、组织或整个行业而非某个具体产品来打造正面的形象。

 交互式广告（interactive advertising）借助互联网上的交互视频目录或购物中心的自助服务终端等交互式媒体，以更为私密和有吸引力的方式与消费者建立直接联系。

 货比货式广告（comparative advertising）是指将某个品牌的特征与其他已有品牌进行对比，文中有关牙膏、止痛药和洗衣液的电视广告就属此列。

 互联网广告（internet advertising）以网络横幅广告、弹出式广告、视频等形式来呈现信息。互联网广告的优势在于它可以即时发布，能够实现交互功能和定制，而且成本效益也相当高。

 零售（或本地）广告（retail or local advertising）的重点是吸引顾客前往固定的地点，例如百货商场或杂货店等。

 移动广告（mobile advertising）通过移动手机或其他移动设备来传送广告信息。由于拥有移动手机的人比拥有其他设备的人更多，因此这种形式的广告将继续增长。

 B2B广告（B2B advertising）是针对其他企业而非消费者的广告。例如土方移动设备公司卡特彼勒的广告就是面向建筑公司的。

 非营利和公共服务广告（non-profit and public service advertising）重点推广的是红十字会这样的组织，或者野生动物保护倡导之类的善意行动。

图14-2 常见的广告类型

来源（从左上开始顺时针旋转）：Rog999/Fotolia; Barry Barnes; Michael Matthews/Alamy Stock Photo; Yanik Chauvin/Fotolia; Scanrail/Fotolia; Franck Fotos/Alamy Stock Photo; viktor88/Fotolia; Alex/Fotolia; Alpha and Omega Collection/Alamy Stock Photo; Michael Matthews/Alamy Stock Photo。

互联网广告

广告是怎么出现在网络上的？互联网广告（internet advertising）包括群发邮件（垃圾邮件）、弹出式广告、横幅广告，以及网站上用来吸引潜在客户访问公司网页的其他链接。谷歌广告服务的关键字广告（AdWords）和广告联盟（AdSense）是互联网广告的另一种形式。通过谷歌关键字广告，广告主可以将只有文字内容的广告连同一系列相关的关键字交给谷歌。当用户在谷歌搜索引擎输入其中某个关键字时，这个只有文字的广告就会出现在谷歌搜索结果页面的侧栏。广告主只需要按用户点击广告的次数向谷歌付费。谷歌广告联盟则是这样一种服务：它允许网站所有者通过在自己的网页上展示相关广告来赚钱。另一种更微妙的互联网广告形式是搜索引擎优化（search engine optimization, SEO），它的作用是提高公司网站在搜索结果中的排名。

多芬的"真美"广告

2004年开始,多芬(Dove)一直在推动有关"真正的美丽"的讨论。该公司"真美"(Real Beauty)营销方案的前两期展示了具有非典型"美丽"特征——皱纹、丰满体态,以及其他"不完美"特征——的真实女性。2007年,该营销方案的第三阶段延续了多芬的目标,旨在扩展全世界对美丽的狭隘定义。这项活动同时关注了不断被美丽标准包围的年轻女孩在无法达到标准的情况下,她们的自尊可能会受到怎样的负面影响。

2013年,多芬发布了新一期的营销方案:"真美速写"

(Real Beauty Sketch)。活动中,美国联邦调查局的一位画像师要根据女性对自己的描述以及陌生人对她们的描述来为她们画像。令人惊讶的是,和陌生人的描绘相比,女性自我描述画像的吸引力更弱,这证实了女性对自己外表的要求往往非常苛刻。[2]这段视频以高达374万的分享次数成了当时传播最广的广告。[3]然而人们对这个广告褒贬不一。很多人对这一活动表示欢迎,并且称赞多芬引导了重新定义美丽的讨论。另一些人则批评这个广告是虚伪的,因为多芬销售的产品是用来改善或改变个人形象的。你如何看待"真美"营销方案?

来源:The Advertising Archives/Alamy Stock Photo。

互联网广告的优势是什么? 互联网已经成为一种快速发展的广告媒介,这是因为它可以让企业将自己的广告经费集中用于目标客户。一旦客户访问了企业的网站,该企业就可以根据客户在网站上的点击位置和频次来了解他们的偏好和购物习惯。企业还可以通过对话服务、视频或博客来与客户互动。如果企业能够利用这些技术持续提供优质的价值,那么互联网广告就可以帮助企业维持积极的客户关系。

社交媒体

社交媒体是如何用于打广告的? 社交媒体让很多公司重新思考了自己该如何与客户进行联系和沟通,社交媒体也是整合型营销传播战略的一部分。企业在博客和推特上发文宣传新产品或企业发展动态,在优兔网上发布教程和产品演示视频,同时在脸书上创建促进客户交互的粉丝页面。社交媒体不仅可以让企业为产品做广告,而且可以让企业建立和增强客户关系。

表14-1　不同广告媒介的优点和缺点

广告媒介	优点	缺点
邮箱	高度细分，个性化，灵活性高，广告可以保存，效果可衡量	费用高，可能会被当作垃圾邮件拒收，或令人反感
电视	可以很好地覆盖大众市场，单位联络成本低，结合了视觉、听觉和动态内容，观众的注意力跨度长	成本高，记忆度低，受众会频繁换台或使用数字录影机（DVRs）来跳过广告，展露时间短
报纸	具有时间和地理位置上的灵活性，很好地覆盖了本地市场，可靠性和接受度高	生命周期短，吸引客户注意力的竞争对手太多，复制内容低劣
杂志	市场细分程度高，色彩质量高，生命周期长，受众注意力跨度长，可靠性高	读者越来越少，吸引客户注意力的竞争对手多，成本高，广告购买的前置时间长
广播	地域和人口分布上的选择性高，成本低，用声音带来创造性的机会	受众注意率低，展露时间短，信息过载，覆盖面有限
互联网	带来了全球化和交互的可能，易细分，受众感兴趣的程度高，反响容易衡量	展露时间由受众控制，每个网站都混杂了大量广告，受众人口偏向于上网人群
社交媒体	相对便宜，可以带来消费者的即时反馈，提供了消费者针对竞争对手的反馈，有利于建立客户关系	可能难以监督，不是被动的策略——必须积极维护
移动广告	便于立即识别，成本低，容易接触目标市场	很容易被忽视
户外广告	可以选择关键的地理区域，单位印象成本低，在主干道上出现的频率高	展露时间短，信息简略，创意受限，细分的可能很小

移动营销

如何进行移动营销？ 移动手机和平板设备是最为普及的实用科技产品。令人惊讶的是，有记录表明拥有手机的人比拥有牙刷的人还要多。[5]鉴于其无所不在的市场渗透率，手机可以说是广告主的最佳平台。为了与自己的客户实现全天候的连接，企业使用了二维码、短信以及移动应用平台等技术。

产品植入

什么是产品植入？ 当企业通过付费方式让产品突出地展示在潜在客户可以看到的电视节目、电影以及电子游戏中时，我们称这种做法为**产品植入（product placement）**。自从媒体出现，这种宣传技术就一直存在。企业之所以在电视节目中增加产品植入，是因为很多观众使用了数字录像机，这种设备可以让他们在播放广告时快进视频。体育比赛中，在运动员的制服、装备以及运动场上展示相关产品的名称、标志和标语的横幅是产品植入的另一种变化形式。它们植入得十分巧妙，这样电视转播的摄像机就能频繁地呈现这些信息。

【清单】 ———————————————————— **LIST**
关于移动营销的几个有趣的事实[6, 7, 8]

1. 拥有移动手机的人比拥有牙刷的人还多。

2. 87%的千禧一代时刻不离开自己的手机。

3. 在起床到睡觉前的这段时间里，60%的美国智能手机用户每15分钟查看一次手机。

4. 76%的用户表示他们更有可能在看邮件之前阅读短信。

5. 90%的短信会在送达后三分钟内得到阅读。

6. 90%的移动搜索都会引发一些行动，70%的移动搜索会在一小时内触发行动。

7. 64%的用户会在收到移动推广后产生购买行为。

8. 移动优惠券的兑现率是纸质优惠券的十倍。

9. 81%的移动手机用户曾经在手机上搜索过产品。

10. 超过50%的移动消费者将自己的移动设备作为访问网络的基本或唯一来源。

电视直销节目

电视直销节目为什么是一种有效的广告手段? 电视直销节目〔infomercial,或付费节目(paid programming)〕看似是真实的电视节目,但很少有人会直接提及它们实际上是广告的事实。"专家"或名人通常会以嘉宾或主持人的身份来代言和推广产品。由于这类节目的时间比传统电视广告的时间长,很多电视直销节目与常规电视节目的时长相当,因此电视直销节目可以让广告主更详尽地展示产品的特征。和普通电视广告不一样的是,电视直销节目的目的是让观众在产品的直接销售方面产生具体、直接且可量化的反应。也就是说,广告主不必担心广告是否有效。90天魔鬼训练产品(P90X)、高伦雅芙痤疮治疗产品(Proactiv Solution Acne Treatment)以及维他美仕料理机(Vitamix)等保健产品的广告都是通过电视直销节目呈现的。

全球广告

怎么做全球广告? 有的产品不需要太多改动就可以被成功出口到其他国家,然而,大多数产品都必须经过定制化来满足国外消费者。这意味着产品是为了满足国外消费者特定的本地口味、偏好以及文化敏感性,或者为了满足不同国家的政府监管标准而特制的。同样,有的广告可以原封不动地"出口"到国外,而另一些则必须经过修改。广告主倾向于在国内和国外市场使用同一套广告,因为这么做更经济,并且可以传递更为全球化的信息。但是将在国内成功的广告移植到国外可能是件棘手的事情,营销人员必须认真思考国外受众会如何解读广告中的信息。营销人员渐渐意识到,如果做得好,那么针对全球细分市场的定制化广告会非常有效。

公共关系

什么是公共关系? 公共关系是促销组合中的另一个重要组成部分。**公共关系(public relations)** 指的是在组织及其利益相关者(包括消费者、股东、员工、供应商、政府以及公众等)之间建立并维持共同利益关系的过程。换句话说,公共关系提升了企业或个人的形象。[9]所有组织都对公共关系很感兴趣。

公共关系计划的开发包括哪几个步骤? 一个优质的公共关系项目包括以下三个步骤。

负面政治广告：它们真的有用吗？

我们都听说过它们，它们在竞选之前都会有很大产出——它们就是那些批判对手而非赞美候选人的竞选广告。为什么这些广告会传达负面信息？它们真的比正面广告更有效吗？竞选策略专家指出，在某些情况下负面广告可能更为有效，因为它们一开始就会让人们对候选人产生怀疑。在初次介绍候选人时，正面广告是最有效的，否则选民可能无法了解他们的特点。负面广告可以快速引发人们对新候选人的质疑，因此它们通常会用在对手在竞选早期利用正面广告宣传自己的时候。负面广告的成本效益也更高，因为它们具有煽动性的特质，可以引起更多注意。因此，它们会更频繁地在社交媒体上得到分享，或者在媒体中得到讨论。这样，候选人不用花更多钱就可以提高这些广告的曝光率。

负面政治广告的发布频率也很重要。研究表明，负面政治广告在适度展示的情况下效果最好。否则，赞助该广告的候选人可能会遭到强烈抵制。

因此，在下一次竞选周期到来时，请特别留意这些竞选广告和你对它们的反应。无疑，这期间至少会出现一个负面广告。这是否能够有效地帮助你形成针对候选人的看法？

---

1. 考虑公众的意见。 公共关系背后的理念是在利益相关者的头脑中创造和维护一个组织的正面形象。组织首先要评估公众对自己的态度和看法。有时，这些看法可能建立在与事实无关的认知基础上。在任何情况下，一个组织在制订具体公关计划来塑造自身形象之前都必须考虑公众的意见。

2. 改变政策和流程。 组织一旦认真考虑了公众关注的问题及其利益所在，就需要通过改变自身行为或纠正公众对自身的误解来做出回应。有时，企业需要在问题事件之后通过公关活动来纠正或重塑自己的声誉。英国石油（British Petroleum）、丰田和奈飞等公司曾经不得不开展公关活动来重新获得客户的信任。

3. 将计划中的或已经采取的行动告知公众。 最后，企业必须告知公众它所做的所有改变，或让公众了解与之有关的事实。

常见的公关工具有哪些？ 一些特定的公关工具可以用来塑造积极的企业形象。公关工具可以根据所传播的消息是受到企业的完全控制、半控制，还是不受企业控制进

大众汽车的欺诈——一个公关问题？

当美国环境保护署（United States Environmental Protection Agency）发现大众汽车声称的排放量明显高于实际时，这家汽车制造商生产环保汽车的信誉遭到了质疑。经独立检测，该公司汽车的污染物排放量超过法定标准的35倍。大众汽车最初对这一指控的回应是，这种差异是技术性错误造成的，但随后该公司承认自己安装了软件来作弊。

这一不道德的商业决策让这家公司在罚款和产品更换上付出了数十亿美元的代价，造成了股价下跌和其他财务方面的后果。有趣的是，尽管这一丑闻招致媒体的广泛负面曝光，然而针对德国和美国消费者的调查显示，大部分消费者依然对这家公司有着正面的印象。这家公司的名誉为何没有遭到严重的损害呢？

行分类。[10] 控制程度取决于信息传达的方式与时机。

- **受控消息**包括企业（或机构）广告、倡导广告以及公共服务广告等。企业还可以发布年报、小册子、传单，或者通过影片和发言人来向目标受众传递受控消息。
- **半受控消息**发布于网站、网络聊天室或博客。在这些平台上，人们对某个公司的看法不会受到严格监管。其他半受控消息包括企业对体育赛事和其他特定活动的赞助，这是因为媒体和利益相关者的参与并不受赞助企业的控制。
- **非受控消息**一般表现为**公众舆论**。

公众舆论为何有用？ 通过大众媒体免费传播的有关个人、组织或产品的信息被称为**公众舆论**（publicity）。和广告相比，公众舆论有两个优势：首先，它是免费的；其次，由于通常以新闻的形式出现，所以它更加可信。

公众舆论可以由一个组织来创造，但却不会被它所控制。相反，公众舆论是由媒体控制的。与媒体保持友好的关系自然会提高"有新闻价值"的消息得到报道并以有利方式进行处理的可能性。尽管如此，公共关系经理必须确保公司透露给媒体和公众的信息是及时、有趣、准确且符合大众兴趣的。

当致力于人道主义事业时，企业会得到媒体的好评，这正是积极公众舆论的代表。

企业慈善活动通常是一种良好的宣传，当它可以让某个公司的名字出现在大楼上，或者与一些公众可见的年度活动联系在一起时尤其如此。很多小型企业会通过向本地组织捐款的方式来获得正面的宣传。

企业如何响应负面公众舆论？ 公关人员的另一个职责是处理危机。**损害控制**是企业将负面事件的危害降到最小的做法。负面公众舆论可以在几天时间内摧毁一个公司花费数十年时间树立起的形象。例如，洛杉矶快船（LA Clippers）职业篮球队的前老板唐纳德·斯特林（Donald Sterling）在其种族主义言论公之于众后就遭遇了公关危机。

有时，坏消息并非源于媒体，而是来自口口相传，这种情况在具有病毒传播属性的社交媒体中尤其常见。在出现坏消息的情况下，公司必须做好回应的准备，并且要快速响应。任何处理危机的方法都不轻松，但是保持真诚、承担责任以及做出合乎道德的回应是重获信誉和重塑积极形象的第一步。

■ 莫妮卡和史蒂文向一位公关专家咨询了将他们的新企业推广出去的最佳方式。现在，他们似乎正在通过促销活动创造更多的业务量。他们还将继续通过自己的朋友、亲戚、企业联系人以及社交媒体网站来宣传自己的企业。他们无法负担更多的宣传费用，但他们也知道，什么都不做更会让他们消受不起。

14-3 个人推销与优惠促销

概括个人推销的步骤，说明优惠促销的特征。

■ 基斯·杰斐逊对他的第一次个人推销感到非常紧张。尽管十分紧张，但他展示得很好，因此他认为自己可以拿下这一单生意。接着，客户问了一些他回答不上来的问题。这次会面很快就结束了，而客户也推迟了最后的决定。这次销售会面比他想象的要困难得多。他该如何更有效地与潜在客户打交道呢？

个人推销比单纯建议客户购买自己的产品复杂得多。这是一个涉及许多步骤的复杂过程，每个步骤都必须经过周密计划和认真执行。本节，你将了解个人推销涉及的各个步骤以及优惠促销的特点。

个人推销

什么是个人推销？ 个人推销（personal selling）是促销组合中的另一个组成要素，它指的是公司的销售人员为了销售以及建立良好的客户关系而与潜在买家进行的直接沟通。优秀的销售人员不仅想销售产品，还想为客户提供服务。销售人员应该理解客户需求，向客户展示产品的优缺点，以此帮助客户做出购买决策。销售人员必须建立良好的客户关系，通过这种方式有力地代表自己的公司，并以此促成回头客业务，从而让公司获得长久的成功。

个人推销为什么很重要？ 公司的销售人员通常是很多客户的第一个接触点。为了建立良好的客户关系，销售人员应该具备以客户为导向、称职、可靠、诚实且招人喜欢的特质。优秀的销售人员不会花言巧语，相反，他们会仔细聆听客户的需求并为他们找到解决方案。很多B2B销售的单笔订单额度高达数百万美元，例如购买一架飞机或盖一栋办公楼。因此你可以理解为何企业需要真正专业的销售人员——那些能够提供精心准备的演示，与客户建立融洽关系，并且可以在谈判中运用技巧的人。企业对受过良好教育的、训练有素的专业销售人员的需求说明了他们中的一些人为何是企业中收入最高的人。

拥有一支销售队伍的优点和缺点分别是什么？ 个人推销通常是促销组合中代价最高的部分。除了直接工资（薪水和佣金）和员工福利，企业还必须花钱培训销售团队，购买他们需要的工具，以便他们在自己负责的区域跟进和维护客户关系。这些费用可能还包括差旅和娱乐开销。在销售高价值的客户定制的或需要复杂技术的产品时，个人推销通常比广告更受欢迎；而在销售低价值的容易理解的标准化产品时，广告的成本效益则更高。

呼叫中心的工作人员是重要的销售支持人员。

销售人员要履行哪些职责？ 销售人员需要承担以下一种或多种职责。

1. 订单创造者。订单创造者（order getter）通过向新客户销售产品和增加现有客户的销量来提高公司的整体销量。这些销售人员将当前客户作为获得新客户线索的来源。电话推销人员就属于订单创造者。

2. 订单接收者。订单接收者（order taker）会处理回头客的销售订单，确保买家在需要的时间和地点获得足量的产品。这种情况常见于B2B销售。零售商是B2C市场的订单接收者，一般处理的是标准化产品的常规订单，这些订单不需要零售商掌握很多技术性的销售知识。通过销售产品来帮助客户解决问题的客户服务代表就属于此类。

3. 订单影响者。订单影响者（order influencer）不参与直接销售，相反，他们所专注的销售活动针对的是那些会对最终客户购买产生影响的人群。例如，药品销售人员会与医生（订单影响者）谈论产品，这些医生是为病人（最终客户）开处方的人。同样，你的大学教授在推荐你购买某种教科书时也充当了订单影响者的角色。销售人员有时候可以充当订单影响者，从而在侧面促进销售。

4. 支持人员。支持人员（support personnel）可能会获得新客户，但他们的工作重点是帮助现有客户处理技术性问题。支持人员常见于B2B销售。那些协助销售人员的办公室人员以及呼叫中心的工作人员也属于支持人员。

所有销售人员——无论他们的具体职责是什么——都是企业的使者。他们必须仔细聆听，充当顾问，并且将顾客的反馈传达给企业。这可以让企业改进现有产品，或者创造出可以更好地满足客户需求和偏好的新产品。更好地为客户服务是构建良好的客户关系和开展促销活动的主要目的。

推销过程包括哪些步骤？ 推销活动涉及的步骤基本上与销售消费品和B2B产品的步骤相同，尽管B2B产品的销售通常更为复杂。无论是什么情况，销售人员都必须对自己和竞争对手的产品有充分的了解。

没有完全一样的销售人员，也没有完全一样的销售情形。然而，所有个人推销活动都包括六个步骤：寻找潜在客户、接近潜在客户、介绍产品、处理异议、达成交易和跟进。图14-3概括了个人推销的六个步骤。

美国百所大学都在上的商学课（第五版）

如何识别客户? 个人推销的第一步是识别符合条件的潜在客户, 也就是**寻找潜在客户** (prospecting)。企业不仅需要找到潜在的客户, 还要识别那些**有条件**购买的客户, 具备购买条件意味着潜在客户有购买的能力和权利。寻找潜在客户可能是一项艰巨的任务。陌生拜访是在潜在客户没有预见的情况下接触他们的方式, 有的销售人员会通过展销会和企业网站来寻找客户, 利用现有的、对产品满意度高的客户则是更好的选择, 因为这些人愿意推荐其他客户。

接近潜在客户的最佳方式是什么? 个人推销的第二步包括两个部分: **事先调查和实际接触**。事先调查需要销售人员完成一些准备工作。这对B2B产品来说尤为重要。销售人员必须尽可能多地了解潜在客户, 从而判断他们可能有的需求, 同时预测自己如何满足这些需求。实际接触客户的时机也应得到细致规划, 这样销售人员才能在客户最愿意倾听推销并做出决策的时候接触他们。

接近潜在客户的要点是与他们会面、打招呼, 并让他们感到放心。第一印象是最持久的, 这是销售人员构建长期关系的第一个机会。优秀的销售人员会表现出知识渊博、待人和善并且真正愿为客户服务的专业形象。给对方留下第一印象之后, 销售人员可以通过问问题的方式来了解潜在客户的需求。接着销售人员必须认真听取客户的回答。

如何解释产品的细节? 个人推销的下一步是向潜在客户进行真实的产品展示。通常,

图14-3 个人推销的步骤

寻找潜在客户	接近潜在客户	介绍产品	处理异议	达成交易	跟进
• 识别有条件购买的潜在客户	• 事先调查: 信息收集 • 实际接触: 初步接触客户	• 讲述产品"故事" • 展示	• 通过提供更多的信息来答疑解惑	• 实现实际的购买	• 回答疑问 • 提供培训或解决方案

销售人员会展示产品，或者让潜在客户试用一段时间。展示内容应得到精心策划，同时销售人员应结合前期调研成果来说明产品如何满足客户当前或未来的需求。在展示过程中，销售人员可以提出试探性问题，并且仔细听取潜在客户的回答。为了全面理解客户的需求，聆听比说更重要。

如果潜在客户有异议，那该怎么办？ 客户不愿意购买是常有的事。优秀的销售人员可以预见这些异议，并且做好了解决它们的准备。一旦出现异议，销售人员就可以提供更多有关产品的信息，将异议转化为购买的理由。在公司里找一些具备更多专业知识的人员来应对潜在客户的异议可能会有所帮助。

如何达成最终交易？ 解决了潜在客户的异议后，下一步便是达成交易。优秀的销售人员知道哪些身体动作、评论或问题标志着要求客户下单的时机到来。这个阶段也是检查购买协议、询问买家喜欢的型号或需求数量的时机，或是提供更多优惠信贷条件或免费赠送额外产品，以此增强这笔交易的吸引力的时候。达成交易的过程是一种需要实践才能习得的艺术。

达成交易之后还要做什么？ 为了维持长期客户关系和获得回头客，销售人员必须跟进客户，从而确保客户喜欢公司的新产品。任何来自新客户的反馈都应作为提升现有产品或设计新产品的建议反映给公司。优质的跟进服务和融洽的客户关系会带来更多好评或推荐，它们可以提高未来的销量。跟进的目的是建立和培养客户关系。

优惠促销

宜家在巴黎多个繁忙的地铁站展示了自己的家具产品，通过这种方式为消费者提供了"免费试用"机会。
来源：Laurent Garric/Wostok Press/Newscom。

什么是优惠促销？ 促销组合中的最后一个要素是优惠促销。**优惠促销**（sales promotion）是一种针对消费者和其他企业的短期活动，其目的是让客户对产品产生兴趣以及销售产品。作为消费者，我们可以看到促销几乎无处不在：报纸里的优惠券、购买新车的返现、提供折扣机票的电子邮件通知，以及本地食杂店走道顶端陈列的那些激发人们购物冲动的薯片等。

常见的两种促销类型是什么？ 大多数公司的产品都会在接触最终消费者之前经过分销系统。这些公司鼓励批发商（中间商）将公司的产品推向终端用户。所有在分销系统中将产品推向用户的激励措施都称为**贸易性促销**（trade sales promotion）。此外，**消费者促销**（consumer sales promotion）是一种旨在提高终端消费者产品需求的激励措施。优惠券、竞赛[1]和免费样品就属于此类。优质的优惠促销应该让客户对产品产生兴趣并感到兴奋。公司希望消费者对自己的产品非常感兴趣，这样他们就会去寻找该产品，并且指名要求购买该产品。简而言之，公司希望所有相关人士都选择自己的而非竞争对手的产品。

消费者促销的工具有哪些？ 图14-4列出了一些最常见的消费者促销工具。消费者促销针对的是终端用户或最终消费者。消费者促销旨在通过提供额外的激励来让消费者更喜欢某个特定的品牌，从而提高他们对这个品牌的商品或服务的需求。此外，消费者促销还有一个目的，那就是为客户提供另一个对自己的购物行为感到满意的理由。为了产生最大影响，消费者促销的时机非常重要，它必须与促销组合中的其他要素战略性地结合在一起。消费者促销工具的使用变得越来越普遍，因为这有助于细分市场，而且成本效益很好。

贸易性促销工具有哪些？ 图14-5列出了一些用于向其他企业促销产品的特定工具。然而，如果希望其他企业有兴趣购买你的产品，那么激发该企业内部人员的热情非常重要。分销商的销售人员要充分了解产品的用途、特征和优势，制造商企业或许还需要对他们进行正式培训，让他们懂得如何更好地展现产品。为了产生商机，带着精致的多媒体展示、全彩印刷手册，以及印有产品图标的赠品去参加贸易展会通常很有帮助。为了让其他企业有兴趣购买和推广你的产品，为产品制造一些内部舆论和兴奋点也很必要。最后，企业还要在分销商中间制造相同程度的活力和兴奋感。企业可选用的贸易性促销工具有很多。如果某种方式不起作用，那么企业可以采取新的策略，直到达成最佳组合。

图14-4　常见的优惠促销工具

社交媒体促销

如何用社交媒体来促销产品？ 从本质上看，社交媒体就是当今口碑传播的一种工具。如果你在一家餐厅享用了一顿美餐，你可以发布有关它的推特，在品趣志或图享网上发一张甜点照片，或者在脸书上分享它，从而让你

优惠券	返现	老用户激励机制
店铺展示	免费样品	竞赛与抽奖
赠品	优惠产品	降价

---

[1]　竞赛在这里指的是企业诱导消费者参加有关商品经营和销售的竞赛活动，参与活动的消费者可根据自己的表现赢得相应的奖励。——译者注

| 贸易展会 | 经销商竞赛 | 经销商名录 |
| 现场演示与陈列 | 数量折扣 | 培训与支持项目 |

图14-5 常见的贸易性促销工具

的朋友立刻知道你的美妙经历。同理，糟糕的经历传播得一样快。企业非常清楚这一点，它们使用社交媒体不仅仅是为了听取客户意见，更是为了与他们进行沟通。

病毒式营销（viral marketing，又称病毒式广告或轰动式营销）指的是利用社交媒体工具和技术来快速散播营销信息。和20年前公司必须拥有网站同样重要的是，现在公司必须至少出现在一个——通常是多个——社交媒体平台上。因此，企业已经将促销预算从传统的平面和广播广告转移到了社交媒体和网络活动上。

促销组合的优点和缺点是什么？ 正如你学到的那样，在为某个产品开发最佳促销组合时，企业必须衡量广告、公共关系、个人推销和优惠促销这四个主要方式的优点和缺点。表14-2概括了它们的优点和缺点。

■ 还记得基斯·杰斐逊吗？在向潜在客户推销产品时，他没有做好准备来回答有关自己推销的产品的问题。由于准备不足，他没能赢得这位客户。回头想想，他本该做更多准备工作，研究潜在客户可能关注的问题，或者他可以主动答复客户。下一次，他将准备得更加充分。基斯的故事表明，确定使用哪一种促销工具只是成功的一半。无论是采用广告、公共关系、个人推销，还是采用优惠促销等促销方式，有效的执行同样重要。

表14-2 促销工具的优点和缺点

促销工具	优点	缺点
广告	• 提高品牌意识和品牌忠诚度 • 接触广泛的受众	• 代价高昂 • 非人际性的传播 • 不易达成交易
公共关系	• 人们认为它通常比广告更可靠 • 获得广大客户的一种经济的方式	• 有对信息失去控制的风险 • 无法始终控制他人对产品的意见
个人推销	• 买卖双方之间的沟通交互程度高 • 在宣传复杂产品、信息和特征方面表现得很好 • 易于建立客户关系和达成交易	• 代价高昂 • 不适合买家很多的情况
优惠促销	• 可以通过针对特定产品的促销激励来刺激销量快速增加 • 优质的短期战略工具	• 如果长期使用，客户可能会习惯这种效果 • 过多的促销会损害品牌形象

14-4 分销：营销的中介

讲解不同的营销中介，说明每种营销中介在分销渠道中的作用。

■ 丽芙·卡尔森的美国现代文学教授喋喋不休地念着新学期的必读书目。这些书目大多数来自《纽约时报》畅销书榜单，丽芙要在本周结束前读完第一本。课后，她跑去学校书店，却发现这本书已脱销。丽芙还可以通过哪些渠道快速找到并获得这本书呢？所有的分销过程都是一样的吗？

我们大多数人并不会考虑我们所购买产品的运输和存储问题（除非其中出了什么问题），这使得我们和丽芙·卡尔森一样在需要的时间和地点买不到自己想要的产品。分销（distribution）是指在消费者需要的时间和地点向他们提供产品。4P营销组合的分销（或分发）功能通常被更为突出的产品、价格和促销策略所掩盖了。本节，你将了解分销过程中涉及的分销和营销中介活动。

分销渠道和营销中介

企业如何将自己的产品提供给客户？ 分销是企业经营中的一个复杂但重要的环节。你可以想象，企业在努力确保客户于正确的时间和地点以正确的数量获得产品，以及在产品退回时得到合适的处理方面所面临的挑战。正如我们在第十一章讨论的那样，人们把这一过程称为供应链管理。

来源：Kadmy/Fotolia。

分销渠道是供应链中的一部分，它的重点是向消费者提供产品。具体说来，**分销渠道（distribution channel）** 是指一系列营销中介，它们在产品从生产者那里转移给消费者或企业用户的过程中进行产品的买入、卖出或转让（所有权转让）操作。一些分销渠道涉及多个营销中介，而其他渠道只有少量营销中介或没有营销中介。

什么是营销中介？营销中介（marketing intermediary）

以前被称为**中间商**或**转售商**，是在制造商和消费者（B2C）或企业用户之间（B2B）传送商品和服务的企业或个人。因此，营销中介贯穿产品从制造商手中转移到终端用户手中的整个过程。在有些情况下，企业不需要中介，例如你在路边向农民购买一打玉米。但一般来说，许多不同类型的营销中介机构需要共同协作才能确保产品到达消费者的手中。

营销中介有哪些类型？ 营销中介主要有以下三种类型。

- **批发商**（wholesaler）会购买产品，并将它们再次销售给其他批发商、零售商，以及行业用户。例如，本地食杂店可能会在一家批发商那里购入汰渍洗衣液，而这家批发商则是在这款洗衣液的制造商——宝洁公司那里进货的。
- **代理商或经纪商**（agent/broker）在商品和服务的买卖双方之间进行斡旋，但是它们从来都不拥有交易的产品。房地产代理商和经纪人、股票经纪人以及农产品经纪人就是这类中介。易贝网也可被视为代理商或经纪商，因为该公司促成了所有权由卖方向买方的转移。
- **零售商**（retailer）直接向消费者销售产品。很多零售商也销售自己生产的产品。在有些情况下，零售商从制造商那里购买产品，或者直接从批发商那里购买，然后将它们销售给消费者。

为什么需要营销中介？ 你可能想知道企业为什么需要这些营销中介，以及它们是否只会抬高价格。显然，分销渠道的每个环节都会增加额外的成本，营销中介必须付清这些成本并且赚取利润才能继续经营。营销中介带来的价值是高效率。

我们可以通过图14-6来检验营销中介带来的效率，这张图包含了五个消费者和五家生产商。在没有营销中介的情况下，每个消费者都必须联系各个生产商来订购自己想要的产品。假如没有营销中介，如果胡安、香农、斯宾塞、拉吉士和李云都想购买牙膏、薯片、汽水、纸巾和肥皂，那么他们必须去各个公司购买这些产品。这需要进行25次交易（每人五次）。假设现在有一家食杂店存储并转售这五家生产商的产品，那么现在这五家生产商和五个消费者只需要和一个营销中介（这家食杂店）打交道。每家生产商只需要向这家食杂店送一次货，而胡安、香农、斯宾塞、拉吉士和李云每个人只需要去一趟食杂店就可以买到这些产品。这种情况将交易从25次减少至10次。因此营销中介减少了向客户供应产品的时间和成本。

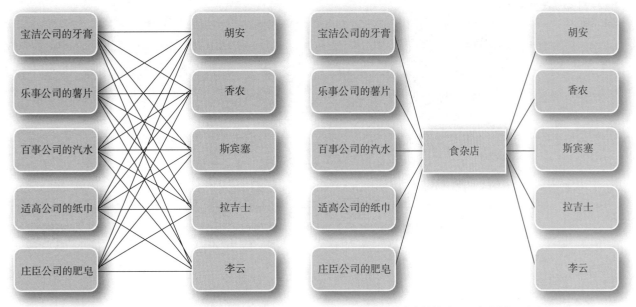

在没有营销中介的情况下需要进行25次独立交易。 在有营销中介的情况下只需要进行10次交易。

图14-6　营销中介的效率

营销中介的出现减少了制造商和零售商之间的交易。

简而言之，营销中介是一个必要的分销环节。如果没有它们来做这些工作，那么其他人（最终是消费者）就需要完成直接从生产商那里获得产品的工作。营销中介还可以帮助运输和存储商品，并且常常会参与其他营销工作，例如做广告和建立客户关系等。一些营销中介甚至充当了"临时银行家"，向供应链上的合作伙伴提供进货资金或信贷服务。从历史角度看，中介机构已经证明，尽管它们会产生额外成本，但它们也可以带来更多价值。

分销渠道有哪些类型？ 并非所有分销渠道都是完全一样的。如图14-7所示，分销渠道的类型取决于企业提供给消费者的产品类型。分销渠道上营销中介的数量取决于企业在分销系统中增加新的环节是否可以提高效率和价值。例如，图14-7中的珍妮在不需要营销中介的情况下直接从雅芳购买化妆品，但是在凯文购买固特异（Goodyear）轮胎的例子中，这个轮胎是在固特异工厂生产的，接着被运到了固特异的零售商轮加（TiresPlus）那里，再由轮加销售给凯文。在分销渠道中增加新的要素会增加产品的价值，因为和生产商相比，由零售商提供信息和服务更为简便，同时因为凯文住得离商店更近，因此零售商也带来了更多便利。

食品和服装等产品的分销渠道更复杂，食品和服装生产商需要通过经纪商、批发商以及零售商才能将产品送到消费者手中，而所有这些环节都是实现效率所必需的。B2B市场里也存在相似的分销渠道。市场的竞争性决定了企业实现最大效率所需的

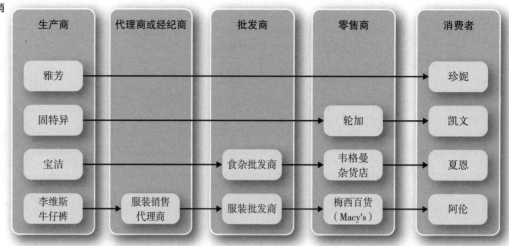

图14-7 消费品的分销
渠道示例

| 生产商 | 代理商或经纪商 | 批发商 | 零售商 | 消费者 |

营销中介数量。

批发商、代理商和经纪商

批发商提供哪些服务？批发商是购买产品并将其再次销售给零售商、其他批发商和行业用户的营销中介。它们与零售商的不同之处在于零售商只面向最终消费者进行销售。区分批发商和零售商的最有效的方式之一是记住批发商主要销售B2B产品，而零售商只销售消费品。尽管如此，对它们的客户来说，批发商提供的是一系列服务，表14-3列出了其中一些服务。[11]

表14-3 批发商提供的服务

项目	描述
批量拆分	批发商使零售商节省了批量购买产品，再将大包装拆分为小批量的成本
提供资金	批发商通过信贷方式为零售商提供资金，同时通过提前订货和按时付款的方式为生产商提供资金
管理服务与建议	批发商经常在员工培训、存货陈列与展示的改善，以及会计和存货管理系统的设置方面为零售商提供帮助
市场信息	批发商向零售商和生产商提供有关竞争对手、新产品和定价的信息
风险承担	批发商通过拥有商品所有权和支付产品失窃、损坏、破坏以及报废成本的方式来承担风险
销售与促销	批发商的销售人员有助于生产商以较低的成本接触大量小型零售商。批发商拥有更多联系人，和距离遥远的生产商相比，它们往往更受零售商的信赖
运输	批发商可以更快地向买家供货，这是因为它们和生产商的关系更密切
仓储	批发商持有存货，因而降低了生产商和零售商的存货成本和风险

资料来源：Philip Kotler, Principles of Marketing, 12th ed. (Upper Saddle River, NJ: Pearson Prentice Hall, 2008), 360. © Michael R. Solomon。

美国百所大学都在上的商学课（第五版）

批发商有哪些类型？ 批发商是独立经营的企业，它们拥有自己经营的产品的所有权。批发商包括**全面服务批发商**和**有限服务批发商**。**全面服务批发商**（full-service wholesaler）提供全线服务，包括持有存货、维护销售队伍、提供信贷、交货，以及协助完成产品的定价、营销和销售工作。全面服务批发商主要有两类，它们是主要面向零售商的**商业批发商**以及面向生产商和医院、政府等机构的**专业批发商**。

作为营销中介，**有限服务批发商**（limited-service wholesaler）提供的服务比全面服务批发商提供的少。有限服务批发商包括以下几种主要类型。

- **现销批发商**经营的是有限的快销商品，它们将这些商品销售给小型零售商，从而换取现金。它们一般不送货。例如，一家小型鱼铺可能会去现销批发商那里用现金买鱼，然后自己将这些鱼运回店铺。
- **卡车批发商**（货车贩运商）用卡车来销售、运输产品。它们通常持有一般批发商不愿意经营的半易腐产品。例如，向便利店和餐厅运送面包或零食的批发商就是卡车批发商。
- **承订批发商**既不持有存货，也不处理产品。在接到订单后，它们会选择一家可以直接将产品运送给客户的生产商。承订批发商承担了从下单到交货期间的所有权和风险。它们经营大宗散货业务，例如原木、煤炭和重型设备等。
- **货架批发商**主要向食杂店和药店销售非食品类产品，它们在这些地方设置了货架和展示柜。杂志销售就是这样的例子。货架批发商保留了商品的所有权，它们只针对卖出去的商品向零售商收费。

由于服务有限，这些有限服务批发商的运营成本通常比全面服务批发商的低。

代理商和经纪商有哪些常见的类型？ 代理商和经纪商是特殊的营销中介，因为它们既不运输产品，也不拥有产品。它们所做的只是促进产品买卖，并从销售中赚取佣金。代理商与经纪商的区别在于代理商代表的是长期雇用它们的买家或卖家，而经纪商则是临时聘用的。

常见的代理商包括生产商代理、销售代理和采购代理。

- **生产商代理**是独立承包商，它们为多个生产商销售产品。生产商代理通常代表两个或两个以上具有互补生产线的生产商。生产商代理与各个生产商签订的书面协议包含定价、区域、订单处理、交付条件、担保，以及它们可以从中获得的佣金比率等内容。生产商代理常常出现在服装、家具以及电器产品等行业。大多数生产商代理都是拥有少数资深销售人员的小型企业。如果无法负担得起自己组建销售团队的费用，那么小型生产商可能会聘请代理商，而大型生产商则依靠代理去开拓新的地区或覆盖那些无法支持全职销售人员的地区。有的生产商代理直接为生产商服务，它们会将产品直接分销给零售商。在某些情况下，生产商代理会完全跳过零售商，直接与消费者打交道。

● 当生产商对销售不感兴趣或认为自己无法胜任时，**销售代理**可以在合同授权的前提下销售生产商的全线产品。销售代理充当了生产商的销售部门。销售代理常见于工业机械设备、煤炭、化学以及金属业，还有房地产和股票经纪业。

● **采购代理**通常会与买家建立长期关系，它们为买家完成采购工作，并且常常为买家完成商品收货、检查、仓储以及运输等任务。

零售商

重要的零售商分销战略有哪些？ 零售商主要向最终消费者销售产品。零售业是美国经济的主要部分。你可能对零售商很熟悉，因为你的大多数个人购物经历都发生在零售商店里。所有销售产品的公司都必须确定它们想要以多大的密度来覆盖地区市场。公司可以通过所有可用的零售网点来进行销售，也可以只通过更有选择性的分销渠道来进行销售（见图14-8）。

图14-8　分销战略

来源：TheStoreGuy/Alamy Stock Photo; Helen Sessions/Alamy Stock Photo; Kristoffer Tripplaar/Alamy Stock Photo。

● **密集型分销**（intensive distribution）最适合销售报纸、口香糖和牛奶等便利品的企业。企业希望这些产品在市场上获得最广泛的展示，因此它们会努力让这些产品出现在尽可能多的便利店和超市，以便于消费者购买。

● **选择型分销**（selective distribution）意味着企业只利用部分可用零售网点来销售产品。这种方式适用于销售选购品和耐用品，例如音响、电视机和家具等。在购买选购品时，买家会花费更多时间来比较竞争对手产品的价格和功能。销售的达成通常取决于零售商为买家提供产品特性的信息，这些信息可以成功地将一个品牌与其他品牌区分开来。为确保成功实现差异化，生产者自然希望有选择性地确定产品的销售地点。此外，消费者常常希望其他服务（比如安装）也可以适当由销售网点提供。生产者在确定销售网点时同样是有选择性的，为了保证提供最佳服务，它们可能还会向销售网点提供培训。

- **独家分销（exclusive distribution）**是指在某一地理区域内只选择一家卖场的战略。这种方式最适合销售特殊品，例如高档汽车、高端珠宝和服饰等。由于这些产品具有一定的知名度，因此卖家常常要求分销商经销全线产品，提供卓越的优质服务，并且满足客户其他独特的要求。特许经营是独家分销的一种常见形式。为了避免同一家公司不同特许店之间的竞争，通常一个地区只能开一家门店，零售商同时要满足严格的质量和服务标准以保护品牌的信誉。

零售商有哪些类型？ 零售商主要有两大类：**有店铺零售商**和**无店铺零售商**。表14-4描述了零售商的主要种类，并分别为它们列举了几个例子。

有店铺零售商有哪些？ 有店铺零售商包括公司直营连锁店、个体零售店、零售商合作社和特许经营组织。

- **公司直营连锁店**是由一家公司所拥有的两家或多家零售店铺。它们试图通过低价的、大批量的进货来实现规模经济效应。各类零售企业均拥有公司直营连锁店。
- **个体零售店**有时也称夫妻老婆店，这类店铺非常普遍。
- **零售商合作社**是由独立公司自愿组成的，它们通过大批量进货来实现规模经济

表14-4 零售商的类型

类型	描述	举例
零售商店	销售大量同类产品的零售店铺	游戏驿站（Gamestop）、富乐客（Foot Locker）
百货商店	销售按部门分类的大量不同产品的零售商店	诺德斯特龙（Nordstrom）、萨克斯百货（Saks）、内曼马库斯（Neiman Marcus）、杰西潘尼（JCPenny）
超市	大规模、低价位、大批量的食杂商店，同时销售家庭用品	喜互惠、阿尔博斯顿（Albertston's）、克罗格（Kroger）
便利店	靠近居民区的小型商店，每天长时间营业，销售人们频繁购买的便利型用品	奎克奇普（KwikTrip）、711便利店（7-Eleven）
折扣店	通过接受较低的利润来提供价格更便宜的商品，销售量高于百货商店	塔吉特、沃尔玛
工厂店	生产商所有和经营的店铺，通常销售剩余的、停产的或非常规的商品	诺德斯特龙工厂店（Nordstrom Rack）、香蕉共和国（Banana Republic）、工厂奥莱店（Factory Outlet Stores）
仓储店	以很高的折扣销售品牌有限的食品和非食品，通常要收取会员年费	山姆会员店（Sam's Club）、开市客、BJs批发超市（BJs）

效应，从而削减成本。一些合作社同意使用统一的营销手段，国际独立杂货商联盟（Independent Grocers Alliance, IGA）和真值（True Value，五金商店）就是这类合作社。还有一些合作社创建了共有的集中批发业务，例如联合杂货（Associated Grocers）和爱思合作社（Ace，五金商店）。

● **特许经营**是一种分销体系，由特许人向被特许人出售行之有效的经营方式，并收取一定费用和一定比例的销售额或利润。赛百味、捷飞络（Jiffy Lube）和假日酒店等都是人们熟知的特许经营企业。特许经营者一般要向特许人购买必要的物资，为了保证产品一致性和质量，特许经营者还要遵守严格的规章制度。

什么是无店铺零售？ 在现代零售业中，没有什么比无店铺零售更受人关注的了。**无店铺零售（nonstore retailing）**是一种在传统实体零售店范围之外接触消费者的零售形式。互联网自然是无店铺零售的主要平台，但是人们还会经常接触其他形式的无店铺零售。自动售货机、自助服务机以及售货车等都是便捷且经济的商品和服务供应形式。其他无店铺零售商包括：

自动售货机不仅出售食品。百思买在机场放置了自动售货机，贩卖人们经常忘记携带的电子用品。
来源：Christina Kennedy/Alamy Stock Photo。

● 通过电话进行销售的**电话销售员（telemarketer）**。有时录音消息也可以作为推销内容。为了避免这样的推销，很多人都在美国谢绝来电登记处（National Do Not Call Registry）[①]进行了登记。

● 上门或者在临时地点、移动地点推销商品或服务的**直销员（direct seller）**。直销也叫**多层次营销（MLM）**，它的命名来自这类公司的战略营销结构。多层次营销企业一般称为金字塔形企业，因为它的薪酬水平是分层的。销售人员不仅能从产品销售中获得报酬，还会因为为组织发展其他销售人员而受到激励。当他们发展了其他销售人员时，他们会从新同事的销售额里获得一定比例的报酬，这样便形成了分层的薪酬结构。雅芳化妆品、娇宠（Pampered Chef）厨房用品以及康宝莱（Herbalife）保健产品等都是通过多层次营销来销售的。

● **直销商（direct marketer）**会绕过中间商进行商品或服务的销售。这样的零售形式包括产品目录销售、直邮销售和

①　美国谢绝来电登记处：2003年，美国政府在民众要求屏蔽电话营销等推销电话的呼声中启动了这一计划。——译者注

电视购物等。

互联网是如何影响零售方式的？ 电子零售（electronic retailing），也就是通过互联网销售商品和服务，是电子商务的一个分支。现在，几乎所有企业——特别是零售店——都会出现在网络和社交媒体上。

此外，互联网使得消费者可以快速获得有关产品及其竞品的数据和信息。网络购物改变了消费者对店铺购物体验的期待。通常，消费者会在购买前去店铺感受产品实物或是获取更多信息。如果销售人员不了解产品，或者无法以比消费者的智能手机更快的速度获得更多信息，那么商店就有可能失去一笔生意。

商店同样敏锐地意识到了可能导致客户流失的其他因素，例如排长队或存货不足等。如果必须等待太久或者产品缺货，那么消费者会决定离开，回家上网订购——他们也有可能不会购买该产品，或选择在其他店铺购买。无论怎样，商店都损失了一单生意。

销售物流

什么是销售物流？ 物流（logistics）指的是产品从最初的原料阶段到消费阶段这个过程中涉及的材料、信息以及流程的流动管理工作。如图14-9所示，不同的生产和分销阶段的物流类型也不尽相同。将原材料、供应用品、信息以及其他商品和服务从供应商那里提供给生产者的过程称为**入场物流**。对整个生产过程中资源流动的管

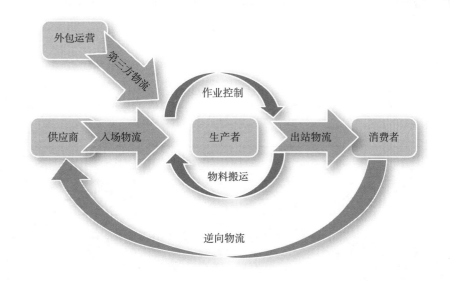

图14-9 销售物流的过程

理称为**物料搬运**和**作业控制**。最后，**出站物流**指的是在需要的时间和地点按需要的数量对产品的**物理性流通**（physical distribution）进行管理的过程。此外，妥善管理**逆向物流**也很重要，这种物流指的是因为产品缺陷、存货过剩、产品过时而召回产品或回收产品的过程。如果部分流程外包了出去，那么这部分流程的管理就称为第三方物流。

不同运输方式的优势与成本

不同运输方式的优势与成本分别是什么？ 运输通常是分销过程中成本最高的部分。为了尽可能保持较低的成本，企业会选用最经济的运输方式。然而，企业还必须考虑成本之外的其他因素——例如速度、可靠性、产品处理的灵活性、运输频率以及市场通达性等。表14-5概括了五种主要运输方式在这些方面的优势与成本。在决定采用哪种运输方式时，企业必须认真权衡这些优势和成本。在从供应商那里接收材料和向客户交付订单时，企业会考虑不同的方式。企业可能会为某种部件选用一种运输方式或多种运输方式的组合。

企业如何决定采用哪种运输方式？ 路径规划（routing）是指将商品从供应商那里运输给客户，或从企业和供应商之中的任何一处运输给客户的方式。

恰当的配送路线可以保证无论是使用公司自己的设备还是购买配送服务，所有商品都可以在不牺牲质量的前提下以最低的成本、最少的时间在最短的距离上完成运输。为了了解与特定公司有关的每种运输方式的所有可变因素，最佳方式是开发一个综合配送路径指南，为公司每种可能的运输方式提供详细的路线解决方案。

表14-5 不同运输方式的优势与成本

运输方式	成本	速度	可靠性	产品处理的灵活性	运输频率	市场通达性
铁路	适中	一般	一般	高	低	高
卡车	高	快	高	一般	高	非常高
水运	非常低	非常慢	一般	非常高	非常低	有限
航空	非常高	非常快	高	低	一般	一般
管道	低	慢	高	非常低	非常高	非常有限

仓储和存货控制

仓储的重要性有多大? 仓储(warehousing)也就是在便利的地点存储产品,以便随时满足客户的需要——这对客户服务来说至关重要。仓储有以下两种类型。

- 中期或长期存储商品的**储存仓库**。
- 用来收集商品以及将商品快速运送给消费者的**流通仓库(配送中心)**。沃尔玛在美国运营着近42个配送中心,每个配送中心的面积都超过了100万平方英尺(大约相当于29个足球场,1英尺≈0.305米)。[12]

为了有效存储和配送产品,现今的仓储工作采用了多种复杂的技术。

如何跟踪存货? 供应链管理的主要挑战之一在于管理存货,企业应保证可用的存货既不过多,也不过少。存货过多或不足的代价可能很高昂,这是因为存货过多会带来额外的仓储费用,而存货不足则意味着销量的损失。正如前文提到的那样,企业几乎在所有产品上都使用了条形码或通用产品条码(universal product codes)来帮助识别和跟踪产品。

前文提到的RFID——无线射频识别标签——是一种智能化的条形码。尽管其成本比普通条形码的高,但RFID技术用途更广,并且能够提供更多有关运输和产品细节的信息。公司使用条形码和RFID标签实时生成信息,从而提供有关存货和重新订购的精确信息,而这有助于减少存货成本。

■ 还记得丽芙·卡尔森面临的困境吗?她无法在学校书店里找到上课用的书。丽芙立即用自己的智能手机上网搜索这本书。幸运的是,她可以在大型连锁商店、网络经销商以及本地独立书店等各类零售商那里找到这本书,并且有新版和旧版多个版本。她还可以选择付费的送书上门服务,或者送书到学校书店的免费服务。

学校书店只是丽芙需要的这本书的分销渠道的一部分,这本书的分销渠道涉及包括批发商和零售商在内的不同营销中介。在线搜索结果告诉她还可以通过其他渠道获得这本书,一家没有实体零售店的网站就是其中之一。并非所有产品的分销渠道都是一样的——它们有的比较长,有的则短一些,但是只有经过谨慎决定,分销过程才能尽可能地保证效率和成本效益。尽管无法保证在客户需要的时候所有产品总是可用的,但分销过程最终会给消费者带去更多价值。

本章小结

14-1 说明促销组合中的要素，解释促销组合在促销活动中的功能。

- 促销组合是用来吸引客户继而实现产品营销目标的促销工具的战略性组合。这个组合包括广告、公共关系、个人推销以及优惠促销等内容。
- 促销组合的实施是有效开展促销活动的一部分。企业开展促销活动有六个步骤：明确目标市场、确定营销目标、确定预算、设计想要传达的信息、实施促销组合、评估和调整。

14-2 说明广告的类别，以及每种类型的广告在商界和社会中的作用。定义公共关系，说明企业如何在促销组合中应用公共关系。

- 广告是指特定赞助商用来说服或影响目标受众的付费且不带个人色彩的大众传播方式。
- 广告对企业经营发挥了一些重要的作用：
- 它有助于企业构建品牌意识，实现产品差异化。
（1）它具有经济效益，因为人们在广告上投入了大量资金，从而创造了就业机会。
（2）如果广告提高了产品的销量，企业就可以在产品的生产上获得规模经济效应，并且有可能降低产品的价格。
- 广告也具有社会效应：
（1）社会可以受益于广告，因为广告让人们了解到了新产品和各种不同的产品。
（2）广告说服人们的方式可能会产生积极或消极的社

会影响。
- 公共关系是指在组织及其利益相关者之间建立并维护共同利益关系的过程。
- 企业所传播的消息包括受控消息、半受控消息和非受控消息。通过大众媒体免费传播的有关个人、组织或产品的信息被称为公众舆论。
- 损害控制是企业将负面事件的危害降到最小的做法。

14-3 概括个人推销的步骤，说明优惠促销的特征。

- 个人推销是指公司销售人员为了销售产品和建立良好的客户关系而与潜在买家进行的直接沟通。通过个人推销建立和维护良好的客户关系对企业的成功至关重要。
- 个人推销包括以下六个步骤。
（1）寻找潜在客户，指的是确定合格的潜在客户。
（2）接近潜在客户，过程包括两个部分。在事先调查中，销售人员要尽可能多地了解潜在客户，从而判断他们的需求，同时考虑如何满足这些需求。而实际接触客户的重点则是与潜在客户会面，问候他们，并让他们感到放松。
（3）产品介绍，过程包括讲述产品故事、演示产品用法、提出问题以及聆听客户回应等。
（4）处理异议，指的是用购买理由来"反驳"消费者不买的理由。
（5）达成交易，是指销售人员请求客户购买的过程。
（6）跟进，为了确保消费者对产品感到满意，销售人员会进行跟进工作，同时请求客户提供反馈。

- 优惠促销是一种针对消费者和其他企业的短期活动，其目的是让客户对那些尚未采用广告、公关活动或个人推销等促销方式的产品产生兴趣。

- 消费者促销是优惠促销的一种方式。消费者促销的工具包括优惠券、返现、老用户激励机制、店铺展示、免费样品、竞赛与抽奖等。

- 贸易性（B2B）促销包括贸易展会、数量折扣、经销商竞赛、经销商目录以及培训与支持项目等。

14-4　讲解不同的营销中介，说明每种营销中介在分销渠道中的作用。

- 营销中介是指分销过程中的中间商，包括批发商、代理商和经纪商以及零售商等。

- 分销渠道是指一系列中间商的完整组合。分销渠道有多种不同的类型，包括消费者分销渠道、消费者或企业分销渠道以及企业分销渠道。分销渠道的类型和长度取决于消费者购买的产品的类型。

- 营销中介之所以重要，是因为它们通过提高商品和服务的分销效率，减少了消费者购买产品的成本。

- 批发商提供了许多提高商品分销效率的服务，包括销售与促销、仓储、运输，以及提供资金和市场信息等。

- 代理商和经纪商是在B2B市场买卖双方之间进行协商的营销中介，但它们从来都不会取得交易产品的所有权。

- 零售商的种类有很多，包括专业店、百货商店、超市、便利店、折扣店、工厂店以及仓储店等。

- 在无店铺零售中，接触消费者的过程发生在传统零售店铺之外，例如电子零售、自助售货机、自助服务机、售货车、电话推销、上门直销和直接营销等。

- 零售商可以通过密集型分销、选择型分销或独家分销战略来覆盖市场。

- 物理性流通是产品营销中成本最高的部分。从广义角度看，它涉及对整个供应链进行管理。

- 产品运输方式包括铁路运输、卡车运输、水路运输、空运和管道运输等。在选择运输方式前，仔细权衡它们的利弊是非常重要的。

重要概念

广告	密集型分销	寻找潜在客户
倡导广告	交互式广告	公众舆论
代理商和经纪商	互联网广告	公共关系
B2B广告	有限服务批发商	公共服务广告
货比货广告	物流	零售（或本地）广告
消费者促销	营销中介	零售商
企业（或机构）广告	移动广告	配送路径

公司直营连锁店	非营利广告	优惠促销
直销商	无店铺零售	选择型分销
直销员	订单创造者	支持人员
分销	订单影响者	电话销售员
分销渠道	订单接受者	贸易性促销
电子零售	个人推销	病毒式营销
独家分销	物理性流通	仓储
全面服务批发商	产品广告	批发商
电视直销节目（付费节目）	产品植入	整合营销传播
促销	促销组合	

自我测试

单选题（答案在本书末尾）。

14-1 以下哪项是促销活动的步骤？

a. 明确目标市场

b. 确定预算

c. 实施整合营销传播方案

d. 上述所有

14-2 麦当劳打出了所有规格的咖啡全天售价为 0.99美元的广告，这属于哪一种广告类型？

a. 产品广告

b. 零售广告

c. 货比货广告

d. 企业广告

14-3 在为自己教授的课程选择书目时，你的大学教授扮演了哪种销售角色？

a. 订单接收者

b. 订单影响者

c. 支持人员

d. 以上都不是

14-4 博世（Bosch）工具在家得宝和劳氏公司出售产品，该品牌采用了哪种分销策略？

a. 独家分销

b. 密集型分销

c. 选择型分销

d. 特许经销

14-5 你的食杂店最有可能从何处进购奥利奥（Oreos）饼干和纳贝斯克（Nabisco）公司的其他产品？

a. 批发商

b. 零售商

c. 代理商和经纪商

d. 分销商

14-6 将原材料、供应用品以及信息从供应商那里运送给生产商的过程是哪一种物流方式？

a. 入场物流

b. 出站物流

c. 逆向物流

d. 第三方物流

14-7 以下哪一项不属于无店铺零售？

a. 自助服务机

b. 自助售货机

c. 工厂店

d. 电话推销

14-8 真人秀节目《美国偶像》（American Idol）的评审桌子上常常放着印有可口可乐图标的大玻璃杯，这是哪种广告策略？

a. 产品植入

b. 病毒式营销

c. 电视直销

d. 直接推销

14-9 以下哪项属于消费者促销工具？

a. 在线购物9折优惠码

b. 价值10美元的回邮返利

c. 老用户卡

d. 上述所有

14-10 二维码、短信以及应用程序属于哪种促销策略？

a. 病毒式促销

b. 电子商务

c. 移动营销

d. 社会化促销

判断题（答案在本书末尾）。

14-11 产品本身可视为促销组合的一部分，因为商家可以通过派发产品小样的方式来展示产品特色。

□对　□错

14-12 找到向客户传达产品优点并说服他们购买的最佳方式是营销人员的一项重要职责。

□对　□错

14-13 个人推销是促销组合中成本最低的部分，因此应该经常使用。

□对　□错

14-14 营销中介通常会提高供应链的效率。

□对　□错

14-15 达成交易是销售过程的最后一步。

□对　□错

批判性思考题

★**14-16** 说明什么是移动营销，以及为什么这是一种日益增长的促销趋势。描述一种让你注意到某个产品的移动营销技术，它为什么有效（或无效）？

★**14-17** 讨论以下优惠促销手段分别适用于哪些情况：优惠券、返现、老用户激励、免费样品以及降价。

★**14-18** 说明下列各个产品最适合使用哪种分销策略（密集型分销、选择型分销和独家分销），同时解释原因。这些产品是：洗衣液、香烟、奔驰跑车以及士力架的糖果棒。

小组活动

确定促销组合

你供职的健康食品（Fit Foods）公司打算推出一款新产品——阳光早餐棒（Shine Breakfast Bars），这是一款纯天然、强化维生素的格兰诺拉燕麦棒。公司指派你和你的团队为这款产品设计一个最佳的促销组合。

步骤

步骤1，四人一组，每个组员分别担任促销组合四要素（广告、公共关系、个人推销和优惠促销）之一的"负责人"。

步骤2，整合各个促销要素，为阳光早餐棒设计促销组合。广告活动的要点是什么？应该采用哪些媒介？需要采用哪些公共关系工具？该产品的推销包括哪些活动？如何开展优惠促销活动？

步骤3，在海报或幻灯片上总结促销组合方案的要点。

步骤4，向全班展示你们的成果，并对此进行讨论。

企业道德与企业社会责任

医生是怎么吩咐的？

在第十三章，我们已经探讨了处方药的定价问题。现在，请将注意力放在这些产品的促销活动及其广告所带来的道德问题上。

场景

目前，美国和新西兰是世界上仅有的两个允许在处方药上广泛使用直接面向消费者（direct-to-consumer，DTC）广告的国家。这类广告成了美国的一项大生意：每年投入其中的资金高达数十亿美元。一些人认为直接面向消费者的药品广告是不道德的，因为它鼓励药物滥用，危害了老年人或慢性病患者的健康，而且没有充分告知消费者药物的风险和副作用。另一些人则认为直接面向消费者的药品广告将权力放在了它们所属的地方——消费者手中，让人们对自己的健康负责。

问题讨论

14-19 如果你是一位立法委员，正在为一项法案投票，该法案支持禁止在美国发布直接面向消费者的药品广告，你会投赞成票还是反对票，为什么？

14-20 直接面向消费者的药品广告是否更适用于某些特定药品？降低胆固醇药物和抗抑郁药物的广告伦理是否不同，为什么？

14-21 思考制药企业在平面广告和电视广告中使用的策略，它们会在什么时候、什么地方提及药品的副作用？药品广告是否有助于提高人们对某些疾病和疗法的认识，是否给人们带来了虚假的希望或者有关强效药的不全面的信息？

★14-22 出现在搜索结果的首位

很多企业将很大一部分营销预算用在了搜索引擎优化（search engine optimization，SEO）上。什么是搜索引擎优化，为什么这么做对企业来说非常重要？企业为什么认为花费数百万美元来这么做是值得的？对此展开讨论。

★14-23 病毒式营销

在优兔网上搜索有关病毒式营销的案例，讨论使之形成病毒式传播的特征。研究相关企业是否报告了这起营销活动所带来的好处。就病毒式营销是不是一种有效的营销方式进行讨论。

14-24 个人推销

有关销售的职业有很多。为了确定销售是不是适合你的职业发展道路，你可以通过互联网来研究销售工作。你或许可以先看看美国劳工统计局网站上的《职业前景手册》（*Occupational Outlook Handbook*）。销售工作的利弊是什么？描述几种销售职业，这是你有兴趣进入的领域吗，为什么？

14-25 多层次营销

假设你想赚点钱，但又不想做全职工作，那么了解一下在家中展示产品的工作的好处和要求。可供考虑的公司包括娇宠，安利（Amway）、发现玩具（Discovery Toys）、康宝莱或蒙纳维（MonaVie）等。这些公司的薪酬结构如何？你可以在这里开启自己的职业生涯吗？

14-26 分销物流

本书讨论了多种产品的分销渠道。以具有一步分销渠道（生产者到消费者）、两步分销渠道（生产者到零售商再到消费者）等多种渠道的产品为例，完成类似图14-7的图片。

MyBizLab

在你的MyBizLab作业板块完成以下写作练习。

★14-27 社交媒体和移动营销是大多数公司营销战略的主要部分，讨论这些营销方式会如何影响你和你的购买习惯。这些营销手段是否会让你用不同的方式来消费？为什么？

★14-28 讨论营销中介所创造的价值，它们的服务是否值得另外付费，为什么？

参考文献

1. Nike Annual Report, 2015. Total Selling and Administrative Expense.

2. Dove, "The Dove Campaign for Real Beauty," www.dove.us/Social-Mission/campaign-for-real-beauty.aspx.

3. Laura Stampler, "How Dove's 'Real Beauty Sketches' Became the Most Viral Video of All Time," *Business Insider*, May 22, 2013, www.businessinsider.com/how-doves-real-beauty-sketches-became-the-most-viral-ad-video-of-all-time-2013-5.

4. Heidi Tolliver-Walker, "Direct Mail Best Practices," July 1, 2015, http://www.printingnews.com/article/12073774/direct-mail-best-practices, accessed June 5, 2016.

5. Cheryl Conner, "Fifty Essential Mobile Marketing Facts," *Forbes*, November 12, 2013, www.forbes.com/sites/cherylsnappconner/2013/11/12/fifty-essential-mobile-marketing-facts.

6. www.forbes.com/sites/cherylsnappconner/2013/11/12/fifty-essential-mobile-marketing-facts.

7. "Mobile Marketing Facts 2015," M-Stat Mobile Solutions, http://www.m-stat.gr/mobile-marketing-facts/, accessed June 1, 2016

8. Heidi Cohen, "55 US Mobile Facts Every Marketer Needs for 2015," December 8, 2014. http://heidicohen.com/2015-mobile-marketing/, accessed June 1, 2016.

9. Scott M. Cutlip, Allen H. Center, and Glen M. Broom, *Effective Public Relations*, 9th ed. (Upper Saddle River, NJ: Pearson Prentice Hall, 2009), 1, 321.

10. Sandra Moriarty, Nancy Mitchell, and William Wells, *Advertising, Principles and Practices*, 8th ed. (Upper Saddle River, NJ: Pearson Prentice Hall, 2009), 517 – 26.

11. Philip Kotler and Gary Armstrong. *Principles of Marketing*, 12th ed. (Upper Saddle River, NJ: Pearson Prentice Hall, 2008), 386.

12. Walmart, "Distribution Center," http://careers.walmart.com/career-areas/transportation-logistics-group/distribution-center.

迷你章节
第四章 关于求职

很明显，找工作的旅程充满挑战。作为一名求职者，你必须脱颖而出。在这个迷你章节里，你将了解为了成功找到工作，你应该如何有效地推销自己、寻找工作机会、参与面试，以及如何与公司谈判。

M4-1 推销自己

为了在人群中脱颖而出，你需要推销自己。这可以从撰写优质的个人简历和求职信开始。

撰写简历

简历（resume）是概括你的工作经历、经验以及成就的事实概览。它可以让雇主了解你做过什么和想做什么。简历主要有两种类型：时序型简历和功能型简历。时序型简历从当前开始，按照先后顺序来排列你所从事过的工作。如果你打算待在同一个领域，或者刚刚开始找工作，那么你可以使用这种类型的简历。功能型简历详细描述的是你的工作历史，它列出的是你的技能和成就，而非你曾经的头衔和工作过的公司。当你打算改变工作领域时，这不失为一种优质的简历形式。由于你此前的工作经历可能与你现在谋求的职位不太相关，因此你可以通过技能来告诉雇主自己可以做什么。

如何撰写简历
在开始打字之前，请你花点时间来评估自己，请思考以下问题：

- 你的优点和缺点分别是什么？
- 你具备哪些技能？
- 你想从雇主那里得到什么？

除了技术能力，请想想你的软技能。软技能包括你的个性特点和人际交往能力，例如诚实、责任感、领导力以及团队协作能力等。和技术能力相比，有些雇主更看重这些特征，因为技术能力可以习得，而软技能是天生的。

在写简历时，请记住条理性很重要。雇主浏览简历的时长通常为15秒[1]，因此你必须快速抓住读者的注意力。清晰地组织你的简历，用突出的大标题和列表来展示信息，没有人会花时间阅读有关你的成就的长篇大论。下列标题可以帮助你撰写一份基本的时序型简历：联系信息、求职目标、教育背景、工作经历、技能和兴趣点、推荐信。你可以根据你的简历格式选择使用或不使用这些标题。

联系信息

联系信息（contact information）通常位于页面顶部，其中字体最大的是你的名字。联系信息还包括通信地址、电话号码以及电子邮箱地址等。请记住，潜在雇主可能会听到你的电话留言，因此请录下恰当的电话留言。

求职目标

求职目标（objective）是对你正在寻找的工作以及你的技能如何应用于该工作的简短总结。求职目标应具体到你所谋求的职位。笼统的目标无法将任何有关你的信息告诉潜在雇主，也无法引起任何人的注意。

阅读以下求职目标，并从雇主的角度对此进行分析。

来源：zimmytws/Fotolia。

求职目标：运用我的广告知识来为一家成功的公司服务，这将帮助我开启职业生涯。

这名求职者申请的是什么职位？上述求职目标没有说明具体的职位，同时描述了求职者希望这份工作能给自己带来什么，而不是自己可以为公司做些什么。雇主当然知道你希望学习并获得经验，但反复强调这一点只会让你看起来很自私。

优质的求职目标是具体而简明的，例如：

求职目标： 在多伊尔合伙机构（Doyle and Associates）成为一名初级平面设计师，我的创意和技能可以给企业的经营带来更多价值。

雇主可以通过这个目标了解你想要的职位以及你为何是该职位的合适人选。它还显示了你对该职位的严肃态度，因为你花时间为这个职位和公司量身打造了一份简历。

教育背景

从你最近的教育经历开始，列出你的教育背景，务必细化到你的学位、专业、辅修专业、入学时间以及学校的名称和地点。如果你尚未毕业，那么请列出你的预期学位和毕业日期。如果你的平均学分绩点（grade-point average，GPA）达到了3.0或更高，那么请把它也列进去。列出较低的学分绩点可能会在不经意间引发雇主对你的学习能力的质疑，而你可能不愿意回答这些问题，或者你可能会因此而被排除在考虑范围之内。

如果你没有相关工作经验，那么请首先列出你的教育背景。如果你有相关经验，那么请将这两部分颠倒一下，在教育背景之前列出你的工作经历。

工作经历

从最近的工作开始，按时间顺序列出你此前的工作经历，同时列出公司名称、地点、工作起止时间以及你的头衔或职位。为每个工作经历至少列出三个突出的成就和事业的要点。你不一定要列出具体的雇用日期，但请提供年份和月份。如果你只列出了年份，那么你可能会给人留下你的工作经历有空白的印象。如果有可能，请为你的成就提供具体且可量化的数据，同时说明你是如何让雇主受益的。

技能和兴趣点

这部分应该包括你潜藏的才能或技能，例如你是否会说外语或对某款软件有深入了解。此外，这部分还包括与你的职业领域有关的业余活动以及你所参与的专业组织等。不要重复你在教育背景和工作经验部分说过的内容，你如果没有更多内容可以补充，就省略这个部分。

推荐信

推荐信可以证明你的职业道德和技能。你应当准备三封专业推荐信，以期在需要时对你有所帮助。如果你没有专业推荐信，那么请从你的老师、导师、教授、牧师等其他了解你的人那里获得推荐信。不要让家人或朋友来写推荐信。在将某人作为推荐人之前，一定要获得对方的许可。务必让你的推荐人知道你正在积极找工作，这样当你的潜在雇主给他们打电话时，他们就可以做好回答问题的准备。

在面试之前，雇主通常不需要推荐信，因此惯例做法是在简历末尾写上"可按要求提供推荐信"。然而，如果你选择在简历中提供每位推荐人的信息，那么你应该附上每个推荐人的姓名、头衔、联系信息、你们的关系，以及推荐人认识你的时间。提供推荐信的做法说明你认识一些愿意推荐你的专业人士。当企业要求你参加面试时，请带上推荐信的副本。

决一胜负的简历

为了让人们注意到你的简历，你需要让你的简历脱颖而出。从有一大堆简历要看的雇主的角度来看下面两份简历，这两份简历是同一个人的。思考每份简历的优缺点，以及哪份简历给你留下了较好的印象。

你认为哪份简历会给雇主留下更深刻的印象？很有可能是第二份，对吗？这份简历更有条理，看上去也更简洁。和第一份简历所说的工作职责相比，这份简历更强调候选人的成就，同时具体且细致地描述了候选人的行动和成果。总而言之，第二份简历能够让雇主更清楚地了解这位候选人可以给公司带来什么。

写求职信

除了简历，你还要附上一封求职信。**求职信**（cover letter）可以向雇主介绍你自己。这是你通过强大的沟通技能来推销自己的机会。在雇主看来，求职信可能比简历更重要，因为它给了你表达的机会。即便你是某个职位的最佳人选，糟糕的求职信也可能会让你在别人查看你的简历之前就失去了机会。如果你遵循了以下基本建议，那么你或许仅凭一封求职信就可以进入面试。

简历 1

珍·多伊菲尔德

俄亥俄州辛辛那提市布兰克街 4117 号，45202

（513）555-4529

Janedoefield@email.com

教育背景

俄亥俄州立大学，俄亥俄州哥伦布市，2008—2013 年

理学学士，生物学专业，医疗技术方向

平均学分绩点：2.57

工作经历

约翰与韦伯公司，俄亥俄州哥伦布市，2013 年 1 月—2013 年 5 月

实习生

我的主要职责是为研究工作管理一个文件检索系统，创建并跟踪表单以记录经过检验的药物。我还在实验室参与了"细胞对不同药物治疗的敏感性"的测试。

书齐拉书店，俄亥俄州哥伦布市，2009—2012 年

销售助理

在书齐拉书店工作时，我负责杂志、文具的备货和整理工作。在有需要的时候，我还会完成收银和打折卡销售工作。

佩佩服装店，俄亥俄州辛辛那提市，2007—2009 年

销售助理

提供客户服务，帮助顾客选购衣服和买单。我让顾客注册了佩佩服装店的记账卡，最大限度地提高了销量。我同时负责确保现金出纳准确无误。

技能和兴趣点

熟练使用微软 Office 办公软件，法语流利，喜欢弹钢琴、绘画和游泳，大学时参加了校内的垒球队。

推荐人

马里奥·罗德里格斯

书齐拉书店主管

（614）555-7619

安德烈亚·齐默尔曼

佩佩服装店店主

（513）555-9723

简历 2

珍・多伊菲尔德

俄亥俄州辛辛那提市布兰克街 4117 号，45202

（513）555-4529

Janedoefield@email.com

求职目标： 在 AIF 实验室担任质量控制技术员。

教育背景

俄亥俄州立大学，俄亥俄州哥伦布市，2008—2013 年

理学学士，生物学专业，医疗技术方向

工作经历

约翰与韦伯公司，俄亥俄州哥伦布市，2013 年 1 月—2013 年 5 月

实习生

- 测试细胞对各种药物治疗的敏感性，每天四次，使我们部门超出了公司的检测预期。
- 建立药品跟踪机制来整理检验过的药品，同时防止药品的误检、复检，每月为部门节省了 10 小时时间。
- 简化了寻找研究材料的检索过程，让每月的分析时间增加了五小时。

书齐拉书店，俄亥俄州哥伦布市，2009 年 10 月—2012 年 12 月

销售助理

- 整理和维护 200 多种期刊和文具。
- 参与营销工作，每周售出五张书齐拉打折卡，提高了销量。
- 在处理买单的过程中提供优质的客户服务。

佩佩服装店，俄亥俄州辛辛那提市，2008 年 6 月—2009 年 8 月

销售助理

- 协助客户做出购买决定。
- 运用销售策略让顾客注册佩佩记账卡。
- 提供客户服务，实现销售目标。

技能

- 熟练掌握微软办公软件。
- 法语流利。

推荐人

- 将根据要求提供。

建议1：根据申请职位有针对性地撰写求职信

求职信主要有三种类型：申请信、试探信和联络信。申请信是为了回应职位招募而发送的信函。试探信则是向你想去的公司询问是否有空余职位的信函。联络信是为了与可以帮助你找工作的人进一步建立联系而发送的信函。你必须根据你所申请的职位有针对性地撰写求职信。查看招聘要求，找到用来描述相关职位的关键字和语句，接着用同样的方式描述你的技能和经验。你要用雇主所熟悉的表达方式来突出你的主要相关成就，说明你曾如何满足前雇主的要求，又将如何满足未来雇主的要求。总而言之，你要在求职信里表明自己符合公司的具体要求。

建议2：说明你可以为雇主做什么

所有求职信都应该向潜在雇主说明你可以为他们做什么，而不是他们可以为你做什么。[2]不要告诉他们这份工作将如何给你带去某一领域的经验，相反，请告诉他们你具备了怎样的条件去完成任务。

建议3：明确说明公司为何应该雇用你

在解释了自己可以胜任这一职位后，请说明公司为何应该雇用你。请想一想那些可以让你在竞争中胜出的因素。求职信既要写得自信，也要具有一定的描述性。不要说"我的应变能力很强"，而要说"从事客户服务的经验教会了我如何与不同年龄和背景的人群进行有效沟通，我因此学会了随机应变和机智应对，并且变得具有说服力。这些能力让我构建了长期的客户关系，从而为我的前雇主提高了销量"。请用具体的例子来说明你将如何成为该公司的宝贵财富。

建议4：保持简短的篇幅

你发出的每一封求职信都至少要有三个段落，篇幅都应限制在一页纸之内。第一段应说明你写信的目的，是应征工作，还是询问是否有空缺的职位。第一段应开个好头，引起对方的注意。下面是一个例子：

我打算应征贵司在monster.com网站上发布的初级销售职位。我具有客户服务和广告工作背景，非常符合贵司的要求。我有兴趣成为ATI这样的快节奏公司的一员，我觉得自己会成为贵司不断发展壮大的团队的一份宝贵资产。

求职信的正文（第二段）要让雇主了解你所具备的相关工作经验。例如：

我曾经从事过三年销售工作。我在客户服务和销售战略的实施方面具有丰富的经验。我曾负责协调营销活动和广告发布，其中包括时装秀和厨艺展示活动，这些举措使得我所在公司的销量增长率超过20%，并且促进了新产品的成功上市。我具有激励团队的能力，并且始终能够达成或超越销售目标。

最后一段应感谢对方，并留下联系信息：

如果能有机会与您坐下来讨论我如何才能成为ATI团队中有价值的一员，我将不胜感激。请随时联系我，我的电话是443-555-2728。期待您的消息，谢谢您抽时间考虑我的申请。

由于你的简历陈述的只是事实，因此求职信会成为突出你的技能的宝贵机会，请展示个性，推销你自己。请将投入在求职信上的时间看作你的未来投资的时间。

电子作品集

简历和求职信只**说明**了你可以做什么，创建作品集来**展示**你已经取得的成就或许会有所助益。即便不是艺术家或作家，你也不必担心，任何人都可以创建作品集。**电子作品集（eportfolio）**是以文档、图像、音频和视频剪辑呈现的作品合集。选择你的最佳作品放在作品集里——论文、项目、海报、展示视频，或者参与慈善组织志愿活动的照片等。你可以将电子作品集发布在云存储服务器上。这样你就可以将档案的网址发给面试官，以便他们在面试过程中或面试后查看你的作品。

你的电子作品集可以展现你自己，并且有助于给面试官留下深刻印象。然而，制作一份优秀的电子作品集需要时间，因此不要为了面试而把一些内容随便拼凑在一起。电子作品集的目的是帮助你脱颖而出，让别人对你留下正面印象，而不是通过列举仓促或粗糙的作品来阻碍你的成功。

M4-2　搜索策略

在搜索职位时，你需要使用多种策略和手段来取得成功。不要指望周一早上发了几封电子邮件，周二就可以去面试了。本节，你将了解如何使用一些工具，例如人际交往、网络或报纸招聘广告、招聘公司、陌生电访、大学校园职业资源，以及资讯式面谈等方面的工具，从而来帮助你找到工作。

人际交往

人际交往（networking）是一种建立联系的过程，这种联系有助于创造商业机会。人际交往最好是面对面的，但也可以在网络上进行。这类社交网站有很多，例如领英，你可以在这里与同事及职业关系上的熟人建立联系。专业组织也会提供通过社交网络建立联系的机会。其他组织则会定期举办面对面的社交活动来创造职业机会。

面对面交往的好处在于它可以在任何地方进行。你可以在喝咖啡时与他人会面，也可以参与正式的活动、会议或者招聘会。无论在哪里，你都需要知道该说什么和怎么说才能给人留下良好的第一印象。准备电梯演讲是你要做的第一件事。**电梯演讲（elevator pitch）**应是一段简短的陈述，你要清楚地总结你的技能以及你可以为对方带去什么。之所以叫电梯演讲，是因为这是一段简洁明了的陈述，你可以在乘坐电梯的短时间内完成。你可以在镜子前或语音信箱里练习电梯演讲，但不要将其与人际交往活动和宴会混淆。记住，人际交往的目的是建立商业联系，而非结交新朋友。

人际交往最好是面对面的，但也可以在网络上进行。
来源：Eric Audras/PhotoAltosas/Alamy Stock Photo。

当参加社交活动时，请你做好充分的准备。首先，你的着装要令人印象深刻。如果要参加招聘会，那么你会遇到有可能雇用你的人，因此你要打扮得体。如果其他人穿得很随意，那么你会因为认真对待自己的未来而引起人们的注意。不要忘记带上你的名片和简历。在出席活动前，请尽量了解哪些公司或哪一类公司会参与其中。研究你感兴趣的公司，这样你就可以有更多谈资，而不是仅仅提出"你们公司是做什么的"这样的问题。你对某项工作的积极性和热情可能会给企业代表留下深刻印象。遇到他人的时候，请不要立即询问工作机会。相反，如果合适的话，你可以与其约定再次见面，然后讨论可能的机会。

建立人际关系需要投入一定的精力。坐等别人给你打电话是无法让你结交新的联系人的。你可以在一些知名的社交网站上与一些人建立联系，参加免费的社交研讨会，查阅本地报纸以寻找展会或招聘会信息，参加一些课程来进一步提高你的技能，或者结识一些有共同兴趣的人。你可以在专业人士的社交圈子里寻找你所在专业领域的人士，同时对专业环境之外的社交机会保持开放的态度。你可能会在健身房、杂货店，或者在星巴克排队时认识在你感兴趣的领域里工作的人士。这恰恰说明了为何随时准备好推销自己是非常重要的。最后，请耐心一些。你无法指望一夜之间就能建立人脉，这需要时间。你要知道的是，经过所有这些努力之后，你会建立可靠的人脉，这些人可以给你提供有效的支持和宝贵的建议，甚至升职的机会。

尽管你不必在电梯间进行真正的"电梯演讲"，但你的演讲内容应该足够简洁，这在理论上是可以做到的。
来源：Denkou Images/Alamy Stock Photo。

以下哪项不是求职方面的错误观念？
a. 将简历发布在网站上，会让雇主排着队来聘请你。
b. 如果你在找工作，那么请接受你得到的第一份工作邀约。
c. 大多数职位从不公开招募。

答案：c。大多数职位——尤其是那些高级职位——从来都不会公开招募。找到这些空缺职位的关键是人际关系，以及（较小范围内的）陌生电访，你将在后文了解有关陌生电访的内容。

网络调查

你如果知道自己想在哪个领域工作，那么请列出潜在的雇主。找到相关公司的网站，了解每个公司的历史、使命以及愿景。你可以设置RSS（real simple syndication，RSS，简易信息聚合）种子来订阅这些公司的最新信息。这可以让你掌握新情况和新机遇，让你的求职过程变得更为轻松，例如撰写有针对性的求职信。

你需要尽可能多地了解一家公司及其所在行业，这样你就可以做出明智的工作选择。玻璃门（Glassdoor）等网站提供了有关薪资待遇、其他员工的经历以及开放职位等信息，你可以利用这些信息来为面试做准备，或者对公司进行评估。

你还可以在网上寻找相关职位与联系人的信息。在巨兽网（Monster.com）等网站上查看职位信息也是一种受欢迎的求职方式。你可以搜索这些网站，接着在任何时间——无论是白天还是黑夜——通过电子邮件发送你的求职信与简历。你还可以将你的简历发布在巨兽网等网站上，这样如果有企业认为你适合某个职位，那么它们就可以直接与你取得联系。浏览在线求职网站的人很多，因此空缺职位会很快满员。你可以经常查看这些网站，寻找新的职位，同时要确保自己的简历能够引起注意。

报纸

和网络职位信息一样，你也可以在分类广告中搜索职位。通常，星期天报纸上的分类信息最多，但是这并不妨碍你每天都查阅报纸。你一旦找到了一个看上去还不错的职位，就可以研究一下这个公司。确认该职位是否尚有空缺，然后再发送你的求职信和简历。报纸上的职位信息数量不同于网络上的，但是你可以随时随地浏览报纸。

招聘人员

招聘人员（recruiter）的职责是找到符合要求的员工来为公司服务。他们有的是大型企业的全职工作人员，有的是为多个公司服务的兼职合同工。招聘人员可能会与你取得联系，从而了解你的能力，或者判断你是否适合某个特定的公司。如果招聘人员联系了你，那么一定要询问对方为何对你感兴趣，以及你的简历会寄给哪家公司。如果招聘人员要为多个职位寻找人选，那么要弄清楚最适合你的公司和职位类型是什么。你如果不喜欢严格的朝九晚五式的工作或者不喜欢某家公司的氛围，那么一定要告知招聘人员。一旦你们达成了共识，你便可以知道这份工作是否真正适合你。

你如果需要求职方面的帮助，那么可以联系这样的招聘人员，他的大量人脉或许会有所助益。然而你要知道，你可能只是这名招聘人员协助的众多求职者之一。最好还是在招聘人员的协助下自己找工作。

陌生电访的利与弊

陌生电访的效果是有争议性的，它可能会带来好坏参半的效果。

来源：Lev Dolgachov/Alamy Stock Photo。

陌生电访（cold calling）是一种求职方式，在使用这种方法时，你会给潜在雇主拨打意料之外的、不请自来的电话，通过这种方式来表达自己的兴趣，并请求获得空缺职位和面试机会。这种做法多少有些争议，因为有的雇主可能会反感这种不请自来的求职者，而有的人则认为这种做法非常机智。如果你打算进行陌生电访，那么你应该在拨号前完成这些事情：首先，列出你感兴趣的公司，接着预先拨打几个电话，了解你所感兴趣的部门的负责人姓名、头衔以及电话号码。你或许能在该公司网站上找到这些信息。你可以在打电话之前将求职信和简历直接发给对方。不要忘记根据具体的公司定制你的求职信。最后，打电话给你的简历发送对象，并且要求面试。

陌生电访很难开展，而且结果好坏参半。一方面雇主可能会认为你的电话很恼人或是咄咄逼人，如果你本来就在等待这个雇主联系你，那么你很有可能错失原本属于你的机会。而另一方面，有的雇主可能会觉得你很有进取心，他会认为你是一个有动力去实现自己目标的积极主动的人。不幸的是，我们很难判断事情会朝哪个方向发展，因此你必须自己判断陌生电访是否适合你以及当下的情况。

大学校园职业资源

你所在学校的职业中心可以为你提供帮助，让你明确自己的技能与优势、专注于自己的目标、探索潜在职业道路、找到空缺职位。大多数职业中心会提供手册、信息资料以及职业规划指南。此外，你还可以和辅导员聊一聊你的职业目标和兴趣所在。你的辅导员可能会对你进行评估，从而帮助你更深入地了解什么样的工作最适合你。这些测试不会告诉你应该做什么，但是它们可以让你了解自己的偏好，同时根据这些偏好为你提供职业建议。

此外，你还可以访问职业中心的网站，找到其他对你有帮助的信息的网站链接。例如，美国劳工局就在其网站上发布了《职业前景手册》，这份手册包含多个职业领域的丰富信息。这是开始研究职业领域的一个好地方。此外，你们学校的职业中心网站可能还会提供有关本地招聘会和其他就业活动的信息。职业中心还可以帮助你找到实习机会，从而让你探索职业领域，同时开始建立自己的人际关系网络。许多职业中心还可以为你提供撰写简历和求职信方面的帮助，同时会举办有关得体礼仪和成功着装方面的研讨会。

资讯式面谈

资讯式面谈（informational interview） 的目标是从当前在同一领域工作的相关人士那里了解关于某个公司或职位的第一手信息。这可以让你有机会了解你的理想工作的真实情况。如果你个人并不认识这样的面谈对象，那么你可以在本地职业中心或学校的校友会里找一找。你也可以直接联系企业，请人力资源部门为你推荐最佳面谈对象。不过，你必须确保你的面谈对象是正确的人选。如果你是初次找工作，那么你不应该找董事长面谈，你应该找一位初级员工。这么做的目的是深入了解你的工作——而非老板的工作——在这个领域是什么样子的。

在进行资讯式面谈时，你应该准备一个问题清单。以下是你可以针对任何职业提出的普适性问题。你可以在面谈中提出一两个这样的问题，但还是要尽量提出与具体职业领域有关的问题。

- 你每天的工作职责是什么？
- 这份工作需要怎样的学历？
- 雇主为这个职位寻找的是具备哪种技能的人？是技术能力还是软技能？
- 你最喜欢这份工作的哪个方面？最不喜欢的又是什么？
- 如果我决定在这个领域工作，那么你有什么建议吗？

资讯式面谈可以让你从当前在这一领域工作的人那里获得第一手信息。
来源：Jose Luis Pelaez Inc/Glow Images。

如果你的面谈对象不够坦率，含糊其词，或者给出了令人不愉快的答案，不要急于下结论，请与同一领域的其他人进行面谈。此外，尽管这不是正式的求职面试，但你也应该正式着装。资讯式面谈是建立人际关系的另一种机会。你的面谈对象可能会对你印象深刻，并将你的名字告诉职位更高的人，或许他们也有可能知道其他公司有空缺职位。尽可能给人留下最好的印象，一次会面可能就会让你找到理想的工作。

M4-3　面试与谈判

恭喜你，你得到了面试的机会！如果你准备充分，那么面试可能是一件轻而易举的事情，否则它会成为你的噩梦。面试的目的是告诉对方你是该职位的最佳人选，因此自信十分重要。

面试中的危险信号

并非所有的面试问题都是平等的，有些问题甚至不合法。面试官不可以提出有关你的种族、性别、性取向、信仰、年龄、国籍、婚姻状态或家庭事务的问题。如果你的面试官向你提出了以下任何一个问题，或者做出了任何不恰当的评价，这可能是一个危险的信号，一个警告你应该去其他地方找工作的信号。

- 你出生在哪里？
- 你多大了？
- 你结婚了吗？
- 你去教堂吗？
- 你打算很快要孩子吗？

准备面试

在面试之前，你有很多事要做，因此如果你有条件，请给自己几天时间来准备。检查简历上的所有内容，做好谈论其中任何事情的准备——从此前的工作经历到你的教育背景。尽可能多地了解这家公司，了解它的历史、使命和愿景，以及当前的项目。试着将你此前的经验与你所申请的职位联系起来，例如"当担任学生会副主席时，我学到了很多说服与妥协的技巧，我知道它们是营销代表必须具备的两项技能"。

接下来，请练习回答标准的面试问题，例如"你最大的弱点是什么"。思考这些问题，把答案写下来，并和你的朋友进行模拟面试。你可能会觉得这样很傻，但练习回答这些问题会让你感到更加自信。

面试问题

无论你在哪个行业，面试中总会出现一些特定的问题，包括：

- 关于你自己，你可以告诉我什么？
- 你为什么想在这里工作？
- 你想找的是哪一种职位？
- 你为什么会离开上一份工作的公司？
- 你最大的优点是什么？缺点呢？
- 说说你在上一份工作中遇到的问题，以及你是如何处理它的。
- 你如何应对压力？
- 你如何处理人际关系上的冲突？
- 你最骄傲的成就是什么？
- 你觉得自己五年后会是什么样子？
- 你如何描述自己的工作风格？
- 什么可以激励你？
- 你如何评价成功？

提前准备好问题的答案，这样你可以增加自信心，给自己一些放松的空间。

在知道了自己要说什么后，接下来就要打扮得有模有样了。如果你打算给人留下好印象，那么应该小心选择你的着装。由于你不认识面试你的人，因此请坚持保守的装扮。不要穿宽大的衣服、网球鞋、短裙以及其他不得体的衣服，也不要过量使用香水或佩戴过多的珠宝。此外，一定要将这份工作考虑在内，再想想文身、穿刺或者极端的化妆风格是否会给人留下不好的印象。

务必了解到达面试地点的方式以及需要的时间，尤其是交通拥堵时的耗时。尽量提前30分钟到达，因为你可能要在面试前完成一些书面工作。迟到对面试你的人来说是一种信号，表明你并不重视这份工作。如果你知道自己要迟到了，请立

准备工作对面试来说非常重要。
来源：A. Chederros/ONOKY—Photononstop/Alamy Stock Photo。

即打电话道歉。到达后请再次快速道歉，然后坐下来参加面试。

面试小窍门

1. 保持自信。

2. 自信聆听面试官的想法和问题。

3. 思考后再回答。

4. 不要贸然回答。你如果不太理解某个问题并且想要弄明白，那就提问吧。

5. 不要打断任何人。

6. 简洁而充分地回答问题。

7. 避免表现出紧张的行为，例如晃腿、转笔或者咬指甲，这些事情可能会让人分心，而且不招人喜欢。

8. 保持连续且自然的眼神接触。

9. 不要提出公司网站上早已有答案的问题，或者任何在提供给你的文字中已有回答的问题。

10. 保持真诚。

面试过程

当见到面试官时，请有力地与其握手，保持微笑，并进行眼神接触。准备好在面试最后要问的问题。如果有需要，请提前把它们写下来，然后带着它们去面试。以下是几个面试问题的示例：

• 您认为理想的员工是什么样的？

• 贵司有哪些发展机会？

• 您能描述一下贵司的管理风格以及适合它的员工类型吗？

• 您认为这份工作最重要的方面是什么？

此外，请询问这个职位的总体职责、相关日常工作、差旅要求，以及其他任何你想问的问题。请记住，在公司面试你的同时，你也在面试它们。你必须确认自己是否愿意花费生命中的大量时间来为这家公司工作。但是，请不要在初次面试中直接问及工资。如果你觉得这很重要，那么请在面试结束的时候再问。

带上这些去面试

除了你的个性，你还需要带着一些东西去参加面试。请带上一个装有下列物品的公文包或文件夹。

- 几份简历。
- 推荐人列表。
- 作品集（如果有）。
- 纸和笔。
- 地图。
- 手机。以备不时之需，但是请将它留在车里或者在面试时关闭它。

面试快结束时，你如果依然想得到这份工作，并且觉得自己非常合适，那么请直接说出来。你可以问问面试官接下来还有哪些步骤（例如二次面试、背景或推荐人调查，等等）以及什么时候可以再次得到他们的消息。离开之前，记得感谢面试官给了你这次机会。强烈建议你再写一封感谢信或致谢电邮。

谈判策略

假设你在面试中表现优异，该公司给了你一个职位。现在你必须考虑对工资进行谈判了。就工资进行谈判可能会让人感到不适，但它却有助于为你的职业生涯奠定基调。

以下几个步骤可以帮助你完成谈判：

- 在谈判前，了解你感兴趣的职位的合理薪资水平。
- 在薪水网（Salary.com）等网站上根据你所在地区的邮政编码、教育背景以及经验水平了解你所从事的职业的平均工资。
- 提出用一天时间来考虑工资待遇的要求，这会给你时间来做进一步调查和制订谈判计划。
- 别忘了你可以就工资之外的条件进行谈判，例如福利、休假时间以及灵活的工作安排等。

就工资进行谈判可能会让人感到不适，但它却有助于为你的职业生涯奠定基调。
来源：Wavebreak Media ltd/ Alamy Stock Photo。

- 当你们坐下来进行谈判时，请明确你想要这份工作，提出合理的请求，同时表现出积极的态度。

- 如果你希望得到与工作相符的薪资和福利水平，那么请推销你自己，并且捍卫自己的目标。

- 如果你在谈判中成功得到了你想要的，那么你一定要得到书面说明。如果你没有得到自己想要的，请想一想自己有多想要这份工作。即便你没有得到想要的薪水，获得宝贵的工作经验或许也是一种好处。

- 如果你决定拒绝这份工作，那么请让公司知道，如果还有其他机会，你依然会对此感兴趣。

推销自己、寻找就业机会、参加面试以及进行谈判都有其挑战所在。现在你已经知道如何才能成功地找到一份适合自己技能、天赋和目标的工作了。那么去做吧！

参考文献

1. Ball State University Career Center, "Résumé Development," http://cms.bsu.edu/About/AdministrativeOffices/CareerCenter/MyCareerPlan/JobSearchDocs/Resumes.aspx.

2. Pat Kendall, "Cover Letter Tips," www.reslady.com/coverletters.html.

第五部分

金融原理

Looking at the
Business Environment

第十五章 企业财会知识

本章目标

15-1 财务管理

说明什么是财务管理，说明财务经理如何实现他们的职能。

为了保持竞争力，辛迪·李（Cindy Li）所在的公司需要开发一款新设备来与竞争对手的新产品抗衡。作为首席财务官，辛迪要评估公司实现这一目标的财务能力。她需要收集哪些类型的财务信息？她的公司又有哪些选择来为该项目提供资金？

15-2 小企业融资

说明小企业为短期业务需求寻求资金的方式。

金尼·麦金泰尔（Ginny McIntyre）在家里经营着一家小型服装裁缝店。她的生意非常好，以致她没有足够的空间来放置设备和客户订购的货物。她打算扩张自己的店，但没有足够的钱。金尼可以从哪里为自己的店铺找到资金呢？

15-3 大企业融资：债券与股票

说明大企业为短期和长期业务需求寻求资金的方式，解释债权与股权融资的利与弊。

约瑟夫·科尔特斯（Joseph Cortez）正在为自己的企业制订大规模发展规划。他需要外部投资者来提供资金。他应该使用股票还是债券？他在做决定时要考虑哪些因素？

15-4 会计的功能

讲解会计的不同类型、会计准则，以及基本会计恒等式的重要性。

阿诺德·索耶（Arnold Sawyer）一直认为自己擅长和数字打交道，多年来他一直在帮助自己的侄女打理其餐饮业务的账务。后来，侄女的生意得到了当地一个新闻节目的报道，销量因而出现了暴涨。这家公司能够快速行动起来去满足需求吗？其资金又将从哪里来？

15-5 财务报表

说明资产负债表、损益表和现金流量表的功能。

马特奥·莫拉莱斯（Mateo Morales）刚刚得到了一笔巨额奖金。在对自己能买到什么"大件商品"进行了大量兴奋的思考后，马特奥抑制住了自己的热情，觉得还是谨慎一些更好。他打算在两家公司中做出投资选择。他应该从哪一步开始呢？他应该了解哪些数据，又该如何理解它们呢？

15-1 财务管理

说明什么是财务管理，说明财务经理如何实现他们的职能。

■ 辛迪·李不知道自己的公司该如何实现目标。过去，董事会成员曾提出过一些影响深远的项目，但这一次最为积极。作为战略规划的一部分，董事会建议公司推出一款全新的移动设备来与竞争对手的新产品抗衡。这么做需要大量现金和资本的投入。作为首席财务官，辛迪被问及公司当前是否有资金来实现这个项目，如果没有，公司在该项目上又有哪些融资选择。辛迪需要使用哪些财务管理工具来分析这个重大项目是否可以实现呢？

财务经理对任何企业来说都至关重要。本节你将了解财务管理包括哪些工作，财务经理必须履行什么职责以及如何才能帮助企业取得成功。

财务经理

什么是财务管理？ 创建企业的目的是销售商品和服务并因此而获利，产品的生产、营销以及分销是产生利润的三个重要方面。然而，最为重要的却是企业为了完成这些任务所需的财务资源管理能力。没有完备的财务管理，就没有企业！

辛迪·李所面对的情形并不罕见。不论企业规模有多大，不论企业经营了多久，良好的财务控制和规划都可以让企业有能力应对意外的挑战或完成计划中的扩张。正

来源：Darren Baker/Fotolia。

如你可能会为了支付下个月的房租或购买大件商品（例如汽车或房屋）而存钱一样，企业同样必须做好计划和储备。为了保持竞争力，企业必须进行大规模的战略性投资，例如购买或建设新厂房，以及购买更先进的机器或技术等。同时，企业必须确保自己能够支付每月的账单。

财务管理（financial management）是对企业的短期（一年或更短）和长期（一年以上）资金需求进行战略规划和制

定预算的过程。财务管理要求企业实施管控以确保自己的资金和预算得到管理，从而实现财务目标。跟踪过去的财务交易、控制当前的收益与支出，以及规划公司未来的财务需求等都是财务管理的基础工作。

所有成功经营下去的企业都有专人负责财务决策和交易。在很多小型企业里，大多数财务决策和交易是由企业所有者负责的，他们有的借助了外部顾问，有的没有。然而随着公司的发展，企业通常必须设立财务部门。财务部门一般包括两个分支：会计和财务管理。会计部门主要为投资者、债权人以及公司的财务决策人员提供准确的财务报告，我们将在本章后续部分对此进行讨论。

财务经理的职责是什么？ 财务经理（financial manager）对公司的财务健康负责。在小型企业里，财务经理可能是企业所有者或企业中的其他负责人。更为成熟或规模更大的企业通常配有首席财务官（CFO）。首席财务官是企业的高层管理者，其主要职责是监督企业的财务活动，最终确保企业能够盈利以及明智地使用财务资源。当财务状况变得复杂或者由于处于快速发展阶段而需要更多财务专业知识和财务规划时，企业必须配备首席财务官。如图15-1所示，财务经理或首席财务官负责规划和管理企业的财务资源，其主要职责包括：

- 制订长期和短期财务需求计划。
- 明确实现目标所需的资金来源和资金用途。
- 监督现金流，确保企业可以及时、高效地偿还债务，并且有效收回欠款。
- 投资剩余资金，为企业的未来发展提供更多可用资金。
- 为未来的发展和扩张筹集资金。
- 评估财务结果和预期，制定财务报告。

图15-1　财务经理的职责

© 玛丽·安妮·波齐

企业财务需求计划

财务经理如何为企业的财务需求制订计划？ 由于企业的财务需求既有短期的，又有长期的，因此财务经理必须为这两方面的需求制订财务计划。此外，财务经理必须确保企业的资金得到最佳利用，以及企业最终能够盈利。为了实现这些目标，财务经理要做好三个方面：财务需求预测，编制满足这些需求的预算和计划；实施管控以

确保预算和计划得到执行。

企业财务需求的规划和管理涉及哪些方面? 优秀的财务管理始于**财务计划**(financial plan)。如图15-2所示,财务计划来自公司的整体战略计划、财务报表以及外部财务环境,财务经理据此确定公司短期和长期所需的资金类型和资金量。

以本节开头的场景为例,辛迪·李所在公司的董事会和管理团队认为近期的首要目标是生产一款新产品来和竞争对手正面交锋。作为财务负责人,辛迪的职责是与公司的生产、营销以及人力资源等多个部门进行沟通,确定这一战略会在财务上给企业的这些部门带去怎样的影响。她需要回答以下问题:公司必须销售多少产品?公司需要通过扩张来满足需求吗?公司具备扩大生产线的人力资源和资本吗?

接下来,为了确保企业的战略目标在财务上具有可行性,辛迪需要进行短期和长期销量预测以及其他财务预测。当企业的战略目标中包含了大型项目时,例如购买新设施、替换过时技术以及扩展新业务线等,财务预测便尤为重要。这样的预测必须尽可能准确,这一点非常关键,如果预测不够准确,那么会出现严重的后果。此外,辛迪还需要在计划执行过程中管理收益和支出。

图15-2 财务计划制订流程

© 玛丽·安妮·波齐

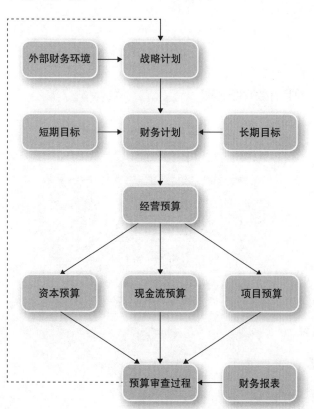

除此之外,财务经理必须预测外部因素对企业财务状况的影响。如果经济发展速度即将放缓,那么财务经理便明白这会在很多方面影响企业。为此企业必须采取措施来应对收款难以及销量减少导致收入减少的可能性。由于上述一种或两种外部因素带来的结果,扩建大楼或购买新设备的计划可能不得不推迟。

企业如何知道自己是否具备足够的资源来满足需求? 财务部门的会计分支负责编制财务报表,这些报表包括损益表、资产负债表和现金流量表等。本章的后续部分将详细讨论财务报表,现在你只需要知道它们共同描绘了企业的财务状况,说明了一家企业在当前年度和过去的表现。此外,它们还可以作为管理层预测企业未来财务状况的依据。

根据这些预测，财务经理可以编制**预算**（budget）——一种用来概括企业预期现金流、预期经营费用以及预期收益的管理工具。**经营预算**（operating budget）**或总预算**（master budget）包含了企业的全部运营成本，包括存货、销售、采购、制造、营销以及其他方面的开销。经营预算反映了企业期望销售的单位产品数量及其产生的收益，以及生产和销售这些产品所产生的所有成本。

如何为大型项目筹资？ 预算的另一个组成部分是资本预算。**资本预算**（capital budget）概括了作为公司长期计划一部分的重大采购——比如土地、制造设备的采购，厂房扩建以及技术引进——的财务需求。由于企业经常通过贷款或出售债券或股票的方式来为大型投资项目筹资，所以最重要的是提前做好计划，确保在需要时有资金可用。在制定资本预算的过程中，企业的每个部门都要列出各自的预期资金需求。公司的高层管理者和董事会成员要评估这些需求，判断哪些需求将最大限度地提高公司的整体发展水平和盈利能力。定期更新设备与技术所需的资金则不需要太多评估。其他资金需求——例如将公司带入全新发展方向所需的资金——则需要进行更细致的评估。

公司的年度报告常常会概括它的资本支出预算。例如，苹果公司2015年的年报预测，该公司2016年的资本支出包括数据中心、信息系统硬件和软件、企业设施的改进，以及零售店设施更新等方面的开支。[1]有时，企业还要制定**项目预算**（project budget），以此确定完成某个项目所需的开支——这里的项目指的是有具体起止时间的工作，例如安装和升级计算机系统、翻新现有建筑。

管理现金流和制定预算

什么是现金流？ **现金流**（cash flow）是企业在特定时间段里实际获得和支出的全部资金。如图15-3所示，**现金流预算**（cash flow budget）是对短期内流入和流出公司的现金的估算，它明确了企业的现金流缺口。现金流缺口出现在现金流出大于流入的情况下。现金流预算有助于财务经理确定企业是否需要寻找自身业务之外的资金来源。

现金流预算还可以表明企业是否有足够的现金来实现发展以及为未来的投资机会提供资金。此外，财务经理可以通过现金流预算来制订偿还公司债务和支付不寻常经营费用的计划。

现金流入 现金流出

顾客

利息 资产出售

供应商

利息和股息 税金

人员开支

房产与设施

图15-3 现金流预算

来源：Ayzek/Fotolia; valdis torms/Fotolia; destina/Fotolia; Arthur Eugene Preston/Shutterstock; SDuggan/Fotolia; marigranula/123rf; Paul Fleet/Fotolia; lightvision/123rf; 3103jp/Fotolia。

为什么监控现金流非常重要？ 现金流具体衡量的是公司是否有足够的资金来支付未付账单。某个公司可能生产了市场上销量最好的产品，但是若该公司没有妥善管理现金流的进出，它就很容易倒闭。

对滑雪用具商店和泳池安装公司等小型季节性企业来说，现金管理对于平稳度过淡季至关重要。季节性企业必须保持自律，不随意使用旺季获得的富余资金。尽管许多投资者关注的都是企业的盈利能力，但公司的资产折现能力——将资产转化为现金的速度——往往是衡量一家公司实力的更好的指标。企业会在无法支付账单的情况下破产，这并不是因为它们无法盈利。如果手头有足够的现金，那么企业可以在一段时间内不盈利。正如你将在后文读到的那样，会计师在帮助财务经理利用流动比率和速动比率等指标来监控现金流方面发挥了重要作用。

公司如何才能知道自己没有超出预算？ 制定好预算后，企业必须定期将其与实际经营状况进行比较，比较理想的频率是每月一次。如果没有进行比对，那么企业很难判断自己的业绩是否达到了预期。为了更好地理解这个概念，请想一想你的个人财务状况。假设你决定存一些钱，在这个月底，你的存款账户里有50美元。这是好还是坏？这完全取决于你最初打算存多少钱。如果你只打算在月底存够35美元，结果存了50美元，这就太棒了。然而如果你打算存够75美元，结果并没有存下这么多，那么你应该调整开支，回到预算的限制中去。

企业的财务业绩也是如此。如果一个公司的实际财务数据与预算十分接近，那么这表明该公司正在实现它的计划目标。然而，如果实际与预算的差距很大，这就表明该公司需要采取纠正或调整措施。

美国百所大学都在上的商学课（第五版）

财务经理在寻找外部资金时必须考虑什么？ 在你的个人生活中，可能会有很多不同类型的选择来帮助你管理你的财务需求。例如，你可能有一个用于支付短期开支的支票账户或信用卡，你可能还有一个储蓄账户以及一些贷款来支付数额更大的长期开支，比如学费、汽车和房产费用等。

同样，企业也有许多不同的资金选择。财务经理如何评估这些选择并选出最佳方案呢？他们的做法是评估多项指标，包括所需资金的总量和时效、融资所需的时间、融资成本以及融资项目的风险等。小企业和初创企业的短期融资选择通常包括拨款、短期贷款、银行信贷以及供应商信贷等，其长期融资则可以通过银行贷款或抵押贷款、风险资本或天使投资者的投资来实现。大型的成熟企业还可以选择其他筹资方式，本章后文将对此进行讨论。

■ 为了确定公司打算推出的眼镜产品的可行性，辛迪在评估了这一新战略对公司的整体影响后进行了短期和长期财务预测。在考虑了经济状况、新产品的预期销量、可用的融资资源以及公司的未来计划后，辛迪认为尽管生产新产品具有挑战性，但这还是可以做到的。接下来，她需要进一步考察资本预算，评估具体的融资方案，从而为这个项目所需的特定财务需求做好准备。

15-2 小企业融资

说明小企业为短期业务需求寻求资金的方式。

■ 金尼·麦金泰尔在自己家里经营裁缝生意。她的客户一直在向其他人推荐她的手艺，因此在过去的六个月里，她的客户数量几乎翻了一番。她的房子几乎放不下货品和设备了，她还打算请一位裁缝来帮助自己完成额外的工作。如果需求持续增长，金尼预计自己需要开一家小店，并且至少要再雇用一名新员工。她已经订购了一台全新的缝纫机，并且开始面试候选人了，她也确定了店铺的理想选址。问题在于金尼不确定自己的运营收入是否能够完全支撑她当前的新开支，而她也没有足够的个人财力来实现更长期的计划。她的家人和朋友或许能够给她一些帮助，但无法提供未来扩大业务所需的全部资金。金尼可以选择哪些短期和长期融资方案呢？

你很可能听过这样的说法："赚钱需要钱。"当小企业认为自己有必要扩大或者没有足够的运营资金来支付运营成本时，它们必须在融资方面做出一些重要的决定。本节你将学习小企业如何解决资金需求，以及如何选择最佳的融资方案。

短期融资

小企业如何满足短期融资需求？ 无论规模如何，每个企业都有各种各样的资金需求。所有企业都要制订可以满足这些需求的计划，这一点很重要。仔细监督和控制短期财务需求是资金管理的一个重要方面。**短期融资**（short-term financing）是指在一年或更短时间内得到偿付的任意类型的融资。它用于为日常运营提供资金，例如工资、存货采购以及管理开支（公用事业、租金和租赁费等）。

如前文所述，现金流预算是用来预估企业是否有足够的现金来支持日常运营的。当预测到现金需求有缺口时，企业可以根据自身规模和现金流缺口的大小，选择不同的短期融资策略来填补临时的资金缺口。对金尼来说，她当前的短期需求是购买新的缝纫机和找到持续的资金来支付新员工的工资。

常见的短期营运资本来源有哪些？ 当现金储备无法支付短期开销时，企业常常会选择以下几种短期融资方式。

● **自筹经费**（向家人或朋友筹资）。为了填补现金流缺口，小型初创企业的所有者常常动用自己的资金，或者吸引亲朋好友为他们提供个人借款。个人借款并不是一种值得推荐的长期或永久的筹资策略，因为如果借款未及时偿还，那么这可能导致关系破裂。在采用这种融资方式时，双方必须就正式的还款方案达成共识。

来源：Diego Cervo/Fotolia。

● **信用卡**。使用信用卡是许多小企业用来填补现金流缺口的另一种方式。信用卡是延期付款的一种好办法，但是如果每月的欠款没有及时偿清，那么贷款代价会变得很高昂。如果有可能，企业应该建立一个独立的企业信用卡账户，而不是

美国百所大学都在上的商学课（第五版）

使用个人信用卡账户。在企业拖欠借款的情况下，这么做可以保护企业所有者的个人信用。然而，如果是个人独资企业，那么无论使用的是企业信用卡还是个人信用卡，企业所有者都要负责偿清所有欠款。一些信用卡公司可能会提供现金返还和其他奖励，这是使用信用卡的为数不多的好处。在明智使用信用卡并定期还款的情况下，这些奖励可能十分可观。

供应商可以提供信贷吗？ 信用良好并且和供应商建立了联系的企业可以利用另一种信用关系来填补临时资金缺口，即商业信用。**商业信用（trade credit）** 指的是无须支付利息就能从供应商处赊购商品和服务的能力。供应商通常要求企业在30天、60天或90天内付清款项，并为提前付款给予折扣。

商业信用条款通常以三个数字来表示，例如"2/10/60"。第一个数字代表的是在折扣期内付款的折扣，折扣期由第二个数字表示，第三个数字代表的是企业必须付清全部款项的期限。因此，"2/10/60"代表的是企业如果在10天内付清款项，那么可以得到2%的折扣，同时企业必须在60天内付清全部款项。这种信用条款的另一种表现形式是"2/10，N/60"。

如果企业没有现金流方面的问题，那么通过提前付款来享受商业信用折扣不失为一种好办法。如果企业在现金流方面有问题，那么通过商业信用来延迟付款则是一种不错的策略，因为这样不会不必要地占用可用的现金。此外，商业信用可以让企业保持较低的债务水平，这对外部投资者和贷款机构来说通常具有一定吸引力。然而，商业信用也有一些不足之处。企业如果没有及时付款，就要缴纳违约金，假如任其累积，违约金的数额会变得相当大。[2]为了让现金留存得更长久，财务经理必须权衡提前支付并获得折扣与无折扣按时支付的代价和收益。图15-4说明了这一决策。

企业可以将应收账款转化为现金吗？ 保理是企业用来快速获得现金的另一种方式。**保理（factoring）** 是指通过出售应收账款来换取现金，而非将其当作贷款抵押的做法。这可以将客户或供应链上的合作伙伴所欠企业的债务转化成企业几乎可以立即使用的现金。用发票金额减去一定的费用，就是代办保理的机构向企

图15-4 商业信用使用示例

使用商业信用有一定好处，但是企业必须对其进行认真评估和监督。

来源：ArenaCreative/Fotolia。

费用清单
条款：2/10，N/60
总计：$150 000

如果在10天内付款，那么可以有2%的折扣。

如果将这笔钱留存50天或更久，那么企业可以将资金投入货币市场。

业支付的金额。尽管这种方式的成本通常比申请企业贷款的高，但保理一般更容易操作，这也是企业经常用它来填补现金流缺口的原因。

短期贷款和拨款

商业银行是如何帮助企业理财的？ 商业银行（commercial bank）是指金融机构、信用合作社和储蓄贷款机构，它们以支票和储蓄的形式向企业和个人筹集资金，然后再用这些资金向企业和个人放贷。小型初创企业依托商业银行的储蓄和支票服务来存储多余资金和支付账单。支票和储蓄账户是一种**活期存款**（demand deposit），用户可以随时提取（或请求）现金而无须提前通知。

随着企业的发展，当能够与银行建立良好关系时，企业所有者或财务经理可以试着开通信用额度。企业**信用额度**（line of credit）指的是财务经理在银行和企业商定好的前提下可以随时提取的最高额度。这些资金可以一次性支取，也可以在规定期限内多次支取。这是用来填补现金流临时缺口、采购季节性存货或为意料之外的运营开支提供资金的常见方式。福特和本田等汽车制造商经常充当银行的角色——为经销商提供采购汽车的信用额度。

银行会借钱给小企业吗？ 2009年和2010年的信贷危机使得大大小小的企业都难以从银行那里寻求资金解决方案。银行不再轻易放贷，即便它们这么做了，放贷要求也十分严格。但是，汤森路透/PayNet小企业贷款指数（Thomson Reuters/PayNet Small Business Lending Index）——一项衡量小企业全新商业贷款和租赁总量的指数显示，面向小企业的贷款自2009年中期以来一直在上升。[3] 随着经济复苏，更多的企业寻求贷款，而银行也做出了回应。很多商业银行为企业提供购买设备或其他资产的贷款。然而，为了确保企业业务具有可行性并且值得融资，大多数银行都要求企业提供业务和财务发展计划，以及企业所有者和企业的财务报告。在很多情况下，银行还会要求企业提供**抵押品**（collateral），这是一种额外担保，用来向贷方保证借方尚有其他还款方式。要求提供抵押的贷款方式是**担保贷款**（secured loan）。有时，抵押品是融资的资产。例如，如果银行打算批准一家公司用贷款来购买楼房或新设备，那么这两者都可以作为抵押品。如果这家公司无力偿还贷款，那么银行可以接管这些资产，以此替代未偿清的剩余贷款。其他形式的抵押品包括企业的存货、现金储备或设备等。一些企业所有者会将个人资产作为抵押品，拿自己的房产、退休金或其他存款来冒险。如果公司拥有良好的信用记录，同时与借贷机构建立了良好的关系，那么它可能会得到不需要抵押品的**无担保贷款**（unsecured loan）。

还有哪些其他短期贷款选择？ 有时，因为无法从商业银行那里获得短期贷款，企业必须考虑传统机构之外的方案。**非银行贷款人**（nonbank lender）是指发放信贷或贷款，但不持有存款的金融机构。这些机构会承担商业银行认为风险过高的贷款。非银行贷款人的借贷条款通常更为灵活。然而，这种灵活性和可用性是有代价的，也就是更高的利息。优质的非银行贷款人通常很难找到，而资金时代（Fundera, www.fundera.com）正是一个致力于帮助小型企业与合适的非银行贷款人建立联系的在线服务平台。

小额贷款（microloan）是一种专门针对小型企业的短期贷款。为了增加小型企业的可用资金，美国小型企业管理局在20世纪90年代初创办了小额贷款项目。小额贷款可以通过当地的非营利中介机构获得。小额贷款的最高额度为50 000美元，而它的平均借贷水平大约是13 000美元。[4]根据美国小型企业管理局的规定，小额贷款可以用于持续的企业资金需求，例如支付运营资金，采购存货、家具或固定资产，以及购买机器和设备等。

是否有关于资助小型企业运营的拨款？ 尽管大多数小型企业拨款针对的都是特定的研发项目，但还是存在一些帮助小型企业持续运营的拨款的。美国联邦政府不为营利性企业的开创或扩张提供拨款——这些拨款只面向非营利组织。州政府或地区政府则是更好的小企业拨款来源，尽管这些拨款通常针对的是这个州或地区政府力图发展的特定企业，例如托儿中心、改善旅游业的企业以及开发节能产品的企业等。

社会筹资

是否存在不通过金融机构获得贷款的方式？ 社交网络的可用性和接受度给小企业提供了另一种有趣的融资选择：寻找那些愿意借钱或捐钱来帮助他人取得成功的群体或个人。

* **个人对个人借贷**（peer-to-peer lending，下文称P2P借贷）是一种日益流行的小企业融资方式。顾名思义，P2P借贷是个人之间相互借款的做法。与个人向其他

借款人创建贷款项目	• 贷款的具体理由 • 贷款总额
机构对借款人进行评级	• 审核信用记录 • 为贷款人提供风险评级
贷款人放贷	• 审核信用记录 • 为贷款人提供风险评级
借款人每月还贷	• 还钱给机构 • 机构将钱打入贷款人账户

图15-5 P2P借贷是如何运作的

© 玛丽·安妮·波齐

个人销售商品的易贝网一样，普洛斯珀网（Prosper.com）和借贷俱乐部（LendingClub.com）等网站为个人之间的借贷提供了便利。这种借贷方式出现在传统银行贷款越来越难的情况下。和商业贷款相比，P2P借贷的利率通常更低。图15-5描绘了P2P借贷的过程。例如，普洛斯珀网上的潜在借款者可以创建账户，说明贷款的用途和总额，以及他们愿意支付的最高利率。此外，借款者必须提供财务信息，以便网站根据这些信息来创建"信用等级"，从而帮助潜在的贷款人评估项目和借款人的价值。贷款资金可由一个或多个贷款人提供，并通过普洛斯珀网直接偿还，该网站每月会自动从借款人的银行账户上划拨资金给贷款人。

● **众筹（crowdfunding）** 是指通过捐款或个人投资来筹资。启动众筹网（www.kickstarter.com）就是以捐款人为基础创建的。捐款人可以从接受捐赠的公司那里得到产品、补贴或其他回报。大多数成功的捐赠项目所筹集的资金不到1万美元，但也有一些项目筹集的资金达到了六位数甚至七位数。智能手表制造商卵石手表（Pebble Watch）打算筹集十万美元，但最终从85 000名支持者那里筹得了超过1 000万美元的资金。[5] 众筹网（www.crowdfunder.com）提供了基于捐赠和投资的筹款方式，因而吸引了越来越多的投资人、初创科技企业和小型企业。投资者可以获得所有权或未来回报。天使名单（www.angellist.com）则是另一家众筹投资网站。

■ 尽管朋友和家人无法为金尼·麦金泰尔提供扩大裁缝业务所需的资金，但她可以用自己的一些积蓄和信用卡来购买新的缝纫机。她相信自己可以处理更多业务，可以负担新员工的工资，但是为了稳妥起见，她打算让这名新员工从兼职做起。为了在未来几年买下一家小型店铺，金尼也在寻找小额贷款。如果一切顺利，她打算扩张自己的业务，雇用更多员工，并且开辟新的店铺。为了筹资，她可能会向商业银行寻求帮助。和所有企业所有者一样，金尼希望为这些支出争取到的资金能够换来有益的发展和利润。

有趣的众筹项目

公司	实际筹资额 / 目标额度	项目说明
星际公民 （Star Citizen）	420 万美元 /50 万美元	结合傲库路思虚拟现实技术的电子游戏。利用网站持续筹得的资金超过 8 500 万美元
3D 海盗（Pirate3D）	140 万美元 /10 万美元	基于云计算的家用三维打印机
傲库路思 （Oculus Rift）	240 万美元 /25 万美元	研究虚拟现实头戴设备（后来被脸书以 20 亿美元收购）
跟踪帖（Tile）	260 万美元 /2 万美元	通过贴上跟踪帖来跟踪物品位置
酷冰箱 （Coolest Cooler）	1 330 万美元 /5 万美元	整合了搅拌机、蓝牙播放器、USB 充电器和光源的多功能冷藏器
金丝雀（Canary）	190 万美元 /10 万美元	研发智能家用安全设备，利用视频、热运动以及空气质量来检测家庭环境的变化
一帕克（One Puck）	132 739 美元 /10 万美元	研发从热饮或冷饮中获得电流的手机充电器
流动蜂巢 （Flow Hive）	1 240 万美元 /7 万美元	研发全新设计的蜂箱，工人可以在不干扰蜜蜂的情况下收集蜂蜜
铃（Ring）	51 万美元 /25 万美元	研发可穿戴输入设备，人们可以控制手势，进行文本传输、支付等更多操作
反人类牌（Cards Against Humanity）	15 570 美元 /4 000 美元	为"恐怖人物"设计的聚会游戏
索益棱特饮品 （Soylent Drink）	300 万美元 /10 万美元	生产代餐饮品，获得过 2 000 万美元的风险投资

15-3 大企业融资：债券与股票

说明大企业为短期和长期业务需求寻求资金的方式，解释债权与股权融资的利与弊。

■ 三年前，为了给自己的太阳能汽车公司寻求制造资金，约瑟夫·科尔特斯从一家风险投资集团那里得到了股权投资。从那时起，他的公司持续以超出预期的速度扩张着。

来源: jo/Fotolia。

那一年，该公司非常幸运地接到了一笔汽车订单，而且可能还会接到其他几个大订单。现在，为了应对不断增长的制造需求，约瑟夫必须将自己的注意力转移到建设一个规模更大的工厂上。约瑟夫如何才能满足公司的资金需求呢？该公司是发行股票还是发行债券？为此约瑟夫应该考虑哪些因素呢？

和小型企业相比，成熟的大型企业可以通过更多方式来为费用不菲的大型项目融资。本节你将了解如何通过债券和股票来为企业融资。

短期融资

和小型企业一样，大型企业也必须处理好短期融资，这么做通常是为了维持运营、保留存货以及支付员工工资。

此前讨论的许多小型企业可用的短期融资策略——例如信贷额度和抵押贷款——同样适用于大型企业。此外，规模更大、更为成熟的企业还有一些其他选择，例如出售商业票据。**商业票据**（commercial paper）是一种无担保的短期债务，期限为270天（9个月）或更短。美国企业的商业票据无须在美国证券交易委员会进行登记，因为根据政府的规定，销售商业票据的所得只能用于购买存货等流动资产，不可用于投资设备、建筑物或土地等固定资产。由于债务是无担保的，只有信誉优异的公司才能销售商业票据。商业票据的买家是那些希望将自己的现金用于短期投资的人。

长期融资

为什么大型企业需要进行长期融资？ 记住，公司需要扩大项目才能发展，例如建设新办公室、增加制造设施、开发新产品或服务，以及收购其他公司。这些项目通常要花费数百万美元，可能需要多年时间才能完成。企业需要**长期融资**（long-term financing），因为这可以在超过一年的时间内为企业提供资金。例如，约瑟夫·科尔特斯在未来几年里需要大量资金来满足公司大规模生产太阳能汽车的需求，这些资金将用于为新工厂购置房产和设备。这类大型资本项目需要经过大量的长期规划，这样企业才能在需要时有资金和其他业务资源可用。在大多数情况下，即便只有一个项目要做，企业也需要动用多种长期融资资源。

长期融资有哪些不同的方式？ 针对大型资本密集型项目或普通业务扩张，企业可以利用**证券（security）**工具，例如债券（债权）和股票（股权）。**债权融资（debt financing）**发生在企业进行了借款，并按法律规定必须在一定时间内连本带利偿还借款的情况下。和债权融资相反，**股权融资（equity financing）**发生在资金由企业所有者自己产生，而非向外部贷款机构借贷的情况下。这些资金必须来自企业所有者个人，或者来自以股份形式出售的部分企业所有权。

企业如何在债权融资和股权融资之间做出选择？ 大多数企业通过债权融资（借贷或债券）来为房产和设备的购置或建设工程等大型项目融资。股权融资通常用来为企业的持续扩张和发展提供资金。债权融资和股权融资是两种非常不同的融资形式，它们可以相互补充。同时采用两种融资方式来达到最佳平衡状况的企业并不罕见。表15-1概括了在企业选择债权融资或股权融资方式时发挥作用的因素。接下来，我们将更详细地探讨这两种融资方式。

表15-1 债权融资和股权融资：它们对企业分别意味着什么

债权融资	股权融资
企业利润用于偿还债务	企业的利润既可以保留下来，也可以支付给股东
必须偿还或用于再融资，需要定期支付利息	不需要偿付股东
企业必须产生现金流来支付利息和本金	企业不需要通过现金流支付股息，如果需要，企业可以通过利润来支付
通常需要抵押资产	不需要抵押资产
利息支付可以免税	股息支付不免税
债务不会影响公司的控制权	股东共享公司控制权，并会给公司施加一定约束

© 玛丽·安妮·波齐

债权融资

为什么要利用债券来融资？ 在我们的个人生活中，当打算购买的房屋或汽车等产品的价格超过了我们的存款时，我们的最佳选择便是借钱。我们会特意贷款（例如房屋按揭或汽车贷款）来买下这款产品，而这款产品也将作为抵押品，以防我们无法偿还贷款。同样，当一个公司无法用现有资金来支持某个项目或购买想要的资产时，它也可以申请商业贷款。常见的贷款人包括银行、机构、信用卡公司和私人企业。

最终，公司的融资需求可能会超出这些常见贷款人的能力。在这样的情况下，公司可以利用债券来获得需要的资金。**债券（bond）**是公司或政府为了给大型项目筹集资金而发行的债务工具。简而言之，债券就好比贷款，但贷方是投资者，而非银行。债券由本金（借款金额）和利息（贷方向借方收取的使用借款的费用）组成。投资人通过购买债券，将资金借给公司，作为回报，他们通常会得到与所购债券相对应的利息。尽管有些债券不支付利息，但所有债券都必须退还本金。

通过债券进行融资的好处是什么？公司可以使用投资人的资金来创造或得到企业资产，使用债券还可以提高企业的杠杆水平。**杠杆（leverage）**是指通过借款来为投资项目寻求资金的做法，其目的是希望投资所得的利润远远高于贷款的利息。例如，大多数房主都会通过杠杆手段来买房。假设你打算购买一栋价值40万美元的房子，但你只有20万美元存款。你可以等攒足了钱再买房，你也可以动用自己的一部分钱，然后通过抵押贷款来补足剩下的钱。尽管借钱有成本（利息），但只要这种成本低于你的投资所得，那么借钱（调动杠杆）就是有意义的。假设你从自己的积蓄中拿出10万美元，同时以5%的利率抵押贷款30万美元。你只用了自己的10万美元就得到了一份价值40万美元的资产。接下来你可以将另外10万美元投资到股票市场，它的历史收益率是8% ～ 10%。假如你将20万美元都用于买房，那么你的利息开支会变少，但你也无法进行其他投资。因此，通过明智地使用杠杆，你的投资收益将与你的融资成本相抵，甚至可能会有所盈余！企业也是以同样的方式使用杠杆的。

由于借债太多会有风险，因此在放贷之前，贷方会考察公司的债务与其所拥有的**股权（equity，或资产）**的比例。常见的杠杆比率是公司的股权至少为其债权的两倍。借款远远超过其资产的公司是高杠杆公司。

通过债券来融资的另一个好处是公司的所有权不会被稀释。对很多企业所有者来说，通过发行股票的方式（接下来会谈到）来放弃或稀释所有权或企业的控制权并不是一种可行或可取的选择。与股东不同的是，债券持有人对企业的经营方式没有发言权或控制权，他们唯一的要求是企业按时偿还欠款并支付利息。

财务经理在选择进行债权融资前必须考虑哪些问题？财务经理必须考虑许多因素，首先是贷款成本，即贷方所要求的利率，这是一个重要的考虑因素。如果利率过高，那么这会迫使项目成本提高到企业无法承受或融资没有经济意义的程度。如果出现这种情况，那么公司将考虑其他融资方式或推迟项目，直到利率变得更有吸引力。

在做出发行债券这一决策之前，财务经理还要考虑新增债务将如何影响公司的整体财务健康水平。从资产负债表上看，过高的债务会损害公司的信用评级，从而导致公司难以获得更多融资。现金流量表将有助于公司确定自身是否有足够的现金来偿还债务或维持运营。正如你已经了解到的那样，现金流过少会迅速让一个公司陷入灾难性的财务混乱。

如何确定债券利率？ 债券利率是由多种因素决定的，包括**发行人风险**和**债券期限**。发行人风险用于衡量公司的偿还能力。公司的信用由标准普尔和穆迪等信用评级机构来评估，信用风险越高，利率也越高。在第十六章你将了解到，发行债券的公司经常通过购买保险来降低风险，并以此来降低债券的利率。低利率省下的费用可能比购买保险的成本高。除了发行人风险，债券期限（又称**到期日**）也会影响利率。债券期限越长，发行人越有可能无法在到期日支付本金和利息。因此，期限长达20年或30年的债券比5年或10年的债券具有更高的风险和利率。

公司如何偿还债券债务？ 如前文所述，债券持有人将得到两种类型的款项：**本金和利息**。大多数债券持有人会定期在债券协议所规定的时间收到规定数额的利息。大多数利息每半年支付一次，利息是根据未偿还本金和与债券相关的定期利率计算的。因此，如果你有一份价值1万美元的15年期债券，利率为5%，每半年支付一次利息，那么只要你始终持有该债券，每年你都可以得到两次价值为250美元（$10\,000 \times 5\% \div 2$）的利息。贷款期末，该公司必须支付你最初投资的全部资金（本金），本例中为1万美元。

为了保证贷款期末有足够的资金来偿还所有债券持有人的本金，公司每年都要留出一部分资金作为**偿债基金**（sinking fund）——一种由公司定期存入的储蓄基金。图15-6说明了发行债券的付款周期。

股权融资

企业有哪些可用的股权融资方式？ 如果一家公司经营得比较成功，那么寻找长期投资就会像查看资产负债表上的累积利润（**留存收益**）一样简单。使用留存收益是为长期项目提供资金的一种理想方式，因为这可以让公司省下贷款利息和债券承销费。不幸的是，并非所有公司都有足够的留存收益来为大型项目提供资金。

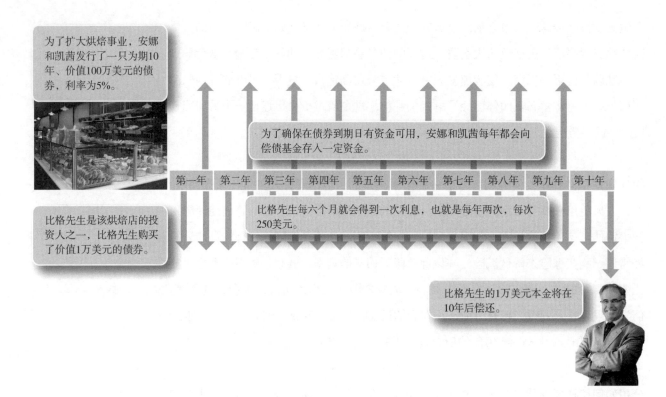

为了扩大烘焙事业，安娜和凯茜发行了一只为期10年、价值100万美元的债券，利率为5%。

为了确保在债券到期日有资金可用，安娜和凯茜每年都会向偿债基金存入一定资金。

| 第一年 | 第二年 | 第三年 | 第四年 | 第五年 | 第六年 | 第七年 | 第八年 | 第九年 | 第十年 |

比格先生是该烘焙店的投资人之一，比格先生购买了价值1万美元的债券。

比格先生每六个月就会得到一次利息，也就是每年两次，每次250美元。

比格先生的1万美元本金将在10年后偿还。

图15-6 发行债券的付款周期（示例）

© 玛丽・安妮・波齐

来源：Stephen Coburn/Shutterstock; nyul/Fotolia。

私募股权融资渠道有哪些？ 企业可以通过风险投资来寻求长期融资。**风险投资**（venture capital）是外部投资人给予公司的投资，这些投资人被称为**风险投资家**，他们在公司的管理决策中扮演着积极的角色。风险投资家希望从公司那里获得股权或所有权形式的回报。他们预计自己的投资将会在公司出售或首次上市时获得巨大回报。和其他投资人、贷款人或股东相比，风险投资家愿意为了获得回报而等待更长时间，但他们期望得到的回报也高于正常水平。

为什么要通过股票来融资？ 与其依赖风险投资或债券（后者常用于短期项目而非持续运营），企业不如选择发行股票（通常称**股权**）。**股票**（stock）是企业所有权的一个单位。**股票证书**（stock certificate）是代表股票所有权的文件，它包含股票发行公司的名称、证书所代表的股票份额以及股票类型等。然而，由于公司选择以电子方式记录股票证书，因此纸质股票证书如今已不再定期发放。公司首次公开销售股票的行为称为**首次公开募股**（initial public offering，下文称IPO）。公开发行股票，即"上市"，是一种不错的选择。当一家公司认为自己拥有足够的公众支持来吸引新股东时，它便可以选择上市。

股权融资有什么缺点？ 通过股票进行融资的最大缺点在于这稀释了企业的所有权。股东成了公司的所有者，尽管他们无法直接控制公司的日常管理工作，但他们对公

利用社交网络筹集风险投资

企业需要钱，风险投资家需要投资项目。如何对接两者的需求？你可能会惊讶地发现，今天很多这样的关系都是在网络上通过博客、推特以及领英等社交网络建立的。

投资人利用社交媒体寻找交易项目并与企业家建立联系，这样他们就可以达成看似最有吸引力的交易。投资人通过推特可以找到有关公司创始人、公司员工以及有关公司文化和生存能力的有价值的观点。社交网络同样有助于投资人与企业创始人建立联系。如果投资人不了解未来投资项目的管理团队，那么他可以寻找双方之间的共同联系人。如果有共同联系人，那么这些人便可以成为良好的信息来源——哪怕这些信息只是关于性格和商业敏锐性的。

推特搜索对风险投资家来说很有价值，因为他们可以借此了解用户对某公司产品的体验是好还是坏，以及用户是否对此感到不满。这有助于揭露现实世界中可能被公司管理团队忽视或忽略的问题。然而推特搜索不是单向的，投资人也需要维护自己在网络上的声誉，将自己与其他投资人区分开来。风险投资家可以利用社交网络来为自己建立声誉。[6]

司董事会的组成具有发言权，而董事会负责招聘公司的高级管理人员。这意味着尽管股东无法直接控制公司，但他们可以决定由谁来管理公司。因此，股东可以对公司的管理决策产生有力的影响。

股权融资有什么优点？ 与债券及其他形式的债权不同，股权融资不需要公司偿还本息，即使公司破产，它也不需要用任何资产来抵押。此外，股权融资能够让公司保留自己的现金和利润，而不是用这些资金来支付利息和本金。在很多情况下，股权融资可以让公司的资产负债表看上去更强健，因为高水平的负债可能会让贷款人和投资者对公司的财务活力产生怀疑。

公司如何在债券和股票之间做出选择？ 债权融资或股权融资的选择取决于很多因素，包括到期日、公司规模、公司的财务价值、公司已有的资产和负债总量，以及融资项目的规模和性质等。财务经理只有理解了项目本身的财务需求以及财务决策对公司的收入、现金流和税收的影响，才能做出最佳决策。此外，公司必须在发行债券之前考虑自己已有多少债务，以及自己是否希望通过发行股票来稀释企业所有权。

此外，企业所有者必须做出决策，确定自己是否愿意让股东拥有对公司的发言权，并因此而妥协自己对公司的愿景。

最后，企业在融资时必须考虑外部因素，例如债券市场或股票市场的状况、经济环境，以及投资者的期望利率等。值得注意的是，债权和股权不应被视为彼此的替代品，相反，企业应当将它们视为互补的融资方式。大多数企业通常会同时使用这两种方式。

■ 在权衡了两种方式的利弊后，约瑟夫决定通过发行债券来筹集建设全新生产设施所需的资金。如果公司继续扩张，那么接下来他可能会考虑发行股票。但是现在，他并不想因此而稀释公司的所有权，或者不得不放弃对公司的控制权。他相信自己的决策可以帮助公司实现发展，并且能让公司在债权融资和股权融资之间保持良好的平衡。

15-4　会计的功能

讲解会计的不同类型、会计准则，以及基本会计恒等式的重要性。

■ 阿诺德·索耶非常善于处理企业财务问题。当侄女约瑟芬（Josephine）邀请他负责她的素食餐饮公司的财务工作时，他认为自己可以应付过来。阿诺德有销售工作背景，他认为自己很聪明，能够处理好会计工作。他运用"快账本"（QuickBooks）软件建立了基本的记账系统。由于这家公司的客流量不大，并且很稳定，因此会计方面的工作并不复杂。然而，在约瑟芬登上新闻节目谈论素食的好处后，该公司产品的销量突飞猛进，工作量增加了一倍。约瑟芬必须增加员工和产品供应量。阿诺德的能力足以应对该公司日益复杂的财务状况吗？

来源：littleny/Fotolia。

人们常常把会计称为"商业语言"，因为它为决策的制定、计划和报告的编撰提供了财务信息。在规模较小的情况下，公司的会计工作相对简单。然而，随着公司的发展和多元化进程的加快，会计工作变得越来越复杂。本节你将了解会计基础知识、会计类型以及会计准则和程序。

会计基础知识

什么是会计？ 回忆前文的几个场景：辛迪·李要就自己的公司是否有能力为大型项目提供资金做出决策，金尼·麦金泰尔试图筹集资金来购买全新设备和雇用新员工，而约瑟夫·科尔特斯需要通过融资来扩大生产。为了做出明智的决定，所有企业所有者和管理者都要依赖他们或他们的会计人员准备的财务数据。同样，阿诺德·索耶必须判断侄女的餐饮服务企业是否需要更多资金来维持运转。阿诺德需要回顾该公司的财务信息，在做出决策之前，他可能还要寻求外部咨询师的帮助。所有这些情况都说明了一个问题，即会计工作可以帮助企业管理者对企业的财务需求做出明智的决定。**会计（accounting）** 是指通过记录企业的财务交易来跟踪企业收入和支出的过程。这些交易会在重要的财务报告中得到总结，这些报告将进一步用于评估企业当前和未来的财务状况。会计工作对任何规模的企业来说都至关重要，哪怕是规模最小的企业，会计都可以定义它的核心与灵魂。因为会计工作有助于"说明"企业做了什么，正在做什么，以及将要做什么。尽管会计工作被要求有很高的精准度，但它有时也会提供"一定程度"的阐释。这使得会计成了一种既是艺术又是科学的工作。

会计类型

会计有哪些不同的类型？ 退一步说，会计是一个通用的概念。由于不同类型的业务有不同的需求，因此许多专业领域都属于会计范畴。图15-7概括了会计的主要类型。

- 公司会计（包括管理会计和财务会计）。
- 审计、政府和非营利组织会计。
- 税务会计。

什么是公司会计？ 财务经理必须做出的判断包括：公司的财务资产是否在有效地运作，哪种融资策略最佳，以及用什么方式来获得资金。这些问题的答案以

图15-7　会计的主要类型

© 玛丽·安妮·波齐

及财务经理必须做出的其他决策可以在公司的会计报告或分析中找到。**公司会计**（corporate accounting）是企业财务部门的一部分，相关人员主要负责收集和整理重要财务报告所需的数据。公司会计有两个独立分支：管理会计和财务会计。

什么是管理会计？ 管理会计（managerial accounting）的作用是为组织内的管理人员提供信息和分析数据，以便他们做出明智的业务决策。例如，管理会计人员的预算报告能够帮助管理者决定是否要增减员工。管理会计人员同时可以制定有助于管理者进行日常运营管理的短期报告，例如管理者用来指导和激励销售人员的每周销售报告。此外，管理会计人员还要分析哪些业务活动的利润最高，哪些最低。根据这些分析，管理者可以有更充分的依据来决定是否继续、扩展或取消某些业务。此外，管理会计人员还监督着企业的实际业绩，并将其与预算目标进行比较。

什么是财务会计？ 财务会计（financial accounting）是公司会计的另一个分支，它的作用是提供财务文件，从而帮助投资人和债权人做出决策。管理会计是公司内部的管理者用来制定决策的，而公司外部的利益方则依赖财务会计。图15-8对比了这两种不同的公司会计分支。

未来与当前的投资者和债权人通过财务会计信息来帮助自己评估公司的业绩和盈利能力。这样的信息通常可以在重要文件中找到，例如年度报告——一份每年编撰一次的文件，展示了公司当前的财务状况及未来前景。年度报告里的财务状态可以帮助投资人判断投资该公司是否明智。

图15-8 管理会计与财务会计的对比

© 玛丽·安妮·波齐

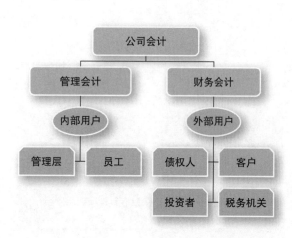

银行和其他债权人可以通过财务报表来了解公司的财务健康状况和信誉。一些公司会聘请**专任会计师**（private accountant）在公司内部进行财务会计工作，而另一些公司则雇用外部的**公共会计师**（public accountant）来完成这些工作。通过美国注册会计师协会（American Institute of Certified Public Accountants）的一系列严格考核并符合国家规定的美国公共会计师和专任会计师才会被授予**注册会计师**（certified public accountant）的称号。

什么是审计？ 审计（auditing）是会计中的一个专业领域，它的作用是审查和评估财务报告的准确性。为了确定公司的财务信息得到了准确记录并按照正确的流程进行编制，大型企业可能会配备独立于会计部门的内部审计人员。然而，为了保证财务报告得到准确编制，同时不存在任何偏颇，也未被操控，大多数公司通常会从外部雇用独立审计人员。通过审计，公司可以避免灾难性的预算问题，例如明尼苏达州卡弗县的评税办公室所经历的那些问题（参见下文"失败案例"部分）。

政府和非营利组织使用哪种类型的会计？ 会计不只为那些致力于赚钱的组织服务，政府机构和非营利组织也要使用会计。**政府和非营利组织会计（government and not-for-profit accounting）** 指的是不以创造利润为目的的法律实体和慈善机构等组织所要求的会计工作。然而，为了持续获得服务公众所需的资金，美国红十字会以及部分医院和教育机构等非营利组织必须像营利性组织一样对资金进行分配和管理，保持预算平衡，以及为未来的项目做计划。政府和非营利组织还必须报告其财务活动，以便纳税人和资助人了解资金是如何使用的。

是否存在只负责税务问题的会计？ 美国的州政府和地方政府要求个人和组织每年提交纳税申报表。**税务会计（tax accounting）** 的工作包括报税和提供税务策略方面的建议。公司的报税工作可能非常复杂，而且一直会变化。因此，公司常常会聘用税务会计，或者在外部聘请自雇税务会计，或者由税务会计公司来负责公司的报税工作。

【失败案例】

出现会计失误会怎样

美国明尼苏达州卡弗县评税办公室的一个会计失误影响了美国34 000名纳税人。该办公室的一名评税员在向该县数据库输入数据时，误将一块价值18 900美元的空地输成了1.89亿美元。这个输入错误没有被发现，甚至该地政府使用的会计软件也未发现任何异常。该地区认为自己将因此收缴250万美元的财产税，并据此做了计划。该地区的司法辖区在制定预算时延续了这个错误。由于税收估算里包含了这250万美元，因此纳税人收到纳税估算后都松了一口气。没有人注意到这个错误，直到那块空地的主人收到一张250万美元的账单，并打电话向政府投诉。卡弗县的官员不得不赶紧调整下一年的预算。而很多原本认为自己得到减税待遇的纳税人则全都怒气冲冲，因为他们应缴纳的税金又增加了。[7]数字后面多了几个0的后果真是相当惊人！

表15-2　需求量较大的会计师类型

注册管理会计师	为公司内部的管理者和其他决策制定者提供财务信息，帮助他们制定策略和战略
注册会计师	为股东、债权人以及其他外部人员提供财务信息。注册会计师必须有执照，并且要满足严格的要求
独立审计员	为公司提供会计意见，以此证明公司财务报告的准确性和质量。独立审计员与他们为之提供建议的公司没有任何其他关联
公共会计师	为个人和公司客户提供广泛的会计、审计、税务以及咨询服务。并非所有的公共会计师都是注册会计师，很多公共会计师有自己的公司，或为公共会计事务所服务
专任会计师	受雇于某个组织，目的是控制财务、监督会计制度
税务会计	协助纳税人报税。纳税人可以是个人，也可以是公司。公司税务会计会帮助决策制定者制订计划以尽量减少纳税额

© 玛丽·安妮·波齐

会计对企业非常重要，因此针对会计师的各种需求都非常旺盛。表15-2总结了不同类型的会计师及其职能。

会计准则和程序

会计师必须遵循哪些特定的准则？要想让所有财务信息都发挥作用，信息的准确性、公正性和客观性，以及随着时间而延续的一致性都至关重要。因此，美国的会计师要遵循一套**公认会计准则**（generally acceptable accounting principles，GAAP），这是由独立组织——美国财务会计准则委员会（Financial Accounting Standard Board）制定的标准会计准则。

尽管公认会计准则由常规准则组成，但它们通常会得到不同的解释，而这可能会导致一些问题。2002年，为了保护投资人免遭公司会计欺诈，美国国会通过了《萨班斯-奥克斯利法案》。该法案是在世通、安然以及泰科等多家上市公司因为激进和欺诈性会计行为而倒闭后通过的。该法案确定由上市公司会计监督委员会（Public Company Accounting Oversight Board，PCAOB）来监督上市公司的财务审计问题。美国国会还通过了《多德-弗兰克法案》，其中的一项条款赋予了上市公司会计监督委员会监督证券市场经纪人和交易商审计师的权力。《多德-弗兰克法案》要求经纪人和交易商的财务报告必须得到在上市公司会计监督委员会注册的会计公司的认证。你可以阅读下文的"商业杂谈"，更详细地了解《萨班斯-奥克斯利法案》。

所有国家的会计准则都一样吗? 美国以外的其他国家拥有自己的会计准则,它们可能与美国的公认会计准则有所不同。例如,美国公认会计准则就与加拿大的公认会计准则不同。这可能会给那些在其他国家做生意的企业造成麻烦。为了弥补这些差异,国际会计准则的"趋同运动"正在进行当中。大多数国家也开始接纳一套中立的通用会计准则,即《国际财务报告准则》(International Financial Reporting Standards)。通过这种方式,在美国经营的跨国公司,例如本田、乐金和三星等,不必将符合本国会计准则的财务报告转换成符合美国公认会计准则的报告了。全球有将近100个国家要求或接受企业按照《国际财务报告准则》编制财务报表。[8]

什么是会计程序? 当想到会计时,大多数人会想到对公司每笔财务交易的系统记录。会计工作中的这个微小却很重要的过程称为**簿记**(bookkeeping)。簿记过程以一个基本概念为核心,即公司拥有的财资(**资产**)必须等于它欠债权人的财资(**负债**)与它欠所有者的财资(**所有者权益**)的总和。这种平衡可以用图15-9来表示,也可以用**基本会计恒等式**(fundamental accounting equation)的形式来更好地表述:

$$资产 = 负债 + 所有者权益$$

图15-9 基本会计恒等式示意图

© 玛丽·安妮·波齐

《萨班斯-奥克斯利法案》的成本与好处

在《萨班斯-奥克斯利法案》通过之前，一些大规模的企业丑闻和会计丑闻让投资者付出了数十亿美元的代价。该法案旨在提高公司的责任感及其会计透明度。《萨班斯-奥克斯利法案》要求上市公司必须由外部审计师进行审计，即使这些公司有自己的内部审计师。这个规定意在消除内部审计师在审核公司财务信息时可能出现的任何利益冲突。

2013年美国开展的一项全国性调查显示，符合《萨班斯-奥克斯利法案》要求的外部审计费用持续上升。调查表明，由于企业需要雇用外部审计人员，审计费用同比增长了38%。然而，大多数公司认为这项成本是可控的。企业每年花在遵守《萨班斯-奥克斯利法案》上的费用为50万~100万美元。然而，近70%的受访公司表示，由于遵守了这一法案，企业内部对财务报告的控制也得到了改善。[9]

会计恒等式可以始终保持平衡吗？ 为了让资产等同于负债与所有者权益之和，会计人员使用了一种名为复式簿记的记录系统。**复式簿记（double entry bookkeeping）** 的原则是，每一笔影响资产的交易必须对应一笔影响企业负债或所有者权益的交易。例如，假设你开始经营除草业务，你的原始资产是一台价值500美元的除草机和你为了创业而存下来的1 500美元现金。因此，你的企业资产为2 000美元。由于除草机和现金原本就属于你，因此你不欠任何人的钱，所以你的负债为零。如果你打算明天歇业，这些现金和除草机就属于你。因此它们可以视为所有者权益。你的除草业务的会计报表应该与图15-10显示的一样。

现在，假设企业发展得十分迅速，你发现你需要买一台更大的除草机。你还想买一台清雪机，这样你就可以提供除雪服务，从而扩大自己的业务。这两件设备共需2 500美元。而你没有足够的现金把它们全部买下来，因此你必须借钱。新的除草机和清雪机尽管增加了你的资产，但也增加了你的负债——你为了购买这些新设备而欠下了钱。即便你明天歇业，你的所有者权益也不会改变，因为你可以卖掉除草机和清雪机来偿还全部债务（假设你可以按原价卖掉设备）。现在，你的会计报表应与图15-11显示的一样。如果你打算用现金购买办公用品，例如用900美元买一台电脑，从而助力企业运营，那么你的会计报表应该是什么样的呢？

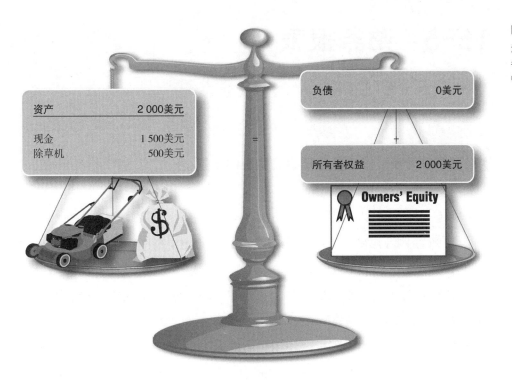

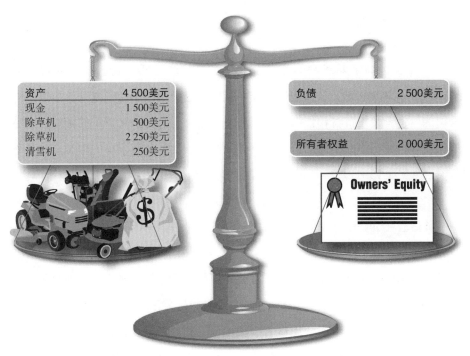

■ 会计对各种规模的企业来说都是必需的，因为这可以帮它们确定自己能够做什么。阿诺德·索耶一开始能够应对侄女的餐饮企业的财务工作，但是随着业务的发展，他不知道自己该怎么做了。他认为事情超出了自己的能力范畴，因此说服侄女聘请专业会计师来处理这些重要事项。有个懂会计的人对公司来说至关重要。

15-5 财务报表

说明资产负债表、损益表和现金流量表的功能。

■ 马特奥·莫拉莱斯兴奋极了。他刚刚得到一笔巨额奖金，正在思考用这些钱来买什么：一台更大的纯平电视，拉斯维加斯的周末之旅……这样的选择无穷无尽。不过马特奥还是恢复了理智，尽管他很想买那些东西，但他明白投资才是最佳选择。随着时间的推移，这些投资兴许可以收获回报，那时他就可以买一些更好的东西了。但是他应该投资什么呢？也许是对勾标志无处不在的耐克公司，也许是安德玛。这两家公司属于同一行业，而且股价也差不多。然而，两家公司的规模不太一样，收入也不一样。因此哪个才是更好的投资选择呢？马特奥应该了解哪些数据？他可以在哪里找到各个公司的财务信息呢？

财务报表是会计师定期编制的有关企业财务交易的正式报告。不同的**财务报表（financial statement）**关注不同的财务业绩。它们反映了过去发生的事情，同时为公司的管理者及投资者和债权人等外部人士提供了有关未来情况的预期。上市公司必须发布年度报告，年度报告包含有关公司业务及其财务状态的信息，以及下列财务报表（见图15-12）：

- **资产负债表（balance sheet）**反映的是一个公司拥有什么，借了（欠了）什么，以及公司的净值是多少。

来源：Casper1774 Studio/Shutterstock。

- **损益表（income statement）**反映了公司在一段时间内创造了多少收入，又花掉了多少钱。两者之差就是该公司的利润或损失。

- **现金流量表（statement of cash flows）**反映了一段时间内和公司有关的各方与该公司的金钱往来情况，也就是现金的流入和流出。

本节你将更详细地了解每种财务报表，我们从资产负债表开始。

资产负债表

资产负债表的作用是什么? 资产负债表是企业在某一特定时刻的财务状态的缩影。它反映了企业拥有的财资(资产)、欠外部机构的财资(负债),以及欠所有者的财资(所有者权益)。在任何时候,资产负债表中的信息都可以用来回答这样的问题,例如"企业目前处于有利于扩张的局面吗","企业是否有足够的现金来撑过未来的销售低迷期"。此外,通过分析资产负债表随着时间的变化,财务经理可以发现财务趋势,然后提出应对策略,以最有利于企业业绩的方式来管理应收账款和应付账款。图15-13是2015年5月耐克公司的资产负债表摘要。[10]财务报表的摘要以精简的形式呈现数据,而不提供具体信息。

| 资产负债表 | 资产和负债的汇总 |

- 反映了具体日期的企业财务状况。
- 汇总了企业的资产、负债和所有者权益。
- 公司的业绩报告。
- 公司财务状况的缩影。

| 损益表 | 经营成本和利润的汇总 |

- 反映了总销售额、销售成本以及其他运营成本。
- 反映了一定时期内的利润和损失。

| 现金流量表 | 概括了现金状态的变化 |

- 跟踪一段时间内经营、投资和等资活动中现金状况的变化。
- 类似于支票明细账。
- 反映了企业的现金使用效率。

图15-12　财务报表
© 玛丽·安妮·波齐

资产负债表记录什么? 资产负债表建立在基本会计恒等式的基础上:

图15-13　耐克公司的资产负债表摘要

资料来源: Balance sheet of Nike Inc., May 31, 2015。

耐克公司资产负债表摘要 截至2015年5月31日 (单位:十万美元)					
资产			**负债**		
流动资产			流动负债		
现金与现金等价物	3 852		应付账款		2 131
短期投资	2 072		其他流动负债		4 203
应收账款净值	3 358		流动负债小计		6 334
存货	4 337		长期负债		
其他流动资产和递延税资产	2 357		长期债务		1 079
流动资产小计	15 976		其他负债		1 480
固定资产			长期负债小计		2 559
土地,厂房、设备	3 011		负债总计		8 893
其他资产	2 201				
固定资产小计	5 212		**所有者权益**		
无形资产			普通股		6 776
商誉	131		留存收益		4 685
无形资产	281		其他		1 246
无形资产小计	412		所有者权益总计		12 707
资产总计	21 600		负债与所有者权益合计		21 600

<h2 align="center">资产＝负债＋所有者权益</h2>

重要的是，资产（资产负债表左侧的项目）必须始终等于负债加上所有者权益（资产负债表右侧的项目）。负债和所有者权益也可视为针对公司资产的索赔权。下文将详细探讨资产负债表的各个组成部分，看看它们是如何组合在一起来提供有意义的信息的。

资产

资产（assets）是指公司拥有的东西，包括现金、投资项目、建筑、家具和设备等。资产负债表上的资产分为三类，它们是流动资产、固定资产和无形资产。这三类资产根据**流动性**（liquidity）——资产变现速度，从高到低依次排列如下：

- **流动资产**（current assets）是可以在一年内变现的资产。应收账款、存货、短期投资、货币市场账户等均属此列。如图15-13所示，截至2015年5月31日，耐克公司的流动资产接近160亿美元。

- **固定资产**（fixed assets）是具有长期使用价值的资产，例如土地、建筑、机器和设备等。通常，机器或设备等固定资产的价值会因使用或被淘汰而减少。为了补偿这种价值随时间的减少，会计人员用**折旧**（depreciation）来分摊资产在其使用期内的成本，从而将资产的成本与资产的预期收入相匹配，通过这种方式来保持会计恒等式的平衡。截至2015年5月31日，耐克拥有价值约52亿美元的固定资产。

- **无形资产**（intangible assets）不具备物理属性（你无法触摸或看到它们），但它们仍具有价值。商标、专利和版权等都是无形资产。强大的品牌认知度和良好的客户或员工关系亦属此列，它们又称**商誉**（goodwill）。耐克的商誉和无形资产总计4.12亿美元。

负债

负债（liabilities）是企业对外部债权人、供货商或其他供应商欠下的全部债务和责任。负债在资产负债表上按到期时间的先后排序如下：

- **短期负债**（short-term liabilities）又称**流动负债**，是一个公司在一年或更短时间内必须付清的债务，它位于资产负债表右侧首位，包括应付账款、应付费用以及短期融资。应付账款是公司在供货商和债权人处欠下的债务，类似于你每月需要支付的账单，例如有线电视费、信用卡还款以及手机费等，其他债务则无须频繁支付，例如税费和保险等。应付费用包括员工应得但尚未支付的工资、佣金和福利。短期融资由商业信用和商业票据组成。耐克公司的流动负债约为63亿美元。

- **长期负债**（long-term liabilities）包括企业在一年或更长时间之后才到期的负债和债务，例如购买土地或建筑物的抵押贷款、设备与建筑物的长期租赁费，以及为大型项目发行的债券等。耐克公司的长期负债约为25亿美元。

所有者权益

所有者权益（owner's equity）是所有资产减去负债后的剩余部分。对小企业来说，所有者权益实际上就是企业所有者可以声称自己所拥有的那部分。如果企业的债务没有增加，那么所有者权益会随着企业的发展而增加。人们常常称之为**所有者资本账户**。

对大型上市企业来说，所有者权益则较为复杂。股东是上市公司的所有者。在这种情况下，所有者权益是所有者（股东）对企业投资的股票的价值与**留存收益**（retained earning）之和，后者是企业用于再投资的累计利润。耐克的所有者权益（股东权益）约为127亿美元。

资产负债表分析

资产负债表上有哪些重要的信息？ 资产负债表可以反映一家公司的许多重要信息。例如，存货量可以作为一个公司的效率指标。**存货**（inventory）是企业持有且尚未出售的商品。可用的存货是企业快速满足客户需求所必需的，它有利于业务发展。然而，持有存货需要一定的成本，其中最明显的就是购买相关货品的花费。除了初期成本，储存未使用的存货还会产生仓储成本，占用原本可以用于其他地方的资金。更糟糕的是，如果未使用的存货的价值随着时间的推移而缩减，那么企业就会因此有所损失。这是苹果等大公司非常关心的问题，这些公司的存货包括可能很快过时的计算机部件和其他科技组件。存货周转率（存货售出和补足的速度）因行业而异。易贝和雅虎等一些服务型企业或网络公司并没有存货。

资产负债表所反映的其他重要方面包括公司处理流动资产和流动负债的效率，以及公司是否背负了过高的长期债务。接下来我们将讨论这些指标。

资产负债表比率

如何比较两个公司的数据？ 尽管查看资产负债表是判断一个公司整体财务健康水平

的好办法，但若资产负债表上的数据没有条理，那么这会让投资者不知所措，认为这些数据没有用。这就是比率分析对财务报表很重要的原因。**比率分析（ratio analysis）**用于将当前数据与往年数据、竞争对手的数据或行业平均值进行比较。比率消除了规模的影响，因此你可以对大公司和小公司的业绩进行合理比较。我们可以通过资产负债表上的数据生成三种比率，以此判断一个公司的财务健康状况和变现能力，它们是：

- **营运资金**=流动资产–流动负债
- **流动比率**=流动资产÷流动负债
- **债务股本比**=总负债÷所有者权益

用什么来衡量一个公司的财务效率？确定公司的营运资金。**营运资金（working capital）**反映的是公司用短期资产偿还短期负债后的剩余部分，这是用来衡量公司短期财务健康水平及其效率的指标。

如果一家公司的营运资金为正值（流动资产大于流动负债），那么它有能力偿付短期债务。如果一家公司的营运资金为负值（流动资产小于流动负债），那么当前它无法用流动资产来抵销流动负债。即便动用公司的所有现金，收回全部应收账款，同时卖掉全部存货，这家公司也无法在短期内偿还债权人的债务。当一家公司的流动负债超过流动资产时，很多财务问题便会发生，最严重的莫过于破产。关注公司营运资金的变化非常重要。营运资金随着时间的推移而减少可能意味着一家公司的财务状况出了问题。

即便营运资金为正值，企业也依然有可能无法应对较大的、意料之外的现金需求。这正是阿诺德佅女的餐饮企业在销量猛增时期的遭遇。阿诺德不知道他们该如何筹集足够的资金来提高产量，进而满足新的需求。优秀的财务经理和会计人员必须使企业在手头拥有足够现金和不让现金闲置之间保持一定的平衡。手头有大量未得到积极使用的现金同样不是理想状态，因为这些钱本可以用来为企业赚更多钱，要么偿还债务，要么放在银行收利息。正因如此，营运资金也可以作为企业潜在财务效率的指标。

用什么来衡量企业是否可以支付自己的账单？我们很难将一个公司的效率与业内其他企业或它的竞争对手进行比较——特别是在企业规模差异较大的情况下。**流动比**

率（current ratio，有时称流动资产比率）是用来衡量一家公司能够在多大程度上满足当前财务责任的指标。

在图15-13中，耐克公司的流动比率约为2.52（15 976÷6 334）。作为一个独立的指标，流动比率说明了耐克公司的流动资产是流动负债的2.5倍，该公司可以用流动资产来偿还流动负债，并仍有现金结余。流动比率的标准是2，这意味着公司的流动资产至少是流动负债的两倍。流动比率过高表明公司的现金使用效率可能不高，流动比率过低可能意味着公司会在偿还债务方面遇到潜在问题。耐克公司的流动比率说明了什么？

公司可以有过多债务吗？ 分析企业财务状况的另一种方式是采用债务股本比。**债务股本比（debt-to-equity ratio）** 比较的是一个公司的总负债与所有者权益（股东权益）总额，它表明了公司在为其资产融资时所动用的所有者权益和负债的比例。它可以让你大致了解一个公司的财务杠杆水平。你可能还记得，我们在本章开头提到：**杠杆**是一种借钱投资的方法。尽管杠杆在释放现金并进行额外投资方面可能是有益的，但债务过多也是一个问题。长期债务过多的企业最终可能会为了支付利息而背上较重的财务负担。

债务股本比低意味着公司使用的杠杆较少，同时拥有更多的所有者权益。债务股本比高通常意味着公司在融资方面更为激进，也意味着更大的风险，因为股东对于公司资产的所有权较小。

为了更好地理解如何使用比率分析工具，我们可以看一看表15-3里的数据。尽管耐克和安德玛同属一个行业，但耐克的规模远远大于安德玛的（2015年，两者的资产总值分别为216亿美元和28亿美元），因此比较绝对数值是没有用的。而查看比值会让这种比较变得更有意义。你认为这两家公司的资产负债表数据比较起来是怎样的？

比率可以用来中和同一行业中不同规模公司之间的差异。在比较不同行业的公司时，你还要考虑行业指标。例如，截至2016年2月，塔吉特的债务股本比为96.47。而通用汽车的这一比率为156.51。单看这两家公司，你可能会认为塔吉特在债务股本比方面的表现要好于通用汽车的。然而，你如果考虑了平价杂货店行业的平均债务股本比（65.8）和汽车制造业的这一数值（181.6）的话，就会有一个更好的角度来进

表15-3　两家公司资产负债表数据的比较　　　　　　　　　　　　　　　　　　　　　　　　　　　　　　　　　单位：十万美元

项目	营运资金 （流动资产－流动负债）	流动比率 （流动资产÷流动负债）	债务股本比 （总负债÷所有者权益）
耐克	9 642 （15 976-6 334）	2.52 （15 976÷6 334）	0.70 （8 893÷12 707）
安德玛	1 020 （1 499-479）	3.13 （1 499÷479）	0.72 （1 201÷1 668）

资料来源：Balance Sheet of Nike, Inc., May 31, 2015, and Balance Sheet of Under Armour, Inc., December 31, 2015。

© 玛丽·安妮·波齐

行比较。对比它们的行业标准，通用汽车在债务股本比方面的表现实际上比塔吉特的好。

损益表

损益表显示了哪些信息？ 损益表通过公司的收入和支出来反映企业的盈利能力。收入和支出之差为利润（或亏损），也称**净收益（net income）**。损益表还可以用来表示公司是否有不正常的或过高的支出，以及公司商品的成本是否有所增长，以及客户的退换货次数是否较高。

损益表包括哪些部分？ 回想一下，资产负债表与基本会计恒等式直接相关，即资产-负债＝所有者权益。同样，损益表是以下列等式为基础的：

$$收入-支出=净收益$$

支出通常分为销货成本（生产待售产品的成本）和经营费用（经营业务的成本）。

图15-14展示了耐克公司的损益表摘要。我们来了解一下这些组成部分，接着看看它们是如何组合到损益表中去的。

收入

收入（revenue） 是一个公司的总收益。对一些公司来说，收入仅仅源于商品或服务。如果一家公司拥有多个产品线或业务，那么损益表将按类别来显示各个产品或部门分别产生了多少收入。一些公司还会从投资或授权中获得收入。例如，耐克和安德玛都只有一个收入来源：运动服饰。而星巴克的收入来源却很多，包括它的店铺销售，在杂货店或其他商铺零售的包装咖啡和茶，以及面向食品服务机构的业务等。[11]如图15-14所示，耐克公司2015年的收入超过了306亿美元。

销货成本

损益表列出了不同类型的费用。第一类费用是**销货成本**（**cost of goods sold**），它由企业生产和销售产品所产生的费用组成，包括用于制造商品的原材料费用以及生产和销售产品的人工费用。销货成本的计算通常是用年初的存货总额加上所有的存货采购总额再减去期末的存货总额。

存货的价值有一些不同的计算方式（先进先出、后进先出、平均成本），你很有可能会在会计课程中学到它们。现在，你只要知道在计算公司收入时需要扣除销售产品的成本——也就是销货成本——就足够了。耐克公司的销货成本约为165亿美元。

当在公司的收入中扣除销货成本时，你得到的就是总利润（毛利润）。**总利润**（**gross profit**）可以告诉你一家公司从产品销售中赚了多少钱，以及管理者控制产品成本的效率如何。此外，分析师利用总利润来计算**毛利率**，这是比较公司盈利能力的一项最基本的绩效比率。服务型企业通常不会产生销货成本，因此其总利润可能与净销售额或净收入相当。从收入中扣除销货成本后，耐克公司2015年的总利润约为140亿美元。

经营费用

经营费用（**operating expense**）是指企业在经营过程中产生的间接费用。经营费用包括销售费用、一般费用和管理费用，例如租金、薪水、工资、水电费、折旧和保险等。新产品的研发费用也可以归入经营费用。在耐克公司的案例中，另一项经营费用是管理外汇汇率和利率变化风险的成本。

和销货成本不同，经营费用通常是恒定或"固定"的，不会随着销量或生产水平的变化而变化。由于固定成本在短期内很难改变（例如经济低迷时），因此贷款人和投资人会密切关注一个公司的经营费用。管理者力图将公司的经营费用保持在较低的水平，但又不可以让其低到给公司带来不利影响的程度。企业的经营利润（经营收入或税前净收益）是企业总利润减去经营费用的余额。2015年耐克公司的经营费用

耐克公司损益表摘要 截至2015年5月31日 （单位：十万美元）	
收入	30 601
销货成本	16 534
总利润	14 067
经营费用	
研发	—
销售和管理支出	9 892
利息支出	28
其他经营支出	（58）
经营费用总计	9 862
税前净收益	4 205
所得税支出	932
净收益（损失）	3 273

图15-14 耐克公司的损益表摘要

资料来源：Income statement of Nike, Inc., May 13, 2015。

总额约为100亿美元。

是否可以进一步调整经营收入？ 一些人认为经营收入是比总利润更有意义的盈利能力指标，因为它反映了一家公司控制自身经营费用的能力。然而，经营收入并不是企业的"账本底线"，企业获得的其他收入（例如投资所得）也必须计入经营收入，而未偿还的利息等其他费用则应该从中扣除。最后，企业还要扣除向地方政府和联邦政府缴纳的税金。

这么做得到的便是公司的**税后净收益**（net income after taxes）。它通常出现在损益表的最后一栏，这也是为何人们常常称之为"公司账本底线"。然而，对于上市公司来说，净收益可能还会因为向股东支付股息而得到进一步调整，从而产生**调整后净收益**。2015年耐克公司的调整后净收益超过了30亿美元。

损益表分析

如何分析损益表？ 除了了解一家公司控制其支出的效率如何，或者该公司的利润与业内其他公司相比如何，你还应该看看这家公司的损益表，了解其收入随着时间的增加有何变化。这家公司是一如既往地发展，还是出现了不寻常或短暂的激增？在维持和控制公司开支的同时不影响公司的发展同样重要。例如，科技公司的研发费用很高，而这对公司未来的发展非常关键，因此不应削减。编制损益表的主要目的之一是反映一个公司创造利润的能力。能够产生丰厚利润的公司可以将利润用于公司的未来发展，而对于更为成熟的公司来说，它们还可以与股东共同分享这些利润。

损益表比率

与损益表相关的许多比率也可以用于比较公司及其所在行业与竞争对手的业绩。反映这些信息的具体指标包括：

- **毛利率**=（收入–销货成本）÷收入
- **营业利润率**=（总利润–经营费用）÷收入
- **每股收益**=净收益÷已发行股票份数

让我们详细讨论每个指标，了解它们的差异以及如何用它们来分析公司的财务健康状况。

如何确定一个公司的整体盈利能力？ 公司的盈利能力和效率可以通过两个指标来确定：生产盈利能力和经营盈利能力。**毛利率**（gross profit margin）决定了公司的生产盈利能力，它反映了公司利用自身劳动力和原材料生产商品的效率。

我们可以将当前毛利率与往年的毛利率进行比较。在过去几年里，耐克的毛利率基本保持不变，在43.5%和46.4%之间波动。这表明该公司是一个成熟的公司，新产品或创新产品不再带来销量的快速增长。**营业利润率**（operating profit margin）决定了公司的经营盈利能力，它反映了公司的业务经营活动产生利润的效率。

毛利率和营业利润率对管理者和投资人来说同样重要。你可能会发现它们都是比率，正如本章前面说的那样，比率是比较两个或更多公司的最佳方式。那么耐克和安德玛的比较情况如何呢？请看表15-4。耐克的毛利率为46.0%，而安德玛的毛利率没有耐克的高，仅为25.36%，这说明耐克在运动装备生产上的效率比安德玛高。此外，耐克的营业利润率为13.7%，稍稍高于安德玛的10.32%，这说明耐克的企业经营效率略高于安德玛。

表15-4 损益表数据对比　　　　　　　　　　　　　　　　　　　　　　　　　　　　　　单位：十万美元

项目	毛利率 （收入－销货成本）÷收入	营业利润率 （总利润－经营费用）÷收入
耐克	46.0% （30 601-16 534）÷30 601	13.7% （14 067-9 862）÷30 601
安德玛	25.36% （3 963-2 958）÷3 963	10.32% （1 096-687）÷3 963

资料来源：Balance Sheet of Nike, Inc., May 31, 2015, and Balance Sheet of Under Armour, Inc., December 31, 2015。
© 玛丽·安妮·波齐

公司的利润有多少属于股东？ 公司分配给股东的每一股股票的利润是通过**每股收益**（earning per share）确定的。

和其他比率一样，单独查看每股收益无法了解整个组织的情况。例如，"每股收益较高的公司比每股收益较低的公司更优秀"这一观点看似合理，然而由于股票发行量高，高效益公司（也就是潜在的优质投资对象）的每股收益可能反而较低。尽管如此，股东和潜在投资人还是会密切关注每股收益。2015年耐克公司的每股收益为3.8美元，而且连续五年稳步增长。

在一些情况下，要求公司的净收益或每股收益持续增长的压力会导致管理者"做假账"或者歪曲财务信息，这样企业的"账本底线"看上去会比实际的好。如前文所述，这种欺诈行为导致许多公司垮台，这也是《萨班斯－奥克斯利法案》得以颁布的原因。因此，最好的做法不是依赖某一个财务指标，而是将财务报表和其他信息当作一个整体去考量。

现金流量表

什么是现金流量表？ 你已经了解了两种重要的财务报表：资产负债表和损益表。现金流量表是第三个重要的财务报表。资产负债表是公司财务状况的缩影，损益表反映了一个公司在特定时期的盈利能力。现金流量表类似于支票明细簿，它反映的是公司现金的变化状况。它提供的是有关现金收入和支出的汇总数据，而非采用权责发生制记录的交易数据。现金流量表有助于我们确定一个公司管理现金流的效率。

如图15-15所示，现金流量表是由经营、投资和筹资这三项业务活动所产生的现金交易编制而成的。

- **经营活动**部分衡量的是公司实际经营活动所赚取或花费的现金。这个部分最为重要，因为它反映的是公司产生现金的能力。和其他将资产和收益列入应计部分——但实际尚未收到——的报表不同，现金流量表中的经营活动部分反映的是实际收到的款项。
- **投资活动**部分显示了公司是如何通过购买土地、厂房、设施和开展其他投资活动来建立资本的。
- **筹资活动**部分显示了公司与其所有者（股东）、债权人之间的现金往来，包括股息支付和债务偿还。

图15-15　现金流量表的要素

© 玛丽·安妮·波齐

经营活动产生的现金流量
• 衡量的是公司核心业务花费或赚取的现金。
投资活动产生的现金流量
• 反映的是与购买或出售投资，以及购买或出售可以产生收入的资产（比如建筑物和设备）有关的现金。
筹资活动产生的现金流量
• 反映的是公司与其所有者（股东）、债权人之间的现金往来，包括股息支付和偿债。

现金流量表的要素

现金流量表为什么很重要？ 现金流量表反映了损益表所没有提供的内容。损益表给出的是有关收入依据和费用支出的报告，由于收入和支出常常是应计的（实际并未支付或收回），因此损益表并没有说明管理人员使用现金的效率究竟如何。而现金流量表却能够提供这一重要信息，因为它特别关注的是实际的现金往来。例如，当客户赊购时，销售额将作为收入被记录在损益表里，同时会作为应收账款反映在资产负债表上。然而，这些赊购并没有列入现金流量表，因为企业没有收到现金。由于在这种情况下产生了收入，因此公司可能看上去是盈利的，但是在收回应收账款之前，公司可能没有足够的现金来支付账单或工资。同样，如果一家公司采购了存货，那么这笔交易可以作为应付账款列入该公司资产负债表的负债栏，但在该公司用现金实际支付这笔钱之前，它并不会反映在现金流量表里。

现金流信息对于那些有兴趣评估一家公司的短期财务健康状况——特别是偿债能力——的债权人来说是很有用的。此外，它还可以向投资者发出信号，表明企业是否有足够的资金来购买存货和进行投资。为了判断一家公司是否能够负担得起员工工资和其他义务，会计人员、潜在的员工或合同工可能也会对现金流量信息感兴趣。

现金流量表分析

如何分析现金流量表？ 我们应该考察现金流量表的各个部分以及报表底部的概述信息。

- 经营活动的现金流量总和应为正值，这表明企业在产生现金，负值意味着企业的资金不足。
- 投资活动反映了公司如何使用了用于经营的资产。负值意味着公司用现金来做资本支出，公司正在发展；正值意味着公司通过出售资产、发展业务和投资证券获得了现金。
- 筹资活动显示了公司在过去一年内为筹集资金所做的工作。如果出售了股票或发行了债券，那么这表明公司正在为发展而筹集资金。负值可能意味着公司回购了股票、偿还了债务，或者支付了股息或利息。
- 现金流量表底部的现金和现金等价物的净值变化反映了公司现金状况的整体变化。如果该值为正，那么这意味着公司的整体现金流为正；如果该值为负，那么这说明公司付出的现金比得到的多。

回顾图15-13的资产负债表，流动资产部分的第一栏就是"现金与现金等价物"。现金和现金等价物的数值在不同时间的差额与这期间现金流量表底部的数值（现金和现金等价物的净值变动）[①]相等。图15-16是合并后的耐克公司的现金流量表。

[①] 部分现金流量表的最后一栏确实是期末和期初之间现金和现金等价物的净增加额，而图15-16现金流量表的最后一栏是"期末现金及现金等价物余额"，并非期末和期初之间的差值。为了便于读者理解，这里在括号中加上了补充说明。

观察经营活动部分现金流的变化。耐克公司用现金支付了供应商的款项和税金，该公司从销售和其他经营活动中获得了现金。投资活动部分的现金流显示，耐克公司用现金购买了土地、厂房或设备，同时出售了短期投资。最后，筹资活动部分的现金流显示，耐克公司用现金购买了一些股票，并用现金支付了股息或利息。在如何管理现金流方面，该公司的现金流量表还告诉了你什么？

■ 马特奥·莫拉莱斯明白，在投资任何一家公司之前，重要的是仔细查看耐克和安德玛的财务报表。财务报表包括资产负债表、损益表和现金流量表，它们在很大程度上反映了公司的财务健康状况和前景。尽管大量数字和数据看上去让人无法招架，但马特奥相信，只要了解了这些报表的含义和它们的计算方式，他就能够客观分析各家公司，然后做出正确的决策。在看了这些数字之后，你自己打算投资哪家公司呢？

图15-16 耐克公司现金流量表摘要

资料来源: Cash Flow Statement of Nike, Inc., May 31, 2015。

耐克公司现金流量表摘要 截至2015年5月31日 （单位：十万美元）	
经营活动之现金流入或流出	
净收入	3 273
销售现金收入	（837）
支付供应商的现金	1 237
支付员工的现金	191
缴税	（113）
折旧或摊提变动	649
其他经营活动的变动	280
经营活动之现金净值	4 680
投资活动之现金流入或流出	
土地、厂房和设备的增购或处置	（960）
购买或出售短期投资	785
其他投资活动的变动	
投资活动之现金净值	（175）
筹资活动之现金流入或流出	
长期债权的增减	（89）
普通股的增减	（1 802）
支付股息或利息	（899）
筹资活动之现金净值	（2 790）
汇率变动现金影响数	（83）
现金和现金等价物的变动	1 632
期初现金及现金等价物余额	2 220
期末现金及现金等价物余额	3 852

本章小结

15-1 说明什么是财务管理，说明财务经理如何实现他们的职能。

- 财务管理是指为企业当前和未来的资金需求进行战略规划和做好预算。
- 财务经理通常是企业的首席财务官，他们承担着财务管理职责。财务经理一般具有财会工作背景。
- 财务管理工作包括预测短期和长期需求，编制预算和计划来满足预测需求，同时对此加以控制，从而确保预算和计划得到执行。

15-2 说明小企业为短期业务需求寻求资金的方式。

- 当预测到现金流有缺口时，企业有必要获得短期融资。
- 保理，即向商业金融公司出售应收账款，是将流动资产迅速变现的另一种方式。
- 供应商常常会提供商业信用，在这种情况下，企业通常可以推迟30天、60天或90天付款。
- 商业银行是企业短期融资的另一来源，它们提供的服务包括活期存款、信用卡、企业信用额度和担保贷款。
- 商业票据是由大型成熟企业发行的、未经担保的短期借贷工具。
- 面向小型企业的拨款一般针对的是特定的研发或科技创新企业。美国州政府和地方政府是更好的企业拨款来源，尽管这些拨款常常针对的是州政府或地方政府力

图发展的特定企业，例如托儿中心、改善旅游业的企业以及开发节能产品的企业等。

15-3 说明大企业为短期和长期业务需求寻求资金的方式，解释债权与股权融资的利与弊。

- 资本密集型的大型项目需要不同类型的融资。当开始扩大项目时，例如获得全新设备、开发新产品或收购其他公司，公司就要使用长期融资手段。
- 风险投资、借入资金以及筹集所有者权益是获得大量长期融资的常见手段。
- 杠杆是利用借款进行投资，以期借款成本小于投资回报的手段。只有在借款不太多的情况下，使用杠杆手段才有利可图。
- 债权融资使公司可以在无须稀释所有权的情况下使用投资人的资金来创造或获得资产。如果债券利率过高，那么这会将项目成本提高到公司无法承担或没有经济效益的水平。
- 股权融资使公司可以留存自己的利润和现金，而无须用它们来支付利息和偿还债务。股权融资最大的缺点在于公司的所有权被稀释了。

15-4 讲解会计的不同类型、会计准则以及基本会计恒等式的重要性。

- 会计是指通过记录财务交易来跟踪企业的收入和支出。
- 公司会计是为编制企业的重要财务报表而收集和整

理数据的过程。

- 管理会计是收集会计信息来帮助企业内部人员进行决策的过程。
- 财务会计是收集会计信息来为投资人和放款人等外部决策者提供引导的过程。
- 审计是审查和评估财务报告准确性的过程。
- 政府和非营利组织会计是不以营利为目标的组织所需的会计类型。
- 税务会计工作包括报税和提供税务策略方面的建议。
- 簿记是会计工作的一部分，它精确地记录了各项财务交易。
- 簿记员使用复式簿记法记账，这种方式遵循了基本会计恒等式的原则，即资产等于负债和所有者权益之和。
- 复式簿记法保持了账目的平衡，每一笔影响资产的

交易都会对应一笔影响负债或所有者权益的交易。

15-5　说明资产负债表、损益表和现金流量表的功能。

- 资产负债表是企业在特定时期财务状况的缩影，它反映了企业的资产、负债和所有者权益。
- 损益表展示了企业的收入和经营费用，反映的是企业的盈利能力。收入和经营费用之差是公司的利润或损失。损益表反映了公司在尽量降低费用和提高利润方面的成效。
- 现金流量表类似于支票明细账，它只涉及现金交易。它揭示了公司履行现金义务（比如支付工资或应付账款）的能力的信息。

重要概念

会计	财务会计	非银行贷款人
资产	财务管理	经营预算（总预算）
审计	财务经理	经营费用
资产负债表	财务计划	营业利润率
债券	财务报表	所有者权益
簿记	固定资产	个人对个人借贷
预算	基本会计恒等式	专任会计师
资本预算	公认会计准则	项目预算
现金流	商誉	公共会计师
现金流预算	政府和非营利组织会计	比率分析
注册会计师	总利润	留存收益
抵押	毛利率	收入

商业银行   损益表   萨班斯 - 奥克斯利法案

商业票据   首次公开募股   担保贷款

公司会计   无形资产   证券

销货成本   存货   短期融资

众筹   杠杆   短期负债

流动资产   负债   偿债基金

流动比率   信用额度   现金流量表

债权融资   流动性   股票

债务股本比   长期融资   股票证书

活期存款   长期负债   税务会计

折旧   管理会计   商业信用

复式簿记法   小额贷款   无担保贷款

每股收益   净收益   风险投资

股权   税后净收益   营运资金

股权融资   保理

自我测试

单选题（答案在本书末尾）。

d. 以上全部

15-1 以下哪个是基本会计恒等式？

a. 所有者权益＝资产＋负债

b. 资产＝负债＋所有者权益

c. 所有者权益＝资产÷负债

d. 负债－资产＝所有者权益

15-2 对财务经理职责的最佳描述是：

a. 总结一个公司的短期和长期需求

b. 明确公司维持运营所需的资源及其用途

c. 监督现金流量，投资剩余资金

15-3 特德·怀特是汤与沙拉咖啡店的店主，他的上一笔订单条款为"3/15，N/ 60"，订单总额为 1 500 美元。如果特德在两周内付款，那么他需要支付多少美元？

a. 1 500

b. 1 300

c. 1 455

d. 1 440

15-4 戈姆利纸业是一家私营公司，它既不打算上市，也不打算交由外部人士管理。该公司打算在另一个州建设一组新的制造设备，因而正在考虑融资选择。以下哪种为长期项目筹集资金的方式具有可行性？

a. 发行债券

b. 发行股票

c. 寻找风险投资

d. 上述所有

15-5 现金流管理对哪些企业很重要？

a. 在11月至次年3月营业的滑雪用品店

b. 全年提供早餐和午餐服务的莱德拉奇茶室

c. 刚刚上市的顺风航空

d. 上述所有

15-6 财务会计的功能是：

a. 为管理者制定预算和准备财务文件

b. 为外部投资者提供财务文件

c. 审计企业的财务报表

d. 申报纳税

15-7 以下哪项不是在现金流量表中衡量的？

a. 销售活动的现金流

b. 投资活动的现金流

c. 筹资活动的现金流

d. 经营活动的现金流。

15-8 亨特·温特沃思在审核上季度财务报表的过程中发现营运资金有所增加，营运资金的增加最有可能是由什么引起的？

a. 长期负债减少和总资产增加

b. 流动资产增加和流动负债减少

c. 流动资产减少和流动负债增加

d. 长期负债增加和总资产减少

15-9 以下哪项反映了一家公司的财务杠杆水平？

a. 毛利率

b. 营业利润率

c. 债务股本比

d. 每股收益

15-10 莫琳找到了一座老谷仓，这是她开办餐厅和提供餐饮服务的完美地点。她开设了一个启动众筹网账号，打算为自己的事业筹款。启动众筹网采用了哪种方式？

a. 众筹

b. 小额贷款

c. 个人对个人借贷

d. 社交媒体投资

判断题（答案在本书末尾）。

15-11 保理采用了出售应收账款的方式，是企业获得现金的良好来源。

□对　□错

15-12 使用信用卡为独资企业筹资的风险在于，违约可能会毁掉企业所有者的个人信用。

□对　□错

15-13 项目预算包括经营一家企业所需的所有费用，比如存货、销售、生产、营销和经营费用等。

□对　□错

15-14 比率分析可以用来更好地比较规模不同的企业。

☐对 ☐错

15-15 现金流量表类似于支票明细账，因为它记录了企业产生的现金。

☐对 ☐错

批判性思考题

★★**15-16** 贾森有一家提供外卖服务的三明治小店，因为高质量的三明治和服务，人们对该店产品的需求量越来越大，尤其是在他所在城市的商业区。现在，他打算买一辆餐车，早上10点至下午2点在商业区营业，同时中止外卖服务。

a. 如果有可能，贾森应该考虑通过哪种融资方式来购买餐车？

b. 贾森需要哪些信息来帮助自己做出决策？

c. 如果贾森还打算在附近的居民区开一家新店，那么他的融资决策会有什么变化？

★★**15-17** 重要的财务报表有哪些？财务报表的重要性是什么？每种财务报表都包含哪些信息？股东通常认为哪种报表最有用，为什么？打算与公司合作的独立承包商喜欢哪种报表？

★★**15-18** 本书只列出了用来分析财务报表的少数比率，请再研究三种比率，说明它们的计算方式以及它们为什么对财务分析很重要。

小组活动

行业分析

将全班分为 4 ~ 5 人的若干小组。

步骤

步骤1，以小组为单位选择一个行业，每个小组成员选择该行业内的一家公司。这家公司应该是上市企业，这样大家可以轻松获得它的财务报表。

步骤2，每个小组成员都应审阅所选公司的年度报告以及三份重要的财务报表，简要分析该公司的财务状况。接着计算本章提到的比率，找出对你的分析有用的三个比率。

步骤3，完成报告后，将你的信息与小组其他成员的信息整合成一份行业分析，将每个公司与其所在行业进行比较。在了解了业内其他公司的分析结果后，你的独立分析结论会改变吗？

步骤4，以小组为单位，准备一份报告，总结你们对这个行业以及各个公司的发现，并向全班展示。

企业道德与企业社会责任

探究《萨班斯-奥克斯利法案》的真相

距离小布什总统签署《萨班斯-奥克斯利法案》已有二十多年。该法案的目的是保护投资人免遭会计欺诈。有报告显示，尽管为了遵守这项法案的要求，美国企业已经花费了数千万美元，但这么做是有效的。

练习

研究《萨班斯-奥克斯利法案》背后的历史，以及当前企业遵守该法案的情况。准备一份简单的报告，概括你对下列问题的答案。

问题讨论

15-19 该法案给企业的审计工作带来了哪些改变？

15-20 就该法案是否成功进行讨论。

在线练习

15-21 保持预算平衡

公司并非必须制定预算的唯一实体。市政府、州政府和其他政府机构也必须制定预算，但与企业不同的是，它们可以通过提高或降低税收来平衡预算。增税在政治上并不总是受欢迎的。而减税则可以帮助政治家赢得选票，但这也并不总是一种谨慎的财政措施。如果你被雇来为纽约市填补40亿美元的预算赤字，你该怎么做？你可以通过"平衡：歌谭公报的预算游戏"（Balance: Gotham Gazette's Budget Game）来找到答案（请在浏览器上搜索）。

15-22 成功的社会筹资

假设你打算开办一家企业，并且决定通过众筹网站来筹集资金。研究两三个众筹网站，它们有什么相同或不同之处？你会选择哪个网站，为什么？

15-23 探索职业可能性

访问求职网站，例如巨兽网（Monster.com），找到招聘财务经理和会计师的信息。这些职位的任职要求和条件是什么？哪些公司在招募这些职位？你有兴趣从事这些职业吗，为什么？

15-24 获得融资

访问一家当地银行的网站，研究企业短期融资条件，该银行的小企业贷款和信用额度条款是什么？它是否提供了其他商业融资选择，例如保理？如果你打算开办一家小型企业，那么根据你的发现，你将如何筹资呢？

15-25 用比率来分析竞争

使用MSN财经网站["指导研究"（Guided Research）、"研究精灵"（Research Wizard）、"对比"（Comparison）栏目]或雅虎财经网站[选择一个具体的公司，接着选择"竞争对手"（Competitors）]，选择一个行业（例如通信服务）和该行业里的两个公司（比如威瑞森、AT&T或德国电信），然后比较它们的比率，方法类似于本章对耐克和安德玛的对比。写一个总结，概括你对这些分析的结论。

MyBizLab

在你的MyBizLab作业板块完成以下写作练习。

★ **15-26** 伊兹打算从一位决定退休的企业所有者手中收购一家当地企业。该企业已经在当地经营了数十年，当前的企业所有者拥有很高的声誉，他以客户为中心，愿意为了让顾客开心而做任何事。伊兹已经开始研究该企业的数据，并且愿意将企业当前的所有者权益作为自己的报价。为了购买这家企业，这笔报价是否合理？

★ **15-27** 萨莉拥有一家小型女装设计公司。由于经济不景气，公司的销量始终增长得很缓慢，她几乎没有资金支付员工的工资了。上周，她接到了一份意外的订单，这份订单从一个系列产品中订购了大量服饰，她需要为此订购原料和其他用品，但她没有现金来付钱，她应该怎么做呢？

参考文献

1. Apple, Inc., *2016 10-K (Annual Report)*, October 28, 2015, http://files.shareholder.com/downloads/AAPL/1472539743x0xS1193125-15-356351/320193/filing.pdf (accessed February 7, 2016).

2. "6 Sources of Bootstrap Financing," www.entrepreneur.com/article80204.html (accessed February 7, 2016).

3. Thomson Reuters, *PayNet Small Business Lending Index, January 2005 – December 2015*, http://paynetonline.com/issues-and-solutions/all-paynet-products/small-business-lending-index-sbli/.

4. U.S. Small Business Administration, "Microloan Program," http://sba.gov.

5. Christina Warren, "Pebble Smart Watch Delivers on Kickstarter Promise and More," August 31, 2013, http://mashable.com/2013/08/31/pebble-smart-watch-review (accessed February 7, 2016).

6. "Social Media Mavens: A Look at the Top 10 Technology Venture Capitalists on the Web." OpenView Partners, http://openviewpartners.com/report/social-media-mavens-a-look-at-venture-capitalists-on-the-web/ (accessed February 7,

2016).

7. Herón Márquez Estrada, "Carver County Contrite about Tax Goof, but Residents Fuming," *Minneapolis-St. Paul Star Tribune*, December 12, 2007, www.startribune.com/local/west/12448481.html.

8. "The Rationale of International Financial Reporting Standards and Their Acceptance by Major Countries," Weets, Veronique. QFinance, http://www.financepractitioner.com/accountancy-best-practice/the-rationale-of-international-financial-reporting-standards-and-their-acceptance-by-major-countries, Accessed February 8, 2016.

9. "2013 Sarbanes-Oxley Compliance Survey," May 2013, www.protiviti.com/SOXSurvey (accessed March 4, 2014).

10. Nike, Inc., *2015 Annual Report*, May 31, 2015, http://s1.q4cdn.com/806093406/files/doc_financials/2015/ar/index.html (accessed February 8, 2016).

11. Starbucks Corporation, *2013 Annual Report*, September 29, 2013, http://investor.starbucks.com/phoenix.zhtml?c=99518&p=irol-reportsannual (accessed March 5, 2014).

第十六章 证券市场的投资机遇

本章目标

16-1 投资基础知识

讲解风险收益关系、风险容忍度以及资产多样化和资产分配、投资基础的关系。

勒克莱提娅·华盛顿（Lecretia Washington）为了赚钱而辛勤工作着，她知道自己必须开始存钱才能实现宏大的目标，例如买车、度假、购房，以及最终的退休养老。但是，在支付了日常和月度开销后，她似乎没有足够的余钱了。为了实现自己的长期目标，她该如何开始存钱呢？

16-2 股票投资

讨论首次公开募股的流程，对比不同类型的股票，讲解买卖股票的方式以及影响股价的因素。

吉娜（Gina）攒了10 000美元存款，她打算用这笔钱来投资股票，但她不知道该从何开始。在确定什么才是最适合自己的投资之前，她该了解哪些信息呢？

16-3 债券投资

讲解公司是如何发行债券的，列举不同的债券类型，说明评估债券风险的方式。

丹尼斯·桑切斯（Dennis Sanchez）开始考虑退休问题了。他打算做一点低风险投资，这些投资多少能带来一些收入。丹尼斯认为债券投资可能最适合自己。他应该了解哪种类型的债券呢？

16-4 共同基金与其他投资

讲解不同类型的共同基金，以及股票、债券和共同基金之外的其他投资选择。

克丽（Keri）和亚历克斯·扬（Alex Young）最近喜结连理，他们打算立即为未来投资。在举行了婚礼、度了蜜月和搬家之后，他们只剩下3 000美元可供投资。共同基金是他们进行投资的好选择吗？

16-1　投资基础知识

讲解风险收益关系、风险容忍度以及资产多样化和资产分配、投资基础的关系。

■　勒克莱提娅·华盛顿为了赚钱而努力工作着，她所赚的每一分钱都有其特定用途：房租、天然气、服装、食物和娱乐。她正在设法定期存钱，但这很难。多余的钱都用于满足短期需求了，而她的长期目标——买房或存钱退休——则遥不可及。存钱和投资的区别是什么？如果打算投资，勒克莱提娅需要了解什么呢？

尽管看起来不多，但是每周存一点儿钱确实可以积少成多。把钱存入银行然后赚取利息是一种让你的钱生出更多钱的好办法。本节你将了解不同投资方式具有怎样的风险和收益，了解你的风险容忍度将如何影响你的投资行为，以及资产分配和多样化为何是将潜在风险降至最低的重要手段。

储蓄与投资的风险和收益

为什么存钱很重要？ 作为一名年轻的成年人，你有的是时间。如果你保持定期存款的习惯，那么你的存款将积少成多。最终你能存下多少钱取决于三个因素：你存了多久，存钱的频率，以及你的存款利率。存得越早、越频繁，这会在很大程度上影响你这一生能积累的资金。原因在于**复利**（compound interest）：你的期初存款利息将周期性地增添到你的储蓄总额中去，而且也会产生利息。这一过程将随着时间的推移持续下去，你将因为复利积攒下越来越多的钱。

来源：Karen Roach/Fotolia。

为了说明复利的强大之处，从而让你的存款习惯发挥作用，我们可以思考以下情形。假设你的祖父母在你出生那天开始为你存钱，在你十六岁之前，他们每个月都会存入100美元。截至你十六岁生日，你的祖父母存入了19 200美元。不过，由于他们的存款平均利率为2.5%，因此16年后账户余额达到了23 578美元。也就是说，你只是把钱存在银行里，什么都不做就赚了4 378美元。（请注意，自2008年以来，美国储蓄利率一直为0～0.25%。）

现在，假设你选择用这笔钱买一辆车或继续存款。不论你如何处置它，你的祖父母都不会再为你存钱。尽管买新车很诱人，但你的父亲说，如果你把钱存起来，那么你将继续获得每年2.5%的利息，当你65岁时，这笔钱将增加到115 192美元。这样一来，你又一次在什么都没做的情况下通过赚利息就让自己的钱增长到了相当可观的数额。但是你只能做这些吗？你还可以采取其他方式来让自己的钱增加得更多。

为什么只储蓄是不够的？ 尽管存钱很重要，但它并非唯一的赚钱手段。美国联邦储蓄保险公司为大多数存款提供最高25万美元的保险，因此你可能相信存款是一种很好的低风险手段，因为这可以保证你在任何时间都能得到你自己的钱和它的利息。然而，考虑到你的长期需求在金额和时间方面的要求，通过储蓄赚到的钱可能无法使你实现目标。在过去十年里，美国的储蓄以及其他短期或低风险投资的利率一直都很低。此外，你的储蓄还会因为税收和通胀而受限（参见下文"商业杂谈"部分）。为了实现长期财务目标，你很可能需要通过投资股票、债券或共同基金等证券来让你的钱发挥更大作用。继续此前的场景，现在，假设你不打算用祖父母给你的钱储蓄，而是决定用这笔钱来投资一组年平均收益率为8%的保守型股票。在这种情况下，你在65岁时的所得可能会超过100万美元——1 172 973美元！

投资风险

投资的风险是否非常大？ 正如上文的例子所描绘的那样，当你把钱用于投资而非存入银行时，你的钱有可能会变得更多。**投资**（investing）是为了获得未来利润而购买资产或以其他方式持有资产的做法。投资和储蓄在根本上是不同的，因为这两类行为的风险程度各不相同。即便有风险，储蓄的风险也微乎其微。相反，投资具有一定程度的风险，因为你很有可能会损失部分或全部资金。

所有证券的风险都与收益直接相关，投资风险越低，其收益也越少，反之亦然。这种关系被称为**风险收益关系**（risk-return relationship）。图16-1展示了各种不同类型的储蓄和投资的风险收益关系。你可以看到，风险最低的投资带来的收益最少。如果必须降低风险，那么为了获得与风险更高的投资相当的收益，你需要增加储蓄金额，或增加储蓄和投资的时间。你也可以降低对最终会累积多少钱的期望。

图 16-1　风险收益关系

© 玛丽·安妮·波齐

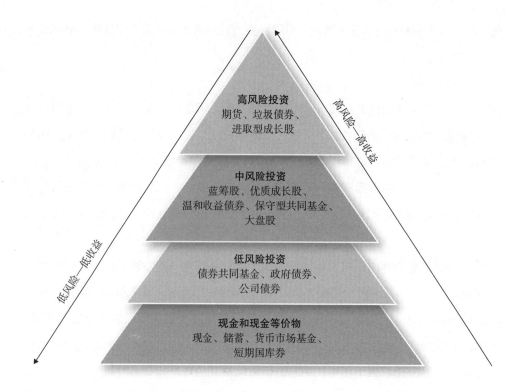

除了与各项投资相关的特定风险，还有一种与整个市场有关的更为普遍的风险，我们称之为**市场风险（market risk）**。战争和其他政治环境动荡、利率变动、恐怖袭击、经济萧条，以及自然灾害等会导致市场收益整体下跌。以"9·11"恐怖袭击为例，金融市场在该事件发生一周以后才重新开放。开放当天道琼斯工业平均指数下跌684点，跌幅为7.1%。直至那一周结束，道琼斯工业平均指数下跌约1 370点（跌幅为14%），创下历史上最大的单周跌幅纪录。在2008年金融危机开始的那一天——2008年9月29日，道琼斯工业平均指数再次大幅下跌777点。

如何才能了解自己的风险容忍度？ 要想判断是否值得冒险投资，你必须了解自己可以承受的风险水平。风险容忍度越低，你可以选择的投资机会就越少。我们大多数人都非常了解自己的风险容忍度。当前，你在金钱和其他方面的行为可以表明你是否应该进行保守投资、适度投资、积极投资，还是介于它们之间的投资。网络上也有许多测试可以帮助你量化自己的风险容忍度。另一种了解你的风险容忍度的方法是问自己这样一个问题："我的投资会让我晚上焦虑得睡不着觉吗？"如果答案是肯定的，那么你需要降低自己的投资风险水平，或者降低相应的预期。随着时间的推移，你对风险的容忍度会随着你的知识水平和财务状况的变化而改变。如果你在财务上更有保障，那么你可能愿意为了赚得更多而承担损失一些钱的风险。当你对投资有了更多了解时，你可能更愿意评估你所要承担的风险，因而更愿意提高自己的风险容忍度。

　　　　　　　　　　　　　　　　　　　　　　　　　　　　　美国百所大学都在上的商学课（第五版）

我不会因为储蓄而亏钱，对吗？

把钱存在银行比冒着损失的风险进行投资更为安全，是这样吗？有可能。但你必须考虑两个你无法控制的因素：通货膨胀和税收。即便努力存钱，你也很有可能因为通货膨胀和税收的影响而有所损失。

假设你连续三年每月存入10美元，存款年利率为3%（当前很多存款的利率远低于此）。如果你没有从中取出任何钱，那么三年期满，你将得到377.15美元。这个结果不错，因为如果你将钱放在床垫下，那么三年后你只能得到360美元。通过储蓄，你赚到了17.15美元。然而不幸的是，你必须为这笔钱缴税。假设你的税率在15%这一档，那么你要将2.57美元交给山姆大叔。[①]这样你的所得便减少到了14.58美元，你的账户总额为374.58美元。

现在，假设通货膨胀按每年2.5%的速度发展。这意味着你所拥有的每100美元的购买力每年都会下降2.5美分，因为经济体的市场价格也在以同样的百分比上涨。

因此，假如你在床垫下攒了360美元，那么三年后，这笔钱的购买力在通胀情况下仅有351美元（购买力的下降吞噬了9美元）。

即便你没有把钱放在床垫下，而是用于储蓄，那么它也会因为通胀而有所损失。还记得吗，你在税后得到了374.58美元。即便这是你的税后所得，它的购买力也只有365.22美元。因为通货膨胀和税收这两个你无法控制的因素，你的这笔存款产生的所有收益几乎都损失了。实际上，你手上的钱和期初没什么区别：存了三年的钱，你只赚到了5.22美元！

尽管储蓄有助于降低通货膨胀的影响，但它却无法帮助你积累财富。储蓄是个好办法，因为这样你就有一些"应急"钱来应对意外的紧急情况。然而，如果你打算为了买房、上大学或退休养老而存钱，那么将钱用于这种低利率的投资则很难让你如愿。为了实现大的财务目标，你必须让你的钱发挥更大的作用。

如何开始投资？ 你可以根据自己想要投资的金额来购买一两家公司的股票或投资一只共同基金。本章后续部分将详细讨论它们以及其他投资选择。在进行投资时，你应该牢记两种有助于最小化风险的策略：**分散投资**和**资产配置**。这两种策略的核心理念是不把所有鸡蛋放在一个篮子里，以此避免因为一次糟糕的投资而损失一切的可能性。

---

① 山姆大叔，即Uncle Sam，是美国政府的绰号。——译者注

值得一读的个人财经博客

1. 性感预算（Budgets Are Sexy, budget-saresexy.com）。

2. 债务戒律（Debt Discipline, debtdiscip-line.com）。

3. 了解金钱（Making Sense of Cents, makingsenseofcents.com）。

4. 钱宁博客（Money Ning, moneyning.com）。

5. 30岁以下理财（Money Under 30, moneyunder30.com）。

6. PT理财（PT Money, ptmoney.com）。

7. 大学生投资者（The College Investor, thecollegeinvestor.com）。

8. 美丽不破产（The Broke and the Beautiful, sephanieoconnell.com/blog）。

9. 智慧面包（Wise Bread, wisebread.com）。

10. 财富朝圣者（Wealth Pilgrim, wealth-pilgrim.com）

如何才能通过投资来赚钱？ 投资赚钱的方式有两种。大多数投资者希望通过资本增值来赚钱，即"低买高卖"，或者以某个价格买入证券，接着以更高的价格卖出。在这种情况下，投资者获得了**资本收益**（**capital gain**）。如果卖出价低于买入价，那么投资者会蒙受**资本损失**（**capital loss**）。如果投资者投资了分派股息或利息的证券，那么他将定期得到股息或利息。

什么是分散投资？ 分散投资（**diversification**）指的是在投资组合中进行多种投资，比如投资不同行业里不同类型的公司。假设你有6 000美元，你可以把所有钱都投给一个具有强大的长期盈利潜力的公司，你也可以向四个不同行业的公司分别投资1 500美元。这些公司都是很好的投资对象。

如果一家公司可以无止境地盈利，那么第一种选择不失为一种很好的方案，然而经济因素、消费者需求、竞争以及其他问题可能会妨碍公司持续盈利。相反，如果你将资金分散投资于多个不同行业的公司，你就可以更好地让自己避开作用于某个公司或某个行业的负面影响。在出现负面情况的时候，你的投资组合中的一个或多个公司却有可能保持良好的业绩，因而抵消那些表现不佳的公司的损失。即便你有所损失，这也不会像你单独投资一个公司的损失那么大。

然而正如我们前面讨论过的那样，请记住，分散投资无法防范作用于整个市场的风险。此外，假如你的投资组合虽然分散，但偏重于某一特定行业或市场部门，那么你依然会因为作用于该行业的事件而受到很大影响。许多投资者在互联网泡沫破灭时的经历正是如此。20世纪90年代末期，互联网的进一步普及为一个尚未开发的新市场创造了机遇，带来了无限商机。许多投资者将谨慎抛之脑后，大规模投资所谓的新兴互联网企业。投资者在没有考虑具体商业策略和财务预测的情况下购买了很多公司的股票。以1999年为例，超过450家新公司——大多是互联网和科技企业——进入了股票市场。其中1/4股票的市值在交易首日翻了一番。[1]然而不久后，很多这样的公司宣告破产。因为袜子狗广告而出名的宠物网于2000年2月首次上市交易，然而过了差不多九个月就宣告破产。[①]互联网泡沫的破灭导致21世纪初期经济温和下滑。

什么是资产配置？ 资产配置（asset allocation）指的是如何利用不同类型的资产（股票、债券、共同基金、房地产等）来构建资产组合，从而降低与这些不同类型的投资相关的风险。研究表明，大多数投资组合的表现取决于资产配置，而非个人投资选择，或者个人把握投资买卖时机的水平。[2,3]

如果你想在千禧年以来普遍存在高度动荡的市场里将投资风险降到最低，那么合理配置你的资产尤为重要。投资组合中的资产配置取决于你的风险容忍度，当投资者进入人生某一阶段时——例如结婚、上大学或退休等，这种配置也会随之改变。图16-2展示了个人风险容忍度对资产配置组合的影响。

监管投资的规章制度有哪些？ 美国证券交易委员会是为了保护投资者和维护公平有序的证券市场而设立的联邦机构。该机构的监督对象包括发行和买卖证券的人员以及提供投资建议的人士。美国证券交易委员会同时制定了约束公司如何向公众投资人披露信息的规定，以及针对投资银行的规定——这些机构创建了可供公众购买的投资产品。通过上述做法，美国证券交易委员会规定了企业首次发行债券或股票时的文件（招股说明书）应包含的内容。

此外，美国证券交易委员会禁止证券要约以及销售和购买证券过程中的欺诈活动，例如内幕交易。**内幕交易（insider trading）**是利用未向公众披露的信息来买卖证

---

① 2000年，宠物网斥资120万美元在当年的超级碗球赛上投放了30秒广告。袜子狗是该广告的吉祥物，是当时美国家喻户晓的卡通形象。——译者注

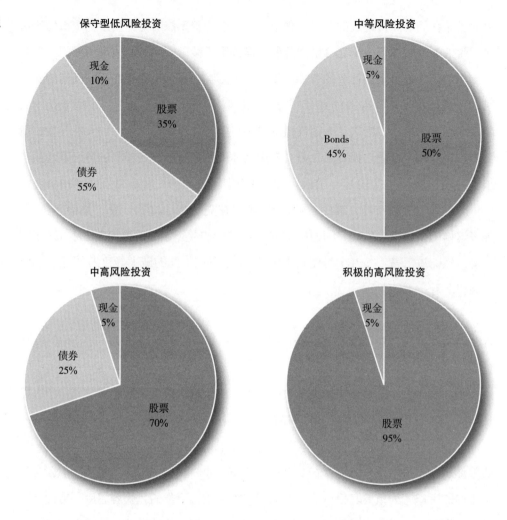

图16-2 不同风险容忍
度下的资产配置风险

© 玛丽·安妮·波齐

券的行为。例如，假设你持有XYZ公司的1 000股股票，而且你和该公司的首席财务官的关系不错。这名首席财务官告诉你该公司打算在下周宣布破产，因此你在该信息公开之前就抛售了该公司的所有股票。如果你这么做了，你就参与了非法的内幕交易。

美国政府在阻止华尔街的内幕交易方面做出了努力。最引人注目的内幕交易案之一与美国名人玛莎·斯图尔特（Martha Stewart）有关。2001年，玛莎·斯图尔特从她的朋友——英克隆制药公司的首席执行官那里获得了有关该公司的信息，随后她抛售了英克隆的近4 000股股票。斯图尔特被判内幕交易罪，她在监狱里待了五个月，又被软禁了五个月。十多年后，高盛集团前董事会成员、麦肯锡前任总裁拉贾特·古普塔（Rajat Gupta）也被判内幕交易罪，当时他向自己的朋友——一只对冲基金的创始人拉吉·拉贾拉特南（Raj Rajaratnam）透露了高盛集团董事会上讨论的内容。

尽管投资股票、债券或共同基金有风险，但如果这些投资在你的风险容忍度之内，而且你的投资组合足够分散且资产配置良好，你就可以降低风险，让你的钱更好地发挥作用。

■ 勒克莱提娅·华盛顿发现，通过投资来创造财富是一个需要花费大量时间的过程。她明白，越早开始投资越好。那么她是怎么做的？在确定自己具有中等风险容忍度后，勒克莱提娅决定制定投资组合来帮助自己实现长期目标。她还发现自己需要一些专业帮助，因此她打算在当地的社区学院参加投资课程，同时聘请财务顾问。最适合你的投资方案是什么？下一节，你将了解更多有关如何投资的内容。

16-2　股票投资

讨论首次公开募股的流程，对比不同类型的股票，讲解买卖股票的方式以及影响股价的因素。

■ 吉娜去年大学毕业，她在自己成长的城市附近找到了一份不错的工作，因此她可以和自己的父母同住，这为她省下了一大笔钱。现在，工作六个月后，吉娜在自己的储蓄账户里存下了一万多美元，她打算拿这笔钱做点别的——在不久的将来买房或买公寓。她认为自己应该投资股票，但她不知道从哪里入手。为了确定哪种投资最适合自己，她应该了解哪些信息呢？

公司有时会发行股票，从而为正在进行和不断扩大的业务融资。本节你将了解股票的发行过程、不同类型股票之间的差异、股票的买卖方式以及影响股价的因素。

来源：sergey_p/Fotolia。

一级和二级证券市场

如何在一级市场发行股票？证券交易发生在**资本市场（capital market）**，这是公司和政府通过出售股票、债券和其他证券来筹集长期资金的地方。**一级市场（primary market）**是资本市场的一部分，它专门处理新债券和新股票的发行。

正如你在第十五章了解的那样，一家公司首次面向公众出售股票的做法被称为**首次公开募股**（下文称IPO）。高盛集团等投资银行（通常称为**承销商**）通过在一级市场发行和出售证券来帮助公司筹集资金，并在股票发行方和购买股票的投资人之间充当中介。在出售股票之前，**投资银行业者（investment banker）**——那些协助销售新证券的专业人士——要准备好必须提交给美国证券交易委员会的财务文件。**招股说明书（prospectus）**是必备文件之一，这是一份提供投资细节的正式法律文件。招股说明书有助于投资者对新的投资项目做出有依据的决定。投资银行业者同时会确定公开销售的最佳时机，以及股票的初始发行价。提供咨询的投资银行和若干其他投资银行组成了承担IPO的组合或联合组织，也就是说，它们要承担包销给它们的股票的责任与风险。接下来，这一联合组织要购买股票并公开销售。成功组织IPO可能需要数月或几年的时间。由于投资银行利用股票发行前的时间激发了人们对这只股票的兴趣，因此股票的销售价格要高于该组织为此付出的价格。

最早的IPO买家大多数是大型机构投资者，比如保险公司和大型企业，以及少数知名人士。承销商希望尽快卖出手上的证券，从而获得购买回报。由于机构买家更有可能大批量买入新股，因此最终将新股卖给它们要比将股票拆分后卖给个人投资者更有效率。当然，还是有一小部分IPO是面向个人投资者的，但是由于数量有限，这些股票通常很难买到。

股票在IPO之后是如何交易的？ IPO完成后，那些买入股票的投资者可能最终会出售它们。IPO之后的股票销售是在二级市场完成的。**二级市场（secondary market）**是投资者向其他投资者而非直接向股票发行公司购买证券的市场。稍后我们将讨论证券的实际买卖过程，现在我们先来仔细了解一下股票的种类。

股票的种类

所有股票都一样吗？ 公司发行的股票主要有两种：普通股和优先股。**普通股（common stock）**代表的所有权意味着股东有权选举董事会成员，并且拥有对公司决策的投票权。在公司选择支付股息的情况下，普通股股东也有权获得股息。**股息（dividend）**是公司收入的一部分，具体由公司董事会决定。当公司破产时，普

伯克希尔－哈撒韦：价格最高的股票

伯克希尔－哈撒韦公司是一家跨国集团控股公司，由沃伦·巴菲特掌管。该集团旗下的公司广为人知，例如盖可保险、冰雪皇后以及鲜果布衣。此外，它还持有富国银行、IBM和可口可乐公司的少数股权。

伯克希尔－哈撒韦公司创办于1955年，由伯克希尔高级纺织协会和哈撒韦制造公司合并而成。这家公司起初非常成功，但随着纺织业的衰落，它也受到了影响。最终，该公司在十年内关闭了近半数纺织工厂。

1962年，沃伦·巴菲特开始投资伯克希尔－哈撒韦，因为他发现每个纺织工厂的关闭都会给股价带来积极影响。最终，沃伦·巴菲特有了足够的股份，获得了这家公司的控制权。到1967年，他已经将该公司的核心业务从纺织业扩展到了保险业（盖可保险）和其他投资领域。

该公司为股东带来了近20%的年平均增长率，这一数值是同期标准普尔500指数的两倍。该公司有两种等级的股票，其中A类股票从未进行过股票拆分。2014年8月14日，该公司的股价首次达到每股20万美元，2016年3月16日，该公司股价估值为210 200美元，这是当时纽约证券交易所股价最高的股票。

A类股票从未拆分的原因在于巴菲特希望吸引"长期投资者"而非"短期投机者"。然而，在1996年，巴菲特又创造了B类股票，并将其价值定为A类股票的1/30。2010年，B类股票进行了50:1的拆分，现在它的价格为A类股票的1/1 500，过去十年的交易价格在每股50~150美元之间。

通股股东在所有权和偿付方面享有最小的优先权。而**优先股**（preferred stock）代表了这样一种所有权：持有优先股的股东可以在公司破产时先于普通股股东要求资产的受偿权。此外，优先股股东可以获得固定股息，这些股息必须在支付普通股股东的收益之前支付。然而优先股股东没有投票权。

如图16-3所示，股票还可以根据公司的类型和投资的预期增长及回报来分类：

● **收益股**（income stock）是由支付高额股息的公司发行的，这样的公司包括杜克能源、埃克森美孚等公共事业公司。那些希望从投资中获得可靠收益而非股票增值（价格上涨）的投资人常常会选择收益股。

- **蓝筹股**（blue chip stock）是由长期保持连续增长和具有稳定性的公司发行的股票。蓝筹股公司定期派发股息，并且维持着相当稳定的股价。通用电气、IBM、华特迪士尼公司以及3M公司的股票都可视为蓝筹股。

- **成长股**（growth stock）有望产生比一般公司增长得更快的收益。这些股票支付的股息很少，甚至不支付股息。相反，这些公司会留存收益，并将其重新投资于新的项目，从而助力公司持续增长。购买成长股的投资者希望股票增值。成长股的风险比其他股票的高，因为这些公司通常没有久经考验的业绩记录。特斯拉和谷歌的股票可视为成长股。

- **价值股**（value stock）是这样一种股票：其价格低于根据发行该股票的公司的收益和财务业绩计算而得的价格。当市场对这些股票的错误估值进行调整时，它们的价格有可能上涨。价值股和成长股完全不同。

- **周期性股票**（cyclical stock）是这样的公司发行的：公司提供的商品或服务会受到经济趋势的影响。这些股票的价格在经济衰退时下跌，在经济健康时上涨。航空公司、汽车公司、房屋建筑公司和旅游公司发行的股票均属此列。

- **防御型股票**（defensive stock）与周期性股票相反。防御型股票是由提供食品、药品等基本产品以及保险产品的公司发行的，无论经济状况如何，其价值通常保持不变。

这些类型的股票没有优劣之分。投资者必须自己来决定哪种股票最适合实现自己的财务目标。分散的投资组合可以包含许多不同类型的股票。

如何选择股票？ 如图16-4所示，要想得到这个问题的答案，你首先要确定投资目的

图16-3　股票的类型

© 玛丽·安妮·波齐

来源：Ion Popa/Fotolia；Lasse Kristensen/Fotolia；Fotolia；Gladcov Vladimir/Fotolia；Fotolia；zero13/Fotolia。

 收益股是由支付高额股息的公司发行的，比如公共事业公司。

 蓝筹股是由长期保持连续增长和具有稳定性的公司发行的。

 成长股是由正在快速发展和扩张的企业发行的。

 价值股的价格低于人们在该公司收益基础上算得的价格，这是一种价格划算的优秀股票。

 周期性股票是由这样的公司发行的：公司提供的商品或服务会受到经济趋势的影响。

 不论经济状况如何，防御型股票的价值通常保持不变。

和目标，你用来实现这些目的和目标的时间，以及你的
风险容忍度。一旦了解了这些约束条件，你就可以更好
地确定最适合自身需求的投资策略了。

许多投资者会在工作中参加401（k）退休金计划并开始
投资。这是开启投资的好办法，因为401（k）投资组合
经理已经为你缩小了投资选择的范围。尽管有很多专业
人士可以帮助你，但是当开始投资时，你应该自己去研
究每种可能的投资选择。你应该考虑一只股票的基本面、过往业绩、已发布的分析
报告、整体经济状况及其可能会对这只股票造成的影响。

图16-4　投资前的考虑
事项

© 玛丽·安妮·波齐
来源：Fotolia。

- **基本面**。你可以从评估一个公司的基本数据开始，例如它的收益、财务报表以及
  重要的财务比率等（详见第十五章）。
- **过往业绩**。了解一个公司及其股票的过往业绩通常很有帮助。你可以通过研究财
  务报表来比较多个公司的历史业绩，同时留意数据的变化趋势。
- **已发布的分析报告**。你或许还要参考那些独立开展研究和分析各个公司投资潜力
  的行业分析师的观点。
- **经济状况**。当前的经济事件及其变化可能会影响股价，因此你需要注意这些变化。

所有这些信息都可以在报纸、互联网以及公共图书馆里找到。不幸的是，你需要花
费大量时间，经过大量研究才能确定哪种投资适合你。请记住，如果这个过程简单
且直接，那么大部分人早就发财了！实际上，投资市场存在着很大的可变性和不可
测性。即便有了最好的分析，你依然可能得不到满意的结果。然而，随着时间的推
移，从糟糕的投资结果中反弹的机会是相当大的。尽管股市会波动，但它可以在长
时间内带来稳定的收益。

为什么在投资前确定目标很重要？ 就算你可以根据自己的研究和股票基本面来选择
你认为可以产生利润的公司，你依然需要确定哪种公司能够实现你的投资目标和目
的。年轻的投资者常常会为了长期目标而投资，例如买房或准备退休金，一些伴侣
则可能会为了孩子的大学学费而投资。在这些情况下，投资处于成长期的公司——
这些公司的投资收益来自股票价值的快速增值——可能是正确的选择。不利的一面
是，这些公司的股票也更有可能快速贬值。然而，一些年仅22岁，刚刚开启职业生
涯的人或许能够容忍所持股票的股价暂时下跌。

对那些已经55岁，可能即将退休的人来说，如果自己的投资组合表现不佳，那么他们可能受不了所谓的"重新开始"。这些人持有的股票组合可能包括成长型公司的股票，以及一些更为稳定但增长较慢的公司的股票。这样的公司一般不会经历股价的剧烈波动，而且通常会向股东派发股息。

最后，为了赚钱来保障退休生活，更为年长的退休投资者常常会投资那些风险更小、股息较高的公司。股息为股票持有人提供了股价增值之外的另一种收益来源。例如，依靠投资收益生活的70岁退休老人承受不起投资损失，因此厌恶风险。他或许可以明智地将大部分资金投资于那些提供高额股息，但股价只有轻微波动的公司。投资是一种持续的体验，你如果选择投资，就不该对此掉以轻心。你必须精明地投资，而且要不断进行研究——哪怕选择在投资过程中让别人指导你。

在哪里买卖股票？ 在互联网出现之前，人们只能通过**股票经纪人**（**stockbroker**），即代表投资者买卖证券的专业人士来购买股票。股票经纪人还会就买卖哪只证券提供建议，同时收取服务费。今天，人们只用花很少的费用就可以通过折扣经纪商（例如TD Ameritrade）在互联网上直接买卖股票。折扣经纪商提供了有限的建议和指导，但价格要比美国银行或摩根大通等聘用全方位服务经纪人的公司便宜得多。

无论是选择折扣经纪商还是全方位服务经纪人，你都要通过**证券交易所**（**stock exchange**）来完成购买股票的过程，证券交易所是一个在经纪人和交易人之间促成股票和其他证券交易的组织。纽约证券交易所（New York Stock Exchange，NYSE）是规模最大和最主要的证券交易所之一。2007年，纽约证券交易所与全电子化证券交易所泛欧（Euronext）合并，由合并后的纽约泛欧交易所（NYSE Euronext）运营。2013年，洲际交易所（Intercontinental Exchange，ICE）收购了纽约泛欧交易所。目前，纽约证券交易所和泛欧证券交易所是洲际的两个分支机构。

纳斯达克（NASDAQ）是全球首家电子化证券交易所，也是世界第二大证券交易所。[4]有些证券的规模可能太小，无法满足在纽约证券交易所或纳斯达克正式上市交易的条件。这些小型证券直接在专业投资人士之间完成交易，因此又称为**场外股票**（**over-the-counter stock**）。

股票是如何交易的？ 证券的交易方式有两种：交易场所内交易和电子交易。在纽约证券交易所内与股票经纪人进行的典型交易（证券买卖）与图16-5描绘的过程类似。尽管大多数交易都是通过电子化方式完成的，但你在电影和电视上看到的交易场所内的混乱买卖过程仍在继续。

纽约证券交易所的交易可以通过电子化方式进行，也可以在交易大厅进行，而纳斯达克的交易则完全是电子化的。纳斯达克的上市公司来自35个国家，总数超过3 500家，这个交易所通过一个非常可靠的大型计算机协同网络来处理股票交易。纽约证券交易所的交易依然需要由股票经纪人来发起订单。这名股票经纪人会将订单通过电子化方式输入系统，收到订单后，电子交易所会尝试将买入订单与卖出订单进行匹配。订单得到处理后，股票经纪人将通知买卖双方交易已完成。图16-6展示了电子化股票交易的过程。

如何选择股票经纪人？ 选择股票经纪人的过程差不多和选择股票的过程一样复杂。在确定股票经纪人之前，美国证券交易委员会建议你遵循以下步骤：[5]

● 确定你的财务目标。

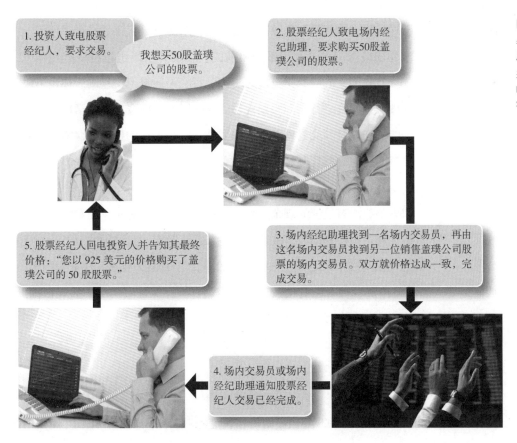

图16-5　在纽约证券交易所内完成的一次简单的股票交易的流程

来源：WavebreakmediaMicro/Fotolia；spaxiax/Fotolia；Ene/Shutterstock。

1. 你登录自己的在线经纪账户，发现盖璞公司正在以每股18.5美元的价格出售股票。

2. 你向股票经纪人下了一个电子订单，要求购买50股盖璞公司的股票。

3. 股票经纪人收到订单，将其通过电子化方式传送给证券交易所。

4. 该订单进入一个计算机，这个计算机专门处理来自你的股票经纪人的所有订单。

5. 证券交易所通过电子化方式来匹配你的订单与其他人的卖出订单。

6. 如果匹配成功，那么你的股票经纪人会收到通知，接着向你转达确认信息。

7. 你收到并查看交易信息。

图16-6　电子化股票交易过程

© 玛丽·安妮·波齐

来源：iofoto/Fotolia; Oleksiy Mark/Fotolia。

● 与多家经纪公司的股票经纪人进行沟通，了解每个人的教育背景、投资经历以及专业背景。

● 查看经纪公司的历史。你可以在网上通过"美国金融监管局经纪人查询系统"查看任意公司或股票经纪人是否遭受过处罚。你也可以从所在州的证券监管机构那里了解自己的股票经纪人是否获准在该州开展业务。

● 弄清股票经纪人的收入情况。股票经纪人的佣金类型可能会影响其所提供的建议。此外，请了解你需要为自己的账户支付哪些费用。

● 查看经纪公司是否是美国证券投资者保护公司的成员。美国证券投资者保护公司会在相关公司破产时提供有限的客户保护措施。

虽然尽早开始投资是理想的做法，但也不要着急。花点时间对自己的财务目标进行必要的评估，想想自己愿意为了达到目标而承担怎样的风险。

投资外国公司是可能的吗？ 投资本国公司是不受限的。为了实现投资组合多样化和获得更高的回报，投资外国公司是值得推荐的策略。由于通信能力的提升和法律限制的放宽，对美国公民来说，投资任何一家外国或国际公司几乎都是可能的。在国外市场进行投资有几种方式。有些国家的股票是直接在美国证券交易所进行交易的，你也可以开设一个允许进行国际股票交易的在线股票经纪账户。本章后续要讨论的共同基金和交易型开放式指数基金则是为你的投资组合增添国外投资的更为简便且风险更低的方式。

如果手头没有足够的现金，我还可以买股票吗？ 有时，面对绝佳的投资机遇，投资者却没有足够的现金来购买股票。在这种情况下，投资者可以向股票经纪人借钱来购买股票。这种做法被称为保证金购买。股票经纪人通常将投资者拥有的其他资产作为投资抵押。保证金购买的风险很高，因而受到了美国证券交易委员会相当严格的监管。

股票价格的涨跌

是什么导致了股票价格的涨跌？ 导致股票价格快速涨跌的原因多种多样。然而归根结底，股票价格是由供需双方的力量决定的。一方面，无论出于何种原因，只要投资者喜欢某只股票，他们就会买得更多，从而导致股票供应量下降，价格升高。而另一方面，如果投资者不喜欢某只股票，那么抛售该股票的投资者会比买入该股票的投资者多，从而增加了股票的供应量，导致价格下跌。

影响投资者行为的因素有哪些？为什么投资者有时喜欢某只股票，有时又不喜欢它了呢？一般来说，如果一只股票的价格反映了该公司在投资者眼中的价值，那么大多数投资者都会投资这只股票。（一家公司的股价乘以其所发行的股票份额就是该公司的资本总额或市值。）

通常，投资者不仅会关注一家公司的当前业绩，还会考虑该公司对收入和利润增长情况的未来预期。如果投资者认为一些负面因素会影响公司的价值，他们就会抛售自己的份额，股价便会下跌。相反，投资者会因为有关公司的利好消息而买入股票，股票的价格便会上涨。

例如，图16-7展示了特斯拉的股价在2015年7月1日至2016年3月15日之间的涨跌。这期间的一些重要事件影响了股票交易量（成交量）及其价格。

- 2015年8月6日：特斯拉下调汽车产量预测，这导致股票价格跌幅超过6个百分点。[6]
- 2015年10月20日：《消费者报告》在可靠性方面给该公司打出了低于平均值的评分，股票价格下跌10%。[7]
- 2015年11月3日：特斯拉公布了新的领导团队，股票价格攀升11%。[8]

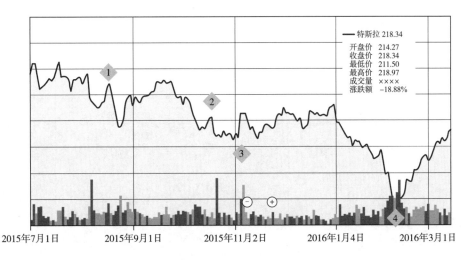

图16-7 特斯拉的股价和成交量变化（2015年7月1日至2016年3月15日）

© 雅虎

- 2016年2月10日：汽油价格的下跌使得人们开始担忧电动汽车的整体需求，特斯拉股价出现持续下滑。然而，2月中旬有关汽车销量上涨60%～80%的预测使得特斯拉股价攀升10%。[9, 10]

还有哪些因素会影响股价？ 股票价格还会因为相关经济预测、行业或生产部门关注的问题，以及全球性事件的广泛报道而波动。投资者对此的反应取决于他们对金融市场的信心，这会导致股票市场的市值出现更长时间的涨跌。图16-8以曲线形式反映了9个月内福特汽车公司、盖璞公司、麦当劳以及菲利普莫里斯公司股票收盘价的变化。尽管这些公司属于不同行业——汽车制造、零售、消费品，但请注意，它们的股价在某个方面是一致的：每只股票的价格每天都在变化。

此外，你如果仔细观察，就会发现一些大体上相似的股价变化很有可能是因为整个市场发生变化——股票市场因为新闻事件或经济环境的总体变化等重大事件而出现整体上涨或下跌。此外，我们也可以看到某个公司或行业特有的变化。例如，麦当劳和菲利普莫里斯公司具有一致的地方——这两家公司的股票均可视为防御型股票，盖璞和福特汽车公司也具有相似性——这两家公司的股票更偏向于消费类股票，容易受到经济状况的影响。

如何了解市场的整体状况？ 为了了解股票市场的整体表现，投资者要关注股票市场指数，例如标准普尔500综合指数、道琼斯工业平均指数以及纳斯达克100指数等。**指数（index）** 跟踪和衡量了一大批股票的综合价值。不同指数跟踪不同的股票，某一指数跟踪的股票具有共同特征，例如在规模或行业上具有相似性。

图16-8　不同公司股票业绩对比

© 雅虎

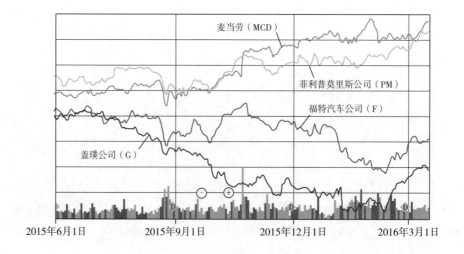

2015年6月1日　　2015年9月1日　　2015年12月1日　　2016年3月1日

- 标准普尔500综合指数代表的是规模最大的500家公司的指数，这些公司大多是美国公司。
- 道琼斯工业平均指数代表的是美国30家最大的上市公司的指数。道琼斯工业平均指数最初只包括那些和重工业有一定关联的企业，但现在已不再如此。
- 纳斯达克100指数包括100家在纳斯达克上市的规模最大的非金融类美国国内企业和国际企业。纳斯达克100指数与道琼斯工业平均指数、标准普尔500综合指数的不同之处在于，它不包含金融企业，但同时纳入了美国以外的企业。

【失败案例】

麦道夫的庞氏骗局

2008年底，伯纳德·麦道夫（Bernard Madoff）因其令人难以置信的诈骗活动震惊了证券业。麦道夫——纳斯达克前主席，也是一家证券公司的创始人，被判参与全世界规模最大的庞氏诈骗案。庞氏骗局是一种非法的金融手段，它将新投资者的钱支付给现有的投资者。当没有足够的新投资者来弥补现有和原有投资者的提款要求时，这一骗局就会崩溃。庞氏骗局以查尔斯·庞兹（Charles Ponzi）的名字命名，此人曾在20世纪早期利用这种手段来欺骗投资者。

到目前为止，麦道夫的庞氏骗局仍是最大的一场骗局——它造成的损失超过500亿美元。[11]这一骗局因为整体市场收益的普遍增长而得以维持多年，这种增长使得麦道夫的"投资正在获得异常稳定的收益"的谎言变得十分可信。此外，麦道夫还创造了一种排外的氛围，以此不断让人们对他的基金产生兴趣和吸纳新的投资者。他常常故意拒绝那些想要成为投资者的人，这些人在听到当前投资者对投资回报的热情洋溢的讲述之后都迫不及待地想要投资。

早在麦道夫被捕前十年，就有人开始举报这起投资骗局了。当时，麦道夫竞争对手的投资者、金融分析师兼认证欺诈调查员哈里·马克波洛斯（Harry Markopolos）向美国证券交易委员会表示了他对麦道夫可能的非法行为的担忧。马克波洛斯认为，从数学角度看，麦道夫的非凡业绩是无法实现的。美国证券交易委员会无视了他的忠告以及他在接下来数年里的几次进一步告诫。

这起欺诈案影响了数千名受害者，他们眼睁睁地看着自己毕生的积蓄付之东流。这些受害者有的是名人，例如脱口秀主持人拉里·金（Larry King），有的是大学、私募基金会、大型投资理财管理公司、保险公司以及非营利组织等机构。很多人损失了数十亿美元。这一骗局还牵连了来自欧洲和拉丁美洲的国外基金。[12]麦道夫最终获得150年刑期。2014年，麦道夫的五名助手也因协助实施这一精心策划的骗局被判有罪。

标准普尔500综合指数和道琼斯工业平均指数是上述三个指数中最受关注的两个。它们之所以重要，是因为它们可以反映美国经济的状态，有时还包括美国的影响力。

牛市（bull market）表明投资者的信心随着市值的不断攀升而大增。处于牛市时，投资者的动力来自公司对回报的承诺。而**熊市（bear market）**则意味着投资者的信心随着市值的不断下跌而下降。

■ 还记得吉娜吗？她在研究股票时考察了多种财务文件，例如公司的年度报告、分析师报告，以及有关公司和行业的新闻。当找到几只成长股后，她选择通过折扣经纪商来完成最后的买入操作。通过紧密关注行业与公司的最新消息和监控股票指数，她可以了解自己的股票相对于其他股票的表现。最近，她的投资组合的市值上涨了，她希望最终能以高于购买费用的价格卖掉部分股票。

16-3　债券投资

讲解公司是如何发行债券的，列举不同的债券类型，说明评估债券风险的方式。

■ 丹尼斯·桑切斯刚满55岁，他开始考虑自己的退休问题。多年来，他一直通过公司的401（k）养老金计划进行投资，但他打算自己做点投资。现在他快退休了，他希望从投资中获得一些收益。他想采取风险较低的方式，将自己的部分资金转入更为保守的投资中去。丹尼斯认为投资债券是满足上述两个目标的最佳方式。丹尼斯怎样才能知道哪些债券与他的风险承受力和财务目标匹配呢？

债券就好比借据，作为债券投资人，你选择以特定的利率在特定的时间里将自己的钱借给一家公司。投资人购买债券通常是为了获得可靠的收入和实现投资组合的多样化。债券是如何实现个人投资组合多样化的？在股市行情不错的情况下，债券一般表现不佳；相反，当股市下跌时，债券通常会上涨。因为这种此消彼长的关系，债券投资成了一种实现投资组合多样化的好方法。本节我们一同了解债券的不同类型及其特征，接着再讨论投资它们的相关风险。

债券基础知识

公司如何发行债券？ 如果一家公司认为债券是一种很好的融资选择，那么它可以请金融咨询公司来帮助自己发行债券。和股票一样，发行债券也是一个复杂的过程。发行时机、发行价、债券结构以及一些其他因素都要经过仔细考虑。与股票首次上市发行类似的是，金融咨询公司要准备好债券发行前必须提交给美国证券交易委员会的文件。除了向发行债券的公司收取服务费用，金融咨询公司还会组织和管理由其他金融咨询公司组成的小组，通过承销或购买新发行债券的方式来赚钱。这些债券以折扣价发行，接着会以更高的价格卖给投资人。

债券的特点是什么？ 债券包括到期日、票面价值以及息票率（利率）。

- **到期日（maturity date）**是债券到期，投资者收回本金的日子。对投资人来说，短期债券（一般五年内到期）的风险要低于长期债券的，因此它们的利率也低于长期债券的。
- **票面价值（par value 或 face value）**是投资人在债券到期后可以拿回的资金。大多数新发行的债券以票面价值出售。下文要讨论的国库券则以低于票面价值的价格出售。
- **息票率（coupon）**是债券的利率。它是票面价值的一个百分比。因此，一只1 000美元面值，10%息票率的债券每年产生的利息为100美元。尽管大多数债券每年支付两次利息，但有些债券则选择每月、每季度或每年支付利息。早期债券提供纸质息票，投资人可以撕下它以换取利息。现在，投资人不需要撕掉息票，利息会通过电子方式转入投资人的账户。

债券有哪些不同的类型？ [①] 如图16-9所示，债券可以根据发行实体的类型分为以下几种：

---

① 下文所述的债券都是美国的债券。——译者注

图16-9　债券的类型
©玛丽·安妮·波齐

公司债券
由公司发行。风险水平不一，但一般比公司股票安全。

政府债券
由国家政府发行。美国政府发行的债券有多种类型。

短期国库券 到期日小于一年，以折扣价出售，按债券面值赎回。	中期国库券 以5年期、10年期和30年期出售。美国的抵押贷款利率通常以中期国库券为基础。	国债 发行期限为30年，每半年支付一次利息。
通货膨胀保值债券 以5年期、10年期和30年期出售，支付金额随通胀变化。	零息债券 以超低折扣出售，到期支付利息。	浮动利率债券 发行期限为两年，根据浮动利率按季度支付利息。

储蓄债券
不在二级市场出售，直接按债券面值从国库购买。

市政债券
由州政府、市政府或其他地方政府发行。 销售该债券的目的是弥补赤字或为特定项目筹资。 所得利息可以在联邦政府层面免税。

- 公司债券。

- 政府债券。

- 储蓄债券。

- 市政债券。

什么是公司债券？ 公司债券（corporate bond）是由公司发行的债务证券。公司债券包括以下几种：

- **担保债券**（secured bond）由抵押品作为担保，在公司无法偿还借款的情况下，公司的资产就会转移给债券持有人。出售债券的融资项目所产生的收益也可以作为抵押。**不动产担保债券**是一种特殊的担保债券，由公司的不动产作为抵押品。
- **无担保债券**（debenture bond）是没有实际担保的债券，它的唯一担保是公司的付款承诺。
- **可转换债券**（convertible bond）在传统债券的基础上进行了调整，它赋予了债券持有人将债券转换为公司预设数目的股票的权利（并非义务）。可转换债券的利率一般较低，这是因为投资人可以将其转换为股票，而其他常规债券并没有这种优势。

什么是政府债券？ 政府债券（government bond）是由国家政府发行的债券。美国政府债券是十分有保障的投资方式，因为它们有政府的担保，其违约风险非常低。

这种债券可以根据到期时间分为以下几类：

- **短期国库券**（treasury bill 或 T-Bill）是到期日在2周至26周的债券。短期国库券不支付利息，而是以折扣价出售，因此你事先支付的钱较少。债券到期时，你将收回等同于债券面值的全部款项，购买金额和面值之间的差额便是利息。例如，为了购买价值1 000美元的短期国库券，你需要事先支付975美元。当这只短期国库券在26周后到期时，你可以按债券面值得到1 000美元，其中25美元的差额便是利息。

- **中期国库券**（treasury note 或 T-note）的期限可以为5年、10年和30年。在到期之前，你可以一直持有中期国库券，也可以提前卖掉它们。当中期国库券到期时，你将收回等同于债券面值的款项。

- **国债**（treasury bond 或 T-bond）是30年期的债券，每半年支付一次利息。国债到期时，投资人可以收回债券面值。

- **通货膨胀保值债券**（treasury inflation-protected securities）的功能和它的字面意思一样，可以保护投资人免遭通胀影响。通货膨胀保值债券的本金随着美国消费者价格指数（以下称CPI）进行调整。当CPI上升时，本金也会提高，反之亦然。这种债券的利息每半年支付一次。尽管利率保持恒定，然而由于利息等于本金乘以利率，所以这类债券会随着本金在通货膨胀下的调整而有所变化，从而提供对抗通胀的保障。通货膨胀保值债券有5年期、10年期和30年期可选。

- **零息债券**（zero-coupon bond）是一种以超低折扣销售的、由美国国库担保的债券。它的到期时间在6个月至30年不等，到期后投资人可以按面值将债券全额赎回。在债券到期后，融资方才会支付利息，但债券持有人必须为自己得到的"虚拟利息"缴税。

- **浮动利率债券**（floating rate note）是一种为期两年的债务工具。浮动利率债券按季度支付利息。这种债券支付的利息是可变的，以13周短期国库券的贴现率为依据。浮动利率债券的价格可能不是债券面值，但当债券到期时，你可以得到它的债券面值。

什么是储蓄债券？ 美国储蓄债券（U. S. saving bond）不在二级市场销售，你只能直接向政府购买它们。美国储蓄债券根据传统是作为礼物赠送给婴儿的，到期后的债券可以帮助他们支付学费。储蓄债券以债券面值发行。2012年1月1日起，美国储蓄债券只能通过电子方式购买。储蓄债券有两种类型：

- **EE系列债券**（series EE bond）的期限为20年，但政府将支付总计30年的利息。利息按月累积，在持有人赎回债券时支付。
- **I系列债券**（series I bond）的利率一部分固定，一部分可变。可变部分每年会重置一次以匹配通胀率。从这个角度看，它和浮动利率债券是相似的。

什么是市政债券？ 市政债券（municipal bond）是由州政府、市政府或其他地方政府发行的债券。市政债券有两种类型：一般义务债券和收益债券。

- **一般义务债券**（general obligation bond）以发行方的征税权力作为担保，因此这类债券往往是有保障的。
- **收益债券**（revenue bond）由债券融资项目产生的收益作为保障。例如，新泽西州收费公路管理局可能会发行10亿美元市政收益债券，为贯穿该州的I-95公路的建设和翻新提供资金。政府在I-95公路上收取的费用将用于支付债券的本金和利息。

投资市政债券、政府债券的优势在于，这些债券产生的利息可以免缴联邦政府的收入税，在许多情况下还可以免除投资人向州政府和地方政府缴纳的收入税。

什么是系列债券？ 市政债券以及部分公司债券通常以系列债券的形式发行。与传统债券不同的是，**系列债券**（serial bond）有一系列到期日（其中部分债券的到期日），此时发行方将针对这部分债券全额返款给投资人。系列债券对发行方来说是有利的，因为这降低了债券发行的整体利息费用。此外，系列债券可以让发行方根据债券融资项目的收益来设定债券到期日。因此，在I-95公路的例子中，系列债券的到期日可以根据该项目各阶段工程的完成时间以及这条公路的相应部分产生通行费的时间来设定。

什么是可赎回债券？ 大多数公司和市政债券直至到期日才可赎回，但是对**可赎回债券**（callable bond）来说，发行人既可以在到期日偿还投资人的初始投资，也可以选择提前偿还，在"可赎回日"将资金还给投资人。可赎回债券的发行人通常在利率下降时行使早期还款选择权，同时这部分债券还可以按较低的利率再次融资。因此，可赎回债券的利率通常比类似的不可赎回债券的利率高。

债券是一种有风险的投资吗？ 和股票相比，债券是一种更为保守的投资方式，原因如下：

- 债券投资人在法律上得到了收回初始投资的承诺，而股票往往没有这种承诺。
- 债券投资人在法律上得到了定期按固定利率获得利息的承诺，而公司可以为股票支付股息，但这不是义务。
- 从历史角度看，债券市场的整体波动较小，因此债券价格的变化也不大。

然而，债券也并非毫无风险。债券的风险越高，投资人的回报也越多。债券的风险有很多，图16-10列出了其中一些。

信用风险（违约风险）
- 借款人无法在到期日支付利息和本金。

通胀风险
- 通胀的影响将减弱投资人未来所获利息和本金的购买力。

市场风险
- 和股票一样，影响整个市场的风险会导致债券价值下跌。

法律风险
- 税法条款的变动可能会影响应税债券和免税债券的价值。

流动性风险
- 投资人不想在到期之前继续持有债券，但在二级市场找不到任何人来购买自己的债券。

图16-10 债券的风险类型

© 玛丽·安妮·波齐

如何判定债券的风险？ 金融咨询公司会与穆迪或标准普尔等评级机构进行磋商，评估债券发行人的信用可靠性（是否认为该公司的财务状况良好）。如果可靠性高，那么公司发行的债券可以被定为投资级。债券等级是反映债券违约可能性的指标，债券级别越高，违约可能性越低，反之亦然。

表16-1展示了穆迪和标准普尔的债券评级标准。为了提高债券的投资级别，很多债券都得到了保单担保，这可以保证一旦发生违约，债券持有人就能够得到赔偿。那些级别最低、风险最高的债券被称为**垃圾债券**（junk bond）。由于自身风险很高，因此垃圾债券通过高利率来吸引投资人。在将这类债券纳入自己的投资组合之前，投资人应该弄清垃圾债券的相关风险。

投资人必须持有债券直至到期吗？ 你当然可以持有债券直至到期，但在到期之前，很多投资人会出售自己的债券，特别是长期债券。和股票一样，发行之后的债券在

表16-1 穆迪和标准普尔的债券评级标准

风险等级	穆迪	标准普尔
最低	Aaa	AAA
低	Aa、A	AA、A
中等	Baa	BBB
高	Ba、B	BB、B
最高	Caa、Ca	CCC、CC、C
违约	C	D

© 玛丽·安妮·波齐

二级市场进行买卖（此前提到的美国储蓄债券例外，它不在二级市场出售）。在二级市场购买债券的复杂之处在于债券并非按面值交易，而是按照高于面值（溢价）或低于面值（折价）的价格交易。债券价格及其变化趋势与利率相反。因此，如果你打算抛售一只息票率为10%的债券，而当前市场利率为8%，那么投资人会认为你的债券更值钱，因此它的价格会上涨。相反，如果当前利率为12%，那么你的债券较难卖出，因为它能赚到的钱比当前利率下的投资少。因此，投资人愿意为你的债

【商业杂谈】

美国国债评级下调

人们向来认为美国国债是世界上最有保障的投资之一，直到2011年8月5日。当天，债券信用等级评估机构标准普尔将美国国债的等级从AAA级下调至AA级。当时，美国国债的评级低于英国、德国、法国和加拿大等国政府发行的债券的评级。2013年10月，信用评级机构再次发出下调美国国债等级的警告。

为什么会出现这种情况？因为华盛顿的立法者均未就如何减少美国联邦政府的巨额预算赤字达成统一意见。部分削减债务的协议要求国会提高债务上限，即政府可以合法融资的总额。许多立法者拒绝投票提高这一上限。但若不提高债务上限，美国政府将无法偿还当前的债券

和其他金融债务。2011年和2013年的两次评级下调导致全球股市暴跌。最终，美国国会对此达成了协议，上调债务上限，股市随后反弹。

为了弥补风险水平的上升，评级下调通常会导致债务利率上调。对美国政府来说，即便是微小的利率上调也可能意味着债务的剧增，这将加剧人们对预算的担忧，并且可能会引发负面的全球经济连锁反应。然而，迄今为止，评级下调和再降一级的威胁似乎都没有影响到美国的经济和投资者的信心。实际上，美国国债的前景似乎相当乐观。在你看来，为什么美国国债似乎没有受到评级下调的影响？

券支付的价格会下降。

如果你在寻找相对保守的投资或稳定的收入来源，那么尽管并非全无风险，但债券仍不失为一种良好的投资方式。在进行债券投资时，我们需要考虑几个因素，包括债券的类型、债券的风险等级、债券面值以及利率等。投资人可以根据发行方的信用评级来判断一只债券的风险。

■ 在研究了公司债券、市政债券和政府债券，重新审视了自己的收入需求，并且咨询了自己的投资顾问后，丹尼斯将自己的部分资金分配给了应税债券和免税债券。他的投资顾问同时建议他购买到期日不同的债券。除了提供保守的利息收入，这些债券也有助于丹尼斯实现整体投资组合的多样化。

16-4　共同基金与其他投资

讲解不同类型的共同基金以及股票、债券和共同基金之外的其他投资选择。

■ 克丽和亚历克斯·扬最近结婚了，他们打算开始为家庭日常、旅行和紧急情况进行储蓄和投资。不幸的是，在支付了婚礼、蜜月和购买公寓的所有费用后，他们的积蓄总共只剩3 000美元。尽管亚历克斯和克丽明白他们应该通过不同的投资来实现投资组合多样化，但是他们觉得自己没有足够的钱来这么做，而且他们对进行什么样的投资各有各的看法。亚历克斯对投资外国证券非常感兴趣，但不知道该选哪一种。而克丽则希望投资那些有前途的美国小公司，但她需要他人帮助自己判断什么才是最佳投资。克丽和亚历克斯都听说过共同基金，但对此不太了解。而克丽的爸爸一直在向这两个年轻人叨唠期权的好处，这让问题变得更加棘手。什么是共同基金，它是适合克丽和亚历克斯的投资选择吗？克丽和亚历克斯还有其他投资机会吗？

来源：maxexphoto/Fotolia。

共同基金有很多类型，可以满足不同的投资目标。共同基金可以为投资者提供一种具有成本效益和效率的方式，建立包含了各类投资的投资组合。本节你将了解不同类型的共同基金和投资它们的利弊，以及其他投资策略。

共同基金

什么是共同基金？ 共同基金（mutual fund）指的是一群投资者将资金汇集起来，投入多样化的投资组合的手段。假设你打算投资股票，但你同亚历克斯和克丽一样只有3 000美元。在考察了可能的投资选择后，你发现3 000美元只能买一两家公司的股票。后来，你发现你的一些朋友也有同样的问题。因此，作为一个群体，你们决定把钱集中起来，聘请一位专业人士来购买股票组合。通过这种安排，你们每个人都可以按自己的投入比例分享投资回报，分担投资建议的费用以及其他投资成本。如果你们这么做了，你们就创立了一个共同基金。

为什么共同基金非常受欢迎？ 对那些在投资方面只有很少经验或没有经验的人，以及那些没有太多钱来进行多样化投资的人来说，共同基金是一种最好的投资方式，投资共同基金的理由有很多：

- **投资多样化**。投资共同基金的最大好处在于投资的多样化。共同基金为小投资者提供了降低风险的手段以及投资不同类型公司和产品的划算方式。
- **专业化管理**。专业化管理是共同基金的另一优势。每只共同基金都是由专业投资人士管理的，这些专业人士将全部时间都用在了由他们管理的基金投资项目的研究、交易和观察上。这些时间可能比你自己创建同样的投资组合所用的时间还要多。共同基金经理之所以积极确保由他们管理的基金取得最佳表现，是因为他们的工作业绩取决于此。
- **流动性**。共同基金很容易卖出，因此你可以快速收回自己的资金——通常在一天以内。有些共同基金——主要是货币市场基金——提供了签发支票的特权，这样存取资金就变得更为方便了。
- **成本**。投资共同基金的起投额低至1 000美元。有些基金（并非全部）在买卖份额时收取费用。我们将在本章后续部分详细讨论共同基金的成本。

不同类型共同基金的风险收益关系

共同基金有哪些不同的类型? 每只共同基金都有其投资对象,投资对象规定了这只基金可以持有的投资类型。共同基金有三大类,每个大类下又有许多不同的子类。按风险程度排序,共同基金的三个主要类型分别是:货币市场基金、固定收益基金(债券类)以及股权基金(股票类)。此外,专门从事国际投资的基金种类繁多,例如全球基金、外国基金、特定国家基金以及新兴市场基金等。此外,还有一些行业基金专门投资特定领域的企业,例如科技、汽车、银行和医疗保健业等。最后,还有一些指数基金复制了大盘指数的表现,例如标准普尔500综合指数和道琼斯工业平均指数等。由于投资标的风险不一,因此共同基金的预期风险是不断变化的,与这些风险相关联的预期收益亦是如此。图16-11根据相关风险和收益对这些不同的共同基金进行了分类。

什么是货币市场基金? 货币市场基金(money market fund)的风险最小,因为它投资的都是短期国债和定期存单(certificates of deposit,CDs)等短期债务。货币市场基金之所以很受欢迎,是因为它的利率通常是计息支票账户或储蓄账户的两倍。此外,货币市场基金具有很好的流动性。通常,你只需要开一张支票就可以快速提取你的资金。货币市场基金相对于传统储蓄的唯一不足之处可能在于美国联邦储蓄保险公司不为这些基金承保。然而,与许多银行不同的是,到目前为止美国还没有任何一只货币市场基金失败过。你也可以通过储蓄银行来创建货币市场储蓄账户,和所有银行账户一样,该账户的资金由美国联邦储蓄保险公司承保,保额最高可达25万美元。

什么是债券类共同基金? 债券类共同基金(bond mutual fund)仅由债券组成。一些债券类共同基金可根据债券类型进行分类,包括市政债券基金、公司债券基金以及美国政府债券基金等。债券类共同基金还可以按期限进行分类,包括长期债券基金、短期债券基金以及中期债券基金(见表16-2)。

图16-11 各类共同基金的风险收益关系

© 玛丽·安妮·波齐

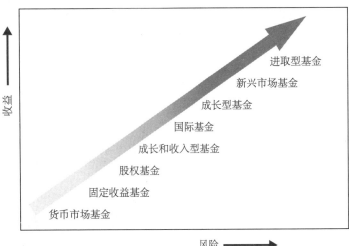

表16-2　不同类型的债券类共同基金

分类方式	基金类型	投资策略
按债券类型分	市政债券基金	投资州政府和地方政府发行的免税债券。部分市政债券基金则进一步专注于特定州发行的债券
	公司债券基金	投资美国公司的债券
	美国政府债券基金	投资美国国库或政府发行的债券
按期限分	短期债券基金	投资期限少于两年的债券，例如短期国债、定期存单和商业票据等
	中期债券基金	投资期限在两年到十年的债券
	长期债券基金	投资期限超过十年的债券

© 玛丽·安妮·波齐

什么是股票类共同基金？ 股票类共同基金（stock mutual fund）有时也称**股权基金**，是仅投资股票的基金。如表16-3所示，和债券类共同基金相似的是，股票类共同基金可以根据其投资的公司类型分为多个不同类别。**成长型基金**主要投资那些处在成长阶段的公司，而根据发行股票的公司的整体价值，**价值型基金**投资的股票价格相对较低。股票类共同基金的另一种分类方式是按其投资的公司规模（或资本总额）来分类。**大盘基金**投资的是大型公司，**中盘基金**投资中型公司，而**小盘基金**则投资小型公司。

表16-3　不同类型的股票类共同基金

分类方式	基金类型	投资策略
按公司类型分	成长型基金	投资发展最快的公司；人们一般认为这是一种有风险的投资；这些公司很少产生股息
	价值型基金	投资的股票的价值被低估了；人们认为这些股票很快将迅速升值；部分公司可以产生股息
	产业型基金	投资单一的市场部门，例如制药或科技行业；产业型基金用于实现增长，但有时也用来对冲其他投资组合的风险；波动性一般高于分散在多个领域的基金
按规模分	大盘基金	投资的公司资产总额（股价乘以发行份额）很大（超过 90 亿美元）
	中盘基金	投资的公司资产总额规模中等（10 亿美元到 90 亿美元）
	小盘基金	投资的公司资产总额小于 10 亿美元；这些公司很少产生股息

© 玛丽·安妮·波齐

是否有同时投资股票和债券的基金？ 混合型基金或**平衡型基金**会投资股票、债券，有时也投资于货币市场，从而提供了安全、有收益且适度增值的投资组合。**生命周期基金**（又称目标基金或年龄基准基金）是一种平衡型基金，它对专注于退休金计划的投资者很有吸引力。生命周期基金所投资的共同基金来自同一个基金家族（例如富达或先锋基金），随着目标日期的临近——这个日期通常与投资者的预期退休日期吻合，其投资组合也将变得更为保守。许多401（k）养老金计划均提供生命周期基金。尽管生命周期基金提供了一种便利且"轻而易举"的退休金方案，但它并不适用于所有人，特别是那些投资组合中尚有其他类型投资的人。

什么是指数型基金？ **指数型基金**由紧密匹配标准普尔500综合指数或巴克莱美国综合债券指数（Barclays U.S. Aggregate Bond Index）等市场指数的投资组成。由于指数型基金的投资管理没有股票型或债券型共同基金那么积极，所以指数型基金的运营费用较低，并且往往会在纳税方面更有利，这对部分投资者来说是有吸引力的。

如何投资共同基金？ 你可以在共同基金投资中获得分红、利息、资本收益和基金增值。尽管它们由基金经理控制，并会定期分发给基金所有人，但这些投资所得与单独持有股票所带来的收益是相似的。基金经理在调整基金仓位时，会买入一些证券，再卖掉一些。出售证券产生的资本收益和损失都会转移给基金持有人。共同基金将所持股票产生的股息和债券的利息累积起来，然后定期将这些收益分配给基金持有人。最终，共同基金的价值是由个人持有收益来衡量的。这个衡量指标是**资产净值**（**net asset value，NAV**），它是在每个交易日结束时计算出来的。共同基金的收市资产净值由基金内股票的总收盘价组成。资产净值随着基金所持证券的升值而增加。如果你以高于购买价格的资产净值卖掉了你的共同基金，那么你将得到资本收益。

在投资共同基金前需要注意什么？ 尽管共同基金是投资的好起点，但你依然需要做足功课，确切了解你在投资什么，以及这些投资的风险有多大。你还必须考虑共同基金的投资成本，因为这会影响你的投资所得。一些名为**有佣基金（load fund）**的共同基金会收取额外费用（佣金），这会在买卖基金时计入你的基金费用。购买基金的最终决策应该基于基金的预期表现及其对你的投资需求的适用性。在有相似选择的情况下，请选择**免佣基金（no-load fund)**，这是一种不收取买卖费用的共同基金。有佣基金并不会一直表现得比免佣基金好，因此为何要为微乎其微的额外好处而花更多钱呢？

除了交易费用（佣金），你还要了解共同基金向投资人收取的持续费用。在美国，这些费用包括以费用比率（或管理费用比率）表示的管理费、行政费以及12B-1费（宣传费）。部分基金的费用比其他基金的高。例如，如果你投资的基金的费用比率为1%，年回报率为4%，那么你最终只会得到3%的回报（尚未扣除佣金）。换句话说，这笔费用将消耗你1/4的年收益。基金的费用比率差异很大，有些基金的费用比率超过了1%，而其他基金（比如指数型基金）的费用比率则小得多。

此外，同样重要的是详细了解谁在管理基金，以及此人的业绩。通常，同一个经理或同一个经理团队会持续数年运营同一只基金。然而事情总会有变化。因此你需要留意这样的情况。

什么是交易型开放式指数基金？ 交易型开放式指数基金（exchange-traded fund，下文称ETF）是这样一种基金，它像共同基金一样持有一系列投资，但又像股票一样在交易所交易。ETF的价格每天都会在买卖过程中发生变化，而共同基金的价格只在交易日结束时确定。起初，ETF为投资者提供了买卖一系列股票的方式，这些股票反映或代表了某些指数，例如标准普尔500综合指数。之后，ETF发展成了一种颇为复杂的投资产品。和共同基金类似的是，ETF持有一组股票，而不是一只或少数几只股票。然而，ETF的成本往往更低，因为投资者不需要付钱让投资经理主动研究和交易股票。这又是为何？因为ETF的构成与它们所反映的指数相同。

你已经知道，共同基金中股票的交易通常会带来资本收益，而这将转移给共同基金的投资者。但ETF并非如此，这使ETF成了一种分散投资的低成本方法，特别是因为ETF的种类和共同基金一样多。但是和任何投资一样，在选择ETF时我们同样需要考虑风险和其他因素。

其他投资选择

除了股票、债券和共同基金，我们还可以投资什么？ 在股票、债券和共同基金之外，还有一些其他投资选择。这些投资往往比较复杂，可能会带来额外风险。通常，只有经验丰富的投资者才会倒腾这些另类投资。**期权**和**期货**就属于这类投资，**大宗商品、房地产和贵金属**也属于这一类。

什么是期权？ 期权（option）是一种合同，它赋予买方以特定价格在特定日期之前买入（看涨）或卖出（看跌）某种证券的权利（非义务）。这就好比购买一份保单。举个例子，你的叔叔打算出售一辆你很想要但又买不起的车，你向叔叔提出了一个建议：你会把自己的钱存起来，三个月后，你将有权以15 000美元购买这辆车；如果叔叔接受这个价格，你现在就可以付给他额外的250美元。接下来的三个月可能会出现以下三种情况：

1. 这辆车可能成了市场上最好的车，价格也从15 000美元涨到了18 000美元。你按15 000美元的约定价格买下了这辆车，接着以18 000美元卖掉了它。算上你为买车权而支付给叔叔的250美元，你的净收入应为2 750美元。

2. 这辆车有一个大缺陷，制造商宣布召回并维修它。现在，你真的一点儿也不想买这辆车了。你拥有的是买车的期权，因此你没有义务买下它，但你还是损失了为买车权付出的250美元。

3. 这辆车的价值保持在15 000美元，你按约定价格用15 000美元外加最初的250美元买下了这辆车。

期权的运作模式与这个例子差不多。当买入期权时，你是在为特定条件下购买资产的机会付钱。如果没买成，那么你只损失了期权费用。如果买成，那么你可能会赚钱。期权很复杂，也有一定的风险。不要将期权合同与雇主作为福利提供给你的股票期权混为一谈。雇主提供的股票期权让你有权在特定时间以预设的价格购买特定份额的公司股票。股票期权是一种用来留存和鼓励员工的激励手段，第九章对此有所讨论。

什么是期货？ 期货合约（futures contract）是约定买卖双方在未来某个时间以当前商定的特定价格接收（或交付）资产的协议。期货合约与期权合约的区别在于期权合约赋予了投资人购买标的资产的**权利**，而在期货合约中，投资人有**义务**购买标的资产。标的资产通常是某种商品，例如糖、咖啡或小麦。这些商品的价格是在实际买卖之前就约定好的。期货市场交易还包括有关政府债券、外国货币或股市指数的买卖。

如果你始终持有期货，那么合约到期后你将得到这些商品。然而，大多数期货合约持有者很少会持有合约直至到期。相反，他们会在到期前交易这些合约。如果商品价格在合约到期前上涨，投资人就可以赚钱。然而，如果价格下跌，那么投资人可能会赔钱。

■ 亚历克斯和克丽很乐意去了解共同基金和ETF。他们还有一些疑问，但是他们同意用更多时间去研究和了解自己的选择。假以时日，他们可能还会咨询投资顾问，然后再做出最终决定。他们知道有一件事是肯定的，那就是现在他们会远离期权和期货！

本章小结

16-1 讲解风险收益关系、风险容忍度以及资产多样化和资产分配、投资基础的关系。

- 不同类型的投资具有不同的风险收益关系。风险最小的投资带来的收益最小，风险最大的投资带来的收益也最大。

- 并非人人都适合投资，投资的水平和类型因人而异，这取决于投资者的风险容忍度。

- 为了进一步降低投资风险，投资组合应当在股票、债券、现金等不同类型的投资中进行配置。随着投资者进入人生不同阶段，其资产配置也会有所改变，投资组合应得到定期调整和重新平衡。

16-2 讨论首次公开募股的流程，对比不同类型的股票，讲解买卖股票的方式以及影响股价的因素。

- 股票的发行方式如下：

　　①股票的第一次发行称为首次公开募股。

　　②金融顾问负责协调招股说明书的准备工作，并将其提交给美国证券交易委员会存档。

　　③金融咨询公司负责确定公开销售股票的最佳时机和初始定价。

- 投资银行组成团队承销新股，该团队首先买入股票，接着公开出售它们。

- 公司发行的股票主要有两种：普通股和优先股。股票可以分为六大类：收益股、蓝筹股、成长股、价值股、周期性股票和防御型股票。

- 股票可通过股票经纪人购买，他们是代表投资者买卖股票的人员。股票经纪人同时提供咨询服务，并收取服务费。

- 股票在证券交易所完成交易，比如纽约证券交易所或纳斯达克等。

- 股票业绩通常是通过价格的波动来衡量的。股价上涨时，股票表现良好。相反，股价下跌意味着股票表现不佳。

- 股价根据供需而变化。其他影响股价的因素包括经济预测、行业或生产部门关注的问题以及国际事件。股市也会像市场一样出现整体波动。如果市场呈现出积极的发展趋势，那么这是牛市，反之则是熊市。

16-3 讲解公司是如何发行债券的，列举不同的债券类型，说明评估债券风险的方式。

- 债券的发行方式与股票的相同，但也有一些不同：

　　①公司向投资银行寻求建议。

　　②投资银行的工作人员负责准备提交给美国证券交易委员会的文件，同时帮助公司确定债券的发行价格，组织相关机构预先购买债券。

　　③财务顾问和投资银行业者负责在债券发行前激发人们对债券的兴趣，找到潜在买家。

　　④投资银行首先以折扣价购入所有债券，接着迅速在一级市场以更高的价格卖掉它们。

- 债券应说明面值，这是债券持有人在到期时可以赎回的价值。大多数债券是以面值销售的。债券还应说明息票率（利率）以及到期日等。

- 债券并非没有风险，债券发行人的信誉是影响债券风险的主要因素。

- 债券发行人有两类：政府和公司。

- 公司债券由公司发行，风险最高。担保债券由抵押品来担保，无担保债券没有实际担保，它的唯一担保是公司的付款承诺。

- 政府债券由政府发行，是最有保障的投资工具。

- 市政债券由州政府、市政府以及其他地方政府发行。

16-4　讲解不同类型的共同基金，以及股票、债券和共同基金之外的其他投资选择。

- 共同基金是最受欢迎的投资方式，因为它提供了分散投资和专业的管理。共同基金具有很强的流动性和相当好的成本效益。

- 有佣基金要额外收取营销和其他方面的费用，而无佣基金的额外费用微乎其微。

- 货币市场基金投资的是短期债务。在美国，这些基金的利率通常是常规计息支票或储蓄的两倍。此外，货币市场基金提供了开支票的特权，因而可以让投资人快速获得资金。

- 债券类共同基金只投资债券，它可以根据债券的类型进行分类（市政债券基金、公司债券基金以及美国政府债券基金）。另外，一些债券类共同基金还可以按期限进行分类（长期债券基金、短期债券基金以及中期债券基金）。

- 股票类共同基金又称为股权基金。股权基金可根据所投公司的类型进行分类，例如成长型基金、价值型基金等，也可以根据所投公司的规模分类，例如大盘基金、中盘基金和小盘基金。

- 混合型基金或平衡型基金是一种投资股票、债券，有时也投资货币市场基金的共同基金，它提供了一种安全、有收益且适度增值的投资组合。生命周期基金是一种平衡型基金，它的投资组合在接近目标日期时变得更为保守，而目标日期通常与投资者的预期退休日期一致。

- 期权是赋予买方在特定日期以特定价格买卖证券的权利（非义务）的合约。期权比较复杂，因此风险也很高。

- 期货合约是约定买卖双方在未来某个时间以现在商定的特定价格接受（或交付）资产的协议。

重要概念

资产配置	政府债券	一级市场
熊市	成长股	招股说明书
蓝筹股	收益股	收益债券
债券类共同基金	指数	风险收益关系
牛市	内幕交易	二级市场
可赎回债券	投资	担保债券
资本收益	投资银行业者	美国证券交易委员会

资本损失	垃圾债券	系列债券
资本市场	有佣基金	EE系列债券
普通股	市场风险	I系列债券
复利	到期日	股票经纪人
可转换债券	货币市场基金	证券交易所
公司债券	市政债券	股票类共同基金（股权基金）
息票率	共同基金	短期国库券
周期性股票	纳斯达克	国债
无担保债券	资产净值	通货膨胀保值债券
防御型股票	纽约证券交易所	中期国库券
分散投资	美国储蓄债券	股息
免佣基金	价值股	交易型开放式指数基金
期权	期货合约	场外股票
浮动利率债券	债券面值	一般义务债券
优先股		

自我测试

单选题（答案在本书末尾）

16-1　梅森最近买了一只10 000美元的政府债券，利率为3.5%。在前两年，他每半年得到的利息依次为175美元、175美元、200美元和200美元。梅森最有可能购买的是哪种类型的政府债券？

a. 短期国库券

b. 中期国库券

c. 通货膨胀保值债券

d. 国债

16-2　以下哪个原因可能导致阳光橙果农公司的股价产生变化？

a. 因为不想要这只股票而卖掉它的投资者比想要这只股票而买入的投资者多

b. 一场意想不到的霜冻影响了该地区橙子的收成

c. 美国政府为农业公司制定了税收激励政策，这有助于提高这些公司的净收益

d. 以上所有

16-3　在首次发行股票时，公司应该为投资者准备哪些方面的材料？

a. 招股说明书

b. 首次公开募股材料

c. 专人承销

d. 投资者指南表单

16-4　特蕾西·奎因觉得她的投资组合非常棒，她投资了科技股、银行股以及消费品股票。她如果想实现更好的资产配置，那么应该选择哪种类型的投资？

a. 国外的股票类共同基金

b. 标准普尔指数基金

c. 市政债券基金

d. 上述任何一种

16-5　乔斯·费尔南德斯正在为了退休而存钱，他的投资组合反映了他的风险容忍度，这是由他所信赖的投资顾问精心设计的。不幸的是，这个投资组合的回报并没有达到乔斯的预期。乔斯应该怎么做？

a. 投资于回报更高但风险更大的股票

b. 降低对退休金的期望

c. 提高风险容忍度

d. 换一个投资顾问

16-6　杰里米打算投资那些有着长期稳定增长历史的公司，他应该投资以下哪种股票呢？

a. 蓝筹股

b. 成长股

c. 价值股

d. 周期性股票

16-7　以下哪项描述了由地方政府机构发行的证券？

a. 顶点公司的无担保债券

b. 苏德顿县水务局债券

c. 十年期国债

d. 富达债券类基金

16-8　如果你有一只5 000美元的债券，这只债券的息票率为4%，每半年支付一次利息，那么你可以得到多少利息？

a. 每六个月一次，每次200美元

b. 每年一次，每次200美元

c. 每两年一次，每次200美元

d. 每年两次，每次100美元

16-9　以下哪项不是投资共同基金的优势？

a. 共同基金的价格波动比股票或债券的小

b. 共同基金提供了分散的投资

c. 共同基金由专业人士管理

d. 以上都不是

16-10　以下关于交易型开放式指数基金的描述，哪项是正确的？

a. 一种合约，赋予买方在某个日期或某个日期之前以特定价格买卖证券的权利

b. 买卖双方约定在后续的某个特定时间购买资产的协议

c. 一种投资基金，由交易日结束时的资产净值来定价

d. 一种持有多种资产的投资类型，交易方式与股票类似

判断题（答案在本书末尾）

16-11　一个人的风险容忍度可能会随着其投资知识和财富的增多而有所变化。

□对　□错

16-12 五年前，杰尔姆以每股60美元的价格买入了100股柯达公司的股票。上个月，他以每股55美元的价格卖掉了这100股股票。杰尔姆通过卖出股票获得了资产收益。

□对　□错

16-13 美国国债是期限为两年、三年、五年、七年和十年的债券。

□对　□错

16-14 如果公司破产，那么普通股持有人将先于优先股持有人获得偿付。

□对　□错

16-15 资产配置是一种建议用不同行业的股票来配置投资组合的投资策略。

□对　□错

批判性思考题

★★**16-16** 在投资之前，你应该确定自己的风险容忍度。你如何明确自己的风险承受能力呢？哪些因素可能改变你的风险容忍度（如果有的话）？

★★**16-17** 列出你打算在接下来的一到五年里实现的三个短期或中期财务目标，并为每个目标列出一个大概的数值。列出三个你希望在未来六到二十年里实现的长期财务目标及其大概数值。说明你将如何实现部分或所有目标。

★★**16-18** 蓝筹股指的是财务状况良好，同时具有良好的盈利和派息记录的公司发行的股票。通用电气和克莱斯勒等公司的股票最初就被视为蓝筹股。今天，那些在这一概念形成之时尚未出现的公司（比如英特尔和沃尔玛等）所发行的股票也成了蓝筹股。列出三个你感兴趣的蓝筹股公司，说明你的理由。

小组活动

拿上5万美元开始投资吧

4~5人一组。假设你的小组理论上有5万美元可以用于投资，同时必须确定一个投资标的不少于五个且不多于十个的投资组合。这个投资组合必须足够分散，包括来自不同行业或生产部门的不同类型的股票。

步骤

步骤1，在开展研究时，你的小组应填写以下表格。

投资名称	投资类型	行业 / 生产部门

投资名称	买入价	份额	初始价格	投资组合占比

步骤2，你的小组要准备一份报告来总结你们的投资选择。报告内容应包括你们选择每项投资的理由。此外，这份报告还应说明你们采取的分散投资策略。

步骤3，所有小组都应每周监控自己的投资组合。在指定的时间结束后，看看哪个小组获得的市值最高。

企业道德与企业社会责任

投资可以兼具社会责任与营利性吗

社会责任投资是一种投资策略，它的投资对象是那些支持环保、关注工作场所多样化以及注重提升产品安全性和质量的公司。避免投资有关酒类、烟草、枪支、军事武器等方面的企业也是此类投资策略的一部分。

作，研究几家符合社会责任投资要求的公司和共同基金。

步骤2，用一两段话来评价这类投资是否是一种合理的投资策略。

步骤

步骤1，你可以独立完成，也可以选择与一名同伴合

在线练习

16-19 财经博客

本章第一节列出了十个为年轻人提供优质财经信息的博客。访问其中三个博客，在每个博客中找到一篇与你的当前财务状况相关的文章或内容，概括文章的内容，说明它对你的意义。

16-20 从储蓄中获得最大回报

在当前人生阶段，存钱可能是你最容易做到的事情。当储蓄利率处于历史低位时，找到最有利的储蓄利率便尤为重要。访问银行利率网（Bankrate.com），在这里你可以搜索和比较当地以及美国全国的支票及储蓄利率。你可以在本地找到的最佳利率是多少？它和全国的利率

相比又如何？

16-21 "道指狗股"

有几种投资策略可以帮助投资者挑选股票。"道指狗股"（Dogs of the Dow）是最广为人知的策略之一。研究这一策略，讨论它对你来说是否有用。

16-22 定期定额投资法

你很难完美地把握投资时机，即在股价最低时买入或在股价最高时卖出。研究定期定额投资法，用一段话来说明这是一种什么样的策略，使用该策略的原因，以及它相对于其他投资策略的优点和缺点。

16-23　市政债券：铺路与建校

市政债券由州政府、市政府和其他地方政府机构（比如收费公路管理处）发行。在网络上开展研究，了解你所在地区发行的市政债券，研究两到三个市政债券项目，这些债券的发行目的分别是什么？

MyBizLab

在你的MyBizLab作业板块完成以下写作练习。

16-24　描述你的风险容忍度，影响它的因素有哪些？考虑到你的风险承受能力，现在最适合你的投资类型是什么？哪些因素可能会改变你的风险容忍度？

16-25　美国的共同基金往往会将自己的业绩与标准普尔500综合指数相比较，目标是跑赢该指数。这种比较公平吗，为什么？

参考文献

1. Andrew Beattie, "Investopedia. Market Crashes: The Dotcom Crash, www.investopedia.com/features/crashes/crashes8.asp (accessed March 16, 2016).

2. Gary P. Brinson, Brian D. Singer, and Gilbert L. Beebower, "Determinants of Portfolio Performance II: An Update," *Financial Analysts Journal*, May/June 1991, 40 – 48.

3. L. Randolph Hood, "Determinants of Portfolio Performance—20 Years Later," Financial Analysts Journal, September 2005, 6 – 8.

4. "Nasdaq Corporate Overview," http://business.nasdaq.com/Docs//Nasdaq%20Corporate%20Factsheet%202015_tcm5044-11606.pdf (accessed March 16, 2016).

5. "Invest Wisely: Advice from Your Securities Industry Regulators," www.sec.gov/investor/pubs/inws.htm(accessed March 16, 2016).

6. Alistair Barr and Ronald Orol, "Madoff Arrested in Alleged Ponzi Scheme," December 11, 2008, www.marketwatch.com/story/madoff-arrested-charged-may-be-facing-50-bln-in-losses-fbi (accessed March 16, 2016).

7. "Bernie Madoff Scandal: Where Are They Now?" March 2010, www.time.com/time/specials/packages/completelist/0,29569,1971588,00.html (accessed March 16, 2016).

8. Jackie Wattles, "Tesla's stock drops 6% after Musk lowers delivery guidance," CNN Money, August, 5, 2015. http://money.cnn.com/2015/08/05/

investing/tesla-earnings/ Accessed March 16, 2016.

9. Peter Valdes-Dapena, "Consumer Reports Yanks Tesla's Recommendation," CNN Money, October 20, 2015. http://money.cnn.com/2015/10/20/autos/consumer-reports-most-reliable-car-brands/index.html (accessed March 16, 2016).

10. "Tesla Announces New Leadership in Finance, Sales & Service," Tesla Motors, Inc., November 3, 2015. http://ir.teslamotors.com/releasedetail.cfm?ReleaseID=940307 (accessed March 16, 2016).

11. Paul R. LaMonica, "Tesla's Worst Nightmare … Cheap Gas," CNN Money, February 3, 2016. http://money.cnn.com/2016/02/03/investing/tesla-stock-earnings-elon-musk/ (accessed March 16, 2016).

12. Reuters, "Tesla Expects to Become Profitable in 2016, Shares Surge," February 10, 2016. http://finance.yahoo.com/news/teslas-posts-11th-straight-quarterly-212316880.html (accessed March 16, 2016).

迷你章节
第五章　个人理财

人们常常将个人理财问题与不幸联系在一起，例如失业后想办法承担开支，因为生病而料理家务，以及因为伤残而无法工作等。然而，在现实生活中，制订个人理财规划不仅是一个帮助人们解决财务危机的过程，还是一个有助于人们实现自身梦想和目标的过程，例如买房、支付孩子的大学学费以及提前退休等。

当开始第一份工作时，你就应该开始严肃思考自己的个人理财问题了。最精明的做法是从你拿到零用钱的第一天开始就管理你的个人财务！越早认真考虑个人财务问题，你就越容易基于收入来实现人生目标。

为了给未来做准备和防范风险，个人和家庭利用财务原则进行预算、储蓄、投资和资金存储的做法被称为**个人理财**（personal finance）。简单地说，个人理财就是设定目标、做出决策，然后坚持下去。如图M5-1所示，你必须制订计划来缩减开支，增加你的收入和资产，这样才能让它们为你发挥作用。

资金管理（money management）是个人理财的重要组成部分，它一般包括以下内容：

- 弄清自己有多少钱。
- 设定你想实现的目标。
- 说明如何实现自己的目标。

来源：Marek/Fotolia。

高效的资金管理涉及多个不同的方面，我们先探索如何创建理财计划。

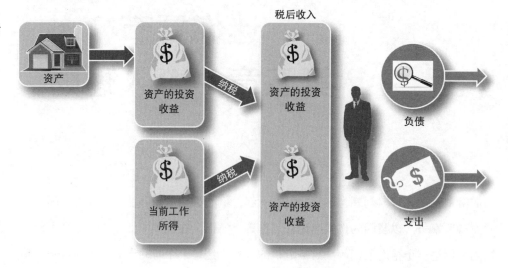

图M5-1　基本的个人理财

税后收入

资产

资产的投资收益

当前工作所得

纳税

纳税

资产的投资收益

资产的投资收益

负债

支出

M5-1　用工具辅助你理财

可以帮你理财的网络资源和软件有很多。微软的Excel等表单软件可以用来创建简单的财务工作表和预算表。Intuit公司的奎垦（Quicken）是一款流行的软件工具，它提供了定制资金管理内容的功能。许多网站也提供免费工具，可以帮助你跟踪和管理你的财务（例如Mint.com和MoneyStrand.com）。

M5-2　制订理财计划

我们一起来看看制订理财计划的步骤。

步骤一：列一份理财清单

列一份理财清单是开始理财计划的第一步。列出你所有值钱的东西（资产），接着减去你欠下的所有东西（债务），包括你可能有的任何贷款或信用卡欠款，剩下的就是你的净值。如表M5-1所示，确定个人净值的过程与公司编制资产负债表的过程相似，只是排列方式有所不同。如果你很年轻，一切才刚刚开始，那么起初你或许没有什么可写的。但这依然不失为一种有用的练习。随着时间的推移，你可能会在表上增添更多内容。记录和计算你拥有和欠下的资产，哪怕一年只做一次，这也有助于你了解自己在特定时间的财务状况。如果你的情况有所变化，那么这还可以帮助你判断是否需要调整理财计划。

表M5-1　个人净值表

资产：你拥有的	价值
现金	
储蓄	
支票账户	
定期存单	
投资	
共同基金	
股票	
债券	
退休金账户	
汽车	
个人财产（电器、珠宝等）	
现金价值寿险	
房产（自己名下的）	
总资产	
负债：你欠下的	**价值**
学生贷款	
汽车贷款	
信用卡欠款	
其他债务	
抵押贷款	
其他	
总负债	
净值总额 = 总资产 − 总负债	

步骤二：设定理财目标

接下来，你可以开始**设定理财目标**了。这些目标既可以是长期的，也可以是短期的。

短期目标应该是可衡量的现实目标，可以在一年之内完成，例如，"明年我想换一辆车"就是一个短期目标。长期目标的激励性可能更强，例如，"我想在40岁之前拥有25万美元的投资资产"。现在，将长期目标分解成更小的、更易衡量的短期目标。这可以提高你实现它们的可能性。例如，"我想在40岁之前拥有25万美元的投资资产"可以分解为"我希望每年存下5 000美元来投资，它们每年大约可以带来8%的利息"。

最后，确定每个目标的"想要"或"必要"的优先级。将你的"必要"目标放在"想要"目标之前，并将短期目标排在长期目标之前。将你的短期必要目标（买一辆新车）放在首位，并将长期想要目标（在后院造一个游泳池）放在最后。选择一些让你感到兴奋并下定决心去实现的目标，将这些目标写在一个便于你定期回顾它们的地方，以此提醒自己为了什么而努力。

你如果仍然不知道该如何去做，那么请记住，还有理财规划师可以与你一同规划一条通往稳定财务状态的道路。你可以寻找注册理财规划师等有资质的人士，这意味着他们有执照，同时会受到监管，因而可以确保你得到专业的服务。

步骤三：了解你把钱用在了何处

你已经了解了自己的资产和负债情况，并且设定了理财目标。现在你需要了解自己的钱都被用在了什么上面。首先列出一个月内发生的开支，方法如表M5-2所示。**固定支出**——每月不变的开支——很容易计算，例如你的房租或汽车费用。**可变支出**——每月必须支付且每月金额都不一样的开支——则是较难计算的部分。汽油、食品、服装、娱乐、公用事业和手机费用等都是可变支出。

你可能还需要考虑**定期支出**——纳税或捐赠等并非按月缴纳的支出。此外，请注意表M5-2中的**不可预见支出**。你可能无法确定这类支出的确切金额。例如，今年你会收到必须付钱的超速罚单吗？这很难说。尽管如此，你还是要留下适量资金来应对这类意外事件。不这么做的话，最周密的理财计划也可能遭到破坏。

在创建列表时，你可能还要记录一些"无形"支出——那些你并没有意识到自己已经购买的东西，例如每天的拿铁咖啡、在自动贩卖机上买的薯片以及汽车配件等。确定无形支出的最佳方式是建立一个"零钱日志"来记录精确到每一分钱的日常开支。零钱日志还可以帮助你确定可变支出。在继续执行理财计划时，你可以细化这一部分，同时限制某些方面的开支。

分析你的零钱日志和支出列表，明确你必须支付的费用（固定支出）以及那些可以砍掉的支出（可变支出和无形支出）。这样你就做好了制定预算的准备。

表M5-2 月度支出表

固定支出	总额	"必要"还是"想要"
住房（按揭/房租）		
汽车		
保险（医疗险、汽车险、租客保险①）		
网络、有线电视、手机等		
储蓄		
其他		
可变支出	**总额**	**"必要"还是"想要"**
电费		
煤气和暖气费用		
水费		
电话费		
食物		
汽油		
交通（公交或地铁）		
儿童看护		
服装		
娱乐		
其他		
定期支出	**总额**	**"必要"还是"想要"**
纳税		
捐赠		
会员费、专业资质费		
不可预见支出	**总额**	**"必要"还是"想要"**
汽车和房屋维修费		
超速罚单		
医疗费		
其他		

---

① 保障租客的个人财产在遭受盗窃或火灾等自然灾害后获得相应赔偿的保险类型。——译者注

步骤四：创建预算

就你必须支付的费用而言，预算或支出计划应该是现实的，同时要包括作为常规固定支出的储蓄。无论你是否认为自己负担得起，请每月存一些钱。很多理财规划专家都建议至少留下每笔薪资的10%来储蓄。不要掉入"把剩下的所有钱都存入储蓄账户"的陷阱。相反，你应该有意识地"先为自己存钱"，这样一旦付清了账单并用掉了剩下的钱后，你还有一些余钱可用。无论如何，你都得先存一点钱。成功的秘诀不在于你存了多少钱，而在于你坚持不懈地这么做。

最初，你的存款会累积起来，这样你就有了一份至少相当于一个月开支的"应急基金"。最后，这笔钱应该累积到能够支付三到六个月固定支出的水平。这笔钱可以承担你在失业或受伤等意外情况下的开支。一旦你筹到了应急基金，你的存款就可以存入计息账户——定期存单、货币市场基金、共同基金或股票和债券。

你想成为百万富翁吗

下列哪个人可以在60岁时攒下足够的钱，成为百万富翁？

a. 目前10岁，每个星期向银行账户存入25美元，持续50年。

b. 目前22岁，每个星期向银行账户存入68美元，持续38年。

c. 目前40岁，每个星期向银行账户存入370美元，持续20年。

d. 上述所有人。

答案： d。上述所有人都可以在60岁时成为百万富翁。

请注意时间对每个人必须存入的金额的影响。为什么会这样？原因在于复利。**复利**是这样一种利息，它不仅是你用本金（你实际存入的资金总额）赚来的利息，还是你存钱时用所得利息赚来的利息。对储蓄账户来说，只要你存得够久，而且没有支取利息，那么你便会因为复利作用而受益。这个故事的寓意在于存钱要存得早，存得频繁，而且不要把利息取出来！

步骤五：执行计划

记录你的支出和设定预算是一件既烦琐又耗时的事情。图M5-2所示的软件可以为你提供帮助。真正的挑战在于坚持计划，因为这需要自律。每周少喝一杯知名咖啡，一年就可以省下200美元。这里还有一些其他建议可以帮助你弥补预算缺口：

- **付清所有信用卡欠款。**逾期未还信用卡欠款无异于财务自杀。很多信用卡公司对逾期未还的欠款收取超过18%的利息。因此，在把钱存入储蓄或投资账户时，请先还清你的信用卡。要做到按时还款，缴纳滞纳金也是浪费钱！

- **如果你有未偿还的贷款，那么看看你是否可以降低利率，或者将它们合并成更易管理的付款方式。**请打电话问一问银行，你可能会惊讶于你得到的回复。

- **尽量只用现金，减少冲动购物。**当用现金而非信用卡进行支付时，你可以立即看到消费的后果。

明智地使用信用卡有助于你以后买车或支付房贷。相反，乱用信用卡可能会给你带来财务灾难。

来源：Roberto Westbrook/Getty Images。

月预算

图M5-2 预算模板（单位：美元）

这样的预算模板可以帮助你确定支出计划。

	月度预测	实际值
收入1	4 000	4 000
收入2	1 300	1 300
额外收入	300	300
月收入总计	5 600	5 600

总支出预测	实际支出总额	差值
1 195	1 236	（41）
结余预测（收入预测减支出预测）	实际结余（实际收入减实际支出）	差值（实际结余减结条预测）
4 405	4 364	（41）

住房	预测支出	实际支出	差值
按揭或房租	1 000	1 000	0
电话费	54	100	（46）
电费	44	56	（12）
燃气费	22	28	（6）
水费与污水处理费	8	8	0
有线电视费	34	34	0
垃圾清运费	10	10	0
房屋维护与维修费	23	0	23
住宅用品	0	0	0
其他	0	0	0
小计	1 195	1 236	（41）

交通	预测支出	实际支出	差值
车辆1费用			0
车辆2费用			0
公交费、打车费			0
汽车保险			0
牌照			0
燃料			0
养护			0
其他			0
小计	0	0	0

保险	预测支出	实际支出	差值
住房保险			0
医疗保险			0
人寿保险			0
其他			0
小计	0	0	0

食物	预测支出	实际支出	差值
日常食品			0
外出就餐			0
其他			0
小计	0	0	0

储蓄与投资	预测支出	实际支出	差值
退休金			0
投资			0
大学学费			0
其他			0
小计	0	0	0

个人事项	预测支出	实际支出	差值
医疗			0
美发、美甲			0
服饰			0
干洗			0
健身			0
会员费			0
其他			0
小计	0	0	0

贷款	预测支出	实际支出	差值
个人贷款			0
学生贷款			0
信用卡1			0
信用卡2			0
其他			0
小计	0	0	0

子女	预测支出	实际支出	差值
医疗			0
服饰			0
学费			0
上学用品			0
会员费			0
午饭钱			0
儿童看护			0
玩具			0
其他			0
小计	0	0	0

税费	预测支出	实际支出	差值
联邦			0
州			0
地方			0
小计	0	0	0

赠礼与捐赠	预测支出	实际支出	差值
慈善捐赠1			0
慈善捐赠2			0
慈善捐赠3			0
小计	0	0	0

法律	预测支出	实际支出	差值
律师费			0
赡养费			0
其他			0
小计	0	0	0

宠物	预测支出	实际支出	差值
食物			0
医疗			0
美容			0
玩具			0
其他			0
小计	0	0	0

娱乐	预测支出	实际支出	差值
影视碟片			0
唱片			0
电影			0
音乐会			0
体育赛事			0
戏剧现场			0
其他			0
小计	0	0	0

步骤六：监督和评估你的计划

定期回顾你的计划并做出必要的调整。每月查看你的预算，每年进行调整。

M5-3　个人信用管理

信用是你先购买后付钱的能力。在负责任地使用信用时，信用卡不失为一种好工具。在申请汽车贷款或按揭购房时，向贷方表明你具有良好的信用记录将对你有所帮助。一些雇主也会在用人前查看申请人的信用记录。滥用信贷会迅速产生严重的问题。试想：信用卡欠了3 000美元可能花不了多长时间，但是如果每月只还50美元，那么你差不多要用15年才能还清它！而且这还是在你不再有欠款的情况下。以下小窍门有助于你管理个人信用。

诀窍1：了解利率和年费

信用卡并不是免费的，因此请查看信用卡合同上的细则。即便最初的优惠利率为零或很低，促销结束后利率可能会改变。务必弄清新利率是多少。此外，请尽量找到不收年费的信用卡公司。如果有年费，那么请致电发卡公司看看能否免除这笔费用。一定要认真评估那些提供航空里程积累或其他激励的信用卡，因为这类信用卡的利率和年费往往比较高。

诀窍2：如果付不起就不要欠款

不要将你的信用卡当作财务自由的工具。你如果付不起现金，那么也不要用信用卡。请将信用卡视为一种必须在30天或更短期限内偿还的债务。如果想明智地使用信用卡，那么请每月全额还款。假设你有一个计息支票账户或储蓄账户，这么做可以让你将这些钱留存得更久以便赚取利息。

有些信用卡旨在鼓励按时还款。例如Discover公司的一种名为Motiva的信用卡会为按时还款行为返现。此外，和其他信用卡一样，这张卡也提供购物返现奖励。

诀窍 3：用另一种方式做好信用记录

尽管良好的信用记录非常重要，但如果你觉得诱惑太大，费用超过了你的承受能力，那么你不一定要从申请通用信用卡开始。另一种建立信用记录的方式是从单店信用卡或单一用途信用卡开始，例如汽油卡。负责任地使用这些信用卡，偶尔消费，然后按月全额还款，这同样可以证明你明智使用信用卡的能力。

了解你的信用分

如果你一直在使用信用卡，那么你已经形成了信用记录。贷方会将你的信用记录转化为一个数值，这样当你打算申请贷款时，其他贷款方便可以利用这个数值来评定你的贷款资格。信用卡公司也会通过你的分值来确定向你收取的利率。没有一个绝对的数值可以保证你获得信贷或更低的利率，但是这一数值还是越高越好。在美国，你可以从以下三个信用评级机构获得你的信用报告，它们是Equifax、Experian、TransUnion。美国法律规定，每人每年有权从上述各个机构获得一份免费的信用报告。你可以前往"年度信用报告网站"（www.annualcreditreport.com），根据网站指引获得你的信用报告。为了保证信用报告所列信息准确无误，如有可能，你应在申请大额贷款前的几个月内获得报告。如果报告有误（这种情况时有发生），你就有时间去修正它们。

M5-4 买车的注意事项

对很多人来说，买车是财务上的一件头等大事。让我们一起看看与买车相关的财务决策吧。

买车

无论你是打算置换现有车辆还是第一次买车，你都要做一些决定。第一个决定是买新车还是二手车。因为新车有保修，所以汽车制造商几乎包揽了所有的维修费用。然而，一旦你将车子从经销商的车库里开走，新车的价值就会立即缩水

20%～30%。因此，在这辆车的行驶里程还没到50公里之前，你的车贷可能已经超过了汽车的价值！二手车已经经过了折旧，因此你的贷款可能更少，更接近车的当前价值。

别忘了，你还要支付保养费用（无论新旧），考虑到汽车的车龄和车况，它的保养费用可能会很高。你可以考虑买辆"新的二手车"，这种车只有几年车龄，保养得比较好，里程数也不多，而且这种车的初始保修期可以延续给新车主。

如果你想拥有一辆新车，那么你还要做另一个选择：买还是租。表M5-3列出了买车和租车的一些考虑事项。

表M5-3　买车与租车的对比

买车	租车
支付汽车的全部费用	只用支付汽车的部分费用
你需要先支付定金，然后支付整车费用的销售税	有时，你可以选择不支付定金，同时根据每月支付的金额来缴纳销售税
买车后第一个月要还首笔贷款	在签订合同时支付首笔租金
卖车时的价格是折旧价，你未偿还的贷款可能比折旧价还要高	如果租约中止，那么你可以归还整车，也可以按折旧价买下它
对里程没有限制，也没有特定的保养要求	通常有里程限制（每年 12 000 英里）和保养要求。还车时你需要为地毯上的污渍、车身凹痕和刮擦支付额外的费用

很多人选择租车，因为这样他们就可以用很少的预付现金得到更贵的车。然而，如果你通过贷款来买车，那么在还完贷款时，你依然拥有这辆车。如果你继续使用这辆车，你就可以将原本用来还贷的钱用于其他方面。

M5-5　保险与投资

照顾好自己的现在与将来是理财计划的另一个目的。买保险和做投资是实现上述目标的两种途径。

保障自己的现在和将来

当遇到困难时，你需要一些帮助来弥补开支，这样你才能迅速恢复过来。幸运的是，保险适用于多种风险，因此你不必独自承担这些费用上的负担。

买车时我们需要做很多决定。
来源：Creativa Images/Fotolia。

- **医疗保险**。医疗保险是必需的。无论今天的你多么健康，一旦罹患严重的疾病或遭遇伤害，它们产生的开支加上可能的康复费用相当昂贵。如果你的雇主提供医疗保险，那么请接受它。你自己可能还要添加一些费用，不过这依然很值得。如果你是自由职业者或无业人士，或者雇主没有为你提供医疗保险，那么请调查一下你有哪些负担得起的保险选择。在美国，医疗保健政府网是一个比较合适的起点。一些大学甚至向兼职学生提供集体医疗保险补助计划。如果你是自由职业者，那么你可能需要通过你所加入的协会或组织来获得集体保险的资格。此外，《平价医疗法案》允许26岁以下的人继续享受他们父母的医疗保险计划。

- **伤残保险**。如果你成了残障人士，失去了谋生能力，那么伤残保险会为你支付保险金。很多雇主都会在提供医疗保险的同时提供伤残保险。如果你的雇主没有这么做，那么你要弄清万一自己成了残障人士，你将如何支付自己的开销。

- **车险**。美国的大多数州都要求汽车上险。汽车保险有三种：责任险、碰撞险和综合险。责任险的保险范围是你给他人造成的损害和伤害，所以你应该坚持投保责任险。碰撞险的保险范围是你的爱车与静止或运动物体碰撞时遭到的损害。而综合险的保险范围包括车子遭遇盗窃、火灾或其他非碰撞事故时受到的损害。如果你要为一辆旧车投保，那么除了责任险，你可能不值得为它花钱投保碰撞险和综合险。

- **房主和租客险**。这类保险可以保障你的房子和其中的东西。房主保险附带了有关他人在你的房屋中受伤的责任险。如果你的房子有抵押贷款，那么银行通常会要求你投保。很多房东要求他们的租客提供租客保险证明。即便你的房东没有这样要求，你也应该考虑购买这种保险，因为这种保险不贵，而且可以在发生火灾或盗窃的时候为你的财产提供保障。

- **人寿保险**。人寿保险可以帮助那些依赖你的人弥补因你的去世而损失的收入，这些人包括配偶、子女、父母或其他家庭成员。当签署人寿保险单时，你要指明你的保险受益人。有些人寿保险可以发挥长期储蓄的功能，而其他类型的人寿保险的功能只限于保障。如果你是单身人士，没有人依赖你或你的收入生活，或者你已婚无孩，且伴侣有劳动能力，那么你可能不需要人寿保险。

保险专业人士可以帮助你明确自己的保险需求。货比三家是值得的。通常，如果你在同一家公司买了多种保险（例如房主险和车险），你就可以得到折扣。此外，你还应当每隔几年回顾和比较一下自己的费率，确保你支付的费率依然有竞争力，以及你的保险范围依然比较全面。

现在就为未来投资

尽管你可以通过一些策略来帮助自己降低风险，但投资并非全无风险。尽可能了解多种可用的投资机会对你的理财计划来说是很有帮助的。当开始积累存款时，你可能会选择将你的积蓄存入定期账户或货币市场基金账户。随着你对投资的了解逐渐加深以及可支配收入的增加，你可能会考虑投资共同基金、股票或债券。

你的投资翻倍速度有多快

根据72法则很容易算出你的钱在给定利率下何时可以翻倍。你要做的是用72除以投资利率（不带百分号的数值，即扩大100倍）。例如，你如果想知道利率为6%的投资何时可以翻倍，那么用72除以6，得到的年限为12年。72法则非常适用于利率小于20%的投资。你也可以用这个法则来确定在特定时间内可以翻倍的利率是多少。如果你打算在三年内实现投资翻倍，那么你可以用72除以3，现在你知道自己需要的利率大约为24%。

为退休投资

对你当前的人生阶段来说，退休或许还很遥远。你无法完全依靠社会保险来满足你退休后的财务需求，因此，很重要的一点在于你必须承担起做计划的责任。尽早开始定期投资是为退休积累资金的最佳方式，不过其他机制也可以提供帮助。如果你有工作，你的雇主可能会提供退休金计划。如果你是自由职业者，或者你的雇主没有提供退休金方面的福利，那么你可以自己制订退休金方案。专门针对退休金的基金，例如个人退休金（individual retirement accounts, IRAs）、罗斯个人退休金（Roth IRAs）以及401(k)退休金计划，均提供了税收优惠来鼓励人们进行退休金储蓄。

个人退休金

个人退休金是美国政府创立的特殊储蓄项目。将退休金存入个人退休金账户的好处在于你存入的是税前资金，这样便减少了你的应税收入。在提取这笔资金时，你不需要为该账户中的资金缴税。原因在于当你退休后，你的所得税纳税等级降低了，因此你要交的税也更少。通常，如果你在59岁半之前从个人退休金账户中提取了资金，那么你必须向政府支付违约金。你只能在70岁半时开始提取资金。尽管有这些限制，你还是应该认真考虑自己每年应缴纳的最高限额。

罗斯个人退休金

罗斯个人退休金是另一种退休金，但它在很多方面都与传统的个人退休金有所不同。向罗斯个人退休金账户投入的钱并非税前资金。然而，从这个退休金账户中取款一般是免税的，而且取款时限和方式上的限制也更少。罗斯个人退休金仅适用于特定人群，这些人的收入水平低于美国国税局指导意见规定的某一水平。

简化的雇员养老金计划

简化的雇员养老金计划（Simplified Employee Pension Individual Retirement Arrangement，SEP IRA）是另一种退休金工具。它提供了有利的税收优惠，如果你自己创业，那么你可以从中受益。你可以将你的部分自雇收入转移到退休金账户来避税。简化的雇员养老金计划可以帮助你通过副业获得收入，减少你的纳税金额，同时帮助你实现长期退休计划。

养老金计划

养老金计划（pension plan）是由你的雇主设立的退休金计划。养老金计划有两种：固定收益计划和固定缴款计划。过去，大多数公司提供的都是**固定收益计划**（defined benefit plan），通过这种计划，你可以在退休后得到相当于一定比例工资的养老金。为了获得这一资格，你必须在公司工作一段时间。固定收益计划意味着公司承担了提供充足资金来满足养老金义务的风险与责任。

由于这种方式不仅困难且代价不菲，很多公司都转而采用了固定缴款计划。**固定缴款计划**（defined contribution plan）是当今最常见的退休金计划。在此类计划中，你的雇主会从你的每份薪水中抽出一定比例的资金存入你的养老金账户。为了鼓励你为这个计划缴款，很多公司会再追加一笔相当于你的全部缴款金额或部分金额的资金。该账户里的钱将用于投资股票、债券、共同基金、年金或公司股票。通常，你有机会从投资选择菜单中挑选投资对象，然后直接将自己的部分资金用于各项投资。如果你在退休前更换了工作或从某家公司离职，那么你可以将固定缴款计划中的资金转入新的账户或个人退休金账户。

401（k）、403（b）和457退休金计划

这些计划都属于固定缴款计划。营利性组织提供的是401(k) 计划，非营利性组织提供的是403(b) 计划，而政府机构提供的是457计划（这些数字代表的是它们在联邦税法中对应的条款编号）。

M5-6　纳税

在美国，每个有收入的人都必须提交所得税申报表。即便你不用缴税，你也必须申报。否则你会遭到处罚和罚款。你拿到的薪水已经扣除了预估税款。你的纳税申报表会计算出你的确切缴税金额，如果从工资中扣除的税款不够，那么你要在提交申报表时缴纳剩余部分。如果从工资中扣除的过多，那么美国国税局会将差额退还给你。

美国国税局为每个纳税人提供了减少应税收入的标准扣除额度。你可以选择接受这一标准的扣除额度，或者逐项列出自己的扣除额。扣除项目包括抵押贷款利息、延税退休金计划的缴款、慈善捐赠，以及一定数额的医疗费用等。如果你的扣除额超过了标准扣除额度，那么你可以自行列出扣除额。通常，在没有个人住房的情况下，你最好选择标准扣除额度。在选择了标准扣除额度后，纳税申报表的填写也更为简单。

你要交多少税

表M5-4总结了2016年美国的个人所得税税率。所得税是按边际税率计算的。这意味着税率将随着收入的增加而增加，较高的税率只适用于你在较高应税范围内的收入。例如，如果你在2016年的收入为9 300美元，那么你应为9 275美元支付10%

的所得税，同时为剩余的25美元支付15%的所得税。

表M5-4　2016年美国个人所得税申报税率

如果你的应税收入超过以下金额（美元）	但不高于下列金额（美元）	你的税率上限为
0	9 275	10%
9 275	37 650	15%
37 650	91 150	25%
91 150	190 150	28%
190 150	413 350	33%
413 350	415 050	35%
415 050	无上限	39.6%

数据来源："Federal Tax Brackets"，www.moneychimp.com/features/tax_brackets.htm。
© 玛丽·安妮·波齐

然而，并非所有收入都是应税收入。标准扣除额度和个人免税金额可以从你的收入中扣除。这些会因你的个人情况而有所变化。你可以通过MoneyChimp.com等交互式网站来详细计算扣除应税收入和免税额度后你还要交多少税。了解你的最高纳税等级可以帮助你确定自己要为额外收入缴纳多少税金，或者你可以通过提高扣除额度而省下多少钱。

个人财务管理听上去既费时又费事，但它是有回报的。记住以下诀窍：

- 设定理财目标。
- 制订实现这些目标的计划，坚持去做。
- 先为自己存款，尽早存款，经常存款。
- 明智使用债务，形成良好的个人信用。
- 确保你和你的资产都得到了保障。

很快，你就会走上通往财务成功的道路。

附录　商业计划书项目

第一部分　简介

企业名称

你的企业名称是什么？

提示： 在为你的企业选择名称时，请确保它可以抓住企业的精神所在。此外，请参考第五章"商业杂谈"中有关给企业起名字的窍门。

企业说明

你的企业是做什么的？

提示： 你可以假设你要向自己的家人或朋友说明你的企业。这个说明应该很简单，用30个或更少的单词就可以解释清楚。

企业的组织形式

你的企业将会采用哪种企业组织形式（独资企业、合伙企业、有限责任公司或公司）？你为什么会选择这种形式？

提示： 请参考第六章了解有关企业组织形式的详细内容。

理想客户

说明你的理想客户是怎样的。他们的年龄、收入水平等条件如何？

提示： 你不必在计划书的这个部分说得十分详细；你会在后续部分提供更多有关客户和市场的详细信息。现在，你只需简单概括你的产品或服务最适合的人群。

公司优势

为什么客户要选择从你们这里购买而不在竞争对手那里购买？

提示： 说明你的企业的独特之处。例如，你的产品是否特别，客户服务是否独特，抑或你的定价是否更低？

第二部分　公司与管理团队

使命宣言

使命宣言

为你的企业撰写一段简短的使命宣言。

提示： 参考第七章有关使命宣言的讨论。一定要说明你将如何从竞争对手中脱颖而出，以及客户为什么要在你们这里购买。

伦理道德问题

所有的企业都必须处理伦理道德问题。应对这一问题的方式之一是创建道德准则。列出你的企业将要遵循的三个核心（不变的）原则。

提示： 你可以参考第三章来思考你的企业可能会面临的伦理道德问题。

社会责任

一家企业可以通过尊重所有的利益相关者来体现自己的社会责任。你会采用哪些步骤来创建一个具有社会责任感的企业呢？

提示： 你可以参考第三章的讨论来帮助你思考社会责任问题。考虑你需要为你的客户、可能的投资人、员工和供应商承担怎样的社会责任？

行业概况

行业说明

说明你的公司所在的行业和部门。

提示： 行业是广义的分类，例如金融业、科技业、服务业或医疗保健业等。而部门则是行业里更具体的分类，比如服务业的体育用品商店或科技业的计算机外设厂家等。在行业和部门说明中，你也要讨论该行业的经济趋势以及包括发展潜力在内的当前前景。

机遇和威胁

说明你的公司面临的机遇和威胁。

提示： 这个部分可以参考第二章里有关经济的讨论。考虑可能会影响整个行业以及你的企业的外界因素，例如宏观经济问题、科技变革、法律问题以及社会文化的转变等。第七章讨论的SWOT分析可以完成这些分析。

公司概况与战略

企业目标

你希望在第一年实现哪三个企业目标？你希望在未来三到五年实现的两个中长期目标又是什么？

提示：参考第一章讨论的目标设定问题。你所设定的目标应当尽量具体而现实。记住SMARTER原则，即目标应该是具体的、可衡量的、可接受的、现实的、有时限的、可扩展的以及有回报的。例如，如果你打算销售一种服务，那么你希望在第一年年底获得多少客户，你又希望每个客户花多少钱？如果你打算销售某种商品，那么你想实现多大的销量呢？

公司的优势

说明你的公司的优势所在

提示：在评估一家公司的优势时，我们需要分析它的内部资源，也就是财务、人力、营销、运营和技术方面的资源。一家公司的优势可能在于它强大的营销部门或有利的地理位置。

原材料和供给

说明你需要哪些原材料和供给来运营自己的企业。你将如何生产你的商品。你需要哪些设备？你的经营时间是怎样的？

提示：你可以参考第十一章来获得相关内容。

预期的挑战和有计划的应对

预期的挑战

说明公司的任何不足之处及其面临的挑战。

提示：考虑企业在竞争方面存在的任何缺陷，供应商或资源方面的问题，抑或任何可能影响企业的法律因素，例如未决的诉讼以及专利或版权问题等。

有计划的应对

说明你应对这些不足之处和预期挑战的任何方案。

提示：考虑你的公司在应对这些挑战方面可以利用的任何资源。

管理团队

管理

谁是管理企业的关键人物?

提示: 参考第七章关于管理者的讨论。思考你的企业需要多少层级的管理, 又需要哪些类型的管理者? 此外, 概括每个经理的贡献将如何对企业产生积极的影响。每个经理又将如何帮助企业取得成功呢?

组织结构图

为你的企业创建一张简明的组织结构图, 说明你的团队是如何组织在一起的。确保组织结构图可以反映向各个经理汇报的都是哪些人, 以及每个人的职位是什么。

提示: 大多数企业开始时的规模都不大。然而, 在你创建组织结构图时, 请思考你的企业未来会是什么样子。你的企业会从事哪些不同的业务? 在组织结构中, 每个人应向哪些人汇报工作? 你可以参考第六章和第七章了解相关信息。

第三部分　营销

市场分析

市场调研

按年龄、教育水平、收入以及其他人口统计变量描述你的目标市场。

提示: 参考第十二章, 了解在目标市场和市场细分方面你可能需要考虑的更多信息。尽量详细描述你所认为的客户是什么样子的。

评估竞争对手

说明被你视为竞争对手的三家企业。

提示: 描述每家企业的优势和缺点。你打算如何利用它们的弱点, 又将如何应对它们的优势呢?

产品或服务

产品的特征与好处

说明你的产品或服务的特征与好处。

提示: 正如你在第十三章中学到的那样, 一个产品兼具有形好处和无形好处, 它们构成了整体产品。从第十三章列出的三个层面来描述你的产品——**核心产品**（该产品或服务满足了哪种基本需求? ）、**实际产品**（你可以尝到、看到、闻到、触到和听到的产品的有形方面是哪些？），以及**扩展产品**（哪些可感知的好处为客户的购买带去了额外价值？）。

产品差异化

你将如何让自己的产品脱颖而出？

提示：让产品脱颖而出的方式有很多，例如独特的产品、优异的服务或绝佳的位置。你的产品有什么特别之处？它是否满足了市场上尚未满足的需求？你将如何实现产品的差异化来确保成功？

定价

你将为自己的产品选择什么定价战略，为什么？

提示：参考第十三章获得更多有关定价的策略和技巧。你的产品和你的企业一样都是全新的。因此，你可能要在撇脂定价和渗透定价中选择一种。你会选择哪一种，为什么？

销售与促销

分发（分销）问题

客户将在哪里找到你的产品与服务？（也就是说，你应该考虑哪种分销渠道？）

提示：如果你的企业打算直接向消费者销售产品，那么哪种店铺可以销售你的产品呢？如果你的产品可以卖给其他企业，那么你又将采用哪种分销渠道呢？参考第十四章更详细地了解你可能采用的分销方式。

广告

你打算如何向目标市场投放广告？你为什么会选择这些形式的广告？

提示：营销人员使用了多种不同广告媒介——它们是用来向潜在客户传达卖家信息的特定传播机制；每种形式的广告都有其利弊。参考第十四章了解有关你可能想要采用的广告类型的讨论。

促销

你会采用哪些其他的促销方式，为什么？

提示：促销远不止做广告那么简单。其他的促销方式包括**个人推销、优惠促销、公众舆论与公共关系**等。参考第十四章有关促销的讨论，了解如何利用广告之外的方式来推广你的产品。

第四部分　财务

预期收益

你如何为你的产品定价？你认为你一年可以销售多少产品（你认为你的企业可以吸引多少客户）？用你期望的销售数量或你希望客户购买的数量乘以你打算为产品收取的价格，这可以让你预估一年的收益。

提示：你将在会计报表里用到你在这个部分的成本和收益问题中计算出的数额，因此请尽量实际一些。

营业成本

做生意的成本有哪些？设备、供给用品、薪资、房租、公用事业费以及保险是这类开支的一部分。估算做一年生意的成本有多少。请将你在成本估算过程中的任何假设都考虑进去。

提示：在附表1中填写与企业经营有关的成本。下文给了你一些从何处获得这些信息的提示。注意，这些都是估算；尽量提供你所认为的营业成本的准确数值。

附表1中各项开支的说明：

• **房租：**你所在社区每平方英尺办公空间的"现行价格"是多少？房地产经纪人或当地的美国小型企业管理局可以帮助你解决这个问题。

• **薪水与工资：**参考组织结构图。每个员工可以获得多少工资？每个员工每周要工作多少小时？一旦你确定了每周的开支，你就可以将它扩展为月度和年度开支。

• **供给用品：**所有的电脑、设备和家具要花多少钱？你需要哪些常用办公用品？大多数价格信息可以在斯泰普等办公用品网站找到。

• **广告与其他促销：**参考营销部分。你已经就如何获客进行了说明，现在你需要确定这么做要花多少钱。如果你打算投放电视广告，请联系本地电视台的销售部门。如果你打算在报纸上登广告，那么请联系报纸的广告部门。这些销售人员通常很乐意回答你的问题。

• **公共事业费：**这些费用会因你的业务和使用的公共事业而有所不同。如果你的企业就是一个办公室，那么这项费用可能与家庭在这方面的支出差不多。然而，如果

　　　　　　　　　　　　　　　　　　　　　美国百所大学都在上的商学课（第五版）

你的企业涉及产品制造，那么这项费用会很可观。美国小型企业管理局的代表可能是了解这些信息的一个很好的渠道。

- **保险**：保险的价值会受到企业性质的影响。设备越多往往意味着保险费用越高。你也可以联系美国小型企业管理局的代表来了解这方面的信息。

附录1

开支	月度开支预期	年度开支预期
房租		
薪水和工资		
供给用品：科技，设备，家具，其他（电脑、软件、复印机、桌子、椅子等）		
广告和其他促销		
公共事业费：供暖、供电等		
公共事业费：电话费、互联网费用		
保险		
其他（请注明）		
其他（请注明）		

筹备费

你需要多少钱才能启动你的企业？

提示： 回顾你的营业成本分析。你大约需要多少钱才能启动你的企业？

融资

你将如何为企业融资？例如，你会选择向银行贷款、向朋友借钱，还是尝试众筹呢？抑或在一开始或在企业的发展过程中出售股票或债券？

提示： 参考第十五章了解短期和长期筹资来源。参考第十六章了解股票和债券等证券方面的内容。

损益表和资产负债表

为你的企业创建资产负债表和损益表

提示： 你有两种方式来创建这些报表。第一种方式是利用下文的指导自行制作财务报表。第二种方式是利用微软的Word和Excel软件模板来创建报表。你可以在本书的MyBizLab网站上找到这些模板。Excel表用起来很方便，因为所有的计算公式都预设好了，你要做的只是输入数据，表单便会自动完成计算。如果你调整了Excel表里的数值，那么它可以自动让你看到开支的变化是如何改变"账本底线"的。

附表2　12个月的损益表

	6月	7月	8月	9月	10月	11月	12月	1月	2月	3月	4月	5月	年度总计
收入（销售）													
类目1													
类目2													
总收入（销售）													
销货成本													
类目1													
类目2													
总销货成本													
毛利润													
经营费用													
房租费用													
供给用品费用													
广告费													
公共事业费													
电话费/网络费													
贷款利息（如有）													
其他费用（请注明）													
总费用													
净利润													

附表 3　资产负债表

资产	
流动资产	
银行存款	
存货现金价值	
预付费用（保险）	
流动资产总计	
固定资产	
机器与设备	
家具与固定装置	
房产／建筑	
固定资产总计	
资产总计	
负债与净值	
流动负债	
应付账款	
应付税款	
应付票据（12 个月内到期）	
流动负债总计	
长期负债	
长期银行借款（超过 12 个月的）	
减：短期内到期部分	
长期负债总计	
负债总计	
所有者权益（净值）	
负债与所有者权益总计	

第五部分　收尾工作

封面与目录

封面

为你的商业计划书做个封面

提示：封面应包括下列内容：

- 公司基本信息（名称、地址、电话号码、网址）；
- 公司的图标；
- 公司业主以及任何负责人的联系信息（姓名、头衔、地址、电话号码和电子邮箱地址等）；
- 商业计划书的编撰日期；
- 编写商业计划书的人员姓名。

目录

为商业计划书制作目录，便于读者快速找到信息。

提示：目录应包括每一节的标题和每一节第一页的页码。文档中的所有页面都应编号。

执行摘要

完成商业计划书之后，你需要写一段包含计划书要点的执行摘要。这份摘要应该保持简短（不超过两页），同时包括以下内容：

- 企业名称；
- 企业地址；
- 企业使命；
- 销售的产品或服务；
- 理想客户是谁；
- 产品或企业将如何脱颖而出；
- 企业的经营者是谁，他们有哪些经历；
- 企业及其所在行业未来前景的概述；
- 经营初期所需融资金额及用途的概述。

提示：你已经回答过这些问题，因此你要做的是将这些内容整合成速览的样式。执行摘要是一种推销说辞，它是投资者对你的创意的第一印象。最终，你会激发读者想要阅读更多内容的兴趣。如果投资者在阅读了执行摘要后对你的业务和成功前景并不感兴趣，那么他们就会停止阅读，并且很可能不会考虑这份计划。因此，和计划书的其他部分一样，执行摘要也要写得清晰且专业，并且要让你的业务显得有说服力。

注意： 做好封面、目录和执行摘要后，请将这些部分放在商业计划书的首位，其中封面要放在最前面。

名词表

- **360度考核**（360-degree appraisal）是一种评估方式，这种评估通常以匿名的方式从员工的同事、客户和下属，而非管理者那里征求意见。
- **401（k）计划**[401（k）plans] 是一种固定缴款计划，该计划的税前资金将用于通常由外部投资公司管理的一系列投资。

A

- **绝对优势**（absolute advantage）是生产比任何其他国家都要多的商品或服务的能力。
- **会计**（accounting）工作包括通过记录财务交易来跟踪企业的收入和开支。
- **收购**（acquisitions）指的是一家公司全盘买下另一家公司的操作。
- **实际产品**（actual product）是产品可以触摸、聆听或品尝到的有形方面。
- **行政法**（administrative law）是由美国联邦设立的监管机构通过的规章制度。
- **广告**（advertising）是由特定的赞助商为了说服目标受众而采取的付费的非个人化大众传播方式。
- **顾问团**（advisory boards）是向新企业主提供指导的一群人。
- **倡导广告**（advocacy advertising）宣传的是某个组织对全球变暖或移民等公共议题的立场。
- **广告程序**（adware）是在其他程序运行时展示横幅广告或弹窗广告的软件。
- **亲和型领导**（affiliative leaders）或**自由放任型领导**（laissez-faire leaders）的风格是顾问式的，他们不会在工作上给予员工具体的指导，而是鼓励他们提出自己的想法。
- **《平权法案》**（affirmative action）是一种旨在增加特定少数群体机会的承诺。
- **代理商或经纪商**（agents/brokers）是在商品和服务的买卖双方之间促进协商的中介，但他们从来都没有交易产品的所有权。
- **美国劳工联合会**（American Federation of Labor）成立于1886年，是一个旨在保护技术工人的组织。
- **非道德化行为**（amoral behavior）指的是一个人没有是非观念，不在乎自己行为的道德后果。

- **天使投资人**（angel investors）是一些富有的个人，他们愿意为了未来的收益而投入自己的资金。

- **反托拉斯法**（antitrust laws）旨在促进企业之间的公平竞争，预防可能给消费者带来负面影响或不公平地伤害企业的行为。

- **学徒制培训项目**（apprentice training programs）是通过课堂或正式指导和在职培训为个人提供培训的方式。

- **仲裁**（arbitration）是第三方在聆听各方问题后解决争议的过程。

- **流水线**（assembly line）生产或生产线生产是半成品在传送带上由一个工人传递给下一个工人的过程。

- **资产配置**（asset allocation）建议用不同类型的资产（股票、债券、共同基金）组成资产组合，从而减少与这些类型广泛的投资有关的风险——主要来自通货膨胀和利率变化。

- **资产**（assets）是一家公司拥有的现金、投资、房产、家具和设备等事物。

- **审计**（auditing）是会计的一个分类，其主要职能是审查和评估财务报告的准确性。

- **扩展产品**（augmented products）包括核心产品和实际产品，以及其他实际或可感知的好处，它们可以为消费者的购买行为带去额外价值。

- **专制型领导**（autocratic leaders）自己制定决策和下发任务，从不征询其他人的意见。

B

- **资产负债表**（balance sheets）反映了一家公司在某个固定时间点上拥有的资产和借贷情况，以及这家公司的净值。

- **国际收支差额**（balance of payments）是反映一个国家在一段时期内国际收支总额之差的体系。

- **谈判团体**（bargaining units）是一个为了获得更好的工作条件和薪资待遇而与雇主进行协商的员工团体。

- **破产**（bankruptcy）是资不抵债的个人或组织的一种合法状态，在这种状态下，他们可以通过诉讼解除自己的负债。

- **熊市**（bear market）表明投资者的信心随着股市持续下跌而下降。

- **行为细分**（behavioral segmentation）是根据特定消费者的行为特征来细分市场的方式。

- **归属感需求**（belonging needs）包括希望归属于某个群体和为他人所接受的

需求。

- **大数据分析**（**Big Data analysis**）是利用工具和分析技术来处理大量复杂数据集的过程。

- **蓝筹股**（**blue-chip stocks**）是由长期保持连续增长和稳定性的公司发行的股票。

- **董事会**（**board of directors**）通常为公司制定政策，同时制定主要的商业和融资决策。

- **债券类共同基金**（**bond mutual funds**）是只包括债券投资的共同基金。

- **债券**（**bonds**）是公司或政府为了给大型项目融资而发行的债务工具。

- **奖金**（**bonuses**）是根据公司总体利润来发放的一种薪酬。

- **簿记**（**bookkeeping**）是公司每笔财务交易的系统性记录。

- **自我筹资**（**bootstrap financing**）指的是创业者通过很少的资本来开创企业的方式。

- **抵制**（**boycotts**）发生在这种行为的支持者拒绝购买或使用某个公司的产品或服务的情况下。

- **品牌联想**（**brand association**）指的是将品牌名称和其他积极的特征联系在一起，这些特征包括图像、产品特性、使用场合、组织联想、品牌个性以及标志等。

- **品牌意识**（**brand awareness**）指的是人们在某个特定产品类别中对某个具体品牌名称的熟悉程度。

- **品牌权益**（**brand equity**）是一个品牌的优势在市场上的整体价值。

- **品牌延伸**（**brand extension**）指的是在同一个品牌下营销另一个类型的产品。

- **品牌授权**（**brand license**）是品牌所有者和另一家公司或个人达成协议，后者需要支付商标使用费才能将品牌商标用于新的产品。

- **品牌忠诚度**（**brand loyalty**）是顾客对某一品牌始终如一的偏爱程度。

- **品牌**（**brands**）是将一个公司及其产品与其他公司及其产品区分开来的名称、称谓、标志或设计。

- **盈亏平衡分析**（**breakeven analysis**）确定了总收入正好可以收回总成本的产量水平。

- **违约**（**breach of contract**）出现在合同没有得到履行的情况下。

- **预算**（**budgets**）是用来概括企业计划的现金流、预期经营费用和预期收入的财务计划。

- **牛市**（**bull market**）表明投资者的信心随着市值的不断攀升而增强。

- **捆绑销售**（**bundling**）是将通常互为补充的两种或多种产品组合在一起以单一价格销售的做法。

- **商业周期**（business cycle）是经济上涨和下跌的自然周期。
- **企业**（businesses）是通过向客户提供产品来赚取利润的实体。
- **企业孵化器**（business incubators）是通过提供行政服务、技术支持、业务网络、融资资源等更多初创企业可以共享的服务来支持初创企业的组织。
- **商业智能软件**（business intelligence software）能帮助管理者完成报告和计划，以及员工业绩预测等工作。
- **商业法**（business law）指的是直接影响企业活动的法律。
- **商业计划书**（business plans）是一份正式的文件，它陈述了企业的目标及其实现目标的计划。
- **企业对企业广告**（B2B advertising）是针对其他企业而非消费者的广告。
- **企业对企业市场**（B2B markets）是企业从其他企业购买商品和服务的市场。
- **企业对企业产品**（B2B products）或产业用品是企业为了进一步加工、转售，或是为了促进企业运营而购买的商品和服务。
- **企业对企业交易**（B2B transactions）是在互联网上进行的企业之间的产品、服务以及信息交换。
- **企业对消费者交易**（B2C transactions）是在企业和消费者之间直接发生的电子商务活动。
- **企业对消费者市场**（B2C market）是个人为了个人消费而购买商品和服务的市场。

C

- **可赎回债券**（callable bonds）是一种公司或市政债券，发行人既可以在到期日偿还投资者的初始投资，也可以选择提前在"可赎回日"偿还投资者。
- **产能规划**（capacity planning）是确定企业可以生产多少产品来满足需求的过程。
- **资本预算**（capital budgets）考虑的是公司的长期计划，它概括了重要资产采购的预期资金需求，例如房地产和制造设备的购置，以及厂房扩建或技术方面的资金需求。
- **资本收益**（capital gains）是投资者以高于买入价的价格卖出资产时获得的增值。
- **资本**（capital）是以金钱、设备、供应用品、计算机，以及其他有价值的有形实体形式进行的投资。
- **资本主义**（capitalism）是一种经济制度，它允许人们有选择的自由，同时鼓励私人拥有生产商品和服务所需的资源。

- 资本损失（capital loss）指的是资产的卖出价相比买入价出现下跌的情况。
- 资本市场（capital markets）是公司和政府通过出售股票、债券以及其他证券来筹集长期资金的地方。
- 现金流预算（cash flow budgets）是一种短期预算，它可以用来估算现金的流入与流出，以及预测企业可能的现金缺口。
- 现金流（cash flow）是企业在某一特定时期内获得与支出的资金。
- C型公司（C corporations）指的是由《美国国内税收法典》C分章规定的公司。
- 单元式布置（cellular layout）将处理所有流水线工序的一小组工人集中在一起，并为每个工作站配置生产全过程所需的零部件与工具，在进行装配的过程中，工人们只要在工作站里移动即可。
- 注册会计师（Certified Public Accountant）通过美国注册会计师协会的一系列严格考核的人士可被授予该称号。
- 首席执行官（chief executive officers）通常要负责公司的整体运营，并直接向董事会汇报。
- 首席财务官（chief financial officers）直接向首席执行官汇报，主要负责财务数据的分析和审核、企业财务业绩汇报、预算编制，以及公司开支的监督等工作。
- 首席信息官（chief information officer）是负责信息处理的管理者，其职责包括系统设计与开发、数据中心运营等。
- 首席运营官（chief operating officers）是负责企业日常运营的管理者，他们直接向首席执行官汇报。
- 集体诉讼（class-action lawsuit）是由一群受害人共同发起的索赔诉讼。
- 《克莱顿反托拉斯法》（Clayton Antitrust Act）1914年颁布，是一部反垄断法，它针对的是《谢尔曼法》未涉及的具体商业行为，例如并购。
- 云计算（cloud computing）指的是在互联网上共享信息、资源和软件。
- 联名品牌（co-brand）是用一个或多个品牌来关联同一个产品的做法。
- 道德准则（code of ethics）是针对特定道德行为的承诺声明。
- 抵押品（collateral）是借方承诺在无法偿还贷款的情况下提供给贷方的资产。
- 集体谈判（collective bargaining）是谈判团体为了获得更有利的工作条件和雇用条款而与雇主进行的协商。
- 商业银行（commercial banks）是一种金融机构，它们以支票和储蓄的形式向企业和个人筹集资金，并用这些资金向企业和个人放贷。
- 商业票据（commercial paper）是一种价值在十万美元及以上的无担保短期债务工具，一般由企业发行，其目的是填补由支付大额应收账款、存货或工资造成的现金流缺口。

- **佣金**（commissions）是与员工业绩直接挂钩的薪酬。

- **普通法**（common law）或**判例法**（case law）是一种不成文但已有应用的法律，它来自政府司法部门做出的业已成为未来案件判决先例的决议。

- **普通股**（common stock）是一种普通的股票，它代表了公司的所有者权益；它为持股人提供投票权，同时可以让他们获得股息或资本增值。

- **共产主义**（communism）是这样一种经济制度，即国家政府负责制定所有经济决策，同时控制所有的社会服务以及生产商品及服务所需的大部分主要资源。

- **比较优势**（comparative advantage）指的是一个国家相对于其他国家可以更有效地生产商品或服务。

- **薪酬**（compensation）是对工作的回报，包括金钱回报和非金钱回报。

- **竞争**（competition）发生在两个或更多企业为吸引客户和获得优势而相互对抗的情况下。

- **基于竞争的定价**（competition-based pricing）是以市场竞争程度为依据的定价策略。

- **竞争优势**（competitive advantage）是一家公司通过获得和利用资源，从而在竞争中占据有利地位的能力。

- **互补商品**（complementary goods）指的是相辅相成、可以同时消费的产品或服务。

- **复利**（compound interest）是用本金赚得的利息加上本金之后再投资得到的利息。

- **压缩工作周**（compressed workweek）制度允许员工每周工作4天，每天10小时，或每两周工作9天而非10天，工作总时长80小时。

- **计算机辅助设计**（computer-aided design）指的是利用计算机和软件制作实体部件的二维或三维模型。

- **计算机辅助制造**（computer-aided manufacturing）利用设计数据来控制生产过程中使用的机器。

- **计算机集成制造**（computer-integrated manufacturing）系统结合了设计、生产功能以及其他自动化功能，例如接单、运输和计费等，从而实现了制造工厂的全面自动化。

- **概念化技能**（conceptual skills）是通过抽象思考将企业视为一个整体，以及理解企业与商界之间关系的能力。

- **集团化**（conglomeration）是指一系列不同甚至毫无关联的公司组成一个企业。

- **产业工会联合会**（Congress of Industrial Organizations）成立于1935年，代表的是整个行业而非特定的工人组织。

- **宪法**（constitutional law）是《美国宪法》和《权利法案》的书面文本，是美国法律的基础。

- **顾问**（consultants）是临时工作人员，他们通常是自由职业者。他们临时受聘于公司，负责完成特定的任务。

- **消费者行为**（consumer behavior）指的是个人或组织寻找、评估、购买、使用和不再使用商品或服务的做法。

- **消费者价格指数**（consumer price index）通过衡量代表城市家庭平均购买模式的商品和服务价格的变化来跟踪价格随时间的变化。

- **消费品**（consumer products）包括便利品与服务、选购品与服务、特殊品与服务，以及非渴求品与服务。

- **消费者促销**（consumer sales promotions）是旨在提高终端消费者产品需求的激励手段。

- **消费者对消费者交易**（C2C transactions）指的是消费者向其他消费者销售商品和服务，有时会涉及第三方的过程。

- **内容关联广告**（contextual advertising）指的是根据特定网站上的内容自动生成的在线广告。

- **应急计划**（contingency planning）是确保企业在遭遇意外破坏期间尽可能顺利运营的一系列计划。

- **临时工作人员**（contingent workers）是企业在有需要的时候雇用的人员，他们没有全职正式员工的身份。

- **连续流生产**（continuous flow production）是一种快速而连续地逐个生产大批量独立产品单元的方式。

- **合同**（contract）是当事双方就某项要约达成的一项协议，协议中双方就条款达成一致，给予对价，同时接受要约。

- **委托加工**（contract manufacturing）指的是公司将部分或所有商品的生产外包给外部公司，以此来替代拥有和运营自有生产设施的方案。

- **控制**（controlling）或**监督**（monitoring）是管理者衡量业绩，确保企业的计划和战略都能得到正确实施的方式。

- **便利品与服务**（convenience goods and services）是那些可以频繁购买、立即购买，以及无须深思熟虑便可购买的产品。

- **可转换债券**（convertible bonds）给予了债券持有人将债券转换成预设数目的

公司股票的权利（而非义务）。

- **合作社**（cooperatives）并非外部投资者所有的企业，而是由受益于该组织提供的产品或服务的成员管理的企业。

- **版权**（copyright）是在一定时间内针对原创作品作者的一种保护形式。

- **核心产品**（core product）提供的是核心的好处或服务，它们可以满足刺激消费者购买的基本需求或欲望。

- **公司会计**（corporate accounting）是企业财务部门的一部分，主要负责收集和整理重要财务报表所需的数据。

- **企业广告**（corporate advertising）或机构广告强调的是为企业或整个行业，而非具体产品打造正面的形象。

- **公司债券**（corporate bonds）是由公司发行的债务证券。

- **公司直营连锁店**（corporate chain stores）是由一家公司所有的两家或多家零售店铺。

- **企业文化**（corporate culture）是由管理者和员工所共有的价值观、规范和行为的集合，它定义了一个组织的个性。

- **企业慈善**（corporate philanthropy）是公司将自己的部分利润或资源捐赠给慈善组织的行为。

- **企业社会责任**（corporate social responsibility）是公司为实现社会、环境和经济发展而开展活动的义务。

- **公司**（corporations）是一种特殊的企业组织形式，它是独立于企业所有者的法律实体。

- **基于成本的定价**（cost-based pricing）是一种以补偿成本和提供一定利润为基础的定价方式。

- **销货成本**（cost of goods sold）是公司制造和销售产品时发生的可变开支，它包括用于制造商品的原材料价格，以及制造和销售商品的劳动力成本。

- **息票率**（coupon）是债券的利率。

- **跨职能团队成员**（cross-functional team members）是从企业的一系列关键职能部门中选拔出来的。

- **众筹**（crowdfunding）是一种通过捐款以及来自社交网络的个人投资来筹资的方式。

- **众筹融资**（crowdsourced funding）是由相信某个公司或产品的很多人提供的小额捐赠。

- **众包**（crowdsourcing）指的是利用一大群人（通常来自互联网社区）提供的想

美国百所大学都在上的商学课（第五版）

法和内容的做法。

- **货币**（currency）是为商品和服务转让提供一致标准的交易单位，它的价值取决于黄金等基础商品。
- **本币升值**（currency appreciation）指的是某国货币汇率上涨。
- **本币贬值**（currency depreciation）指的是某国货币汇率下跌。
- **流动资产**（current assets）是可以在一年内变现的资产。
- **流动比率**（current ratio）或流动资产比率是用来衡量一家公司在多大程度上能够满足当前财务责任的指标。
- **客户关系管理**（customer relationship management）是一种为了培养客户忠诚度和回头率而与客户个体建立长期联系的过程。
- **周期性股票**（cyclical stocks）是由这样的公司发行的，即这些公司生产的商品或服务会受到反复出现的经济趋势的影响。
- **周期性失业**（cyclical unemployment）是因为用人需求不足而导致的失业。

D

- **数据**（data）是事实或观点的呈现。
- **数据集市**（data marts）是数据仓库的子集。
- **数据挖掘**（data mining）是探索和分析数据集市，揭示有助于企业发展的数据关系和数据模式的过程。
- **数据仓库**（data warehouses）是独立于生产数据存储在数据库系统的大规模数据。
- **数据库管理系统**（database management systems）是数据表的集合，这些数据表整合了数据，便于人们进行简单的分析和报告。
- **无担保债券**（debenture bonds）是没有实际担保的债券，它的唯一担保是公司的付款承诺。
- **债权融资**（debt financing）发生在企业借款，并按法律规定必须在一定时间内连本带利偿还借款的情况下。
- **债务股本比**（debt-to-equity ratio）通过比较一个公司的总负债与所有者权益总额来衡量公司的债务相对于资产的比例。
- **决策技能**（decision-making skills）是明确和分析问题、检验可能方案、选择和实施最佳行动方案，以及评估结果等方面的能力。
- **决策支持系统**（decision support system）是一个软件系统，它能够让公司通过分析收集到的数据来预测商业决策的影响。

- **防御型股票**（defensive stocks）是由生产食品、药品等大宗产品，以及保险产品的公司发行的，无论经济状况如何，这些股票的价值通常都保持不变。
- **通货紧缩**（deflation）指的是价格随着时间持续下降的情况。
- **需求**（demand）是人们在任何特定时间内希望购买的商品或服务的总量。
- **基于需求的定价**（demand-based pricing）或基于价值的定价是以产品需求或感知价值为基础的定价方式。
- **活期存款**（demand deposit）是无须提前通知就可以随时提取的资金。
- **需求曲线**（demand curve）描绘了需求与价格之间的关系。
- **民主型领导**（democratic leaders）会授权给员工，并让他们参与决策制定。
- **人口统计细分**（demographic segmentation）是根据年龄、种族、信仰、性别、族群背景以及其他人口统计特征进行细分的过程。
- **部门化**（departmentalization）指的是将公司划分为更小群体的决策。
- **折旧**（depreciation）指的是将设备成本分摊在其使用期内。
- **经济萧条**（depression）是严重或长期的经济衰退。
- **决定需求的因素**（determinants of demand）是在需求侧影响产品的因素。
- **决定供给的因素**（determinants of supply）是能够造成供给变化的因素。
- **法定贬值**（devalue）指的是故意降低一种货币相对另一种货币的价值的做法。
- **数字权利**（digital right）是与个人智慧的数字（电子）表现形式有关的权利。
- **直销商**（direct marketers）是绕过中间商来零售商品或服务的商户。
- **直销员**（direct sellers）是挨家挨户向家庭、办公室销售产品或服务的人员，他们有时也会在临时或移动地点进行销售。
- **反通货膨胀**（disinflation）指的是通货膨胀率下降的现象。
- **贴现率**（discount rate）是银行向美联储借钱时后者开出的利率。
- **折扣**（discounts）是在常规价格基础上的减让。
- **分销**（distribution）是在消费者需要的时间和地点向他们提供产品的过程。
- **分销渠道**（distribution channel）是一系列营销中介在产品从生产者转移到消费者或企业用户的过程中进行的产品买入、卖出或转让（所有权转让）操作。
- **分散投资**（diversification）是用多种不同类型的投资构成投资组合的理念。
- **多元化培训**（diversity training）有助于员工和管理者提高他们对彼此差异的理解。
- **股息**（dividends）是公司支付给股东的一部分利润。
- **复式簿记**（double entry bookkeeping）认为每一笔影响资产的交易都必须对应一笔影响负债或所有者权益的交易。

- **双重征税**（double taxation）指的是为同一份收入缴两次税的情况。

- **尽职调查**（due diligence）是为了发现任何与企业有关的隐藏问题而进行的研究和分析工作。

- **倾销**（dumping）是以低于某国生产价格的定价向该国销售产品的做法；它通常是非法的，但很难证明。

- **双头垄断**（duopolies）市场是只有两个供应商存在的市场。

- **动态定价**（dynamic pricing）不同于由卖家设定价格的传统固定定价方式，它是由买卖双方之间的交互来直接确定价格的方式。

E

- **每股收益**（earnings per share）是净收益除以已发行股票份额后得到的商，其结果代表了公司为每一股分配给股票持有人的利润。

- **电子商务**（e-commerce）指的是通过互联网买卖商品和服务。

- **经济指标**（economic indicators）是关于整体经济活动水平的一些统计数据。

- **经济学**（economics）是一门这样的学科，它研究的是个人和企业如何在资源有限的前提下做出决定，从而最大限度地满足自身需要、需求和欲望，以及如何高效且公平地实现资源分配。

- **经济制度**（economy）是一种试图平衡一个国家的可用资源（例如土地、资本以及劳动力）与消费者需求的体系。

- **电子监控**（electronic monitoring）常用于跟踪员工的按键操作和电子邮件，检查他们的网络浏览记录，甚至会用于监控他们的手机通话、短信和即时消息。

- **电子零售**（electronic retailing）是在互联网上销售商品和服务的方式。

- **禁运**（embargoes）指的是全面禁绝进出口的举措。

- **情商**（emotional intelligence）是理解自己和他人情绪的能力。

- **员工福利**（employee benefits）是由雇主提供给员工的，作为现金薪酬补充的间接金钱或非金钱回报。

- **就业法**（employee laws）是这样一种法规，它确保了所有工人和雇员都可以在工资、工作条件、工伤医疗、员工福利等就业问题方面得到公平对待。

- **员工股权计划**（employee stock ownership plans）利用公司为员工投入的养老金来投资公司股票，从而有效地赋予了员工极大的公司所有权。

- **员工股票购买计划**（employee stock purchase plans）允许员工以折扣价购买公司股票。

- **自由雇用**（employment at will）是一项法律原则，它规定雇主可以在任何时间以任何理由解雇员工。

- **雇佣法**（employment laws）规定企业在招聘中不得歧视求职者，这类法案包括《平等就业机会法》《民权法案》《美国残障人法案》《反就业年龄歧视法》等。
- **企业资源计划**（enterprise resource planning）可以像物料需求计划一样完成存货控制和流程调度工作，但它还可以将这些功能与企业的其他所有职能结合在一起，例如财务、营销以及人力资源等。
- **企业社交网络**（enterprise social networking）是企业环境中类似脸书的应用产品。
- **企业振兴区**（enterprise zones）是美国政府划分的旨在振兴经济发展的地理区域。
- **创业团队**（entrepreneurial teams）是共同组建新企业的一群拥有不同经验和技能，并且具有资质的人士。
- **企业家**（entrepreneurs）是承担企业的创造、组织和运营风险，以及管理企业所有资源的人。
- **环境扫描**（environmental scanning）是通过调查营销环境来评估外部威胁和机遇的过程。
- **均衡价格**（equilibrium price）是供需达到平衡时的价格。
- **股权**（equity）是以股票形式体现的公司所有者权益。
- **股权融资**（equity financing）是通过向普通公众出售公司股份来筹款的方式。
- **公平理论**（equity theory）的概念认为，在将自己的工作及其成果与公司里的其他人进行比较时，员工会获得工作满意度和工作积极性。
- **尊重需求**（esteem needs）可以通过掌握技能以及获得他人的关注来满足。
- **伦理学**（ethics）是研究道德的一般特征以及个人的具体道德选择的学科。
- **道德培训计划**（ethics training programs）旨在提高员工对道德问题的意识。
- **民族中心主义**（ethnocentrism）是一种认为自己民族的文化比其他文化更优越的观念。
- **天天低价**（everyday low pricing）是针对少数商品或特殊促销（如有）而实施的低价策略。
- **汇率**（exchange rates）是一国货币兑换成其他货币时的比率。
- **交易型开放式指数基金**（exchange-traded funds）类似于共同基金，是一些股票的集合，但它们可以像股票一样在交易所进行交易。
- **独家分销**（exclusive distribution）是一种在特定地理区域只选用一家卖场的策略。

- **主管信息系统**（executive information system）是专门为管理需求而设计的软件系统。

- **执行摘要**（executive summary）是整个商业计划书的简明（缩略）版本。

- **期望**（expectancy）是这样一种概念，即人的努力会对某件事的结果产生明显影响——不论结果是成功还是失败。

- **期望理论**（expectancy theory）认为个人的积极性可以通过三种心理力量的相互关系来描述，这三种力量是期望、工具性和效价。

- **支出**（expenses）是企业花出去的钱。

- **出口**（exporting）是将国内生产的产品销往国外的过程。

- **外部招聘**（external recruiting）是在公司外找人来填补职位空缺的做法。

- **外在激励因素**（extrinsic motivators）是激发员工工作积极性的外部因素，例如涨工资或晋升等。

F

- **设施布置**（facility layout）是生产过程中资源和人的物理配置及其相互作用的方式。

- **保理**（factoring）是通过转售应收账款来获得现金的方式。

- **生产要素**（factors of production）是用来制造商品和服务的资源。

- **家族品牌**（family brand）是在同一个品牌名称下经营多种不同产品的品牌。

- **联邦基金利率**（federal funds rate）是银行向其他银行隔夜拆借资金时要支付的利率。

- **联邦公开市场委员会**（Federal Open Market Committee）是美联储的组成部分，它负责买卖政府证券，而政府证券会反过来影响美国的货币供应。

- **美国联邦储备系统**（Federal Reserve System）负责制定货币政策和利用公开市场操作、银行储备金要求，以及贴现率的变动来帮助经济避免急剧的上下波动。

- **财务会计**（financial accounting）是会计的一个分支，它的职责是制作财务文件，以便公司外部的投资者和相关人士借此判断公司的财务实力。

- **金融资本**（financial capital）是用于促进企业发展的资金。

- **财务管理**（financial management）指的是为了满足当前和未来需求而对长期和短期资金进行战略规划和预算编制。

- **财务经理**（financial managers）首席财务官负责监督公司的财务工作。

- **财务计划**（financial plan）利用来自公司整体战略计划、财务报表，以及外部财务环境的信息来确定公司短期和长期的资金需求。

- **财务报表**（financial statements）是会计定期编制的有关公司财务状况的正式报告。
- **一线管理者**（first-line mangers）负责监督那些执行公司日常运营工作的员工。
- **财政政策**（fiscal policy）决定恰当的税收水平和政府开支。
- **固定资产**（fixed assets）是具有长期使用价值的资产，例如房产、建筑、机器和设备等。
- **定位式布置**（fixed position layouts）用于制造大型产品；这些产品固定在一个地方，工人们要围着产品移动来完成组装工作。
- **灵活福利计划**（flexible benefit plans）或自助计划允许员工在由多种应税和非税报酬构成的菜单中进行选择。
- **柔性制造系统**（flexible manufacturing system）中的机器经过了编程，能够同时处理不同类型的零部件，使得制造商可以大规模生产定制产品。
- **弹性工作制**（flextime）是一种备选的调度安排，在这种安排下，管理层确定了必须完成的核心工作时长，而员工可以灵活选择工作的起止时间。
- **浮动利率债券**（floating rate notes）是美国政府发行的一种债务工具，它每季度支付一次利息，每两年发行一次。
- **心流**（flow）是全身心专注于某项任务时的状态。
- **焦点小组**（focus groups）通常是一个由8～10个潜在客户组成的小组，他们要针对某项产品或服务、广告、创意或包装风格提供反馈。
- **用人预测**（forecasting）是通过确定公司产品的未来需求来判断用人需求的过程。
- **对外直接投资**（foreign direct investment）是出资在国外购买房产和企业的行为。
- **形态效用**（form utility）是源自商品形态或服务呈现形式的满足感。
- **被特许人**（franchisee）是某个特许经营体系的第三方独立经营者。
- **特许经营**（franchising）指的是向投资者出售知名品牌或经过检验的经营方式，以此收取费用或一定比例的销售利润。
- **特许人**（franchisor）是将自己的产品或服务以及经营方式出售给第三方独立经营者的企业。
- **自由贸易**（free trade）指的是商品和服务可以在各国之间畅通无阻地流动。
- **摩擦性失业**（frictional unemployment）是由于人们换工作或变更工作地点而导致的暂时失业现象。
- **全面服务批发商**（full-service wholesaler）是一种市场中介，他们向其他企业提供全线服务，例如持有存货、维护销售队伍、提供信贷、交货，以及协助完成产品的定价、营销和销售工作。

- **基本会计恒等式**（fundamental accounting equation）的含义是资产等于负债与所有者权益之和。

- **期货合约**（futures contracts）是约定买卖双方在未来某个时间以当前商定的特定价格接收（或交付）资产的协议。

G

- **甘特图**（Gantt chart）可以根据任务必须完成的先后顺序及其耗时罗列项目中的各个任务。

- **关贸总协定**（General Agreement on Tariffs and Trade）是一个国际性组织，它达成了八轮谈判协议或条约来减少关税及商品自由贸易的其他壁垒。

- **公认会计准则**（generally acceptable accounting principles）是由美国财务会计准则委员会制定的一套标准会计准则。

- **一般义务债券**（general obligation bonds）是一种由发行方的征税权力作为担保的市政债券，因此往往是有保障的。

- **普通合伙人**（general partners）是企业的全权所有者，他们负责所有日常业务决策，同时要对企业的全部债务负责。

- **普通合伙企业**（general partnerships）的每位合伙人都要参与企业的日常管理工作，每个人对决策都有一定控制权。

- **通用品牌**（generic brand）是完全没有品牌的产品。

- **地理细分**（geographic segmentation）是以地理特征为依据的市场细分方式。

- **全球化**（globalization）是一项让世界经济联系得更紧密，变得更为相互依赖的运动。

- **市场的全球化**（globalization of markets）指的是人们不再认为自己产品的市场仅限于本地或全国，相反，他们认为全球都是自己的市场。

- **生产的全球化**（globalization of production）指的是企业为了发挥低成本优势或提高产品质量，从而将生产线搬迁到世界其他地区的趋势。

- **国际战略**（global strategy）是将标准化产品（或同质产品）销往国际的一种战略。

- **长期目标**（goal）是一个组织希望在某一时间段内实现的广义的、长期的成就。

- **商品**（goods）是企业销售的实体产品。

- **商誉**（goodwill）是一种无形资产，它体现在企业的名称、客户服务、员工士气以及其他因素上。

- **政府和非营利组织会计**（government and not-for-profit accounting）指的是不以创造利润为目的的法律实体和慈善机构等组织所要求的会计工作。
- **政府债券**（government bonds）是由国家政府发行的债券。
- **补贴**（grants）是由联邦和州政府以及部分私人组织提供的资金奖励。
- **绿色经济**（green economy）是一种在商业决策中考虑生态因素的经济。
- **国内生产总值**（gross domestic product）衡量的是一个国家在一年时间内生产的全部最终商品和服务的市场价值总和。
- **总利润**（gross profit）可以告诉你一家公司从产品销售中赚了多少钱，以及管理者控制产品成本的效率如何。
- **毛利率**（gross profit margin）决定了公司的生产盈利能力。
- **集体心流**（group flow）出现在一个团队知道如何去协作，因而每个成员都能进入心流状态的情况下。
- **趋同思维**（groupthink）是一种不鼓励个人想法和责任的集体思考或决策行为。
- **成长型企业家**（growth entrepreneurs）致力于创造快速增长的企业，同时期待企业有所扩张。
- **成长股**（growth stocks）是由年轻的创业型公司发行的股票，这些公司正处于快速发展和扩张的阶段。

H

- **黑客**（hacker）是在未经授权的情况下进入电脑系统的个人。
- **霍桑效应**（Hawthorne effect）指出，当工人认为自己很重要时，他们的生产效率便会提高。
- **需求层次**（hierarchy of needs）认为动机是人们对生理、安全感、归属感、自尊以及自我实现等一系列渐进需求的反应。
- **居家企业家**（home-based entrepreneurs）是在家中经营自己事业的企业家。
- **横向合并**（horizontal merger）是由两家生产同类产品，彼此之间存在直接竞争的公司形成的合并。
- **横向组织**（horizontal organizations）是一种扁平化的组织，其中管理层级瓦解，而大部分员工都在工作团队或小组里工作。
- **人力资源管理**（human resource management）是企业中与人有关的组织职能，其所涉及的人员包括企业的管理者，以及一线的生产、销售和管理人员。
- **保健因素**（hygiene factor）包括安全的工作环境、合理的薪酬及福利，以及同事间的积极关系等。

I

- **身份盗用**（identity theft）是非法获得和使用他人个人信息的行为。
- **进口**（importing）指的是从其他国家买入产品。
- **激励性工资**（incentive-based payment）由较低的基本工资和佣金构成，其水平直接与员工的业绩挂钩。
- **损益表**（income statements）反映的是一个公司在不同时期内赚到了多少钱。
- **收益股**（income stocks）是由支付高额股息的公司发行的，例如公共事业公司。
- **独立承包人**（independent contractors）是临时工作人员，他们受雇完成组织难以胜任的工作，这些工作通常需要建筑、财务以及专业和商业服务方面的先进技能。
- **指数**（index）代表的是一系列具有共同特征的相关股票，它们有的规模相当，有的同属一个行业，或在同一个市场进行交易。
- **独立品牌**（individual brand）是为一个公司的产品组合中各个不同产品分配的品牌。
- **工业心理学**（industrial psychology）是一个旨在帮助管理者理解如何实现最优化的人员和工作管理的学术领域。
- **电视直销节目**（infomercials）或**付费节目**（paid programming）是长度与普通电视节目相当的电视广告。
- **信息**（information）是经过组织和整理后变得有用的数据。
- **信息系统**（information systems）管理信息系统强调的是应用信息技术来解决商业和经济问题。
- **信息技术**（information technology）指的是基于计算机的信息系统的设计与应用。
- **首次公开募股**（initial public offering）是公司首次向公众销售股票的行为。
- **内幕交易**（insider trading）是根据未向公众披露的信息买卖证券的行为。
- **工具性**（instrumentality）指的是一种认为某件事的结果与奖励或惩罚有关的概念。
- **无形资产**（intangible assets）是商标、专利、版权等没有实体形态但具有价值的资产。
- **整合营销传播**（integrated marketing communications）是一种策略，其目的是在所有接触到顾客的地方向他们传达有关一家公司及其产品的明确、一致和统一的信息。

- **知识产权**（intellectual property）是人类心智创造出的产物，例如创意、发明、文学作品或其他艺术作品等。

- **密集型分销**（intensive distribution）是利用各种可用的零售网点销售产品的做法。

- **交互式广告**（interactive advertising）借助互联网上的交互视频目录或购物中心的自助服务终端等交互式媒体，以私密和有吸引力的方式与消费者建立直接联系。

- **间歇式生产流程**（intermittent process）是一种灵活的生产流程，它的生产时间更短，因此企业可以在此期间对机械进行调整来适应产品的变化。

- **内部招聘**（internal recruiting）是利用企业内部现有员工填补职位空缺的做法。

- **互联网广告**（internet advertising）利用弹出式横幅以及其他技术引导人们访问企业网站。

- **互联网企业家**（internet entrepreneurs）创建的企业只在网络上运营。

- **人际交往能力**（interpersonal skill）能够让管理者与他人进行交互，从而激励他们。

- **内部创业者**（intrapreneurs）是在企业环境中以创业方式工作的员工。

- **内在激励因素**（intrinsic motivators）是一种内在的激励，它来自对工作的真正兴趣，或工作的价值和目标感。

- **存货**（inventory）是企业拥有但尚未销售出去的商品。

- **存货控制**（inventory control）包括公司库存的所有产品的接收、存储、处理和跟踪等工作。

- **反转型组织**（inverted organizations）这种结构要求管理层对员工做出回应——管理层的职责是为员工赋能，鼓励他们去做自己最擅长的事情。

- **投资**（investing）是用钱去购买资产的行为，但有可能会导致部分或全部初始投资的损失。

- **投资银行业者**（investment banker）是协助新证券销售的专业人士，同时负责准备必须提交给美国证券交易委员会的财务文件。

- **ISO 14001标准**（ISO 14001）是国际环境管理体系标准。

- **ISO 9001标准**（ISO 9001）是国际质量管理体系标准。

J

- **职位分析**（job analysis）详细定义了员工需要履行的职责和任务的具体要求。

- **职位描述**（job description）是一份概括了员工在该职位上要做的事情的正式声明。

- **工作分担**（job sharing）是由两名员工共同兼职完成一份全职工作的安排。

- **职位条件**（job specification）是职位候选人为了成功胜任职位所必须具备的技能、教育背景、经验以及个人特质。

- **合资企业**（joint ventures）涉及子公司的共同所有权。

- **犹太教 – 基督教伦理**（Judeo-Christian ethics）指的是犹太教和基督教传统所共有的基本价值观。

- **垃圾债券**（junk bonds）是用高利率来吸引投资人的高风险债券。

- **准时制存货管理**（just-in-time inventory control）旨在尽可能持有最少量的存货，为了在需要时得到存货，其他用品都是在有需求时通过订购获得的。

L

- **劳动力**（labor）是一种人力资源，是人们能够为企业生产所贡献的任何体力或智力劳动（创意和知识）。

- **工会**（labor unions）是致力于保护工人利益的合法组织。

- **供求法则**（law of supply）表明，供应量随着价格上涨而提高，相反，价格越低，供应量就越少。

- **领导**（leading）是影响和激励他人，使他人对组织的成功和效能做出贡献的过程。

- **精益制造**（lean production）是一套有关减少浪费和改善流程的原则。

- **法律合规**（legal compliance）指的是在一个行业的所有法律法规限定的范围内开展业务。

- **法律条例**（legal regulations）是制约特定行业的产品或流程的具体法律条款。

- **杠杆**（leverage）是用来为公司筹资的债务总额，其目的是希望资产回报率高于债务成本。

- **负债**（liabilities）是一个企业在外部债权人、供应商及其他供货商处欠下的全部债务总和。

- **债务**（liability）是偿还欠债（例如应付账款或贷款）的义务。

- **许可协议**（licensing）是这样一种协议，其中许可方将自己的无形财产——专利、商标、服务商标、版权、商业机密或其他知识产权等，出售或提供给被许可方，以此来交换许可费。

- **生活方式企业家**（lifestyle entrepreneur）在开创自己的事业时看重的不仅仅

是潜在盈利。

- **有限责任公司**（limited liability company）是业主对公司债务和行为承担有限责任的公司。

- **有限合伙人**（limited partner）以投资者的身份参与，因此他们承担的责任最高不会超过他们对企业的投资额，他们不得积极参与企业的任何决策。

- **有限合伙企业**（limited partnership）是指至少有一名合伙人控制企业运营并承担个人责任的企业。

- **有限服务批发商**（limited-service wholesaler）是一种分销中介，它提供的服务没有全面服务批发商多。

- **企业信用额度**（line of credit）指的是财务经理在银行和企业商定好的前提下可以随时提取的最高额度。

- **流动性**（liquidity）是资产变现的速度。

- **直线组织**（line organization）是一系列管理关系的集合，它包括直线组织关系与参谋部门式关系。

- **有佣基金**（load fund）是一种收取额外费用（佣金）的共同基金，这些费用会在基金买卖时计入基金的费用。

- **地方企业**（local business）的生意依赖于当地消费者。

- **当地成分要求**（local content requirement）是一种强调产品的某些成分必须在本国生产的要求。

- **地方工会**（locals）是大型工会的分会，它代表的是在所在行业、地区、公司或商业领域有特定利益诉求的一小部分群体。

- **停工**（lockouts）指的是管理者拒绝工会成员进入企业区域的做法。

- **物流**（logistics）指的是产品从最初的原料阶段到消费阶段的这个过程中涉及的材料、信息以及流程的流动管理工作。

- **图标**（logo）是指可以代表一个企业的名称、商标、图形标志或符号。

- **长期融资**（long-term financing）是一种可以在长度超过一年的期限内偿还的融资。

- **长期负债**（long-term liabilities）包括企业在一年或更长时间之后才会到期的负债和债务。

- **亏本销售**（loss leader）是指销售一些低于成本价的产品。

M

- **M1**是衡量货币供应的层面之一，它包括大部分流动资产，例如硬币、纸钞、旅行支票和支票账户。

- **M2**是衡量货币供应的层面之一，它包括M1层面的资产，以及储蓄存款、货币市场账户和不足十万美元的存单。

- **M3**是衡量货币供应的层面之一，它包括M1和M2层面的资产，以及流动性最弱的资产，例如大额存单、大额货币市场账户和欧洲美元。

- **宏观经济学**（macroeconomics）是研究整体经济行为的学科。

- **外购或自制决策**（make-or-buy decision）决定企业必须制造什么，以及企业需要向外部供应商采购哪些东西。

- **管理**（management）是借助人力和资源实现组织目标的过程。

- **管理发展项目**（management development program）可以让管理培训生做好成为管理者的准备。

- **管理信息系统**（management information system）强调的是运用信息技术来解决商业和经济问题。

- **管理会计**（managerial accounting）利用会计信息帮助公司内部制定决策。

- **制造商品牌**（manufacturer's brand）是指由产品的生产者或制造者创建的品牌。

- **市场**（market）是买卖双方交换商品和服务的机制。

- **市场分析**（market analysis）是商业计划书的一个部分，这个部分要定义客户是谁，说明如何接触客户，同时要详细阐述产品的好处。

- **市场经济**（market economy）将经济决策的控制权交给了个人和私营企业。

- **市场扩展合并**（market extension merger）是在不同市场销售相同产品的两个企业的合并。

- **营销**（marketing）是一种组织职能和一系列流程，它的作用是以有益于企业及其利益相关者的方式为顾客创造、交流和传递价值，以及管理客户关系。

- **市场营销观念**（marketing concept）的重点从"为产品寻找合适的客户"转变成"为客户生产合适的产品，并且要比竞争对手做得更好"。

- **市场环境**（marketing environment）不受企业的控制，同时限制了企业控制其市场营销组合的能力。

- **营销中介**（marketing intermediary）是在制造商和消费者，或企业用户之间传送商品和服务的企业或个人。

- **市场营销组合**（marketing mix）由旨在服务目标市场的四个因素组合而成，它们是产品、价格、促销和分销渠道。

- **营销目标**（marketing objective）是指可以通过营销活动实现的清晰目标。

- **营销计划**（marketing plan）是一份书面文件，它详细说明了为实现组织目标而要开展的营销活动。

- **市场价格**（market price）是让每个想得到商品或服务的人都能买到的价格——这个价格既不会让人想买更多，也不会让产品有剩余。

- **市场研究**（market research）是指为了制定营销策略而进行的市场信息收集和分析。

- **市场风险**（market risk）是与整个市场有关的一种普遍的投资风险。

- **细分市场**（market segment）是由拥有共同特征、具有相同产品需求和喜好的一组潜在顾客构成的子集。

- **市场细分**（market segmentation）是将大范围的市场分割成更小市场的过程。

- **大规模定制**（mass customization）是以具有成本效益的方式为客户量身定制商品或服务的生产流程。

- **大量生产**（mass production）是以低成本生产批量商品的方式。

- **物料需求计划**（materials requirement planning）是用于存货管理和生产规划的计算机程序。

- **矩阵式组织**（matrix organization）是这样一种组织结构，其中组织根据人员的技能对他们进行归类，然后按需要将他们分配到不同的项目中。

- **到期日**（maturity date）是债券到期，投资者收回本金的日子。

- **调解**（mediation）是由中立的第三方协助双方共同明确问题，同时拟订解决建议的过程。

- **导师**（mentor）是具有丰富资历的员工，负责培养经验较少的同事。导师会向自己的学员展示执行特定工作的方式，为他创造学习新技能的机会，同时会就特定行动或决策的后果为学员提供咨询。

- **合并**（merger）发生在两个规模相当的公司一致同意组建新公司的情况下。

- **微观经济学**（microeconomics）研究的是独立的企业、家庭及消费者如何在商品和服务交换中做出决策来配置他们的有限资源。

- **小额贷款**（microloan）是专门针对小型企业的短期贷款。

- **微型企业家**（micropreneur）开创了自己的事业，但为了实现平衡的生活方式，他们只满足于保持较小的企业规模。

- **中层管理者**（middle managers）可被视为企业某个部门或机构的最高管理者。

- **使命宣言**（mission statement）定义了组织的核心目标——为什么存在，并且通常会描述企业的价值观、目标和愿景。

- **混合经济**（mixed economy）是一种融合了市场经济和计划经济的制度。

- **货币政策**（monetary policy）包括美国联邦储备系统为了管理货币供应而采取的多种措施，例如买卖政府债券、设定银行准备金率，以及调整银行向美联储借款的利率等。

- **货币市场基金**（money market funds）是投资于短期债务的基金，例如短期国债和定期存单，它的保障性较高。

- **货币供应量**（money supply）是一个经济体中可用货币的总和。

- **垄断**（monopoly）出现在一种商品或服务只有一个供应商且没有替代品的情况下。

- **垄断竞争**（monopolistic competition）发生在买方和卖方很多，而产品自身差异很小的情况下。

- **道德相对主义**（moral relativism）认为世界上没有普遍的道德真理，相反，有的只是个人的信念、观点及价值观。

- **激励因素**（motivator factors）包括责任感、认同感、晋升和职业发展等。

- **激励—保健因素理论**（motivator-hygiene theory），又称双因素理论，该理论认为保健和激励这两种因素会对人的动机产生影响。

- **多国化战略**（multidomestic strategy）是根据国外消费者独特的本地需求、口味或偏好定制该国国内产品的战略。

- **跨国企业**（multinational enterprise）是在两个或更多国家开展制造和营销活动的企业。

- **市政债券**（municipal bond）是由州政府、市政府或其他地方政府发行的债券。

- **共同基金**（mutual fund）指的是一群投资者将资金汇集起来，投入多样化的投资组合的手段。

N

- **纳斯达克**（NASDAQ）是美国最大、最具优势的证券交易所之一；在它的交易系统里，股票是通过电子化的市场进行交易的。

- **全国性企业**（national business）在全国拥有多个网点，但不服务国际市场。

- **自然资源**（natural resource）是用于制造商品和服务的，源于自然的原材料。

- **资产净值**（net asset value, NAV）是共同基金所持有的标的证券的价值，是衡量基金价值的标准。

- **净收益**（net income）是公司收入与支出之间的正差额，负差额为净损失。

- **税后净收益**（net income after taxes）是损益表最后一栏的"公司账本底线"。

- **网络式组织**（network organization）是就某种产品或服务进行协作的一些独立

的、职能单一的公司形成的集合。

- **纽约证券交易所**（New York Stock Exchange, NYSE）是美国规模最大、最具优势的证券交易所之一；在它的交易体系中，股票是在交易大厅或电子化市场进行买卖的。
- **利基市场**（niche market）是由定义非常狭窄的潜在客户组成的。
- **免佣基金**（no-load fund）是不收取买卖费用的共同基金。
- **非银行贷款人**（nonbank lender）是发放信贷或贷款，但不持有存款的金融机构。这些机构将承担商业银行认为风险过高的贷款。
- **无店铺零售**（nonstore retailing）是一种在传统实体零售店范围之外接触消费者的零售形式。
- **北美自由贸易协定**（North American Free Trade Agreement, NAFTA）的目的在于拉近美国、墨西哥以及加拿大的关系，使其更接近真正的自由贸易。
- **非营利组织**（non-for-profit organization）不追求利润，相反，它们力图通过社会、教育和政治手段来为社区提供服务。
- **纽约泛欧交易所**（NYSE Euronext）是纽约证券交易所和全电子化证券交易所泛欧合并后形成的证券交易所。

O

- **短期目标**（objectives）是有助于实现长期目标的短期指标。
- **离岸外包**（offshoring）指的是企业为了实现更低的制造成本而将自己的生产设施转移到海外，或至少将部分产品元件外包给国外公司生产的做法。
- **脱产培训和发展**（off-the-job training and development）要求员工参与外部研讨会、大学举办的项目以及企业大学。
- **寡头垄断**（oligopoly）是指市场中只存在少数几个卖方的竞争形式。
- **网络广告**（online advertising）是指任何使用互联网向消费者传播信息的广告形式。
- **在线分析包**（online analysis package, OLAP）是一款可以快速分析不同业务因素组合的应用软件。
- **在线培训**（online training）或远程培训可以让员工在方便的时候上网参加培训，使他们能够获得与工作有关的特定教育或学位。
- **在岗培训**（on-the-job training）用于在员工工作期间向他们传授工作所需的技能。
- **公开市场操作**（open market operations）是货币政策的一种形式，在这种方式中，美国联邦公开市场委员会在公开市场上买卖美国政府证券，以此减少或增加国家的货币供应量。

- **经营预算**（operating budget）或**总预算**（master budget）反映了公司期望的产品销售量、由此产生的收益，以及生产和销售这些产品所产生的全部经营费用。
- **经营费用**（operating expense）是指企业在经营过程中产生的间接费用。
- **营业利润率**（operating profit margin）决定了企业的经营盈利能力。
- **操作计划**（operational plan）确定了实现战术计划的过程。
- **运营管理**（operations management）由商品或服务的产销活动管理及其流程管理组成。
- **利基机会**（opportunity niche）是市场上尚未充分满足的需求。
- **期权**（option）是一种合同，它赋予买方以特定价格在特定日期之前买入（看涨）或卖出（看跌）某种证券的权利。
- **订单创造者**（order getter）是通过向新客户销售产品和增加现有客户的销量来提高公司整体销量的销售人员。
- **订单影响者**（order influencer）所专注的销售活动针对的是影响最终客户购买行为的群体。
- **订单接收者**（order taker）负责处理回头客销售订单和建立积极的客户关系。
- **组织心理学**（organizational psychology）是研究如何创造一个提高员工积极性和效率的工作环境的学科。
- **组织结构图**（organizational chart）反映了员工群体是如何被纳入更大的组织结构的。
- **组织**（organizing）是将资金、人员、原材料以及其他资源整合起来，以最符合工作特质的方式执行公司计划的过程。
- **入职培训项目**（orientation program）可以让新员工融入公司。
- **外包**（outsourcing）是将某些具体的工作，例如生产或会计等交由外部公司或组织来完成。
- **场外股票**（over-the-counter stock）是规模小到不足以在纽约证券交易所或纳斯达克正式交易的股票，因此它们是在专业投资人士之间直接进行交易的。
- **所有者权益**（owner's equity）的字面意义就是企业所有者可以称之为自己所有的那部分资产。
- **占有效用**（ownership utility）是因为拥有某件物品而获得的满足感。

P

- **合伙制**（partnership）是由两个或两个以上的实体（或合伙人）共享企业的所有权、利润以及损失的企业组织形式。

- **合伙协议**（partnership agreement）正式约定了企业合伙人之间的关系。

- **专利**（patent）是由美国专利和商标局为新发明和实用发明授予的产权。

- **点击付费广告**（pay-per-click advertising, PPC）允许广告主只根据网络浏览者的广告点击次数来付费。

- **个人对个人借贷**（peer-to-peer lending）是个人相互借款的过程。

- **渗透定价**（penetration pricing）指的是为新产品设定尽可能低的价格的策略。

- **养老金计划**（pension plan）是在个人退休后为其提供收入的计划。

- **完全竞争**（perfect competition）发生在买方很多，销售几乎完全一样的产品的卖方也很多，且任何卖方都可以轻易进出市场的情况下。

- **绩效考核**（performance appraisal）是对员工表现的评估，它为员工提供有关工作完成情况，以及哪里需要改变或改进的反馈。

- **绩效管理**（performance management）是一种将目标设定、绩效考核，以及培训和发展整合为一个统一的持续过程的方法。

- **长期兼职雇员**（permanent part-time employee）是企业长期雇用的、每周兼职工作的人员。

- **个人道德**（personal ethics）是引导你在自己的人生中做出抉择的准则。

- **个人推销**（personal selling）是公司销售人员与潜在买家之间的直接沟通，其目的是完成销售和建立良好的客户关系。

- **网络钓鱼**（phishing）是诱使网络用户将自己的信用卡卡号等私人信息直接发送给黑客的常见手段。

- **物理性流通**（physical distribution）是将产品在客户需要的时间和地点交付给客户的体系。

- **生理需求**（physiological needs）是人的基本需求，例如人们对水、食物、睡眠以及繁殖的需求。

- **抗议**（picket）是罢工时的一种反抗形式，这期间工人们会在公司入口走来走去，他们高举标语并分发小册子，以此表达他们的不满情绪。

- **分销渠道**（place）是市场营销组合的要素，指的是将产品送到客户手中涉及的所有途径。

- **地点效用**（place utility）是因为在需要的地方获得产品而产生的满足感。

- **做计划**（planning）是确立最终目标和短期目标，并且确定实现它们的最佳方式的过程。

- **定位**（positioning）是制定最符合目标市场要求的市场营销组合的过程。
- **优先股**（preferred stock）是指持有该股票的股东可以在公司破产时先于普通股股东要求资产受偿权的一类股票。
- **声望定价**（prestige pricing）或高价政策通过制定高价来激发人们对高品质和特权的感知。
- **价格歧视**（price discrimination）指的是在价格差异无法反映成本差异的情况下针对不同客户开出不同价格的做法。
- **需求价格弹性**（price elasticity of demand）是产品需求受价格调整影响的程度。
- **价格垄断**（price fixing）指的是一些公司相互达成一致，在不依赖市场需求或供应的前提下设定产品价格的做法。
- **价格撇脂**（price skimming）指的是在产品最初上市时设定较高的价格，然后随着时间的推移而下调价格的做法。
- **原始数据**（primary data）是指研究人员收集的初始数据。
- **一级市场**（primary market）是资本市场的一部分，它专门处理新债券和新股票的发行。
- **专任会计师**（private accountant）是由公司聘用的，在公司内部负责财务会计工作的会计人员。
- **自有品牌**（private brand）是由分销商或中间商创造的品牌。
- **私有化**（privatization）是指国营生产和服务机构向私营的营利性企业转化。
- **工艺式布置**（process layout）是这样一种生产布置，即相似的任务被分在一组，组装了一部分的产品从一个工作站移动至下一个工作站。
- **生产者价格指数**（producer price index, PPI）跟踪的是批发价格的平均变化。
- **产品差异化**（product differentiation）是为了吸引顾客而在实际或可感知的方面将产品与竞争对手的产品区分开的做法。
- **产品扩展合并**（product extension merger）是在同一市场销售不同但相关产品的两家公司之间的合并。
- **生产**（production）是将某种商品或服务提供给客户的过程；它包括一系列相互关联的活动，企业每完成一项活动或一个步骤，产品的价值就会有所增加。
- **生产管理**（production management）指的是在资源转化为成品的过程中使用的规划、执行和控制措施。
- **生产率**（productivity）衡量的是一个公司的人力和物力资源在一定时期内生产

的商品和服务的数量。

- **产品式布置**（product layout）是一种生产布局，主要用于生产可以按顺序依次制造的大批量标准化产品。

- **产品责任**（product liability）是制造商因为产品制造缺陷或设计问题导致的损害或伤害而要承担的法律责任。

- **产品生命周期**（product life cycle）是描述产品在其生命周期内的销量和利润的理论模型。

- **产品线**（product line）是面向同一个市场的一组相似的产品。

- **产品线长度**（product line length）是指任意给定的产品线上的产品种类的多少。

- **产品组合**（product mix）是指一家公司供应的所有产品线的组合。

- **产品组合宽度**（product mix width）是指一家公司不同产品线的总数。

- **产品植入**（product placement）是一种在电视节目、电影和电子游戏中突出展示产品的技术，而潜在客户可以通过这些媒介看到产品。

- **利润**（profit）产生于公司收入大于支出的情况下。

- **利润分享计划**（profit-sharing plan）是员工和管理者的一系列薪酬方案，它取决于公司是否实现了具体的利润目标。

- **项目计划评审技术**（program evaluation and review technique）反映了一个项目的相关步骤，它区分了那些必须按一定顺序完成的任务以及可以同时开展的任务。

- **程序化学习方法**（programmed learning approach）要求员工按步骤执行指令或回答问题。

- **项目预算**（project budget）确定了完成项目所需的开支。

- **促销组合**（promotional mix）是促销工具的战略性组合，这些促销工具是用来接触目标客户和实现营销目标的。

- **促销**（promotion）包括所有用来告知目标客户产品优势并说服他们购买某个产品、服务或创意的手段。

- **寻找潜在客户**（prospecting）是明确符合条件的潜在客户的过程。

- **招股说明书**（prospectus）是一份提供投资细节的正式法律文件。

- **心理细分**（psychographic segmentation）是以人们的生活方式、个性特征、动机，以及价值观为基础的市场细分方式。

- **心理定价**（psychological pricing，有时也称奇数或零头定价法）是指制定略小于整数的价格，从而让价格看上去低得多的做法。

- **公共会计师**（public accountant）是公司聘来完成会计工作的外部会计师。

- **公众舆论**（publicity）是通过大众媒体免费传播的有关个人、组织或产品的信息。

- **上市公司**（publicly owned corporation）是由美国证券交易委员会监管的公司。

- **公共关系**（public relations）是在组织及其利益相关者之间建立并维持共同利益关系的过程。

- **采购**（purchasing）是指获得生产过程中所需的材料和服务。

Q

- **品质控制**（quality control）是用于保证商品或服务达到具体质量水准的技术、活动以及过程。

- **贸易配额**（quota）是一个国家对允许进口的产品总量的限制。

R

- **无线射频识别**（radio frequency identification）是一种电子系统，它可以让计算机跟踪贴有标签的存货在供应链中移动时的状态和数量。

- **比率分析**（ratio analysis）是数值上的比较，因此可以用来对当前数据与往年数据、竞争对手数据或行业平均值进行比较。

- **实际资本**（real capital）是用于生产商品和提供服务的实体设施。

- **返利**（rebate）是指在顾客为产品支付的金额基础上返还部分钱款。

- **衰退**（recession）是指GDP连续两个或多个季度出现下滑的情况。

- **招聘**（recruitment）是为具体职位寻找、筛选以及选择合适人员的过程。

- **参照定价**（reference pricing）是指先确定膨胀价格（常规零售价或制造商建议零售价）再打折，从而让产品看似物超所值。

- **地区企业**（regional business）的服务范围比地方企业更广，但不服务全国或国际市场。

- **区域自由贸易协定**（regional free-trade agreement）是废除成员之间贸易壁垒的协定。

- **准备金要求**（reserve requirement）是银行为了满足存款人的提款需求而必须留存的最低限度的资金。

- **零售商**（retailer）是买入产品，然后再将其卖给消费者的中介。

- **留存收益**（retained earning）是企业留存下来用于再投资的累计利润。

- **退休**（retirement）是一个人一生中停止参与全职工作的时刻。
- **收入**（revenue）是一个企业通过销售商品或提供服务而获得的全部钱款。
- **收益债券**（revenue bond）是由融资项目产生的收益作为保障的市政债券。
- **逆向教导**（reverse mentoring）是指资历更深的员工——通常是高管，会接受年轻员工在科技应用以及市场新趋势方面的培训。
- **风险收益关系**（risk-return relationship）是所有证券在风险与收益上的直接关系，风险最小的投资带来的收益最低，反之亦然。
- **路径规划**（routing）是指通过轮船、火车或飞机运输商品的方式。

S

- **安全需求**（safety needs）包括创建安全且稳定的工作和生活场所。
- **固定工资**（salaries）是对具体工作的年度回报。
- **优惠促销**（sales promotion）是一种针对消费者和其他企业的短期活动，其目的是让客户对产品产生兴趣以及销售产品。
- **《萨班斯-奥克斯利法案》**（Sarbanes-Oxley Act）是美国国会于2002年通过的，其目的在于保护投资人免遭企业可能采用的欺诈性会计手段的影响。
- **调度**（scheduling）指的是对设备、设施、劳动力及材料的有效组织。
- **S型公司**（S corporation）是这样一些常规公司（C型公司），即它们根据《美国国内税收法典》S分章中的一项特别条款进行纳税。
- **季节性失业**（seasonal unemployment）考量的是淡季时期失业的人员，例如那些在雪地或海滩相关行业、农业或节庆行业就业的人员。
- **二手数据**（secondary data）是已经经过汇总和处理的数据。
- **二级市场**（secondary market）是投资者向其他投资者而非直接向股票发行公司购买证券的市场。
- **担保债券**（secured bond）是由抵押品作为担保的债券，这些抵押品通常是企业的财产，在债券发行人无法偿还借款的情况下，它们会被移交给债券持有人（或为了偿还债券持有人的收益而被变卖）。
- **担保贷款**（secured loan）是需要抵押品来担保债务义务的贷款，这些抵押品通常是贷款所融资的资产。
- **证券**（security）指的是债券（债权）或股票（股权）等投资工具。
- **选择型分销**（selective distribution）只利用部分可用零售网点来销售产品。
- **自我实现需求**（self-actualization needs）包括通过教育和自我实现，以及美和精神上的体验来最大化自身潜力的愿望。

- **系列债券**（serial bond）是有一系列到期日的债券，其中每个到期日都对应了一部分债务，和一次性偿还的传统债券不同。

- **EE系列债券**（series EE bond）是一种期限为20年的美国政府债券，但它最高可以支付30年的利息。

- **连续创业者**（serial entrepreneur）是持续开创和发展了许多新企业的一类创业者。

- **I系列债券**（series I bond）是一种美国政府债券，它的利率一部分固定，一部分可变。

- **服务**（service）是可以购买和销售的无形产品。

- **"七个习惯"模型**（Seven Habits model）说明了成功人士表现出的行为习惯。

- **股东**（shareholder）是拥有公司的所有权权益的人。

- **选购品与服务**（shopping goods and services）是购买频率较低，需要顾客花时间和精力进行比较的产品和服务。

- **短缺**（shortage）是需求超过供给的情况。

- **短期融资**（short-term financing）是任何可以在一年或更短时间内偿还的融资。

- **短期负债**（short-term liabilities）又称流动负债，是一个公司在一年或更短时间内必须付清的债务。

- **模拟培训**（simulation training）以既有挑战性又不会带来失败威胁的方式提供了仿真的工作任务培训。

- **偿债基金**（sinking fund）是企业为了偿还债券而定期存入的一种储蓄基金。

- **情境伦理**（situational ethics）是人们根据具体情境而非普遍规律做出抉择的表现。

- **六西格玛**（Six Sigma）是一个基于统计的、具有前瞻性的长期过程，旨在检查企业的整个流程并防范问题的出现。

- **美国小型企业管理局**（Small Business Administration, SBA）是美国联邦政府的一个独立机构，其成立的目的在于为小型企业提供帮助、咨询和援助，保护它们的利益。

- **小型企业**（small businesses）是独立经营的，在其运营领域不占主导地位的企业。

- **小企业投资公司**（small business investment company）是由美国小型企业管理局许可的私营风险投资公司，可以向小企业提供权益资本或长期贷款。

- **社会审计**（social audit）研究企业如何履行其社会责任。

- **社会企业家**（social entrepreneurs）是打算在社会部门创造创新解决方案的人，他们是具有社会使命的企业家。

- **社会环境**（social environment）是一个由不同人口统计因素构成的相互关联的系统，这些因素包括种族、民族、性别、年龄、收入分布、性取向以及其他人口特征。

- **内部社会创业者**（social intrapreneurs）在企业内部开发旨在发现和解决大型社会问题的项目。

- **社会责任投资**（socially responsible investing, SRI）是只对达到特定企业社会责任标准的企业进行投资的行为。

- **社交媒体监控**（social media monitoring）指的是收集社交媒体上提及特定产品或公司的信息，并将其用于分析和制作趋势报告的做法。

- **社交网站**（social networking sites）可以让人们轻松地在网上相互联系，从而达到建立和维系社会关系的目的。

- **独资企业**（sole proprietorships）是由个人所有，通常由个人运营的企业。

- **主权财富基金**（sovereign wealth funds, SWFs）是政府投资基金，它利用贸易顺差年的资金池进行投资。

- **控制范围**（span of control）是个人或组织负责管理的职能、人员或事项的数量。

- **特殊品与服务**（specialty goods and services）具有独特的特征并且没有替代品。

- **间谍程序**（spyware）是跟踪个人信息，并在信息所有者不知情的情况下将它们传送给第三方的电脑软件。

- **参谋部门**（staff department）是公司里的一些特定小组，他们负责与焦点产品线或服务团队进行互动。

- **现金流量表**（statement of cash flows）反映了一段时间内和公司有关的各方与该公司的金钱往来情况。

- **统计过程控制**（statistical process control）在生产的各个阶段对产品进行统计抽样，并将结果展示在图表上，以此反映需要纠正的潜在差异。

- **统计质量控制**（statistical quality control）是对整个生产流程的持续监控，目的是确保每个阶段都能达到质量标准。

- **成文法**（statutory law）指的是由政府立法部门通过的法律。

- **股票**（stock）是企业所有权的一个单位，出售股票的目的是为公司的持续发展以及未来的项目和扩张筹集资本。

- **股票经纪人**（stockbroker）是代表投资者买卖证券的专业人士。
- **股票证书**（stock certificate）是代表股票所有权的文件，它包含股票发行公司的名称、证书所代表的股票份额以及股票类型等。
- **证券交易所**（stock exchange）是在经纪人和交易人之间促成股票和其他证券交易的组织。
- **股东**（stockholder）是公司的所有者，尽管他们不直接控制公司的日常管理工作，但他们对公司的董事会组成有一定发言权。
- **股票类共同基金**（stock mutual fund）又称股权基金，是以特定策略投资股票的基金（成长型基金、价值型基金和混合基金），或那些按公司资本或规模来投资股票的基金（大盘基金、中盘基金和小盘基金）。
- **股票期权**（stock option）协议允许员工以特定价格购买一定数量的股权，但购买仅限于特定的时间点。
- **战略联盟**（strategic alliance）是企业与实际或潜在竞争对手达成的协议。
- **战略计划**（strategic plan）是由高层管理者设定的主要行动方针，它确立了实现企业长期目标的方法。
- **基于优势的管理**（strength-based management）是建立在这样一种理念基础上的体系，即帮助员工的最佳方式不是改进他们的薄弱技能，而是确定他们的优势并在此基础上进行发展。
- **破坏罢工者**（strikebreakers）是公司管理层雇来代替罢工员工的人。
- **罢工**（strike）发生在工人们一致同意停止工作，直到他们的某些要求得到满足的情况下。
- **结构性失业**（structural unemployment）发生在行业出现变动，从而导致工作彻底终止的情况下。
- **补贴**（subsidy）是政府提供给国内制造商的资金。
- **替代商品**（substitute goods）是可以用来替代其他商品的商品。
- **供给**（supply）是在任意给定时间可以购买的商品或服务的数量。
- **供应链**（supply chain）指的是产品、信息和资金在供应商和消费者之间的流动过程。
- **供应链管理**（supply chain management）指的是对生产过程中所有相关组织及其活动进行管理。
- **供给曲线**（supply curve）说明了在价格提升时供应更多商品的动机。
- **支持人员**（support personnel）是在获得新客户的同时专注于协助当前客户处理技术性问题的销售人员。

- **可持续发展**（sustainability）指的是在努力改善人类生活质量的同时为人类后代保护和加强地球的自然资源。
- **SWOT分析**（SWOT analysis）用于确定组织内部和外部能力的战略契合度；SWOT分别代表了优势、劣势、机会和威胁。
- **协同效应**（synergy）是两家公司合并后实现的效果，其结果通常比它们各自能够实现的要更好。

T

- **战术计划**（tactical plans）具体明确了实施特定战略计划所需的资源和行动。
- **目标成本定价**（target costing）预估了消费者从产品那里获得的价值，也就是他们愿意为此付出的价格。接着公司会从中减去合适的利润，从而得到产品的期望成本。
- **目标市场**（target market）是一个公司的营销活动针对的特定潜在客户群体。
- **关税**（tariffs）是针对进口商品或服务征收的税。
- **任务效用**（task utility）产生于某人为其他人提供服务的时候。
- **税务会计**（tax accounting）的工作包括报税和提供税务策略方面的建议。
- **技术性技能**（technical skills）包括能让员工执行某一领域或某个部门所要求的具体任务的能力和知识。
- **科技**（technology）是可以让企业变得更高效和更高产的物品和服务，例如智能手机、电脑软件和数字广播等。
- **远程办公**（telecommute）意为在办公室以外的家中或其他地方工作。
- **电话销售员**（telemarketer）是通过电话进行销售的人员。
- **解雇**（termination）是因为员工表现不佳或服务需求中断而裁减员工的做法。
- **比较优势论**（theory of comparative advantage）认为国家之间的专业分工和贸易能够使所有相关方都受益。
- **X理论**（Theory X）模型认为人们天生不爱工作，并且想要逃避它。
- **Y理论**（Theory Y）模型认为人们视工作为自然的事情，如果对自己的工作很满意，那么他们会为实现组织的目标而努力工作。
- **Z理论**（Theory Z）模型认为员工愿意合作，而且忠诚于企业。
- **三种需要理论**（three needs theory）认为对成就、亲密关系和权力的需求是人们的主要动机。
- **时间管理能力**（time management skills）是让人们能够在自己可用的时间里变得高效和高产的技能。

- **时间—动作研究**（time-motion studies）是一种衡量员工效率的方法，它将工作任务分解为许多小步骤，然后细致考察每个步骤所需的确切时间和动作。

- **时间效用**（time utility）产生于企业在人们最需要的时候提供产品的情况下。

- **高层管理者**（top managers）是对整个组织负责的公司高级管理者。

- **侵权**（tort）是一种侵害法定权利的行为，会导致伤害或损害。

- **整体产品**（total product offer）由产品、服务或创意的所有好处组成，这些好处会影响消费者的购买决策。

- **全面质量管理**（total quality management, TQM）是一种综合性的管理方式，为了发现和纠正问题，它关注着从生产直至最后监控这一过程中的质量问题。

- **贸易性促销**（trade sales promotion）指的是为了将产品通过分销系统推向最终用户所采取的激励措施。

- **商业信用**（trade credit）是无须支付利息就可以赊购存货和供给用品的能力。

- **贸易逆差**（trade deficits）发生在一个国家的进口总值超过其出口总值的情况下。

- **商标**（trademark）是受法律保护的品牌。

- **商业机密**（trade secret）是可以为企业带来竞争优势的机密信息。

- **贸易顺差**（trade surpluses）发生在一个国家的出口总值超过其进口总值的情况下。

- **跨国战略**（transnational strategy）指的是企业在各国提供定制化产品的同时以尽可能低的价格销售它们的做法。

- **短期国库券**（treasury bill 或 T-bill）在美国是期限为 2 ～ 26 周的债券。

- **国债**（treasury bond 或 T-bond）在美国是支付利息的 30 年期债券。

- **通货膨胀保值债券**（treasury inflation-protected securities）是本金随着 CPI 指数调整的债券。

- **中期国库券**（treasury note 或 T-note）在美国是期限为 5 年、10 年或 30 年的债券，每半年支付一次利息。

- **交钥匙项目**（turnkey project）发生在企业通过输出自己的技术知识来换取费用的情况下。

U

- **资本不足**（undercapitalization）指的是企业经营者无法筹集充足资金的情况。

- **失业率**（unemployment rate）衡量的是这样一些人的总数，即他们年满 16 周岁，没有工作，并且在过去 4 周内试图找工作但尚未找到。

- **不道德行为**（unethical behavior）是指不符合一系列公认的社会或职业行为标准的行为。

- **无限责任**（unlimited liability）意味着如果企业资产不足以偿还企业债务，那么个人资产，比如独资业主的房产、个人投资或退休基金等，都可以用来偿还剩余的债务。

- **《统一商法典》**（Uniform Commercial Code）是一套管理在美国及其领土内销售商品的企业的示范法，它涵盖了商品销售、所有权转让、租赁、合约、证券及借款方式等内容。

- **无担保贷款**（unsecured loan）是无须用抵押品来保障债务责任的贷款。

- **非渴求品与服务**（unsought goods and services）是这样一种产品，即买家通常不会购买它，也不知道它的存在，或只在有特殊需求时才会购买它。

- **美国储蓄债券**（U.S. savings bond）是仅由政府通过电子方式按面值销售的债券，它们无法在二级市场买到。

V

- **效价**（valence）是个人对某一情境的期望成果赋予的重要意义。

- **价值**（value）是指产品的效益与成本的比值。

- **价值股**（value stock）是这样一种股票：其价格低于根据发行该股票的公司的收益和财务业绩计算而得的价格。

- **风险投资**（venture capital）是一种资金投资方式，对投资者而言有相当大的风险。

- **风险投资者**（venture capitalist）为企业投注资金，以此换取某种形式的股权——部分所有权。

- **纵向合并**（vertical merger）发生在两个具有公司与客户关系，或具有公司与供应商关系的公司进行合并的情况下。

- **纵向组织**（vertical organization）是根据具体职能进行组织的，例如营销、财务、采购、信息技术以及人力资源等。

- **病毒式营销**（viral marketing）是利用社交网络、电子邮件以及网页来扩大特定品牌知名度的做法。

- **虚拟团队**（virtual team）是这样一种团队：由于成员们身处不同物理空间，因此他们主要通过电子方式进行沟通。

- **愿景**（vision）定义了企业未来的发展方向。

- **愿景型领导者**（visionary leaders）能够激发他人，他们坚信自己的愿景，并且可以推动他人向着共同的梦想前进。

W

- **薪水**（wages）是按工作时长计算的工资。
- **仓储**（warehousing）指的是在便利的地点存储产品，以便随时满足客户的需要。
- **举报人**（whistle-blower）是指举报不当行为的员工，他们通常会向公司之外的监管机构举报。
- **批发商**（wholesaler）是购买产品然后将它们再次销售给其他批发商、零售商和行业用户的中介。
- **全资子公司**（wholly owned subsidiary）是由另一个公司而非股东个体全权所有的公司。
- **买断金**（worker buyouts）是鼓励年长员工提前退休的金钱激励。
- **劳动力概况**（workforce profile）是一份人员清单，其中包括每个员工的信息，例如年龄、教育背景、培训情况、经验、专业技能、当前和先前的公司职位等。
- **营运资金**（working capital）是公司用短期资产偿还短期负债后的剩余部分。
- **工作—生活福利**（work/life benefits）是帮助员工平衡工作内、外的生活需求的福利。
- **世界贸易组织**（World Trade Organization）是一个致力于促进更多自由贸易的国际性组织，它将关贸总协定的范围扩展到了服务领域，加强了对知识产权的保护，为贸易争端提供仲裁，同时监督成员的贸易政策。

答案

第一章　企业基础知识

自我测试单选题

1-1. a；1-2. b；1-3. d；1-4. b；1-5. b；1-6. b；1-7. a；1-8. c；1-9. a；
1-10. a

自我测试判断题

1-11. 错；1-12. 错；1-13. 对；1-14. 对；1-15. 错

第二章　经济学与银行学

自我测试单选题

2-1. a；2-2. b；2-3. b；2-4. b；2-5. b；2-6. c；2-7. b；2-8. a；2-9. a；
2-10. b

自我测试判断题

2-11. 错；2-12. 错；2-13. 错；2-14. 对；2-15. 对

第三章　企业道德

自我测试单选题

3-1. b；3-2. d；3-3. d；3-4. b；3-5. c；3-6. b；3-7. b；3-8. c；3-9. a；
3-10. b

自我测试判断题

3-11. 错；3-12. 错；3-13. 对；3-14. 错；3-15. 错

第四章　经济全球化下的商业模式

自我测试单选题

4-1. a；4-2. d；4-3. a；4-4. d；4-5. a；4-6. a；4-7. a；4-8. d；4-9. d；
4-10. b

自我测试判断题

4-11. 对；4-12. 对；4-13. 错；4-14. 错；4-15. 错

第五章　小型企业与企业家

自我测试单选题

5-1. d；5-2. a；5-3. a；5-4. d；5-5. b；5-6. a；5-7. c；5-8. c；5-9. d；
5-10. c

自我测试判断题

5-11. 对；5-12. 错；5-13. 错；5-14. 对；5-15. 错

第六章　企业的组织形式

自我测试单选题

6-1. d；6-2. d；6-3. c；6-4. b；6-5. d；6-6. a；6-7. b；6-8. a；6-9. a；
6-10. a

自我测试判断题

6-11. 错；6-12. 对；6-13. 对；6-14. 错；6-15. 对

第七章　企业管理与组织

自我测试单选题

7-1. b；7-2. a；7-3. d；7-4. b；7-5. a；7-6. c；7-7. a；7-8. b；7-9. d；
7-10. a

自我测试判断题

7-11. 错；7-12. 对；7-13. 对；7-14. 对；7-15. 错

第八章　积极性，领导力与团队协作

自我测试单选题

8-1. d；8-2. b；8-3. a；8-4. b；8-5. c；8-6. c；8-7. a；8-8. d；8-9. b；
8-10. c

自我测试判断题

8-11. 错；8-12. 对；8-13. 对；8-14. 对；8-15. 错

第九章　人力资源管理

自我测试单选题

9-1. d；9-2. a；9-3. d；9-4. a；9-5. a；9-6. b；9-7. b；9-8. d；9-9. b；
9-10. d

自我测试判断题

9-11. 错；9-12. 对；9-13. 对；9-14. 错；9-15. 对

第十章　网络商务与技术

自我测试单选题

10-1. b；10-2. a；10-3. a；10-4. a；10-5. b；10-6. d；10-7. c；10-8. b；
10-9. d；10-10. d

自我测试判断题

10-11. 对；10-12. 对；10-13. 错；10-14. 错；10-15. 对

第十一章　生产，运营和供应链管理

自我测试单选题

11-1. d；11-2. a；11-3. c；11-4. a；11-5. b；11-6. a；11-7. c；11-8. a；
11-9. c；11-10. d

自我测试判断题

11-11. 对；11-12. 错；11-13. 错；11-14. 对；11-15. 错

第十二章　市场营销与消费者行为

自我测试单选题

12-1. b；12-2. c；12-3. b；12-4. d；12-5. b；12-6. a；12-7. c；12-8. d；
12-9. a；12-10. c

自我测试判断题

12-11. 错；12-12. 错；12-13. 对；12-14. 对；12-15. 错

第十三章　产品开发，品牌建设与定价战略

自我测试单选题

13-1. b；13-2. c；13-3. b；13-4. c；13-5. b；13-6. d；13-7. b；13-8. a；
13-9. b；13-10. b

自我测试判断题

13-11. 对；13-12. 错；13-13. 错；13-14. 对；13-15. 错

第十四章　促销与分销

自我测试单选题

14-1. d；14-2. a；14-3. b；14-4. c；14-5. a；14-6. a；14-7. c；14-8. a；
14-9. d；14-10. c

自我测试判断题

14-11. 对；14-12. 对；14-13. 错；14-14. d对；14-15. 错

第十五章　企业财会知识

自我测试单选题

15-1. b；15-2. d；15-3. c；15-4. a；15-5. d；15-6. b；15-7. a；15-8. b；
15-9. c；15-10. a

自我测试判断题

15-11. 对；15-12. 对；15-13. 错；15-14. 对；15-15. 错

第十六章　证券市场的投资机遇

自我测试单选题

16-1. c；16-2. d；16-3. a；16-4. c；16-5. b；16-6. a；16-7. b；16-8. d；
16-9. a；16-10. d

自我测试判断题

16-11. 对；16-12. 错；16-13. 错；16-14. 错；16-15. 错